(사)한국어문회 주관 | 교육급수 지침서

한자능력 검정시험

4급 / 4급Ⅱ

부록 · 쓰기연습 포함

한자능력검정시험 **4급**(**4급Ⅱ** 포함)에 대비한
최상의 **지침서!**

- 한자능력검정시험 분야의 베스트셀러!
- 한자어의 이해와 활용능력을 길러주기 위한 다양한 예문 수록

한자능력검정시험 4급(4급Ⅱ 포함)

이 책을 펴내며...

　문자는 언어를 체계화하고 인간의 내면세계를 구체화하고 서술하는 데에 필요한 도구이다. 따라서 한 나라의 문자 정책은 그 나라의 이상과 추구를 구체화하며 아울러 세계 인류의 의식 세계를 교류하는 데에 가교(架橋) 역할을 한다.

　지금 우리나라는 문자 정책의 혼선으로 말미암아 어문 교육 정책은 실마리를 잡지 못하고 있음은 물론, 사회 각처에서의 언어적 무가치와 무분별한 외래어 남용으로 인해 내 나라 내 글인 한국어의 우수성을 저버리고 있다. 새삼 한국어의 구성을 말하지 않더라도 한국어는 한자와 한글로 구성되었음은 누구나 아는 사실이다. 그러나 그 구성에 있어서 한자 어휘가 약 70% 이상을 차지하고 있기 때문에 한자와 한글은 따로 떼어서 교육할 수 없는 언어이다. 그럼에도 불구하고 학자들 간의 이권(利權)으로 말미암아 어문 정책이 양분되어 논쟁을 벌인다는 것은 불필요한 지식 소모라고 여겨진다.

　이로 인하여 (사)한국어문회에서는 우리글인 한국어를 올바로 인식시키고, 고급 지식의 경제 생산을 이룩하기 위하여 초등학생부터 일반인에 이르기까지 한자능력검정시험을 실시하고 있다.

이 책을 펴내며...

　매년 수험생이 증가하고 있어 다행한 일이라 여겨지기는 하나 전 국민이 학교에서부터 의무 교육 속에서 교육받을 수 있는 정책을 세우는 것보다는 못할 것이다.

　요즘 사회 각처에서 국한(國漢)혼용의 필요성이 대두되자, 한자 교육학회의 난립과 검정시험이 난무하고 있어 오랜 세월 주장되어 온 올바른 학자들의 국한 혼용의 본래 취지와 한국어 교육의 참뜻을 저해할까 두려운 마음이 앞선다.

　다행히 무분별한 외래문화의 수용 속에서 우리것을 바로 알고 지켜나가는 (사)한국어문회에서 어문 정책의 일환으로 추진하는 검정시험이 꾸준히 뿌리를 내려가고 있어 한결 마음 뿌듯하며, 수험생에게도 조금이나마 보탬이 되고자 이 책을 펴낸다.

元基春

차례

- 이 책을 펴내며 ... 3
- 이 책의 차례 ... 5
- 시작하기 전에 ... 6
- 출제기준 ... 7
- 배정한자(8급 ~ 4급) ... 9
- 본문학습 ... 19
- 훈음쓰기 · 한자쓰기 ... 155
- 꾸러미(반대자 / 반의어 / 유의자) ... 197
- 첫음 장음 ... 233
- 약자쓰기 ... 253
- 한자성어 · 고사성어 ... 265
- 평가문제 ... 283
- 기출 · 예상문제 ... 335
- 부수일람표 / 한자부수 ... 347
- 부록

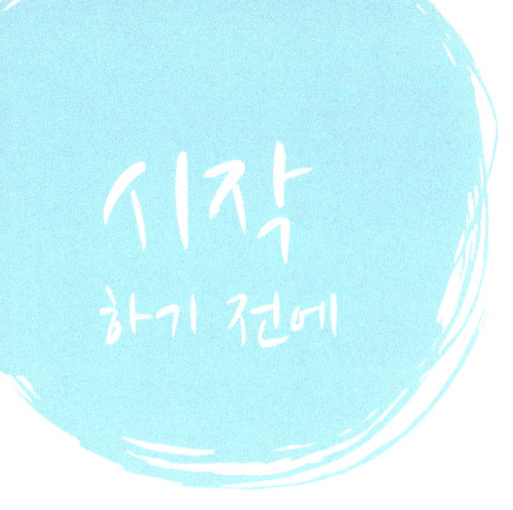

본 책은 학생이나 사회인에게 한자어의 이해와 활용 능력을 길러주기 위해 제정한 급수별 시험에 대비해 엮어진 수험 교재이다. 시험은 (사단법인)한국어문회에서 주관하고 한국한자능력검정회에서 시행하는 한자능력검정시험과 국내 각종 한자자격시험 및 한자경시대회 등이 있다.

본 책은 급수별로 8급(50자) / 7급Ⅱ(100자) / 7급(150자) / 6급Ⅱ(225자) / 6급(300자) / 5급Ⅱ(400자) / 5급(500자) / 4급Ⅱ(750자) / 4급(1,000자) / 3급Ⅱ(1,500자) / 3급(1,817자) / 2급(2,355자) /1급(3,500자) 등에 해당하는 한자를 중심으로, 각 권으로 엮어서 「이 책의 차례」와 같이 다양한 방법으로 학습할 수 있도록 꾸몄다.

본 책은 (사)한국어문회에서 배정한 급수별 한자를 기준으로, 일상생활에서 자주 쓰이는 한자어와 시사성에 관련된 한자어를 구성하여 각각 그 뜻을 헤아릴 수 있도록 하였다.

본 책은 한자어가 쓰이는 예문을 제시하여, 한자말을 생활화하는 습성을 통해 한자능력검정시험과 각종 전공시험 및 논술시험을 대비할 수 있도록 하였다.

본 책은 한자능력검정시험 유형에 맞추어 부문별로 구성하였고, 「평가문제」 및 「기출·예상문제」를 수록하여 배우고 익힌 것을 스스로 평가·복습할 수 있도록 하였다.

본 책에 수록된 한자의 훈과 음은 대체적으로 (사)한국어문회에서 정한 대표 훈과 음을 따랐으나 간혹 뜻의 전달이 정확하지 않은 것은 옥편의 대표적인 훈과 음으로 보충하였다.

출제기준

- ✓ 상위급수 한자는 모두 하위급수 한자를 포함하고 있습니다.
- ✓ 쓰기 배정 한자는 한두 급수 아래의 읽기 배정한자이거나 그 범위 내에 있습니다.
- ✓ 공인급수는 특급 ~ 3급Ⅱ이며, 교육급수는 4급 ~ 8급입니다.
- ✓ 출제기준표는 기본지침자료로서, 출제자의 의도에 따라 차이가 있을 수 있습니다.
- ✓ 급수는 특급, 특급Ⅱ, 1급, 2급, 3급, 3급Ⅱ, 4급, 4급Ⅱ, 5급, 5급Ⅱ, 6급, 6급Ⅱ, 7급, 7급Ⅱ, 8급으로 구분합니다.

구분	특급	특급Ⅱ	1급	2급	3급	3급Ⅱ	4급	4급Ⅱ	5급	5급Ⅱ	6급	6급Ⅱ	7급	7급Ⅱ	8급
독음	45	45	50	45	45	45	32	35	35	35	33	32	32	22	24
한자쓰기	40	40	40	30	30	30	20	20	20	20	20	10	0	0	0
훈음	27	27	32	27	27	27	22	22	23	23	22	29	30	30	24
완성형(成語)	10	10	15	10	10	10	5	5	4	4	3	2	2	2	0
반의어(相對語)	10	10	10	10	10	10	3	3	3	3	3	2	2	2	0
뜻풀이	5	5	10	5	5	5	3	3	3	3	2	2	2	2	0
동음이의어	10	10	10	5	5	5	3	3	3	3	2	0	0	0	0
부수	10	10	10	5	5	5	3	3	0	0	0	0	0	0	0
동의어(類義語)	10	10	10	5	5	5	3	3	3	3	2	0	0	0	0
약자	3	3	3	3	3	3	3	3	3	3	0	0	0	0	0
장단음	10	10	10	5	5	5	3	0	0	0	0	0	0	0	0
한문	20	20	0	0	0	0	0	0	0	0	0	0	0	0	0
필순	0	0	0	0	0	0	0	0	3	3	3	3	2	2	2
출제문항(計)	200			150			100				90	80	70	60	50
합격문항	160			105			70				63	56	49	42	35
시험시간(분)	100	90		60			50								

• 자료 출처 : 《(사)한국어문회》

● 「한자능력검정시험」은 《(사)한국어문회》가 주관하고, 《한국한자능력검정회》가 1992년 12월 9일 전국적으로 시행하여 현재에 이르기까지 매년 시행하고 있는 국내 최고의 한자자격시험입니다. 또한 시험에 합격한 재학생은 내신 반영은 물론, 2000학년부터 3급과 2급 합격자를 대상으로 일부 대학에 서 특기자 전형 신입생을 선발함으로써 더욱 권위있고, 의미있는 한자자격시험으로 인정받고 있습니다.

● 《(사)한국어문회》는 1992년 6월 22일에 문화부 장관 인가로 발족하고, 그 산하에 《한국한자능력검정회》를 두고 있습니다.

● 「한자능력검정시험」은 국어의 전통성 회복과 국어 생활을 바르게 하는 데에 그 목적이 있습니다. 따라서 시험에 출제되는 내용은 교과서·교양서적·논고 등에서 출제될 것입니다.

작자作者 : 권필權韠

이 몸이 되올진대 무엇이 될꼬 하니
곤륜산 상상봉에 落落長松되었다가
群山에 雲滿하거든 홀로 우뚝하리라

해석
이 한 몸 태어나서 무엇이 되고자 하였는가?
곤륜산 상상봉에서 오랜 세월 풍파와 시련을 꿋꿋이 견뎌낸 소나무의 기상을 그려보네.
봄이면 나무마다 푸르름을 자랑하지만 구름이 자욱하면 모두들 구름 속에 잠기고 마네. 하지만 나의 기상은 구름이 깊으면 깊을수록 우뚝 솟은 낙락장송처럼 돋보일 뿐이라네.

설 명
- 권필은 조선 선조 때 사람으로, 자는 여장汝章, 호는 석주石洲이다. 무옥에 연좌되어 유배 중 사망하였다.
- 이 시는 작자의 강직함을 맘껏 드러낸 작품이라고 할 수 있다. 작자가 벼슬을 얻자 예조禮曹에게 참예參詣하라는 일이 있었다. 하지만 그는 그럴 수는 없다고 하여 벼슬을 버리고 그의 강직함을 세상에 남겼다. 이 작품에서도 그의 기상을 짐작할 수 있다.

한자능력검정시험

급수별 배정한자
(8급~4급 : 1,000자)

✓ 다음 배정한자의 대표 훈과 음은 (사)한국어문회에서 발표한 것을 수록한 것입니다.

4급Ⅱ 쓰기 한자

ㄱ	家	歌	價	角	各	間	感	江	强	開	客	車	格	見	決	結	京	敬	界
計	高	苦	古	告	工	空	公	功	共	科	果	課	過	關	觀	光	廣	校	敎
交	九	口	球	區	舊	具	國	局	軍	郡	根	近	金	今	急	級	氣	記	旗
己	基	ㄴ	南	男	內	女	年	念	農	能	ㄷ	多	短	團	答	堂	當	大	代
對	待	德	道	圖	度	到	讀	獨	東	動	洞	同	冬	童	頭	登	等	ㄹ	樂
朗	來	良	旅	力	歷	練	例	禮	老	路	勞	綠	類	流	六	陸	里	理	利
李	林	立	ㅁ	萬	望	每	面	名	命	明	母	木	目	門	文	問	聞	物	米
美	民	ㅂ	朴	反	半	班	發	方	放	白	百	番	法	變	別	病	兵	服	福
本	奉	父	夫	部	北	分	不	ㅅ	四	事	社	使	死	仕	士	史	山	算	産
三	上	相	商	色	生	西	書	夕	石	席	先	線	仙	鮮	雪	說	姓	成	省
性	世	歲	洗	小	少	所	消	速	束	孫	水	手	數	樹	首	宿	順	術	習
勝	市	時	始	食	植	式	識	信	身	新	神	臣	室	失	實	心	十	ㅇ	兒
惡	安	愛	野	夜	弱	藥	約	洋	陽	養	語	言	業	然	英	永	五	午	溫
王	外	要	勇	用	右	雨	友	運	雲	園	遠	元	月	偉	有	由	油	育	銀
音	飮	邑	意	醫	衣	二	以	人	一	日	任	入	ㅈ	自	子	字	者	昨	作
長	場	章	才	在	財	材	的	電	全	前	戰	典	傳	展	節	切	店	正	庭
定	情	弟	第	題	祖	朝	調	足	族	卒	種	左	主	住	注	晝	週	州	中
重	紙	地	知	直	質	集	ㅊ	着	參	窓	責	川	千	天	靑	淸	體	草	寸
村	秋	春	出	充	親	七	ㅌ	太	宅	土	通	特	ㅍ	八	便	平	表	品	風
必	筆	ㅎ	下	夏	學	韓	漢	合	海	害	幸	行	向	現	兄	形	號	火	話
花	和	畫	化	活	黃	會	孝	效	後	訓	休	凶							

☞ 4급Ⅱ 쓰기한자는 400자입니다.

급수별 배정한자

: 표는 長音, ▸표는 長·短音 漢字임

배정한자 급

敎	가르칠	교:
校	학교	교:
九	아홉	구
國	나라	국
軍	군사	군
金	쇠	금
	성	김
南	남녘	남
女	계집	녀
年	해	년
大	큰	대:
東	동녘	동
六	여섯	륙
萬	일만	만:
母	어미	모:
木	나무	목
門	문	문
民	백성	민
白	흰	백
父	아비	부
北	북녘	북
	달아날	배
四	넉	사:
山	메	산
三	석	삼
生	날	생
西	서녘	서
先	먼저	선
小	작을	소:
水	물	수
室	집	실
十	열	십

五	다섯	오:
王	임금	왕
外	바깥	외:
月	달	월
二	두	이:
人	사람	인
日	날	일
一	한	일
長	긴	장▸
弟	아우	제:
中	가운데	중
靑	푸를	청
寸	마디	촌:
七	일곱	칠
土	흙	토
八	여덟	팔
學	배울	학
韓	나라	한▸
	한국	한
兄	형	형
火	불	화(:)

※ 8급은 모두 50자 입니다. 8급 시험에서 한자쓰기 문제는 출제되지 않습니다. 많이 읽고, 그 쓰임에 대하여 알아보는 것이 중요합니다.

배정한자 7Ⅱ급

家	집	가
間	사이	간(:)
江	강	강
車	수레	거
	수레	차
空	빌[虛]	공
工	장인	공
記	기록할	기
氣	기운	기
男	사내	남
內	안	내:
農	농사	농
答	대답	답
道	길	도:
	말할	도:
動	움직일	동:
力	힘	력
立	설	립
每	매양	매(:)
名	이름	명
物	물건	물
方	모[四角]	방
不	아닐	불
事	일	사:
上	윗	상:
姓	성[姓]	성:
世	인간	세:
手	손	수(:)
時	때	시
市	저자	시:
食	먹을	식
	밥	사/식
安	편안	안
午	낮	오:
右	오를	우:
	오른(쪽)	우:
自	스스로	자
子	아들	자

場	마당	장
電	번개	전:
前	앞	전
全	온전	전
正	바를	정(:)
足	발	족
左	왼	좌:
直	곧을	직
平	평평할	평
下	아래	하:
漢	한수	한:
	한나라	한:
海	바다	해:
話	말씀	화
活	살[生活]	활
孝	효도	효:
後	뒤	후:

※ 7급Ⅱ는 8급[50자]에 새로운 한자 50자를 더한 100자입니다. 7급Ⅱ에서 한자쓰기 문제는 출제되지 않습니다.

배정한자 급

歌	노래	가
口	입	구(:)
旗	기	기
冬	겨울	동(:)
洞	골	동:
	밝을	통:
同	한가지	동
登	오를[登壇]	등

來	올	래(:)
老	늙을	로:
里	마을	리:
林	수풀	림
面	낯	면:
命	목숨	명:
文	글월	문
問	물을	문:
百	일백	백
夫	지아비	부
算	셈	산:
色	빛	색
夕	저녁	석
所	바	소:
少	적을	소:
數	셈	수:
	자주	삭
植	심을	식
心	마음	심
語	말씀	어:
然	그럴	연
有	있을	유:
育	기를	육
邑	고을	읍
入	들	입
字	글자	자
祖	할아비	조
住	살	주:
主	임금	주
	주인	주
重	무거울	중:
地	땅[따]	지
紙	종이	지
川	내	천

11

한자능력검정 4급(4Ⅱ 포함)

千	일천	천
天	하늘	천
草	풀	초
村	마을	촌:
秋	가을	추
春	봄	춘
出	날	출
便	편할	편
	똥오줌	변
夏	여름	하:
花	꽃	화
休	쉴	휴

※ 7급은 7급Ⅱ[100자]에 새로운 한자 50자를 더한 150자 입니다. 7급에서 한자쓰기 문제는 출제되지 않습니다.

배정한자 6Ⅱ급

各	각각	각
角	뿔	각
計	셀	계:
界	지경	계:
高	높을	고
功	공[勳]	공
公	공평할	공
共	한가지	공:
科	과목	과
果	실과	과:
光	빛	광
球	공	구
今	이제	금
急	급할	급
短	짧을	단(:)
堂	집	당
代	대신할	대:
對	대할	대:
圖	그림	도
讀	읽을	독
	구절[句節]	두
童	아이	동(:)
等	무리	등:
樂	즐길	락
	노래	악
	좋아할	요
利	이할	리:
理	다스릴	리:
明	밝을	명
聞	들을	문(:)
班	나눌	반
反	돌이킬	반:
半	반	반:
發	필	발
放	놓을	방(:)
部	떼[部類]	부
分	나눌	분(:)
社	모일	사
書	글	서
線	줄[針線]	선
雪	눈	설
省	살필	성
	덜	생
成	이룰	성
消	사라질	소
術	재주	술
始	비로소	시:
神	귀신	신
身	몸	신
信	믿을	신:
新	새	신
藥	약	약
弱	약할	약
業	업	업
勇	날랠	용:
用	쓸	용:
運	옮길	운:
飮	마실	음(:)
音	소리	음
意	뜻	의:
昨	어제	작
作	지을	작
才	재주	재
戰	싸움	전:
庭	뜰	정
題	제목	제
第	차례	제:
注	부을	주:
集	모을	집
窓	창	창
淸	맑을	청
體	몸	체
表	겉	표
風	바람	풍
幸	다행	행:
現	나타날	현:
形	모양	형
和	화할	화
會	모일	회:

※ 6급Ⅱ는 7급[150자]에 새로운 한자 75자를 더하여 모두 225자 입니다.
단, 6급Ⅱ의 한자쓰기 문제는 8급[50자] 범위에서 출제됩니다.

배정한자 6급

感	느낄	감:
强	강할	강(:)
開	열	개
京	서울	경
苦	쓸[味覺]	고
古	예	고:
交	사귈	교
區	구분할	구
	지경 地境	구
郡	고을	군:
近	가까울	근:
根	뿌리	근
級	등급	급
多	많을	다
待	기다릴	대:
度	법도	도(:)
	헤아릴	탁
頭	머리	두
路	길	로:
綠	푸를	록
例	법식	례:
禮	예도	례:
李	오얏	리:
	성[姓]	리:
目	눈	목
米	쌀	미
美	아름다울	미(:)
朴	성[姓]	박
番	차례	번
別	다를	별
	나눌	별
病	병	병:
服	옷	복
本	근본	본
死	죽을	사:
使	하여금	사:
	부릴	사:
石	돌	석
席	자리	석
速	빠를	속
孫	손자[孫子]	손(:)
樹	나무	수
習	익힐	습
勝	이길	승
式	법	식
失	잃을	실
愛	사랑	애(:)
野	들[坪]	야:
夜	밤	야:
陽	볕	양
洋	큰바다	양
言	말씀	언
永	길	영:
英	꽃부리	영
溫	따뜻할	온
園	동산	원
遠	멀	원:
油	기름	유
由	말미암을	유
銀	은	은

급수별 배정한자

衣	옷	의
醫	의원	의
者	놈	자
章	글	장
在	있을	재:
定	정할	정:
朝	아침	조
族	겨레	족
晝	낮	주
親	친할	친
太	클	태
通	통할	통
特	특별할	특
合	합할	합
行	다닐	행(:)
	항렬 行列	항
向	향할	향:
號	이름	호(:)
畫	그림 [畵]	화:
	그을 [劃]	획
黃	누를	황
訓	가르칠	훈:

※ 6급은 6급Ⅱ[225자]에 새로운 한자 75자를 더한 300자입니다. 단, 6급의 한자쓰기 문제는 7급[150자] 범위에서 출제됩니다.

배정한자 5Ⅱ급

價	값	가
客	손	객
格	격식	격
見	볼	견:
	뵈올	현:
決	결단할	결
結	맺을	결
敬	공경	경:
告	고할	고:
課	공부할	과
	과정 課程	과(:)
過	지날	과:
關	관계할	관
觀	볼	관
廣	넓을	광:
具	갖출	구(:)
舊	예	구:
局	판 [形局]	국
己	몸	기
基	터	기
念	생각	념:
能	능할	능
團	둥글	단
當	마땅	당
德	큰	덕
到	이를	도:
獨	홀로	독
朗	밝을	랑:
良	어질	량
旅	나그네	려
歷	지날	력
練	익힐	련:
勞	일할	로
類	무리	류(:)
流	흐를	류
陸	뭍	륙

望	바랄	망:
法	법	법
變	변할	변:
兵	병사	병
福	복	복
奉	받들	봉:
史	사기 史記	사:
士	선비	사:
仕	섬길	사(:)
産	낳을	산:
相	서로	상
商	장사	상
鮮	고울	선
仙	신선	선
說	말씀	설
	달랠	세:
	기쁠	열
性	성품	성:
洗	씻을	세:
歲	해	세:
束	묶을	속
首	머리	수
宿	잘	숙
	별자리	수:
順	순할	순:
識	알	식
	기록할	지
臣	신하	신
實	열매	실
兒	아이	아
惡	악할	악
	미워할	오
約	맺을	약
養	기를	양:
要	요긴할	요(:)

友	벗	우:
雨	비	우:
雲	구름	운
元	으뜸	원
偉	클	위
以	써	이:
任	맡길	임(:)
材	재목	재
財	재물	재
的	과녁	적
典	법	전:
傳	전할	전
展	펼	전:
切	끊을	절
	온통	체
節	마디	절
店	가게	점:
情	뜻	정
調	고를	조
卒	마칠	졸
種	씨	종(:)
週	주일	주
州	고을	주
知	알	지
質	바탕	질
着	붙을	착
參	참여할	참
	갖은석 삼	삼
責	꾸짖을	책
充	채울	충
宅	집	댁/택
品	물건	품:
必	반드시	필
筆	붓	필

害	해할	해:
化	될	화(:)
效	본받을	효:
凶	흉할	흉

※ 5급Ⅱ는 6급[300자]에 새로운 한자 100자를 더한 400자입니다. 단, 5급Ⅱ의 한자쓰기 문제는 6급Ⅱ[225자] 범위에서 출제됩니다.

배정한자 5급

加	더할	가
可	옳을	가:
改	고칠	개(:)
去	갈	거:
擧	들	거:
健	굳셀	건:
件	물건	건
建	세울	건:
輕	가벼울	경
競	다툴	경:
景	볕	경(:)
固	굳을	고(:)
考	생각할	고(:)
曲	굽을	곡
橋	다리	교
救	구원할	구:
貴	귀할	귀:
規	법	규
給	줄	급

13

한자능력검정 4급(4Ⅱ 포함)

汽	물끓는김	기
期	기약할	기
技	재주	기
吉	길할	길
壇	단	단
談	말씀	담
都	도읍	도
島	섬	도
落	떨어질	락
冷	찰	랭
量	헤아릴	량
領	거느릴	령
令	하여금	령:
料	헤아릴	료▶
馬	말	마:
末	끝	말
亡	망할	망
買	살	매:
賣	팔[賣却]	매(:)▶
無	없을	무
倍	곱	배(:)
費	쓸	비:
比	견줄	비:
鼻	코	비:
氷	얼음	빙
寫	베낄	사
査	조사할	사
思	생각	사(:)
賞	상줄	상
序	차례	서:
選	가릴	선:
船	배[船舶]	선
善	착할	선:
示	보일	시:

案	책상	안:
魚	고기[물고기]	어
漁	고기잡을	어
億	억[數字]	억
熱	더울	열
葉	잎	엽
	고을이름	섭
屋	집	옥
完	완전할	완
曜	빛날	요:
浴	목욕할	욕
牛	소	우
雄	수컷	웅
院	집	원
原	언덕	원
願	원할	원:
位	자리	위
耳	귀	이:
因	인할	인
災	재앙	재
再	두	재:
爭	다툴	쟁
貯	쌓을	저:
赤	붉을	적
停	머무를	정
操	잡을	조(:)
終	마칠	종
罪	허물	죄:
止	그칠	지
唱	부를	창:
鐵	쇠	철
初	처음	초
最	가장	최:
祝	빌[祝禱]	축

致	이를	치:
則	법칙	칙
	곧	즉
他	다를	타
打	칠[打擊]	타:
卓	높을	탁
炭	숯	탄:
板	널	판
敗	패할	패:
河	물	하
寒	찰	한
許	허락할	허
湖	호수	호
患	근심	환:
黑	검을	흑

※ 5급은 5급Ⅱ[400자]에 새로운 한자 100자를 더한 500자입니다. 단, 5급의 한자쓰기 문제는 6급[300자] 범위에서 출제됩니다.

배정한자 4Ⅱ급

街	거리	가(:)
假	거짓	가:
減	덜	감:
監	볼	감
康	편안[便安]	강
講	욀	강:
個	낱	개(:)
檢	검사할	검:

潔	깨끗할	결
缺	이지러질	결
慶	경사[慶事]	경:
警	깨우칠	경:
境	지경[地境]	경
經	지날	경
	글	경
係	맬	계:
故	연고[緣故]	고(:)
官	벼슬	관
求	구할[求索]	구
句	글귀	구
究	연구할	구
宮	집	궁
權	권세[權勢]	권
極	극진할	극
	다할	극
禁	금할	금:
器	그릇	기
起	일어날	기
暖	따뜻할	난:
難	어려울	난(:)
怒	성낼	노:
努	힘쓸	노
斷	끊을	단:
端	끝	단
檀	박달나무	단
單	홑	단
達	통달할	달
擔	멜	담
黨	무리	당
帶	띠	대(:)
隊	무리	대
導	인도할	도:

督	감독할	독
毒	독[毒藥]	독
銅	구리	동
斗	말	두
豆	콩	두
得	얻을	득
燈	등	등
羅	벌일	라
兩	두	량:
麗	고울	려
連	이을	련
列	벌일	렬
錄	기록할	록
論	논할	론
留	머무를	류
律	법칙[法則]	률
滿	찰	만(:)
脈	줄기	맥
毛	털	모
牧	칠[牧養]	목
武	호반[虎班]	무:
務	힘쓸	무:
味	맛	미:
未	아닐	미(:)
密	빽빽할	밀
博	넓을	박
防	막을	방
房	방	방
訪	찾을	방:
配	나눌	배:
	짝	배:
背	등	배:
拜	절	배:
罰	벌할	벌

급수별 배정한자

伐	칠[討伐]	벌	聖	성인 聖人	성:	壓	누를	압	將	장수 將帥	장(:)	支	지탱할	지
壁	벽	벽	盛	성할	성:	液	진	액	低	낮을	저:	職	직분 職分	직
邊	가	변	聲	소리	성	羊	양	양	敵	대적할	적	進	나아갈	진:
報	갚을	보:	城	재[內城]	성	如	같을	여	田	밭	전	眞	참	진
	알릴	보:	誠	정성 精誠	성	餘	남을	여	絶	끊을	절	次	버금	차
步	걸음	보:	細	가늘	세:	逆	거스를	역	接	이을	접	察	살필	찰
寶	보배	보:	稅	세금 稅金	세:	演	펼	연:	程	한도 限度	정	創	비롯할	창:
保	지킬	보(:)	勢	형세 形勢	세:	研	갈[磨]	연:		길[道]	정	處	곳	처:
復	회복할	복	素	본디	소(:)	煙	연기 煙氣	연	政	정사 政事	정	請	청할	청
	다시	부:		흴[白]	소(:)	榮	영화 榮華	영	精	정할	정	總	다[皆]	총:
府	마을[官廳]	부(:)	掃	쓸[掃除]	소(:)	藝	재주	예:		자세할	정	銃	총	총
婦	며느리	부	笑	웃음	소:	誤	그르칠	오:	濟	건널	제:	蓄	모을	축
副	버금	부:	續	이을	속	玉	구슬	옥	提	끌[攜]	제	築	쌓을	축
富	부자 富者	부:	俗	풍속 風俗	속	往	갈	왕:	制	절제할	제:	蟲	벌레	충
佛	부처	불	送	보낼	송:	謠	노래	요	際	즈음	제:	忠	충성 忠誠	충
備	갖출	비:	收	거둘	수	容	얼굴	용		가[邊]	제:	取	가질	취:
飛	날	비	修	닦을	수	圓	둥글	원	除	덜	제	測	헤아릴	측
悲	슬플	비:	受	받을	수(:)	員	인원 人員	원	祭	제사 祭祀	제:	治	다스릴	치
非	아닐	비(:)	授	줄	수	衛	지킬	위	製	지을	제:	置	둘[措]	치:
貧	가난할	빈	守	지킬	수	爲	하	위(:)	助	도울	조:	齒	이	치
謝	사례할	사:	純	순수할	순		할	위(:)	鳥	새	조	侵	침노할	침
師	스승	사	承	이을	승	肉	고기	육	早	이를	조:	快	쾌할	쾌
寺	절	사	施	베풀	시:	恩	은혜 恩惠	은	造	지을	조:	態	모습	태:
舍	집	사	視	볼	시:	陰	그늘	음	尊	높을	존	統	거느릴	통:
殺	죽일	살	詩	시	시	應	응할	응:	宗	마루	종	退	물러날	퇴:
	감할	쇄:	試	시험 試驗	시(:)	義	옳을	의:	走	달릴	주	破	깨뜨릴	파:
	빠를	쇄:	是	이[斯]	시:	議	의논할	의(:)	竹	대	죽	波	물결	파
狀	형상 形狀	상		옳을	시:	移	옮길	이	準	준할	준:	砲	대포 大砲	포:
	문서 文書	장:	息	쉴	식	益	더할	익	衆	무리	중:	布	베[펼]	포(:)
常	떳떳할	상	申	납[猿]	신	引	끌	인	增	더할	증		보시 布施	보:
床	상[床=牀]	상	深	깊을	심	印	도장 圖章	인	指	가리킬	지	包	쌀[裹]	포(:)
想	생각	상:	眼	눈	안:	認	알[知]	인	志	뜻	지	暴	사나울	폭
設	베풀	설	暗	어두울	암:	障	막을	장	至	이를	지		모질	포:
星	별	성												

15

한자능력검정 4급(4Ⅱ 포함)

票	표	표				階	섬돌	계 :	逃	도망할	도
豊	풍년[豊=豐]	풍	**배정한자** **급**			系	이어맬	계 :	徒	무리	도
限	한할	한 :				繼	이을	계 :	卵	알	란 :
航	배	항 :	暇	틈	가 :	庫	곳집	고	亂	어지러울	란 :
港	항구港口	항 :		겨를	가 :	孤	외로울	고	覽	볼	람
解	풀	해 :	覺	깨달을	각	穀	곡식穀食	곡	略	간략할	략
鄕	시골	향	刻	새길	각	困	곤할	곤 :		약할[簡略]	략
香	향기香氣	향	簡	간략할	간 :	骨	뼈	골	糧	양식糧食	량
虛	빌	허		대쪽	간	孔	구멍	공 :	慮	생각할	려 :
驗	시험試驗	험 :	干	방패防牌	간	攻	칠[攻擊]	공 :	烈	매울	렬
賢	어질	현	看	볼	간	管	대롱	관	龍	용	룡
血	피	혈	敢	감히	감 :		주관할	관	柳	버들	류 :
協	화할	협		구태여	감 :	鑛	쇳돌	광 :	輪	바퀴	륜
惠	은혜恩惠	혜 :	甘	달	감	構	얽을	구	離	떠날	리 :
護	도울	호 :	甲	갑옷	갑	群	무리	군	妹	누이	매
呼	부를	호	降	내릴	강 :	君	임금	군	勉	힘쓸	면 :
戶	집	호 :		항복할	항	屈	굽힐	굴	鳴	울	명
好	좋을	호 :	更	다시	갱 :	窮	다할	궁	模	본뜰	모
貨	재물財物	화 :		고칠	경		궁할	궁	妙	묘할	묘 :
確	굳을	확	據	근거根據	거 :	勸	권할	권 :	墓	무덤	묘 :
回	돌아올	회	拒	막을	거 :	券	문서文書	권	舞	춤출	무 :
吸	마실	흡	居	살	거	卷	책	권	拍	칠[拍手]	박
興	일[盛]	흥 :	巨	클	거 :	歸	돌아갈	귀 :	髮	터럭	발
希	바랄	희	傑	뛰어날	걸	均	고를	균	妨	방해할	방
			儉	검소할	검 :	劇	심할	극	犯	범할	범 :
			激	격할	격	勤	부지런할	근 (:)	範	법法	범 :
※ 4급Ⅱ는 5급[500자]			擊	칠	격	筋	힘줄	근	辯	말씀	변 :
에 새로운 한자 250			犬	개	견	奇	기특할	기	普	넓을	보 :
자를 더하여 모두			堅	굳을	견	紀	벼리	기	複	겹칠	복
750자입니다.			鏡	거울	경 :	寄	부칠[寄書]	기	伏	엎드릴	복
단, 4급Ⅱ에서 한자			傾	기울	경	機	틀	기	否	아닐	부 :
쓰기 문제는 5급Ⅱ			驚	놀랄	경	納	들일	납		막힐	비 :
[400자] 범위에서 출			戒	경계할	계 :	段	층계層階	단	負	질[荷]	부 :
제됩니다.			季	계절季節	계 :	盜	도둑	도			
			鷄	닭	계						

粉	가루	분 :			
憤	분할	분 :			
碑	비석碑石	비			
批	비평할	비 :			
秘	숨길[秘=祕]	비 :			
辭	말씀	사			
私	사사私事	사			
絲	실	사			
射	쏠	사			
散	흩을	산 :			
傷	다칠	상			
象	코끼리	상			
宣	베풀	선			
舌	혀	설			
屬	붙일	속			
損	덜	손 :			
松	소나무	송			
頌	칭송할	송 :			
	기릴	송 :			
秀	빼어날	수			
叔	아재비	숙			
肅	엄숙할	숙			
崇	높을	숭			
氏	각시	씨			
	성씨姓氏	씨			
額	이마	액			
樣	모양模樣	양			
嚴	엄할	엄			
與	더불	여 :			
	줄	여 :			
易	바꿀	역			
	쉬울	이 :			
域	지경地境	역			
鉛	납	연			

급수별 배정한자

延	늘일	연	雜	섞일	잡	周	두루	주	擇	가릴	택	灰	재	회
緣	인연 因緣	연	裝	꾸밀	장	朱	붉을	주	討	칠 [討伐]	토	候	기후 氣候	후
燃	탈	연	張	베풀	장	酒	술	주	痛	아플	통	厚	두터울	후
營	경영할	영	獎	장려할	장	證	증거 證據	증	投	던질	투	揮	휘두를	휘
迎	맞을	영	帳	장막 帳幕	장	持	가질	지	鬪	싸움	투	喜	기쁠	희
映	비칠	영	壯	장할	장	誌	기록할	지	派	갈래	파
豫	미리	예	腸	창자	장	智	지혜 智慧	지	判	판단할	판
優	넉넉할	우	底	밑	저		슬기	지	篇	책 冊	편
遇	만날	우	績	길쌈	적	織	짤	직	評	평할	평
郵	우편 郵便	우	賊	도둑	적	盡	다할	진	閉	닫을	폐
源	근원 根源	원	適	맞을	적	珍	보배	진	胞	세포 細胞	포
援	도울	원	籍	문서 文書	적	陣	진칠	진	爆	불터질	폭
怨	원망할	원	積	쌓을	적	差	다를	차	標	표할	표
委	맡길	위	轉	구를	전	讚	기릴	찬	疲	피곤할	피
圍	에워쌀	위	錢	돈	전	採	캘	채	避	피할	피
慰	위로할	위	專	오로지	전	冊	책 冊	책	恨	한 [怨恨]	한
威	위엄 威嚴	위	折	꺾을	절	泉	샘	천	閑	한가할	한
危	위태할	위	點	점	점	廳	관청 官廳	청	抗	겨룰	항
遺	남길	유	占	점령할	점	聽	들을	청	核	씨	핵
				점칠	점	招	부를	초	憲	법 法	헌
遊	놀	유	整	가지런할	정	推	밀	추	險	험할	험
儒	선비	유	靜	고요할	정	縮	줄일	축	革	가죽	혁
乳	젖	유	丁	장정 壯丁	정	就	나아갈	취	顯	나타날	현
				고무래	정	趣	뜻	취	刑	형벌 刑罰	형
隱	숨을	은	帝	임금	제	層	층 [層樓]	층	或	혹	혹
儀	거동 舉動	의	條	가지	조	針	바늘	침	混	섞을	혼
疑	의심할	의	潮	조수 潮水	조	寢	잘	침	婚	혼인할	혼
依	의지할	의		밀물	조	稱	일컬을	칭	紅	붉을	홍
異	다를	이	組	짤	조	歎	탄식할	탄	華	빛날	화
仁	어질	인	存	있을	존	彈	탄알	탄	環	고리	환
姿	모양 模樣	자	鍾	쇠북 [鍾=鐘]	종	脫	벗을	탈	歡	기쁠	환
姉	손윗누이	자	從	좇을	종	探	찾을	탐	況	상황 狀況	황
資	재물 財物	자	座	자리	좌
殘	남을	잔

※ 4급 배정한자는 4급Ⅱ[750자]에 새로운 한자 250자를 더하여 1,000자입니다.
단, 4급에서 한자쓰기 문제는 5급[500자] 범위에서 출제됩니다.

이상 1,000자
　　급수별 가나다순

✎ 한자는 서체에 따라 글자 모양이 달라져 보이나 모두 정자로 인정됩니다.

❀ 참고 漢字 ❀

示 = 礻	
神(神)	祝(祝)
糸 = 糹	
線(線)	經(經)
辶 = 辶	
送(送)	運(運)
靑 = 青	
淸(清)	請(請)
飠 = 食	
飮(飲)	飯(飯)
八 = ソ	
尊(尊)	說(説)

17

작자作者 : 원천석元天錫

눈 맞아 휘어진 대를 뉘라서 굽다턴고
굽을 節이면 눈 속에 푸를소냐
아마도 歲寒孤節은 너뿐인가 하여라

설 명

- 작자 원천석의 아호雅號는 운곡耘谷으로, 고려말 때 인물이다. 그는 고려高麗가 기울자 벼슬을 내 놓고 치악산稚岳山에 들어가 몸소 밭을 갈아 어버이를 봉양奉養하며 일생一生을 마쳤다.

- 위 시는 늘 푸르러 변함이 없는 대나무와 같이 선비의 굳은 절개와 그러한 삶의 자세를 읊은 것이다.

한자능력검정시험

본문학습

본문학습

한자능력검정 4급Ⅱ와 4급으로 배정된, 각각의 한자漢字에 뜻이 통하는 한자와 연결하여 낱말을 만들고 그 뜻을 설명한 것입니다.

학습방법

① 먼저 아래의 보기 와 같이 빈칸에 알맞은 훈음訓音과 독음讀音을 씁니다.
② 훈訓과 음音이 정확하지 않은 한자는 옥편玉篇에서 찾아 쓰거나 뒤에 수록된 **본문학습 해답**(부록 3쪽~38쪽)을 보면 정확한 훈음과 독음을 확인할 수 있습니다.
③ 위의 방법으로 **본문학습**(21쪽~154쪽)[①~②, ③~④, ⑤~⑥ …]을 익힌 후에, **본문학습** 뒤에 수록된 **평가문제**(283쪽~334쪽)[①~②, ③~④, ⑤~⑥ …]를 풀이합니다.
④ 위와 같은 방법으로 여섯 쪽을 학습한 후에 **꼭꼭다지기**를 풀어봅니다. **꼭꼭다지기**는 8급~4급 중에서 중요한 문제를 골라 모은 것입니다.

❋ 아래 설명을 읽고 빈칸에 보기 와 같이 쓰세요.　　보기 例題(법식 례)(제목 제)[예제]

給水(줄　급)(물　수)〔급수〕	目的(눈　목)(과녁 적)〔목적〕
뜻▶물을 공급함. 예給水가 중단되다. 관級數(급수)▶우열에 따라 매기는 등급.	뜻▶어떤 일을 이루려고 하는 목표나 방향. 예目的한 것을 성취하기 위하여 노력하다.

정답확인

✔ **본문학습 해답**은 **부록**(3쪽~38쪽)에 있습니다.
✔ **평가문제 해답**은 **부록**(39쪽~53쪽)에 있습니다.

본문학습

❋ 아래 한자漢字의 뜻[訓]과 소리[音]를 자세히 익혀봅시다.

☆표는 4급Ⅱ 배정한자

香☆(香)	備☆(人)	郵☆(邑)	怒☆(心)	錄☆(金)
향기 향	갖출 비:	우편 우	성낼 노:	기록할 록

: 표는 長音, ·표는 長·短音 漢字임

❋ 아래 설명을 읽고 빈칸에 보기 와 같이 쓰세요.

보기 例題(법식 례)(제목 제)[예제]

香氣(　　)(　　)〔　　〕
  도▶꽃이나 향 따위에서 나는 기분 좋은 냄새.

暗香(　　)(　　)〔　　〕
  도▶① 어디서인지 모르게 그윽하게 풍겨 오는 향기. ② 어둠 속에 감도는 꽃향기.

聞香(　　)(　　)〔　　〕
  도▶① 향기를 맡음. ②'글씨나 그림을 감상(鑑賞)함'을 비유하여 이르는 말.

豫備(　　)(　　)〔　　〕
  도▶미리 준비(準備)함, 또는 그 준비. 团급할 때를 대비(對備)해서 豫備로 돈을 좀 마련하다.

裝備(　　)(　　)〔　　〕
  도▶어떤 장치나 설비 등을 갖추어 차림, 또는 그 장치나 비품(備品). 团국군 裝備의 현대화.

軍備(　　)(　　)〔　　〕
  도▶군사상의 준비. 전쟁을 위한 준비. 团온 국민이 軍備 조달(調達)을 위해 노력(努力)하다.

郵送(　　)(　　)〔　　〕
  도▶우편(郵便)으로 보냄.

郵票(　　)(　　)〔　　〕
  도▶우편물에 붙여 수수료(手數料)를 낸 증표(證票)로 삼는 정부(政府) 발행의 종이 딱지.

郵便(　　)(　　)〔　　〕
  도▶공중(公衆)의 의뢰(依賴)로 편지나 기타의 물품을 전국, 또는 전 세계에 보내 주는 제도.

怒氣(　　)(　　)〔　　〕
  도▶노여운 기색(氣色). 团怒氣 띤 얼굴빛.

喜怒(　　)(　　)〔　　〕
  도▶기쁨과 노여움. ※독음讀音에 주의!

錄音(　　)(　　)〔　　〕
  도▶소리를 재생할 수 있도록 기계로 기록하는 일.
  참綠陰(녹음) ▷푸른 잎이 우거진 나무의 그늘.

錄畫(　　)(　　)〔　　〕
  도▶재생(再生)을 목적으로, 카메라로 찍은 화상(畫像)을 필름이나 자기(磁氣) 테이프 같은데 기록(記錄)함.

記錄(　　)(　　)〔　　〕
  도▶(어떤 사실을) 뒤에 남기려고 적음, 또는 그런 글.

✔ 해답은 부록 5쪽에 실려 있습니다.

○ 身言書判(신언서판) ▷당(唐)나라 때 관리를 뽑던 시험에서 인물의 평가 기준으로 삼았던 '몸[體貌]·말씨[言辯]·글씨[筆跡]·판단[文理]'을 이르는 말.
○ 「便」자는 쓰임에 따라 훈訓과 음音이 달라지므로 주의!
  예1 便利(편리) 예2 便所(변소) 예3 小便(소변) 예4 男便(남편)
○ 서로 반대, 또는 상대되는 한자어 예勞使(노사) : 근로자와 사용자. 功過(공과) : 공로와 과실.

21

2 한자능력검정 4급(4Ⅱ 포함)

❋ 아래 한자漢字의 뜻[訓]과 소리[音]를 자세히 익혀봅시다.

☆표는 4급Ⅱ 배정한자

易 (日)	血☆ (血)	佛☆ (人)	保☆ (人)	射 (寸)
바꿀 역, 쉬울 이	피 혈	부처 불	지킬 보▶	쏠 사▶

❋ 아래 설명을 읽고 빈칸에 보기 와 같이 쓰세요.

보기 例題(법식 례)(제목 제)[예제]

平易(　　)(　　)〔　　〕
 도 ▶쉬움. ㉾平易한 문제(問題).

交易(　　)(　　)〔　　〕
 도 ▶물건을 서로 사고파는 일. [주로 국가 사이의 교환무역(交換貿易)을 이르는 말]

容易(　　)(　　)〔　　〕
 도 ▶아주 쉬움. 어렵지 않음. ㉾사용이 容易하다.

鮮血(　　)(　　)〔　　〕
 도 ▶갓 흘러나온 붉은 피. 신선(新鮮)한 피. ㉾鮮血이 낭자(狼藉)한 사고(事故) 현장을 보다.

血眼(　　)(　　)〔　　〕
 도 ▶① 기를 쓰고 덤벼서 핏발이 선 눈. ② 열중하여 바쁘게 몰아치는 일. ㉾기업(企業) 확장(擴張)에만 血眼이 되어 있다.

血壓(　　)(　　)〔　　〕
 도 ▶혈액(血液)이 혈관(血管) 속을 흐를 때 생기는 압력(壓力). 심장의 수축력(收縮力)과 혈관벽의 탄성(彈性) 따위로 정하여짐.
 참 彈性(탄성)▷외부로부터 힘을 받아 모양이 달라진 물체가 다시 본래의 모양으로 되돌아가려 하는 성질.

佛經(　　)(　　)〔　　〕
 도 ▶불교(佛敎)의 가르침을 적은 경전(經典).

佛畫(　　)(　　)〔　　〕
 도 ▶부처의 모습을 그린 그림. 또는 불교에 관한 것을 제재(題材)로 한 그림.

成佛(　　)(　　)〔　　〕
 도 ▶모든 번뇌(煩惱)에서 해탈(解脫)하여 불과(佛果)를 이룸. 곧 부처가 됨.
 참 佛果(불과)▷불도(佛道)를 수행(修行)함으로써 얻는 좋은 결과(結果).

保健(　　)(　　)〔　　〕
 도 ▶건강(健康)을 지켜 나가는 일.

保障(　　)(　　)〔　　〕
 도 ▶잘못되는 일이 없도록 보증(保證)함. ㉾안전(安全)을 보장하다.

射手(　　)(　　)〔　　〕
 도 ▶총포나 활 따위를 쏘는 사람. 사격수(射擊手).

射擊(　　)(　　)〔　　〕
 도 ▶총(銃)이나 대포(大砲)·활 등(等)을 쏨.

○ 「易」자는 쓰임에 따라 훈訓과 음音이 달라지므로 주의! 예1 簡易(간이) 예2 交易(교역)
○ **혼동하기 쉬운 한자**
　　참1 厭(싫을 염)과 壓(누를 압)　참2 眼(눈 안)과 眠(잘 면)　참3 血(피 혈)과 皿(그릇 명)

본문학습

○ 아래 한자漢字의 뜻[訓]과 소리[音]를 자세히 익혀봅시다.

☆표는 4급Ⅱ 배정한자

犯(犬)	請☆(言)	誤☆(言)	脫(肉)	困(口)
범할 범:	청할 청	그르칠 오:	벗을 탈	곤할 곤:

○ 아래 설명을 읽고 빈칸에 보기 와 같이 쓰세요.

보기 例題(법식 례)(제목 제)[예제]

犯罪( )( )〔 〕
- 도 ▶① 죄를 지음. 또는 지은 죄. ② 법률(法律)에 따라 형벌을 받아야 할 위법(違法) 행위. 예 사회가 각박해지면서 犯罪가 늘어나고 있다.

共犯( )( )〔 〕
- 도 ▶몇 사람이 공모(共謀)하여 공동으로 저지른 범죄. 또는 그 사람. 예 경찰은 두 명을 共犯으로 지목(指目)했다.

防犯( )( )〔 〕
- 도 ▶범죄(犯罪)가 일어나지 않도록 막음. 예 防犯 순찰(巡察)을 실시(實施)하다.

請約( )( )〔 〕
- 도 ▶유가 증권의 공모(公募)나 매출(賣出)에 응모(應募)하여 인수(引受) 계약을 신청하는 일. 예 아파트 請約. 국민주를 請約하다.

要請( )( )〔 〕
- 도 ▶필요한 일을 이리저리 해달라고 청함. 예 긴급(緊急) 지원(支援)을 要請하다.

誤解( )( )〔 〕
- 도 ▶① (어떤 표현을 다른 뜻으로) 잘못 이해함. 예 참뜻을 誤解하다. ② (어떤 사실에 대하여) 그릇된 판단을 내림. 예 誤解를 살 만한 일이야.

誤差( )( )〔 〕
- 도 ▶실지로 계산하거나 측량(測量)한 값과 이론적(理論的)으로 정확한 값과의 차이. 예 세밀하게 誤差를 계산하다.

脫落( )( )〔 〕
- 도 ▶① 어떤 일에 끼지 못하고 떨어져 나가거나 빠짐. 예 본선에서 脫落하다. ② 음절이 이어질 때, 한 쪽의 모음이나 자음, 또는 음절이 없어지는 일. 예 사닥다리⇨사다리, 어제 그제⇨엊그제

脫線( )( )〔 〕
- 도 ▶① 기차나 전차 따위의 바퀴가 궤도를 벗어남. 예 열차가 脫線하여 전복(顚覆)되다. ② 언행이 일상적인 규칙을 벗어나거나 나쁜 방향으로 빗나감. 예 학생들의 脫線을 지도(指導)하다.

脫黨( )( )〔 〕
- 도 ▶소속된 정당에서 탈퇴(脫退)함. 맨 입당(入黨). 예 당 지도부와의 불화로 脫黨을 결심하였다.

困難( )( )〔 〕
- 도 ▶① 처리하기 어려움. 예 대답하기 困難한 질문을 하다. ② 생활이 쪼들림. 예 살림이 困難하다.

勞困( )( )〔 〕
- 도 ▶고달프고 고단함. 예 온몸이 勞困하다.

 도움글

- 「防」자의 부수는 '阜=阝'자이다. '阝'자는 먼저 오른쪽 부분을 쓰고, 'ㅣ'자를 나중에 쓴다.
- 「犯」자의 부수는 '犭=犬(개견)'자이다. '犬'자는 부수로 쓰일 때는 '犭'으로 변형이 되기도 한다.

4 한자능력검정 4급(4Ⅱ 포함)

❋ 아래 한자漢字의 뜻[訓]과 소리[音]를 자세히 익혀봅시다.

☆표는 4급Ⅱ 배정한자

松(木)	柳(木)	疲(疒)	進☆(辵)	至☆(至)
소나무 송	버들 류▶	피곤할 피	나아갈 진:	이를 지

❋ 아래 설명을 읽고 빈칸에 보기 와 같이 쓰세요.

보기 例題(법식 례)(제목 제)[예제]

松林(　　　)(　　　)〔　　　〕
도 ▶소나무의 숲. 솔숲.

老松(　　　)(　　　)〔　　　〕
도 ▶오래 묵은 소나무. 고송(古松).

花柳(　　　)(　　　)〔　　　〕
도 ▶①꽃과 버들. ②'기생(妓生)'을 비유하여 이르는 말.

細柳(　　　)(　　　)〔　　　〕
도 ▶세버들. 참細柳같이 가는 허리. 참細柳春風
참細流(세류)▶작은 시내. 가늘게 흐르는 시냇물.

疲勞(　　　)(　　　)〔　　　〕
도 ▶몸이나 정신(精神)이 지쳐서 고단함.
참披露宴(피로연)▶결혼이나 출생 따위를 널리 알리는 뜻으로 베푸는 잔치. ※披1급, 露3급, 宴3급

疲困(　　　)(　　　)〔　　　〕
도 ▶몸이나 마음이 지쳐서 고단함.

疲兵(　　　)(　　　)〔　　　〕
도 ▶피로(疲勞)한 군대(軍隊).
참避病(피병)▶전염병을 피하여 거처를 옮김.

進退(　　　)(　　　)〔　　　〕
도 ▶①나아감과 물러섬. ②어떤 위치나 자리에서 물러서거나 눌러앉는 것. 참進退를 분명히 하다.

進級(　　　)(　　　)〔　　　〕
도 ▶등급(等級)·계급(階級)·학년 따위가 올라감.
참다른 사람에 비해 進級이 빠르다.

進路(　　　)(　　　)〔　　　〕
도 ▶앞으로 나아가는 길. 또는 나아갈 길. 참進路를 결정(決定)하다. 참퇴로(退路)

至極(　　　)(　　　)〔　　　〕
도 ▶어떠한 정도나 상태 따위가 더할 나위 없음을 이름. 참효성(孝誠)이 至極하다.

冬至(　　　)(　　　)〔　　　〕
도 ▶①이십사절기의 하나. 대설(大雪)과 소한(小寒) 사이로, 12월 22일경임. 북반구에서는 연중 밤이 가장 긴 날. 참하지(夏至). ②동짓달의 준말.

至急(　　　)(　　　)〔　　　〕
도 ▶매우 급함. 절급(切急). 참至急으로 부치다.
참支給(지급)▶특정인(特定人)에게 돈이나 물품(物品) 따위를 내어 줌.

 도움글

○「推」자는 쓰임에 따라 훈訓과 음音이 달라지므로 주의!
　예1 推理(추리)　예2 推敲(퇴고)　※敲1급=두드릴 고

○ 이체자(異體字)▷'훈訓과 음音은 같으나 모양이 다른 글자'를 말한다.
　예1 柏(측백 백) = 栢(백)　예2 畫(그림 화) = 畵(화)　예3 鍾(쇠북 종) = 鐘(종)　예4 床(상 상) = 牀(상)
　예5 詠(읊을 영) = 咏(영)

본문학습 5

❁ 아래 한자漢字의 뜻[訓]과 소리[音]를 자세히 익혀봅시다.　　　☆표는 4급Ⅱ 배정한자

豫(豕)	離(隹)	探(手)	測☆(水)	招(手)
미리 예:	떠날 리:	찾을 탐	헤아릴 측	부를 초

❁ 아래 설명을 읽고 빈칸에 보기 와 같이 쓰세요.　　　보기 例題(법식 례)(제목 제)[예제]

豫報(　　)(　　)〔　　〕
　도▶앞으로의 일을 예상(豫想)해서 미리 알림.
　활▶여행(旅行) 전에는 기상(氣象) 豫報를 듣는다.

豫想(　　)(　　)〔　　〕
　도▶어떤 일의 경과나 결과 따위를 미리 어림잡아 생각함. 활▶일이 豫想했던 대로 되다.

豫買(　　)(　　)〔　　〕
　도▶시기가 되기 전에 미리 삼. 활▶입장권 豫買. 참▶豫賣(예매)▷미리 팖. 활▶豫賣 창구가 붐비다.

離別(　　)(　　)〔　　〕
　도▶오랫동안 떨어져야 할 일 때문에 서로 헤어짐. 활▶서로 離別하며 눈물을 흘리네.

離脫(　　)(　　)〔　　〕
　도▶떨어져 나가거나 떨어져 나옴. 관계를 끊음. 활▶대열(隊列)에서 離脫하다.

離婚(　　)(　　)〔　　〕
　도▶생존 중인 부부가 서로의 합의나 재판상의 청구(請求)에 따라 부부 관계를 끊는 일.

離陸(　　)(　　)〔　　〕
　도▶비행기가 땅에서 떠오름. 반▶착륙(着陸).
　활▶비행기는 힘차게 離陸했다.

探險(　　)(　　)〔　　〕
　도▶위험을 무릅쓰고 알려지지 않은 세계를 찾아다니며 살핌. 활▶배를 타고 探險의 길에 올랐다.

探査(　　)(　　)〔　　〕
　도▶더듬어 살펴 조사(調査)함. 활▶석유(石油) 探査를 위한 시추선(試錐船)을 도입(導入)하다.

測量(　　)(　　)〔　　〕
　도▶①어떤 위치·각도·거리·방향 따위를 재어 그림으로 나타냄. 활▶토지 測量 ②생각하여 헤아림.

觀測(　　)(　　)〔　　〕
　도▶자연현상이나 어떤 현상 등을 관찰하여 짐작하거나 알아냄. 활▶기상(氣象) 觀測

問招(　　)(　　)〔　　〕
　도▶지난날, '죄인을 신문(訊問)함'을 이르던 말.
　활▶검찰에서 밤새 問招를 받고 돌아왔다.

招請(　　)(　　)〔　　〕
　도▶남을 청하여 부름.

招待(　　)(　　)〔　　〕
　도▶남을 불러서 대접(待接)함.
　참▶初代(초대)▷어떤 계통(系統)의 첫 번째 사람, 또는 그 사람의 시대. 활▶初代 대통령(大統領).

 도움글

○ **반대자**反對字·**상대자**相對字 : 두 개의 글자가 서로 뜻이 반대 또는 상대되는 뜻을 가진 낱말을 말함.
　예1 陸(뭍 륙) ⇔ 海(바다 해)　　예2 問(물을 문) ⇔ 答(대답 답)　　예3 賣(팔 매) ⇔ 買(살 매)

25

6 한자능력검정 4급(4Ⅱ 포함)

✿ 아래 한자漢字의 뜻[訓]과 소리[音]를 자세히 익혀봅시다.

☆표는 4급Ⅱ 배정한자

險 (阜)	興 ☆ (臼)	稱 (禾)	或 (戈)	墓 (土)
험할 험:	일 흥•	일컬을 칭	혹 혹	무덤 묘:

✿ 아래 설명을 읽고 빈칸에 보기 와 같이 쓰세요.   보기 例題(법식 례)(제목 제)[예제]

險難(   )(   )〔   〕
도 ▶ ① 위험하고 어려움. 田險難한 산길. ② 위태롭고 고생스러움. 田세상살이가 險難하다.

危險(   )(   )〔   〕
도 ▶ 실패(失敗)하거나 목숨을 위태롭게 할 만함. 안전(安全)하지 못함. 田危險을 무릅쓰다.

保險(   )(   )〔   〕
도 ▶ 뜻하지 않은 사고(事故)에 대비(對備)하여, 미리 일정한 보험료를 내게 하고, 사고가 일어났을 때 그 손해를 보상(報償)하는 제도.

興亡(   )(   )〔   〕
도 ▶ 국가(國家)나 민족(民族) 따위가 흥하는 일과 망하는 일.

興趣(   )(   )〔   〕
도 ▶ 즐거운 멋과 취미(趣味).

興行(   )(   )〔   〕
도 ▶ 돈을 받고 연극(演劇)·영화(映畫) 따위를 구경시키는 일. 田興行에 성공(成功)하다.

呼稱(   )(   )〔   〕
도 ▶ 이름 지어 부름. 불러 일컬음.

對稱(   )(   )〔   〕
도 ▶ 점(點)·선(線)·면(面), 또는 이것들로 된 도형이 어떤 기준 되는 점이나 선, 또는 면을 중심으로 서로 맞서는 자리에 놓이는 경우.

愛稱(   )(   )〔   〕
도 ▶ 본이름 외에 친근(親近)한 정(情)을 곁들여 부르는 이름.

間或(   )(   )〔   〕
도 ▶ 이따금. 어쩌다가. 간간이. 혹간. 田그런 일이 間或 있다.

或時(   )(   )〔   〕
도 ▶ 어떠한 때에. 어쩌다가. 혹시(或是). 만일에. 혹여(或如). 田或時 실패하더라도 실망하지마!

省墓(   )(   )〔   〕
도 ▶ 조상(祖上)의 산소(山所)에 가서 인사(人事)를 드리고 산소를 살피는 일.

墓域(   )(   )〔   〕
도 ▶ 묘소(墓所)로 정한 구역(區域).

墓祭(   )(   )〔   〕
도 ▶ 산소(山所)에서 지내는 제사(祭祀).

 도 움 글

○ **반대자**反對字 · **상대자**相對字   예1 興(일 흥) ⇔ 亡(망할 망)   예2 安(편안 안) ⇔ 危(위태할 위)

○ 「省」자는 쓰임에 따라 훈訓과 음音이 달라지므로 주의!
    예1 省略(생략)   예2 反省(반성)   예3 省察(성찰)   예4 省禮(생례)

26

해답 ☞ 부록 6쪽

1. 다음 한자어의 독음을 쓰세요.

困窮 〔　　　〕	至誠 〔　　　〕
도▶ 가난하고 궁핍(窮乏)함.	도▶ 정성이 지극함. 예 至誠이면 感天이라.
松花 〔　　　〕	墓所 〔　　　〕
도▶ 소나무의 꽃, 또는 그 꽃가루.	도▶ 산소. 무덤. 묘지(墓地).
進展 〔　　　〕	別稱 〔　　　〕
도▶ 진행되어 나아감. 예 일에 進展이 없다.	도▶ 달리 일컫는 말. 예 봉래산(蓬萊山)은 금강산(金剛山)의 別稱이다.
豫感 〔　　　〕	或說 〔　　　〕
도▶ 무슨 일이 일어날 것 같다는 것을 사전(事前)에 느끼는 일. 또는 그런 느낌. 예 어쩐지 豫感이 좋지 않다.	도▶ 어떤 사람의 말이나 학설(學說). 예 或說에 의하면 개구리가 뱀을 잡아먹는다나!

2. 다음 한자어의 독음을 쓰세요.

進就性 〔　　　〕	春香傳 〔　　　〕
도▶ 적극적(積極的)인 자세로 차차 일을 이루어 나갈 만한 요소(要素)나 성질(性質).	도▶ 한국 고대 소설의 하나. [춘향의 정절(貞節)을 기리고 계급 타파(打破)의 서민 의식을 고양(高揚)한 내용을 담고 있다.]
誤發彈 〔　　　〕	脫衣室 〔　　　〕
도▶ 실수(失手)로 잘못 쏜 탄알.	도▶ 옷을 갈아입도록 마련한 방.

3. 다음 한자성어의 독음을 쓰세요.

怒發大發 〔　　　〕	柳綠花紅 〔　　　〕
도▶ 몹시 노하여 크게 성을 냄. 예 怒發大發하여 크게 꾸짖다.	도▶ '버들은 푸르고, 꽃은 붉다'는 뜻으로, '봄철의 경치'를 말할 때 흔히 쓰는 말.
自然保護 〔　　　〕	會者定離 〔　　　〕
도▶ 자연을 훼손(毀損)하지 않고 좋은 상태로 가꾸고 보살펴 보존(保存)하려 하는 일.	도▶ (불교에서) '만난 사람은 반드시 헤어진다'는 뜻으로, '인생의 무상(無常)함'을 이르는 말.

○ 혼동하기 쉬운 한자

참1 困(곤할 곤)과 因(인할 인)　참2 豫(미리 예)와 像(모양 상)　참3 設(베풀 설)과 說(말씀 설)
참4 綠(푸를 록)과 緣(인연 연)　참5 與(일 흥)과 與(더불 여)

한자능력검정 **4**급(**4**Ⅱ 포함)

해답 ☞ 부록 6쪽

1. 다음 한자어의 독음을 쓰세요.

就業( )	切斷( )	建築( )	料理( )	旅券( )
經營( )	蟲齒( )	復興( )	素朴( )	離職( )
極祕( )	豫想( )	選擧( )	底邊( )	禮訪( )
階層( )	電算( )	宣布( )	擔當( )	激變( )
異端( )	廳舍( )	豫備( )	承服( )	痛快( )

2. 다음 한자의 뜻과 소리[訓音]를 쓰세요.

郵( )	射( )	犯( )	柳( )	探( )
怒( )	佛( )	脫( )	疲( )	險( )
錄( )	墓( )	招( )	至( )	誤( )

3. 다음 글을 읽고 밑줄 친 단어를 한자로 쓰세요.

상급생[1]이 된 우리는 이제 어린이회의[2]를 통하여 앞으로의 모든 생활[3]과 일을 계획[4]하고 실천(實踐)함으로써 보다 나은 학교생활을 해 나가야 하겠습니다. 우선 각[5] 부서별로 어제 있었던 모임에서 나온 의견[6]을 중심[7]으로 하여 이 달의 생활계획을 발표[8]해 주시기 바랍니다.

| (1) | (2) | (3) | (4) |
| (5) | (6) | (7) | (8) |

> 「畫」자는 쓰임에 따라 훈(訓)과 음(音)이 달라지므로 주의! '그림'을 뜻할 때에는 '화'라고 읽고, '획을 긋다'는 뜻으로 쓰일 때에는 '획'이라고 읽는다.
> 예1 書畫 = 書畵(서화)   예2 畫順 = 劃順(획순)

본문학습

아래 한자(漢字)의 뜻[訓]과 소리[音]를 자세히 익혀봅시다.

☆표는 4급Ⅱ 배정한자

婚(女)	孤(子)	細☆(糸)	鏡(金)	賢☆(貝)
혼인할 혼	외로울 고	가늘 세:	거울 경:	어질 현

아래 설명을 읽고 빈칸에 보기 와 같이 쓰세요.

보기 例題(법식 례)(제목 제)[예제]

結婚(　　　)(　　　)〔　　　〕
　도 ▶남녀(男女)가 정식으로 부부(夫婦) 관계를 맺음. 혼인(婚姻).

約婚(　　　)(　　　)〔　　　〕
　도 ▶결혼(結婚)하기로 서로 약속(約束)함. 또는 그 약속. 부부지약(夫婦之約). 정혼(定婚). 혼약(婚約). 용 서로 約婚한 사이.

婚禮(　　　)(　　　)〔　　　〕
　도 ▶혼인(婚姻)의 형식을 갖춘 예의(禮儀).

孤立(　　　)(　　　)〔　　　〕
　도 ▶홀로 외따로 떨어져 있음. 용 문명(文明)으로부터 孤立된 지역. 용 친구 사이에서 孤立되다.

孤獨(　　　)(　　　)〔　　　〕
　도 ▶외로움.

孤雲(　　　)(　　　)〔　　　〕
　도 ▶①외롭게 떠 있는 구름. ②'세속을 떠난 선비'를 비유하여 이르는 말.

細密(　　　)(　　　)〔　　　〕
　도 ▶자세(仔細)하고 빈틈이 없음. 용 細密한 계획을 세운 뒤에 일을 추진하기로 하였다.

細筆(　　　)(　　　)〔　　　〕
　도 ▶①잔글씨로 씀. ②잔글씨를 쓰는 붓.
　용 洗筆(세필) ▷(글씨를 쓰고 난 뒤) 붓을 씻음.

細部(　　　)(　　　)〔　　　〕
　도 ▶자세(仔細)한 부분(部分).

破鏡(　　　)(　　　)〔　　　〕
　도 ▶부부(夫婦)의 이별(離別). 이혼(離婚). 용 두 사람은 10년 만에 破鏡을 맞고 말았다. 참 도움글.

眼鏡(　　　)(　　　)〔　　　〕
　도 ▶불완전한 시력(視力)을 돕거나, 강한 광선으로부터 눈을 보호(保護)하기 위하여 쓰는 기구.

賢明(　　　)(　　　)〔　　　〕
　도 ▶어질고 사리(事理)에 밝음.

群賢(　　　)(　　　)〔　　　〕
　도 ▶여러 어진 사람.
　용 賢人(현인) ▷덕행(德行)이 뛰어남이 성인(聖人) 다음 가는 사람.

儒賢(　　　)(　　　)〔　　　〕
　도 ▶경학(經學)에 정통(精通)하고 언행(言行)이 바른 선비.

○ 破鏡 : 옛날, 어떤 부부(夫婦)가 조각 낸 거울 한 쪽씩을 정표(情表)로 삼아 잠시 헤어져 있었는데, 여자가 변심(變心)을 하자 여자의 거울 조각이 까치가 되어 전남편(前男便)에게 날아갔다는 이야기에서 유래(由來)한 말로, '부부의 이별, 또는 이혼'을 이르는 말로 쓰인다.

8 한자능력검정 4급(4II 포함)

◈ 아래 한자(漢字)의 뜻[訓]과 소리[音]를 자세히 익혀봅시다.

☆표는 4급II 배정한자

避 (辵)	批 (手)	防 ☆ (阜)	員 ☆ (口)	早 ☆ (日)
피할 피:	비평할 비:	막을 방	인원 원	이를 조:

◈ 아래 설명을 읽고 빈칸에 보기 와 같이 쓰세요.

보기 例題(법식 례)(제목 제)[예제]

避難( )( )〔 〕
  도▶재난(災難)을 피하여 있는 곳을 옮김.
  참▶避亂(피란)▷난리를 피하여 다른 데로 옮김.

回避( )( )〔 〕
  도▶몸을 피하여 만나지 아니하거나, 책임(責任)을 지지 않고 꾀를 부림.

避身( )( )〔 〕
  도▶몸을 피함.

批判( )( )〔 〕
  도▶좋고 나쁨, 또는 옳고 그름을 따져 말함.
  참▶신랄(辛辣)하게 批判하다.

批評( )( )〔 〕
  도▶사물(事物)의 좋고 나쁨, 또는 옳고 그름 따위를 평가(評價)함. 참▶문예(文藝) 批評.

防音( )( )〔 〕
  도▶시끄러운 소리를 막음. 참▶防音 장치(裝置)

防彈( )( )〔 〕
  도▶탄알을 막음.
  참▶放誕(방탄)▷터무니없이 큰소리만 침. ※誕(낳을 탄)

教員( )( )〔 〕
  도▶교사(教師). 학술(學術)이나 기예(技藝)를 가르치는 사람.

定員( )( )〔 〕
  도▶일정(一定)한 규정(規定)에 따라 정해진 인원(人員). 참▶定員을 초과(超過)한 것이 사고(事故)의 원인(原因)이다.

任員( )( )〔 〕
  도▶어떤 단체(團體)의 일을 맡아 처리하는 사람.

職員( )( )〔 〕
  도▶직장(職場)에서 일정한 직무(職務)를 맡아보는 사람.

早期( )( )〔 〕
  도▶이른 시기(時期). 이른 때. 참▶암의 早期 발견

早退( )( )〔 〕
  도▶직장이나 학교 같은 데서, 마치지 않고 일찍 돌아감. 참▶몸이 아파 학교에서 早退하다.

早速( )( )〔 〕
  도▶이르고도 빠름. 참▶早速한 조치(措置)를 취하다.

○ **혼동하기 쉬운 한자**　참1 職(직분 직)과 識(알 식)　참2 防(막을 방)과 妨(방해할 방)
○ 다음 한자(漢字)와 관련된 한자어(漢字語)를 알아보자. [批・避・防]
　참1 批正(비정)　참2 批點(비점)　참3 逃避(도피)　참4 避席(피석)　참5 防衛(방위)
　참6 防寒(방한)

본문학습 9

※ 아래 한자漢字의 뜻[訓]과 소리[音]를 자세히 익혀봅시다.

☆표는 4급Ⅱ 배정한자

厚(厂)	圍(囗)	榮☆(木)	往☆(彳)	連☆(辶)
두터울 후:	에워쌀 위	영화 영	갈 왕:	이을 련

※ 아래 설명을 읽고 빈칸에 보기 와 같이 쓰세요.

보기 例題(법식 례)(제목 제)[예제]

厚待(　　　)(　　　)〔　　　〕
 도▶후하게 대접(待接)함, 또는 그러한 대접. 예문주인은 손님을 厚待하였다.

溫厚(　　　)(　　　)〔　　　〕
 도▶마음씨나 태도가 부드럽고 무던함. 예문성품(性品)이 곧고 溫厚하여 신임(信任)을 얻다.

範圍(　　　)(　　　)〔　　　〕
 도▶얼마만큼 한정(限定)된 구역의 언저리. 어떤 힘이 미치는 한계(限界). 테두리. 예문조사(調査)할 대상(對象)의 範圍를 정하다.

周圍(　　　)(　　　)〔　　　〕
 도▶①둘레. 사방. ②어떤 사람이나 사물을 둘러싸고 있는 환경(環境). 예문그 사람의 됨됨이는 周圍사람들을 보면 알 수 있다.

包圍(　　　)(　　　)〔　　　〕
 도▶둘레를 에워쌈. 예문적군은 아군에게 包圍되어 고립 상태에 놓여 있었다.

榮光(　　　)(　　　)〔　　　〕
 도▶경쟁에서 이기거나, 남이 하지 못한 어려운 일을 해냈을 때의 빛나는 영예(榮譽). 광영(光榮). 예문수석(首席) 입학의 榮光을 차지하다.

榮華(　　　)(　　　)〔　　　〕
 도▶몸이 귀하게 되어 이름이 세상에 빛남. 예문직권(職權) 남용(濫用)으로 榮華를 누리던 관리가 사법(司法) 처리(處理)되다.

虛榮(　　　)(　　　)〔　　　〕
 도▶필요 이상의 겉치레. 예문하루아침에 때부자가 된 그는 虛榮에 사로잡혀 돈을 물 쓰듯 썼다.

往復(　　　)(　　　)〔　　　〕
 도▶갔다가 돌아옴. 예문하루 동안 서울과 부산을 往復하였다.

往來(　　　)(　　　)〔　　　〕
 도▶①가고 오고 함. ②편지나 소식을 주고받음. 예문요즘은 서신(書信) 往來조차 없다.

連結(　　　)(　　　)〔　　　〕
 도▶서로 이어서 맺음. 예문객차(客車)를 連結하다.

連續(　　　)(　　　)〔　　　〕
 도▶끊이지 않고 죽 이어짐. 예문連續 상영(上映).

連任(　　　)(　　　)〔　　　〕
 도▶임기(任期)를 마친 사람이 다시 그 자리에 임용(任用)됨. 예문회장(會長)을 連任하다.

○ **혼동하기 쉬운 한자**　참1 待(기다릴 대)와 侍(모실 시)　　참2 榮(영화 영)과 營(경영할 영)
○「往復」의 '復'자는 쓰임에 따라 훈訓과 음音이 달라지므로 주의!
　　예1 復活(부활)　예2 復習(복습)　예3 復古(복고)　예4 復興(부흥)　예5 重言復言(중언부언)

31

10 한자능력검정 4급(4Ⅱ 포함)

✿ 아래 한자漢字의 뜻[訓]과 소리[音]를 자세히 익혀봅시다.

☆표는 4급Ⅱ 배정한자

肉 ☆ (肉)	蟲 ☆ (虫)	謝 ☆ (言)	歸 (止)	覽 (見)
고기 육	벌레 충	사례할 사:	돌아갈 귀:	볼 람

✿ 아래 설명을 읽고 빈칸에 보기 와 같이 쓰세요.

보기 例題(법식 례)(제목 제)[예제]

肉眼(　　　)(　　　)〔　　　〕
　도▶ 본디의 눈이나 시력(視力). 맨눈.

骨肉(　　　)(　　　)〔　　　〕
　도▶ ① 뼈와 살. ② 부모와 자식, 또는 형제자매 등의 가까운 혈족(血族). 골육지친(骨肉之親).

肉聲(　　　)(　　　)〔　　　〕
　도▶ (기계를 통하지 않고) 직접 들리는 사람의 목소리. 예肉聲으로 노래하다.
　참 育成(육성) ▷ 길러서 자라게 함.

蟲齒(　　　)(　　　)〔　　　〕
　도▶ 벌레 먹어 상한 이. 삭은니.

成蟲(　　　)(　　　)〔　　　〕
　도▶ (애벌레가) 다 자라서 생식(生殖) 능력을 지니게 된 곤충(昆蟲). 어른벌레. 엄지벌레. 자란벌레. 반幼蟲(유충).

謝過(　　　)(　　　)〔　　　〕
　도▶ 잘못에 대하여 용서(容恕)를 빎.
　참 沙果(사과) ▷ 사과나무의 열매. ※沙 = 砂3급

展覽(　　　)(　　　)〔　　　〕
　도▶ 여러 물품을 한군데 모아 진열해 놓고 보임.

感謝(　　　)(　　　)〔　　　〕
　도▶ 고맙게 여김. 예정말 感謝합니다.
　참 監査(감사) ▷ 감독하고 검사함. 예국정(國政)監査

謝恩(　　　)(　　　)〔　　　〕
　도▶ 은혜에 대하여 감사함. 예謝恩의 꽃다발.
　참 師恩(사은) ▷ 스승의 은혜(恩惠).

歸結(　　　)(　　　)〔　　　〕
　도▶ 의논이나 행동 따위가 어떤 결론에 이름. 예국민의 욕구는 결국 경제적 풍요에 歸結된다.

歸路(　　　)(　　　)〔　　　〕
　도▶ 돌아가거나 오는 길. 예歸路에 친구를 만났다.

歸省(　　　)(　　　)〔　　　〕
　도▶ ('고향에 돌아가 어버이께 문안을 드린다'는 뜻으로) 객지에서 지내다가 고향에 돌아감.

博覽(　　　)(　　　)〔　　　〕
　도▶ ① 여러 가지 책을 많이 읽음. ② 여러 곳을 다니며 널리 많은 것을 봄.

遊覽(　　　)(　　　)〔　　　〕
　도▶ 두루 구경하며 돌아다님. 예명승지(名勝地)를 遊覽하다.

 도움글

○ 「弱(약할 약)」자와 「略(간략할 략)」자의 훈訓과 음音에 주의!
　예1 弱(약하다 ▷ 힘이 약하다) ⇒ 強弱(강약)
　예2 略(약하다 ▷ 간단하게 줄이다) ⇒ 省略(생략)

본문학습 11

◎ 아래 한자漢字의 뜻[訓]과 소리[音]를 자세히 익혀봅시다.

☆표는 4급Ⅱ 배정한자

張 (弓)	靜 (靑)	施 ☆ (方)	怨 (心)	次 ☆ (欠)
베풀 장	고요할 정	베풀 시	원망할 원	버금 차

◎ 아래 설명을 읽고 빈칸에 보기 와 같이 쓰세요.   보기 例題(법식 례)(제목 제)[예제]

主張(　　　)(　　　)〔　　　〕
　도▶자기의 학설(學說)이나 의견 따위를 내세움.

出張(　　　)(　　　)〔　　　〕
　도▶용무(用務)로 어떤 곳에 가거나 임시(臨時)로 파견(派遣)됨.

張本(　　　)(　　　)〔　　　〕
　도▶일의 발단(發端)이 되는 근원(根源). 장본인(張本人)의 준말. 囝일을 망친 張本人.

靜肅(　　　)(　　　)〔　　　〕
　도▶고요하고 엄숙(嚴肅)함.

動靜(　　　)(　　　)〔　　　〕
　도▶어떤 행동이나 상황 등이 전개되거나 변화되어 가는 상태. 囝적의 動靜을 살피다.
　참同情(동정)▷남의 불행이나 슬픔 따위를 자기 일처럼 생각하여 가슴 아파하고 위로(慰勞)함.

實施(　　　)(　　　)〔　　　〕
　도▶계획 따위를 실제로 시행(施行)함.

施賞(　　　)(　　　)〔　　　〕
　도▶상장이나 상품(賞品), 또는 상금(賞金)을 줌.

施設(　　　)(　　　)〔　　　〕
　도▶도구(道具)나 장치(裝置) 등을 베풀어서 차림, 또는 그 차린 설비(設備).

怨恨(　　　)(　　　)〔　　　〕
　도▶원통(冤痛)하고 한스러운 생각. 囝조상(祖上)의 怨恨이 뼈에 사무치다.

怨望(　　　)(　　　)〔　　　〕
　도▶남이 내게 한 일에 대하여 억울하게 여겨 탓하거나 분하게 여겨 미워함. 囝남을 怨望하기보다는 자신의 잘못을 돌이켜보라!

席次(　　　)(　　　)〔　　　〕
　도▶① 자리의 차례(次例). ② 성적(成績)의 차례. 囝한자능력검정시험은 席次를 가리지 않는다.

次期(　　　)(　　　)〔　　　〕
　도▶다음 시기(時期). 囝次期 회장(會長) 선거(選擧)에 출마(出馬)하다.

次例(　　　)(　　　)〔　　　〕
　도▶(한·두·세 등의 수를 나타내는 관형사 아래에 쓰이어) '번(番)', '횟수'를 나타냄. 囝그 책을 세 次例나 읽었다.

○ **혼동하기 쉬운 한자**　　참1 廣(넓을 광)과 慮(생각할 려)　　참2 施(베풀 시)와 旋(돌 선)
○「靜肅」에서 '肅'자의 필순은 먼저 가운데 부분을 쓴 후에, 왼쪽[片]을 쓰고, 다음에 오른쪽[片]을 쓴다.

33

12 한자능력검정 4급(4Ⅱ 포함)

아래 한자漢字의 뜻[訓]과 소리[音]를 자세히 익혀봅시다.

☆표는 4급Ⅱ 배정한자

好☆(女)	勢☆(力)	列☆(刀)	源(水)	庫(广)
좋을 호:	형세 세:	벌일 렬	근원 원	곳집 고

아래 설명을 읽고 빈칸에 보기 와 같이 쓰세요.   보기 例題(법식 례)(제목 제)[예제]

好感(　　　)(　　　)〔　　　〕
도▶좋게 여기는 감정(感情).

好意(　　　)(　　　)〔　　　〕
도▶남에게 보이는 친절(親切)한 마음씨.

愛好(　　　)(　　　)〔　　　〕
도▶어떤 사물을 사랑하고 즐김.
참愛護(애호)▷아끼고 소중히 다루며 보호함.

優勢(　　　)(　　　)〔　　　〕
도▶실력(實力)이나 형세(形勢)가 보다 나음, 또는 그 형세. 맨열세(劣勢). 예우리 팀의 優勢를 장담(壯談)하고 있다.

病勢(　　　)(　　　)〔　　　〕
도▶병(病)의 상태. 병(病)의 경과(經過). 예악화(惡化)되었던 病勢가 호전(好轉)되었다.

權勢(　　　)(　　　)〔　　　〕
도▶권력(權力)과 세력(勢力). 예權勢를 부리다.

序列(　　　)(　　　)〔　　　〕
도▶연령(年齡)·지위(地位)·성적(成績) 따위의 일정한 순서(順序)에 따라 늘어서는 일, 또는 그 순서. 예序列을 정하다.

列強(　　　)(　　　)〔　　　〕
도▶여러 강국. 강국(強國)들. 예세계 列強들의 경제발전(經濟發展) 경쟁(競爭)이 치열(熾烈)하다.

列擧(　　　)(　　　)〔　　　〕
도▶여러 가지를 하나씩 들어 말함. 예증거(證據)를 列擧하다.

根源(　　　)(　　　)〔　　　〕
도▶①물줄기가 흘러나오기 시작하는 곳. ②어떤 일이 생겨나는 본바탕. 예根源을 파헤치다.

電源(　　　)(　　　)〔　　　〕
도▶전력(電力)을 공급(供給)하는 원천(源泉).

在庫(　　　)(　　　)〔　　　〕
도▶①창고에 있음. ②재고품(在庫品)의 준말. 예在庫를 정리(整理)하다.
참再考(재고)▷한 번 정한 일이나, 문제 따위에 대하여 다시 생각함. 예再考의 여지가 없다.

寶庫(　　　)(　　　)〔　　　〕
도▶①보물처럼 귀중한 것이 갈무리되어 있는 곳. 예경주(慶州)는 문화(文化)의 寶庫다. ②재화(財貨)가 많이 나는 땅. 예중동(中東) 지방(地方)은 석유(石油)의 寶庫다.

 도움글

○ 틀리기 쉬운 한자어의 독음
참1 分列 : 분렬(×) : 분열(○)　　참2 遊說 : 유설(×) : 유세(○)
참3 降伏 : 강복(×) : 항복(○)　　참4 數脈 : 수맥(×) : 삭맥(○)

해답 ☞ 부록 8쪽

1. 다음 한자어의 독음을 쓰세요.

金庫 〔 〕	謝禮 〔 〕
도▶돈이나 귀중품 등을 안전하게 보관하는 상자.	도▶언행(言行)이나 금품(金品)으로 고마운 뜻을 나타내는 인사. 団謝禮의 뜻을 전하다.
起源 〔 〕	發源 〔 〕
도▶사물(事物)의 생긴 근원(根源). 団인류(人類)의 起源.	도▶①강물의 흐름이 비롯함. ②어떤 사상이나 현상 등이 발생하여 일어남. 또는 그 근원.

2. 다음 한자어의 독음을 쓰세요.

病蟲害 〔 〕	防風林 〔 〕
도▶식물이나 농작물 따위가 병균(病菌)이나 해충(害蟲)으로 말미암아 입는 해.	도▶바람을 막기 위하여 가꾼 숲.
寄生蟲 〔 〕	集配員 〔 〕
도▶①다른 생물에 붙어서 영양을 섭취하며 사는 동물. ②'자기는 일을 하지 않고 남에게 기대어 사는 사람'을 비유하여 이르는 말.	도▶우편(郵便) 집배원의 준말.
	無防備 〔 〕
	도▶적에 대한 방어 시설과 경비가 없음.

3. 다음 한자성어의 독음을 쓰세요.

因果應報 〔 〕	勢不十年 〔 〕
도▶(불교에서) 과거 또는 전생(前生)의 선악(善惡)의 인연(因緣)에 따라서 훗날의 길흉화복(吉凶禍福)의 갚음을 받게 됨을 이르는 말.	도▶아무리 높은 권세(權勢)라도 10년을 지속(持續)하기 어렵다. 권불십년(權不十年).
明鏡止水 〔 〕	視死如歸 〔 〕
도▶'맑은 거울과 고요한 물'이라는 뜻으로, 맑고 고요한 심경(心境)을 이르는 말.	도▶'죽음을 고향에 돌아가는 것처럼 여긴다'는 뜻으로, '죽음을 조금도 두려워하지 않는다'는 말.
弱肉強食 〔 〕	事必歸正 〔 〕
도▶약한 것이 강한 것에게 먹힘. 団弱肉強食의 격렬(激烈)함을 볼 수 있다.	도▶'무슨 일이든지 결국은 바른길로 돌아간다'는 뜻.

도움글

○ 틀리기 쉬운 한자의 부수   웹1 好(좋을 호:女부) 웹2 次(버금 차:欠부) 웹3 肉(고기 육:肉부)
웹4 歸(돌아갈 귀:止부) 웹5 早(이를 조:日부)

한자능력검정 **4**급(**4**II 포함)

해답 ☞ 부록 8쪽

1. 다음 한자어의 독음을 쓰세요.

標準( )	訓練( )	努力( )	淸潔( )	鬪爭( )
保健( )	複製( )	骨折( )	悲鳴( )	圓卓( )
辯護( )	流通( )	言論( )	制憲( )	憲章( )
組織( )	慰勞( )	考慮( )	積雪( )	輪番( )
構築( )	威嚴( )	儉素( )	綠陰( )	雜技( )

2. 다음 한자의 뜻과 소리를 쓰세요.

鏡( )	批( )	圍( )	謝( )	怨( )
避( )	孤( )	連( )	覽( )	庫( )
列( )	靜( )	榮( )	厚( )	早( )

3. 다음 글의 밑줄 친 단어 중 낱말은 한자로, 한자어는 독음으로 고쳐 쓰세요.

演劇[1]은 배우(俳優)가 劇本 속의 인물[2]로 꾸미고 무대(舞臺)에서 직접 몸짓과 말로써 표현[3]하는 藝術[4]이다. 公演한다는 點[5]에서 음악[6]·무용(舞踊)과 함께 무대 예술, 또는 공연 예술이라고 부른다.

演劇을 이루는 要素[7]는 흔히 배우·무대·관객[8]·劇本 네 가지를 든다.

| (1) | (2) | (3) | (4) |
| (5) | (6) | (7) | (8) |

도움글

● 혼동하기 쉬운 한자

참1 綠(푸를 록)과 緣(인연 연)   참2 論(논할 론)과 倫(인륜 륜)   참3 健(굳셀 건)과 建(세울 건)
참4 複(겹칠 복)과 腹(배 복)   참5 努(힘쓸 노)와 怒(성낼 노)

본문학습 13

◎ 아래 한자漢字의 뜻[訓]과 소리[音]를 자세히 익혀봅시다.

☆표는 4급Ⅱ 배정한자

暇(日)	卵(卩)	脈☆(肉)	帳(巾)	田☆(田)
틈 가, 겨를 가	알 란	줄기 맥	장막 장	밭 전

◎ 아래 설명을 읽고 빈칸에 보기 와 같이 쓰세요.   보기 例題(법식 례)(제목 제)[예제]

餘暇( )( )〔 〕
  도▶겨를. 틈. 例 餘暇를 이용하다.

休暇( )( )〔 〕
  도▶일정한 기간 동안 쉬는 일. 또는 그 겨를.

病暇( )( )〔 〕
  도▶병(病)으로 말미암은 휴가(休暇).

産卵( )( )〔 〕
  도▶알을 낳음. 例 産卵에 좋은 환경을 갖추고 있다.

卵生( )( )〔 〕
  도▶(동물의 새끼가) 알의 형태로 태어나 어미의 몸 밖에서 부화(孵化)하는 일. 반 태생(胎生).

卵育( )( )〔 〕
  도▶새가 알을 품듯이 품에 안아 기름. 난익(卵翼). 例 역적이 卵育한 무리를 그대로 두어서는 안 된다.

鑛脈( )( )〔 〕
  도▶암석(巖石)의 갈라진 틈을 채우고 있는 널 모양의 광상(鑛床). 例 그 철광은 鑛脈이 길고 광석도 매우 좋다.

命脈( )( )〔 〕
  도▶생명. 목숨. 例 전통 문화의 命脈이 이어지다.

山脈( )( )〔 〕
  도▶많은 산들이 길게 이어져 줄기 모양을 하고 있는 산지(山地). 例 태백 山脈.

記帳( )( )〔 〕
  도▶장부(帳簿)에 적음. 또는 그 장부(帳簿). 例 거래 내용을 장부에 記帳하다.

帳設( )( )〔 〕
  도▶(잔치나 놀이 같은 때) 여러 사람이 모인 자리에 내어가는 음식(飮食).
  참 長舌(장설)▷'긴 혀'라는 뜻으로, '말이 많음'을 이르는 말. 例 長舌을 풀다.

布帳( )( )〔 〕
  도▶베를 여러 폭으로 이어, 무엇을 둘러치는 막.

田地( )( )〔 〕
  도▶논밭.

田穀( )( )〔 〕
  도▶밭에서 나는 곡식. [팥·콩·녹두·수수 따위]

均田( )( )〔 〕
  도▶① 나라에서 토지를 백성들에게 고루 나누어 주는 일. 또는 그 토지나 제도. ② 지난날, 토지의 규모에 따라 세금을 고르게 매기던 제도.

○ 일자다음어자(一字多音語字) : 하나의 글자가 둘 이상의 소리로 쓰이는 한자를 말하는 데, 전주자라고도 함.
  참 1 布(베 포, 보시 보)   참 2 見(볼 견, 뵈올 현)   참 3 降(내릴 강, 항복할 항)
  참 4 車(수레 거, 수레 차)   참 5 殺(죽일 살, 감할 쇄, 빠를 쇄)

37

14 한자능력검정 4급(4Ⅱ 포함)

● 아래 한자漢字의 뜻[訓]과 소리[음]를 자세히 익혀봅시다.

☆표는 4급Ⅱ 배정한자

樣 (木)	回 ☆ (口)	伏 (人)	辯 (辛)	察 ☆ (宀)
모양 양	돌아올 회	엎드릴 복	말씀 변:	살필 찰

● 아래 설명을 읽고 빈칸에 보기 와 같이 쓰세요.   보기 例題(법식 례)(제목 제)[예제]

模樣(   )(   )〔   〕
- 도 ▶① 겉으로 본 생김새나 형상. ㈎模樣을 잔뜩 부렸다. ② 어떤 형편이나 상태, 또는 되어 가는 꼴. ㈎사는 模樣이 말이 아니다. 모양(貌樣).

多樣(   )(   )〔   〕
- 도 ▶종류(種類)가 여러 가지로 많음. 가지가지임. ㈎多樣한 색상을 선보이다.

樣式(   )(   )〔   〕
- 도 ▶① 자연히 그렇게 정해진 공통의 형식이나 방식. ㈎전통적 생활 樣式. ② 문서 따위의 일정한 형식. ③ 예술 작품이나 건축물의 독특한 표현 형식. ㈎조선시대의 건축 樣式.

回收(   )(   )〔   〕
- 도 ▶도로 거두어들임. ㈎빌려준 것을 回收하다.

回復(   )(   )〔   〕
- 도 ▶이전(以前)의 상태로 돌아오거나 돌이킴. ㈎이전의 경기(景氣)를 회복(回復)하다.

伏兵(   )(   )〔   〕
- 도 ▶① 적이 쳐들어오기를 숨어 기다렸다가 갑자기 습격하는 군사. ②'뜻밖의 장애가 되어 나타난 경쟁 상대'를 뜻하는 말. ㈎예기치 않은 伏兵을 만나 당황하다.

三伏(   )(   )〔   〕
- 도 ▶① 초복(初伏), 중복(中伏), 말복(末伏)을 통틀어 이르는 말. 삼경(三庚). ② 여름철의 가장 더운 기간. ㈎三伏이 다 지났는데도 더위가 여전하다.

代辯(   )(   )〔   〕
- 도 ▶어떤 기관(機關)이나 개인을 대신(代身)하여, 그 의견이나 태도 따위를 책임지고 말함. ㈎그의 입장을 代辯하는 사람이 없었다.
- 참 對邊(대변) ▷ 다각형(多角形)에서, 한 변이나 한 각과 마주 대하고 있는 변. 맞변.

辯論(   )(   )〔   〕
- 도 ▶① 사리(事理)를 밝혀 옳고 그름을 말함. ② 소송 당사자나 변호인이 법정에서 하는 진술.

觀察(   )(   )〔   〕
- 도 ▶사물의 동태(動態) 따위를 주의 깊게 살펴 봄. ㈎꿀벌의 생태를 觀察하다.

警察(   )(   )〔   〕
- 도 ▶사회 공공의 질서 유지를 위해 국가 권력에 따라서 자연적 자유를 제한하는 조직.

考察(   )(   )〔   〕
- 도 ▶사물을 뚜렷이 밝히기 위하여, 깊이 생각하여 살핌. ㈎원주민의 생활양식을 考察하다.

○ 「回復」의 '復'자는 쓰임에 따라 훈[訓]과 음[音]이 달라지므로 주의!
　　예1 回復(회복)　　예2 往復(왕복)　　예3 復興(부흥)　　예4 復古(복고)

○ 혼동하기 쉬운 한자　　참1 辯(말씀 변)과 辨(분별할 변)　　참2 代(대신할 대)와 伐(칠 벌)

본문학습 15

아래 한자漢字의 뜻[訓]과 소리[音]를 자세히 익혀봅시다.

☆표는 4급Ⅱ 배정한자

構(木)	從(彳)	隊☆(阜)	拒(手)	粉(米)
얽을 구	좇을 종	무리 대	막을 거:	가루 분

아래 설명을 읽고 빈칸에 보기 와 같이 쓰세요.   보기 例題(법식 례)(제목 제)[예제]

構成(   )(   )〔   〕
  도▶몇 개의 부분이나 요소(要素)를 얽어서 하나로 만드는 일, 또 그렇게 해서 짜여진 것.

構想(   )(   )〔   〕
  도▶전체의 내용이나 규모, 실현하는 방법 등에 대해서 이리저리 생각하는 일, 또는 그 생각.

構圖(   )(   )〔   〕
  도▶작품의 미적(美的) 효과를 얻기 위하여, 작품을 이루고 있는 부분이나 요소들의 짜임새.

虛構(   )(   )〔   〕
  도▶사실이 아닌 것을 사실처럼 얽어 만듦.

從屬(   )(   )〔   〕
  도▶다른 사물에 딸리어 붙음.

服從(   )(   )〔   〕
  도▶남의 명령·요구·의지 등에 그대로 따름.

從事(   )(   )〔   〕
  도▶어떤 일을 일삼아서 함. 冊탐관오리가 극성이니 백성들은 누구를 믿고 생업에 從事하겠는가?

部隊(   )(   )〔   〕
  도▶같은 목적 아래 행동을 같이하는 집단.

軍隊(   )(   )〔   〕
  도▶일정한 규율(規律)과 질서 아래 조직 편제된 군인의 집단(集團).

隊列(   )(   )〔   〕
  도▶① 질서 있게 늘어선 행렬. 冊隊列에서 이탈하다. ② 어떤 활동을 목적으로 이루어진 한 무리. 冊농촌 운동의 隊列에 끼다. 相大熱(대열) ▷ 심한 더위. 대서(大暑).

拒絶(   )(   )〔   〕
  도▶남의 제의(提議)나 요구(要求) 따위를 받아들이지 아니하고 물리침. 冊그는 호의적인 제안도 끝내 拒絶하였다.

拒逆(   )(   )〔   〕
  도▶윗사람의 뜻이나 명령을 어기어 거스름.

拒否(   )(   )〔   〕
  도▶승낙(承諾)하지 않음. 거절. 相수락(受諾). 相巨富(거부) ▷ 아주 대단한 부자. 장자(長者).

粉乳(   )(   )〔   〕
  도▶가루우유(牛乳).

粉筆(   )(   )〔   〕
  도▶칠판에 글씨를 쓰는 필기구. 백묵(白墨).

○「隊列」과 같이 '모음'이나 'ㄴ' 받침 뒤에 이어지는 「렬, 률」은 「렬⇒열, 률⇒율」로 적는다.
  예1 羅列(나렬⇒나열)   예2 齒列(치렬⇒치열)   예3 規律(규률⇒규율)   예4 比率(비률⇒비율)

39

16 한자능력검정 4급(4Ⅱ 포함)

❄ 아래 한자漢字의 뜻[訓]과 소리[音]를 자세히 익혀봅시다.

☆표는 4급Ⅱ 배정한자

激(水)	擔☆(手)	誌(言)	邊☆(辵)	武☆(止)
격할 격	멜 담	기록할 지	가 변	호반 무:

❄ 아래 설명을 읽고 빈칸에 보기 와 같이 쓰세요.   보기 例題(법식 례)(제목 제)[예제]

感激(　　)(　　)〔　　〕
　도▶마음에 깊이 느껴 감동함. 田感激의 눈물.

過激(　　)(　　)〔　　〕
　도▶말이나 행동이 지나치게 격렬(激烈)함.
　　田過激한 언동(言動)을 서슴지 않다.

激務(　　)(　　)〔　　〕
　도▶몹시 고된 직무(職務).

擔任(　　)(　　)〔　　〕
　도▶주로 학교에서, 학급(學級)이나 학과목(學科目)을 책임(責任)지고 맡아봄, 또는 그 사람.

分擔(　　)(　　)〔　　〕
　도▶일이나 부담을 나누어 맡음. 田일을 分擔하다.

負擔(　　)(　　)〔　　〕
　도▶어떤 일이나 의무(義務)·책임(責任) 따위를 떠맡음. 田비용을 내가 負擔하다.

日誌(　　)(　　)〔　　〕
　도▶그날그날의 직무상의 기록(記錄)을 적은 책.

雜誌(　　)(　　)〔　　〕
　도▶정기적(定期的)으로 간행(刊行)되는 출판물.

會誌(　　)(　　)〔　　〕
　도▶회(會)에서 발행(發行)하는 잡지.

兩邊(　　)(　　)〔　　〕
　도▶①두 변. ②양쪽 가장자리.

海邊(　　)(　　)〔　　〕
　도▶바닷가. 田海邊을 거닐다.

身邊(　　)(　　)〔　　〕
　도▶몸, 또는 몸의 주변. 田身邊의 안전을 꾀하다.

武裝(　　)(　　)〔　　〕
　도▶①전쟁을 위한 장비를 갖춤. ②필요한 사상이나 기술 따위를 '단단히 갖춤'을 비유.
　참武將(무장)▷무관(武官)으로서의 장수.

武勇(　　)(　　)〔　　〕
　도▶①무예(武藝)와 용맹. ②싸움에서 용맹스러움.
　　田武勇을 떨치다.
　참無用(무용)▷①쓸모가 없음. ②볼일이 없음.

步武(　　)(　　)〔　　〕
　도▶씩씩하게 걷는 걸음걸이.
　참步武도 堂堂하다.▷행진(行進)하는 걸음걸이가 씩씩하고 어연번듯하다.

 도 움 글

○「武」자의 訓音은 '호반 무'이다. 여기에서 '호반'은 무엇을 뜻하는 말일까?
　⇒ '호반(虎班)'은 고려·조선 왕조(王朝) 때, '서반(西班 : 무관의 반열)'을 달리 이르는 말이다.
　　무열(武列). 맨학반(鶴班). 동반(東班).

본문학습 17

◎ 아래 한자漢字의 뜻[訓]과 소리[音]를 자세히 익혀봅시다.

☆표는 4급Ⅱ 배정한자

與(臼)	暴☆(日)	房☆(戶)	受☆(又)	轉(車)
더불 여:	사나울 폭, 모질 포▶	방 방	받을 수▶	구를 전:

◎ 아래 설명을 읽고 빈칸에 보기 와 같이 쓰세요.

보기 例題(법식 례)(제목 제)[예제]

參與(　　　　)(　　　　)〔　　　　〕
　도▶ 참가(參加)하여 관계함. 예작업에 參與하다.

與否(　　　　)(　　　　)〔　　　　〕
　도▶ 그러함과 그러하지 아니함. 예일의 성사(成事) 與否를 일러주시오.

給與(　　　　)(　　　　)〔　　　　〕
　도▶ 근로자에게 지급하는 급료(給料)나 수당(手當). 예정부에서 실업자에게 생활 보조비를 給與하기로 하였다.

暴利(　　　　)(　　　　)〔　　　　〕
　도▶ 부당(不當)한 방법으로 얻는 이익.

暴惡(　　　　)(　　　　)〔　　　　〕
　도▶ 사납고 악함. 예暴惡한 행동을 두려워하였다.

暴落(　　　　)(　　　　)〔　　　　〕
　도▶ (물가나 주가 등의) 값이 갑자기 크게 떨어짐. 예채소(菜蔬) 값이 暴落하다.

監房(　　　　)(　　　　)〔　　　　〕
　도▶ 교도소에서 죄수(罪囚)를 가두어 두는 방.

煖房(　　　　)(　　　　)〔　　　　〕
　도▶ 인공적(人工的)으로 따뜻하게 하는 일, 또는 그 장치. 온방(溫房). 맨냉방(冷房).

新房(　　　　)(　　　　)〔　　　　〕
　도▶ 신랑, 신부가 첫날밤을 치르도록 새로 차린 방.

引受(　　　　)(　　　　)〔　　　　〕
　도▶ 물건이나 권리를 넘겨받음. 맨인도(引渡). 예화물이 도착한 후에 引受가 늦어지면 보관료를 물어야 한다.

受信(　　　　)(　　　　)〔　　　　〕
　도▶ ① 통신을 받음. 맨송신(送信)·발신(發信). ② 고객이 예금하는 일. 맨여신(與信). 참修身(수신)▷마음과 행실(行實)을 바르게 하도록 심신(心身)을 닦음.

受難(　　　　)(　　　　)〔　　　　〕
　도▶ 어려운 일을 당함. 예受難의 역사(歷史).

轉學(　　　　)(　　　　)〔　　　　〕
　도▶ 다니던 학교에서 다른 학교로 옮겨가서 배움.

公轉(　　　　)(　　　　)〔　　　　〕
　도▶ 한 천체가 다른 천체의 둘레를 주기적으로 도는 일. 예지구의 公轉. 맨자전(自轉). 참空轉(공전)▷바퀴나 기관 따위가 헛도는 일.

轉向(　　　　)(　　　　)〔　　　　〕
　도▶ 이제까지의 사상·신념·주의·주장 따위를 다른 것으로 바꿈. 예민주주의로 轉向하다.

○「暖」자와「煖」자는 모양은 다르나 쓰임이 같은 이체자(異體字)이다. 주로「暖」자는 '自然的으로 따뜻한 상황'을 뜻할 때 쓰이고,「煖」자는 '人爲的으로 따뜻한 상황'을 뜻할 때 쓰인다.

18 한자능력검정 4급(4Ⅱ 포함)

❂ 아래 한자漢字의 뜻[訓]과 소리[音]를 자세히 익혀봅시다.   ☆표는 4급Ⅱ 배정한자

妨 (女)	報☆ (土)	鳥☆ (鳥)	絶☆ (糸)	戒 (戈)
방해할 방	갚을 보:	새 조	끊을 절	경계할 계:

❂ 아래 설명을 읽고 빈칸에 보기 와 같이 쓰세요.   보기 例題(법식 례)(제목 제)[예제]

妨害( )( )〔 〕
　🅓▶남의 일에 훼방을 놓아 못하게 함.

無妨( )( )〔 〕
　🅓▶지장이 없음. 괜찮음. 🅕시험을 다 치른 사람은 나가도 無妨합니다.

朗報( )( )〔 〕
　🅓▶기쁜 소식. 반가운 소식. 🅕우리 선수가 우승하였다는 朗報가 전해지다.

報道( )( )〔 〕
　🅓▶신문(新聞)이나 방송(放送)으로 새 소식을 널리 알림. 또는 그 소식.
　🅑步道(보도) ▷사람이 다니는 길. 인도(人道).

吉鳥( )( )〔 〕
　🅓▶사람에게 어떤 길(吉)한 일이 생김을 미리 알려준다는 새.
　🅑吉兆(길조) ▷좋은 일이 있을 징조(徵兆). ※兆 3급

花鳥( )( )〔 〕
　🅓▶꽃과 새. 꽃과 새를 그린 그림이나 조각.

候鳥( )( )〔 〕
　🅓▶계절(季節)에 따라 오고 가는 새. 철새.

絶交( )( )〔 〕
　🅓▶서로 교제(交際)를 끊음.

絶妙( )( )〔 〕
　🅓▶썩 교묘(巧妙)함. 🅕絶妙한 작전을 펼치다.

斷絶( )( )〔 〕
　🅓▶어떤 관계나 교류(交流)를 끊음. 🅕통신이 斷絶되다. 🅕대화(對話)가 斷絶되다.

戒嚴( )( )〔 〕
　🅓▶비상사태가 발생하였을 때, 그 지역의 사법권과 행정권을 군(軍)이 맡아 다스리는 일.

警戒( )( )〔 〕
　🅓▶잘못을 저지르지 않도록 조심하게 함.
　🅑境界(경계) ▷지역, 또는 분야가 갈라지는 한계.

戒律( )( )〔 〕
　🅓▶불교에서 불자(佛者)가 지켜야 할 규율(規律).

○ 「朗報」의 '報'자는 '갚다, 알리다' 등의 뜻으로 쓰이는 한자이다. 따라서 '報答'에서는 '갚다'의 뜻으로, '新報'에서는 '알리다'의 뜻으로 쓰인다.
　🅑1 年報(연보)　🅑2 日報(일보)　🅑3 警報(경보)　🅑4 急報(급보)　🅑5 情報(정보)

○ 「吉」자는 흔히들 필기할 때에는 위의 '士'자를 '土'자로 쓰기도 한다. 이에 시비(是非)를 가리는 사람이 많으나 '土'자로 썼을 경우에 별도로 쓰이는 한자가 없으므로 모두 무방하다.

본문학습

해답 ☞ 부록 10쪽

1. 다음 한자어의 독음을 쓰세요.

田園 [   ]
- 도 ▶ ① 논밭과 동산. ② 시골. 도시의 교외(郊外).
- 참 電源(전원) ▷ 전력을 공급하는 원천(源泉).
- 참 全員(전원) ▷ 전체의 인원(人員).

擔當 [   ]
- 도 ▶ 일을 맡음.

暴雪 [   ]
- 도 ▶ 갑자기 많이 내리는 눈.

靜脈 [   ]
- 도 ▶ 몸의 각 부분에서 피를 모아 심장(心臟)으로 보내는 혈관. 반 動脈(동맥).

閑暇 [   ]
- 도 ▶ 바쁘지 않아 여유(餘裕)가 있음.

激烈 [   ]
- 도 ▶ 몹시 세참. 예 激烈한 논쟁(論爭)을 벌이다.

2. 다음 한자어의 독음을 쓰세요.

卵細胞 [   ]
- 도 ▶ 유성 생식(有性生殖)을 하는 생물의 암컷의 생식 세포. 반 정세포(精細胞).

粉末機 [   ]
- 도 ▶ 고체(固體)를 빻아 가루로 만드는 기계.

暴風雨 [   ]
- 도 ▶ 폭풍과 폭우. 사나운 비바람.

辯護士 [   ]
- 도 ▶ 소송 사무(事務)나 기타 일반 법률(法律) 사무를 행하는 것을 업으로 하는 사람.

3. 다음 한자성어의 독음을 쓰세요.

貯金通帳 [   ]
- 도 ▶ 예입(預入)과 지급(支給)의 내용을 적어 주는 통장. 예금통장(預金通帳). 예 매일 저축한 액수가 貯金通帳에 기입(記入)되었다.

鷄卵有骨 [   ]
- 도 ▶ '달걀에도 뼈가 있다'는 뜻으로, '늘 일이 잘 안 되는 사람이 모처럼 좋은 기회를 만났으나 역시 잘 안 될 때'를 이르는 말.

與民同樂 [   ]
- 도 ▶ 임금이 백성과 함께 즐김.

類類相從 [   ]
- 도 ▶ 같은 무리끼리 서로 오가며 사귐.

結草報恩 [   ]
- 도 ▶ '죽어 혼령(魂靈)이 되어서라도 은혜를 잊지 않고 갚는다'는 뜻의 고사(故事).

○ 起承轉結(기승전결) : 한시(漢詩) 구성법(構成法)의 한 가지. [첫구에서 시의(詩意)를 일으키고 [起], 둘째 구에서 받아[承], 셋째 구에서 변화를 주고[轉], 넷째 구에서 전체를 마무리한다[結]는 뜻]

한자능력검정 4급(4Ⅱ 포함)

해답 ☞ 부록 10쪽

1. 다음 한자어의 독음을 쓰세요.

暴擧( )	講讀( )	貧寒( )	隊員( )	通俗( )
留任( )	尊屬( )	暖流( )	炭鑛( )	演技( )
廣告( )	光陰( )	遊覽( )	休務( )	良書( )
差等( )	觀察( )	提案( )	段落( )	手術( )
移民( )	博愛( )	冊房( )	歎息( )	硏修( )

2. 다음 한자의 뜻과 소리를 쓰세요.

脈( )	樣( )	拒( )	暴( )	轉( )
帳( )	察( )	構( )	激( )	妨( )

3. 다음 글의 밑줄 친 단어 중 낱말은 한자로, 한자어는 독음으로 고쳐 쓰세요.

　　신사임당은 글과 그림과 글씨에 그토록 뛰어나 詩·서·화⁽¹⁾의 三絶⁽²⁾이라 불렸습니다. 그는 천부적(天賦的)인 재주를 자녀⁽³⁾들에게 가르치기에 온갖 힘을 다했습니다. 글씨와 그림을 가르치고 깊은 학문⁽⁴⁾을 修練⁽⁵⁾시키는 한편 항상(恒常) 자녀들에게 옛날 위인⁽⁶⁾들의 행실⁽⁷⁾을 들려주고 형제간⁽⁸⁾의 우애⁽⁹⁾와 친척(親戚)간 화목(和睦)을 강조⁽¹⁰⁾하여 지덕⁽¹¹⁾을 겸(兼)한 높은 인격자⁽¹²⁾가 되도록 이끌었습니다.

(1)	(2)	(3)	(4)	(5)	(6)
(7)	(8)	(9)	(10)	(11)	(12)

○ **반의어·상대어**(反義語·相對語) : 두 개의 낱말이 반대 또는 상대되는 뜻으로 이루어진 낱말을 말함.
　　예1 樂觀(낙관) ⇔ 悲觀(비관)　　예2 光明(광명) ⇔ 暗黑(암흑)　　예3 輕減(경감) ⇔ 加重(가중)

본문학습 19

◎ 아래 한자漢字의 뜻[訓]과 소리[音]를 자세히 익혀봅시다.

☆표는 4급Ⅱ 배정한자

引 ☆(弓)	劇 (刀)	鑛 (金)	罰 ☆(网)	申 ☆(田)
끌 인	심할 극	쇳돌 광	벌할 벌	납 신

◎ 아래 설명을 읽고 빈칸에 보기 와 같이 쓰세요.

보기 例題(법식 례)(제목 제)[예제]

引出( )( )〔 〕
 도▶예금(預金)을 찾음.

引用( )( )〔 〕
 도▶남의 글이나 말 가운데서 필요한 부분(部分)만을 끌어다 씀.

引導( )( )〔 〕
 도▶가르쳐 일깨움.
 참 人道(인도)▷① 사람이 다니는 길. ② 인간(人間)으로서 마땅히 다니는 길.

唱劇( )( )〔 〕
 도▶판소리 창(唱)을 중심으로 극적(劇的)인 대화(對話)로 이루어지는 전통(傳統) 연극.

寸劇( )( )〔 〕
 도▶① 아주 짧은 극. 토막극. ② '잠시 동안의 우스꽝스러운 일이나 사건'을 이르는 말.

演劇( )( )〔 〕
 도▶① 무대 위에서 대본(臺本)에 따라 동작과 대사(臺詞)를 통하여 표현하는 예술. ② 남을 속이기 위하여 꾸며낸 말이나 행동.

鐵鑛( )( )〔 〕
 도▶철광석이 나는 광산. 철광석(鐵鑛石).

鑛物( )( )〔 〕
 도▶지구의 표층(表層)을 이루고 있는 지각(地殼) 속에 섞여 있는 천연의 무기물(無機物).

採鑛( )( )〔 〕
 도▶광석(鑛石)을 캐냄. 참採鑛 人夫가 줄어든다.

處罰( )( )〔 〕
 도▶책벌(責罰)이나 형벌(刑罰)에 처함.

罰則( )( )〔 〕
 도▶법규를 어겼을 때의 처벌을 정해 놓은 규칙.

賞罰( )( )〔 〕
 도▶잘한 것에는 상을 주고 잘못한 것에는 벌을 주는 일. 참賞罰을 내리다.

申告( )( )〔 〕
 도▶어떤 사실을 보고(報告)하거나 알리는 일.

申請( )( )〔 〕
 도▶어떤 일을 해주거나 어떤 물건을 내줄 것을 청구(請求)하는 일. 참등본 발급(發給) 申請.

申時( )( )〔 〕
 도▶십이시(十二時)의 아홉째 시(時). [하오(下午) 3시부터 5시까지의 동안]

 도움글

○「申」자의 訓音은 '납 신'이다. 여기에서 '납'은 무엇을 뜻하는 말일까?
  ⇒ '납'은 '원숭이'를 뜻하는 옛말로, '잔나비'라고도 한다.

20 한자능력검정 4급(4II 포함)

❄ 아래 한자(漢字)의 뜻[訓]과 소리[音]를 자세히 익혀봅시다.　　　　　　　　　　☆표는 4급II 배정한자

底(广)	憤(心)	治☆(水)	迎(辵)	條(木)
밑 저:	분할 분:	다스릴 치	맞을 영	가지 조

❄ 아래 설명을 읽고 빈칸에 보기 와 같이 쓰세요.　　　보기　例題(법식 례)(제목 제)[예제]

海底(　　　)(　　　)〔　　　〕
　도▶바다의 밑바닥. 団海底 탐사(探査).

底層(　　　)(　　　)〔　　　〕
　도▶밑의 층, 또는 바다의 층. 団底層 아파트.

底邊(　　　)(　　　)〔　　　〕
　도▶① 밑바닥. ② 사회·경제적으로 기초를 이루는 부분. 団한자검정시험의 底邊을 확대하다.

憤怒(　　　)(　　　)〔　　　〕
　도▶분하여 몹시 성을 냄.

憤痛(　　　)(　　　)〔　　　〕
　도▶몹시 분하여 마음이 쓰리고 아픔.

激憤(　　　)(　　　)〔　　　〕
　도▶몹시 분개(憤慨)함. 격렬(激烈)한 분개.

統治(　　　)(　　　)〔　　　〕
　도▶지배자가 국토 및 국민을 도맡아 다스림.
　团通治(통치)▷여러 病에 효험이 있음. 団萬病通治.

難治(　　　)(　　　)〔　　　〕
　도▶병이 낫거나 고치기 어려움. 団難治의 암(癌).
　团不治(불치)▷병이 잘 낫지 않거나 고칠 수 없음.

自治(　　　)(　　　)〔　　　〕
　도▶① 제 스스로 처리함. ② 지방 자치 단체가 행정이나 사무를 자주적(自主的)으로 처리함.

迎接(　　　)(　　　)〔　　　〕
　도▶손을 맞아 접대(接待)함. 団공항(空港)에 나가서 손님을 迎接하다.

迎合(　　　)(　　　)〔　　　〕
　도▶(비위를 맞추기 위하여) 자기의 생각을 상대편이나 세상 풍조에 맞춤. 団유행에 迎合하다.

歡迎(　　　)(　　　)〔　　　〕
　도▶기쁘게 맞음. 団환송(歡送).

條件(　　　)(　　　)〔　　　〕
　도▶어떤 사물이 성립되거나 발생하는 데 갖추어야 하는 요소. 団계약 條件. 団條件을 붙이다.

條理(　　　)(　　　)〔　　　〕
　도▶어떤 일이나 말·글 등에서 앞뒤가 들어맞고 체계가 서는 갈피. 団말을 條理있게 하다.

條約(　　　)(　　　)〔　　　〕
　도▶국제상(國際上)의 권리(權利)나 의무(義務)에 관한 문서(文書)에 의한 국가간의 합의(合議).

○ 혼동하기 쉬운 한자　　団1 歡(기쁠 환)과 勸(권할 권)　　団2 底(밑 저)와 低(낮을 저)

○「憤怒」는 뜻이 서로 비슷한 한자로 결합된 한자어이다.
　団1 격렬(激烈)　団2 환희(歡喜)　団3 해양(海洋)　団4 결약(結約)　団5 물건(物件)

본문학습 21

● 아래 한자漢字의 뜻[訓]과 소리[音]를 자세히 익혀봅시다.

☆표는 4급Ⅱ 배정한자

彈 (弓)	鄕 ☆(邑)	資 (貝)	疑 (疋)	齒 ☆(齒)
탄알 탄ː	시골 향	재물 자	의심할 의	이 치

● 아래 설명을 읽고 빈칸에 보기 와 같이 쓰세요. 보기 例題(법식 례)(제목 제)[예제]

彈力( )( )〔 〕
- 도 ▶① 용수철처럼 튀거나 팽팽하게 버티는 힘. ② '고지식하지 않고 상황에 따라 융통성 있게 대처할 수 있는 능력'을 비유하여 이르는 말. 例 상황 변화에 彈力 있게 대처하다.

砲彈( )( )〔 〕
- 도 ▶대포(大砲)의 탄환(彈丸).

彈壓( )( )〔 〕
- 도 ▶어떤 활동을 권력이나 무력 따위로 억눌러 꼼짝 못하게 함. 例 언론(言論)을 彈壓하다.

鄕村( )( )〔 〕
- 도 ▶시골.

他鄕( )( )〔 〕
- 도 ▶자기 고향이 아닌 다른 고장. 타지(他地). 例 낯선 他鄕에서 적응하기란 무척 어려웠다.

歸鄕( )( )〔 〕
- 도 ▶고향(故鄕)으로 돌아가거나 돌아옴. 例 무사히 歸鄕하다.

資源( )( )〔 〕
- 도 ▶어떤 목적에 이용할 수 있는 물자나 인재. 例 인적(人的) 資源이 풍부하다.

資質( )( )〔 〕
- 도 ▶타고난 성품(性品)이나 소질(素質).

資格( )( )〔 〕
- 도 ▶어떤 행동을 하는 데 필요한 조건(條件). 例 한자검정시험은 응시 資格에 제한이 없다.

質疑( )( )〔 〕
- 도 ▶의심나는 점을 물어서 밝힘. 例 質疑응답.

疑心( )( )〔 〕
- 도 ▶확실히 알지 못하거나 믿지 못하여 이상하게 생각함. 例 남의 말을 疑心하다.

疑案( )( )〔 〕
- 도 ▶① 의심스러운 안건. ② 의혹에 싸인 안건. 議案(의안) ▷ 회의에서 토의(討議)할 안건.

年齒( )( )〔 〕
- 도 ▶나이의 높임말. 연세(年歲).

養齒( )( )〔 〕
- 도 ▶'양치질'의 준말.

齒痛( )( )〔 〕
- 도 ▶이의 아픔. 이가 아픈 증세(症勢). 例 밤새 齒痛이 심해서 진통제(鎭痛劑)를 먹었다.

● 다음 한자(漢字)와 관련된 한자어(漢字語)를 알아보자. [鄕·疑·齒]
한 1 鄕歌(향가) 한 2 他鄕(타향) 한 3 疑問(의문) 한 4 疑視(의시) 한 5 蟲齒(충치) 한 6 養齒(양치)

22 한자능력검정 4급(4Ⅱ 포함)

✿ 아래 한자漢字의 뜻[訓]과 소리[音]를 자세히 익혀봅시다.

☆표는 4급Ⅱ 배정한자

讚(言)	據(手)	置☆(网)	憲(心)	銃☆(金)
기릴 찬:	근거 거:	둘 치:	법 헌:	총 총

✿ 아래 설명을 읽고 빈칸에 보기 와 같이 쓰세요.   보기 例題(법식 례)(제목 제)[예제]

稱讚( )( )〔 〕
  도▶잘한다고 추어주거나 좋은 점을 들어 기림.

讚辭( )( )〔 〕
  도▶(업적 따위를) 칭찬하는 말이나 글. 예아낌 없는 讚辭를 보내다.

絕讚( )( )〔 〕
  도▶더할 나위 없는 칭찬. 예공연(公演)이 絕讚 속에 막(幕)을 내리다.

據點( )( )〔 〕
  도▶활동의 근거지(根據地)로 삼는 곳. 예간첩 (間諜)들의 據點을 덮치다.

證據( )( )〔 〕
  도▶어떤 사실을 증명(證明)할 수 있는 근거. 예확실한 證據를 찾아내다.

依據( )( )〔 〕
  도▶어떠한 사실이나 원리를 근거(根據)로 함. 예농민에 依據하여 혁명을 일으켰다.

設置( )( )〔 〕
  도▶① 기계나 설비(設備) 따위를 마련하여 둠. 예철조망을 設置하다. ② 어떤 기관(機關)을 마련함. 예소비자 보호 센터를 設置하다.

配置( )( )〔 〕
  도▶사람이나 물건을 알맞은 자리에 나누어 앉힘. 예適材適所에 配置되다. 예좌석 配置.

裝置( )( )〔 〕
  도▶기계(機械)나 설비 따위를 설치(設置)함, 또는 그 설치한 물건. 예악기 연습실에 방음 시설을 裝置하였다.

憲法( )( )〔 〕
  도▶국가의 통치(統治) 체제(體制)에 관한 근본 (根本) 원칙(原則)을 정한 기본법(基本法).

憲章( )( )〔 〕
  도▶이상(理想)으로서 규정(規定)한 원칙적(原則的) 인 규범(規範).

立憲( )( )〔 〕
  도▶헌법을 제정(制定)함. 비제헌(制憲).

銃擊( )( )〔 〕
  도▶총기(銃器)로 사격(射擊)함. 예시내에서 銃擊 戰을 벌이다.

銃傷( )( )〔 〕
  도▶총에 맞아 다친 상처(傷處). 예銃傷을 입다.
  참銃床(총상) ▷총대. 소총 따위의 몸통.

○「辭」자는 쓰임에 따라 뜻이 달라짐에 주의!
   예1 答辭(답사. 辭 : 말씀 사)   예2 辭讓(사양. 辭 : 사양할 사)
○ 置之度外(치지도외) ▷ 내버려두고 문제로 삼지 않음. 또는 도외시(度外視)하여 내버려둠.

본문학습 23

◈ 아래 한자漢字의 뜻[訓]과 소리[音]를 자세히 익혀봅시다.

☆표는 4급Ⅱ 배정한자

亂 (乙)	危 (卩)	朱 (木)	辭 (辛)	官 ☆ (宀)
어지러울 란:	위태할 위	붉을 주	말씀 사	벼슬 관

◈ 아래 설명을 읽고 빈칸에 보기 와 같이 쓰세요.

보기 例題(법식 례)(제목 제)[예제]

亂世( )( )〔 〕
- 도 ▶ 어지러운 세상. 정치가 문란(紊亂)하고 질서가 흐트러져 전쟁 따위가 그치지 않는 세상.

戰亂( )( )〔 〕
- 도 ▶ 전쟁으로 말미암은 난리(亂離).

混亂( )( )〔 〕
- 도 ▶ 뒤죽박죽이 되어 질서가 없음. 혼잡(混雜).

危急( )( )〔 〕
- 도 ▶ 매우 위태(危殆)롭고 급(急)함. 예 매우 危急한 상황(狀況)에 직면(直面)하다.

安危( )( )〔 〕
- 도 ▶ 편안함과 위태함. 예 국가의 安危에 관한 일.

危重( )( )〔 〕
- 도 ▶ 병세가 무겁고 위태로움. 예 환자(患者)가 危重한 상태(狀態)에 빠져 있다.

印朱( )( )〔 〕
- 도 ▶ 도장을 찍을 때 묻혀 쓰는 붉은 빛깔의 재료.

朱黃( )( )〔 〕
- 도 ▶ 빨강과 노랑의 중간색. 자황색(赭黃色).

朱紅( )( )〔 〕
- 도 ▶ ① 붉은빛과 누른빛의 중간으로 붉은 쪽에 가까운 빛깔. 주홍빛.

固辭( )( )〔 〕
- 도 ▶ 군이 사양(辭讓)함. 예 출마 권유를 固辭하다.
- 참 故事(고사) ▷ 옛날부터 전해 내려오는 내력(來歷) 있는 일, 또는 그것을 나타낸 어구(語句).

辭表( )( )〔 〕
- 도 ▶ 사직(辭職)한다는 뜻을 적어서 내는 문서.

辭退( )( )〔 〕
- 도 ▶ 어떤 지위(地位)에서 물러남. 예 의원직(議員職)을 辭退하다.

任官( )( )〔 〕
- 도 ▶ ① 관직(官職)에 임명(任命)함. ② 사관(士官) 생도(生徒)나 사관후보생이 장교로 임명됨.

法官( )( )〔 〕
- 도 ▶ 사법권(司法權)을 행사하여 형사(刑事) 및 민사상의 재판을 맡아보는 공무원. 사법관.

官舍( )( )〔 〕
- 도 ▶ 관리가 살도록 관(官)에서 지은 집.

 도움글

○ **반대자・상대자**(反對字・相對字) : 두 개의 글자가 서로 반대, 또는 상대되는 뜻을 가진 낱말을 말함.
  예1 安(편안 안) ⇔ 危(위태할 위) 예2 送(보낼 송) ⇔ 迎(맞을 영) 예3 自(스스로 자) ⇔ 他(다를 타)

○ 「固辭」에서 「辭」자는 「사양하다」의 뜻으로 쓰였다. 참 辭退(사퇴), 辭讓(사양)

24 한자능력검정 4급(4Ⅱ 포함)

아래 한자漢字의 뜻[訓]과 소리[音]를 자세히 익혀봅시다.

☆표는 4급Ⅱ 배정한자

略(田)	常☆(巾)	胞(肉)	珍(玉)	看(目)
간략할 략	떳떳할 상	세포 포	보배 진	볼 간

아래 설명을 읽고 빈칸에 보기 와 같이 쓰세요. 보기 例題(법식 례)(제목 제)[예제]

略式(　　　)(　　　)〔　　　〕
  도▶정식(正式)의 절차(節次)를 생략(省略)한 간단한 방식. 囲略式보고. 回정식(正式).

計略(　　　)(　　　)〔　　　〕
  도▶계획(計劃)과 책략(策略).

侵略(　　　)(　　　)〔　　　〕
  도▶남의 나라를 침범하여 영토를 빼앗음.

常識(　　　)(　　　)〔　　　〕
  도▶보통 사람으로서 으레 가지고 있을 일반적(一般的)인 지식(知識)이나 판단력(判斷力).

常備(　　　)(　　　)〔　　　〕
  도▶늘 갖추어 둠. 囲구급약(救急藥)을 常備하다.

異常(　　　)(　　　)〔　　　〕
  도▶① 정상이 아닌 상태나 현상. ② 이제까지와는 달리 별남. ③ 의심스러움. 囲異常한 소문.
  참異象(이상)▷기이한 현상. 囲異象 고온 현상.
  참理想(이상)▷理性으로 생각할 수 있는 사물의 가장 완전한 상태나 모습. 囲높은 理想을 향해…

同胞(　　　)(　　　)〔　　　〕
  도▶같은 어머니에게서 태어난 '형제 · 자매'의 뜻으로, '한겨레, 같은 민족'을 이르는 말.

空胞(　　　)(　　　)〔　　　〕
  도▶식물의 원형질 안에 있는, 속이 빈 세포.
  참空砲(공포)▷실탄을 재지 않고 쏨. 헛총.

細胞(　　　)(　　　)〔　　　〕
  도▶생물체를 구성하는 최소(最小) 단위로서의 원형질(原形質). [세포질·세포핵으로 이루어짐]

珍奇(　　　)(　　　)〔　　　〕
  도▶썩 드물고 기이(奇異)함.

珍貴(　　　)(　　　)〔　　　〕
  도▶보배롭고 귀중(貴重)함.

珍品(　　　)(　　　)〔　　　〕
  도▶보배로운 물품. 囲天下의 珍品.
  참眞品(진품)▷진짜 물건.

看破(　　　)(　　　)〔　　　〕
  도▶상대편(相對便)의 속내를 꿰뚫어 보아 알아차림. 囲약점(弱點)을 看破하다.

看護(　　　)(　　　)〔　　　〕
  도▶환자나 노약자(老弱者)를 보살펴 돌보아 줌.

看病(　　　)(　　　)〔　　　〕
  도▶환자(患者)를 보살핌. 囲효성스러운 看病으로…

 도움글

○ 「識」자는 쓰임에 따라 訓音이 달라짐에 주의! 예1 知識(지식) 예2 標識(표지 ※識 : 기록할 지)
○ **일자다음어자**(一字多音語字)
  참1 讀(읽을 독, 구절 두) : 句讀(구두), 朗讀(낭독)　참2 北(북녘 북, 달아날 배) : 敗北(패배), 北風(북풍)

50

본문학습

해답 ☞ 부록 12쪽

1. 다음 한자어의 독음을 쓰세요.

罰金 〔   〕
　도 ▶ 범죄의 처벌로써 부과(賦課)하는 돈.

禮讚 〔   〕
　도 ▶ 존경(尊敬)하여 찬양(讚揚)함.

銃砲 〔   〕
　도 ▶ 총(銃)의 종류와 포(砲)의 종류를 통틀어 이르는 말.

銃彈 〔   〕
　도 ▶ 총알. 총환(銃丸).

義齒 〔   〕
　도 ▶ 이를 뽑아 낸 자리에 보충(補充)하여 만들어 박은 가짜 이.

資料 〔   〕
　도 ▶ 무엇을 하기 위한 재료. 예 資料 수집.

2. 다음 한자어의 독음을 쓰세요.

珍島犬 〔   〕
　도 ▶ 진돗개. [전남 진도 특산종인 천연기념물]

單細胞 〔   〕
　도 ▶ 그것만으로 한 생물체를 이루는 생물.

3. 다음 한자성어의 독음을 쓰세요.

法治國家 〔   〕
　도 ▶ 국민의 의사(意思)에 따라 제정(制定)된 법률(法律)을 기초(基礎)로 하여 국가 권력(權力)을 행사하는 나라.

自畫自讚 〔   〕
　도 ▶ 자기가 그린 그림을 자기 스스로 칭찬(稱讚)한다는 뜻으로, 자기가 한 일을 자기 스스로 자랑함을 이르는 말.

信賞必罰 〔   〕
　도 ▶ '상을 줄 만한 사람에게는 상을 주고, 벌을 줄 만한 사람에게는 꼭 벌을 준다'는 뜻으로, '상벌을 규정대로 분명하게 함'을 이르는 말.

危機一髮 〔   〕
　도 ▶ '눈앞에 닥친 위기의 순간'을 이르는 말.
　예 危機一髮의 순간에 가까스로 빠져나왔다.

送舊迎新 〔   〕
　도 ▶ 묵은해를 보내고 새해를 맞이함.

半信半疑 〔   〕
　도 ▶ 반쯤은 믿고 반쯤은 의심함. 예 놀라운 소식(消息)을 듣고 半信半疑하다.

安居危思 〔   〕
　도 ▶ 편안히 지낼 때에도 늘 위험(危險)한 때의 일을 잊지 않고 경계(警戒)하고 대비함.

도움글

○ **혼동하기 쉬운 한자**
참1 吏(관리 리)와 史(사기 사)　참2 官(벼슬 관)과 宮(집 궁)　참3 貪(탐할 탐)과 貧(가난할 빈)
참4 胞(세포 포)와 砲(대포 포)　참5 料(헤아릴 료)와 科(과목 과)

한자능력검정 **4**급(**4**Ⅱ 포함)

해답 ☞ 부록 12쪽

1. 다음 한자어의 독음을 쓰세요.

離別(	) 厚待(	) 通帳(	) 師範(	) 總額(	)
壓死(	) 餘暇(	) 修習(	) 酒案(	) 應援(	)
降神(	) 納稅(	) 險難(	) 銀貨(	) 辭職(	)
落葉(	) 經濟(	) 精練(	) 職務(	) 勸奬(	)
雄姿(	) 端宗(	) 過去(	) 儀典(	) 缺格(	)

2. 다음 한자의 뜻과 소리를 쓰세요.

略(	) 據(	) 彈(	) 迎(	) 罰(	)
胞(	) 憲(	) 資(	) 條(	) 申(	)

3. 다음 글의 밑줄 친 단어 중 낱말은 한자로, 한자어는 독음으로 고쳐 쓰세요.

① 작은 물건이라도 <u>소중</u>⁽¹⁾히 여기는 것이야말로 <u>儉素</u>⁽²⁾하고 <u>節約</u>⁽³⁾하는 생활입니다.

② <u>교내</u>⁽⁴⁾ <u>백일장</u>⁽⁵⁾에서 제가 지은 <u>童詩</u>⁽⁶⁾가 뽑혀서 무척 기쁩니다.

③ "함부로 말하지 마라." "그럼요. 제가 <u>철부지</u>⁽⁷⁾입니까. <u>絶對</u>⁽⁸⁾로 말하지 않겠습니다."

④ <u>祕密</u>⁽⁹⁾을 꼭 지키라고 <u>철석</u>⁽¹⁰⁾같이 당부_{當付}했습니다.

⑤ 모두들 새로운 <u>방법</u>⁽¹¹⁾을 찾는 일에 <u>착수</u>⁽¹²⁾했습니다.

(1)	(2)	(3)	(4)	(5)	(6)
(7)	(8)	(9)	(10)	(11)	(12)

도움글

○ 端宗 : 조선 제6대 왕. 문종(文宗)의 아들로, 수양대군에게 왕위(王位)를 물려주고 상왕(上王)이 됨.

참 斷種 : ① 인공적(人工的)으로 생식능력(生殖能力)을 없애 버림. ② 씨를 없애 버림.

본문학습 25

◆ 아래 한자漢字의 뜻[訓]과 소리[音]를 자세히 익혀봅시다.

☆표는 4급Ⅱ 배정한자

標 (木)	律 ☆ (彳)	逆 ☆ (辶)	步 ☆ (止)	詩 ☆ (言)
표할 표	법칙 률	거스를 역	걸음 보:	시 시

◆ 아래 설명을 읽고 빈칸에 보기 와 같이 쓰세요.

보기 例題(법식 례)(제목 제)[예제]

商標( )( )〔 〕
- 도 ▶자기가 취급하는 상품을 남의 상품과 구별하기 위하여 붙이는 고유(固有)의 표지(標識).

標識( )( )〔 〕
- 도 ▶다른 것과 구별하여 알게 하는 데 필요한 표시나 특징. ※'표식'이라고 읽으면 틀림.
- 참 表紙(표지) ▷책의 겉장.

指標( )( )〔 〕
- 도 ▶방향, 또는 사물의 가늠이 되는 표지(標識).

調律( )( )〔 〕
- 도 ▶악기의 음을 일정한 기준 음에 맞추어 고름. 조음(調音). 예피아노를 調律하다.

自律( )( )〔 〕
- 도 ▶스스로의 의지(意志)로 자신의 행동을 규제(規制)함.

律動( )( )〔 〕
- 도 ▶①규칙적인 운동. ②가락에 맞추어 추는 춤.

逆境( )( )〔 〕
- 도 ▶일이 뜻대로 되지 않아 불운하거나 고생이 많은 불행한 처지. 예逆境을 헤쳐 나가다.

逆流( )( )〔 〕
- 도 ▶거꾸로 흐름, 또는 거슬러 올라감. 예바닷물이 강으로 逆流하다. 예漢江을 逆流하다.

逆轉( )( )〔 〕
- 도 ▶지금까지와는 반대 방향으로 회전(回轉)하거나 상황(狀況)이 바뀜. 예逆轉勝을 거두다.

進步( )( )〔 〕
- 도 ▶사물의 내용이나 정도가 차츰차츰 나아지거나 나아가는 일. 예퇴보(退步).

初步( )( )〔 〕
- 도 ▶①보행의 첫걸음. ②(학문이나 기술 따위의) 가장 낮고 쉬운 정도의 단계. 예初步 운전(運轉).

詩想( )( )〔 〕
- 도 ▶①시를 짓기 위한 시인의 착상(着想)이나 구상(構想). ②시에 나타난 사상이나 감정.
- 참 施賞(시상) ▷상장이나 상품·상금을 줌.

詩歌( )( )〔 〕
- 도 ▶시(詩)와 노래와 창곡(唱曲)을 이르는 말.
- 참 市街(시가) ▷도시의 거리. 번화한 거리.
- 참 市價(시가) ▷시장에서 팔리는 값. 시장가격.
- 참 時價(시가) ▷거래할 때의 가격. 시세(時勢).

도움글

- ○「調律」의 '律'자는 쓰임에 따라 소리가 달라지므로 주의!
  - 예1 規律(규율)   예2 法律(법률)   예3 音律(음률)   예4 律動(율동)   예5 調律(조율)
- ○ **반대자**(反對字)   예1 順(순할 순) ↔ 逆(거스를 역)   예2 動(움직일 동) ↔ 靜(고요할 정)
  - 예3 自(스스로 자) ↔ 他(다를 타)   예4 賞(상줄 상) ↔ 罰(벌할 벌)

53

26 한자능력검정 4급(4II 포함)

◉ 아래 한자漢字의 뜻[訓]과 소리[音]를 자세히 익혀봅시다.

☆표는 4급II 배정한자

裝(衣)	減☆(水)	拍(手)	季(子)	毒☆(母)
꾸밀 장	덜 감:	칠 박	계절 계:	독 독

◉ 아래 설명을 읽고 빈칸에 보기 와 같이 쓰세요. 보기 例題(법식 례)(제목 제)[예제]

變裝(　　　)(　　　)〔　　　〕
   도 ▶본디의 모습을 감추려고 얼굴·차림새 등을 고쳐서 다르게 꾸밈. 캡 그는 변장술(變裝術)에 뛰어나다.

服裝(　　　)(　　　)〔　　　〕
   도 ▶옷, 또는 옷차림. 캡 服裝이 단정(端整)하다.

裝彈(　　　)(　　　)〔　　　〕
   도 ▶총포(銃砲)에 탄알을 잼.
   참 長歎(장탄) ▷ 긴 한숨을 지으며 깊이 탄식하는 일.

減量(　　　)(　　　)〔　　　〕
   도 ▶분량(分量)이나 중량(重量)이 줆, 또는 분량이나 중량을 줄임. 캡 체중 減量에 성공하다.
   참 感量(감량) ▷ 계기(計器)가 잴 수 있는 가장 적은 양.

加減(　　　)(　　　)〔　　　〕
   도 ▶더하거나 뺌. 보태거나 덞. 캡 수요(需要)에 따라 공급량(供給量)을 加減하다.

增減(　　　)(　　　)〔　　　〕
   도 ▶늚과 줆. 늘림과 줄임. 캡 인구(人口)의 增減.

拍手(　　　)(　　　)〔　　　〕
   도 ▶손뼉을 여러 번 치는 일. 캡 拍手로 환영하다.

拍車(　　　)(　　　)〔　　　〕
   도 ▶말을 빨리 달리게 하기 위하여 승마용 구두의 뒤축에 댄, 쇠로 만든 톱니 모양의 물건.
   캡 拍車를 가하다. ▷ 일이 더 빨리 진행(進行)되도록 힘을 더하다, 또는 재촉하다.

季節(　　　)(　　　)〔　　　〕
   도 ▶한 해를 날씨에 따라 나눈 그 한철.

夏季(　　　)(　　　)〔　　　〕
   도 ▶하기(夏期). 여름의 시기(時期). 만 동계(冬季)

季指(　　　)(　　　)〔　　　〕
   도 ▶새끼손가락, 또는 새끼발가락.
   참 繼志(계지) ▷ 앞 사람의 뜻을 이어받음.

毒感(　　　)(　　　)〔　　　〕
   도 ▶아주 독(毒)한 감기(感氣). 캡 환절기에는 毒感에 걸리지 않도록 주의해야 한다.

消毒(　　　)(　　　)〔　　　〕
   도 ▶병원균(病原菌)을 약품(藥品)·열(熱)·빛 따위로 죽이는 일. 캡 주사기(注射器)를 청결(淸潔)하게 消毒하다.

毒殺(　　　)(　　　)〔　　　〕
   도 ▶독약을 먹이거나 써서 죽임. 독해(毒害).

 도움글

○「加減」과 같이 두 개의 글자가 서로 뜻이 반대되거나 상대되는 뜻을 가진 낱말을 **반대자**, 또는 **상대자**라고 한다. 예1 文(글월 문) ⇔ 武(호반 무) 예2 將(장수 장) ⇔ 卒(마칠 졸)

본문학습

아래 한자漢字의 뜻[訓]과 소리[음]를 자세히 익혀봅시다.

☆표는 4급Ⅱ 배정한자

燈 ☆(火)	積 (禾)	判 (刀)	戶 ☆(戶)	繼 (糸)
등 등	쌓을 적	판단할 판	집 호:	이을 계:

아래 설명을 읽고 빈칸에 보기 와 같이 쓰세요.

보기 例題(법식 례)(제목 제)[예제]

燈油( )( )〔 〕
- 도 ▶등불을 켜는 데 쓰는 기름. 석유(石油).

電燈( )( )〔 〕
- 도 ▶전기등(電氣燈). 전기로 불을 밝히는 등(燈).
- 예 그는 電燈도 켜지 않은 채로 누워 있었다.

面積( )( )〔 〕
- 도 ▶한정(限定)된 평면(平面)이나 구면(球面)의 크기. 예 面積이 무척 넓다.

積立( )( )〔 〕
- 도 ▶모아서 쌓아 둠. 예 수익금을 積立하다.

積極( )( )〔 〕
- 도 ▶어떤 일에 대하여 바짝 다잡는 성향(性向)이나 태도. 반 소극(消極). 예 경기 초반부터 積極 공격을 펼쳤다.

判斷( )( )〔 〕
- 도 ▶전후(前後) 사정(事情)을 종합하여 자기 생각을 마음속으로 정함. 예 정확한 判斷.

談判( )( )〔 〕
- 도 ▶서로 맞선 쌍방(雙方)이 시비(是非)를 가리기 위하여 함께 논의(論議)함. 예 談判을 짓다.

判別( )( )〔 〕
- 도 ▶명확히 구별(區別)함. 분명히 분별(分別)함.
- 예 시비(是非)를 判別하다.

戶主( )( )〔 〕
- 도 ▶한 집안의 주장(主張)이 되는 사람.

戶籍( )( )〔 〕
- 도 ▶호수(號數)와 식구(食口) 단위(單位)로 기록(記錄)한 장부(帳簿). 예 그는 양자(養子)를 들여 자기 戶籍에 올렸다.

戶總( )( )〔 〕
- 도 ▶민가(民家)의 총 수효(數爻).

繼續( )( )〔 〕
- 도 ▶끊이지 아니하고 잇대어 나아감. 예 장마가 한 달 동안이나 繼續되다.

繼走( )( )〔 〕
- 도 ▶이어달리기. 계주 경기(繼走競技)의 준말. 예 청팀과 백팀은 繼走 경기로 勝負를 겨루었다.

繼母( )( )〔 〕
- 도 ▶아버지의 후처(後妻). 의붓어머니.
- 참 季母(계모) ▷아버지의 막내아우의 아내.

- ◯ 혼동하기 쉬운 한자   참1 積(쌓을 적)과 績(길쌈 적)   참2 續(이을 속)과 讀(읽을 독)
- ◯ 燈火管制(등화관제) : 적기(敵機)의 공습(攻襲)에 대비하여 경보에 따라 불빛을 가리거나 끄는 일.

28 한자능력검정 4급(4Ⅱ 포함)

✿ 아래 한자(漢字)의 뜻[訓]과 소리[音]를 자세히 익혀봅시다.

☆표는 4급Ⅱ 배정한자

華(艹)	取☆(又)	擊(手)	港☆(水)	陰☆(阜)
빛날 화	가질 취:	칠 격	항구 항:	그늘 음

✿ 아래 설명을 읽고 빈칸에 보기 와 같이 쓰세요.

보기   例題(법식 례)(제목 제)[예제]

華甲(   )(   )〔   〕
- 도 ▶ '華'자를 풀어쓰면 '十'자가 여섯, '一'자 하나가 되는 데서 '환갑(還甲)'을 이른다.

精華(   )(   )〔   〕
- 도 ▶ 다른 것이 섞이지 않은 깨끗하고 순수(純粹)한 부분. ¶민족(民族) 문화(文化)의 精華.
- 참 ▶ 淨化(정화) ▷ 더럽거나 불순(不純)한 것을 없애고 깨끗하게 함. ¶淨化시설.

取消(   )(   )〔   〕
- 도 ▶ 잘못된 법률 행위의 효력(效力)을 소급(遡及)하여 소멸(消滅)시키는 일. 말소(抹消).

取得(   )(   )〔   〕
- 도 ▶ 자기의 것으로 함. 손안에 넣어 가짐. ¶자격증(資格證)을 取得하다.

爭取(   )(   )〔   〕
- 도 ▶ 싸워서 빼앗아 가짐. ¶민주주의(民主主義)를 爭取하다.

打擊(   )(   )〔   〕
- 도 ▶ ① 세게 때려 침. 야구에서 투수가 던지는 공을 타자(打者)가 배트로 치는 일. ② 손해(損害)·손실(損失). ¶홍수(洪水)로 打擊이 심하다.

砲擊(   )(   )〔   〕
- 도 ▶ 대포(大砲)로 사격(射擊)함, 또는 대포에 의한 공격. ¶해상(海上)에서 砲擊을 가하다.

目擊(   )(   )〔   〕
- 도 ▶ 눈으로 직접 봄. ¶사고(事故) 현장(現場)을 目擊하다.

空港(   )(   )〔   〕
- 도 ▶ 항공기(航空機)가 뜨고 내릴 수 있도록 여러 가지 시설(施設)을 갖춘 곳.

港口(   )(   )〔   〕
- 도 ▶ 바닷가에 배를 댈 수 있도록 시설(施設)해 놓은 곳. 항만(港灣)의 출입구.

陰德(   )(   )〔   〕
- 도 ▶ 남 앞에 드러내지 않고 베푼 덕행(德行).

綠陰(   )(   )〔   〕
- 도 ▶ 푸른 잎이 우거진 나무의 그늘.
- 참 ▶ 錄音(녹음) ▷ 소리를 재생(再生)할 수 있도록 기록(記錄)함.

陰害(   )(   )〔   〕
- 도 ▶ 남을 음흉한 방법으로 해침.

 도움글

○ 틀리기 쉬운 한자의 부수
- 참 1 屬(붙일 속 : 尸부)   참 2 帶(띠 대 : 巾부)   참 3 步(걸음 보 : 止부)   참 4 毒(독 독 : 母부)
- 참 5 取(가질 취 : 又부)

본문학습 29

◎ 아래 한자漢字의 뜻[訓]과 소리[음]를 자세히 익혀봅시다.

☆표는 4급Ⅱ 배정한자

龍(龍)	妙(女)	伐☆(人)	屬(尸)	帶☆(巾)
용 룡	묘할 묘:	칠 벌	붙일 속	띠 대

◎ 아래 설명을 읽고 빈칸에 [보기] 와 같이 쓰세요.

[보기] 例題(법식 례)(제목 제)[예제]

靑龍( )( )〔 〕
[도] ▶① 푸른빛을 띤 용. ② 민속에서, '동쪽 방위의 목(木) 기운을 맡은 태세신(太歲神)을 상징한 짐승'을 이르는 말.

龍宮( )( )〔 〕
[도] ▶바닷속에 있다는 용왕의 궁전(宮殿).

飛龍( )( )〔 〕
[도] ▶① 하늘을 나는 용. ② 임금이 높은 자리에 있으면서 아래에 임(臨)함을 이르는 말.

妙案( )( )〔 〕
[도] ▶아주 뛰어난 생각. 用 그는 밤새도록 궁리한 끝에 妙案을 생각해 내었다.

妙技( )( )〔 〕
[도] ▶절묘(絶妙)한 재주, 또는 기술. 用 妙技 대회.

妙手( )( )〔 〕
[도] ▶① 절묘(絶妙)한 솜씨, 또는 솜씨가 뛰어난 사람. 用 妙手 찾기에 부심(腐心)하다. ② 바둑이나 장기 따위에서 절묘(絶妙)한 수.

討伐( )( )〔 〕
[도] ▶반란자 등 적이 되어 맞서는 무리를 병력으로 공격하여 없앰. 用 공비(共匪)를 討伐하다.

伐木( )( )〔 〕
[도] ▶나무를 베다. 用 무분별한 伐木으로 山林이 파괴되고 있다.

屬國( )( )〔 〕
[도] ▶다른 나라의 지배하(支配下)에 있는 나라.

服屬( )( )〔 〕
[도] ▶복종(服從)하여 따름. 用 전쟁에 패한 나라는 승리한 나라에 服屬되었다.
[참] 復屬(복속)▶퇴직(退職)시킨 아전(衙前)을 다시 복직(復職)시키던 일.

所屬( )( )〔 〕
[도] ▶어떤 기관(機關)이나 조직(組織)에 딸림. 用 자신은 판매과에 所屬되어 있다.

冷帶( )( )〔 〕
[도] ▶온대와 한대의 중간 지역. 아한대(亞寒帶).

連帶( )( )〔 〕
[도] ▶두 사람 이상이 함께 무슨 일을 하거나 함께 책임을 지는 일. 用 連帶하여 책임(責任)지다.

地帶( )( )〔 〕
[도] ▶자연적(自然的), 또는 인위적(人爲的)으로 한정된 일정한 구역. 用 평야(平野) 地帶.

○ 틀리기 쉬운 한자어의 독음

[참]1 標識 : 표식(×) : 표지(○)   [참]2 寒暖 : 한난(×) : 한란(○)
[참]3 暴惡 : 폭악(×) : 포악(○)   [참]4 寒冷 : 한냉(×) : 한랭(○)

30 한자능력검정 4급(4Ⅱ 포함)

❖ 아래 한자漢字의 뜻[訓]과 소리[音]를 자세히 익혀봅시다.

☆표는 4급Ⅱ 배정한자

階 (阜)	羅 ☆ (网)	恨 (心)	鍾 = 鐘 (金)	映 = 暎 (日)
섬돌 계	벌릴 라	한 한:	쇠북 종	비칠 영:

❖ 아래 설명을 읽고 빈칸에 보기 와 같이 쓰세요.

보기 例題(법식 례)(제목 제)[예제]

階段(　　　)(　　　)〔　　　〕
　도 ▶ ① 층계(層階). ② 일을 하는 데 밟아야 할 순서(順序). 단계(段階).

階層(　　　)(　　　)〔　　　〕
　도 ▶ 사회(社會)를 형성(形成)하는 여러 층.

階級(　　　)(　　　)〔　　　〕
　도 ▶ 지위나 관직(官職) 등의 등급(等級).

羅列(　　　)(　　　)〔　　　〕
　도 ▶ 죽 늘어놓거나 늘어섬. ㈜ 여러 항목(項目)을 羅列하다.

新羅(　　　)(　　　)〔　　　〕
　도 ▶ 우리나라 고대(古代) 왕국(王國) 중의 하나. [박혁거세(朴赫居世)가 한반도(韓半島)의 동남쪽에 세웠던 나라]

羅針(　　　)(　　　)〔　　　〕
　도 ▶ 수평(水平)으로 자유로이 회전(回轉)할 수 있도록 한 소형의 영구(永久) 자석으로, 방위(方位)를 찾는 데 씀. 자침(磁針).

恨歎(　　　)(　　　)〔　　　〕
　도 ▶ 뉘우쳐지거나 원통(冤痛)하여 한숨을 지음.

餘恨(　　　)(　　　)〔　　　〕
　도 ▶ 풀지 않고 남은 원한(怨恨). ㈜ 소원(所願)을 이루었으니 이제 餘恨이 없다.

打鐘(　　　)(　　　)〔　　　〕
　도 ▶ 종을 침. ㈜ 除夜에 새해를 알리는 서른 세 번의 打鐘 소리가 온 누리에 울려 퍼졌다.

警鐘(　　　)(　　　)〔　　　〕
　도 ▶ ① 경계(警戒)하기 위하여 치는 종. ② 경계하기 위한 주의(注意)나 충고(忠告).

映畫(　　　)(　　　)〔　　　〕
　도 ▶ 연속 촬영한 필름을 영사막(映寫幕)에 비추어, 실제와 같이 재현(再現)하여 보이는 것.

映寫(　　　)(　　　)〔　　　〕
　도 ▶ 영화 필름이나 슬라이드 따위를 영사막(映寫幕)에 비춤.
　참 影寫(영사) ▷ 얇은 종이 따위의 밑에 그림이나 글씨를 받쳐 놓고, 원본대로 베껴내는 일.

反映(　　　)(　　　)〔　　　〕
　도 ▶ ① 빛 따위가 반사(反射)하여 비침. ② 어떤 영향이 다른 것에 미쳐 나타남. ㈜ 서예 교육이 인성교육(人性教育)에 잘 反映되고 있다.

도움글

○ '鍾'과 '鐘'은 '쇠북 종'의 뜻으로는 같이 쓰이나 '술잔'・'술그릇'・'종지(작은 그릇)'・'모으다' 등의 의미에서는 '鍾'자 만을 쓴다. 상 唐鍾/鐘, 鍾/鐘路, 鍾氣, 鍾乳石
○ 「階段」은 뜻이 서로 비슷한 한자로 결합된 한자어이다. 상 階=級(계급), 階=層(계층)

본문학습

해답 ☞ 부록 14쪽

1. 다음 한자어의 독음을 쓰세요.

規律 〔 〕	漢詩 〔 〕
도 ▶집단생활이나 사회생활을 하는 데 행동의 준칙(準則)이 되는 본보기. 예 엄격한 規律.	도 ▶한문(漢文)으로 지은 시(詩).
痛恨 〔 〕	殺伐 〔 〕
도 ▶가슴 아프게 몹시 한탄(恨歎)함.	도 ▶분위기나 풍경, 또는 인간관계 따위가 거칠고 서먹서먹함. 예 분위기가 殺伐하다.
放映 〔 〕	開港 〔 〕
도 ▶텔레비전으로 방송함. 예 외화(外畫) 放映.	도 ▶(외국과 통상을 위해) 항구를 외국에 개방함.

2. 다음 한자어의 독음을 쓰세요.

裝甲車 〔 〕	街路燈 〔 〕
도 ▶반고정식 총포 따위로 무장(武裝)하고, 전체를 강철판(鋼鐵板)으로 둘러싼 차륜식(車輪式) 차량(車輛).	도 ▶길거리를 밝히기 위하여 가설(架設)한 등.
	信號燈 〔 〕
步行者 〔 〕	도 ▶일정(一定)한 신호(信號)를 알리는 등불.
도 ▶걸어 다니는 사람. 보행인. 예 步行者는 이쪽으로 다니시오.	登龍門 〔 〕
後繼者 〔 〕	도 ▶'용문(龍門)에 오른다'는 뜻으로, '입신(立身) 출세(出世)의 어려운 관문'을 비유하여 이르는 말. 예 사법(司法) 시험은 법관(法官)의 登龍門이다.
도 ▶뒤를 받아 잇는 사람.	

3. 다음 한자성어의 독음을 쓰세요.

門戶開放 〔 〕	忠言逆耳 〔 〕
도 ▶문을 열어 아무나 드나들게 함.	도 ▶'충고(忠告)하는 말은 귀에 거슬린다'는 뜻. 양약고구(良藥苦口).
貧者一燈 〔 〕	燈下不明 〔 〕
도 ▶가난한 사람이 부처에게 바치는 등(燈) 하나가 부자(富者)의 등 만 개보다도 더 공덕(功德)이 있다는 뜻.	도 ▶'등잔 밑이 어둡다'는 뜻으로, '가까이에 있는 것을 오히려 잘 모름'을 이르는 말.

○ 五十步百步(오십보백보) : 양자간(兩者間)에 조금 낫고 못한 정도의 차이(差異)는 있으나 본질적(本質的)으로 차이가 없음을 이르는 말.

○ 「率」자는 쓰임에 따라 訓音이 달라지므로 주의! 예1 效率(효율) 예2 統率(통솔) 예3 率直(솔직)

59

한자능력검정 4급(4Ⅱ 포함)

해답 ☞ 부록 14쪽

1. 다음 한자어의 독음을 쓰세요.

慰安( )	歷任( )	壓縮( )	歸鄕( )	保護( )
尊重( )	源泉( )	縮約( )	脫衣( )	海底( )
確實( )	缺禮( )	歡喜( )	巨儒( )	洗手( )
監察( )	防衛( )	調律( )	效果( )	鑛脈( )
指揮( )	郵便( )	珍島( )	段階( )	待遇( )

2. 다음 글의 밑줄 친 단어 중 낱말은 한자로, 한자어는 독음으로 고쳐 쓰세요.

㉮ 우리나라는 일찍이 다른 나라로부터 '동방예의지국東方禮儀之國'이라는 말을 들어 왔다. 예와 義理(1)를 尊重(2)하고 조상(3)을 잘 받들어 모셨기 때문이다.

㉯ 그런데 이러한 생활 관습慣習은 근대(4)에 와서 서양(5)의 문물(6)과 대가족 制度(7)가 핵가족 制度로 정착(8)되면서부터는 제사祭祀나 차례茶禮를 지내는 일은 물질이나 시간의 낭비浪費며 아무 필요도 없는 미신迷信과 같은 것이라고 생각하는 사람까지 있다.

㉰ 하지만 조상을 崇拜(9)하며 그 훌륭한 뜻을 길이 받들어 나가는 것은 살아 있는 어른을 尊敬하는 뜻도 되고, 한 가족이나 자손들의 화합(10)과 친목親睦 그리고 우애(11)와 相助(12)의 마음을 다지는 뜻도 된다.

(1)	(2)	(3)	(4)
(5)	(6)	(7)	(8)
(9)	(10)	(11)	(12)

 도움글

● 혼동하기 쉬운 한자
1 脈(줄기 맥)과 派(갈래 파) 2 壓(누를 압)과 厭(싫을 염)
3 底(밑 저)와 低(낮을 저) 4 脫(벗을 탈)과 稅(세금 세) 5 侍(모실 시)와 待(기다릴 대)

본문학습 31

🔸 아래 한자漢字의 뜻[訓]과 소리[音]를 자세히 익혀봅시다.   ☆표는 4급Ⅱ 배정한자

乳(乙)	舌(舌)	儀(人)	斷☆(斤)	宣(宀)
젖 유	혀 설	거동 의	끊을 단:	베풀 선

🔸 아래 설명을 읽고 빈칸에 보기 와 같이 쓰세요.   보기 例題(법식 례)(제목 제)[예제]

授乳( )( )〔 〕
도▶젖먹이에게 젖을 먹임.

乳齒( )( )〔 〕
도▶젖먹이 때 나서 아직 갈지 않은 이. 젖니.
凹영구치(永久齒). 간니.
참留置(유치)▷재판의 진행이나 그 결과의 집행을 위하여 일정한 곳에 사람을 가두어 두는 일.

舌音( )( )〔 〕
도▶혀끝이 윗잇몸에 닿아 소리나는 자음(子音). 혓소리.〔ㄴ·ㄷ·ㄸ·ㅌ 따위〕

口舌( )( )〔 〕
도▶시비(是非)하거나 헐뜯는 말. 凹남의 口舌에 오르내리다.

舌戰( )( )〔 〕
도▶말다툼. 입씨름. 설쟁(舌爭). 凹무수한 舌戰만 교환될 뿐 회담은 타결될 기미가 없었다.

威儀( )( )〔 〕
도▶위엄(威嚴)이 있는 몸가짐이나 차림새.

儀典( )( )〔 〕
도▶의례(儀禮)를 갖추어 베푸는 행사. 의식(儀式). 식전(式典).

切斷( )( )〔 〕
도▶자르거나 베어서 끊음. 절단(截斷). 단절(斷切).
참折斷(절단)▷구부려서 끊음.

斷面( )( )〔 〕
도▶①물체(物體)의 잘린 면. ②사물(事物) 현상(現象)의 부분적(部分的)인 상태(狀態). 凹인생의 한 斷面을 그린 작품이다.

獨斷( )( )〔 〕
도▶자기 혼자의 생각만으로 결정함. 凹이 일은 너의 獨斷으로 처리(處理)할 일이 아니다.

宣告( )( )〔 〕
도▶중대(重大)한 사실을 선언(宣言)하여 알림. 凹파산(破産)을 宣告하다. 凹10년 刑을 宣告하다.

宣傳( )( )〔 〕
도▶사람들에게 설명하고 공감(共感)을 얻기 위해 널리 알림. 凹제품 宣傳. 凹교묘(巧妙)한 宣傳.

宣教( )( )〔 〕
도▶종교(宗敎)를 전하여 널리 펼침. 포교(布敎).

宣布( )( )〔 〕
도▶공적(公的)으로 세상에 알림. 凹계엄령(戒嚴令)을 宣布하다.

 도움글

○ **틀리기 쉬운 한자의 부수** 예獨(홀로 독 : 犭=犬부) : 「犬(견)」자는 부수로 쓰일 때에는 「犭」으로 변형(變形)된다. 간혹 「手(수)=扌」자와 혼동하는 경우가 많으므로 주의!

61

32 한자능력검정 **4급**(**4Ⅱ** 포함)

❋ 아래 한자(漢字)의 뜻[訓]과 소리[音]를 자세히 익혀봅시다.

☆표는 4급Ⅱ 배정한자

異(田)	希☆(巾)	背☆(肉)	環☆(玉)	眞☆(目)
다를 이:	바랄 희	등 배:	고리 환	참 진

❋ 아래 설명을 읽고 빈칸에 보기 와 같이 쓰세요.   보기 例題(법식 례)(제목 제)[예제]

異端(　　)(　　)〔　　〕
- 도▶그 시대에 정통(正統)으로 인정되지 못하는 사상(思想)·종교(宗敎)·학설(學說) 따위.

異性(　　)(　　)〔　　〕
- 도▶남성(男性)이 여성(女性)을, 또는 여성이 남성을 가리켜 이르는 말.
- 참 異姓(이성) ▷ 성이 다름, 또는 다른 성. 타성(他姓).
- 참 理性(이성) ▷ 개념적으로 사유하는 능력을 감각적 능력에 상대하여 이르는 말.

希望(　　)(　　)〔　　〕
- 도▶어떤 일을 이루거나 얻고자 기대하고 바람. 예아직 希望은 있다.

希求(　　)(　　)〔　　〕
- 도▶원(願)하고 바람. 욕구(欲求).

背後(　　)(　　)〔　　〕
- 도▶①등의 뒤. 뒤쪽. 예背後에서 공격하다. ②표면(表面)에 드러나지 않고 뒤에서 지시하거나 협력하거나 하는 관계. 예背後에서 조종하다.

背信(　　)(　　)〔　　〕
- 도▶신의(信義)를 저버림. 뗀보답(報答).

背景(　　)(　　)〔　　〕
- 도▶①뒤쪽의 경치. 뗀前景. ②작품의 시대적·역사적인 환경. 예개화기를 背景으로 한 소설. ③뒤에서 돌보아 주는 힘. 예정치 背景이 든든하다.

環境(　　)(　　)〔　　〕
- 도▶주위(周圍)의 사물(事物)이나 사정(事情). 예좋은 環境에서 자라다.

花環(　　)(　　)〔　　〕
- 도▶조화(造花)나 생화(生花)를 고리 모양으로 만든 것. [경조(慶弔)나 환영(歡迎)의 뜻으로 보냄]

寫眞(　　)(　　)〔　　〕
- 도▶사진기로 물체의 화상(畫像)을 찍어내는 기술, 또는 인화지(印畫紙)에 나타난 그 화상.

眞價(　　)(　　)〔　　〕
- 도▶참된 가치(價値). 예전통(傳統) 예술(藝術)의 眞價를 보여 주다.
- 참 眞假(진가) ▷ 진짜와 가짜를 아울러 이르는 말. 예예술품의 眞假를 가리다.

眞實(　　)(　　)〔　　〕
- 도▶거짓이 없이 바르고 참됨.

○ **상대자**(相對字)　예1 攻(칠 공) ↔ 防(막을 방)　예2 眞(참 진) ↔ 假(거짓 가)
　　　　　　　　　예3 班(나눌 반) ↔ 常(떳떳할 상)　예4 背(등 배) ↔ 向(향할 향)

○ **일자다음어자**(一字多音語字) : 하나의 글자가 둘 이상의 소리로 쓰이는 한자를 말하는 데, 전주자라고도 함.
　참1 省(살필 성, 덜 생)　참2 讀(읽을 독, 구절 두)　참3 殺(죽일 살, 감할 쇄)　참4 復(다시 부, 회복할 복)

본문학습 33

🔷 아래 한자(漢字)의 뜻[訓]과 소리[音]를 자세히 익혀봅시다.

☆표는 4급Ⅱ 배정한자

模 (木)	得 ☆ (彳)	適 (辵)	聽 (耳)	試 ☆ (言)
본뜰 모	얻을 득	맞을 적	들을 청	시험 시 ▶

🔷 아래 설명을 읽고 빈칸에 보기 와 같이 쓰세요.   보기 例題(법식 례)(제목 제)[예제]

模範(　　)(　　)〔　　〕
- 도 ▶본받아 배울 만한 본보기.
   타(他)의 模範이 되다.

模寫(　　)(　　)〔　　〕
- 도 ▶무엇을 흉내 내어 그대로 나타냄.

模造(　　)(　　)〔　　〕
- 도 ▶본떠서 만듦, 또는 그 물품.

納得(　　)(　　)〔　　〕
- 도 ▶남의 말이나 행동을 잘 알아차려 이해함.
   잘 納得이 안 가는 이야기만 한다.

說得(　　)(　　)〔　　〕
- 도 ▶잘 설명(說明)하거나 타이르거나 해서 납득(納得)시킴. 설복(說伏). 반대파를 說得하다.

習得(　　)(　　)〔　　〕
- 도 ▶배워서 터득함. 익혀서 얻음. 기술(技術)을 習得하다.
   참 拾得(습득) ▷ (남이 잃어버린 물건을) 주움.
   반 분실(紛失).

適切(　　)(　　)〔　　〕
- 도 ▶꼭 알맞음. 표현(表現)이 適切하다.

自適(　　)(　　)〔　　〕
- 도 ▶무엇에 속박(束縛)됨이 없이 제 마음 내키는 대로 즐김. 유유자적(悠悠自適)하다.

適當(　　)(　　)〔　　〕
- 도 ▶정도나 이치에 꼭 알맞고 마땅함. 적당하게. 적당히. 모내기에 適當한 비가 내렸다.

聽取(　　)(　　)〔　　〕
- 도 ▶방송이나 진술(陳述) 따위를 자세히 들음.
   인공위성의 출현으로 聽取 범위가 넓어졌다.

視聽(　　)(　　)〔　　〕
- 도 ▶눈으로 보고 귀로 들음. 視聽覺敎育
   참 市廳(시청) ▷ 시(市)의 행정을 맡아보는 곳.

考試(　　)(　　)〔　　〕
- 도 ▶공무원 따위의 지원자의 자격(資格)을 검사하여 그 합격 여부를 판정하는 일. 시험(試驗).

試食(　　)(　　)〔　　〕
- 도 ▶맛이나 솜씨를 보기 위해 시험 삼아 먹어 봄.
   내가 먼저 試食해 볼까!

試圖(　　)(　　)〔　　〕
- 도 ▶무엇을 시험 삼아 꾀하여 봄. 새로운 試圖

 도움글

○「說得」의 '說'자는 쓰임에 따라 훈(訓)과 음(音)이 달라지므로 주의!
예1 解說(해설) ▷ (풀 해)(말씀 설)　　예2 喜說(희열) ▷ (기쁠 희)(기쁠 열)
예3 遊說(유세) ▷ (놀 유)(달랠 세)　　예4 說客(세객) ▷ (달랠 세)(손　객)

63

34 한자능력검정 4급(4II 포함)

❋ 아래 한자漢字의 뜻[訓]과 소리[音]를 자세히 익혀봅시다.

☆표는 4급II 배정한자

複(衣)	潔☆(水)	指☆(手)	降(阜)	豊☆(豆)
겹칠 복	깨끗할 결	가리킬 지	내릴 강, 항복할 항	풍년 풍

❋ 아래 설명을 읽고 빈칸에 보기 와 같이 쓰세요.

보기 例題(법식 례)(제목 제)[예제]

複線(　　)(　　)〔　　〕
　됨▶① 겹줄. ② '복선궤도(複線軌道)'의 준말.

複製(　　)(　　)〔　　〕
　됨▶미술품이나 저작물을 인쇄·복사·녹음 등의 방법으로 원형 그대로 만드는 일.

複合(　　)(　　)〔　　〕
　됨▶두 가지 이상의 것이 합하여 하나가 됨.

複雜(　　)(　　)〔　　〕
　됨▶겹치고 뒤섞여 어수선함. 땐 단순(單純).

潔白(　　)(　　)〔　　〕
　됨▶행동이나 마음 따위가 조촐하고 깨끗하여 허물이 없음. 예 潔白을 증명(證明)하다.

淸潔(　　)(　　)〔　　〕
　됨▶(지저분한 것을 없애어) 맑고 깨끗함. 땐 불결(不潔). 예 淸潔한 복장.

高潔(　　)(　　)〔　　〕
　됨▶고상(高尙)하고 깨끗함.

指稱(　　)(　　)〔　　〕
　됨▶가리켜 일컬음.

指導(　　)(　　)〔　　〕
　됨▶어떤 목적이나 방향에 따라 가르치어 이끎. 참 地圖(지도) ▷ 지구 표면을 축척(縮尺)에 따라 나타낸 그림.

指壓(　　)(　　)〔　　〕
　됨▶건강 증진이나 병을 다스리기 위해서 손가락이나 손바닥으로 누르거나 주무르거나 하는 일.

降等(　　)(　　)〔　　〕
　됨▶등급(等級)이나 계급(階級)이 내려감. 예 사고의 책임을 물어 1계급을 降等하다.

降伏(　　)(　　)〔　　〕
　됨▶전쟁 등에서 자신이 진 것을 인정(認定)하고 상대방에게 굴복(屈伏)함. 항복(降服).

豊年(　　)(　　)〔　　〕
　됨▶농사가 잘된 해. 예 豊年을 기원(祈願)하다.

豊足(　　)(　　)〔　　〕
　됨▶매우 넉넉하여 모자람이 없음.

豊滿(　　)(　　)〔　　〕
　됨▶① 넉넉하고 그득함. ② 몸이 투실투실하게 살찜. 예 그는 여인의 육체를 豊滿하게 그렸다.

○「豊」자는 「豐」자와 쓰임이 같은 이체자(異體字)이다.
○「降等」의 '降'자는 쓰임에 따라 훈訓과 음音이 달라지므로 주의!
　예1 投降(투항)　예2 下降(하강)　예3 降兵(항병)　예4 降雪(강설)　예5 降書(항서)

64

본문학습 35

◉ 아래 한자漢字의 뜻[訓]과 소리[音]를 자세히 익혀봅시다.

☆표는 4급Ⅱ 배정한자

蓄☆(艸)	移☆(禾)	系(糸)	虛☆(虍)	鷄(鳥)
모을 축	옮길 이	이어맬 계:	빌 허	닭 계

◉ 아래 설명을 읽고 빈칸에 보기 와 같이 쓰세요.

보기 例題(법식 례)(제목 제)[예제]

貯蓄( )( )〔 〕
  ▶소득(所得)의 일부를 절약(節約)해 모아 둠.

蓄財( )( )〔 〕
  ▶재물(財物)을 모음. ㊌부정(不正)한 蓄財로 벌(罰)을 받다.
  ㊗祝祭(축제)▷경축하여 벌이는 큰 잔치나 행사.

蓄積( )( )〔 〕
  ▶많이 모이어 쌓이거나 모아서 쌓음.
  ㊌에너지를 蓄積하다.

移民( )( )〔 〕
  ▶다른 나라의 땅으로 옮겨가서 사는 일.

移轉( )( )〔 〕
  ▶①처소(處所)나 주소 따위를 다른 데로 옮김.
  ②권리(權利) 따위를 넘겨주거나 넘겨받음.

移住( )( )〔 〕
  ▶다른 곳이나 다른 나라로 옮겨가서 삶.
  ㊌해외(海外)로 移住하다.

系列( )( )〔 〕
  ▶서로 관계가 있거나, 공통되거나, 유사한 점에서 연결되는 계통(系統)이나 조직(組織).
  ㊌이 소설은 사실주의 系列의 작품이다.

系統( )( )〔 〕
  ▶일정한 차례에 따라 이어져 있는 것. ㊌系統을 세워 해설하다. ㊌황인종 系統의 민족.

體系( )( )〔 〕
  ▶낱낱이 다른 것을 계통(系統)을 세워 통일(統一)한 전체(全體). ㊌體系를 세우다.

虛勢( )( )〔 〕
  ▶실상(實相)이 없는 기세. 허위(虛威).
  ㊌공연히 체면치레하느라고 虛勢 부리지 마라.

虛事( )( )〔 〕
  ▶헛일. 도사(徒事).

虛弱( )( )〔 〕
  ▶몸이나 세력(勢力) 따위가 약함.

鷄林( )( )〔 〕
  ▶'신라(新羅)'를 달리 이르는 말.

養鷄( )( )〔 〕
  ▶닭을 먹여 기름, 또는 그 닭.

鷄舍( )( )〔 〕
  ▶닭을 가두어 두는 장. 닭장. 닭의장.

 도움글

○ 鷄窓(계창) : '중국 송(宋)나라 때의 처종(處宗)이라는 사람의 서재(書齋) 창문(窓門) 밑에서 기른 닭이 사람의 말을 이해(理解)하고 처종과 이야기하여 그의 학식(學識)을 도왔다'는 고사(故事)에서 유래(由來)한 말로, '독서(讀書)하는 방(房)'을 이르는 말로 쓰인다.

65

36 한자능력검정 4급(4II 포함)

❈ 아래 한자(漢字)의 뜻[訓]과 소리[音]를 자세히 익혀봅시다.

☆표는 4급II 배정한자

藝☆ (艹)	承☆ (手)	深☆ (水)	掃☆ (手)	營☆ (火)
재주 예:	이을 승	깊을 심	쓸 소.	경영할 영

❈ 아래 설명을 읽고 빈칸에 보기 와 같이 쓰세요.

보기 例題(법식 례)(제목 제)[예제]

藝能(　　　)(　　　)〔　　　〕
   도▶음악·미술·무용(舞踊) 등 예술과 기능을 익히기 위한 교과(教科)를 통틀어 이르는 말.

工藝(　　　)(　　　)〔　　　〕
   도▶실용적인 물건에 본래의 기능을 살리면서 조형미를 조화시키는 솜씨, 또는 그 제품.

藝術(　　　)(　　　)〔　　　〕
   도▶일정한 재료(材料)와 양식(樣式)·기교(技巧) 등에 의하여 미(美)를 창조(創造)하고 표현하는 인간의 활동, 또는 산물(産物).

繼承(　　　)(　　　)〔　　　〕
   도▶조상이나 선임자(先任者)의 뒤를 이어받음.

承認(　　　)(　　　)〔　　　〕
   도▶①정당(正當)하거나 사실(事實)임을 인정(認定)함. ②동의(同議)함. ⋓거부(拒否).

承服(　　　)(　　　)〔　　　〕
   도▶①납득(納得)하여 좇음. ②죄를 자백(自白)함. 예부모의 추궁(追窮)에 承服하다.

深海(　　　)(　　　)〔　　　〕
   도▶깊은 바다.

深遠(　　　)(　　　)〔　　　〕
   도▶생각이나 사상(思想)·뜻 따위가 매우 깊음. 예생각이 매우 深遠하다.

深夜(　　　)(　　　)〔　　　〕
   도▶깊은 밤. 심경(深境). 예深夜버스.

掃除(　　　)(　　　)〔　　　〕
   도▶먼지나 더러운 것을 깨끗이 함. 청소(清掃).

清掃(　　　)(　　　)〔　　　〕
   도▶깨끗이 쓸고 닦아서 깨끗이 함.

一掃(　　　)(　　　)〔　　　〕
   도▶남김없이 모조리 쓸어버림. 예舊習을 一掃하다.

運營(　　　)(　　　)〔　　　〕
   도▶어떤 일이나 조직(組織) 따위를 운용(運用)하여 경영(經營)함. 예독서회(讀書會)를 運營하다.

野營(　　　)(　　　)〔　　　〕
   도▶야외에서 천막(天幕)을 치고 숙박(宿泊)함.

經營(　　　)(　　　)〔　　　〕
   도▶방침 따위를 정하고 연구하여 일을 해 나감. 예국가 經營을 효율적(效率的)으로 하다.

○ **반의어·상대어**(反義語·相對語) : 두 개의 낱말이 반대 또는 상대되는 뜻으로 이루어진 낱말을 말함.
   예1 故意(고의) ⇔ 過失(과실)　　예2 固定(고정) ⇔ 流動(유동)　　예3 共用(공용) ⇔ 專用(전용)

본문학습

 해답 ☞ 부록 16쪽

1. 다음 한자어의 독음을 쓰세요.

掃萬 〔 〕	掃地 〔 〕
도▶모든 일을 제쳐놓음. 참 小滿(소만) ▷ 이십사절기의 하나. 5월 21일경.	도▶① 땅을 쓺. ② 절에서, 마당을 쓰는 일을 맡은 사람. 참 素地(소지) ▷ 사물의 바탕. 요인(要因)이 될 바탕. 예 분쟁(紛爭)의 素地가 남아 있다. 참 所持(소지) ▷ 무엇을 가지고 있음. 예 신분증(身分證)을 所持하다. 참 小指(소지) ▷ 새끼손가락, 또는 새끼발가락.
深度 〔 〕	
도▶깊은 정도(程度). 예 좀더 深度 깊은 논의(論議)를 해보자!	

2. 다음 한자어의 독음을 쓰세요.

學藝會 〔 〕	異民族 〔 〕
도▶학생들의 학문과 예술, 또는 기예(技藝)를 공개(公開)하여 보이는 모임.	도▶언어(言語)·풍습(風習) 따위가 다른 민족.
地球儀 〔 〕	降雨量 〔 〕
도▶지구를 본떠 만든 작은 모형(模型).	도▶일정(一定)한 곳에 일정(一定)한 기간(期間) 동안 내린 비의 분량(分量).
鍾乳石 〔 〕	祝儀金 〔 〕
도▶돌고드름.	도▶축하(祝賀)하는 뜻으로 내는 돈.

3. 다음 한자성어의 독음을 쓰세요.

死生決斷 〔 〕	十指不動 〔 〕
도▶죽고 사는 것을 돌보지 아니하고 끝장을 냄.	도▶'열 손가락을 꼼짝하지 아니한다'는 뜻으로, '게을러서 아무 일도 하지 아니함'을 비유하여 이르는 말.
大同小異 〔 〕	
도▶거의 같고 조금 다름. 비슷비슷함.	
一擧兩得 〔 〕	千慮一得 〔 〕
도▶한 가지 일로써 두 가지의 이익(利益)을 얻음. 일석이조(一石二鳥).	도▶'아무리 어리석은 사람일지라도 많은 생각을 하다 보면 한 가지쯤은 좋은 생각을 얻는다'는 말. 반 천려일실(千慮一失).

도움글

○ 혼동하기 쉬운 한자   참1 兩(두 량)과 雨(비 우)   참2 決(결단할 결)과 快(쾌할 쾌)

○ 틀리기 쉬운 한자의 부수
 참1 乳(젖 유 : 乙부)   참2 異(다를 이 : 田부)   참3 背(등 배 : 肉부)
 참4 眞(참 진 : 目부)   참5 承(이을 승 : 手부)

67

한자능력검정 4급(4Ⅱ 포함)

해답 ☞ 부록 16쪽

1. 다음 한자어의 독음을 쓰세요.

服裝( )	擊退( )	授業( )	缺席( )	痛歎( )
空港( )	解除( )	權勢( )	裝置( )	同胞( )
細胞( )	斷切( )	暴力( )	施賞( )	禁煙( )
姉妹( )	起居( )	掃除( )	毒感( )	選擇( )
燃燈( )	打鐘( )	豫測( )	標識( )	短縮( )

2. 다음 한자의 뜻과 소리를 쓰세요.

儀( )	適( )	模( )	豊( )	蓄( )
希( )	斷( )	環( )	承( )	複( )

3. 다음 글의 밑줄 친 단어 중 낱말은 한자로, 한자어는 독음으로 고쳐 쓰세요.

　서양의 고대[1] 미술이 復興[2]되던 시대에 가장 獨創的[3]이고 위대[4]한 미술가는 미켈란젤로다. 그는 원래 조각가彫刻家였는데, 나중에는 그림도 그리고 建築[5]도 하고 또 시詩도 썼다.
　처음에 그는 대리석[6]을 쪼아서 조각상彫刻像을 만드는 일을 평생[7]의 일로 삼고 있었다. 차고 딱딱한 돌을 쪼아 생명을 불어넣는 일에 스스로 매혹魅惑되었다.
　그는 누구에게나 조각가임을 자랑스럽게 생각하고, 자신[8]을 소개紹介할 때도 '조각가 미켈란젤로'라고 하였다.

(1)	(2)	(3)	(4)
(5)	(6)	(7)	(8)

 도움글

- 「打鐘」의 '鐘'자는 '鍾'과 쓰임이 같은 이체자(異體字)이다.
- 「標識」의 '識'자는 쓰임에 따라 訓音이 달라지므로 주의! 예1 知識(지식) 예2 識記(지기)

본문학습

아래 한자漢字의 뜻[訓]과 소리[音]를 자세히 익혀봅시다.

☆표는 4급Ⅱ 배정한자

肅 (聿)	依 (人)	閑 (門)	應☆ (心)	寄 (宀)
엄숙할 숙	의지할 의	한가할 한	응할 응:	부칠 기

아래 설명을 읽고 빈칸에 보기 와 같이 쓰세요.

보기 例題(법식 례)(제목 제)[예제]

嚴肅(　　)(　　)〔　　〕
  도▶① 장엄하고 정숙함. 예嚴肅한 분위기. ② 위엄이 있고 정중함. 예嚴肅한 어조로 말씀하셨다.

肅淸(　　)(　　)〔　　〕
  도▶독재 국가 따위에서 반대파를 제거하는 일.

肅然(　　)(　　)〔　　〕
  도▶삼가고 두려워하는 모양. 숙연(肅然)히. 예肅然히 머리를 숙여 명복(冥福)을 빌다.

依存(　　)(　　)〔　　〕
  도▶남에게 의지(依支)하여 있음.

依支(　　)(　　)〔　　〕
  도▶다른 것에 몸이나 마음을 기댐. 예그는 依支할 데 없는 몸이다.
  참意志(의지)▷목적이 뚜렷한 생각. 뜻. 예자신(自身)의 意志대로 밀고 나가다.

依舊(　　)(　　)〔　　〕
  도▶옛 모양과 다름이 없음. 옛날 그대로 변함이 없음. 예山川은 依舊하되 인걸은 간 데 없다.

閑談(　　)(　　)〔　　〕
  도▶심심풀이로 주고받는 이야기.

閑散(　　)(　　)〔　　〕
  도▶한가하고 쓸쓸함. 일이 없어 한가함.

閑暇(　　)(　　)〔　　〕
  도▶바쁘지 않아 여유(餘裕)가 있음. 한가히.

應試(　　)(　　)〔　　〕
  도▶시험(試驗)을 치름.
  참凝視(응시)▷눈길을 한곳으로 모아 바라봄. 回注視.

應手(　　)(　　)〔　　〕
  도▶바둑이나 장기 따위에서, 상대편의 수를 받은 다음에 두는 일. 또는 그 수.
  참應酬(응수)▷대립되는 의견 따위로 맞서서 주고받음. 예한 마디도 지지 않고 應酬하다.

適應(　　)(　　)〔　　〕
  도▶어떠한 상황(狀況)이나 조건(條件)에 잘 어울림. 예단체 생활에 適應하다.

寄別(　　)(　　)〔　　〕
  도▶소식(消息)을 전하여 알려줌.

寄與(　　)(　　)〔　　〕
  도▶남에게 이바지함. 남에게 이익(利益)을 줌.

 도움글

○「閒」자는 閑자와 쓰임이 같은 이체자(異體字)이다. 그러나 閒자는 間자와 같은 의미로 쓰이는 경우가 있다. 때문에 閒자가 '한가할 한'인지 '사이 간'인지는 문맥에 따라 판단해야 한다.

38 한자능력검정 4급(4II 포함)

아래 한자漢字의 뜻[訓]과 소리[音]를 자세히 익혀봅시다.

☆표는 4급 II 배정한자

留 ☆ (田)	布 ☆ (巾)	範 (竹)	玉 ☆ (玉)	權 ☆ (木)
머무를 류	베 포 , 펼 포	법 범:	구슬 옥	권세 권

아래 설명을 읽고 빈칸에 보기 와 같이 쓰세요.　　보기　例題(법식 례)(제목 제)[예제]

留任(　　　)(　　　)〔　　　〕
  도 ▶ 그 자리에 그대로 머물러 일을 맡아봄.

留保(　　　)(　　　)〔　　　〕
  도 ▶ 뒷날로 미룸. 보류(保留).

布石(　　　)(　　　)〔　　　〕
  도 ▶ ① 바둑에서, 처음에 돌을 벌려 놓는 일.
       ② 일의 장래(將來)를 위하여 미리 손을 씀.

公布(　　　)(　　　)〔　　　〕
  도 ▶ 새로 제정(制定)된 법령 등을 널리 알림.

布告(　　　)(　　　)〔　　　〕
  도 ▶ 국가의 결정(決定) 의사(意思)를 공식(公式)으로 일반(一般)에게 발표(發表)하는 일.
    선전(宣戰) 布告를 하다.

規範(　　　)(　　　)〔　　　〕
  도 ▶ 사물의 본보기. 모범(模範). 규모(規模).

範例(　　　)(　　　)〔　　　〕
  도 ▶ 본보기. 모범(模範)을 삼으려고 만든 예(例).
    凡例(범례) ▷ 책머리에, 그 책을 읽어 나가는 데 필요한 사항들을 본보기로 따서 적은 글.

示範(　　　)(　　　)〔　　　〕
  도 ▶ 모범을 보임. 示範 경기(競技)를 펼치다.

玉體(　　　)(　　　)〔　　　〕
  도 ▶ 남을 높이어 그의 '몸'을 이르는 말. 玉體 보존(保存)하오소서!

玉座(　　　)(　　　)〔　　　〕
  도 ▶ 임금이 앉는 자리. 보좌(寶座). 어좌(御座).

攻玉(　　　)(　　　)〔　　　〕
  도 ▶ '옥을 간다'는 뜻으로, '학덕(學德)을 닦음'을 비유하여 이르는 말.

權利(　　　)(　　　)〔　　　〕
  도 ▶ 어떤 이익(利益)을 자기(自己)를 위해 주장(主張)할 수 있는 힘. 의무(義務). 국민의 權利를 행사(行使)하다.

權限(　　　)(　　　)〔　　　〕
  도 ▶ 공적(公的)으로 행사(行使)할 수 있는 직권(職權)의 범위(範圍).

主權(　　　)(　　　)〔　　　〕
  도 ▶ 의사(意思)를 결정하는 주(主)된 권리(權利).

 도움글

- **일자다음어자**(一字多音語字) : 하나의 글자가 둘 이상의 소리로 쓰이는 한자를 말하는 데, 전주자라고도 함.
  1 布(베 포, 보시 보) : 宣布(선포), 布施(보시)　　2 狀(형상 상, 문서 장) : 狀況(상황), 賞狀(상장)
- **혼동하기 쉬운 한자**　　1 權(권세 권)과 勸(권할 권)　　2 座(자리 좌)와 坐(앉을 좌)

본문학습 39

아래 한자漢字의 뜻[訓]과 소리[音]를 자세히 익혀봅시다.

☆표는 4급Ⅱ 배정한자

麗 ☆ (鹿)	復 ☆ (彳)	絲 (糸)	聖 ☆ (耳)	議 ☆ (言)
고울 려	회복할 복, 다시 부:	실 사	성인 성:	의논할 의▶

아래 설명을 읽고 빈칸에 보기 와 같이 쓰세요.   보기 例題(법식 례)(제목 제)[예제]

華麗( )( )〔 〕
  도▶빛나고 아름다움. ㈎華麗 강산(江山).

高麗( )( )〔 〕
  도▶우리나라의 중세 왕조의 하나로, 후백제를 멸하고 신라를 항복시켜 후삼국을 통일하여 왕건(王建)이 개성(開城)에 도읍을 세운 나라.

美麗( )( )〔 〕
  도▶아름답고 고움.

光復( )( )〔 〕
  도▶잃었던 국권(國權)을 도로 찾음.

復興( )( )〔 〕
  도▶쇠(衰)하였던 것이 다시 일어남, 또는 쇠하였던 것을 다시 일어나게 함. ㈎文藝復興

復權( )( )〔 〕
  도▶잃어버렸던 권리나 자격(資格) 등을 되찾음.

絲柳( )( )〔 〕
  도▶수양버들. [버드나무과의 낙엽 교목으로, 가지는 가늘고 길게 드리워지며, 잎도 가늘고 길며 이른 봄에 새잎과 함께 황록색 꽃이 핌]

鐵絲( )( )〔 〕
  도▶쇠로 만든 가는 줄. 철선(鐵線).

生絲( )( )〔 〕
  도▶삶아서 익히지 않은 명주실. 날실. 생명주실. ㈎연사(練絲).

聖火( )( )〔 〕
  도▶①신(神)에게 바치는 신성(神聖)한 불. ②올림픽 때, 그리스의 올림피아에서 태양열로 채화(採火)한 불을 성화대(聖火臺)에 켜 놓는 횃불.

聖堂( )( )〔 〕
  도▶①가톨릭의 교회당(教會堂). ②공자(孔子)의 묘당(廟堂).

議案( )( )〔 〕
  도▶회의(會議)에서 토의(討議)할 안건(案件).

議論( )( )〔 〕
  도▶어떤 문제에 대하여 서로 논의(論議)함.

提議( )( )〔 〕
  도▶의논(議論)이나 의안(議案)을 냄. ㈎통상 협상(通商協商)을 提議하다.

 도움글

○ 「光復」의 '復'자는 쓰임에 따라 훈訓과 음音이 달라지므로 주의!
  예1 復古(복고)   예2 復活(부활)   예3 復舊(복구)   예4 往復(왕복)   예5 復興(부흥)

○ 한자어에서 본음으로도 발음나고 속음으로도 발음나는 것은 각각 그 소리에 따라 적는다.
  예 衆論(중론), 議論(의논)

40 한자능력검정 4급(4Ⅱ 포함)

❄ 아래 한자(漢字)의 뜻[訓]과 소리[音]를 자세히 익혀봅시다.   ☆표는 4급Ⅱ 배정한자

製 ☆(衣)	折 (手)	擇 (手)	府 ☆(广)	豆 ☆(豆)
지을 제	꺾을 절	가릴 택	마을 부	콩 두

❄ 아래 설명을 읽고 빈칸에 보기 와 같이 쓰세요.   보기 例題(법식 례)(제목 제)[예제]

製作(   )(   )〔   〕
　도▶재료(材料)를 써서 물건을 만듦. 模형 비행기(模型飛行機)를 製作하다.

手製(   )(   )〔   〕
　도▶손으로 만듦, 또는 손으로 만든 그 제품.

製品(   )(   )〔   〕
　도▶재료(材料)를 써서 물건을 만듦, 또는 만든 그 물건. 유리 製品.

折半(   )(   )〔   〕
　도▶하나를 반으로 가른 그 하나.

骨折(   )(   )〔   〕
　도▶뼈가 부러짐. 절골(折骨). 교통사고(交通事故)로 骨折傷을 입다.

擇日(   )(   )〔   〕
　도▶혼인(婚姻)이나 이사(移徙)갈 때, 좋은 날을 가려 정함.
　참▶擇一(택일) ▷ 여럿 중에서 하나만 고름. 각각 바라고 있는 것을 擇一하도록 하였다.

選擇(   )(   )〔   〕
　도▶둘 이상의 것에서 마음에 드는 것을 골라 뽑음. 달리 選擇할 방법(方法)이 없다.

採擇(   )(   )〔   〕
　도▶골라서 씀. 채용(採用). 교재로 採擇하다.

政府(   )(   )〔   〕
　도▶입법부(立法府)·사법부(司法府)에 대하여 국가의 정책을 집행(執行)하는 행정부(行政府).

官府(   )(   )〔   〕
　도▶지난날, '조정(朝廷)이나 정부'를 이르던 말.

學府(   )(   )〔   〕
　도▶①'학문의 중심이 되는 곳'이란 뜻으로, 흔히 '대학'을 이르는 말. ②학문에 해박함을 비유적으로 이르는 말.

豆乳(   )(   )〔   〕
　도▶불린 콩을 간 다음, 물을 더하여 끓인 것을 걸러 낸 젖 같은 액체(液體).
　참▶豆油(두유) ▷ 콩기름.

綠豆(   )(   )〔   〕
　도▶콩과의 일년초. [줄기는 팥보다 가늘고 열매는 팥보다 작음]

豆太(   )(   )〔   〕
　도▶①콩과 팥. ②'콩팥'을 군두목으로 이르는 말, 곧 '신장(腎臟)'의 다른 이름. 참▶군두목 ☞ 도움글

 도움글

○「군두목」이란, 한자(漢字)의 음(音)과 새김을 따서 물건의 이름을 적는 법을 말함.
　예1 괭이 ⇒ 廣耳(광이)   예2 등심 ⇒ 背心(배심)

본문학습 41

◎ 아래 한자(漢字)의 뜻[訓]과 소리[音]를 자세히 익혀봅시다.

☆표는 4급Ⅱ 배정한자

求 ☆(水)	祕 ☆(示)	缺 ☆(缶)	處 ☆(虍)	毛 ☆(毛)
구할 구	숨길 비:	이지러질 결	곳 처:	터럭 모

◎ 아래 설명을 읽고 빈칸에 보기 와 같이 쓰세요.   보기 例題(법식 례)(제목 제)[예제]

求職( )( )〔 〕
  도 ▶일자리를 구함. 団求職 광고(廣告)를 내다.

要求( )( )〔 〕
  도 ▶달라고 청하거나, 어떤 행위를 하도록 청하거나 구함. 団사회가 要求하는 경제 가치.

求心( )( )〔 〕
  도 ▶회전(回轉)하는 물체가 중심을 향하여 가까워지려고 하는 작용. 団원심(遠心).

祕密( )( )〔 〕
  도 ▶남에게 보이거나 알려서는 안 되는 일의 내용. 団祕密의 문을 살며시 열어 보다.

神祕( )( )〔 〕
  도 ▶이론(理論)과 인식(認識)을 초월(超越)하여 불가사의(不可思議)하고 영묘(靈妙)한 비밀. 団우주(宇宙)의 神祕.

祕書( )( )〔 〕
  도 ▶비밀히 간직하고 있는 문서(文書)나, 그 사무(事務)를 맡아보는 사람.

缺禮( )( )〔 〕
  도 ▶예의범절(禮儀凡節)에 벗어남. 실례(失禮).

缺點( )( )〔 〕
  도 ▶잘못되거나 완전하지 못한 점. 단점. 결함(缺陷). 団남을 헐뜯는 버릇이 그의 缺點이다.

缺席( )( )〔 〕
  도 ▶출석(出席)해야 할 자리에 출석하지 않음.

出處( )( )〔 〕
  도 ▶사물 인용문, 또는 소문 등이 생긴 근거.

對處( )( )〔 〕
  도 ▶일에 대하여 적당한 조처(措處)를 취함.

處置( )( )〔 〕
  도 ▶①일을 처리하거나 물건을 다루어서 치움. ②병원에서, 환자에게 어떤 조처를 취함. 団응급(應急)處置. ③죽여 없앰.

脫毛( )( )〔 〕
  도 ▶털이 빠짐.

毛布( )( )〔 〕
  도 ▶담요.

毛筆( )( )〔 〕
  도 ▶짐승의 털로 촉을 만든 붓.

- '祕'자는 '秘'자와 쓰임이 같으나 '祕'자가 정자(正字)이고 '秘'자는 속자(俗字)이다.
- 다음 한자(漢字)와 관련된 한자어(漢字語)를 알아보자. [復·缺·處]
  짧1 復歸(복귀) 짧2 復習(복습) 짧3 無缺(무결) 짧4 缺損(결손) 짧5 處理(처리) 짧6 傷處(상처)

42 한자능력검정 4급(4II 포함)

❄ 아래 한자漢字의 뜻[訓]과 소리[音]를 자세히 익혀봅시다.

☆표는 4급II 배정한자

鳴(鳥)	創☆(刀)	姿(女)	接☆(手)	存(子)
울 명	비롯할 창:	모양 자:	이을 접	있을 존

❄ 아래 설명을 읽고 빈칸에 보기 와 같이 쓰세요.   보기 例題(법식 례)(제목 제)[예제]

悲鳴(　　　)(　　　)〔　　　〕
　뜻▶몹시 놀라거나 다급할 때 지르는 소리.
　참非命(비명)▷재해(災害) 사고(事故) 따위로 죽는 일. 예非命에 가다. 반천명(天命).

耳鳴(　　　)(　　　)〔　　　〕
　뜻▶귀의 질환(疾患)이나 정신(精神) 흥분(興奮) 등으로 청신경(聽神經)에 어떤 소리가 잇달아 울리는 것처럼 느껴지는 일. 귀울음.

創造(　　　)(　　　)〔　　　〕
　뜻▶처음으로 만듦.

創製(　　　)(　　　)〔　　　〕
　뜻▶처음 만들거나 제정(制定)함. 예훈민정음(訓民正音) 創製.

創設(　　　)(　　　)〔　　　〕
　뜻▶처음으로 설치(設置)하거나 설립(設立)함.
　비창립(創立).

姿態(　　　)(　　　)〔　　　〕
　뜻▶①몸가짐과 맵시. ②모습이나 모양.

雄姿(　　　)(　　　)〔　　　〕
　뜻▶우람한 모습. 예백두산(白頭山)의 雄姿함.

姿勢(　　　)(　　　)〔　　　〕
　뜻▶몸을 가지는 모양이나, 무슨 일에 대한 마음 가짐. 예적극적인 姿勢로 일을 하다.

間接(　　　)(　　　)〔　　　〕
　뜻▶중간에 다른 사람이나 사물로 다리를 놓아서 연락하는 관계. 예間接的으로 그에게 피해(被害)를 입었다. 반직접(直接).

接種(　　　)(　　　)〔　　　〕
　뜻▶병의 예방·치료 등을 위하여 병원균이나 독소 따위를 몸 안에 넣는 일. 예豫防 接種.

接受(　　　)(　　　)〔　　　〕
　뜻▶서류나, 구두(口頭)로 신청(申請)한 사실들을 처리하기 위하여 받아들임. 예원서(願書) 接受.
　참接收(접수)▷①(돈이나 물건 따위를) 받아서 거둠. ②권력 기관이 필요에 따라 국민의 소유물을 일방적으로 거두어들임. 예방송국을 接收하다.

存續(　　　)(　　　)〔　　　〕
　뜻▶계속하여 존재함. 그대로 머묾.
　참尊屬(존속)▷부모와 같은 항렬 이상의 친족.

保存(　　　)(　　　)〔　　　〕
　뜻▶잘 지니어 상하거나 없어지거나 하지 않도록 함.

 도움글

○ 다음 한자(漢字)와 관련된 한자어(漢字語)를 알아보자. [接]
　참1 接境(접경)　　참2 接着(접착)　　참3 密接(밀접)　　참4 接續(접속)　　참5 迎接(영접)
　참6 接點(접점)

본문학습

해답 ☞ 부록 18쪽

1. 다음 한자어의 독음을 쓰세요.

曲折 [　　　]	製圖 [　　　]
도 ▶① 복잡(複雜)한 사연(事緣)이나 내용(內容). 예우여 曲折. ② 까닭. 예무슨 曲折이야!	도 ▶기계·건축물·공작물 등의 도면(圖面)이나 도안(圖案)을 그려 만듦.
復活 [　　　]	缺格 [　　　]
도 ▶① 죽었다가 다시 되살아남. 예예수의 復活. ② 없어졌던 것이 다시 생김.	도 ▶필요한 자격이 모자라거나 빠져 있음. 예缺格 事由가 있어서 반납(返納)하였다.

2. 다음 한자어의 독음을 쓰세요.

府院君 [　　　]	都護府 [　　　]
도 ▶조선(朝鮮) 때, 왕비(王妃)의 아버지나 정일품(正一品) 공신(功臣)의 작호(爵號).	도 ▶고려(高麗)·조선(朝鮮) 때, 지방 행정(行政) 기관(機關)의 한 가지.
玉童子 [　　　]	製鐵所 [　　　]
도 ▶'잘생긴 사내아이'라는 뜻으로, 남의 어린 아들을 추어서 이르는 말.	도 ▶철광석(鐵鑛石)을 녹여 무쇠를 뽑아내는 곳.
居留民 [　　　]	聖職者 [　　　]
도 ▶임시로 머물러 살고 있는 외국인(外國人).	도 ▶종교적(宗敎的) 직분(職分)을 맡은 사람. [신부·승려·목사 따위]
請求書 [　　　]	處世術 [　　　]
도 ▶내놓거나 주기를 요구하는 내용이 적힌 문서(文書)나 쪽지.	도 ▶세상(世上)에서 살아 나가는 수단(手段)과 방법(方法).
獨創性 [　　　]	自鳴鐘 [　　　]
도 ▶독자적으로 고안(考案)해 내거나 만들어 내는 성질. 예獨創性을 발휘(發揮)하다.	도 ▶예정(豫定)된 시간이 되면 종이 저절로 울리도록 장치(裝置)한 시계(時計).

3. 다음 한자성어의 독음을 쓰세요.

美辭麗句 [　　　]	國會議員 [　　　]
도 ▶(듣기에 좋게) 아름답게 꾸민 말과 글귀. 아름다운 문구(文句).	도 ▶국민의 대표(代表)로서 국회를 구성(構成)하는 의원(議員).

○ 適者生存(적자생존) : 생존경쟁(生存競爭)의 결과(結果), 환경(環境) 상태에 적합(適合)한 것만이 생존하고, 적합하지 않은 것은 도태(淘汰)되어 가는 현상. 자연도태(自然淘汰).

한자능력검정 **4**급(**4Ⅱ** 포함)

해답 ☞ 부록 18쪽

1. 다음 한자어의 독음을 쓰세요.

樂師(	)	明朗(	)	混亂(	)	商街(	)	觀光(	)
情況(	)	衆論(	)	招待(	)	簡單(	)	年號(	)
危險(	)	證券(	)	危機(	)	石灰(	)	堅固(	)
接辭(	)	降伏(	)	聖域(	)	俗稱(	)	周邊(	)
拍手(	)	鐘路(	)	充電(	)	邊方(	)	攻擊(	)

2. 다음 한자의 뜻과 소리를 쓰세요.

| 寄(|) | 權(|) | 擇(|) | 缺(|) | 姿(|) |

3. 다음 글의 밑줄 친 단어 중 낱말은 한자로, 한자어는 독음으로 고쳐 쓰세요.

<u>民謠</u>⁽¹⁾는 그 민족이 살아온 자연과 <u>역사</u>⁽²⁾, 사회와 <u>문화</u>⁽³⁾의 산물⁽⁴⁾이다. 자연의 <u>條件</u>⁽⁵⁾, 즉 <u>풍토</u>⁽⁶⁾는 그 곳에 사는 사람들의 생활에 絶對的인 영향_{影響}을 주고 있다.

자연에서 태어나 자연 속에서 살다가 자연으로 돌아가는 인간은 자연의 한 <u>분자</u>⁽⁷⁾에 지나지 않는다. 氣候와 <u>降雨量</u>⁽⁸⁾에 따라 또는 산이냐 들이냐 바닷가냐에 따라 생활 <u>樣式</u>⁽⁹⁾이 달라진다. 이와 같은 與件에 따라 <u>鄕土</u>⁽¹⁰⁾ 문화는 저마다 다른 모습으로 나타난다. 옛날부터 百里를 떨어지면 風俗이 다르다는 말이 있다. 자연 <u>環境</u>⁽¹¹⁾이 다르면 여기에 이룩되는 문화에도 <u>差異</u>⁽¹²⁾가 생긴다는 것으로, 民謠도 곳에 따라 다르다.

(1)	(2)	(3)	(4)
(5)	(6)	(7)	(8)
(9)	(10)	(11)	(12)

도움글

○ **동음이의어**(同音異義語) : 소리는 같으나 뜻이 다른 한자어를 말함.
  예1 初代(초대) ≠ 招待(초대)　예2 受信(수신) ≠ 修身(수신)　예3 報道(보도) ≠ 步道(보도)

본문학습 43

◎ 아래 한자漢字의 뜻[訓]과 소리[音]를 자세히 익혀봅시다.

☆표는 4급Ⅱ 배정한자

就 (尤)	貨 ☆ (貝)	寺 ☆ (寸)	配 ☆ (酉)	管 (竹)
나아갈 취:	재물 화:	절 사	나눌 배; 짝 배:	대롱 관

◎ 아래 설명을 읽고 빈칸에 보기 와 같이 쓰세요.   보기 例題(법식 례)(제목 제)[예제]

就航( )( )〔 〕
  도▶(배나 비행기가) 항로(航路)에 오름. 囲날씨가 고르지 못해 就航이 불가능(不可能)하다.

成就( )( )〔 〕
  도▶목적(目的)한 바를 이룸. 囲계획(計劃)했던 일을 成就하다.

通貨( )( )〔 〕
  도▶한 나라 안에서 통용(通用)되고 있는 화폐(貨幣). 囲國際通貨基金.
  참通話(통화)▷말을 서로 주고받음. 囲전화(電話) 通話는 용건(用件)만 간단히.

貨車( )( )〔 〕
  도▶화물을 싣는 철도 차량(車輛). 囲객차(客車).

財貨( )( )〔 〕
  도▶재물(財物). 돈과 값나가는 물건.
  참災禍(재화)▷재앙(災殃)과 화난(禍難).

山寺( )( )〔 〕
  도▶산 속에 있는 절.

寺院( )( )〔 〕
  도▶절. 사찰(寺刹).
  참社員(사원)▷회사원.

本寺( )( )〔 〕
  도▶관할(管轄) 구역(區域)에 딸린 여러 말사(末寺)를 통할(統轄)하는 큰 절.
  참本社(본사)▷회사의 중심이 되는 사업체.

分配( )( )〔 〕
  도▶몫몫이 나눔. 배분(配分). 囲이익을 分配하다.

手配( )( )〔 〕
  도▶범인(犯人) 등을 잡기 위하여 수사망(搜査網)을 폄. 囲절도범(竊盜犯)을 현상(懸賞) 手配하다.

流配( )( )〔 〕
  도▶죄인(罪人)을 귀양(歸養) 보냄.

管理( )( )〔 〕
  도▶어떤 일을 맡아 관할하고 처리함. 囲인사 管理. 囲환절기에는 건강 管理에 유의해야 한다.

主管( )( )〔 〕
  도▶책임지고 맡아봄. 주장(主張)하여 관리(管理)함. 囲이번 행사는 총무부에서 主管한다.
  참主觀(주관)▷자기만의 견해나 관점.

保管( )( )〔 〕
  도▶물건 따위를 맡아서 관리(管理)함. 囲귀중품(貴重品)을 保管하다.

 도움글

○ **반의어 · 상대어**(反義語 · 相對語) : 두 개의 낱말이 반대, 또는 상대되는 뜻으로 이루어진 낱말을 말함.
   예1 保守(보수)⇔革新(혁신)   예2 別居(별거)⇔同居(동거)   예3 生家(생가)⇔養家(양가)

77

44 한자능력검정 4급(4Ⅱ 포함)

○ 아래 한자(漢字)의 뜻[訓]과 소리[音]를 자세히 익혀봅시다.

☆표는 4급Ⅱ 배정한자

味☆(口)	兩☆(入)	息☆(心)	銅☆(金)	床=牀☆(广)
맛 미:	두 량:	쉴 식	구리 동	상 상

○ 아래 설명을 읽고 빈칸에 보기 와 같이 쓰세요.   보기 例題(법식 례)(제목 제)[예제]

別味(　　　)(　　　)〔　　　〕
  도▶특별히 좋은 맛. 또는 그런 음식. ㉾이 고장은 비빔밥이 別味다.

意味(　　　)(　　　)〔　　　〕
  도▶어떤 말이 나타내는 내용이나 표현. 또는 행위 등의 의도(意圖)나 동기(動機). ㉾낱말의 意味를 파악하다. ㉾意味가 있는 일을 하다.

興味(　　　)(　　　)〔　　　〕
  도▶흥을 느끼는 재미. 관심을 가지는 감정(感情). ㉾스포츠에 문외한이라 큰 興味를 느낄 수 없었다.

兩論(　　　)(　　　)〔　　　〕
  도▶서로 대립(對立)되는 의문(疑問). ㉾兩論이 분분(紛紛)하다.

兩國(　　　)(　　　)〔　　　〕
  도▶양편의 두 나라. ㉾韓·美 兩國 정상회담.

兩分(　　　)(　　　)〔　　　〕
  도▶둘로 나눔. ㉾이익금(利益金)을 兩分하다.
  참 養分(양분)▷영양(營養)이 되는 성분(成分).

子息(　　　)(　　　)〔　　　〕
  도▶아들과 딸.

休息(　　　)(　　　)〔　　　〕
  도▶일을 하거나 길을 가다가 잠깐 쉬는 일. 휴게(休憩).

消息(　　　)(　　　)〔　　　〕
  도▶안부(安否) 따위에 대한 기별(寄別)이나 편지 따위. ㉾집을 나선지 보름째 消息이 없다.

銅鏡(　　　)(　　　)〔　　　〕
  도▶구리로 만든 옛날 거울.

銅印(　　　)(　　　)〔　　　〕
  도▶구리로 만든 도장(圖章). 동장(銅章).

銅製(　　　)(　　　)〔　　　〕
  도▶구리로 만듦. 또는 그 물건(物件).

寢床(　　　)(　　　)〔　　　〕
  도▶누워 잘 수 있게 만든 평상. 와상(臥床). ㉾그는 밤새도록 寢牀에서 몸을 뒤척였다.

冊床(　　　)(　　　)〔　　　〕
  도▶책을 읽거나 글씨를 쓰는 데 쓰는 상.

東床(　　　)(　　　)〔　　　〕
  도▶남을 높이어 그의 '새 사위'를 일컫는 말.

 도움글

○「寢床」의 '床'자는 '牀'자와 쓰임이 같은 이체자(異體字)이다.
  예1 秘(비) = 秘(비) 예2 暖(난) = 煖 1급(난) 예3 强(강) = 強(강)

○ 독음(讀音)에 주의할 한자어 참1 兩論 : 양론(○), 양논(×) 참2 議論 : 의논(○), 의론(×)

본문학습 45

◎ 아래 한자漢字의 뜻[訓]과 소리[音]를 자세히 익혀봅시다.

☆표는 4급Ⅱ 배정한자

更 (日)	殘 (歹)	儒 (人)	閉 (門)	守 ☆ (宀)
다시 갱, 고칠 경	남을 잔	선비 유	닫을 폐:	지킬 수

◎ 아래 설명을 읽고 빈칸에 보기와 같이 쓰세요.   보기 例題(법식 례)(제목 제)[예제]

更生(　　)(　　)〔　　〕
  도 ▶죄악(罪惡)의 구렁에서 벗어나 바른 삶을 되찾음. 예 更生의 길을 걷다.

變更(　　)(　　)〔　　〕
  도 ▶바꾸어 고침. 변개(變改). 변역(變易).
  예 여행(旅行) 계획(計劃)을 變更하다.

更新(　　)(　　)〔　　〕
  도 ▶다시 새로워짐, 또는 다시 새롭게 함.
  예 계약을 更新하다.

殘餘(　　)(　　)〔　　〕
  도 ▶남아 있는 것. 예 殘餘 기간(期間)을 알게게…

殘留(　　)(　　)〔　　〕
  도 ▶남아서 처져 있음. 예 돌아오지 않고 殘留하기로 결정(決定)하다.

儒學(　　)(　　)〔　　〕
  도 ▶유교(儒敎)의 학문(學問).
  참 遊學(유학) ▷고향(故鄕)을 떠나 객지(客地)에서 공부함.
  참 留學(유학) ▷외국에 머물러 학문이나 예술 등을 공부함. 예 중국으로 留學을 떠나다.

儒敎(　　)(　　)〔　　〕
  도 ▶인의(仁義)를 근본으로 하는 정치·도덕의 실천(實踐)을 주장한 유학(儒學)의 가르침.

儒林(　　)(　　)〔　　〕
  도 ▶유가(儒家)의 도를 닦은 학자들. 사림(士林).

開閉(　　)(　　)〔　　〕
  도 ▶열거나 닫거나 하는 일. 예 자동 開閉장치.

密閉(　　)(　　)〔　　〕
  도 ▶틈 없이 꼭 막거나 닫음. 예 密閉된 용기(用器).

守護(　　)(　　)〔　　〕
  도 ▶중요(重要)한 사람이나 처소(處所) 등을 지키고 보호(保護)함. 예 국경(國境)을 守護하다.

固守(　　)(　　)〔　　〕
  도 ▶굳게 지킴. 단단히 지킴.
  참 高手(고수) ▷수가 높음, 또는 그 사람. 예 무예(武藝)의 高手를 만나다.

保守(　　)(　　)〔　　〕
  도 ▶오랜 습관(習慣)·제도(制度)·방법(方法) 등을 소중히 여겨 그대로 지킴. 맨 혁신(革新).

도움글

○「變更」의 '更'자는 쓰임에 따라 훈訓과 음音이 달라지므로 주의!
  예1 三更(삼경)　예2 更新(갱신) ≠ 更新(경신)　예3 變更(변경)　예4 更張(경장)

○「保守」와 발음은 같으나 뜻이 다른 한자어! ⇨ 補修 ▷낡은 것을 보충하여 수선(修繕)하는 것.

79

46 한자능력검정 4급(4Ⅱ 포함)

◎ 아래 한자[漢字]의 뜻[訓]과 소리[音]를 자세히 익혀봅시다.   ☆표는 4급Ⅱ 배정한자

證 (言)	帝 (巾)	筋 (竹)	攻 (攴)	眼☆ (目)
증거 증	임금 제:	힘줄 근	칠 공:	눈 안:

◎ 아래 설명을 읽고 빈칸에 보기 와 같이 쓰세요.   보기 例題(법식 례)(제목 제)[예제]

證據(   ) (   ) 〔   〕
  도▶(어떤 사실을) 증명할 수 있는 근거(根據).

證明(   ) (   ) 〔   〕
  도▶어떤 사실(事實)이나 결론(結論)이 참인지 거짓인지를 밝히는 일. 웹그의 결백은 오늘에야 證明되었다.

考證(   ) (   ) 〔   〕
  도▶옛 문헌(文獻)이나 유물(遺物) 등을 상고(詳考)하여 증거를 대어 설명함. 웹철저히 考證된 자료만 증거로 채택하였다.

帝王(   ) (   ) 〔   〕
  도▶황제(皇帝)와 국왕(國王)을 이르는 말.

帝位(   ) (   ) 〔   〕
  도▶제왕(帝王)의 자리. 웹帝位를 물려주다.

筋力(   ) (   ) 〔   〕
  도▶근육(筋肉)의 힘. 또는 그 지속성(持續性).

鐵筋(   ) (   ) 〔   〕
  도▶건물이나 구조물(構造物)을 지을 때 콘크리트 속에 박아 뼈대로 삼는 가느다란 쇠막대.

筋骨(   ) (   ) 〔   〕
  도▶①근육(筋肉)과 뼈. ②체력(體力). 신체(身體).

攻擊(   ) (   ) 〔   〕
  도▶상대편(相對便)을 치거나 비난(非難)함.

專攻(   ) (   ) 〔   〕
  도▶어느 일정한 부문에 대하여 전문적으로 연구함. 웹대학에서 서예(書藝)를 專攻하다.

攻守(   ) (   ) 〔   〕
  도▶공격(攻擊)과 수비(守備).
  함共守(공수) ▷ 같은 적에 대하여 공동으로 방어함.

着眼(   ) (   ) 〔   〕
  도▶어떤 일을 할 대상으로서 어느 점에 눈을 돌림. 웹색다른 점에 着眼하다.

眼目(   ) (   ) 〔   〕
  도▶사물을 보아서 분별할 수 있는 식견(識見), 또는 사물의 가치를 판별할 수 있는 능력. 웹물건을 고르는 眼目이 좋다.

眼球(   ) (   ) 〔   〕
  도▶눈의 주요 부분인 시각 기관. 눈알. 눈망울.

도움글

○「攻守」와 같이 서로 뜻이 반대, 또는 상대되는 한자어를 상대자(相對字)라고 한다.
  예1 逆⇔順(순할 순) 예2 動⇔靜(고요할 정) 예3 自⇔他(다를 타) 예4 賞⇔罰(벌할 벌)

○ 다음 한자(漢字)와 관련된 한자어(漢字語)를 알아보자. [證]
  함1 證票(증표) 함2 確證(확증) 함3 干證(간증) 함4 檢證(검증) 함5 反證(반증)

본문학습 47

❋ 아래 한자漢字의 뜻[訓]과 소리[音]를 자세히 익혀봅시다.

☆표는 4급Ⅱ 배정한자

骨 (骨)	快 ☆ (心)	候 (人)	將 ☆ (寸)	富 ☆ (宀)
뼈 골	쾌할 쾌	기후 후:	장수 장(:)	부자 부:

❋ 아래 설명을 읽고 빈칸에 보기 와 같이 쓰세요.   보기 例題(법식 례)(제목 제)[예제]

骨格(　　　　)(　　　　)〔　　　　〕
  도 ▶①몸을 지탱(支撑)하는 뼈의 조직. 뼈대. 골간(骨幹). ②사물의 주요 부분을 이루는 것. 건물(建物)의 骨格을 세우다.

氣骨(　　　　)(　　　　)〔　　　　〕
  도 ▶①기혈(氣血)과 골격(骨格). 氣骨이 장대(壯大)하다. ②자신의 신념(信念)을 좀처럼 굽히지 아니하는 강(强)한 기개(氣槪).

弱骨(　　　　)(　　　　)〔　　　　〕
  도 ▶몸이 약한 사람. 약질(弱質). 강골(强骨).

快樂(　　　　)(　　　　)〔　　　　〕
  도 ▶기분이 좋고 즐거움. 육체의 快樂만을 추구하는 타락(墮落)한 생활을 하다.

輕快(　　　　)(　　　　)〔　　　　〕
  도 ▶마음, 또는 몸놀림이 가뜬하고 상쾌(爽快)함.

明快(　　　　)(　　　　)〔　　　　〕
  도 ▶말이나 글의 조리(條理)가 분명하여 시원스러움. 어려운 질문에 明快하게 대답하다.

氣候(　　　　)(　　　　)〔　　　　〕
  도 ▶①기체(氣體). 氣候 안녕하십니까. ②어느 지역의 평균적인 기상(氣象) 상태.

問候(　　　　)(　　　　)〔　　　　〕
  도 ▶웃어른의 안부(安否)를 물음.

候蟲(　　　　)(　　　　)〔　　　　〕
  도 ▶철따라 나오는 벌레. [나비, 귀뚜라미 따위]

將來(　　　　)(　　　　)〔　　　　〕
  도 ▶미래(未來). 앞날의 전망(展望).

將兵(　　　　)(　　　　)〔　　　　〕
  도 ▶①장졸(將卒). ②장교(將校)와 사병(士兵)을 아울러 이르는 말.

將次(　　　　)(　　　　)〔　　　　〕
  도 ▶앞으로. 앞날에 가서. 將次 어떻게 될까? 長差(장차) ▷ 행성이나 위성의 궤도 위치와 모양이 해마다 조금씩 달라지는 현상.

富貴(　　　　)(　　　　)〔　　　　〕
  도 ▶재산(財産)이 많고 사회적 지위(地位)가 높음. 빈천(貧賤).

富村(　　　　)(　　　　)〔　　　　〕
  도 ▶부자(富者)가 많이 사는 마을. 궁촌(窮村).

貧富(　　　　)(　　　　)〔　　　　〕
  도 ▶가난함과 넉넉함. 貧富 차이(差異)가 심하다.

 도움글

○ 二十四節氣(이십사절기) : 음력(陰曆)에서, 태양(太陽)의 황도(黃道)상의 위치에 따라 일년을 스물넷으로 나눈 계절의 구분. 절후(節候).

48 한자능력검정 4급(4Ⅱ 포함)

◉ 아래 한자漢字의 뜻[訓]과 소리[音]를 자세히 익혀봅시다.　　☆표는 4급Ⅱ 배정한자

警☆(言)	師☆(巾)	篇(竹)	政☆(攴)	檢☆(木)
깨우칠 경:	스승 사	책 편	정사 정	검사할 검:

◉ 아래 설명을 읽고 빈칸에 보기 와 같이 쓰세요.　　보기　例題(법식 례)(제목 제)[예제]

警告( )( )〔 〕
　도▶조심하라고 알림, 또는 그 말.

警報( )( )〔 〕
　도▶위험, 또는 재해(災害)가 닥쳐 올 때, 사람들에게 경계하도록 알리는 일. 國태풍 警報.

警備( )( )〔 〕
　도▶만일에 대비(對備)하여 경계하고 지킴.
　참經費(경비)▷어떠한 일을 하는 데 드는 비용.

醫師( )( )〔 〕
　도▶의술로 병을 고치는 직업에 종사하는 사람.

師範( )( )〔 〕
　도▶본받을 만한 모범, 또는 스승이 될 만한 사람.

技師( )( )〔 〕
　도▶전문적인 기술로 일을 맡아보는 사람.

檢擧( )( )〔 〕
　도▶수사 기관에서 범법 용의자를 잡아가는 일.

檢査( )( )〔 〕
　도▶옳고 그름, 좋고 나쁨 따위의 사실을 살피어 검토하거나 조사하여 판정함. 國身體檢査.

全篇( )( )〔 〕
　도▶책·시문(詩文)·영화 따위의 한 편 전체.
　참前篇(전편)▷두세 편으로 나눈 책이나 작품의 앞의 편. 國후편(後篇).

玉篇( )( )〔 〕
　도▶한자를 모아 부수와 획수에 따라 배열하고, 그 음(音)·뜻·자원(字源) 등을 적은 책.

長篇( )( )〔 〕
　도▶시가(詩歌)나 소설(小說)·영화(映畫) 따위에서, 내용이 긴 작품. 國단편(短篇).
　참掌篇(장편)▷극히 짧은 문학 작품.

政略( )( )〔 〕
　도▶목적(目的)한 바를 이루기 위한 방략(方略).

政治( )( )〔 〕
　도▶정부나 정치 단체의 정치에 관한 방침(方針)과 그것을 이루기 위한 수단(手段).

政局( )( )〔 〕
　도▶정치의 국면(局面). 정치계의 형편(形便).

檢算( )( )〔 〕
　도▶계산의 맞고 안 맞음을 검사(檢査)함.

○ 檢事(검사) : 검찰권(檢察權)을 행사(行使)하는 단독제(單獨制) 관청(官廳)인 국가 사법(私法) 기관.
○ 동음이의어(同音異義語) : 소리는 같으나 뜻이 다른 한자어를 말함. 國記事(기사) ≠ 技士(기사)

1. 다음 한자어의 독음을 쓰세요.

更新 〔　　　　〕	攻勢 〔　　　　〕
도▶ (이제까지 있던 것을) 고쳐 새롭게 함. 또는 새롭게 고침. 예▶세계기록을 更新하다.	도▶ 공격(攻擊)하는 세력(勢力)이나 태세(態勢). 반▶수세(守勢).

2. 다음 한자어의 독음을 쓰세요.

富益富 〔　　　　〕	主眼點 〔　　　　〕
도▶ 부자(富者)일수록 더욱 큰 부자가 됨. 반▶빈익빈(貧益貧).	도▶ 주되는 목표(目標)를 두어 특별히 보는 점. 예▶계몽(啓蒙)에 主眼點을 두다.
安息處 〔　　　　〕	交子床 〔　　　　〕
도▶ 편안히 쉴 수 있는 곳.	도▶ 음식을 차려내는 장방형(長方形)의 큰 상.
配當金 〔　　　　〕	青銅器 〔　　　　〕
도▶ 배당하는 돈. 특히 주식에 대한 배당이익.	도▶ 동(銅)으로 만든 기구(器具)를 이르는 말.

3. 다음 한자성어의 독음을 쓰세요.

同族相殘 〔　　　　〕	眼下無人 〔　　　　〕
도▶ 같은 겨레끼리 서로 싸우고 죽이는 일. 예▶한국전쟁(戰爭)은 同族相殘의 비극이었다.	도▶ '태도(態度)가 몹시 거만(倨慢)하여 남을 사람같이 대하지 않음'을 말함.
日就月將 〔　　　　〕	帝國主義 〔　　　　〕
도▶ 날로 달로 자라거나 나아감. 예▶그의 실력이 日就月將하다.	도▶ 남의 나라를 정복(征服)하여 영토(領土)와 권력(權力)을 넓히려는 주의.
言中有骨 〔　　　　〕	富國強兵 〔　　　　〕
도▶ '예사로운 말 같으나 그 속에 속뜻이 들어 있음'을 이르는 말.	도▶ 나라를 부유(富裕)하게 하고 군사를 강하게 함. 부강(富強).
兩者擇一 〔　　　　〕	師弟三世 〔　　　　〕
도▶ 둘 가운데서 하나를 가려잡음.	도▶ '관계가 매우 깊고 밀접함'을 이르는 말.

도움글

○ 試驗管(시험관) : 화학 실험에 사용하는, 한쪽이 막힌 원통형의 유리관. 예▶試驗管 아기.
   試驗官(시험관) : 시험장의 감독(監督)이나 시험 문제의 출제 및 채점(採點) 등을 하는 사람.

한자능력검정 **4**급(**4**Ⅱ 포함)

해답 ☞ 부록 20쪽

1. 다음 한자어의 독음을 쓰세요.

朗讀(	)	列擧(	)	備置(	)	地域(	)	就職(	)
票決(	)	姿勢(	)	動態(	)	退出(	)	群衆(	)
遊擊(	)	洗練(	)	閉店(	)	招請(	)	協助(	)
養鷄(	)	引受(	)	困難(	)	記帳(	)	絶妙(	)
趣味(	)	着陸(	)	留念(	)	雜貨(	)	藝術(	)

2. 다음 한자의 뜻과 소리를 쓰세요.

寺(	)	息(	)	殘(	)	攻(	)	快(	)
兩(	)	儒(	)	筋(	)	候(	)	檢(	)

3. 다음 단어의 뜻에 반대, 또는 상대되는 한자어를 쓰세요.

⑴ 內容 ↔ (   )   ⑵ 原因 ↔ (   )   ⑶ 登場 ↔ (   )

4. 다음 한자는 쓰임에 따라 음이 달라지는 한자입니다. 알맞은 독음을 쓰세요. 해답 ☞ 부록 21쪽

金錢(	)	學識(	)	狀況(	)	降雪(	)	變更(	)
金鑛(	)	標識(	)	賞狀(	)	降書(	)	更生(	)
樂隊(	)	宅地(	)	形便(	)	復活(	)	停車(	)
樂園(	)	宅內(	)	便所(	)	往復(	)	列車(	)

○ 「困難」의 '難'자는 본래 훈訓과 음音이 '어려울 난'이나, 여기에서는 「곤난(×), 곤란(○)」이라고 읽는다.

○ 「朗讀」의 '讀'자는 쓰임에 따라 훈訓과 음音이 달라지므로 주의!
예1 精讀(정독)   예2 句讀(구두)   예3 吏讀(이두)

본문학습

◎ 아래 한자漢字의 뜻[訓]과 소리[音]를 자세히 익혀봅시다.

☆표는 4급Ⅱ 배정한자

革 (革)	徒 (彳)	遺 (辶)	聲☆ (耳)	謠☆ (言)
가죽 혁	무리 도	남길 유	소리 성	노래 요

◎ 아래 설명을 읽고 빈칸에 보기 와 같이 쓰세요.   보기   例題(법식 례)(제목 제)[예제]

革命( )( )〔 〕
도▶① 새로운 왕조가 들어서는 일. 역성혁명(易姓革命). ② 급격(急激)한 변혁(變革)이 일어나는 일. 回기술(技術) 革命을 이루다.

革新( )( )〔 〕
도▶제도나 방법, 조직(組織)이나 풍습(風習) 따위를 새롭게 함. 回보수(保守). 回革新 세력

改革( )( )〔 〕
도▶새롭게 고쳐 나감. 回낡은 제도를 改革하다.

徒步( )( )〔 〕
도▶걸어서 감. 回徒步 여행(旅行).

學徒( )( )〔 〕
도▶① 학생(學生). ② '학자(學者)'나 '연구가(研究家)'가 스스로를 겸손(謙遜)하게 일컫는 말.

信徒( )( )〔 〕
도▶교도(教徒). 종교(宗教)를 믿는 사람.

遺傳( )( )〔 〕
도▶부모의 형질(形質)이 자식에게 전해지는 현상(現象). 回나병(癩病)은 遺傳되지 않는다.
回流轉(유전)▷이리저리 떠돎. 回인생 流轉.

遺失( )( )〔 〕
도▶잃어버림. 떨어뜨림.
回流失(유실)▷떠내려가서 없어짐.

遺言( )( )〔 〕
도▶죽음에 이르러서 부탁(付託)하여 남기는 말.

聲優( )( )〔 〕
도▶라디오 방송국이나 텔레비전 녹음 등에서 목소리만 출연하는 배우(俳優).

聲調( )( )〔 〕
도▶① 목소리의 가락. ② 사성의 높낮이와 길고 짧음.

名聲( )( )〔 〕
도▶좋은 평판. 回名聲이 자자(藉藉)하다.

歌謠( )( )〔 〕
도▶민요(民謠)·동요(童謠) 따위를 이르는 말.

童謠( )( )〔 〕
도▶어린이를 위하여 지은 노래.
回動搖(동요)▷움직이고 흔들림. 回動搖되지 말라.

民謠( )( )〔 〕
도▶민중의 생활 감정이 소박하게 담긴 노래.

 도움글

● 혼동하기 쉬운 한자
참1 徒(무리 도)와 從(좇을 종)　참2 遺(남길 유)와 遣(보낼 견)
참3 失(잃을 실)과 矢(화살 시)　참4 童(아이 동)과 重(무거울 중)

50 한자능력검정 4급(4Ⅱ 포함)

❋ 아래 한자漢字의 뜻[訓]과 소리[音]를 자세히 익혀봅시다.   ☆표는 4급Ⅱ 배정한자

酒(酉)	殺☆(殳)	持(手)	陣(阜)	壁☆(土)
술 주:	죽일 살, 감할 쇄:	가질 지	진칠 진	벽 벽

❋ 아래 설명을 읽고 빈칸에 보기 와 같이 쓰세요.   보기 例題(법식 례)(제목 제)[예제]

飮酒(　　　　)(　　　　)〔　　　　〕
  도▶술을 마심.

祭酒(　　　　)(　　　　)〔　　　　〕
  도▶제사(祭祀)에 쓰는 술.

酒造(　　　　)(　　　　)〔　　　　〕
  도▶술을 빚어 만듦.
  참 主潮(주조)▷주된 조류(潮流)나 경향(傾向).

殺伐(　　　　)(　　　　)〔　　　　〕
  도▶분위기, 또는 인간관계 따위가 거칠고 서먹서먹함. 例 분위기가 殺伐하다.

相殺(　　　　)(　　　　)〔　　　　〕
  도▶셈을 서로 비김.

殺傷(　　　　)(　　　　)〔　　　　〕
  도▶죽이거나 상처를 입힘. 例 人命을 殺傷하다.

支持(　　　　)(　　　　)〔　　　　〕
  도▶① 버티거나 괴임. ② 남의 의견·주의·정책 따위에 찬동(贊同)하여 원조(援助)함.

持續(　　　　)(　　　　)〔　　　　〕
  도▶① 이어서 오래 지켜 나감. ② 끊임없이 이어짐.

持病(　　　　)(　　　　)〔　　　　〕
  도▶잘 낫지 않아 늘 앓으면서 고통을 당하는 병.

陣營(　　　　)(　　　　)〔　　　　〕
  도▶군사가 진을 치고 있는 일정한 구역. 例 공산국가 주민들이 자유 陣營을 그리워하고 있다.

陣法(　　　　)(　　　　)〔　　　　〕
  도▶군사를 부리어 진을 치는 법.
  참 進法(진법)▷수를 표기하는 기수법의 하나.

陣痛(　　　　)(　　　　)〔　　　　〕
  도▶① 출산(出産)할 때 주기적(週期的)으로 되풀이되는 복통(腹痛). ② '어려움'을 비유하는 말.

壁畫(　　　　)(　　　　)〔　　　　〕
  도▶건물(建物)이나 고분(古墳) 등의 벽에 장식(裝飾)으로 그린 그림.

絶壁(　　　　)(　　　　)〔　　　　〕
  도▶① 깎아 세운 듯이 가파른 낭떠러지. ② 사리(事理)에 어두운 사람. 절벽강산(絶壁江山). 例 그 사람, 경제 분야에는 아주 絶壁이네!

城壁(　　　　)(　　　　)〔　　　　〕
  도▶성곽(城郭)의 벽(壁).

 도움글

○「陣痛」과 발음은 같으나 뜻이 다른 한자어 ⇒ 鎭痛(진통) : 아픔을 가라앉혀 멎게 함.
○「殺」자는 쓰임에 따라 훈訓과 음音이 달라지므로 주의!
　　例1 減殺(감쇄)　　例2 殺害(살해)　　例3 殺到(쇄도)

본문학습 51

◈ 아래 한자漢字의 뜻[訓]과 소리[흠]를 자세히 익혀봅시다.

☆표는 4급Ⅱ 배정한자

烈 (火)	純☆ (糸)	髮 (髟)	吸☆ (口)	刑 (刀)
매울 렬	순수할 순	터럭 발	마실 흡	형벌 형

◈ 아래 설명을 읽고 빈칸에 보기 와 같이 쓰세요. 보기 例題(법식 례)(제목 제)[예제]

烈士( )( )〔 〕
 도▶나라를 위하여 절의(節義)를 굳게 지켜 죽은 사람. 관순국(殉國) 烈士의 넋을 위로하다.

先烈( )( )〔 〕
 도▶의(義)를 위해 목숨을 바친 열사(烈士). 관순국(殉國) 先烈의 정신을 길러 조국의 영광을…

熱烈( )( )〔 〕
 도▶(흥분하거나 열중하거나 하여) 태도나 행동이 걷잡을 수 없이 세참. 관熱烈한 환영(歡迎).

純潔( )( )〔 〕
 도▶잡된 것이 없이 순수(純粹)하고 깨끗함.

淸純( )( )〔 〕
 도▶깨끗하고 순박하거나 순수함. 관淸純한 마음씨.

單純( )( )〔 〕
 도▶①복잡하지 않고 간단함. 관구조가 單純하다.
 ②외곬으로 순됨. 관꾸밈이 없는 單純한 성격.

短髮( )( )〔 〕
 도▶짧은 머리털. 반장발(長髮).
 반斷髮(단발)▷머리털을 짧게 깎거나 자름.
 반單發(단발)▷한 번의 발사. 連發(연발).

白髮( )( )〔 〕
 도▶하얗게 센 머리털. 은발(銀髮).

吸收( )( )〔 〕
 도▶빨아들이거나, 받아들임. 관물을 吸收하다.
   관지식을 吸收하다. 관群小 정당(政黨)을 吸收하다.

吸煙( )( )〔 〕
 도▶담배를 피움. 끽연(喫煙). 관공공(公共) 장소에서는 吸煙을 금지하고 있다.

呼吸( )( )〔 〕
 도▶①숨을 내쉬고 들이마심. ②두 사람 이상이 함께 일할 때의 서로의 마음. 관선수들이 呼吸이 맞지 않아서 경기에 졌다.

刑罰( )( )〔 〕
 도▶국가가 죄(罪)를 범(犯)한 자에게 제재(制裁)를 가(加)함, 또는 그 제재.

減刑( )( )〔 〕
 도▶형벌(刑罰)을 감(減)하여 가볍게 함.

刑事( )( )〔 〕
 도▶①형법의 적용을 받는 일. 반민사(民事). ②범죄를 수사하고 범인을 체포하는 일을 맡은 사람.

 도움글

○ 틀리기 쉬운 한자어의 독음
  ☞ 한자음 「렬」과 「률」은 '모음'이나 'ㄴ' 받침 뒤에서 「렬」은 「열」로, 「률」은 「율」로 적는다.
  예1 羅列▷나열(○), 나렬(×)   예2 熱烈▷열렬(○), 열열(×)

87

52 한자능력검정 **4급**(4Ⅱ 포함)

✿ 아래 한자漢字의 뜻[訓]과 소리[音]를 자세히 익혀봅시다.

☆표는 4급Ⅱ 배정한자

護☆(言)	券(刀)	域(土)	秀(禾)	煙☆(火)
도울 호:	문서 권	지경 역	빼어날 수	연기 연

✿ 아래 설명을 읽고 빈칸에 보기 와 같이 쓰세요.

보기 例題(법식 례)(제목 제)[예제]

救護(　　)(　　)〔　　〕
  도▶어려움에 처해 있는 사람을 도와 보호함.
  4Ⅱ 이재민(罹災民)을 救護하다.
  참 口號(구호) ▷ 요구나 주장 따위를 나타내는 짧막한 호소.

辯護(　　)(　　)〔　　〕
  도▶그 사람에게 유리(有利)하도록 주장(主張)하여 도와줌.

旅券(　　)(　　)〔　　〕
  도▶국적(國籍)이나 신분(身分)을 증명(證明)하고, 상대국에게 그 보호(保護)를 의뢰(依賴)하는 공문서(公文書).
  참 女權(여권) ▷ 여자의 사회상, 정치상, 법률상의 권리. 4Ⅱ 사회 전반에서 女權이 향상되었다.

證券(　　)(　　)〔　　〕
  도▶재산(財産)에 관한 권리나 의무를 나타내는 문서. [有價證券과 證據(증거)證券이 있음]

區域(　　)(　　)〔　　〕
  도▶갈라놓은 지역.

聖域(　　)(　　)〔　　〕
  도▶신성(神聖)한 지역, 또는 문제 삼지 않기로 한 사항. 4Ⅱ 聖域 없는 수사(搜査)를 하여야 한다.

異域(　　)(　　)〔　　〕
  도▶다른 나라의 땅. 4Ⅱ 異域 萬里 머나먼 곳.

秀才(　　)(　　)〔　　〕
  도▶머리가 좋고 재주가 뛰어난 사람. 상 둔재(鈍才).
  참 水災(수재) ▷ 홍수나 장마 따위의 물로 입는 재해. 4Ⅱ 각 지역에서 水災 의연금이 모금되었다.

優秀(　　)(　　)〔　　〕
  도▶여럿 가운데 특별히 빼어남. 4Ⅱ 優秀한 성적.
  참 憂愁(우수) ▷ 근심과 걱정. 4Ⅱ 憂愁에 잠기다.

秀麗(　　)(　　)〔　　〕
  도▶경치나 용모가 빼어나게 아름다움.

禁煙(　　)(　　)〔　　〕
  도▶담배 피우는 것을 피하거나 끊음. 4Ⅱ 이곳은 禁煙 구역(區域)입니다.

松煙(　　)(　　)〔　　〕
  도▶소나무를 태울 때 나온 검은 가루, 또는 그을음. [먹을 만드는 원료로 쓰임]

油煙(　　)(　　)〔　　〕
  도▶기름 따위를 불완전(不完全) 연소(燃燒)시킬 때 생기는 검은빛의 탄소(炭素) 가루.

 도움글

○「松煙」의 '煙'자는 '烟'자와 쓰임이 같은 이체자(異體字)이다.
　　예1 閒(한) = 閑(한)　　예2 針(침) = 鍼(침)
○ **혼동하기 쉬운 한자**　참1 旅(려)와 族(족)　참2 券(권)과 卷(권)　참3 秀(수)와 季(계)

88

본문학습 53

◉ 아래 한자漢字의 뜻[訓]과 소리[音]를 자세히 익혀봅시다.

☆표는 4급Ⅱ 배정한자

巨(工)	錢(金)	狀☆(犬)	抗(手)	整(支)
클 거:	돈 전:	형상 상, 문서 장:	겨룰 항:	가지런할 정:

◉ 아래 설명을 읽고 빈칸에 보기 와 같이 쓰세요.   보기 例題(법식 례)(제목 제)[예제]

巨事( )( )〔 〕
 도 ▶매우 거창(巨創)한 일.

巨額( )( )〔 〕
 도 ▶많은 액수(額數)의 돈. 큰돈. 관巨額을 자선 사업에 희사(喜捨)하다.

銅錢( )( )〔 〕
 도 ▶주화(鑄貨)를 두루 이르는 말.

錢票( )( )〔 〕
 도 ▶흔히 공사장 등에서, 일용(日用) 근로자(勤勞者)들에게 현금 대신 지급(支給)하는 쪽지. 참傳票(전표)▷은행이나 회사 따위에서 금전 출납이나 거래 내용 따위를 적은 쪽지.

葉錢( )( )〔 〕
 도 ▶놋쇠로 만든 옛날 돈. [둥글고 납작하며 가운데에 네모진 구멍이 있음]

狀況( )( )〔 〕
 도 ▶일이 되어 가는 과정이나 형편(形便). 관돌발적(突發的)인 狀況에 대비(對備)하다.

賞狀( )( )〔 〕
 도 ▶학업(學業)·행실(行實)·업적(業績) 등을 칭찬하는 뜻을 적어서 상으로 주는 증서(證書). 관賞狀과 메달을 수여하다.

狀態( )( )〔 〕
 도 ▶사물의 현상이 처해 있는 현재의 모양, 또는 형편. 관평온(平穩)한 狀態를 유지하다. 참常態(상태)▷보통 때의 모양이나 형편.

抗議( )( )〔 〕
 도 ▶어떤 일을 부당(不當)하다고 여겨 따지거나 반대(反對)하는 뜻을 주장함. 항변(抗卞). 관시청자의 抗議가 빗발치다.

抗拒( )( )〔 〕
 도 ▶순종(順從)하지 않고 맞서 버팀. 대항(對抗)함. 관불법적(不法的)인 탄압(彈壓)에 抗拒하다.

整備( )( )〔 〕
 도 ▶뒤섞이거나 흩어진 것을 가다듬어 바로 갖춤. 관대열(隊列)을 整備하다. 관자동차를 整備하다.

調整( )( )〔 〕
 도 ▶어떤 기준(基準)이나 실정(實情)에 맞게 정돈함. 관공공요금(公共料金)의 調整. 관회사 구조 調整. 관선거구(選擧區) 調整. 관물가(物價)를 調整하다.

整理( )( )〔 〕
 도 ▶어수선하거나 쓸데없는 것을 없애거나 하여 가지런하게 바로잡음. 관교통 整理. 참定理(정리)▷이미 진리라고 증명된 일반 명제.

 도움글

○「狀」자는 쓰임에 따라 훈訓과 음音이 달라지므로 주의!
 예1 現狀(현상) ▶ (나타날 현)(형상 상) 예2 招請狀(초청장) ▶ (부를 초)(청할 청)(문서 장)

54 한자능력검정 4급(4II 포함)

🔷 아래 한자(漢字)의 뜻[訓]과 소리[音]를 자세히 익혀봅시다.

☆표는 4급II 배정한자

燃 (火)	協☆ (十)	志☆ (心)	委 (女)	丁 (一)
탈 연	화할 협	뜻 지	맡길 위	장정 정

🔷 아래 설명을 읽고 빈칸에 보기 와 같이 쓰세요.

보기 例題(법식 례)(제목 제)[예제]

燃料( )( )〔 〕
  도 ▶열·빛·동력(動力) 따위를 얻기 위하여 태우는 물질을 통틀어 이르는 말. 땔감.

燃燈( )( )〔 〕
  도 ▶연등놀이를 할 때에 밝히는 등불.

協議( )( )〔 〕
  도 ▶여럿이 모여 의논(議論)함. 협상(協商).
  예 대책을 協議하다.

協助( )( )〔 〕
  도 ▶남이 하는 일을 도와줌. 예 여러 사람들이 환경 정화 사업에 協助하다.
  참 協調(협조) ▷ 견해(見解)나 이해(利害) 관계 등이 다른 처지에서 서로 양보하고 조화하는 일. 예 노사간(勞使間)의 協調로 난국(難局)을 타개(打開)하다.

協同( )( )〔 〕
  도 ▶어떤 일을 함에 마음과 마음을 합함.
  예 벌과 개미에게서 協同의 힘을 배우다.

鬪志( )( )〔 〕
  도 ▶싸우고자 하는 굳센 의지(意志). 예 정상을 정복하기 위하여 鬪志를 불태우다.

志願( )( )〔 〕
  도 ▶뜻하여 바람. 바라서 원함. 지망(志望).
  예 법학과를 志願하였다.
  참 支援(지원) ▷ 뒷받침하거나 편들어서 도움. 원조(援助)함. 예 支援 사격하다.

志向( )( )〔 〕
  도 ▶생각이나 마음이 어떤 목적을 향함. 예 앞날의 행복(幸福)을 志向하다.
  참 指向(지향) ▷ 일정한 목표를 정하여 나아감. 예 정상을 指向하다.

委任( )( )〔 〕
  도 ▶일이나 처리(處理)를 남에게 맡김. 예 사장을 대신해서 관리를 委任받다.

委員( )( )〔 〕
  도 ▶특정한 사항(事項)의 처리나 심의(審議)를 위임(委任)받은 자로서 임명되거나 선출된 사람.

壯丁( )( )〔 〕
  도 ▶성년에 이른 혈기가 왕성(旺盛)한 남자.

白丁( )( )〔 〕
  도 ▶백장. 소나 돼지 따위를 잡는 일을 직업(職業)으로 하는 사람.

○ 의성어(擬聲語) ☞ 사물의 소리를 흉내낸 말.
  예1 丁丁정정하다 : '쩡쩡', 또는 '떵떵' 하는 의성어의 한자식 표음으로, '도끼로 나무를 찍는 소리'를 이르는 말.

해답 ☞ 부록 22쪽

1. 다음 한자어의 독음을 쓰세요.

志操〔   〕
도▶곧은 뜻과 절조(節操).

言聲〔   〕
도▶말소리. 예言聲을 낮추어라.

遺族〔   〕
도▶사람이 죽은 뒤에 남아 있는 가족.

所持〔   〕
도▶무엇을 가지고 있음. 예면허증을 所持하다.

2. 다음 한자어의 독음을 쓰세요.

酒案床〔   〕
도▶술상. 예손님에게 酒案床을 대접하다.

背水陣〔   〕
도▶물을 등지고 치는 진(陣).
성▶背水陣을 치다. ▷어떤 일에 실패(失敗)하면 다시는 일어설 수 없다는 결사적(決死的)인 각오(覺悟)로 임(臨)하다.

領域權〔   〕
도▶자기 나라의 영역(領域)에 대하여 가지는 국가(國家)의 권리(權利).

無聲音〔   〕
도▶안울림소리. 소리 낼 때 목청을 떨어 울리지 않고 내는 소리.

刑務所〔   〕
도▶교도소(矯導所)를 이전(以前)에 이르던 말.

持參金〔   〕
도▶① 현재 가지고 있는 돈. ② 신부(新婦)가 시집갈 때 친정(親庭)에서 가지고 가는 돈.

養護室〔   〕
도▶학교에서, 아동(兒童)이나 학생의 건강(健康)·위생(衛生)에 관한 일을 맡아보는 방.

3. 다음 한자성어의 독음을 쓰세요.

目不識丁〔   〕
도▶'丁자도 알아보지 못한다'는 뜻으로, '글자를 전혀 모르는 사람'을 비유하여 이르는 말.

虛張聲勢〔   〕
도▶실속은 없으면서 큰소리치거나 허세(虛勢)만 부림. 예虛張聲勢를 일삼다.

異口同聲〔   〕
도▶'입은 다르나 목소리는 같다'는 뜻으로, '여러 사람의 말이 한결같이 같음'을 이르는 말.

掃地無餘〔   〕
도▶깨끗하게 쓸어낸 듯이 아무것도 없음.

危機一髮〔   〕
도▶위태로움이 몹시 절박(切迫)한 순간.

江湖煙波〔   〕
도▶강이나 호수 위에 안개처럼 뽀얗게 이는 잔물결.

○ 掃地(소지) : 땅을 쓺. 참1 素志(소지) : 평소의 뜻. 본디 품고 있던 뜻. 소박(素朴)한 뜻.
참2 小指(소지) : 새끼손가락, 또는 새끼발가락.
참3 素地(소지) : 사물의 바탕. 요인(要因)이 될 바탕.

91

한자능력검정 **4**급(4Ⅱ 포함)

   해답 ☞ 부록 22쪽

1. 다음 한자어의 독음을 쓰세요.

配慮( )	屈折( )	端裝( )	新聞( )	所願( )
自鳴( )	國籍( )	吸入( )	吸收( )	家屋( )
智略( )	激鬪( )	轉移( )	停留( )	試驗( )
陣痛( )	休息( )	消費( )	離散( )	燃料( )
論說( )	聖賢( )	取消( )	患者( )	辯論( )

2. 다음 한자의 뜻과 소리를 쓰세요.

遺( )	烈( )	壁( )	券( )	抗( )
謠( )	刑( )	徒( )	秀( )	委( )

3. 다음 글의 밑줄 친 단어 중 낱말은 한자로, 한자어는 독음으로 고쳐 쓰세요.

한글로 통용⁽¹⁾될 수 있는 말은 가급적 可及이면 한글로 써야 한다. 그것이 우리글인 한글을 사랑하고 보급 普及하는 일이며, 언어⁽²⁾는 어려운 문자로 인⁽³⁾해 특정⁽⁴⁾한 階層⁽⁵⁾의 필요⁽⁶⁾에 의해 쓰여질 수만은 없기 때문이다. 하지만 언어란 하루아침에 바뀌는 것이 아니다. 사용⁽⁷⁾하는 것이 비록 남의 것이라고 할지라도 우리 정서 情緒에 알맞고 생활에 필요한 것이라면 받아들여 사용하되, 버릴 것은 버려서 우리 傳統⁽⁸⁾에 알맞은 문화⁽⁹⁾를 형성⁽¹⁰⁾해 가야 한다.

(1)	(2)	(3)	(4)	(5)
(6)	(7)	(8)	(9)	(10)

 도움글

○ 因하다 : ①본디 그대로 하다. 田 옛풍속(風俗)에 因하여 식을 올리다. ②말미암다. 田 병충해(病蟲害)로 因하여 수확(收穫)이 크게 줄다.

본문학습 55

◈ 아래 한자漢字의 뜻[訓]과 소리[音]를 자세히 익혀봅시다.   ☆표는 4급Ⅱ 배정한자

衆☆(血)	侵☆(人)	碑(石)	增☆(土)	寶☆(宀)
무리 중:	침노할 침	비석 비	더할 증	보배 보:

◈ 아래 설명을 읽고 빈칸에 보기 와 같이 쓰세요.   보기 ▶ 例題(법식 례)(제목 제)[예제]

聽衆(　　)(　　)〔　　〕
  도▶강연(講演)이나 설교(說敎) 등을 들으려고 모인 사람들.

觀衆(　　)(　　)〔　　〕
  도▶구경거리를 보려고 모인 군중(群衆). 구경꾼.
  예▶觀衆이 운집(雲集)하다.

衆論(　　)(　　)〔　　〕
  도▶여러 사람의 의논(議論). 중의(衆議).
  예▶衆論이 일치(一致)하다.

侵攻(　　)(　　)〔　　〕
  도▶남의 나라를 침노하여 쳐들어감.
  예▶적(敵)의 侵攻에 대비(對備)하다.

侵入(　　)(　　)〔　　〕
  도▶침범(侵犯)하여 들어오거나 들어감.

侵害(　　)(　　)〔　　〕
  도▶침범(侵犯)하여 해(害)를 끼침. 침손(侵損).
  예▶그것은 사생활을 侵害하는 행동이었다.

口碑(　　)(　　)〔　　〕
  도▶'비석에 새긴 것처럼 오래도록 전해 내려온다'는 뜻으로, '옛날부터 두고두고 전해 오는 것'을 이르는 말. 예▶口碑 설화(說話).

墓碑(　　)(　　)〔　　〕
  도▶무덤 앞에 세우는 비석(碑石). 묘석(墓石).

碑文(　　)(　　)〔　　〕
  도▶비석(碑石)에 새긴 글. 예▶碑文을 새기다.

急增(　　)(　　)〔　　〕
  도▶갑자기 늘어남. 예▶인구가 急增하고 있다.

增産(　　)(　　)〔　　〕
  도▶생산량이 늚, 또는 늘림. 예▶퇴비를 增産하다.

增設(　　)(　　)〔　　〕
  도▶시설(施設)이나 설비(設備) 등을 늘려 설치(設置)함. 예▶공장(工場)을 增設하다.

寶物(　　)(　　)〔　　〕
  도▶보배로운 물건. 썩 드물고 귀한 물건.

寶貨(　　)(　　)〔　　〕
  도▶보물(寶物).
  참▶寶華(보화) ▷ 모든 부처가 결가부좌하는 연꽃 좌대.

寶石(　　)(　　)〔　　〕
  도▶색채와 광택이 아름답고 산출량이 적기 때문에 장식용 등으로 귀중히 여겨지는 광물. [다이아몬드 · 에메랄드 · 사파이어 등]

○ **혼동하기 쉬운 한자**　　참1 設(베풀 설)과 說(말씀 설)　　참2 侵(침노할 침)과 浸(잠길 침)
　　　　　　　　　　　　　　참3 攻(칠 공)과 功(공 공)　　　참4 墓(무덤 묘)와 暮(저물 모)

93

56 한자능력검정 4급(4Ⅱ 포함)

○ 아래 한자漢字의 뜻[訓]과 소리[音]를 자세히 익혀봅시다.

☆표는 4급Ⅱ 배정한자

副☆(刀)	崇(山)	簡(竹)	占(卜)	極☆(木)
버금 부:	높을 숭	대쪽 간·	점령할 점·	극진할 극

○ 아래 설명을 읽고 빈칸에 보기 와 같이 쓰세요.

보기 例題(법식 례)(제목 제)[예제]

副業(　　　)(　　　)〔　　　〕
도▶본업 이외에 따로 가지는 직업. 반본업(本業).

副賞(　　　)(　　　)〔　　　〕
도▶상장(賞狀) 외에 덧붙여 주는 상금(賞金)이나 상품(賞品). 예상장과 副賞을 수여하다.

正副(　　　)(　　　)〔　　　〕
도▶으뜸과 버금. 예正副 책임자. 正副 대표.
참正否(정부)▷바름과 바르지 아니함. 옳고 그름. 예正否를 가리다.

崇高(　　　)(　　　)〔　　　〕
도▶존엄(尊嚴)하고 거룩함. 예崇高한 희생정신.

尊崇(　　　)(　　　)〔　　　〕
도▶존경(尊敬)하고 숭배함. 예후세에 尊崇을 받다.

崇拜(　　　)(　　　)〔　　　〕
도▶어떤 사람을 훌륭히 여겨 마음으로부터 우러러 공경함. 예김구 선생을 崇拜하다.

簡潔(　　　)(　　　)〔　　　〕
도▶간단하고 깔끔함. 예문장이 簡潔하다.

簡單(　　　)(　　　)〔　　　〕
도▶까다롭지 않고 단순(單純)함.

簡略(　　　)(　　　)〔　　　〕
도▶간단(簡單)하고 단출함. 예글의 요점(要點)을 簡略하게 간추리다.

獨占(　　　)(　　　)〔　　　〕
도▶독차지. 전유(專有).

占據(　　　)(　　　)〔　　　〕
도▶일정한 곳을 차지하여 자리를 잡음. 점령(占領). 예불법(不法)으로 占據하다.

占領(　　　)(　　　)〔　　　〕
도▶일정한 땅이나 대상(對象)을 차지하여 자기 것으로 함.

極限(　　　)(　　　)〔　　　〕
도▶사물이 더 이상은 나아갈 수 없는 한계(限界).

極致(　　　)(　　　)〔　　　〕
도▶그 이상 더할 수 없을 만한, 최고(最高)의 경지(境地)나 상태. 예예술의 極致를 이루다.

極讚(　　　)(　　　)〔　　　〕
도▶몹시 칭찬함. 예그의 작품은 極讚을 받았다.

兩極(　　　)(　　　)〔　　　〕
도▶① 남극과 북극. ② 양극(陽極)과 음극(陰極).

도움글

○ 동음이의어(同音異義語) : 소리는 같으나 뜻이 다른 한자어를 말함.
참1 負傷(부상) ≠ 富商(부상) ≠ 副賞(부상) 참2 兩極(양극) ≠ 陽極(양극)
참3 正否(정부) ≠ 政府(정부)

본문학습 57

아래 한자漢字의 뜻[訓]과 소리[音]를 자세히 익혀봅시다.

☆표는 4급Ⅱ 배정한자

勸 (力)	確 ☆ (石)	遇 (辶)	氏 (氏)	討 (言)
권할 권:	굳을 확	만날 우:	각시 씨	칠 토▶

아래 설명을 읽고 빈칸에 보기 와 같이 쓰세요. 보기 例題(법식 례)(제목 제)[예제]

勸學( )( )〔 〕
도▶학문(學問)에 힘쓰도록 권함.

勸告( )( )〔 〕
도▶어떤 일을 하도록 타이르며 권함. 예 의사(醫師)의 勸告로 담배를 끊었다.

勸戒( )( )〔 〕
도▶① 선(善)을 권하고 악(惡)을 경계함. ② 타이르고 경계함.

確定( )( )〔 〕
도▶변동(變動)이 없도록 확실(確實)하게 정함. 예 법률안(法律案)을 確定하다.

的確( )( )〔 〕
도▶(벗어남이 없이) 정확함. 틀림이 없음.

確證( )( )〔 〕
도▶확실히 증명함. 또는 확실한 증거(證據).

待遇( )( )〔 〕
도▶예로써 신분(身分)에 맞게 대접(待接)함.

境遇( )( )〔 〕
도▶놓여 있는 사정이나 형편. 예 만일의 境遇.

不遇( )( )〔 〕
도▶포부(抱負)나 재능(才能)은 있어도 좋은 때를 만나지 못함. 예 시대를 잘못 타고난 자신의 不遇를 탄식하다. 예 不遇이웃돕기.

氏族( )( )〔 〕
도▶같은 조상에서 나온 일족(一族). 미개사회(未開社會)의 생활 단위였던 혈족 집단.

姓氏( )( )〔 〕
도▶성(姓)의 높임말.

氏名( )( )〔 〕
도▶성명(姓名).

討論( )( )〔 〕
도▶어떤 문제를 두고, 여러 사람이 의견을 말하여 옳고 그름을 따져 논의함. 비 토의(討議).

討議( )( )〔 〕
도▶어떤 문제에 대하여 각자(各自)의 의견(意見)을 내놓고 검토(檢討)하고 의논(議論)함.

檢討( )( )〔 〕
도▶내용을 자세히 살펴 가면서 따져 봄. 예 안건(案件)을 자세히 檢討하다.

○「氏」자는 성년이 된 사람의 성이나 성명, 이름 아래에 붙여서 그 사람을 높이거나 대접하는 뜻으로 쓰이는데, 대체로 동료나 아랫사람에게 쓴다.
예1 원선현 氏   예2 정우진 氏   예3 전상언 氏   예4 길동 氏

58 한자능력검정 4급(4Ⅱ 포함)

✿ 아래 한자(漢字)의 뜻[訓]과 소리[音]를 자세히 익혀봅시다.

☆표는 4급Ⅱ 배정한자

雜(隹)	援(手)	液(水)☆	隱(阜)	貧(貝)☆
섞일 잡	도울 원:	진 액	숨을 은	가난할 빈

✿ 아래 설명을 읽고 빈칸에 보기 와 같이 쓰세요.   보기 例題(법식 례)(제목 제)[예제]

混雜(   )(   )〔   〕
도▸①뒤섞여서 분잡(紛雜)함. 붐빔. ②혼란(混亂).
㉾혼잡스레.

雜貨(   )(   )〔   〕
도▸여러 가지 잡다(雜多)한 상품(商品).
㉾雜花(잡화)▷이름도 모르는 대수롭지 아니한 꽃.

雜談(   )(   )〔   〕
도▸쓸데없이 지껄이는 말. ㉾雜談을 늘어놓다.

聲援(   )(   )〔   〕
도▸소리쳐 격려(激勵)하고 힘을 북돋아 줌.
㉾여러분의 많은 관심과 聲援을 바랍니다.
㉾成員(성원)▷모임이나 단체를 구성하는 인원.
㉾이제 成員이 되었으니 회의를 시작합니다.

救援(   )(   )〔   〕
도▸위험이나 곤란에 빠져 있는 사람을 구하여 줌.
㉾救援의 손길. ㉾救援을 요청(要請)하다.

應援(   )(   )〔   〕
도▸편들어 격려하거나 돕는 일. ㉾應援을 보내다.

隱退(   )(   )〔   〕
도▸직임(職任)에서 물러남, 또는 물러나서 한가로이 삶. ㉾정계 隱退. 현역 隱退

隱語(   )(   )〔   〕
도▸어떤 계층이나 부류의 사람들이 다른 사람이 알아듣지 못하도록 자기네끼리만 쓰는 말. 변말.
㉾銀魚(은어)▷바다빙엇과의 민물고기.

隱居(   )(   )〔   〕
도▸시끄러운 세상을 피하여 숨어 삶.

液體(   )(   )〔   〕
도▸물이나 기름처럼 일정한 부피는 있으나 일정한 모양이 없이, 그릇의 모양에 따라 유동(流動)하고 변형(變形)하는 물질.

樹液(   )(   )〔   〕
도▸땅속에서 빨아올려 잎으로 향하는, 나무의 양분(養分)이 되는 액(液).

液化(   )(   )〔   〕
도▸기체(氣體)가 냉각(冷却)되거나 압축(壓縮)되거나 하여 액체(液體)가 됨.

貧困(   )(   )〔   〕
도▸①가난함. ㉾가정(家庭)이 貧困하다. ②모자람.
㉾정책(政策)의 빈곤(貧困)으로 인한 결과.

貧民(   )(   )〔   〕
도▸가난한 사람들.

○ **동음이의어**(同音異義語): 소리는 같으나 뜻이 다른 한자어를 말함.
㉾1 正確(정확): 바르고 확실함. ㉾매사(每事)에 正確을 기하다. ㉾2 精確(정확): 자세하고 확실함.

본문학습 59

◉ 아래 한자漢字의 뜻[訓]과 소리[音]를 자세히 익혀봅시다.

☆표는 4급Ⅱ 배정한자

難☆(隹)	嚴(口)	尊☆(寸)	義☆(羊)	斗☆(斗)
어려울 난ː	엄할 엄	높을 존	옳을 의ː	말 두

◉ 아래 설명을 읽고 빈칸에 보기 와 같이 쓰세요.   보기 例題(법식 례)(제목 제)[예제]

苦難(　　　　)(　　　　)〔　　　　〕
　도▶괴로움과 어려움. 고초(苦楚).

非難(　　　　)(　　　　)〔　　　　〕
　도▶남의 잘못이나 흠 따위를 책잡아 나쁘게 말함. 예잘못된 행동에 非難을 퍼부었다.

難局(　　　　)(　　　　)〔　　　　〕
　도▶처리하기가 어려운 국면(局面).
　참亂國(난국)▷질서가 문란(紊亂)한 나라.

嚴禁(　　　　)(　　　　)〔　　　　〕
　도▶엄하게 금지(禁止)함. 예통행을 嚴禁하다.

嚴選(　　　　)(　　　　)〔　　　　〕
　도▶엄정(嚴正)하게 고름.

威嚴(　　　　)(　　　　)〔　　　　〕
　도▶의젓하고 엄숙(嚴肅)함. 또는 그러한 느낌.

尊重(　　　　)(　　　　)〔　　　　〕
　도▶소중하게 여김. 또는 소중하게 여겨 받듦.

尊稱(　　　　)(　　　　)〔　　　　〕
　도▶남을 공경하는 뜻으로 높여 부름. 또는 그 칭호. 예尊稱을 붙이다. 예尊稱을 사용하다.

尊敬(　　　　)(　　　　)〔　　　　〕
　도▶훌륭한 행위(行爲)나 인격(人格) 따위를 높여 공경(恭敬)함. 예스승을 尊敬하다.

正義(　　　　)(　　　　)〔　　　　〕
　도▶사람으로서 지켜야 할 바른 도리. 반불의(不義). 예正義를 위해 싸우다.
　참定義(정의)▷어떤 말이나 사물의 뜻을 명백히 밝혀 규정함. 또는 그 뜻. 예定義를 내리다.

義務(　　　　)(　　　　)〔　　　　〕
　도▶마땅히 해야 할 직분(職分).

講義(　　　　)(　　　　)〔　　　　〕
　도▶학술·기술 따위를 설명하여 가르침.

斗護(　　　　)(　　　　)〔　　　　〕
　도▶돌보아 줌. 두둔함. 예그의 斗護를 입었다.

斗牛(　　　　)(　　　　)〔　　　　〕
　도▶북두칠성(北斗七星)과 견우성(牽牛星).

斗屋(　　　　)(　　　　)〔　　　　〕
　도▶①아주 작은 집. ②아주 작은 방. 두실(斗室). 예몇 칸 안 되는 斗屋이지만 스스로의 힘으로 마련한 것이라 무척 애착(愛着)이 간다.

도움글

○ 「苦難」의 '難'자는 쓰임에 따라 훈訓과 음音이 달라지므로 주의!
　　예1 困難(곤란)　　예2 災難(재난)　　예3 難題(난제)
○ 竹夫人(죽부인) : 여름밤에 끼고 자면서 서늘한 기운을 취하는 데 쓰는 대오리로 만든 기구.

한자능력검정 4급(4Ⅱ 포함)

아래 한자漢字의 뜻[訓]과 소리[音]를 자세히 익혀봅시다.

☆표는 4급Ⅱ 배정한자

壓 ☆ (土)	況 (水)	博 ☆ (十)	竹 ☆ (竹)	私 (禾)
누를 압	상황 황:	넓을 박	대 죽	사사私事 사

아래 설명을 읽고 빈칸에 보기 와 같이 쓰세요.

보기 例題(법식 례)(제목 제)[예제]

制壓( )( )〔 〕
도▶세력이나 기세를 제어(制御)하여 억누름. 用실력으로 상대를 制壓하다.

壓力( )( )〔 〕
도▶어떤 물체, 또는 사람에게 압박(壓迫)을 가하는 일. 用외부의 壓力에 굴복하고 말았다.

壓死( )( )〔 〕
도▶무거운 것에 눌려서 죽음.

情況( )( )〔 〕
도▶어떤 일을 에워싼, 그 당시의 환경이나 상태. 用당시의 情況을 자세히 설명하다.

實況( )( )〔 〕
도▶실제(實際)의 상황(狀況). 用축구 實況 중계.

景況( )( )〔 〕
도▶흥미를 느낄 만한 겨를이나 형편. 用집안이 이 지경인데 무슨 景況으로 놀러 가겠나.

博士( )( )〔 〕
도▶① 대학에서 수여(授與)하는 가장 높은 학위, 또는 그 학위를 딴 사람. ② 어떤 일에 정통하거나 숙달된 사람을 비유적으로 이르는 말.

博愛( )( )〔 〕
도▶뭇 사람을 차별(差別) 없이 두루 사랑함.

博識( )( )〔 〕
도▶지식이 넓고 아는 것이 많음. 다식(多識).

竹簡( )( )〔 〕
도▶종이가 발명되기 전에 글자를 기록하던 대나무 조각, 또는 대나무 조각을 엮어서 만든 책.

竹葉( )( )〔 〕
도▶대나무의 잎.

爆竹( )( )〔 〕
도▶가는 대나무 통이나 종이로 만든 통에 불을 지르거나 화약을 재어 터뜨려서 소리가 나게 하는 물건. 用爆竹으로 밤하늘을 수놓았다.

私費( )( )〔 〕
도▶개인이 가지고 있거나 부담하는 비용.

私見( )( )〔 〕
도▶개인의 사사로운 의견.

私第( )( )〔 〕
도▶개인 소유(所有)의 집. 비사택(私宅).

● 동음이의어
1 私製(사제) : 개인이 사사로이 만듦. 또는 그런 물건. 用私製폭탄.
2 舍弟(사제) : 남에게 자기의 아우를 겸손하게 이르는 말.
3 師弟(사제) : 스승과 제자를 아울러 이르는 말. 用師弟관계.

본문학습

해답 ☞ 부록 24쪽

1. 다음 한자어의 독음을 쓰세요.

確立〔　　　〕	聲討〔　　　〕
도 ▶확고(確固)하게 서거나 세움. 예 기강(紀綱)을 確立하다.	도 ▶여러 사람이 어떤 잘못을 비판(批判)하고 규탄(糾彈)함. 예 부정(不正) 사실(事實)을 강력(強力)히 聲討하다.
隱密〔　　　〕	勸降〔　　　〕
도 ▶생각이나 행동 따위를 숨겨서 모습과 자취가 드러나지 아니함. 예 隱密히 거래하다.	도 ▶항복(降伏)하도록 권함.

2. 다음 한자어의 독음을 쓰세요.

副作用〔　　　〕	極少數〔　　　〕
도 ▶(어떤 일에) 곁들여 나타나는 해로운 다른 작용.	도 ▶매우 적은 수.
自尊心〔　　　〕	博覽會〔　　　〕
도 ▶남에게 굽힘이 없이 제 몸이나 품위(品位)를 스스로 높이 가지는 마음.	도 ▶산업 발전을 위하여 그것에 관한 물품을 여러 사람들에게 보이는 모임. 예 産業博覽會

3. 다음 한자성어의 독음을 쓰세요.

確固不動〔　　　〕	口碑文學〔　　　〕
도 ▶확실(確實)하고 굳어서 흔들리지 않음.	도 ▶옛날부터 말로 전승되어 온 문학. [설화·민요·수수께끼 등]
衆口難防〔　　　〕	身邊雜記〔　　　〕
도 ▶'뭇사람의 여러 가지 의견을 하나하나 받아넘기기 어려움'을 이르는 말.	도 ▶자기 주위에서 일어나는 여러 가지 일들을 적은 수필(隨筆)체의 글.
公衆道德〔　　　〕	安貧樂道〔　　　〕
도 ▶공중(公衆)의 복리(福利)를 위하여 서로 지켜야 할 덕의(德義).	도 ▶'가난에 구애(拘碍)받지 않고 도(道)를 즐김'을 일컬음.
竹馬故友〔　　　〕	先公後私〔　　　〕
도 ▶'죽마를 타고 놀던 벗'이라는 뜻으로, '어릴 때 같이 놀던 친한 친구'를 이르는 말.	도 ▶'사사로운 일이나 이익보다 공적(公的)인 일이나 이익을 앞세움'을 이르는 말.

○ 君子三樂(군자삼락) : 군자가 특별히 느끼는 세 가지 즐거움.
　① 부모·형제가 건강하게 살아 있는 것　② 하늘을 우러러 사람을 대하여 부끄러움이 없는 것
　③ 천하의 똑똑한 제자를 얻어 교육시키는 것

한자능력검정 **4**급(**4**Ⅱ 포함)

해답 ☞ 부록 24쪽

1. 다음 한자어의 독음을 쓰세요.

郵票( )	領海( )	創案( )	碑石( )	恩惠( )
繼續( )	官府( )	寢室( )	禮拜( )	鷄舍( )
兩班( )	淸貧( )	實施( )	着想( )	共犯( )
讚歎( )	珍奇( )	快樂( )	逃避( )	確認( )
敗北( )	暗香( )	令愛( )	強盜( )	講堂( )

2. 다음 한자의 뜻과 소리를 쓰세요.

| 碑( ) | 崇( ) | 隱( ) | 雜( ) | 斗( ) |
| 占( ) | 討( ) | 勸( ) | 況( ) | 博( ) |

3. 다음 글의 밑줄 친 단어 중 낱말은 한자로, 한자어는 독음으로 고쳐 쓰세요.

① 두 사람 사이에는 어느덧 <u>이심전심</u>⁽¹⁾으로 <u>우정</u>⁽²⁾이 싹트고 있었다.
② 그는 올림픽 5연패(連覇)라는 <u>전무후무</u>⁽³⁾한 <u>大記錄</u>⁽⁴⁾을 세웠다.
③ 기차와 부딪치려는 <u>危機一髮</u>⁽⁵⁾의 순간에 <u>철로</u>⁽⁶⁾ 위의 어린아이를 가까스로 밀쳐 내었다.
④ 가을은 <u>燈火可親</u>⁽⁷⁾의 <u>季節</u>⁽⁸⁾이다.
⑤ 모든 사람이 그를 <u>異口同聲</u>⁽⁹⁾으로 <u>稱讚</u>⁽¹⁰⁾한다.

(1)	(2)	(3)	(4)	(5)
(6)	(7)	(8)	(9)	(10)

 도움글

○ **혼동하기 쉬운 한자**   참1 香(향기 향)과 番(차례 번)   참2 兩(두 량)과 雨(비 우)
　　　　　　　　　　　　　참3 貧(가난할 빈)과 貪(탐할 탐)   참4 快(쾌할 쾌)와 決(결단할 결)

본문학습 61

아래 한자漢字의 뜻[訓]과 소리[音]를 자세히 익혀봅시다.

☆표는 4급Ⅱ 배정한자

差 (工)	傷 (人)	紀 (糸)	泉 (水)	檀 ☆ (木)
다를 차	다칠 상	벼리 기	샘 천	박달나무 단

아래 설명을 읽고 빈칸에 보기 와 같이 쓰세요.   보기 例題(법식 례)(제목 제)[예제]

差等(　　　)(　　　)〔　　　〕
  도 ▶차이(差異)가 나는 등급(等級), 등급의 차이(差異). 례 일의 양에 差等을 두다. 반 균등(均等).

差別(　　　)(　　　)〔　　　〕
  도 ▶차이가 있게 구별(區別)함. 례 男女 差別.

差備(　　　)(　　　)〔　　　〕
  도 ▶①'채비'의 본딧말. 🚩 ②왕조 때, 특별한 사무를 맡기려고 임시로 벼슬을 임명하던 일.
  참 車費(차비)▷차를 타는 데 드는 비용. 찻삯.

傷害(　　　)(　　　)〔　　　〕
  도 ▶남에게 상처를 내어 해를 입힘. 례 傷害보험.

重傷(　　　)(　　　)〔　　　〕
  도 ▶몹시 다침. 례 교통사고로 重傷을 입다.

負傷(　　　)(　　　)〔　　　〕
  도 ▶몸에 상처를 입음. 상이(傷痍). 례 시합 중에 負傷을 당하다.
  참 副賞(부상)▷정식(正式)의 상 외에 따로 덧붙여서 주는 상. 례 문방사우를 副賞으로 받다.

紀念(　　　)(　　　)〔　　　〕
  도 ▶뒤에 어떤 일을 상기(想起)할 근거로 삼음.

紀元(　　　)(　　　)〔　　　〕
  도 ▶①(역사상의) 연대(年代)를 계산하는 데에 기준이 되는 해. 례 西曆紀元. [서력기원(西曆紀元) 이전은 '기원전 몇 년'으로, 이후는 '서기(西紀) 몇 년'으로 셈] ②나라를 세운 첫해. 례 檀君 紀元.
  참 起源(기원)▷사물의 생긴 근원.

源泉(　　　)(　　　)〔　　　〕
  도 ▶①물이 솟아나는 근원. 례 한강의 源泉. ②사물이 생기는 근원. 례 생활의 源泉으로 여기다.
  참 怨天(원천)▷하늘을 원망함.

鑛泉(　　　)(　　　)〔　　　〕
  도 ▶광물성 물질이 들어 있는 샘. [섭씨 25° 이하를 냉천(冷泉), 그 이상을 온천(溫泉)이라 함.]

黃泉(　　　)(　　　)〔　　　〕
  도 ▶저승. 명부(冥府).
  참 黃泉客(황천객)▷'죽은 사람'을 이르는 말.

檀君(　　　)(　　　)〔　　　〕
  도 ▶우리 겨레의 시조(始祖)로 받드는 태초의 임금. 단군 왕검. [기원전 24세기경에 단군 조선을 建國함]

檀紀(　　　)(　　　)〔　　　〕
  도 ▶'檀君紀元'의 준말. [단군이 즉위한 서기(西紀) 전 2333년을 원년(元年)으로 하는 우리나라의 기원.]

 도움글

○ 채비 : 어떤 일을 하기 위하여 필요한 물건, 자세 따위를 미리 갖추어 차림. 또는 그 물건이나 자세. 례 겨우살이 채비. 례 외출할 채비로 부산하다. 례 이제는 떠날 채비를 서두르세요.

101

62 한자능력검정 4급(4II 포함)

아래 한자漢字의 뜻[訓]과 소리[音]를 자세히 익혀봅시다.

☆표는 4급II 배정한자

包 ☆ (勹)	均 (土)	悲 ☆ (心)	針 (金)	星 ☆ (日)
쌀 포▶	고를 균	슬플 비:	바늘 침▶	별 성

아래 설명을 읽고 빈칸에 보기 와 같이 쓰세요.

보기　例題(법식 례)(제목 제)[예제]

內包(　　　)(　　　)〔　　　〕
　도▶ 내부에 포함하여 가짐. 例 그 이론(理論)은 모순(矛盾)을 內包하고 있다.

包裝(　　　)(　　　)〔　　　〕
　도▶ 물건을 싸서 꾸림.
　相 布帳(포장)▷ 베, 무명 따위로 만든 휘장.

包容(　　　)(　　　)〔　　　〕
　도▶ 남을 아량 있고 너그럽게 감싸 받아들임.

均等(　　　)(　　　)〔　　　〕
　도▶ 치우침 없이 모두가 한결같음. 동등(同等)함.
　例 均等하게 배분하다.

平均(　　　)(　　　)〔　　　〕
　도▶ 크고 작은 차이가 난 몇 개 수의 중간 값을 구함. 例 학급 전체의 성적을 平均내다.

喜悲(　　　)(　　　)〔　　　〕
　도▶ '기쁨과 슬픔'을 아울러 이르는 말. 例 합격자 발표장은 그야말로 喜悲가 엇갈렸다.

悲觀(　　　)(　　　)〔　　　〕
　도▶ 일이 뜻대로 되지 않아 슬퍼하거나 실망(失望)함. 例 세상을 悲觀하다. 相 낙관(樂觀).

悲劇(　　　)(　　　)〔　　　〕
　도▶ ① 불행이나 슬픈 결말로 끝맺는 극. 相 희극(喜劇) ② 매우 비참한 사건. 例 분단의 悲劇.

指針(　　　)(　　　)〔　　　〕
　도▶ ① 지시(指示) 장치에 붙어 있는 바늘. ② 생활이나 행동의 방법(方法)·방향(方向) 따위를 가리키는 길잡이.

方針(　　　)(　　　)〔　　　〕
　도▶ 무슨 일을 처리해 나가는 계획과 방향.

針線(　　　)(　　　)〔　　　〕
　도▶ ① '바늘과 실'을 아울러 이르는 말. ② 바느질.

衛星(　　　)(　　　)〔　　　〕
　도▶ 행성(行星)의 둘레를 운행하는 작은 천체.
　相 危城(위성)▷ 아주 높은 성.

星座(　　　)(　　　)〔　　　〕
　도▶ 별자리.

流星(　　　)(　　　)〔　　　〕
　도▶ 지구(地球)의 대기권(大氣圈) 안으로 들어와 빛을 내며 떨어지는 작은 물체.
　相 油性(유성)▷ 기름과 같은 성질, 또는 기름의 성질.

 도움글

○ 「喜悲」는 뜻이 서로 대립되는 한자로 결합된 한자어이다. 相 喜↔悲(희비)
○ 衛星都市(위성도시) : 대도시 주변에 위치하여 대도시와 밀접(密接)한 관계를 가지고 있는 중소 도시.

본문학습 63

◉ 아래 한자(漢字)의 뜻[訓]과 소리[音]를 자세히 익혀봅시다.

☆표는 4급Ⅱ 배정한자

窮 (穴)	經 ☆ (糸)	優 (人)	專 (寸)	奬 (大)
다할 궁	지날 경	넉넉할 우	오로지 전	장려할 장 ▸

◉ 아래 설명을 읽고 빈칸에 [보기] 와 같이 쓰세요.　　[보기] 例題(법식 례)(제목 제)[예제]

窮理(　　　　)(　　　　)〔　　　　〕
　[도]▸일을 처리하거나 밝히기 위해 깊이 생각함.
　[예]여럿이 나서서 窮理를 짜내다.

窮地(　　　　)(　　　　)〔　　　　〕
　[도]▸살아갈 길이 막연하거나 매우 어려운 일을 당한 처지. [예]기회를 잃고 窮地에 몰리다.

貧窮(　　　　)(　　　　)〔　　　　〕
　[도]▸가난하여 생활이 몹시 어려움. [예]貧窮 속에 허덕이다. [예]貧窮에서 벗어나다.

經歷(　　　　)(　　　　)〔　　　　〕
　[도]▸이제까지 거쳐온 학업·직업·지위 따위의 내용. 이력(履歷). [예]다양한 經歷을 거치다.

經路(　　　　)(　　　　)〔　　　　〕
　[도]▸① 지나는 길. ② 사람이나 사물이 거쳐온 길. [예]여러 經路를 통하여 정보를 수집하다.
　[참]敬老(경로)▷노인을 공경(恭敬)함.

經驗(　　　　)(　　　　)〔　　　　〕
　[도]▸실지로 보고 듣고 겪는 일. 또는 그 과정에서 얻는 지식이나 기능. [예]많은 經驗을 얻다.

優良(　　　　)(　　　　)〔　　　　〕
　[도]▸여럿 가운데서 뛰어나게 좋음. [예]優良 상품.

優秀(　　　　)(　　　　)〔　　　　〕
　[도]▸여럿 가운데 특별히 빼어남. [예]優秀한 성적(成績)으로 졸업(卒業)하다.
　[참]雨水(우수)▷① 이십사절기의 하나. ② 빗물.

優勝(　　　　)(　　　　)〔　　　　〕
　[도]▸① 가장 뛰어남. ② 최고의 성적으로 이김.

專念(　　　　)(　　　　)〔　　　　〕
　[도]▸오로지 한 가지 일에만 마음을 씀. [예]공부에만 專念하더니 결국 시험에 합격하였다.

專用(　　　　)(　　　　)〔　　　　〕
　[도]▸① 혼자서만 씀. ② 국한(局限)된 사람이나 부문에 한하여 씀. [예]공용(共用).

專擔(　　　　)(　　　　)〔　　　　〕
　[도]▸(어떤 일을) 혼자서 담당함. [예]업무를 專擔하다.
　[참]全擔(전담)▷어떤 일의 전부를 담당함. [예]여행 경비(經費)를 제가 全擔하겠습니다.

勸奬(　　　　)(　　　　)〔　　　　〕
　[도]▸권하고 장려(奬勵)함. [예]독서를 勸奬하다.

推奬(　　　　)(　　　　)〔　　　　〕
　[도]▸(어떤 사람이나 물건 따위의) 뛰어난 점을 말하고 추천함. [예]그는 推奬할 만한 인물이다.

○ **專賣特許**(전매특허) : ① 정부가 발명의 보호와 장려를 위하여 발명품의 판매 독점권(獨占權)을 허가하는 일. ② 독차지하여 담당하는 일을 비유적으로 이르는 말.

64 한자능력검정 4급(4Ⅱ 포함)

● 아래 한자(漢字)의 뜻[訓]과 소리[音]를 자세히 익혀봅시다.

☆표는 4급Ⅱ 배정한자

威(女)	干(干)	築☆(竹)	敢(攵)	督☆(目)
위엄 위	방패 간	쌓을 축	감히 감:	감독할 독

● 아래 설명을 읽고 빈칸에 보기 와 같이 쓰세요.   보기   例題(법식 례)(제목 제)[예제]

權威(　　　)(　　　)〔　　　〕
　도▶① 절대적(絕對的)인 것으로서 남을 복종시키는 힘. 団家長의 權威. ② 남이 신뢰(信賴)할 만한 뛰어난 실력(實力). 団의학 분야의 權威者.

威力(　　　)(　　　)〔　　　〕
　도▶강대(強大)한 힘이나 권력(權力).

威嚴(　　　)(　　　)〔　　　〕
　도▶의젓하고 엄숙(嚴肅)함, 또는 그러한 느낌.

干連(　　　)(　　　)〔　　　〕
　도▶남의 범죄에 관련(關聯)됨. 연루(連累)됨.
　참▶關連(관련)▷어떤 사물과 다른 사물이 내용적으로 이어져 있음. 団체육대회에 關連된 행사.

干滿(　　　)(　　　)〔　　　〕
　도▶간조(干潮)와 만조(滿潮). 밀물과 썰물.
　団서해안은 干滿의 차(差)가 크다.

干證(　　　)(　　　)〔　　　〕
　도▶① 지난날, '범죄에 관련된 증인'을 뜻하던 말.
　② 기독교에서, 지은 죄를 고백(告白)하고 하나님에 대한 믿음을 증언(證言)하는 일.

築造(　　　)(　　　)〔　　　〕
　도▶제방(堤防)이나 담을 쌓아 만듦.

建築(　　　)(　　　)〔　　　〕
　도▶건물(建物)을 만드는 일, 또는 그 건물.

新築(　　　)(　　　)〔　　　〕
　도▶새로 축조(築造)하거나 건축(建築)함.
　団낡은 집을 헐고 한옥(韓屋)으로 新築하다.

敢行(　　　)(　　　)〔　　　〕
　도▶어려움을 무릅쓰고 과감(果敢)하게 실행(實行)함. 団강풍이 부는데도 빙벽 등반(登攀)을 敢行하였다.

果敢(　　　)(　　　)〔　　　〕
　도▶과단성(果斷性)이 있고 용감(勇敢)함.

勇敢(　　　)(　　　)〔　　　〕
　도▶씩씩하고 겁이 없으며 기운참. 団勇敢한 병사.

監督(　　　)(　　　)〔　　　〕
　도▶보살피고 지도(指導)·단속(團束)함.

提督(　　　)(　　　)〔　　　〕
　도▶해군의 장관(將官). 함대(艦隊)의 사령관.

總督(　　　)(　　　)〔　　　〕
　도▶(식민지·자치령 따위에서) 정치·군사 등 모든 통치권을 감독하고 관할하는 관직, 또는 그 사람.

● 혼동하기 쉬운 한자의 혼음
　참1 危(위태할 위)와 威(위엄 위)　　참2 制(절제할 제)와 製(지을　　제)
　참3 略(간략할 략)과 弱(약할 약)　　참4 難(어려울 난)과 亂(어지러울 란)

104

본문학습 65

◎ 아래 한자(漢字)의 뜻[訓]과 소리[音]를 자세히 익혀봅시다.

☆표는 4급Ⅱ 배정한자

勉 (力)	修 ☆(人)	退 ☆(辶)	層 (尸)	妹 (女)
힘쓸 면:	닦을 수	물러날 퇴:	층 층	누이 매

◎ 아래 설명을 읽고 빈칸에 보기 와 같이 쓰세요.　　보기 例題(법식 례)(제목 제)[예제]

勤勉(　　)(　　)〔　　〕
  도▶아주 부지런함. 부지런히 힘씀. 예문 성실과 勤勉으로 맡은 바 직분(職分)을 다하다.

勉學(　　)(　　)〔　　〕
  도▶학문(學問)에 힘씀. 예문 勉學의 열기로 가득 차다.

勸勉(　　)(　　)〔　　〕
  도▶무슨 일을 권하고 격려(激勵)하여 힘쓰게 함.

監修(　　)(　　)〔　　〕
  도▶책의 저술(著述)·편찬(編纂)을 지도(指導)·감독(監督)하는 일. 예문 저명한 학자의 監修.
  참 甘受(감수)▶책망(責望)이나 괴로움 따위를 달갑게 받아들임.

修交(　　)(　　)〔　　〕
  도▶나라와 나라 사이에 교제(交際)를 함. 예문 두 나라는 修交를 맺어 경제 협력을 강화하였다.

修道(　　)(　　)〔　　〕
  도▶도를 닦음.
  참 首都(수도)▶한 나라의 중앙 정부가 있는 도시.
  참 水道(수도)▶상수도(上水道)의 준말.

退場(　　)(　　)〔　　〕
  도▶① 무대 따위에서 물러남. ② 경기 도중 반칙 따위로 경기장에서 물러남. 반 입장(入場).

退治(　　)(　　)〔　　〕
  도▶물리쳐서 없애 버림. 예문 해충(害蟲)을 退治하다.

脫退(　　)(　　)〔　　〕
  도▶단체 따위에서 관계를 끊고 물러나옴. 예문 회원 脫退 의사(意思)를 밝히다.

地層(　　)(　　)〔　　〕
  도▶자갈·모래·진흙·생물체 따위가 물밑이나 지표(地表)에 퇴적(堆積)하여 이룬 층.

階層(　　)(　　)〔　　〕
  도▶사회를 형성(形成)하는 여러 층. 예문 階層 간의 위화감(違和感)을 조성하다.

深層(　　)(　　)〔　　〕
  도▶속의 깊은 층(層). 예문 深層 보도(報道) 프로그램.

令妹(　　)(　　)〔　　〕
  도▶남을 높이어 그의 '누이동생'을 일컫는 말. 매씨. 예문 그의 令妹는 주변의 칭찬이 자자하다.

義妹(　　)(　　)〔　　〕
  도▶의(義)로 맺은 누이동생.

妹夫(　　)(　　)〔　　〕
  도▶① 손윗누이의 남편. 자형(姉兄). ② 손아랫누이의 남편. 매제(妹弟).

○ 독음쓰기 - 하나 더
　참1 重修(중수)　참2 退色(퇴색)　참3 修學(수학)　참4 斷層(단층)
　참5 底層(저층)　참6 修習(수습)　참7 修理(수리)　참8 力勉(역면)
　참9 修好條約(수호조약)

105

66 한자능력검정 **4급(4II 포함)**

✿ 아래 한자(漢字)의 뜻[訓]과 소리[音]를 자세히 익혀봅시다.
　　　　　　　　　　　　　　　　　　　　　　　　　　　　　　　　✿표는 4급II 배정한자

程(禾)✩	準(水)✩	緣(糸)	講(言)✩	君(口)
한도 정	준할 준:	인연 연	욀 강:	임금 군

✿ 아래 설명을 읽고 빈칸에 [보기]와 같이 쓰세요.　　[보기] 例題(법식 례)(제목 제)[예제]

工程(　　)(　　)〔　　〕
- ▶계획적(計劃的)인 생산(生産)을 위하여 여러 가지로 나눈 가공(加工) 단계(段階). 예 공장에서는 모든 工程을 자동화하였다.
- 참 公正(공정) ▷ 공평하고 올바름. 예 公正한 報道.

過程(　　)(　　)〔　　〕
- ▶일이 되어 가는 경로(經路).
- 참 課程(과정) ▷ 과업(課業)의 정도(程度).
- 참 過政(과정) ▷ 과도 정부(過渡政府)를 이르는 말.

程度(　　)(　　)〔　　〕
- ▶① 알맞은 한도(限度). 예 程度를 넘는 호화생활. ② 사물의 높낮이·강약 따위를 어림으로 잴 때 쓰는 말. 예 걸어서 10분 程度 거리.
- 참 正道(정도) ▷ 올바른 길. 바른 도리. 반 사도(邪道).
- 참 精度(정도) ▷ 정밀도(精密度)의 준말.

準據(　　)(　　)〔　　〕
- ▶어떤 일을 기준(基準)이나 근거(根據)로 하여 거기에 따름. 예 사실에 準據하다.

標準(　　)(　　)〔　　〕
- ▶사물의 정도를 정하는 기준이나 목표. 준칙(準則). 예 학생들의 성장 標準 수치를 조정하다.

基準(　　)(　　)〔　　〕
- ▶기본이 되는 표준. 예 새로운 基準을 정하다.

緣故(　　)(　　)〔　　〕
- ▶① 까닭. 이유. 예 무슨 緣故로 이렇게? ② 혈연이나 인척관계의 사람. 예 아무런 緣故도 없다.

血緣(　　)(　　)〔　　〕
- ▶같은 핏줄로 이어진 인연(因緣).

因緣(　　)(　　)〔　　〕
- ▶① 사람들 사이에 서로 맺어지는 관계. ② 연분(緣分). 예 아름다운 因緣을 맺다.

講壇(　　)(　　)〔　　〕
- ▶강의(講義)·연설(演說) 따위를 할 때 올라서도록 약간 높게 만든 자리.

講習(　　)(　　)〔　　〕
- ▶일정 기간 배우거나 지도(指導)를 하는 일.

講演(　　)(　　)〔　　〕
- ▶일정한 주제로 많은 청중 앞에서 연설을 함. 예 대학 진학에 대한 講演을 듣다.

聖君(　　)(　　)〔　　〕
- ▶덕(德)으로 나라를 다스린, 어진 임금.

夫君(　　)(　　)〔　　〕
- ▶상대편을 높이어 그의 '남편'을 일컫는 말.

 도움글

○ 혼동하기 쉬운 한자　　참1 緣(인연 연)과 綠(푸를 록)　　참2 因(인할 인)과 困(곤할 곤)
　　　　　　　　　　　　참3 壇(단 단)과 檀(박달나무 단)　　참4 準(준할 준)과 集(모을 집)

106

본문학습

 해답 ☞ 부록 26쪽

1. 다음 한자어의 독음을 쓰세요.

視差 〔 〕	干與 〔 〕
도 ▶같은 물체를 서로 다른 두 지점에서 보았을 때의 방향의 차. 참 時差(시차) ▷ 세계 각 표준시 상호간의 차.	도 ▶간예(干預). 관계하여 참견(參見)함. 準備 〔 〕 도 ▶필요(必要)한 것을 미리 마련하여 갖춤.

2. 다음 한자어의 독음을 쓰세요.

紀行文 〔 〕	占星術 〔 〕
도 ▶여행(旅行) 중의 견문(見聞)이나 체험(體驗)·감상(鑑賞) 따위를 적은 글. 기행(紀行).	도 ▶별의 모양이나 밝기 등을 보아 안위(安危)와 길흉(吉凶) 따위를 점치는 술법.
均如傳 〔 〕	針葉樹 〔 〕
도 ▶고려 때 혁련정(赫連挺)이 엮은 전기(傳記). [고려의 고승 균여가 향가체로 지은 보현십원가 11수가 들어 있음] 참 ☞ 도움글	도 ▶잎이 침엽(針葉)으로 된 겉씨식물. [상록 교목으로 구과(毬果) 열매를 맺으며, 재목(材木)은 건축재(建築材)나 토목재(土木材)로 씀]
無窮花 〔 〕	專有物 〔 〕
도 ▶무궁화나무의 꽃. 우리나라의 국화(國花).	도 ▶독차지한 물건. 반 共有物(공유물).
四君子 〔 〕	奬學金 〔 〕
도 ▶'품성(品性)이 군자와 같이 고결(高潔)하다'는 뜻으로, '매화·난초·국화·대나무'의 넷을 이르는 말.	도 ▶학비(學費) 보조금(補助金), 또는 학술(學術) 연구(研究)를 원조(援助)하기 위하여 내주는 돈.

3. 다음 한자성어의 독음을 쓰세요.

救國干城 〔 〕	緣木求魚 〔 〕
도 ▶나라를 구하는 방패와 성.	도 ▶'나무에 올라가 물고기를 구한다'는 뜻으로, '불가능한 일을 굳이 하려 함'을 비유하는 말.
姉妹結緣 〔 〕	經世濟民 〔 〕
도 ▶서로 다른 지역이나 단체가 친선이나 상호 교류를 목적으로 밀접한 관계를 맺는 일.	도 ▶세상을 다스리고 백성을 구제(救濟)함.

 도 움 글

○ 향가(鄕歌) : 신라 중엽부터 고려 초엽에 걸쳐 민간에 널리 퍼졌던 우리 고유의 시가(詩歌)로,「삼국유사(三國遺事)」에 14수,「균여전(均如傳)」에 11수, 모두 25수가 향찰(鄕札)로 기록되어 전해 내려온다.

107

 해답 ☞ 부록 26쪽

1. 다음 한자어의 독음을 쓰세요.

保險( )	模範( )	監督( )	演劇( )	散步( )
參拜( )	毒殺( )	毛髮( )	厚德( )	差異( )
檢問( )	充滿( )	辭職( )	閑暇( )	迎接( )
法律( )	國益( )	舌戰( )	眼鏡( )	念慮( )
負擔( )	價格( )	批判( )	卓球( )	脫穀( )

2. 다음 한자의 뜻과 소리를 쓰세요.

| 講( ) | 均( ) | 經( ) | 威( ) | 勉( ) |
| 檀( ) | 針( ) | 奬( ) | 敢( ) | 緣( ) |

3. 다음 글의 밑줄 친 단어 중 낱말은 한자로, 한자어는 독음으로 고쳐 쓰세요.

'세 살 적 버릇이 여든까지 간다'는 말이 있듯이, 어렸을 때 몸에 밴 습관은 좀처럼 고쳐지지가 않는다. 따라서 하나의 행동[1]이나 습관이 완전[2]히 자리 잡기 전에 늘 자기 스스로를 반성[3]해 보는 생활[4] 態度[5]를 가져야 하며, 父母님이나 先生님 또는 周圍[6]의 어른이나 친구[7]들로부터 가르침이나 忠告[8]를 받아야 한다. 또 책을 읽는다든지 修養[9]을 쌓아 훌륭한 분들의 언행[10]을 거울로 삼아 자신의 잘못된 습관을 바로잡아 나가야 한다.

| (1) | (2) | (3) | (4) | (5) |
| (6) | (7) | (8) | (9) | (10) |

- **틀리기 쉬운 한자어의 독음** 예1 規律 ▷ 규율(○), 규률(×) 예2 先烈 ▷ 선열(○), 선렬(×)
 ※한자음 「렬」과 「률」은 '모음'이나 'ㄴ' 받침 뒤에서 「렬」은 「열」로, 「률」은 「율」로 적는다.

본문학습 67

◎ 아래 한자漢字의 뜻[訓]과 소리[音]를 자세히 익혀봅시다.

☆표는 4급Ⅱ 배정한자

盛☆(皿)	總☆(糸)	評(言)	推(手)	勤(力)☆
성할 성	다 총	평할 평	밀 추	부지런할 근

◎ 아래 설명을 읽고 빈칸에 보기 와 같이 쓰세요.   보기 例題(법식 례)(제목 제)[예제]

豊盛(   )(   )〔   〕
 도▶넉넉하고 많음. 예 오곡(五穀)이 豊盛하게 익다.

盛大(   )(   )〔   〕
 도▶아주 성하고 큼. 썩 크고 장함.
 참 聲帶(성대) ▷ 후두(喉頭)에 있는 소리를 내는 기관.

盛況(   )(   )〔   〕
 도▶모임이나 행사 따위가 성대하고 활기에 찬 모양. 예 공연(公演)이 盛況을 이루다.

總體(   )(   )〔   〕
 도▶어떤 사물의 모든 것. 전체(全體).

總點(   )(   )〔   〕
 도▶전체의 점수(點數).

總務(   )(   )〔   〕
 도▶어떤 기관이나 단체에서 전체적이며 일반적인 사무를 맡은 사람.

評論(   )(   )〔   〕
 도▶삶의 질(質)이나 가치(價値) 따위를 비평(批評)하여 논함. 또는 그러한 글. 예 문학 評論.
 참 論評(논평) ▷ 어떤 사건이나 작품 등의 내용에 대하여 논하면서 비평함. 예 정책에 대한 論評.

評判(   )(   )〔   〕
 도▶① 세상 사람이 비평(批評)함. 예 評判이 나쁘다.
  ② 널리 퍼진 명성(名聲). 예 評判이 높다.

評價(   )(   )〔   〕
 도▶① 물건의 값을 정함. ② 선악(善惡) 따위를 평론하여 그 가치(價値)를 정함.

推測(   )(   )〔   〕
 도▶미루어 헤아림. 예 그의 推測이 맞았다.

推移(   )(   )〔   〕
 도▶시간이 흐름에 따라, 사물의 상태가 변하여 가는 일. 이행(移行). 예 사태의 推移를 지켜보다.

推進(   )(   )〔   〕
 도▶① 앞으로 밀고 감. ② 일이 잘되도록 힘씀.

缺勤(   )(   )〔   〕
 도▶근무(勤務)해야 할 날에 나오지 않고 빠짐.

退勤(   )(   )〔   〕
 도▶직장에서 근무 시간을 마치고 나옴. 凹 出勤.

勤勞(   )(   )〔   〕
 도▶힘이 드는 일을 함. 힘써 부지런히 일함.

 도움글

○「推」자는 쓰임에 따라 訓音이 달라지므로 주의!
  예1 推論(추론) 예2 推算(추산) 예3 推敲(퇴고) 예4 類推(유추)
○ 推敲(퇴고) : 시문(詩文)을 지을 때, 글귀를 여러 번 생각하여 고침. ※「推」자의 발음에 주의!

68 한자능력검정 4급(4Ⅱ 포함)

❄ 아래 한자(漢字)의 뜻[訓]과 소리[音]를 자세히 익혀봅시다.

☆표는 4급Ⅱ 배정한자

爲 ☆ (爪)	端 ☆ (立)	慰 (心)	廳 (广)	暗 ☆ (日)
하 위 ▷	끝 단	위로할 위	관청 청	어두울 암 :

❄ 아래 설명을 읽고 빈칸에 보기 와 같이 쓰세요. 보기 例題(법식 례)(제목 제)[예제]

爲主( )( )〔 〕
  도 ▶(무엇을) 주된 것으로 삼음. 용 암기 爲主의 학습.

當爲( )( )〔 〕
  도 ▶마땅히 있어야 하는 것. 반드시 해야 할 일이라고 요구(要求)되는 것.

營爲( )( )〔 〕
  도 ▶일을 함. 무슨 일을 해 나감. 용 수준 높은 문화생활을 營爲하다.

端正( )( )〔 〕
  도 ▶모습이나 몸가짐이 얌전하고 깔끔함. 단정(端整). 용 그는 거동은 端正하고 위엄이 있었다.
  참 斷定(단정) ▷분명한 태도로 결정함. 용 그의 실수라고 斷定하다.

發端( )( )〔 〕
  도 ▶어떤 일이 벌어지는 실마리. 용 사건의 發端.

末端( )( )〔 〕
  도 ▶①물건의 맨 끄트머리. 말미(末尾). ②조직 따위의 아래나 끝부분. 용 조직의 末端.

慰勞( )( )〔 〕
  도 ▶괴로움을 어루만져 잊게 함. 용 수험 준비로 밤잠도 못 자는 아들을 慰勞하다.

慰問( )( )〔 〕
  도 ▶불행(不幸)한 사람이나 수고하는 사람들을 방문(訪問)하고 위로(慰勞)함. 용 慰問 편지.

慰安( )( )〔 〕
  도 ▶위로(慰勞)하여 안심(安心)시킴.

廳舍( )( )〔 〕
  도 ▶'관청(官廳)의 건물'을 두루 이르는 말.

官廳( )( )〔 〕
  도 ▶국가의 사무를 맡아보는 국가 기관, 또는 그 건물.

區廳( )( )〔 〕
  도 ▶구(區)의 행정 사무를 맡아보는 관청.

明暗( )( )〔 〕
  도 ▶①밝음과 어두움. ②'기쁨과 슬픔', '행복과 불행'을 비유하여 이르는 말. 용 그는 明暗이 교차(交叉)하는 인생(人生)을 겪고 있다.

暗黑( )( )〔 〕
  도 ▶주위 일대가 어둡고 캄캄함. 용 주위가 暗黑으로 변하다.

暗殺( )( )〔 〕
  도 ▶사람을 몰래 죽임. 용 요인(要人)을 暗殺하다.

 도움글

○ 혼동하기 쉬운 한자! 참1 當(마땅 당)과 富(부자 부) 참2 末(끝 말)과 未(아닐 미)
  참3 官(벼슬 관)과 宮(집 궁) 참4 廳(관청 청)과 聽(들을 청)

110

본문학습 69

아래 한자漢字의 뜻[訓]과 소리[音]를 자세히 익혀봅시다.

☆표는 4급Ⅱ 배정한자

顯(頁)	造☆(辶)	導☆(寸)	宮☆(宀)	傾(人)
나타날 현ː	지을 조ː	인도할 도ː	집 궁	기울 경

아래 설명을 읽고 빈칸에 보기 와 같이 쓰세요.   보기 例題(법식 례)(제목 제)[예제]

顯達( )( )〔 〕
- 뜻▶벼슬이나 덕망(德望)이 높아서 이름을 세상(世上)에 드날림. 입신출세(立身出世)함.

顯考( )( )〔 〕
- 뜻▶신주(神主)나 축문(祝文)에서 '돌아가신 아버지'를 이르는 말.

榮顯( )( )〔 〕
- 뜻▶지위(地位)와 명망(名望)이 높음.
- 참英賢(영현)▶뛰어나고 총명함, 또는 그런 사람.

造成( )( )〔 〕
- 뜻▶①사람이 이용할 수 있도록 만듦. ②분위기 따위를 만들어 냄. 예분위기를 造成하다.

構造( )( )〔 〕
- 뜻▶어떤 물건이나 조직체(組織體) 따위의, 전체를 이루고 있는 부분들의 관계나 그 체계.
- 참救助(구조)▶위험한 상태에 있는 사람을 도와서 구원함. 예인명(人命)을 救助하다.

製造( )( )〔 〕
- 뜻▶①지음. ②원료를 가공하여 제품을 만듦.

導入( )( )〔 〕
- 뜻▶기술, 방법, 물자 따위를 끌어 들임.
- 예새로운 이론을 導入하다.

主導( )( )〔 〕
- 뜻▶주장(主張)이 되어 이끌거나 지도(指導)함.
- 예개혁을 主導하다.

傳導( )( )〔 〕
- 뜻▶열이나 전기가 물질의 한 부분으로부터 점차 다른 곳으로 옮김. 또는 그 현상.
- 참傳道(전도)▶기독교의 교리(敎理)를 세상에 널리 펴서 신앙(信仰)을 가지게 하는 일.

宮庭( )( )〔 〕
- 뜻▶대궐 안의 마당.

宮室( )( )〔 〕
- 뜻▶①궁전(宮殿). ②집. 가옥(家屋).

宮合( )( )〔 〕
- 뜻▶혼인할 남녀의 사주(四柱)를 오행(五行)에 맞추어 보아 배우자로서의 길흉(吉凶)을 헤아리는 점.

傾向( )( )〔 〕
- 뜻▶마음이나 형세 따위가 어떤 방향으로 기울어 쏠림. 예인구가 감소(減少)하는 傾向이 있다.

傾聽( )( )〔 〕
- 뜻▶귀를 기울여 주의해 들음. 예연설을 傾聽하다.
- 참敬聽(경청)▶공경하는 마음으로 들음.

 도움글

○ 동음이의어(同音異義語) : 소리는 같으나 뜻이 다른 한자어를 말함.
참1 傾向(경향) ≠ 京鄕(경향)   참2 指導(지도) ≠ 地圖(지도)   참3 主張(주장) ≠ 主將(주장)

111

70 한자능력검정 4급(4II 포함)

아래 한자漢字의 뜻[訓]과 소리[音]를 자세히 익혀봅시다.

☆표는 4급II 배정한자

訪☆(言)	餘☆(食)	稅☆(禾)	散(攵)	穀(禾)
찾을 방:	남을 여	세금 세:	흩을 산:	곡식 곡

아래 설명을 읽고 빈칸에 보기 와 같이 쓰세요.   보기 例題(법식 례)(제목 제)[예제]

探訪(　　　)(　　　)〔　　　〕
 도▶진상(眞相)을 알아보거나 자료를 얻기 위하여 탐문(探問)하여 찾아봄.

來訪(　　　)(　　　)〔　　　〕
 도▶남이 찾아옴. 例손님이 來訪하다. 回往訪(왕방).

訪問(　　　)(　　　)〔　　　〕
 도▶남을 찾아봄. 例학생들의 가정을 訪問하다.
 참房門(방문)▷방으로 드나드는 문.

餘暇(　　　)(　　　)〔　　　〕
 도▶겨를. 틈. 例餘暇를 이용하다.

餘白(　　　)(　　　)〔　　　〕
 도▶글씨나 그림이 있는 지면에서, 아무것도 없이 비어 있는 부분. 공백(空白).

餘念(　　　)(　　　)〔　　　〕
 도▶다른 생각. 例시험공부에 餘念이 없다.

脫稅(　　　)(　　　)〔　　　〕
 도▶납세(納稅) 의무자(義務者)가 부정한 방법으로 납세액을 납세하지 않는 일.

稅務(　　　)(　　　)〔　　　〕
 도▶세금을 매기고, 거두어들이는 행정 사무.

稅關(　　　)(　　　)〔　　　〕
 도▶수출입품(輸出入品)에 세금을 물리고 선박이나 화물의 단속 따위를 맡고 있는 관청.

散在(　　　)(　　　)〔　　　〕
 도▶이곳저곳에 흩어져 있음. 例크고 작은 문제들이 散在해 있다.
 참産災(산재)▷「산업재해(産業災害)」의 준말.

解散(　　　)(　　　)〔　　　〕
 도▶모인 사람이 헤어지거나 단체 따위가 조직을 풀어서 없어짐.
 참解産(해산)▷아이를 낳음. 분만(分娩).

散步(　　　)(　　　)〔　　　〕
 도▶산책(散策). (한가한 마음으로) 이리저리 거닒. 例공원으로 散步 가자!

五穀(　　　)(　　　)〔　　　〕
 도▶다섯 가지 주요 곡식(穀食). [쌀, 보리, 조, 콩, 기장] 例五穀이 무르익는 가을.

脫穀(　　　)(　　　)〔　　　〕
 도▶곡식의 낟알을 이삭에서 털어 냄. 例들판에는 脫穀을 마친 볏짚이 쌓여 있다.

米穀(　　　)(　　　)〔　　　〕
 도▶① 쌀. ② 쌀과 갖가지 곡식(穀食).

   도움글

○ 혼동하기 쉬운 한자의 훈음   참1 稅(세금 세)와 說(말씀 설)   참2 米(쌀 미)와 光(빛 광)
   참3 暇(틈 가)와 假(거짓 가)   참4 在(있을 재)와 存(있을 존)

112

본문학습 71

◎ 아래 한자漢字의 뜻[訓]과 소리[音]를 자세히 익혀봅시다.

☆표는 4급Ⅱ 배정한자

務 ☆ (力)	砲 ☆ (石)	傑 (人)	象 (豕)	賊 (貝)
힘쓸 무:	대포 포:	뛰어날 걸	코끼리 상	도둑 적

◎ 아래 설명을 읽고 빈칸에 보기 와 같이 쓰세요.   보기 例題(법식 례)(제목 제)[예제]

勤務( )( )〔 〕
 도▶직무에 종사함.

專務( )( )〔 〕
 도▶전문적으로 맡아보는 사무, 또는 그 사람.

休務( )( )〔 〕
 도▶직무를 보지 아니하고 하루 또는 한동안 쉼.

發砲( )( )〔 〕
 도▶총포(銃砲)를 쏨. 圓發砲를 명령하다.

砲聲( )( )〔 〕
 도▶대포를 쏠 때 나는 소리. 圓砲聲이 울리다.

砲手( )( )〔 〕
 도▶총으로 짐승을 잡는 사람. 圓砲手가 사냥을…
 참捕手(포수) ▷ 야구에서, 본루(本壘)를 지키며 투수가 던지는 공을 받는 선수. 圓투수(投手).

傑出( )( )〔 〕
 도▶남보다 훨씬 우뚝하게 뛰어남.

英傑( )( )〔 〕
 도▶큰일을 이룰 수 있을 만큼 용기와 재지(才智)가 뛰어남, 또는 그런 큰 인물. 圓보기 드문 英傑.

傑作( )( )〔 〕
 도▶①매우 뛰어난 작품. ②'익살스럽고도 시원스런 말이나 행동을 하는 사람'을 비꼬는 투로 이르는 말. 圓노는 꼴이 참으로 傑作이군!

具象( )( )〔 〕
 도▶사물이 실제로 뚜렷한 모양이나 형태를 갖추고 있는 일. 구체(具體). 圓추상(抽象).

對象( )( )〔 〕
 도▶어떤 일의 상대, 또는 정신 활동의 목표가 되는 것. 圓연구 對象. 圓관심의 對象.

象形( )( )〔 〕
 도▶①어떤 물건의 형상을 본뜸. ②상형문자.

賊首( )( )〔 〕
 도▶도둑의 머리. 적괴(賊魁).
 참敵手(적수) ▷ 재주나 힘이 서로 비슷해서 상대가 되는 사람. 대수(對手). 圓敵手가 없다니!

賊子( )( )〔 〕
 도▶불충(不忠)하거나 불효한 자식. 圓亂臣賊子.
 참適者(적자) ▷ ①적당한 사람. ②적응한 사람.

逆賊( )( )〔 〕
 도▶임금에게 반역(叛逆)한 사람.

 도움글

○ 틀리기 쉬운 한자의 부수
 참1 象(코끼리 상 : 豕부) 참2 務(힘쓸 무 : 力부) 참3 穀(곡식 곡 : 禾부) 참4 盛(성할 성 : 皿부)
 참5 爲(하 위 : 爪부) 참6 香(향기 향 : 香부) 참7 武(호반 무 : 止부) 참8 季(계절 계 : 子부)

113

72 한자능력검정 4급(4II 포함)

아래 한자漢字의 뜻[訓]과 소리[音]를 자세히 익혀봅시다.

☆표는 4급II 배정한자

如 ☆ (女)	混 (水)	揮 (手)	限 ☆ (阜)	單 ☆ (口)
같을 여	섞을 혼:	휘두를 휘	한할 한:	홑 단

아래 설명을 읽고 빈칸에 보기 와 같이 쓰세요.

보기 例題(법식 례)(제목 제)[예제]

如前( )( )〔 〕
　도▶전과 다름이 없음. 예▶그 버릇이 如前하다.

如干( )( )〔 〕
　도▶보통의 것. 어지간한 것. 보통으로. 예▶몸집이 如干해야지! 예▶성미가 如干이라야지.

缺如( )( )〔 〕
　도▶마땅히 있어야 할 것이 모자라거나 빠져서 없음. [주로, 추상적인 말에 쓰임] 예▶상위권 밖으로 밀려난 것은 정신력의 缺如이다.

混同( )( )〔 〕
　도▶뒤섞어 보거나 잘못 판단(判斷)함. 예▶공(公)과 사(私)를 混同하다.

混用( )( )〔 〕
　도▶섞어서 씀. 예▶국한문(國漢文)을 混用해야 한다. 예▶외래어와 외국어의 混用이 심각하다.

混合( )( )〔 〕
　도▶① 뒤섞어서 한데 합함. 예▶混合 장르. ② 두 가지 이상의 물질이 화학적인 결합을 하지 않고 섞이는 일. 예▶混合 물질.

指揮( )( )〔 〕
　도▶전체 행동의 통일(統一)을 위하여 명령하여 사람들을 움직임. 예▶대장의 指揮를 따르다.

發揮( )( )〔 〕
　도▶재능이나 힘 따위를 떨치어 나타냄.

揮筆( )( )〔 〕
　도▶붓을 휘둘러 글씨를 쓰거나 그림을 그림. 휘호(揮毫). 휘쇄(揮灑). 예▶신춘(新春) 揮筆.

限度( )( )〔 〕
　도▶일정(一定)하게 정한 정도. 예▶투자 限度.

限界( )( )〔 〕
　도▶사물의 정하여진 범위(範圍). 예▶그들은 限界점에 도달한 듯 더 이상 나아가지 못했다.

無限( )( )〔 〕
　도▶한(限)이 없음. 끝이 없음. 맨▶유한(有限).

名單( )( )〔 〕
　도▶어떤 일에 관련된 사람들의 이름을 적은 표. 참▶明斷(명단) ▷명확히 판단을 내림. 또는 그 판단. 명결(明決). 예▶明斷을 내리다.

單語( )( )〔 〕
　도▶문법상의 일정한 뜻과 구실을 가지는 말의 최소 단위.

單獨( )( )〔 〕
　도▶혼자. 단 하나. 예▶내가 單獨으로 처리하겠다.

 도움글

○ **반대자·상대자**(反對字·相對字) : 두 개의 글자가 서로 반대, 또는 상대되는 뜻을 가진 낱말을 말함.
예1 單(홑 단) ⇔ 複(겹칠 복) 예2 與(더불 여) ⇔ 野(들 야) 예3 明(밝을 명) ⇔ 暗(어두울 암)

본문학습

   해답 ☞ 부록 28쪽

1. 다음 한자어의 독음을 쓰세요.

訪韓 [   ]
- 도▶ 한국(韓國)을 방문(訪問)함. 用 訪韓 일정.
- 참 防寒(방한) ▶ 추위를 막음. 用 防寒服.

制限 [   ]
- 도▶ 한계(限界)나 범위(範圍)를 정함. 用 연령 制限. 用 속도에 制限을 두어야 사고를 방지(防止)한다.

端裝 [   ]
- 도▶ 단정(端正)하게 차림.
- 참 團長(단장) ▶ (일정한 조직체를 이룬) 단체(團體)의 우두머리. 用 대표단 團長.

總選 [   ]
- 도▶ 국회의원 전부를 한꺼번에 선출하는 선거. 총선거(總選擧). 用 總選을 실시하다.

2. 다음 한자어의 독음을 쓰세요.

品評會 [   ]
- 도▶ 물건이나 작품, 또는 제품을 모아 그 품질의 좋고 나쁨을 평가하는 모임.

急先務 [   ]
- 도▶ 가장 먼저 서둘러 해야 할 일. 用 우리에게는 민주화(民主化)가 急先務다.

端午節 [   ]
- 도▶ 단오(음력 5월 5일)를 명절(名節)로 이르는 말. [이 날은 단오떡을 해먹고 여자는 창포물에 머리를 감고 그네를 뛰며 남자는 씨름을 한다.]

爲政者 [   ]
- 도▶ 정치(政治)를 하는 사람. 用 백성을 지도하는 爲政者 자신들이 먼저 모범을 보여야 한다.

海賊船 [   ]
- 도▶ 해적(海賊)이 타고 다니는 배.

導火線 [   ]
- 도▶ ① 폭약이 터지도록 불을 댕기는 심지. ② 사건을 일으키게 하는 원인(原因)이나 계기. 用 하찮게 벌인 일이 導火線이 되어 큰 싸움으로 번졌다.

3. 다음 한자성어의 독음을 쓰세요.

興盡悲來 [   ]
- 도▶ '즐거운 일이 다하면 슬픔이 온다'는 뜻으로, '흥망과 성쇠가 엇바뀜'을 일컫는 말.

賊出關門 [   ]
- 도▶ '도둑이 나간 뒤에 문을 잠근다'는 뜻으로, '소 잃고 외양간 고치기'라는 말과 같은 의미.

餘無可論 [   ]
- 도▶ 대강(大綱)이 이미 결정(決定)되어 나머지는 의논(議論)의 여지(餘地)가 없음.

亂臣賊子 [   ]
- 도▶ '임금을 죽이는 신하와 어버이를 해하는 자식'이라는 뜻으로, '극악무도한 자'를 이르는 말.

○ 틀리기 쉬운 약자略字

약1 廣(넓을 광) = 広   약2 觀(볼 관) = 観   약3 擔(멜 담) = 担
약4 燈(등 등) = 灯   약5 禮(예도 례) = 礼   약6 龍(용 룡) = 竜

한자능력검정 **4**급(4Ⅱ 포함)

해답 ☞ 부록 28쪽

1. 다음 한자어의 독음을 쓰세요.

盜賊(	)	印象(	)	威力(	)	施設(	)	指標(	)
變更(	)	假裝(	)	打破(	)	感激(	)	模寫(	)
複雜(	)	巨富(	)	減資(	)	差異(	)	過速(	)
歌謠(	)	旅行(	)	準備(	)	織物(	)	糧穀(	)
背景(	)	留置(	)	遺族(	)	受領(	)	護衛(	)

2. 다음 글의 밑줄 친 단어 중 낱말은 한자로, 한자어는 독음으로 고쳐 쓰세요.

인류(1)의 역사(2)에 공헌한 수많은 위인(3)들이나 선각자(4)들은 모두가 어려운 條件(5)에서도 실천의 굳은 의지(6)가 있었던 분들입니다. 우리의 글자를 꼭 만들어야겠다고 생각하고 果敢(7)히 실천하신 世宗大王의 勇斷(8)이 없었다면 한글은 創製(9)되지 않았을 것입니다. 또한 우리 民族이 資源(10)과 資本이 없음을 恨歎(11)하며 가난을 우리의 숙명(12)으로만 여기고 經濟(13) 建設(14)의 굳센 의지와 실천이 없었다면 오늘의 이 발전이 이룩될 수 없었을 것은 너무나 뻔한 사실 아닙니까? 21世紀(15)는 과학(16)이 高度로 發達(17)하고 各種 情報(18)가 신속히 入手 處理되는 時代이므로, 創意力(19)을 發揮(20)하여 새로운 것을 남보다 앞서 개발(21)하고 급속도(22)로 變化하는 社會에 능동적(23)으로 對處(24)하는 실천력이 더욱 必要합니다.

(1)	(2)	(3)	(4)	(5)	(6)
(7)	(8)	(9)	(10)	(11)	(12)
(13)	(14)	(15)	(16)	(17)	(18)
(19)	(20)	(21)	(22)	(23)	(24)

○ 동음이의어(同音異義語)
ㄱ 受領(수령) : 돈이나 물품을 받음. 영수(領收). ㉡ 대금은 물건 受領 후에 지불하면 된다.
ㄱ 首領(수령) : 한 당파나 무리의 우두머리. 두령(頭領). ㉡ 동학군의 首領 전봉준

본문학습 73

◎ 아래 한자漢字의 뜻[訓]과 소리[音]를 자세히 익혀봅시다.   ☆표는 4급Ⅱ 배정한자

監☆(皿)	暖☆(日)	城☆(土)	障☆(阜)	研☆(石)
볼 감	따뜻할 난:	재 성	막을 장	갈 연:

◎ 아래 설명을 읽고 빈칸에 보기 와 같이 쓰세요.   보기 例題(법식 례)(제목 제)[예제]

校監(　　)(　　)〔　　〕
- 도 ▶ 학교장(學校長)을 보좌(輔佐)하여 교무(教務)를 감독(監督)하는 직책(職責).
- 참 交感(교감) ▷ 서로 접촉(接觸)되어 감응(感應)함.

監視(　　)(　　)〔　　〕
- 도 ▶ 경계하며 지켜 봄. 참 監視가 매우 심하다.

監査(　　)(　　)〔　　〕
- 도 ▶ 감독하고 검사함. 참 국정 감사(國政監査).
- 참 監事(감사) ▷ 단체의 서무(庶務)를 맡아보는 직책.

暖帶(　　)(　　)〔　　〕
- 도 ▶ 온대(溫帶) 지방 가운데서 열대(熱帶)에 가까운, 비교적 온난(溫暖)한 지대(地帶).

寒暖(　　)(　　)〔　　〕
- 도 ▶ '추움과 따뜻함'을 아울러 이르는 말.

暖流(　　)(　　)〔　　〕
- 도 ▶ 열대, 또는 아열대에서 고위도 지방을 향하여 흐르는 따뜻한 해류(海流). 참 한류(寒流).

都城(　　)(　　)〔　　〕
- 도 ▶ ① 서울. ② 도읍 둘레에 둘린 성곽(城郭).
- 참 都城을 옮기다. 都城이 함락되다.

京城(　　)(　　)〔　　〕
- 도 ▶ 도읍(都邑)의 성. 서울.

障壁(　　)(　　)〔　　〕
- 도 ▶ ① 가리어 막은 벽. 참 障壁을 쌓다. ② 의사소통이나 교류 등에 '방해(妨害)가 되는 사물'을 비유. 참 외교에 障壁이 되는 요소를 없애다.

罪障(　　)(　　)〔　　〕
- 도 ▶ 불교에서, 죄업(罪業)으로 말미암아 불과(佛果)를 얻는 데 생기는 장애를 이르는 말.

故障(　　)(　　)〔　　〕
- 도 ▶ 기계나 설비 따위의 기능에 이상이 생기는 일. 참 자전거가 故障나다.

研修(　　)(　　)〔　　〕
- 도 ▶ 그 분야에 필요한 지식이나 기능을 몸에 익히기 위하여 특별한 공부를 하는 일.

研學(　　)(　　)〔　　〕
- 도 ▶ 학문(學問)을 닦음.

研究(　　)(　　)〔　　〕
- 도 ▶ 어떤 이치나 사리(事理)를 밝혀 냄.
- 참 20년에 걸친 研究 결과였다.

 도움글

○ **틀리기 쉬운 한자의 독음**(讀音) : 접두사처럼 쓰이는 한자가 붙어서 된 말이나 합성어에서, 뒷말의 첫소리가 'ㄴ'으로 소리가 나더라도 두음 법칙에 따라 적는다.
참1 空念佛(공염불)   참2 男尊女卑(남존여비)

117

74 한자능력검정 4급(4Ⅱ 포함)

아래 한자漢字의 뜻[訓]과 소리[音]를 자세히 익혀봅시다.

☆표는 4급Ⅱ 배정한자

羊☆(羊)	舍☆(舌)	惠☆(心)	甘(甘)	甲(田)
양 양	집 사	은혜 혜:	달 감	갑옷 갑

아래 설명을 읽고 빈칸에 보기 와 같이 쓰세요.

보기 例題(법식 례)(제목 제)[예제]

牧羊( )( )〔 〕
- 도▶양을 치거나 놓아기름.
- 참 牧養(목양) ▷ 목축(牧畜). 소·말·양 따위의 가축을 길러 번식시키는 일.

羊毛( )( )〔 〕
- 도▶양의 털.
- 참 養母(양모) ▷ 양어머니. 양가(養家)의 어머니.
- 반 생모(生母).

舍監( )( )〔 〕
- 도▶기숙사(寄宿舍)에서 기숙생(寄宿生)들의 생활을 감독(監督)하는 사람.

舍弟( )( )〔 〕
- 도▶① 남에게 '자기의 아우'를 겸손하게 일컫는 말. 가제(家弟). ②(편지 등에서) 아우가 형에게 '자기'를 가리키는 말. 반 사형(舍兄).
- 참 師弟(사제) ▷ 스승과 제자.
- 참 私製(사제) ▷ 개인이 만듦, 또는 만든 그 물건.

恩惠( )( )〔 〕
- 도▶자연이나 남에게서 받는 고마운 혜택.
- 예 恩惠를 받거든 반드시 갚아야 한다.

施惠( )( )〔 〕
- 도▶은혜(恩惠)를 베풂.

惠化( )( )〔 〕
- 도▶은혜를 베풀어 남을 교화(敎化)함.

甘草( )( )〔 〕
- 도▶약재. '감초가 모든 약첩에 들어간다'는 데서 생긴 말로, '어떤 일에나 빠지지 않고 한몫 끼는 사람'을 비유하여 이르는 말.

甘酒( )( )〔 〕
- 도▶①단술. ②맛이 좋은 술.

甘受( )( )〔 〕
- 도▶(질책·고통·모욕 따위를) 군말 없이 달게 받음.
- 예 부담을 甘受하다.
- 참 減收(감수) ▷ 수입(收入)이나 수확(收穫)이 줆.
- 반 증수(增收). 예 농작물의 減收가 우려된다.

甲富( )( )〔 〕
- 도▶첫째가는 큰 부자. 예 그는 한양의 甲富이다.

回甲( )( )〔 〕
- 도▶환갑(還甲). 사람의 '예순한 살'을 이르는 말.

鐵甲( )( )〔 〕
- 도▶① 쇠로 둘러씌운 것. ② 쇠로 만든 갑옷.
- 예 鐵甲을 두르고 전쟁터에 나갔다.

○ 혼동하기 쉬운 한자
- 참1 甲(갑옷 갑)과 申(납 신)
- 참2 官(벼슬 관)과 宮(집 궁)
- 참3 恩(은혜 은)과 思(생각 사)
- 참4 富(부자 부)와 當(마땅 당)

본문학습 75

❈ 아래 한자漢字의 뜻[訓]과 소리[音]를 자세히 익혀봅시다.

☆표는 4급Ⅱ 배정한자

印☆(卩)	延(廴)	個☆(人)	寢(宀)	視☆(見)
도장 인	늘일 연	낱 개ː	잘 침ː	볼 시ː

❈ 아래 설명을 읽고 빈칸에 보기 와 같이 쓰세요. 보기 例題(법식 례)(제목 제)[예제]

印象( )( )〔 〕
  도▶①외래의 사물이 마음에 주는 감각. ②마음에 깊이 새겨져 잊혀지지 않는 자취.
  참 引上(인상) ▷ ①값을 올림. 인하(引下). ②역도에서, 역기를 머리 위까지 들어올리는 운동.

檢印( )( )〔 〕
  도▶서류나 물건을 검사한 표시로 찍는 도장.

印度( )( )〔 〕
  도▶인디아(India)의 한자음 표기.
  참 人道(인도) ▷ ①사람으로서 마땅히 지켜야 할 도리. ②보도(步道).
  참 引導(인도) ▷ ①이끌어 지도(指導)함. ②길이나 장소를 안내(案內)함.

延長( )( )〔 〕
  도▶일정 기준보다 길이, 또는 시간을 늘임. 땐 단축(短縮). 회기(會期)를 延長하다.
  참 年長(연장) ▷ 서로 비교하여 나이가 많음.

延期( )( )〔 〕
  도▶정해 놓은 기한(期限)을 물림. 때 계속되는 장마로 소풍은 다음달로 延期되었다.

延命( )( )〔 〕
  도▶수명(壽命)을 늘임. 때 근근이 延命해 나가다.

個體( )( )〔 〕
  도▶(살아가는 데에 필요한 독립적인 기능을 갖고 있는) 하나의 독립된 생물체. 땐 집합체(集合體). 땐 군체(群體).

個別( )( )〔 〕
  도▶따로따로임. 땐 個別 심사(審査).

個性( )( )〔 〕
  도▶사람마다 지닌 특성(特性). 땐 個性이 뚜렷하다.

就寢( )( )〔 〕
  도▶잠자리에 듦. 땐 기침(起寢). 땐 就寢시간.

寢具( )( )〔 〕
  도▶잠자는 데 쓰는 기구(器具). 금침(衾枕).

寢房( )( )〔 〕
  도▶잠을 잘 수 있게 마련된 방. 침실(寢室).

輕視( )( )〔 〕
  도▶대수롭지 않게 여김. 가볍게 봄. 땐 중시(重視). 땐 경쟁자를 輕視하다.

視線( )( )〔 〕
  도▶눈이 가는 방향, 또는 주의나 관심. 땐 視線이 마주치다. 땐 視線을 끌다.

 도움글

○ **가차자**(假借字) **표기** : 한자의 뜻과는 관계없이 사물의 모양이나 소리가 비슷한 글자를 빌려서 쓰는 한자로, 외래어·의태어·의성어 등을 나타낼 때 주로 쓰인다.
예1 美國(미국)   예2 堂堂(당당)하다

119

76 한자능력검정 4급(4Ⅱ 포함)

◎ 아래 한자(漢字)의 뜻[訓]과 소리[音]를 자세히 익혀봅시다.

☆표는 4급Ⅱ 배정한자

派(水)	奇(大)	壯(士)	組(糸)	制☆(刀)
갈래 파	기특할 기	장할 장:	짤 조	절제할 제:

◎ 아래 설명을 읽고 빈칸에 보기 와 같이 쓰세요.

보기 例題(법식 례)(제목 제)[예제]

派生( )( )〔 〕
  도▶근본(根本)에서 갈리어 나와 생김.

特派( )( )〔 〕
  도▶어떠한 사명을 지워 특별히 파견(派遣)함.

派兵( )( )〔 〕
  도▶군대(軍隊)를 파견(派遣)함. 예▶유엔군 派兵.

神奇( )( )〔 〕
  도▶신묘(神妙)하고 기이(奇異)함.

奇別( )( )〔 〕
  도▶소식을 전하여 알려줌. 또는 소식을 적은 종이. 예▶아직 아무런 奇別이 없다.

奇智( )( )〔 〕
  도▶기발(奇拔)하고 뛰어난 지혜.
  참▶基地(기지)▷군대나 탐험대 따위의 행동 근거지.
  참▶氣志(기지)▷의기(意氣)와 의지(意志).
  참▶機智(기지)▷그때그때의 상황에 따라서 재빨리 발휘되는 재치. 예▶난처(難處)한 처지를 친구의 機智로 모면(謀免)하다.

健壯( )( )〔 〕
  도▶몸이 크고 굳셈.

壯觀( )( )〔 〕
  도▶①굉장하여 볼 만한 경관. 예▶설경이 壯觀이다.
  ②꼴불견. 예▶거만한 꼴이란 참으로 壯觀이군.
  참▶長官(장관)▷국무를 맡아보는 행정 각부의 책임자.

壯重( )( )〔 〕
  도▶장엄(莊嚴)하고 정중(鄭重)함. 반▶경쾌(輕快).

組織( )( )〔 〕
  도▶①끈을 꼬고 베를 짬. ②낱낱의 것을 얽어 모아 일정한 질서를 가진 통일체를 만듦.

組合( )( )〔 〕
  도▶두 사람 이상이 출자(出資)하여 공동 사업을 하기로 한 계약에 따라 이루어진 단체.

勞組( )( )〔 〕
  도▶노동조합(勞動組合)의 준말. 예▶勞組를 결성하다.

制服( )( )〔 〕
  도▶학교·관청(官廳)·회사(會社) 등에서, 규정에 따라 정한 옷. 정복(正服).

制定( )( )〔 〕
  도▶제도(制度)나 규정(規定) 따위를 만들어 정함. 예▶법률(法律)을 制定하다.

○ 혼동하기 쉬운 한자의 훈음

참 1 知(알 지)와 智(지혜 지)   참 2 健(굳셀 건)과 建(세울 건)
참 3 壯(장할 장)과 莊(씩씩할 장)   참 4 派(갈래 파)와 波(물결 파)

120

본문학습 77

◎ 아래 한자漢字의 뜻[訓]과 소리[音]를 자세히 익혀봅시다.

☆표는 4급Ⅱ 배정한자

助 ☆ (力)	破 ☆ (石)	逃 (辶)	禁 ☆ (示)	居 (尸)
도울 조:	깨뜨릴 파:	도망할 도	금할 금:	살 거

◎ 아래 설명을 읽고 빈칸에 보기 와 같이 쓰세요.   보기 例題(법식 례)(제목 제)[예제]

援助( )( )〔 〕
- 도▶도와줌. 例▶물심양면(物心兩面)으로 援助하다.

救助( )( )〔 〕
- 도▶위험(危險)한 상태에 있는 사람을 도와서 구원(救援)함. 例▶救助를 요청하다.
- 참▶構造(구조)▷전체를 이루고 있는 부분들의 서로 짜인 관계나 그 체계. 例▶사회 構造. 가옥 構造.

助產( )( )〔 〕
- 도▶아이 낳는 것을 도움. 해산(解產)을 도움.
- 참▶早產(조산)▷해산달이 차기 전에 아이를 낳음.

擊破( )( )〔 〕
- 도▶①쳐부숨. ②벽돌·기왓장 따위를 맨손이나 머리로 쳐서 깨뜨리는 일.

看破( )( )〔 〕
- 도▶상대편의 속내를 꿰뚫어 보아 알아차림. 例▶상대의 약점(弱點)을 看破하다.

破損( )( )〔 〕
- 도▶깨어져 못쓰게 됨. 또는 깨뜨려 못쓰게 함.

逃亡( )( )〔 〕
- 도▶몰래 피해 달아남. 도주(逃走).

逃散( )( )〔 〕
- 도▶뿔뿔이 달아나서 흩어짐. 例▶적(敵)의 기습(奇襲)으로 모두 逃散하였다.

逃避( )( )〔 〕
- 도▶도망(逃亡)하여 피함.

解禁( )( )〔 〕
- 도▶금지(禁止)하였던 것을 풀어 줌.

禁止( )( )〔 〕
- 도▶말리어 못하게 함.

監禁( )( )〔 〕
- 도▶드나들지 못하도록 일정한 곳에 가둠. 例▶현재 집에서 監禁 생활 중이다.

居處( )( )〔 〕
- 도▶한군데 자리를 잡고 삶. 또는 그 곳. 例▶居處하시기 불편(不便)하지 않으십니까?

居住( )( )〔 〕
- 도▶일정한 곳에서 머물러 삶. 주거(住居).

居留( )( )〔 〕
- 도▶①임시로 머물러 삶. ②남의 나라에 머물러 삶.

- ○ 틀리기 쉬운 한자의 독음(讀音) : '句'자가 붙어서 이루어진 단어는 '귀'로 읽지 않고, '구'로 읽는다.
  例1 語句(어구) 例2 對句(대구) 例3 警句(경구) 例4 文句(문구) 例5 句節(구절) 例6 詩句(시구)
- ○ '逃亡'은 뜻이 서로 비슷한 한자로 결합된 한자어이다. 참▶逃=避, 居=住, 居=留

78 한자능력검정 4급(4Ⅱ 포함)

✿ 아래 한자漢字의 뜻[訓]과 소리[音]를 자세히 익혀봅시다.

☆표는 4급Ⅱ 배정한자

航 ☆ (舟)	損 ☆ (手)	想 ☆ (心)	際 ☆ (阜)	器 ☆ (口)
배 항:	덜 손:	생각 상:	즈음 제, 가 제:	그릇 기

✿ 아래 설명을 읽고 빈칸에 보기 와 같이 쓰세요.   보기 例題(법식 례)(제목 제)[예제]

航海( ) ( ) 〔 〕
  도 ▶배를 타고 바다를 다님.
  참 航空(항공) ▷항공기 따위로 공중을 날아서 다님.

航路( ) ( ) 〔 〕
  도 ▶해로(海路)와 항공로(航空路)를 두루 이름.

密航( ) ( ) 〔 〕
  도 ▶법을 어기고 몰래 해외로 항해(航海)함.

損傷( ) ( ) 〔 〕
  도 ▶떨어지고 상(傷)함.

損失( ) ( ) 〔 〕
  도 ▶축나거나 잃어버려서 손해(損害)를 봄.
  예 한 해 동안의 기업 損失이 너무 크다.

損害( ) ( ) 〔 〕
  도 ▶(금전 물질 면에서) 본디보다 밑지거나 해가 됨.

着想( ) ( ) 〔 〕
  도 ▶어떤 일이나 계획(計劃) 등에 대한 새로운 생각이나 구상(構想)이 마음에 떠오르는 일.

思想( ) ( ) 〔 〕
  도 ▶사고 작용으로 얻어진 체계적 의식 내용.

感想( ) ( ) 〔 〕
  도 ▶마음에 느끼어 일어나는 생각. 예 여행을 다녀 온 感想이 어떠십니까?
  참 鑑賞(감상) ▷예술 작품을 음미(吟味)하여 이해 (理解)하고 즐김. 예 그림을 鑑賞하다.

交際( ) ( ) 〔 〕
  도 ▶사람과 사람이 서로 사귐. 예 그들은 交際를 원만히 하고 있다.

際會( ) ( ) 〔 〕
  도 ▶어떤 사건이나 시기(時期)에 우연히 만남.

國際( ) ( ) 〔 〕
  도 ▶나라와 나라 사이의 관계. 예 최근의 國際情勢.

器具( ) ( ) 〔 〕
  도 ▶세간·그릇·연장 따위를 이르는 말. 예 장마 가 지난 뒤에 器具를 손질해 두는 것이 좋다.

武器( ) ( ) 〔 〕
  도 ▶적(敵)을 치거나 막는 데 쓰이는 도구. 예 공격 武器. 예 펜을 武器로 하여 싸우다.

器樂( ) ( ) 〔 〕
  도 ▶악기를 사용하여 연주(演奏)하는 음악.
  반 성악(聲樂). 예 器樂 합주.

 도움글

○ '着'자는 '著(3급)'자와 쓰임이 같은 **이체자**(異體字)이나, 최근에는 일반적으로 구분하여 쓴다.
참1 着(착)자는 「붙다, 입다, 신다」 등의 뜻으로, 참2 著(저)자는 「나타나다, 짓다」 등의 뜻으로 주로 쓰인다.

본문학습

해답 ☞ 부록 30쪽

1. 다음 한자어의 독음을 쓰세요.

壯士 〔   〕
도 ▶ 기개(氣槪)와 체질(體質)이 굳센 사람. 용 저 사람 힘이 壯士네!
回航 〔   〕
도 ▶ ① 여러 곳에 들르면서 운항함. 용 기상 악화로 다른 공항으로 回航하다. ② 처음 만났던 곳으로 돌아가기 위해 운항함.

制約 〔   〕
도 ▶ 조건을 붙여 내용을 제한함. 또는 그 조건. 용 보호무역으로 수출에 制約이 많다.
難航 〔   〕
도 ▶ ① (폭풍우 따위로) 배나 항공기가 몹시 어렵게 항행(航行)함. ② '무슨 일이 순조롭게 진척되지 않음'을 비유하여 이르는 말.

2. 다음 한자어의 독음을 쓰세요.

寄宿舍 〔   〕
도 ▶ 학교나 회사(會社) 등에서, 학생이나 사원(社員)을 위하여 마련한 공동 숙사(宿舍).
印畫紙 〔   〕
도 ▶ 필름이나 건판(乾板)의 상(象)을 비추어 화상(畫像)이 나타나게 하는 감광지(感光紙).

派出所 〔   〕
도 ▶ 경찰서의 관할 지역에 있는 동(洞)마다 경찰 업무를 일차적으로 처리하도록 만든 곳.
制憲節 〔   〕
도 ▶ 헌법(憲法)이 공포(公布)된 것을 기념(紀念)하는 국경일(國慶日). [매년 7월 17일]

3. 다음 한자성어의 독음을 쓰세요.

甘言利說 〔   〕
도 ▶ 남의 비위를 맞추는 달콤한 말과 이로운 조건만 들어 그럴듯하게 꾸미는 말.
專制主義 〔   〕
도 ▶ 지배자가 자기 마음대로 결정하고 단행하는 것에 의한 정치를 합리화하려는 사상이나 이념. 반 민주주의(民主主義).

君子不器 〔   〕
도 ▶ 덕이 있는 사람은 온갖 방면에 능통함을 이르는 말.
奇想天外 〔   〕
도 ▶ 착상(着想)이나 생각 따위가 쉽게 짐작할 수 없을 정도로 기발하고 엉뚱함. 용 奇想天外한 제안(提案)을 하다.

4. 다음 □ 안에 보기의 한자를 넣어 각각 2음절의 한자어를 완성하세요. [보기 : 航 亡 視 復 永]

(1) 近 — □ — 力   (2) □ — 遠 — □   (3) □ — 歸 — □

도움글

○ **틀리기 쉬운 한자의 독음**(讀音) : 접두사처럼 쓰이는 한자가 붙어서 된 단어는 뒷말을 두음법칙에 따라 적는다.   예1 非論理的(비논리적)   예2 重勞動(중노동)   예3 會計年度(회계연도)
   예4 千兩(천냥)   예5 再來年(재내년)

123

한자능력검정 **4**급(**4**Ⅱ 포함)

해답 ☞ 부록 30쪽

1. 다음 한자어의 독음을 쓰세요.

採鑛( )	粉乳( )	靜態( )	深遠( )	雜誌( )
體操( )	盜聽( )	探査( )	殘額( )	複線( )
連打( )	顯達( )	秀麗( )	儒敎( )	竹針( )
伐木( )	蓄積( )	憲法( )	包裝( )	納得( )
序列( )	離陸( )	硏究( )	就寢( )	認定( )

2. 다음 한자의 뜻과 소리를 쓰세요.

際( )	派( )	甲( )	個( )	監( )

3. 다음 글의 밑줄 친 단어 중 낱말은 한자로, 한자어는 독음으로 고쳐 쓰세요.

『論語』⁽¹⁾에서 孔子⁽²⁾와 葉公섭공이 만나서 이야기한 內容⁽³⁾을 보면 공자가 말하는 孝가 어떤 것인가를 잘 말해주고 있습니다.
"우리나라에는 정직⁽⁴⁾한 사람이 있습니다. 제 아비가 羊을 훔쳤는데 子息⁽⁵⁾이 그것을 官家에 고발⁽⁶⁾하였습니다." 하고 葉公섭공이 자랑스럽게 말하자, 孔子는 이렇게 말했습니다.
"우리나라의 정직한 사람은 그와는 다릅니다. 아비는 子息을 위해 숨기고 子息은 아비를 위해 숨깁니다. 거기에 바로 참다운 정직이 있을 것입니다."
孔子는 어지러운 시대⁽⁷⁾에 살면서도 사람의 올바른 삶을 추구하고 이를 펴기 위해 苦難⁽⁸⁾에 屈⁽⁹⁾하지 않고 끊임없이 努力⁽¹⁰⁾하였습니다.

(1)	(2)	(3)	(4)	(5)
(6)	(7)	(8)	(9) 訓音	(10)

 도움글

○ 「葉」자는 쓰임에 따라 음이 달라지므로 주의해야 한다. 보통 '나뭇잎, 끝' 등의 뜻으로 쓰일 때에는 '엽'으로 발음하지만, 사람의 성(姓)으로 쓰일 때에는 '섭'으로 발음한다. 예) 葉公(섭공)

본문학습 79

◈ 아래 한자漢字의 뜻[訓]과 소리[音]를 자세히 익혀봅시다.

☆표는 4급Ⅱ 배정한자

滿 ☆(水)	績 (糸)	點 (黑)	鬪 (鬥)	遊 (辶)
찰 만▷	길쌈 적	점 점▷	싸움 투	놀 유

◈ 아래 설명을 읽고 빈칸에 보기 와 같이 쓰세요.   보기 例題(법식 례)(제목 제)[예제]

滿開( )( )〔 〕
  도▶활짝 핌. 만발(滿發).

滿船( )( )〔 〕
  도▶여객·짐·고기 등을 배에 가득히 실음. 또는 그러한 배. 예고깃배가 滿船으로 돌아오다.

滿潮( )( )〔 〕
  도▶밀물로 해면(海面)이 가장 높아진 상태. 예滿潮 때는 바닷물이 도로를 덮치곤 한다.

業績( )( )〔 〕
  도▶어떤 사업이나 연구 따위에서 이룩해 놓은 성과(成果). 예예술계에 큰 業績을 남기다.

功績( )( )〔 〕
  도▶쌓은 공로(功勞). 공로(功勞)의 실적(實績).

成績( )( )〔 〕
  도▶①어떤 일을 한 뒤에 나타난 결과. ②학생들의 학업이나 시험의 결과. 예우수한 成績.
  참聲績(성적)▷명성(名聲)과 공적(功績).

決鬪( )( )〔 〕
  도▶미리 합의(合議)한 방법으로 승부(勝負)를 결판(決判)내는 일. 예決鬪를 벌이다.

鬪爭( )( )〔 〕
  도▶상대편을 이기려고 다툼.

滿點( )( )〔 〕
  도▶규정(規定)된 점수의 가장 높은 점수. 예시험에 滿點을 맞다.

點燈( )( )〔 〕
  도▶①등 심지에 불을 당김. ②전깃불을 켬. 반소등(消燈). 예6시 이후에 點燈하세요.

利點( )( )〔 〕
  도▶이로운 점. 예서울은 문화 공간과 많이 접할 수 있는 利點이 있다.

遊說( )( )〔 〕
  도▶각처(各處)로 돌아다니며 자기의 의견이나 소속 정당의 주장 따위를 설명하고 선전(宣傳)함.

遊興( )( )〔 〕
  도▶재미있게 즐기면서 노는 일. 예거의 자포자기적(自暴自棄的)으로 폭음(暴飮)과 遊興을 일삼다.

遊覽( )( )〔 〕
  도▶두루 구경하며 돌아다님. 예명승지(名勝地)를 遊覽하다.

도움글

○ **전주자**(轉注字) **표기** : 이미 만들어진 글자 본래의 뜻을 그와 관계있는 다른 뜻으로 굴리고 끌어대어 쓰는 한자로, 뜻에 따라 소리가 변하기도 한다.
  예1 演說(연설)▷(펼 연)(말씀 설) 예2 遊說(유세)▷(놀 유)(달랠 세)

80 한자능력검정 4급(4Ⅱ 포함)

◉ 아래 한자漢字의 뜻[訓]과 소리[音]를 자세히 익혀봅시다.

☆표는 4급Ⅱ 배정한자

群(羊)	忠 ☆(心)	鉛(金)	康 ☆(广)	智(日)
무리 군	충성 충	납 연	편안 강	지혜 지

◉ 아래 설명을 읽고 빈칸에 보기 와 같이 쓰세요.

보기 例題(법식 례)(제목 제)[예제]

群衆(　　　)(　　　)〔　　　〕
　도▶한곳에 모인 많은 사람의 무리. ㉾群衆을 헤치고 앞으로 나아갔다.

群落(　　　)(　　　)〔　　　〕
　도▶① 많은 부락(部落). ② 같은 자연 환경에서 자라는 식물군. ㉾난초(蘭草)가 群落해 있다.

群島(　　　)(　　　)〔　　　〕
　도▶무리를 이룬 많은 섬. ㉾필리핀은 群島로 이루어진 나라이다.
　참▶群盜(군도) ▷ 떼도둑.

忠誠(　　　)(　　　)〔　　　〕
　도▶참마음에서 우러나오는 정성(精誠). ㉾효도는 百行의 근원이요, 忠誠은 삼강의 으뜸이라.

忠實(　　　)(　　　)〔　　　〕
　도▶충직(忠直)하고 성실(誠實)함.
　참▶充實(충실) ▷ 내용이 잘 갖추어지고 알참.

忠孝(　　　)(　　　)〔　　　〕
　도▶'충성'과 '효도'를 아울러 이르는 말.

黑鉛(　　　)(　　　)〔　　　〕
　도▶순수한 탄소(炭素)로만 이루어진 광물의 한 가지. [연필심·도가니·전극 따위로 쓰임]

鉛筆(　　　)(　　　)〔　　　〕
　도▶필기(筆記) 용구(用具)의 한 가지.

鉛粉(　　　)(　　　)〔　　　〕
　도▶① 밀이나 쌀 따위의 흰 가루. ② 여자들이 얼굴을 화장(化粧)할 때 바르는 흰 가루.
　참▶緣分(연분) ▷ 서로 관계를 맺게 되는 인연.

健康(　　　)(　　　)〔　　　〕
　도▶육체나 의식(意識)이 정상적이고 튼튼함.

小康(　　　)(　　　)〔　　　〕
　도▶① 병세가 조금 좋아지는 일. ② 소란스러운 상태가 얼마 동안 가라앉는 일. ㉾태풍(颱風)이 小康 상태를 보이고 있다.

智略(　　　)(　　　)〔　　　〕
　도▶슬기로운 계략(計略). ㉾智略이 뛰어난 장수.
　참▶誌略(지략) ▷ 간단히 적은 기록.

智德(　　　)(　　　)〔　　　〕
　도▶지식과 덕성(德性). ㉾智德을 겸비(兼備)하다.

衆智(　　　)(　　　)〔　　　〕
　도▶뭇사람의 지혜. ㉾衆智를 모아 문제를 해결하다.
　참▶衆志(중지) ▷ 여러 사람의 뜻이나 생각.
　참▶中止(중지) ▷ 하던 일을 중도에서 그만둠.

도움글

○ 혼동하기 쉬운 한자
　참1 黑(검을 흑)과 墨(먹 묵)　　참2 智(지혜 지)와 知(알 지)
　참3 群(무리 군)과 郡(고을 군)　참4 島(섬 도)와 鳥(새 조)

본문학습 **81**

◎ 아래 한자[漢字]의 뜻[訓]과 소리[音]를 자세히 익혀봅시다.

☆표는 4급Ⅱ 배정한자

卷 (巳)	走☆ (走)	假☆ (人)	密☆ (宀)	提☆ (手)
책 권	달릴 주	거짓 가	빽빽할 밀	끌 제

◎ 아래 설명을 읽고 빈칸에 보기 와 같이 쓰세요.   보기 例題(법식 례)(제목 제)[예제]

卷頭(　　)(　　)〔　　〕
- 도 ▶책의 첫머리. 권수(卷首). 땐 권말(卷末).

席卷(　　)(　　)〔　　〕
- 도 ▶자리를 말아 가듯이 무서운 기세로 세력을 펼치거나 휩쓺. 用 세계 시장을 席卷하다.

壓卷(　　)(　　)〔　　〕
- 도 ▶(책이나 예술 작품 따위에서) 가장 뛰어난 부분, 또는 여럿 중에서 가장 뛰어난 것.

競走(　　)(　　)〔　　〕
- 도 ▶일정(一定)한 거리를 달음질하여 그 빠르기를 겨루는 운동. 用 단거리 競走.

走破(　　)(　　)〔　　〕
- 도 ▶정해진 거리를 끝까지 달림. 用 전 구간(全區間)을 2시간 안에 走破하다.

脫走(　　)(　　)〔　　〕
- 도 ▶몸을 빼쳐 달아남. 탈신도주(脫身逃走)의 준말. 用 필사(必死)의 脫走를 감행하다.

假裝(　　)(　　)〔　　〕
- 도 ▶① 거짓으로 꾸밈. 用 손님을 假裝하다. ② 얼굴이나 옷차림을 딴 모습으로 바꾸어 꾸밈.
- 참 家長(가장)▷집안의 어른. 생활을 맡아 다스리는 사람.

假想(　　)(　　)〔　　〕
- 도 ▶사실 여부가 분명하지 않은 것을 가정(假定)하여 생각함. 用 외계인의 침공을 假想한 영화.
- 참 假象(가상)▷주관(主觀)으로 그렇게 보일 뿐, 실제로는 존재하지 않는 거짓 모습. 땐 실재(實在).

密告(　　)(　　)〔　　〕
- 도 ▶남몰래 넌지시 일러바침. 고자질함. 用 그는 우리의 계획(計劃)을 密告하였다.

密度(　　)(　　)〔　　〕
- 도 ▶어떤 면적(面積)이나 부피를 차지하고 있는 빽빽한 정도. 用 인구 密度를 조사(調査)하다.

密談(　　)(　　)〔　　〕
- 도 ▶남몰래 이야기함, 또는 그렇게 하는 이야기. 비밀이야기.

提案(　　)(　　)〔　　〕
- 도 ▶의안(議案)을 냄. 用 그의 提案은 진보적이다.

提出(　　)(　　)〔　　〕
- 도 ▶의견(意見)이나 안건(案件)·문안(文案) 따위를 내어놓음. 用 과제물을 提出하다.

提示(　　)(　　)〔　　〕
- 도 ▶글이나 말로 어떤 내용·문제·의사·방향 따위를 드러내어 보임. 用 자료를 提示하다.

○ 혼동하기 쉬운 한자
- 참1 卷(책 권)과 券(문서 권)
- 참2 提(끌 제)와 堤(둑 제)
- 참3 假(거짓 가)와 暇(틈 가)
- 참4 壓(누를 압)과 厭(싫을 염)

127

82 한자능력검정 4급(4Ⅱ 포함)

◈ 아래 한자(漢字)의 뜻[訓]과 소리[音]를 자세히 익혀봅시다.

☆표는 4급Ⅱ 배정한자

論☆(言)	紅(糸)	圓☆(口)	驚(馬)	婦☆(女)
논할 론	붉을 홍	둥글 원	놀랄 경	며느리 부

◈ 아래 설명을 읽고 빈칸에 보기 와 같이 쓰세요.

보기 例題(법식 례)(제목 제)[예제]

結論(　　　)(　　　)〔　　　〕
- ① 말이나 글에서 끝맺는 부분. 맺음말. ② 어떤 판단(判斷), 또는 가정(假定)으로부터 다른 판단을 이끌어 낼 때, 그 이끌어 낸 판단.

論理(　　　)(　　　)〔　　　〕
- 의논(議論)이나 사고(思考)・추리(推理) 따위를 끌고 나가는 조리(條理).

談論(　　　)(　　　)〔　　　〕
- 이야기를 주고받으며 논의함. 참 밤새도록 談論을 벌이다.

紅燈(　　　)(　　　)〔　　　〕
- 붉은 등불.

紅葉(　　　)(　　　)〔　　　〕
- 붉은 잎, 또는 붉게 물든 단풍잎.

紅雨(　　　)(　　　)〔　　　〕
- '붉은 꽃잎'이 비오듯이 떨어짐을 비유하여 이르는 말.
- 참 紅友(홍우) ▷ '술'을 달리 이르는 말.

圓卓(　　　)(　　　)〔　　　〕
- 둥근 탁자(卓子).

圓周(　　　)(　　　)〔　　　〕
- 원둘레. [일정한 점(點)에서 같은 거리에 있는 점의 자취]
- 참 原州(원주) ▷ 강원도 남서쪽에 있는 시. [명승지(名勝地)로 치악산, 봉명루, 빙허루, 승화정 등이 있음]

方圓(　　　)(　　　)〔　　　〕
- 모난 것과 둥근 것. ※ 方↔圓

驚氣(　　　)(　　　)〔　　　〕
- 경풍(驚風). 어린아이가 깜짝깜짝 놀라며 경련(痙攣)을 일으키는 병.

驚歎(　　　)(　　　)〔　　　〕
- ① 몹시 감탄(感歎)함. 참 驚歎해 마지않다. ② 놀라고 탄식(歎息)함. ※ 歎 = 嘆
- 참 敬歎(경탄) ▷ 공경(恭敬)하고 탄복(歎服)함.

賢婦(　　　)(　　　)〔　　　〕
- ① 현명(賢明)한 부인. ② 어진 며느리.

夫婦(　　　)(　　　)〔　　　〕
- 남편과 아내. 내외(內外). 부처(夫妻).

婦德(　　　)(　　　)〔　　　〕
- 부녀자로서 지녀야 할 어질고 너그러운 덕행.

 도움글

○ **두음법칙**頭音法則 : 한자음 '라, 래, 로, 뢰, 루, 르'가 단어의 첫머리에 올 때에는 두음 법칙에 따라 '나, 내, 노, 뇌, 누, 느'로 적는다.
　　예1 論壇(론단) ⇒ (논단)　　예2 樂園(락원) ⇒ (낙원)　　예3 年老(년로) ⇒ (연로)

본문학습 83

◉ 아래 한자漢字의 뜻[訓]과 소리[音]를 자세히 익혀봅시다.

☆표는 4급Ⅱ 배정한자

負 (貝)	益 ☆ (皿)	續 ☆ (糸)	驗 ☆ (馬)	祭 ☆ (示)
질 부:	더할 익	이을 속	시험 험:	제사 제:

◉ 아래 설명을 읽고 빈칸에 보기 와 같이 쓰세요.

보기 例題(법식 례)(제목 제)[예제]

勝負( )( )〔 〕
- 도▶이김과 짐. 승패(勝敗).

負傷( )( )〔 〕
- 도▶몸에 상처를 입음. 참負傷을 당하다.
- 참副賞(부상)▷정식의 상 외에 따로 덧붙여서 주는 상.

自負( )( )〔 〕
- 도▶자기의 가치나 능력에 대하여 자신(自信)을 가짐. 참나름대로의 自負를 가지고 있다.
- 참子婦(자부)▷며느리.

損益( )( )〔 〕
- 도▶손실(損失)과 이익. 감소(減少)와 증가(增加).

有益( )( )〔 〕
- 도▶이익이 있음. 도움이 될 만함. 이로움.
- 반무익(無益). 참有益한 대화(對話)를 나누다.

國益( )( )〔 〕
- 도▶나라의 이익. 국리(國利).

續開( )( )〔 〕
- 도▶일단 멈추었던 회의(會議) 따위를 계속하여 열다. 참본회의를 續開하다.

手續( )( )〔 〕
- 도▶일을 행하는 순서나 단계. 절차(節次).
- 참출국(出國) 手續을 밟다.
- 참收束(수속)▷①모아서 한데 묶음. ②거두어 다잡음.

續出( )( )〔 〕
- 도▶잇달아 나옴. 연속(連續).

體驗( )( )〔 〕
- 도▶몸소 경험함. 참돈을 주고도 못 살 귀중한 體驗.

實驗( )( )〔 〕
- 도▶어떤 현상(現象)이 나타나는지 조사하는 일.

效驗( )( )〔 〕
- 도▶일의 좋은 보람. 효력(效力). 참약의 效驗.

祭壇( )( )〔 〕
- 도▶제사(祭祀), 또는 미사를 드리는 단(壇).

祭天( )( )〔 〕
- 도▶하늘에 제사(祭祀)지냄.

祭器( )( )〔 〕
- 도▶제사(祭祀) 때 쓰는 그릇.
- 참提起(제기)▷의견이나 문제를 내놓음.

 도움글

○「損益」과 같이 서로 뜻 반대, 또는 상대되는 한자어를 반대자(反對字)·상대자(相對字) 라고 한다.
예1勝(이길 승)⇔負(질 부) 예2賞(상줄 상)⇔罰(벌할 벌) 예3斷(끊을 단)⇔續(이을 속)

84 한자능력검정 4급(4II 포함)

◉ 아래 한자(漢字)의 뜻[訓]과 소리[音]를 자세히 익혀봅시다.

☆표는 4급Ⅱ 배정한자

叔(又)	孔(子)	舞(舛)	認☆(言)	句☆(口)
아재비 숙	구멍 공:	춤출 무:	알 인	글귀 구

◉ 아래 설명을 읽고 빈칸에 보기 와 같이 쓰세요.

보기 例題(법식 례)(제목 제)[예제]

叔父( )( )〔 〕
  도▶아버지의 동생. 작은아버지.

堂叔( )( )〔 〕
  도▶아버지의 사촌(四寸) 형제(兄弟). 오촌숙(五寸叔). 종숙(從叔).

外叔( )( )〔 〕
  도▶어머니의 남자 형제. 외삼촌(外三寸).

毛孔( )( )〔 〕
  도▶털구멍.

孔劇( )( )〔 〕
  도▶몹시 심하고 지독(至毒)함.

眼孔( )( )〔 〕
  도▶①눈구멍. ②'식견(識見)의 범위'를 이르는 말.

歌舞( )( )〔 〕
  도▶노래와 춤. 참歌舞를 즐기다.

群舞( )( )〔 〕
  도▶여러 사람이 함께 춤을 춤, 또는 그 춤.
  참軍務(군무)▶①군사에 관한 일. ②군인으로서 군대에 복무하는 일.

舞態( )( )〔 〕
  도▶춤추는 태도(態度)나 맵시.

確認( )( )〔 〕
  도▶확실히 알아봄. 확실히 인정(認定)함.

自認( )( )〔 〕
  도▶스스로 인정(認定)함. 시인(是認). 참자신의 잘못을 自認하다.

認定( )( )〔 〕
  도▶①옳다고 믿고 정함. ②국가의 행정 기관이 어떤 일을 판단하여 결정함.

句節( )( )〔 〕
  도▶긴 글의 한 부분인 토막 글(말).

句讀( )( )〔 〕
  도▶'구두점(句讀點)'의 준말. [글을 읽기 편하게 하기 위하여 구절(句節)이 떨어진 곳에 점이나 부호(符號)로 표시하는 일.]

對句( )( )〔 〕
  도▶짝을 맞춘 詩의 글자.
  참對句法(대구법)▶어조가 비슷한 문구를 나란히 벌여 문장에 변화를 주는 표현 방법. ['낮말은 새가 듣고 밤말은 쥐가 듣는다' 따위…]

 도움글

○「劇」자는 '심하다, 바쁘다, 연극' 등과 같이 다양한 뜻으로 쓰이는 글자이다.
  예1 劇甚(극심)▷(심할 극)(심할 심) 예2 劇務(극무)▷(바쁠 극)(힘쓸 무)
  예3 京劇(경극)▷(서울 경)(연극 극)

130

본문학습

해답 ☞ 부록 32쪽

1. 다음 한자어의 독음을 쓰세요.

實績 〔　　　　〕
도▶ (어떤 일에서 이룬) 실제의 공적이나 업적.

假髮 〔　　　　〕
도▶ (분장이나 치레를 위해 쓰는) 본래의 자기 머리가 아닌 가짜 머리.

論難 〔　　　　〕
도▶ 남의 잘못이나 부정(不正)을 논하여 비난함.

康樂 〔　　　　〕
도▶ 평안(平安)하고 즐거움.

假稱 〔　　　　〕
도▶ 임시(臨時)로 이름 지어 부름. 또는 그 이름.

試驗 〔　　　　〕
도▶ 일정한 절차에 따라 기능(技能)·능력·성능(性能) 따위를 알아봄. 예 입학 試驗.

2. 다음 한자어의 독음을 쓰세요.

高句麗 〔　　　　〕
도▶ 우리나라 고대 왕국의 하나. [주몽이 한반도 북쪽과 중국 동북 지방 일대에 세운 나라]

紅一點 〔　　　　〕
도▶ 여럿 중에서 '오직 하나의 이채로운 것'을 이르는 말.

自負心 〔　　　　〕
도▶ 자신의 재능(才能)·직업(職業) 따위에 자신(自信)을 가지고 스스로 자랑으로 생각하는 마음. 예 일등 국민이라는 自負心을 가지다.

驚異感 〔　　　　〕
도▶ 놀랍고 신기한 느낌. 예 驚異感이 일어나다.

3. 다음 한자성어의 독음을 쓰세요.

群衆心理 〔　　　　〕
도▶ 많은 사람이 모였을 때에, 자제력을 잃고 쉽사리 흥분하거나 다른 사람의 언동에 따라 움직이는 일시적이고 특수한 심리 상태.

提燈行列 〔　　　　〕
도▶ 부처의 탄생을 축하하는 뜻으로, 제등(提燈)을 든 여러 사람이 줄지어 돌아다니는 일.

多多益善 〔　　　　〕
도▶ 많으면 많을수록 더욱 좋음. 예 多多益善이니 많이만 가져와!

忠言逆耳 〔　　　　〕
도▶ 충고(忠告)하는 말은 귀에 거슬린다.

走馬看山 〔　　　　〕
도▶ '말을 타고 달리며 산을 구경한다'는 뜻으로, '자세히 살피지 않고 대충대충 보고 지나침'을 이르는 말.

知者樂水 〔　　　　〕
도▶ '슬기로운 사람은 물을 좋아한다'는 뜻으로, '슬기로운 사람은 흐르는 물처럼 사리(事理)에 막힘이 없다'는 말로 쓰인다.

도움글

○ **일자다음어**(一字多音語) : 하나의 글자가 둘 이상의 소리를 가진 한자를 말한다.

예1 樂(즐길 락, 노래 악, 좋아할 요)　예2 行(다닐 행, 항렬 항)　예3 讀(읽을 독, 구절 두)

131

 해답 ☞ 부록 32쪽

1. 다음 한자어의 독음을 쓰세요.

先烈( )	隱居( )	虛實( )	強壓( )	獨島( )
轉機( )	暴落( )	拍車( )	戰亂( )	遺産( )
年歲( )	講論( )	理解( )	除蟲( )	德談( )
副賞( )	貿易( )	貴宅( )	松板( )	禁止( )
當落( )	豫測( )	改革( )	厚謝( )	報復( )

2. 다음 한자의 뜻과 소리를 쓰세요.

遊( )	鉛( )	密( )	祭( )	句( )

3. 다음 글의 밑줄 친 단어 중 낱말은 한자로, 한자어는 독음으로 고쳐 쓰세요.

옛 先賢[1]들은 日常[1] 생활[2]의 한 부분[3]에서 마음을 자못 게을리 하고 방종할까를 두려워하여 늘 警戒[4]하는 마음을 가졌다. 그래서 늘 티끌 한 점조차 내비칠 흰 바탕에 바래지 않는 먹으로 精誠[5]과 뜻을 담았다. (中略)

붓으로 글씨를 익히는 것은 단순히 글씨만을 잘 쓰는 데에 뜻이 있는 것이 아니다. 먹을 갈아 뜻 모르는 글자만 옮기는 것이 아니라, 옛 聖賢[6]들의 훌륭한 말씀의 그 意味[7]를 마음에 새기며, 그 새겨진 마음이 밝은 거울이 되도록 쓰고 또 익히는 것이다. 이는 먹을 갈아 흰 바탕에 자국을 남기는 그 속에 自身의 인격[8] 修養[9]과 創造性[10]・지구력持久力・探究力[11] 등 精神世界를 아름답게 하는 要素[12]가 많기 때문이다.

– 원기춘,「마음의 거울」中에서

(1)	(2)	(3)	(4)	(5)	(6)
(7)	(8)	(9)	(10)	(11)	(12)

 도움글

○ **일자다음어**(一字多音語) : 예1 易(바꿀 역, 쉬울 이) 예2 更(다시 갱, 고칠 경) 예3 宅(집 택, 집 댁)
예4 復(다시 부, 회복할 복) 예5 則(법칙 칙, 곧 즉) 예6 省(살필 성, 덜 생) 예7 暴(사나울 폭, 모질 포)

본문학습 85

◎ 아래 한자漢字의 뜻[訓]과 소리[音]를 자세히 익혀봅시다.

☆표는 4급Ⅱ 배정한자

刻 (刀)	盜 (皿)	收 ☆ (攴)	灰 (火)	糧 (米)
새길 각	도둑 도 ▶	거둘 수	재 회	양식 량

◎ 아래 설명을 읽고 빈칸에 보기 와 같이 쓰세요.   보기 例題(법식 례)(제목 제)[예제]

刻苦(   )(   )〔   〕
  도 ▶고생(苦生)을 견디며 몹시 애씀. 例 刻苦의 노력 끝에 얻은 영광(榮光).

深刻(   )(   )〔   〕
  도 ▶① 깊이 새김. 例 비석에 글자를 深刻하다. ② 매우 중대하고 절실함. 例 深刻하게 생각하다.

時刻(   )(   )〔   〕
  도 ▶① 시간의 흐름 속의 어느 순간. 일정한 순간. 例 열차의 발차 時刻. ② 짧은 동안. 例 時刻을 지체하지 마세요.
  참 視覺(시각) ▷ 눈의 감각, 또는 신경의 작용.

盜難(   )(   )〔   〕
  도 ▶도둑맞은 재난(災難). 例 盜難 경보기.

盜用(   )(   )〔   〕
  도 ▶남의 것을 허가 없이 씀. 例 남의 상표(商標)를 盜用하는 것은 범죄이다.

盜賊(   )(   )〔   〕
  도 ▶도둑. 例 盜賊의 무리에게 재산을 빼앗기다.

秋收(   )(   )〔   〕
  도 ▶가을에 익은 곡식(穀食)을 거두어들임. 가을걷이. 추확(秋穫). 例 秋收가 한창인 논.

收縮(   )(   )〔   〕
  도 ▶줄거나 오그라듦. 例 근육이 收縮하다.

收監(   )(   )〔   〕
  도 ▶감방(監房)에 가둠.

灰色(   )(   )〔   〕
  도 ▶잿빛.

石灰(   )(   )〔   〕
  도 ▶생석회와 소석회를 통틀어 이르는 말. 참 도움글

灰壁(   )(   )〔   〕
  도 ▶석회(石灰)를 바른 벽.

食糧(   )(   )〔   〕
  도 ▶① 살아가는 데 필요한 먹을거리. ② 정신적(精神的)인 활동에 양분(養分)과 같은 구실(口實)을 하는 것. 양식(糧食).

糧穀(   )(   )〔   〕
  도 ▶양식(糧食)으로 쓰이는 곡식.
  참 良穀(양곡) ▷ 좋은 곡류(穀類).

資糧(   )(   )〔   〕
  도 ▶자금(資金)과 식량.

○ 생석회(生石灰) : 석회석(石灰石)을 태워 이산화탄소를 제거하여 얻는 '산화칼슘'. 강회(剛灰). 생회(生灰).

○ 소석회(消石灰) : 생석회에 물을 부어 얻는 '수산화칼슘'을 흔히 이르는 말. 분회(粉灰).

86 한자능력검정 4급(4Ⅱ 포함)

❋ 아래 한자漢字의 뜻[訓]과 소리[音]를 자세히 익혀봅시다.

☆표는 4급Ⅱ 배정한자

衛☆(行)	授☆(手)	歡(欠)	座(广)	爆(火)
지킬 위	줄 수	기쁠 환	자리 좌:	불터질 폭

❋ 아래 설명을 읽고 빈칸에 보기 와 같이 쓰세요.

보기　例題(법식 례)(제목 제)[예제]

護衛(　　)(　　)〔　　　〕
　도▶따라다니면서 신변(身邊)을 경호(警護)함.
　에▶정문에 護衛 병사들이 지키고 있다.

防衛(　　)(　　)〔　　　〕
　도▶적(敵)을 막아서 지킴. 에▶철통같은 防衛태세.

衛生(　　)(　　)〔　　　〕
　도▶건강의 유지(維持)·증진(增進)을 위하여
　질병의 예방(豫防)이나 치료에 힘쓰는 일.

授與(　　)(　　)〔　　　〕
　도▶공식 절차에 의해 증서(證書)·상장(賞狀)·
　훈장(勳章) 따위를 줌. 에▶표창장을 授與하다.

傳授(　　)(　　)〔　　　〕
　도▶법도·기술·비방 따위를 전하여 줌.
　에▶기술을 후배들에게 傳授하다.

授業(　　)(　　)〔　　　〕
　도▶교사가 학생에게 지식이나 기능을 가르쳐 줌.
　참受業(수업)▷학업이나 기술의 가르침을 받음.
　참修業(수업)▷학업이나 기예를 닦음. 에▶배우 修業.

歡送(　　)(　　)〔　　　〕
　도▶떠나는 사람을 축복(祝福)하고 기쁜 마음으로
　보냄. 반歡迎(歡迎).

歡聲(　　)(　　)〔　　　〕
　도▶기뻐서 크게 지르는 소리.

歡待(　　)(　　)〔　　　〕
　도▶기쁘게 맞아 정성껏 대접(待接)함. 에▶예상 밖의
　歡待를 받다.

講座(　　)(　　)〔　　　〕
　도▶일정한 주제에 따른 강의 형식을 취하여, 체
　계적(體系的)으로 편성(編成)한 강습회 따위.

座談(　　)(　　)〔　　　〕
　도▶몇 사람이 자리에 앉아서 형식에 얽매이지
　않고 자유롭게 이야기를 주고받는 일.

座席(　　)(　　)〔　　　〕
　도▶① 앉는 자리. 반입석(立席). ② 여러 사람이
　모인 자리. 에▶술座席. ③ 깔고 앉는 여러 종류의
　자리를 통틀어 이르는 말.

爆彈(　　)(　　)〔　　　〕
　도▶폭약(爆藥)을 일으키는 화약류를 통틀어 이
　르는 말. 폭발탄(爆發彈)의 준말.

原爆(　　)(　　)〔　　　〕
　도▶원자핵(原子核)이 분열할 때 생기는 에너지를
　이용한 폭탄. 원자 폭탄(原子爆彈)의 준말.

　○ 혼동하기 쉬운 한자의 훈음

　　참1 歡(기쁠 환)과 勸(권할 권)　　참2 受(받을 수)와 授(줄　수)
　　참3 座(자리 좌)와 坐(앉을 좌)　　참4 爆(불터질 폭)과 暴(사나울 폭, 모질 포)

본문학습

◉ 아래 한자漢字의 뜻[訓]과 소리[音]를 자세히 익혀봅시다.

☆표는 4급Ⅱ 배정한자

痛(疒)	達☆(辶)	態☆(心)	票☆(示)	飛☆(飛)
아플 통:	통달할 달	모습 태:	표 표	날 비

◉ 아래 설명을 읽고 빈칸에 보기 와 같이 쓰세요.   보기 例題(법식 례)(제목 제)[예제]

頭痛(　　　)(　　　)〔　　　〕
도▶머리가 아픈 증세.
관 頭痛거리 ▷ 골칫거리.

苦痛(　　　)(　　　)〔　　　〕
도▶몸이나 마음이 괴롭고 아픔. 예 정신적 苦痛.

痛快(　　　)(　　　)〔　　　〕
도▶① 썩 유쾌함. ② 마음이 매우 시원함.
예 痛快한 승리(勝利)를 거두다.

發達(　　　)(　　　)〔　　　〕
도▶구실(口實)·규모(規模) 등이 차차 커져 감.

到達(　　　)(　　　)〔　　　〕
도▶정한 곳이나 어떤 수준(水準)에 다다름.
비 도착(到着).

達成(　　　)(　　　)〔　　　〕
도▶뜻한 바를 이룸. 예 목표를 達成하다.

世態(　　　)(　　　)〔　　　〕
도▶세상(世上)의 형편이나 상태.

實態(　　　)(　　　)〔　　　〕
도▶실제의 태도. 실제의 형편. 실정(實情).

態度(　　　)(　　　)〔　　　〕
도▶몸을 가지는 모양이나 맵시, 또는 마음가짐.
예 합격하고야 말겠다는 불굴의 態度를 보였다.

投票(　　　)(　　　)〔　　　〕
도▶어떤 일을 의결(議決)할 때 찬반(贊反)의 의견 따위를 기입(記入)하여 결정(決定)하는 일.

得票(　　　)(　　　)〔　　　〕
도▶투표(投票)에서, 찬성(贊成)의 표를 얻음.

票決(　　　)(　　　)〔　　　〕
도▶투표로써 결정하는 일. 예 의장 선출(選出)을 票決에 부치다.

飛報(　　　)(　　　)〔　　　〕
도▶급한 통지(通知). 급보(急報). 예 飛報를 받다.
관 悲報(비보) ▷ 슬픈 소식. 예 뜻밖의 悲報를 접하다.

雄飛(　　　)(　　　)〔　　　〕
도▶힘차고 씩씩하게 뻗어 나아감. 예 세계로 雄飛하는 조국. 만 자복(雌伏).

飛語(　　　)(　　　)〔　　　〕
도▶근거 없이 떠도는 말. 무책임한 평판. 비어(蜚語).
예 流言蜚語가 난무(亂舞)하다.

 도움글

○「飛」자는「蜚」자와 쓰임이 같은 이체자異體字로 주로 '날다'의 뜻으로 쓰이나,「蜚」자는 본래 '바퀴, 쌕쌔기 등의 곤충, 또는 소와 비슷한데 흰머리와 뱀꼬리를 한 짐승'을 뜻하는 글자이다.

88 한자능력검정 4급(4Ⅱ 포함)

❀ 아래 한자漢字의 뜻[訓]과 소리[音]를 자세히 익혀봅시다.

☆표는 4급Ⅱ 배정한자

趣 (走)	盡 (皿)	投 (手)	波 ☆ (水)	周 (口)
뜻 취:	다할 진:	던질 투	물결 파	두루 주

❀ 아래 설명을 읽고 빈칸에 보기 와 같이 쓰세요.   보기 例題(법식 례)(제목 제)[예제]

情趣( ) ( ) 〔 〕
　도▶ 정감(情感)을 불러일으키는 흥취(興趣).

趣向( ) ( ) 〔 〕
　도▶ 하고 싶은 마음이 쏠리는 방향. 예 개인의 趣向에 따라 다르다.

趣味( ) ( ) 〔 〕
　도▶ 마음에 느껴 일어나는 멋이나 정취. 예 탈춤에 趣味를 느끼다. 예 다양한 趣味 생활.

賣盡( ) ( ) 〔 〕
　도▶ 상품이 모두 팔림. 예 입장권이 賣盡되다.

極盡( ) ( ) 〔 〕
　도▶ 마음과 힘을 들이는 정성이 그 이상 더할 수 없음. 예 예우(禮遇)가 極盡하다.

無盡( ) ( ) 〔 〕
　도▶ ① 다함이 없음. 한량이 없음. ② 다함이 없이. 예 그 일 때문에 無盡 애를 먹었다.

投宿( ) ( ) 〔 〕
　도▶ 여관 따위에 들어서 숙박(宿泊)함.

投藥( ) ( ) 〔 〕
　도▶ 의사가 약을 지어 줌. 예 환자에게 投藥하다.

投資( ) ( ) 〔 〕
　도▶ 이익을 얻을 목적으로 사업 등에 자금을 댐.

餘波( ) ( ) 〔 〕
　도▶ ① 풍파가 지나간 뒤에 그치지 않고 일어나는 물결. 예 물결의 거센 餘波에 쓰러지다. ② 후세나 주위에 미치는 영향. 예 사건의 餘波가 크다.

波動( ) ( ) 〔 〕
　도▶ ① 공간적(空間的)으로 전하여 퍼져 가는 진동. ② '사회적으로 새로운 변화를 가져올 만한 변동'을 비유하여 이르는 말. 예 에너지 波動.

波長( ) ( ) 〔 〕
　도▶ 파동(波動)에서, 같은 위상(位相)을 가진 서로 이웃한 두 점 사이의 거리.

周圍( ) ( ) 〔 〕
　도▶ 둘레. 사방(四方). 주변 환경(周邊環境). 예 그 사람의 됨됨이는 周圍 사람들을 보면 알 수 있다.

周邊( ) ( ) 〔 〕
　도▶ 둘레의 언저리. 예 책상 周邊을 정리하다.

周年( ) ( ) 〔 〕
　도▶ ① 일 년을 단위로 하여 돌아오는 그 날. ② '몇 회째의 해'라는 뜻을 나타냄. 예 결혼 30周年.

 도움글

　○ 「宿」자는 쓰임에 따라 훈(訓)과 음(音)이 달라지므로 주의!
　　　예1 宿食(숙식) ▷ (잘 숙)(먹을 식)　예2 星宿(성수) ▷ (별 성)(별자리 수)
　　　예3 宿所(숙소) ▷ (잘 숙)(바 소)

본문학습 **89**

❋ 아래 한자(漢字)의 뜻[訓]과 소리[音]를 자세히 익혀봅시다.

☆표는 4급Ⅱ 배정한자

統 ☆(糸)	頌 (頁)	笑 ☆(竹)	呼 ☆(口)	職 ☆(耳)
거느릴 통:	칭송할 송:	웃음 소:	부를 호	직분 직

❋ 아래 설명을 읽고 빈칸에 보기 와 같이 쓰세요.   보기 例題(법식 례)(제목 제)[예제]

統制( )( )〔 〕
  도▶일정한 방침에 따라 제한(制限)하거나 제약(制約)함. 출입을 統制하다.

統合( )( )〔 〕
  도▶모두 합쳐 하나로 만듦. 여러 기관의 환경 관계 조직을 하나로 統合하다.

傳統( )( )〔 〕
  도▶(어떤 집단이나 공동체에서) 지난날로부터 이어져 내려오는 사상·관습·행동 따위의 양식, 또는 그것의 핵심을 이루는 정신.

稱頌( )( )〔 〕
  도▶공덕(功德)을 칭찬(稱讚)하여 기림. 주위의 稱頌이 자자하다.

頌辭( )( )〔 〕
  도▶공덕(功德)을 기리는 말.
  송사(送辭) ▷ '송별사(送別辭)'의 준말.

頌祝( )( )〔 〕
  도▶경사스러운 일을 기리어 축하함. 송도(頌禱).

談笑( )( )〔 〕
  도▶스스럼없이 웃으며 이야기함. 밤새도록 談笑를 나누다.

冷笑( )( )〔 〕
  도▶쌀쌀한 태도로 비웃음. 경멸에 가까운 冷笑를 드러내다.

爆笑( )( )〔 〕
  도▶갑자기 터져 나오는 웃음. 爆笑가 터지다.

呼出( )( )〔 〕
  도▶①불러 냄. ②소환(召喚). 윗사람의 呼出을 받고 급히 나가다.

歡呼( )( )〔 〕
  도▶기뻐서 부르짖음. 관중들이 歡呼하다.

呼應( )( )〔 〕
  도▶①부르고 대답함. ②서로 기맥(氣脈)이 통함. 모든 이들의 呼應과 격려(激勵)에 힘입다.

職分( )( )〔 〕
  도▶직무상, 또는 자기가 마땅히 해야 할 본분(本分). 맡은 바 職分을 다하다.

職業( )( )〔 〕
  도▶생계(生計)를 위하여 일상적으로 하는 일.

失職( )( )〔 〕
  도▶직업(職業)을 잃음. 실업(失業).

 도움글

○ 혼동하기 쉬운 한자   1 失(잃을 실)과 矢(화살 시)   2 職(직분 직)과 識(알 식)
                      3 歡(기쁠 환)과 勸(권할 권)   4 頌(칭송할 송)과 訟(송사할 송)

137

90 한자능력검정 4급(4Ⅱ 포함)

❋ 아래 한자(漢字)의 뜻[訓]과 소리[音]를 자세히 익혀봅시다.   ☆표는 4급Ⅱ 배정한자

境☆(土)	慶☆(心)	支☆(支)	誠☆(言)	是☆(日)
지경 경	경사 경:	지탱할 지	정성 성	이 시:

❋ 아래 설명을 읽고 빈칸에 보기 와 같이 쓰세요.   보기 例題(법식 례)(제목 제)[예제]

國境(　　)(　　)〔　　　〕
　도▶나라와 나라 사이의 경계. 例 중국과의 國境.

死境(　　)(　　)〔　　　〕
　도▶죽음에 이른 경지. 죽게 된 지경. 例 병원에는 死境을 헤매고 있는 환자가 많았다.

境地(　　)(　　)〔　　　〕
　도▶자신의 특성(特性)과 연구로 이룩한 독자적(獨自的) 방식이나 세계.

慶祝(　　)(　　)〔　　　〕
　도▶경사로운 일을 축하(祝賀)함.

慶事(　　)(　　)〔　　　〕
　도▶매우 즐겁고 기쁜 일. 例 慶事가 나다.

慶節(　　)(　　)〔　　　〕
　도▶한 나라의 온 국민이 경축하는 날.

支配(　　)(　　)〔　　　〕
　도▶거느려 부림. 다스림.

支援(　　)(　　)〔　　　〕
　도▶뒷받침하거나 편들어서 도움. 원조(援助)함. 例 모두들 그를 위해 支援사격을 했다.

支出(　　)(　　)〔　　　〕
　도▶어떤 목적을 위하여 돈이나 물건을 치러 줌. 例 支出을 줄이다.

精誠(　　)(　　)〔　　　〕
　도▶온갖 성의(誠意)를 다하려는 참되고 거짓이 없는 마음.

誠意(　　)(　　)〔　　　〕
　도▶정성스러운 마음. 참된 마음.

誠實(　　)(　　)〔　　　〕
　도▶정성스럽고 참됨. 착하고 거짓이 없음.

是認(　　)(　　)〔　　　〕
　도▶옳다고, 또는 그러하다고 인정(認定)함. 例 잘못을 是認하다.
　참 詩人(시인) ▷ 시를 짓는 사람.

是非(　　)(　　)〔　　　〕
　도▶① 옳고 그름. 잘잘못. 例 是非를 가리다. ② 옳고 그름을 따짐. 例 그 문제를 是非하고 싶지 않네.

國是(　　)(　　)〔　　　〕
　도▶(국민 전체의 意思로 결정된) 국정(國政)의 근본 방침(方針).

 도움글

○「是認」의 '是'자는 쓰임에 따라 다양한 의미를 지니므로 한자의 뜻에 주의!
　예1 皆是(개시) ▷ 모두 다　　예2 果是(과시) ▷ 과연　　예3 校是(교시) ▷ 학교의 기본 교육 방침.
　예4 都是(도시) ▷ 도무지　　예5 本是(본시) ▷ 본디　　예6 便是(변시) ▷ 다른 것이 아니라 곧

138

본문학습

해답 ☞ 부록 34쪽

1. 다음 한자어의 독음을 쓰세요.

未達 〔   〕
- 도 ▶어떤 한도(限度)나 표준에 아직 이르지 못함. 예 학과마다 정원(定員)이 未達되다.

誠金 〔   〕
- 도 ▶정성으로 내는 돈. 예 수익금은 모두 수재민 구호(救護) 誠金으로 사용할 계획이다.

爆發 〔   〕
- 도 ▶불이 일어나며 갑작스럽게 터짐.

失笑 〔   〕
- 도 ▶더 참지를 못하고 저도 모르게 웃음. 예 失笑를 자아내다.

記票 〔   〕
- 도 ▶투표용지(投票用紙)에 써넣음. 예 記票가 끝난 후 바로 개표(開票)가 시작되다.

血統 〔   〕
- 도 ▶같은 핏줄을 타고난 겨레붙이의 계통.

2. 다음 한자어의 독음을 쓰세요.

板刻本 〔   〕
- 도 ▶목판으로 인쇄한 책. 목판본(木版本).

軍糧米 〔   〕
- 도 ▶군대의 식량으로 쓰는 쌀. 군수미(軍需米). 예 軍糧米로 쓸 곡식을 저축하다.

國慶日 〔   〕
- 도 ▶국가적인 경사(慶事)를 축하(祝賀)하기 위하여, 법으로 정하여 온 국민이 기념하는 날.

周波數 〔   〕
- 도 ▶1초 동안에 되풀이되는 주파의 횟수.

頌德碑 〔   〕
- 도 ▶공덕(功德)을 기리기 위하여 세운 비석. 예 頌德碑를 세워 그의 공적(功績)을 기렸다.

讚頌歌 〔   〕
- 도 ▶신성한 대상을 찬미하는 노래. 찬미가(讚美歌). 성가(聖歌).

3. 다음 한자성어의 독음을 쓰세요.

平和統一 〔   〕
- 도 ▶전쟁(戰爭)에 의하지 않고 평화적(平和的)인 방법으로 이룩되는 통일.

刻骨痛恨 〔   〕
- 도 ▶뼈에 사무칠 만큼 마음속 깊이 맺힌 원통하고 한스러움. 또는 그런 일.

是是非非 〔   〕
- 도 ▶옳은 것은 옳고, 그른 것은 그르다고 하는 주의. 예 是是非非가 분명해지다.

是非曲直 〔   〕
- 도 ▶옳고 그르고 굽고 곧음, 곧 잘잘못. 예 是非曲直을 가리다.

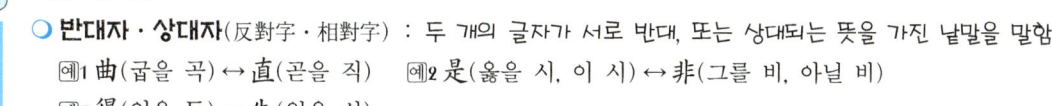

○ **반대자·상대자**(反對字·相對字): 두 개의 글자가 서로 반대, 또는 상대되는 뜻을 가진 낱말을 말함.
  예1 曲(굽을 곡) ↔ 直(곧을 직)   예2 是(옳을 시, 이 시) ↔ 非(그를 비, 아닐 비)
  예3 得(얻을 득) ↔ 失(잃을 실)

139

한자능력검정 **4**급(**4**II 포함)

해답 ☞ 부록 34쪽

1. 다음 한자어의 독음을 쓰세요.

激憤(	)	未婚(	)	針線(	)	貯蓄(	)	流配(	)
討論(	)	原則(	)	甲寺(	)	防犯(	)	證據(	)
烈女(	)	遊說(	)	希望(	)	害蟲(	)	稱讚(	)
淸掃(	)	産卵(	)	階級(	)	相殺(	)	旅路(	)

2. 다음 한자의 뜻과 소리를 쓰세요.

灰(	)	衛(	)	痛(	)	統(	)	盜(	)
刻(	)	態(	)	投(	)	呼(	)	座(	)
授(	)	歡(	)	趣(	)	境(	)	糧(	)

3. 다음 글의 밑줄 친 단어 중 낱말은 한자로, 한자어는 독음으로 고쳐 쓰세요.

안중근 義士[1]가 스물여섯 살 되던 해인 1905년은, 을사條約[2]이 체결되어 나라의 운명[3]이 風前燈火[4]처럼 위태롭던 때였다.

이 때 안 義士는 나라의 將來[5]를 위해서는 우선 배워야 하고, 힘을 길러야 한다는 신념[6]에서, 많은 재산[7]을 들여 학교를 세우고, 인재[8] 양성[9]에 큰 힘을 쏟았다.

그러나 안 義士는 먼 미래를 생각할 때, 이렇듯 막연히 주저앉아 있을 수만은 없다고 생각하고, 스물여덟 살 되던 해에 블라디보스토크로 망명[10]을 하여, 독립군[11]의 隊列[12]에 뛰어들었다.

(1)	(2)	(3)	(4)	(5)	(6)
(7)	(8)	(9)	(10)	(11)	(12)

 도움글

○「隊列」과 같이 '모음'이나 'ㄴ' 받침 뒤에 이어지는 「렬, 률」은 「렬⇒열, 률⇒율」로 적는다.
  예1 先烈(선렬 ⇒ 선열)   예2 羅列(나렬 ⇒ 나열)   예3 系列(계렬 ⇒ 계열)   예4 自律(자률 ⇒ 자율)

본문학습 91

◉ 아래 한자漢字의 뜻[訓]과 소리[音]를 자세히 익혀봅시다.　　☆표는 4급Ⅱ 배정한자

額(頁)	慮(心)	係☆(人)	容☆(宀)	濟☆(水)
이마 액	생각할 려:	맬 계:	얼굴 용	건널 제:

◉ 아래 설명을 읽고 빈칸에 보기 와 같이 쓰세요.　　보기 例題(법식 례)(제목 제)[예제]

殘額(　　)(　　)〔　　〕
　도▶나머지 금액(金額). 잔고(殘高). 잔금(殘金).

總額(　　)(　　)〔　　〕
　도▶모두를 합한 액수(額數).

額子(　　)(　　)〔　　〕
　도▶그림·글씨 따위를 넣어 벽에 걸기 위한 틀.
　관額字(액자)▷현판(懸板)에 쓴 글자.

考慮(　　)(　　)〔　　〕
　도▶생각하여 헤아림.
　관顧慮(고려)▷다시 돌이켜 생각함.

配慮(　　)(　　)〔　　〕
　도▶여러모로 도와주거나 보살펴 주려고 마음을 씀. 관관심과 配慮를 아끼지 않다.

念慮(　　)(　　)〔　　〕
　도▶마음을 놓지 못함. 관후유증을 念慮하다.

係員(　　)(　　)〔　　〕
　도▶계 단위의 부서(部署)에서 일을 하는 사람.

係爭(　　)(　　)〔　　〕
　도▶소송에서 당사자 간에 다투는 일.

關係(　　)(　　)〔　　〕
　도▶둘 이상이 서로 걸리는 일. 관선후배 關係.

內容(　　)(　　)〔　　〕
　도▶①포장 따위 속에 들어 있는 것. 관소포의 內容. ②글이나 말 따위에 나타나 있는 사항.
　관이야기의 內容을 펼치다.

容量(　　)(　　)〔　　〕
　도▶그릇 안에 들어갈 수 있는 물건의 분량.

許容(　　)(　　)〔　　〕
　도▶①허락하고 용납함. 관許容 한도를 넘다.
②막지 못하고 받아들임. 관한 골을 許容하다.

救濟(　　)(　　)〔　　〕
　도▶어려운 처지(處地)에 있는 사람을 도와줌.
　관난민(難民)을 救濟하다.

經濟(　　)(　　)〔　　〕
　도▶인간이 생활을 하는 데에 필요한 재화(財貨)나 용역을 생산·분배·소비하는 모든 활동 및 이를 통하여 이루어지는 사회관계.

百濟(　　)(　　)〔　　〕
　도▶우리나라 고대 왕국. [고구려의 왕족인 온조가 한반도의 남서쪽에 세운 나라.]

 도움글

○ **약자**(略字) **익히기** : 기존 한자의 실용화를 위해 획을 줄여서 필기체로 사용하던 글자.
　예1 關(관계할 관) ⇒ 関　　예2 濟(건널 제) ⇒ 済　　예3 經(지날 경) ⇒ 経　　예4 爭(다툴 쟁) ⇒ 争

141

92 한자능력검정 4급(4Ⅱ 포함)

◎ 아래 한자漢字의 뜻[訓]과 소리[音]를 자세히 익혀봅시다.

☆표는 4급Ⅱ 배정한자

採 (手)	黨 ☆ (黑)	縮 (糸)	敵 ☆ (攵)	核 (木)
캘 채:	무리 당	줄일 축	대적할 적	씨 핵

◎ 아래 설명을 읽고 빈칸에 보기 와 같이 쓰세요.   보기   例題(법식 례)(제목 제)[예제]

採集(　　　)(　　　)〔　　　〕
도▶무엇을 캐거나 찾아서 모음. ㉮식물 採集.

採石(　　　)(　　　)〔　　　〕
도▶돌산이나 바위에서 석재(石材)로 쓸 돌을 캐거나 떠냄.

特採(　　　)(　　　)〔　　　〕
도▶특별히 채용(採用)함.

黨派(　　　)(　　　)〔　　　〕
도▶주의(主義)·주장(主張)과 이해를 같이하는 사람들끼리 뭉쳐진 단체. ㉮黨派와 문벌을 가리지 않고 인재(人材)를 등용(登用)하다.

野黨(　　　)(　　　)〔　　　〕
도▶정당 정치에서, 정권(政權)을 담당(擔當)하고 있지 아니한 정당. ㉯여당(與黨).

政黨(　　　)(　　　)〔　　　〕
도▶정치적으로 함께하는 사람들이 정권을 잡아 그 이상을 실현하기 위하여 모인 단체. ㉰正當(정당)▷바르고 마땅함. ㉮正當한 요구.

短縮(　　　)(　　　)〔　　　〕
도▶일정 기준보다 짧게 줄임. ㉯연장(延長).

壓縮(　　　)(　　　)〔　　　〕
도▶①압력(壓力)을 주어 부피를 작게 함. ②문장 따위를 줄이어 짧게 함. ㉮壓縮된 문장.

縮小(　　　)(　　　)〔　　　〕
도▶줄여서 작아지거나 작게 함. ㉯확대(擴大).

敵國(　　　)(　　　)〔　　　〕
도▶적대(敵對) 관계(關係)에 있는 나라.

無敵(　　　)(　　　)〔　　　〕
도▶대적할 상대가 없을 정도로 아주 셈.

敵手(　　　)(　　　)〔　　　〕
도▶재주나 힘이 서로 비슷해서 상대가 되는 사람.

核心(　　　)(　　　)〔　　　〕
도▶사물의 중심이 되는 가장 요긴한 부분, 알맹이. ㉮범인의 진술에 核心을 찔렀다.

結核(　　　)(　　　)〔　　　〕
도▶결핵균(結核菌)의 기생(寄生)으로 국부(局部)에 맺히는 작은 결절(結節) 모양의 망울.

核質(　　　)(　　　)〔　　　〕
도▶세포(細胞)의 핵을 구성하는 원형질(原形質).

 도움글

○ 반의어·상대어(反義語·相對語) : 두 개의 낱말이 반대, 또는 상대되는 뜻으로 이루어진 낱말을 말함.
　㉮1 短縮(단축) ⇔ 延長(늘일 연)(긴 장)　㉮2 野黨(야당) ⇔ 與黨(더불 여)(무리 당)
　㉮3 正當(정당) ⇔ 不當(아닐 불/부)(마땅 당)　㉮4 縮小(축소) ⇔ 擴大(넓힐 확)(큰 대)

142

본문학습 93

❄ 아래 한자漢字의 뜻[訓]과 소리[音]를 자세히 익혀봅시다.

☆표는 4급Ⅱ 배정한자

努 ☆(力)	仁 (人)	解 ☆(角)	屈 (尸)	非 ☆(非)
힘쓸 노	어질 인	풀 해:	굽힐 굴	아닐 비:

❄ 아래 설명을 읽고 빈칸에 보기 와 같이 쓰세요.   보기 例題(법식 례)(제목 제)[예제]

努力(　　　)(　　　)〔　　　〕
　도▸어떤 일을 이루기 위해서 힘을 다하여 애씀.
　예끊임없이 努力하는 자세가 중요(重要)하다.

努肉(　　　)(　　　)〔　　　〕
　도▸궂은살.

仁者(　　　)(　　　)〔　　　〕
　도▸어진 사람.

仁政(　　　)(　　　)〔　　　〕
　도▸어진 정치(政治).
　참認定(인정)▷옳다고 믿고 정함.

仁義(　　　)(　　　)〔　　　〕
　도▸어짊과 의로움. 예仁義를 治者의 근본으로 여기다.
　참人意(인의)▷사람의 뜻. 민심(民心).
　참人義(인의)▷사람이 마땅히 해야 할 도리.

解說(　　　)(　　　)〔　　　〕
　도▸알기 쉽게 풀어서 설명(說明)함. 예어려운 漢文을 解說하다.

解放(　　　)(　　　)〔　　　〕
　도▸몸과 마음의 속박(束縛)이나 제한(制限) 따위를 풀어서 자유롭게 함.

理解(　　　)(　　　)〔　　　〕
　도▸① 사리(事理)를 분별하여 앎. ② 말이나 글을 깨쳐서 앎. 예공부는 암기(暗記)보다 理解를…
　참利害(이해)▷이익(利益)과 손해(損害).

屈曲(　　　)(　　　)〔　　　〕
　도▸이리저리 굽어 꺾임. 예屈曲이 심한 산길.

屈折(　　　)(　　　)〔　　　〕
　도▸휘어서 꺾임.

屈伏(　　　)(　　　)〔　　　〕
　도▸주장이나 뜻을 굽히고 복종(服從)함. 굴복(屈服). 예옳지 못한 일에는 屈伏하지 말고 정당하게 맞서 싸워라!

非行(　　　)(　　　)〔　　　〕
　도▸도리나 도덕, 또는 법규에 어긋나는 행위.
　참飛行(비행)▷항공기 따위가 하늘을 날아다님.

非理(　　　)(　　　)〔　　　〕
　도▸도리에 어그러지는 일. 예非理가 적발되다.

非情(　　　)(　　　)〔　　　〕
　도▸① 인간다운 감정(感情)을 가지지 않음. ② 인정(人情)이 없이 몹시 쌀쌀함. 예자식을 버린 非情한 사람.

○ 「解說」에서 「說」자는 쓰임에 따라 훈訓과 음音이 달라지는 **전주자**(轉注字)이다.
　예1 說得(설득)▷(말씀 설)(얻을 득)　예2 喜說 = 喜悅(희열)▷(기쁠 희)(기쁠 열)
　예3 遊說(유세)▷(놀　유)(달랠 세)

143

한자능력검정 4급(4II 포함)

🍋 아래 한자(漢字)의 뜻[訓]과 소리[音]를 자세히 익혀봅시다. ☆표는 4급II 배정한자

起 ☆(走)	演 ☆(水)	恩 ☆(心)	拜 ☆(手)	喜 (口)
일어날 기	펼 연:	은혜 은	절 배:	기쁠 희

🍋 아래 설명을 읽고 빈칸에 보기 와 같이 쓰세요.   보기   例題(법식 례)(제목 제)[예제]

起伏( )( )〔 〕
  도▶ ① 지세(地勢)가 높아졌다 낮아졌다 함. 起伏이 심한 땅. ② 세력(勢力)이 강해졌다 약해졌다 함. 예 A팀은 起伏이 심하다.

起居( )( )〔 〕
  도▶ 일정한 곳에서 일상생활을 함. 또는 그 생활. 예 起居를 같이하다.

起立( )( )〔 〕
  도▶ 일어나 섬. 예 起立 박수. 예 起立 표결.

競演( )( )〔 〕
  도▶ 개인이나 단체(團體)가 모여서 연기(演技)나 기능(技能) 따위를 겨룸. 예 노래 競演 대회.

演說( )( )〔 〕
  도▶ 많은 사람 앞에서 자신의 주의(主義)·주장 따위를 말함. 예 그의 演說은 감동적이었다.

公演( )( )〔 〕
  도▶ 음악·무용 등을 공개된 자리에서 펼침. 예 축하 公演의 막이 오르다.

恩功( )( )〔 〕
  도▶ 은혜(恩惠)와 공로(功勞).

恩師( )( )〔 〕
  도▶ 가르침을 받은 은혜로운 스승.

背恩( )( )〔 〕
  도▶ 은혜를 저버림. 고은(孤恩). 반 보은(報恩).

禮拜( )( )〔 〕
  도▶ 신(神)에게 공손(恭遜)한 마음으로 절하는 일.

再拜( )( )〔 〕
  도▶ ① 두 번 절함. ② '두 번 절하며 올립니다'라는 뜻으로, 편지글 끝에 흔히 쓰는 말.

拜掃( )( )〔 〕
  도▶ 조상의 묘(墓)를 깨끗이 하고 정성스레 돌봄.

歡喜( )( )〔 〕
  도▶ 즐겁고 기쁨.

喜劇( )( )〔 〕
  도▶ ① 익살과 풍자로 관객을 웃기면서 인생의 진실을 명랑하고 경쾌한 측면에서 표현하는 연극. ② 사람을 웃길 만한 사건이나 일. 반 비극(悲劇).

喜報( )( )〔 〕
  도▶ 기쁜 소식. 반 비보(悲報).

○ **반의어·상대어**(反義語·相對語) : 두 개의 낱말이 반대, 또는 상대되는 뜻으로 이루어진 낱말을 말함.
  예1 背恩(배은) ⇔ 報恩(갚을 보)(은혜 은)   예2 喜劇(희극) ⇔ 悲劇(슬플 비)(심할 극, 연극 극)

본문학습 95

🏵 아래 한자漢字의 뜻[訓]과 소리[音]를 자세히 익혀봅시다. ☆표는 4급Ⅱ 배정한자

冊 (冂)	儉 (人)	未 ☆ (木)	堅 (土)	牧 ☆ (牛)
책 책	검소할 검:	아닐 미▶	굳을 견	칠 목

🏵 아래 설명을 읽고 빈칸에 보기 와 같이 쓰세요.   보기 例題(법식 례)(제목 제)[예제]

冊房(　　)(　　)〔　　〕
　도▶서점(書店).

空冊(　　)(　　)〔　　〕
　도▶글씨를 쓸 수 있게 백지(白紙)로 매어 놓은 책.

冊張(　　)(　　)〔　　〕
　도▶책을 이루는 낱낱의 장. 예 冊張을 넘기다.

儉素(　　)(　　)〔　　〕
　도▶치레하지 않고 수수함. 꾸밈이 없이 무던함. 예 儉素와 절약(節約)의 미덕(美德).

勤儉(　　)(　　)〔　　〕
　도▶부지런하고 검소함. 예 우리 가족은 勤儉을 생활신조로 삼는다.

儉約(　　)(　　)〔　　〕
　도▶낭비(浪費)하지 않고 검소하며 절약(節約)함. 예 儉約과 근면으로 경제 난국을 극복하다.

未滿(　　)(　　)〔　　〕
　도▶정한 수나 정도에 차지 못함. 예 20세 未滿.

未來(　　)(　　)〔　　〕
　도▶현재를 기준하여 아직 다가오지 않은 때. 장래(將來). 반 과거(過去).

未安(　　)(　　)〔　　〕
　도▶남에게 폐를 끼쳐 마음이 편하지 못하고 거북함. 예 기다리게 해서 未安합니다.

堅固(　　)(　　)〔　　〕
　도▶굳고 튼튼함. 예 요새(要塞)를 堅固하게 짓다.

堅持(　　)(　　)〔　　〕
　도▶주의·주장이나 태도 따위를 굳게 지니거나 지킴. 견집(堅執). 예 자기주장을 끝까지 堅持하다. 참 見地(견지)▷사물을 관찰·판단하는 처지. 관점(觀點). 예 교육적 見地에서 보다.

堅實(　　)(　　)〔　　〕
　도▶사상(思想)이나 심성(心性) 따위가 미덥고 확실(確實)함. 예 堅實한 생활.

放牧(　　)(　　)〔　　〕
　도▶소나 말·양 따위의 가축을 놓아기름. 예 양과 소의 기업적인 放牧이 늘어나고 있다.

牧童(　　)(　　)〔　　〕
　도▶풀을 뜯기며 마소나 양을 치는 아이.

牧場(　　)(　　)〔　　〕
　도▶말·소·양 따위를 치거나 놓아기르는 시설을 갖추어 놓은 일정한 구역의 땅.

 도움글

○ 「牧(칠 목)」자에서 '칠 = 치다'는 무슨 뜻일까? ☞ '치다'는 여러 의미로 쓰이는 동사(動詞)로, 여기에서는 '①동물이 새끼를 낳아 기르다. ②가축을 기르다. ③꿀을 빚다' 등의 뜻이다.

96 한자능력검정 4급(4Ⅱ 포함)

❋ 아래 한자漢字의 뜻[訓]과 소리[音]를 자세히 익혀봅시다.

☆표는 4급Ⅱ 배정한자

街 ☆ (行)	潮 (水)	歎 = 嘆 (欠)	普 (日)	織 (糸)
거리 가:	조수 조	탄식할 탄:	넓을 보:	짤 직

❋ 아래 설명을 읽고 빈칸에 보기 와 같이 쓰세요.   보기 例題(법식 례)(제목 제)[예제]

市街(　　　)(　　　)〔　　　〕
　도▸번화(繁華)한 거리. 시가지(市街地).

商街(　　　)(　　　)〔　　　〕
　도▸상점(商店)이 많이 늘어서 있는 거리.
　참 商家(상가) ▷ 장사를 업으로 하는 집.

街路(　　　)(　　　)〔　　　〕
　도▸도시의 넓은 길. 가도(街道).

潮流(　　　)(　　　)〔　　　〕
　도▸밀물과 썰물로 말미암아 흐르는 바닷물.

風潮(　　　)(　　　)〔　　　〕
　도▸①바람과 조수(潮水). ②세상이 되어 가는 추세.

干潮(　　　)(　　　)〔　　　〕
　도▸썰물로 해면(海面)의 높이가 가장 낮아진 상태. 저조(低潮). 만 만조(滿潮).

感歎(　　　)(　　　)〔　　　〕
　도▸마음에 깊이 느끼어 탄복(歎服)함. 예 그의 솜씨를 보고 感歎하지 않는 사람이 없었다.

歎息(　　　)(　　　)〔　　　〕
　도▸한탄(恨歎)하며 한숨을 쉼.

歎願(　　　)(　　　)〔　　　〕
　도▸사정(事情)을 말하고 도와주기를 간절히 바람.
　예 백성들이 관청에 歎願하다.

普施(　　　)(　　　)〔　　　〕
　도▸은혜를 널리 베풂.
　참 布施(보시) ▷ 절이나 중, 또는 가난한 사람 등에게 돈이나 물품을 베풂. ※布 : 발음에 주의!

普選(　　　)(　　　)〔　　　〕
　도▸'보통선거(普通選擧)'의 준말.
　참 補選(보선) ▷ '보궐선거(補闕選擧)'의 준말.

普通(　　　)(　　　)〔　　　〕
　도▸특별(特別)하거나 드물거나 하지 않고 예사(例事)로움. 예 普通 솜씨가 아니다.

織造(　　　)(　　　)〔　　　〕
　도▸기계로 피륙 따위를 짜는 일.

羅織(　　　)(　　　)〔　　　〕
　도▸죄 없는 이를 잡아다가 억지로 죄인을 만듦.

織物(　　　)(　　　)〔　　　〕
　도▸'온갖 피륙' 및 그와 비슷하게 '섬유로 짠 물건'을 통틀어 이르는 말.

  도움글

○「布施」에서「布」자는 쓰임에 따라 훈訓과 음音이 달라지므로 주의!
　예1 布木(포목) ▷ (베　포)(나무 목)　예2 布敎(포교) ▷ (펼　포)(가르칠 교)
　예3 布施(보시) ▷ (보시 보)(베풀 시)

146

본문학습

 해답 ☞ 부록 36쪽

1. 다음 한자어의 독음을 쓰세요.

解決 [   ]
도▶사건이나 문제 따위를 잘 처리(處理)함. 용▶문제 解決은 당사자가 직접 해야 한다.

採用 [   ]
도▶① 사람을 뽑아 씀. 용▶직원으로 採用하다. ② 무엇을 가려 쓰거나 받아들임. 채택(採擇).

冊子 [   ]
도▶① 얇거나 작은 책. ② 책. 용▶방학 동안에 수십 종의 冊子를 구해서 읽었다.

演技 [   ]
도▶① 연극·노래·춤 따위의 재주를 보임. 용▶노련(老鍊)한 演技. ② 일부러 남에게 보이기 위하여 하는 말이나 행동. 참煙氣(연기)▷물건이 탈 때 생기는 색깔이 있는 기체. 용▶거실에 煙氣가 자욱하다. 참延期(연기)▷정해 놓은 기간을 물림. 용▶무기한 延期하다.

額數 [   ]
도▶돈의 머릿수. 금액(金額). 용▶額數가 모자란다.

2. 다음 한자어의 독음을 쓰세요.

核實驗 [   ]
도▶핵분열(核分裂)이나 핵융합(核融合) 따위에 관한 폭발(爆發) 실험(實驗).

未開人 [   ]
도▶지식(知識)이나 문화(文化)가 진보(進步)하지 못한 사람.

街路樹 [   ]
도▶큰길의 양쪽가에 줄지어 심은 나무.

非常金 [   ]
도▶비상용(非常用)으로 쓰기 위하여 마련해 둔 돈.

未亡人 [   ]
도▶'남편을 따라 죽지 못한 사람'이란 뜻으로, '남편이 죽고 홀로된 여자'를 이름. 과부(寡婦).

喜消息 [   ]
도▶기쁜 소식. 용▶아침에 喜消息이 날아들었다.

3. 다음 한자성어의 독음을 쓰세요.

時代思潮 [   ]
도▶그 시대의 주류(主流)나 특색(特色)을 이루는 사상적 경향(傾向).

未成年者 [   ]
도▶아직 성년(成年)이 되지 않은 사람.

殺身成仁 [   ]
도▶목숨을 버려 어진 일을 이룸. 절개(節槪)를 지켜 목숨을 버림.

非一非再 [   ]
도▶한두 번이 아님.

도움글

○「殺」자는 쓰임에 따라 훈訓과 음音이 달라지므로 주의!
  예1 殺害(살해) ▷ (죽일 살)(해할 해)   예2 相殺(상쇄) ▷ (서로 상)(감할 쇄) : 셈을 서로 비김.
  예3 殺到(쇄도) ▷ (감할 쇄)(이를 도) : 세차게 몰려듦.

147

한자능력검정 **4**급(**4II** 포함)

해답 ☞ 부록 36쪽

1. 다음 한자어의 독음을 쓰세요.

姿態( )	廣域( )	停止( )	申告( )	固定( )
家寶( )	過勞( )	業績( )	環境( )	彈壓( )
激烈( )	檢察( )	模樣( )	販賣( )	議論( )
液體( )	兩班( )	嚴肅( )	結婚( )	質疑( )

2. 다음 한자의 뜻과 소리를 쓰세요.

| 係( ) | 縮( ) | 屈( ) | 冊( ) | 普( ) |

3. 다음 글의 밑줄 친 단어 중 낱말은 한자로 한자어는 독음으로 고쳐 쓰세요.

새해 첫날에는 온 <u>가족</u>⁽¹⁾이 모여 앉아 서로 지난 일을 회고하고 새로운 계획과 다짐을 하면서 <u>感謝</u>⁽²⁾와 격려 속에 祖上을 생각한다. 특히 팔월 한가위에는 그 해에 거둬들인 햇곡식으로 떡을 빚고 햇과일을 차려, 祖上의 <u>恩惠</u>⁽³⁾를 생각하면서 차례를 지내는 데 뜻이 있다.

이렇듯 차례나 제사를 지내는 일은 우리 겨레의 <u>美風良俗</u>⁽⁴⁾이다. 祖上을 <u>崇拜</u>⁽⁵⁾하며 그 훌륭한 뜻을 길이 받들어 나가는 것은 살아 있는 어른을 <u>尊敬</u>⁽⁶⁾하는 뜻도 되고, 한 가족이나 子孫들의 <u>화합</u>⁽⁷⁾과 친목 그리고 우애⁽⁸⁾와 <u>相助</u>⁽⁹⁾의 마음을 다지는 뜻도 된다.

차례나 제사는 꼭 값진 飮食을 많이 차려야 禮가 되는 것은 아니며, 祖上에 대한 그 마음이 重要한 것이다. 그러므로 <u>家庭儀禮準則</u>⁽¹⁰⁾에 따라 몸과 마음을 정결히 하고, <u>精誠</u>⁽¹¹⁾이 깃든 飮食을 알맞게 차려 祖上에게 感謝 드린 후 온 가족이 오순도순 즐겁게 나누어 먹는 것은 우리 겨레가 갖는 훌륭한 생활 <u>傳統</u>⁽¹²⁾인 것이다.

| (1) | (2) | (3) | (4) | (5) | (6) |
| (7) | (8) | (9) | (10) | (11) | (12) |

○ 兩班 : 옛날 지배층을 이루던 신분을 뜻하는 말로, 원래는 동반(東班 = 文班)과 서반(西班 = 武班)을 이르는 말이었으나 점차 그 가족이나 후손까지 포괄하여 이르게 되었다.

본문학습 97

◈ 아래 한자漢字의 뜻[訓]과 소리[音]를 자세히 익혀봅시다.

☆표는 4급Ⅱ 배정한자

究 ☆ (穴)	送 ☆ (辶)	低 ☆ (人)	宗 ☆ (宀)	犬 (犬)
연구할 구	보낼 송:	낮을 저:	마루 종	개 견

◈ 아래 설명을 읽고 빈칸에 보기 와 같이 쓰세요.   보기 例題(법식 례)(제목 제)[예제]

窮究(　　　)(　　　)〔　　　〕
　도▶ 속속들이 깊이 연구(研究)함.

講究(　　　)(　　　)〔　　　〕
　도▶ 사물을 깊이 조사(調査)하여 연구함.
　　예 비상 대책(非常對策)을 講究하다.

探究(　　　)(　　　)〔　　　〕
　도▶ 진리(眞理)나 법칙(法則) 따위를 더듬어 깊이 연구함. 예 진리(眞理)를 探究하다.

放送(　　　)(　　　)〔　　　〕
　도▶ 라디오나 텔레비전의 전파(電波)에 실어서 내보냄. 예 경기 실황(實況)을 녹화(錄畵)로 放送하다.

送信(　　　)(　　　)〔　　　〕
　도▶ 통신(通信)을 보냄. 반 수신(受信).

送別(　　　)(　　　)〔　　　〕
　도▶ 멀리 떠나는 이를 이별(離別)하여 보냄.
　　예 성대한 送別을 받으며 떠났다.

低空(　　　)(　　　)〔　　　〕
　도▶ 고도(高度)가 낮은 공중(空中). 반 고공(高空).
　　예 헬리콥터가 低空으로 비행하다.

高低(　　　)(　　　)〔　　　〕
　도▶ 높고 낮음. 예 음(音)의 高低에 맞추어 노래하다.

最低(　　　)(　　　)〔　　　〕
　도▶ 가장 낮음. 예 最低 온도. 반 최고(最高).

宗敎(　　　)(　　　)〔　　　〕
　도▶ 신이나 절대자를 숭배(崇拜)함으로써 마음의 평안과 행복을 얻으려는 정신문화의 한 체계. 예 宗敎를 가지다.

宗家(　　　)(　　　)〔　　　〕
　도▶ 한 문중(門中)에서 맏이로만 이어온 큰집.

宗族(　　　)(　　　)〔　　　〕
　도▶ 성(姓)과 본(本)이 같은 겨레붙이.
　　참 種族(종족)▷ 같은 종류의 생물 전체를 이르는 말.

忠犬(　　　)(　　　)〔　　　〕
　도▶ 주인에게 충직(忠直)한 개.

軍犬(　　　)(　　　)〔　　　〕
　도▶ 군사 목적에 쓰이는 개. 군용견(軍用犬).

鬪犬(　　　)(　　　)〔　　　〕
　도▶ 개싸움을 붙임. 또는 그 일.

○ **혼동하기 쉬운 한자**　참1 低(낮을 저)와 底(밑 저)　참2 犬(개 견)과 太(클 태)
　　　　　　　　　　　　참3 探(찾을 탐)과 深(깊을 심)　참4 族(겨레 족)과 旅(나그네 려)

149

98 한자능력검정 4급(4II 포함)

❋ 아래 한자漢字의 뜻[訓]과 소리[音]를 자세히 익혀봅시다.

☆표는 4급II 배정한자

設☆(言)	素☆(糸)	籍(竹)	故☆(攴)	機(木)
베풀 설	본디 소	문서 적	연고 고	틀 기

❋ 아래 설명을 읽고 빈칸에 보기 와 같이 쓰세요.   보기 例題(법식 례)(제목 제)[예제]

設立(　　　)(　　　)〔　　　〕
　도▶학교·회사 따위의 단체(團體)나 기관을 새로 세움. 예도서관(圖書館)을 設立하다.

開設(　　　)(　　　)〔　　　〕
　도▶어떤 시설을 새로 설치(設置)하여 업무(業務)를 시작함. 예한문반을 開設하다.

設備(　　　)(　　　)〔　　　〕
　도▶어떤 일을 하는 데 필요한 건물이나 장치·기물 따위를 갖추는 일. 예設備가 좋은 병원.

平素(　　　)(　　　)〔　　　〕
　도▶보통 때. 평상시(平常時). 예비상시에도 平素의 훈련 때처럼 행동하면 혼란(混亂)이 없다.

素養(　　　)(　　　)〔　　　〕
　도▶평소(平素)에 닦아 쌓은 교양(敎養)이나 기술. 예문학(文學)에 素養이 깊다.

素質(　　　)(　　　)〔　　　〕
　도▶날 때부터 지니고 있는, 성격이나 능력 따위의 바탕이 되는 것. 예서예에 素質이 있다.

在籍(　　　)(　　　)〔　　　〕
　도▶①(학적·호적·병적 따위의) 명부에 이름이 올라 있음. ②(어떤 단체 따위에) 적(籍)이 있음.

國籍(　　　)(　　　)〔　　　〕
　도▶국가의 구성원으로서의 자격·신분.

故人(　　　)(　　　)〔　　　〕
　도▶①죽은 사람. 예故人의 명복을 빌다. ②사귄 지 오래된 벗. 예타향에서 故人을 만나다. 참古人(고인)▷옛날 사람. 맨금인(今人).

無故(　　　)(　　　)〔　　　〕
　도▶①별다른 까닭이 없음. ②사고(事故) 없이 평안함. 맨유고(有故). 예가족의 無故를 빌다.

故意(　　　)(　　　)〔　　　〕
　도▶딴 뜻을 가지고 일부러 하는 생각이나 태도. 맨과실(過失). 예결코 故意는 아니다.

機密(　　　)(　　　)〔　　　〕
　도▶더없이 중요하고 비밀한 일. 국가 기관 등의 중요한 비밀. 예機密을 누설(漏泄)하다.

機智(　　　)(　　　)〔　　　〕
　도▶상황에 따라서 재치 있게 발휘되는 지혜. 예그의 機智로 위급한 상황에서 벗어날 수 있었다. 참基地(기지)▷군대나 탐험대 따위의 행동의 근거지.

機會(　　　)(　　　)〔　　　〕
　도▶무슨 일을 하기에 알맞은 시기. 예절호의 機會.

○「平素」의 '素'자는 '희다, 소박하다, 근본, 성질' 등과 같이 다양한 뜻으로 쓰이는 글자이다.
　예1儉素(검소) 예2素服(소복) 예3平素(평소) 예4素材(소재) 예5簡素(간소) 예6炭素(탄소)

○**혼동하기 쉬운 한자**　참1設(베풀 설)과 說(말씀 설)　참2籍(문서 적)과 藉(깔 자)

150

본문학습 99

◎ 아래 한자漢字의 뜻[訓]과 소리[音]를 자세히 익혀봅시다.

☆표는 4급Ⅱ 배정한자

姉(女)	輪(車)	納(糸)	腸(肉)	精☆(米)
손윗누이 자	바퀴 륜	들일 납	창자 장	정할 정, 자세할 정

◎ 아래 설명을 읽고 빈칸에 보기 와 같이 쓰세요.

보기 例題(법식 례)(제목 제)[예제]

姉妹( )( )〔 〕
　뜻 ▶①여자끼리의 동기(同氣). ②같은 계통에 속하거나 서로 친선 관계에 있는 것. 예姉妹학교.

姉兄( )( )〔 〕
　뜻 ▶손위 누이의 남편. 매형(妹兄). 자부(姉夫).
　참 字形(자형) ▷ 글자꼴.

長姉( )( )〔 〕
　뜻 ▶맏누이.
　참 長子(장자) ▷ 맏아들.

輪讀( )( )〔 〕
　뜻 ▶글이나 책을 여러 사람이 차례로 돌려 가며 읽음. 돌려 읽음.

競輪( )( )〔 〕
　뜻 ▶자전거(自轉車) 경주(競走).

五輪( )( )〔 〕
　뜻 ▶왼쪽부터 靑·黃·黑·綠·赤色의 순으로 오대주(五大洲)를 상징하여 'W'자 모양으로 겹쳐 연결된 다섯 개의 고리로, '근대 올림픽'을 뜻하기도 한다.

納稅( )( )〔 〕
　뜻 ▶세금을 바침. 예納稅의 의무(義務)를 다하다.

出納( )( )〔 〕
　뜻 ▶①금전(金錢)이나 물품(物品)을 내어 주거나 받아들임. ②수입(收入)과 지출(支出).

未納( )( )〔 〕
　뜻 ▶내어야 할 돈을 아직 내지 못함. 예재산세(財産稅)를 未納하다.

心腸( )( )〔 〕
　뜻 ▶마음의 속내. 예그 일로 내 心腸이 무척 상하다.
　참 深長(심장) ▷ 뜻이 깊음. 예意味 深長한 내용.

腸液( )( )〔 〕
　뜻 ▶창자의 점막에 분포하고 있는 무수한 선(線)과 조직 등에서 분비되는 소화액(消化液).

精密( )( )〔 〕
　뜻 ▶아주 잘고 자세(仔細)함. 예사건에 대하여 精密 검사(檢査)를 실시(實施)하다.

精選( )( )〔 〕
　뜻 ▶공을 들여 좋은 것을 골라 뽑음. 예응모(應募) 작품을 精選하다.

精氣( )( )〔 〕
　뜻 ▶만물에 갖추어져 있는 순수한 기운. 예백두산(白頭山)의 精氣를 받다.

 도움글

○ 「姉」자는 「姊」자와 쓰임이 같은 이체자異體字이다.
　예1 歎(탄식할 탄) = 嘆　예2 鷄(닭 계) = 雞　예3 憤(분할 분) = 忿　예4 床(상 상) = 牀

100 한자능력검정 4급(4Ⅱ 포함)

❋ 아래 한자漢字의 뜻[訓]과 소리[音]를 자세히 익혀봅시다.

☆표는 4급Ⅱ 배정한자

俗☆(人)	段(殳)	覺(見)	除☆(阜)	否(口)
풍속 속	층계 단	깨달을 각	덜 제	아닐 부:

❋ 아래 설명을 읽고 빈칸에 보기 와 같이 쓰세요.

보기 例題(법식 례)(제목 제)[예제]

俗稱( )( )〔 〕
 도▶흔히 일컬음. 또는 그 호칭(呼稱). 例그곳은 샘이 솟는 마을이라 하여 俗稱 샘골이라고 한다.

風俗( )( )〔 〕
 도▶예로부터의 생활에 관한 사회적 습관(習慣). 例그 고장의 風俗을 배우다.

通俗( )( )〔 〕
 도▶세상에 널리 통하는 일반적인 풍속(風俗).

手段( )( )〔 〕
 도▶어떤 목적을 달성하기 위한 방법. 例不正한 手段으로 돈을 벌다. 例手段이 뛰어나다.

階段( )( )〔 〕
 도▶①층계. ②일을 하는 데 밟아야 할 순서. 단계(段階).

段落( )( )〔 〕
 도▶①일을 일단 끝내는 매듭. 일이 다 된 끝. ②(긴 문장에서) 내용상으로 일단 끊어지는 곳. 例段落의 주제를 말해보자.

聽覺( )( )〔 〕
 도▶소리를 느끼는 감각. [귀가 공기나 물 등을 통해 받은 음향의 자극을 뇌에 전달하여 일으키는 감각]

感覺( )( )〔 〕
 도▶①눈·살갗 등을 통하여 받아들이는 느낌. 例손이 얼어 感覺이 없다. ②사물의 가치나 변화를 알아내는 정신 능력. 例美的 感覺.

除去( )( )〔 〕
 도▶덜어서 없애 버림. 例불순물을 除去하다.

除名( )( )〔 〕
 도▶어떤 단체 등의 명부(名簿)에서 구성원의 자격에 반대되는 자의 이름을 빼어 버림.

解除( )( )〔 〕
 도▶특정의 상태나 제약을 없애거나 취소함. 例암호를 解除해야 문을 통과할 수 있다.

否認( )( )〔 〕
 도▶옳다고 인정(認定)하지 않음. 例본인의 잘못을 否認하다. 반시인(是認).

否定( )( )〔 〕
 도▶그렇지 않다고 함. 그렇다고 인정하지 아니함. 例사실(事實)을 否定하다.

可否( )( )〔 〕
 도▶옳음과 그름. 찬성(贊成)과 반대(反對). 例투표(投票)로 可否를 결정(決定)하다.

 도움글

● 틀리기 쉬운 약자略字

참1 稱(일컬을 칭) = 称   참2 聽(들을 청) = 聴   참3 覺(깨달을 각) = 覚
참4 國(나라 국) = 国   참5 舊(예 구) = 旧   참6 佛(부처 불) = 仏

본문학습

해답 ☞ 부록 38쪽

1. 다음 한자어의 독음을 쓰세요.

故事 〔   〕
- 도 ▶ 옛날부터 전해 내려오는, 내력 있는 일.

書籍 〔   〕
- 도 ▶ 책(冊).

故鄕 〔   〕
- 도 ▶ 태어나서 자란 곳. 시골. 향리(鄕里).

低俗 〔   〕
- 도 ▶ 뜻이나 인격 따위가 낮고 속됨.
- 참 低速(저속) ▷ 느린 속도. 예 低速으로 비행하다.
- 반 고속(高速).

斷腸 〔   〕
- 도 ▶ '창자가 끊어질 듯한 슬픔이나 괴로움'을 이르는 말. 예 斷腸의 아픔을 딛고 일어서다.
- 참 團長(단장) ▷ 일정한 조직체를 이룬 단체의 우두머리.

機構 〔   〕
- 도 ▶ 하나의 조직을 이루고 있는 구조적인 체계. 예 회사의 機構를 개편(改編)하다.
- 참 器具(기구) ▷ 세간·그릇·연장 따위를 통틀어 이르는 말. 예 생활 器具.
- 참 氣球(기구) ▷ 수소·헬륨 등 공기보다 가벼운 기체를 넣어 공중에 띄우는 큰 공 모양의 물건. 예 氣球를 띄우다.

2. 다음 한자어의 독음을 쓰세요.

宗主權 〔   〕
- 도 ▶ 한 나라가 다른 나라의 내정(內政)이나 외교(外交)를 관장(管掌)하는 특수한 권리.

先覺者 〔   〕
- 도 ▶ 남보다 앞서서 사물의 도리(道理)를 깨달은 사람.

輪番制 〔   〕
- 도 ▶ 어떤 일을 차례대로 번들어 맡아보는 방법이나 제도.

警覺心 〔   〕
- 도 ▶ 정신을 가다듬어 경계하는 마음. 예 재해(災害) 예방에 대한 警覺心을 불러일으키다.

3. 다음 한자성어의 독음을 쓰세요.

中繼放送 〔   〕
- 도 ▶ ① 중계(中繼). ② 중간(中間)에서 이어줌.

權不十年 〔   〕
- 도 ▶ '권세는 십 년을 가지 못한다'는 뜻으로, '아무리 높은 권세라도 오래가지 못함'을 이르는 말.

寸鐵殺人 〔   〕
- 도 ▶ '한치의 쇠붙이로도 사람을 죽인다'는 뜻으로, '짧은 말로도 남의 약점을 찌르거나 남을 감동시킬 수 있음'을 이르는 말.

溫故知新 〔   〕
- 도 ▶ 옛것을 익히고 그것을 미루어 새것을 앎.

도움글

○ 「溫故知新」에서 「溫」자는 '따뜻하다, 순수하다, 익히다' 등의 뜻으로 쓰이는 글자로, 여기에서는 '익히다'는 의미로 쓰였다.
참1 溫暖(온난)   참2 溫帶(온대)   참3 溫情(온정)   참4 溫順(온순)   참5 溫冷(온랭)

153

한자능력검정 **4**급(**4**Ⅱ 포함)

해답 ☞ 부록 38쪽

1. 다음 한자어의 독음을 쓰세요.

效驗(	)	牛乳(	)	避難(	)	博覽(	)	投票(	)
例外(	)	資格(	)	授與(	)	節候(	)	特派(	)
認識(	)	放牧(	)	投資(	)	崇拜(	)	除去(	)
容易(	)	缺勤(	)	援助(	)	考察(	)	軍隊(	)
理髮(	)	群落(	)	測量(	)	法院(	)	制壓(	)

2. 다음 한자의 뜻과 소리를 쓰세요.

否(	)	究(	)	籍(	)	納(	)	素(	)
設(	)	段(	)	腸(	)	除(	)	輪(	)
機(	)	精(	)	宗(	)	低(	)	姉(	)

3. 다음 글을 읽고 밑줄 친 한자어를 한자로 쓰세요.

① 그는 어렸을 때부터 <u>학문</u>⁽¹⁾을 하기로 뜻을 세우고 <u>평생</u>⁽²⁾을 통해 배우는 일을 중요시하여 게으름이 없었다.
② 그는 <u>애국</u>⁽³⁾ 충정의 행동과 <u>지조</u>⁽⁴⁾를 <u>일생</u>⁽⁵⁾ 동안 굽히지 않고 살았습니다.
③ 심판의 <u>신호</u>⁽⁶⁾가 떨어지자, <u>선수</u>⁽⁷⁾들은 힘과 꾀로 <u>상대방</u>⁽⁸⁾을 넘어뜨리려고 애를 씁니다.
④ <u>물가</u>⁽⁹⁾가 <u>안정</u>⁽¹⁰⁾되고, 물자가 <u>공평</u>⁽¹¹⁾하게 <u>유통</u>⁽¹²⁾되어야 나라 안이 넉넉해진다.

(1)	(2)	(3)	(4)	(5)	(6)
(7)	(8)	(9)	(10)	(11)	(12)

 도움글

○ 지금까지 4급(1,000자) 중에서 5급(500자)을 제외한 4급에 새로 배정된 500자의 한자를 활용해 보았습니다. 지금까지 익힌 것을 평가문제와 함께 복습하면 좋은 결실을 맺을 수 있을 것입니다.

한자능력 검정시험

훈음쓰기 · 한자쓰기

훈음쓰기 · 한자쓰기

훈음쓰기와 한자쓰기는 4급(1,000자)을 총정리할 수 있도록 엮은 것입니다.

학습방법

[훈음쓰기 ❶ · 한자쓰기 ❶]와 [한자쓰기 ❷ · 훈음쓰기 ❷] … 를 풀이하여 서로 대조對照하여 정답을 확인한 후, 틀린 한자에 대해서는 낱말을 만들어서 반복 학습합니다.

정답확인

훈음쓰기와 한자쓰기를 서로 대조對照하면 정답을 확인할 수 있습니다.

훈음쓰기·한자쓰기

아래 한자의 훈과 음을 빈칸에 쓰세요.  ☆표는 4급Ⅱ 한자임 4급 훈음쓰기

香(香)	備☆(人)	郵(邑)	怒☆(心)	錄☆(金)
易(日)	血☆(血)	佛☆(人)	保☆(人)	射(寸)
犯(犬)	請☆(言)	誤☆(言)	脫(肉)	困(口)
松(木)	柳(木)	疲(疒)	進☆(辵)	至☆(至)
豫(豕)	離(隹)	探(手)	測☆(水)	招(手)
險(阜)	興☆(臼)	稱(禾)	或(戈)	墓(土)
婚(女)	孤(子)	細☆(糸)	鏡(金)	賢☆(貝)
避(辵)	批(手)	防☆(阜)	員☆(口)	早☆(日)
厚(厂)	圍(口)	榮☆(木)	往☆(彳)	連☆(辵)
肉☆(肉)	蟲☆(虫)	謝☆(言)	歸☆(止)	覽(見)

○ 혼동하기 쉬운 한자   답1 錄과 綠(푸를 록)   답2 困과 因(인할 인)   답3 探과 深(깊을 심)
   답4 險과 儉(검소할 검)   답5 興과 與(더불 여)   답6 往과 住(살 주)

157

한자능력검정 **4**급(**4**II 포함)

🏵 아래 훈과 음에 알맞은 한자를 빈칸에 쓰세요.　　정답 ☞ 160쪽　　4급 한자쓰기 ❷

베풀 장	고요할 정	베풀 시	원망할 원	버금 차
좋을 호	형세 세	벌일 렬	근원 원	곳집 고
틈 가, 겨를 가	알 란	줄기 맥	장막 장	밭 전
모양 양	돌아올 회	엎드릴 복	말씀 변	살필 찰
얽을 구	좇을 종	무리 대	막을 거	가루 분
격할 격	멜 담	기록할 지	가 변	호반 무
더불 여	사나울 폭, 모질 포	방 방	받을 수	구를 전
방해할 방	갚을 보	새 조	끊을 절	경계할 계
끌 인	심할 극	쇳돌 광	벌할 벌	납 신
밑 저	분할 분	다스릴 치	맞을 영	가지 조

 도움글

○「곳집 고」에서 '곳집'은 '곳간으로 지은 집'을 뜻하는 말로, '곳간'은 '물건을 간직해 두는 곳'을 이르는 말이다. 🈂️곳간에 쌀이 가득하다.

훈음쓰기 · 한자쓰기

아래 훈과 음에 알맞은 한자를 빈칸에 쓰세요.  정답 ☞ 157쪽   4급 한자쓰기

향기 향	갖출 비	우편 우	성낼 노	기록할 록
바꿀 역, 쉬울 이	피 혈	부처 불	지킬 보	쏠 사
범할 범	청할 청	그르칠 오	벗을 탈	곤할 곤
소나무 송	버들 류	피곤할 피	나아갈 진	이를 지
미리 예	떠날 리	찾을 탐	헤아릴 측	부를 초
험할 험	일 흥	일컬을 칭	혹 혹	무덤 묘
혼인할 혼	외로울 고	가늘 세	거울 경	어질 현
피할 피	비평할 비	막을 방	인원 원	이를 조
두터울 후	에워쌀 위	영화 영	갈 왕	이을 련
고기 육	벌레 충	사례할 사	돌아갈 귀	볼 람

 도움글

○ 「혹 혹」에서 '혹或'은 '혹시'를 뜻하는 말이다. 例 혹 일이 잘못되더라도… 例 혹 그를 만나면…
○ 「영화 영」에 '영화榮華'는 '이름이 세상에 빛나거나 권력과 부귀를 마음껏 누리는 것'을 뜻하는 말이다.

159

한자능력검정 **4급(4Ⅱ 포함)**

● 아래 한자의 훈과 음을 빈칸에 쓰세요.   정답 ☞ 158쪽   ☆표는 4급Ⅱ 한자임   **4급 훈음쓰기**

張 (弓)	靜 (靑)	施 ☆ (方)	怨 (心)	次 ☆ (欠)
好 ☆ (女)	勢 ☆ (力)	列 ☆ (刀)	源 (水)	庫 (广)
暇 (日)	卵 (卩)	脈 ☆ (肉)	帳 (巾)	田 ☆ (田)
樣 (木)	回 ☆ (口)	伏 (人)	辯 (辛)	察 ☆ (宀)
構 (木)	從 (彳)	隊 ☆ (阜)	拒 (手)	粉 (米)
激 (水)	擔 ☆ (手)	誌 (言)	邊 ☆ (辶)	武 ☆ (止)
與 (臼)	暴 ☆ (日)	房 ☆ (戶)	受 ☆ (又)	轉 (車)
妨 (女)	報 ☆ (土)	鳥 ☆ (鳥)	絶 ☆ (糸)	戒 (戈)
引 ☆ (弓)	劇 (刀)	鑛 (金)	罰 ☆ (网)	申 ☆ (田)
底 (广)	憤 (心)	治 ☆ (水)	迎 (辶)	條 (木)

○ 혼동하기 쉬운 한자　　참1 辯과 辨(분별할 변)　참2 受와 授(줄 수)　참3 妨과 防(막을 방)
　　　　　　　　　　　 참4 鳥와 島(섬 도)　　　참5 申과 甲(갑옷 갑)　참6 底와 低(낮을 저)

훈음쓰기 · 한자쓰기

아래 한자의 훈과 음을 빈칸에 쓰세요. 정답 ☞ 163쪽 ☆표는 4급Ⅱ 한자임 **4급 훈음쓰기 3**

彈(弓)	鄕☆(邑)	資(貝)	疑(疋)	齒☆(齒)
讚(言)	據(手)	置☆(网)	憲(心)	銃☆(金)
亂(乙)	危(卩)	朱(木)	辭(辛)	官☆(宀)
略(田)	常☆(巾)	胞(肉)	珍(玉)	看(目)
標(木)	律☆(彳)	逆☆(辵)	步☆(止)	詩☆(言)
裝(衣)	減☆(水)	拍(手)	季(子)	毒☆(毋)
燈☆(火)	積(禾)	判(刀)	戶☆(戶)	繼(糸)
華(艸)	取☆(又)	擊(手)	港☆(水)	陰☆(阜)
龍(龍)	妙(女)	伐☆(人)	屬(尸)	帶☆(巾)
階(阜)	羅☆(网)	恨(心)	鍾=鐘(金)	映=暎(日)

○ **혼동하기 쉬운 한자**　죔1 官과 宮(집　궁)　죔2 裝과 製(지을　제)　죔3 季와 李(오얏 리)
　　　　　　　　　　　죔4 積과 績(길쌈 적)　죔5 伐과 代(대신할 대)　죔6 限과 恨(한　한)

161

한자능력검정 4급(4II 포함)

❋ 아래 훈과 음에 알맞은 한자를 빈칸에 쓰세요. 정답 ☞ 164쪽

4급 한자쓰기

젖 유	혀 설	거동 의	끊을 단	베풀 선
다를 이	바랄 희	등 배	고리 환	참 진
본뜰 모	얻을 득	맞을 적	들을 청	시험 시
겹칠 복	깨끗할 결	가리킬 지	내릴 강, 항복할 항	풍년 풍
모을 축	옮길 이	이어맬 계	빌 허	닭 계
재주 예	이을 승	깊을 심	쏠 소	경영할 영
엄숙할 숙	의지할 의	한가할 한	응할 응	부칠 기
머무를 류	베[펼] 포, 보시 보	법 범	구슬 옥	권세 권
고울 려	회복할 복, 다시 부	실 사	성인 성	의논할 의
지을 제	꺾을 절	가릴 택	마을[官廳] 부	콩 두

  도움글

○ 「빌 허」에서 '빌'은 '속에 든 것 없이 비어 있음'을 뜻한다. 例주머니가 비다. 例빈손으로 오다.
○ 「가릴 택」에서 '가릴'은 '몇몇 가운데서 골라 냄'을 뜻한다. 例쌀에 섞인 뉘를 가리다.

훈음쓰기 · 한자쓰기

아래 훈과 음에 알맞은 한자를 빈칸에 쓰세요.  정답 ☞ 161쪽   4급 한자쓰기

탄알 탄	시골 향	재물 자	의심할 의	이 치
기릴 찬	근거 거	둘 치	법 헌	총 총
어지러울 란	위태할 위	붉을 주	말씀 사	벼슬 관
간략할 략, 약할 략	떳떳할 상	세포 포	보배 진	볼 간
표할 표	법칙 률	거스를 역	걸을 보	시 시
꾸밀 장	덜 감	칠 박	계절 계	독 독
등 등	쌓을 적	판단할 판	집 호	이을 계
빛날 화	가질 취	칠 격	항구 항	그늘 음
용 룡	묘할 묘	칠 벌	붙일 속	띠 대
섬돌 계	벌릴 라	한 한	쇠북 종	비칠 영

 도움글

○ 「둘 치」에서 '둘'은 '두다'라는 말로, '용서하다, 풀어 주다, 베풀다' 등의 뜻을 담고 있다.
○ 「붙일 속」에서 '붙일'은 '붙이다'라는 말로, '부착하다, 맡기다, 살붙이' 등의 뜻을 담고 있다.

한자능력검정 **4급**(4Ⅱ 포함)

4급 훈음쓰기

아래 한자의 훈과 음을 빈칸에 쓰세요. 정답 ☞ 162쪽 ☆표는 4급Ⅱ 한자임

乳 (乙)	舌 (舌)	儀 (人)	斷 ☆ (斤)	宣 ☆ (宀)
異 (田)	希 ☆ (巾)	背 ☆ (肉)	環 (玉)	眞 ☆ (目)
模 (木)	得 ☆ (彳)	適 (辵)	聽 (耳)	試 ☆ (言)
複 (衣)	潔 ☆ (水)	指 ☆ (手)	降 (阜)	豊 ☆ (豆)
蓄 ☆ (艸)	移 ☆ (禾)	系 (糸)	虛 ☆ (虍)	鷄 (鳥)
藝 ☆ (艸)	承 ☆ (手)	深 ☆ (水)	掃 ☆ (手)	營 (火)
肅 (聿)	依 (人)	閑 (門)	應 ☆ (心)	寄 (宀)
留 ☆ (田)	布 ☆ (巾)	範 (竹)	玉 ☆ (玉)	權 ☆ (木)
麗 ☆ (鹿)	復 ☆ (彳)	絲 (糸)	聖 ☆ (耳)	議 ☆ (言)
製 ☆ (衣)	折 (手)	擇 (手)	府 ☆ (广)	豆 ☆ (豆)

 도움글

- 혼동하기 쉬운 한자   图1 希와 布(베 포)   图2 聽과 廳(관청 청)   图3 復와 腹(배 복)
- 틀리기 쉬운 약자略字   图1 斷 = 断   图2 聽 = 聴   图3 鷄 = 鶏   图4 藝 = 芸   图5 絲 = 糸

아래 한자의 훈과 음을 빈칸에 쓰세요. 정답 ☞ 167쪽 ☆표는 4급Ⅱ 한자임 **4급 훈음쓰기** 5

求 ☆ (水)	祕 (示)	缺 ☆ (缶)	處 ☆ (虍)	毛 ☆ (毛)
鳴 (鳥)	創 ☆ (刀)	姿 (女)	接 ☆ (手)	存 (子)
就 (尢)	貨 ☆ (貝)	寺 ☆ (寸)	配 ☆ (酉)	管 (竹)
味 ☆ (口)	兩 ☆ (入)	息 ☆ (心)	銅 ☆ (金)	床 ☆ (广)
更 (曰)	殘 (歹)	儒 (人)	閉 (門)	守 ☆ (宀)
證 (言)	帝 (巾)	筋 (竹)	攻 (攴)	眼 ☆ (目)
骨 (骨)	快 ☆ (心)	候 (人)	將 ☆ (寸)	富 ☆ (宀)
警 ☆ (言)	師 ☆ (巾)	篇 (竹)	政 ☆ (攴)	檢 ☆ (木)
革 (革)	徒 (彳)	遺 (辵)	聲 ☆ (耳)	謠 ☆ (言)
酒 (酉)	殺 ☆ (殳)	持 (手)	陣 (阜)	壁 ☆ (土)

도움글

혼동하기 쉬운 한자

참1 管과 營(경영할 영) 참2 快와 決(결단할 결) 참3 師와 帥(장수 수)
참4 持와 特(특별할 특) 참5 徒와 從(좇을 종) 참6 富와 當(마땅 당)

한자능력검정 4급(4II 포함)

🌸 아래 훈과 음에 알맞은 한자를 빈칸에 쓰세요. 정답 ☞ 168쪽

4급 한자쓰기

매울 렬	순수할 순	터럭 발	마실 흡	형벌 형
도울 호	문서 권	지경 역	빼어날 수	연기 연
클 거	돈 전	형상 상, 문서 장	겨룰 항	가지런할 정
탈 연	화할 협	뜻 지	맡길 위	장정 정, 고무래 정
무리 중	침노할 침	비석 비	더할 증	보배 보
버금 부	높을 숭	간략할 간, 대쪽 간	점령할 점, 점칠 점	극진할 극, 다할 극
권할 권	굳을 확	만날 우	각시 씨, 성씨 씨	칠 토
섞일 잡	도울 원	진 액	숨을 은	가난할 빈
어려울 난	엄할 엄	높을 존	옳을 의	말 두
누를 압	상황 황	넓을 박	대 죽	사사 사

 도움글

○「고무래 정」에서 '고무래'는 '곡식을 그러모으거나 펴거나 또는 논밭의 흙을 고르거나 아궁이의 재를 긁어모으는 데 쓰는 나무로 만든 「T」자 모양의 기구'를 말한다.

훈음쓰기 · 한자쓰기

아래 훈과 음에 알맞은 한자를 빈칸에 쓰세요. 정답 ☞ 165쪽

4급 한자쓰기 ⑤

구할 구	숨길 비	이지러질 결	곳 처	터럭 모
울 명	비롯할 창	모양 자	이을 접	있을 존
나아갈 취	재물 화	절 사	나눌 배, 짝 배	대롱 관, 주관할 관
맛 미	두 량	쉴 식	구리 동	상 상
다시 갱, 고칠 경	남을 잔	선비 유	닫을 폐	지킬 수
증거 증	임금 제	힘줄 근	칠 공	눈 안
뼈 골	쾌할 쾌	기후 후	장수 장	부자 부
깨우칠 경	스승 사	책 편	정사 정	검사할 검
가죽 혁	무리 도	남길 유	소리 성	노래 요
술 주	죽일 살, 감할 쇄	가질 지	진칠 진	벽 벽

 도움글

○ 「상 상」에서 '상'은 '음식을 차려 내거나, 걸터앉거나, 책을 올려놓고 볼 수 있게 만든 가구'를 통틀어 이르는 말로, 소반, 책상, 평상 따위가 있다.

4급 훈음쓰기

아래 한자의 훈과 음을 빈칸에 쓰세요. 정답 ☞ 166쪽 ☆표는 4급Ⅱ 한자임

烈(火)	純☆(糸)	髮(髟)	吸☆(口)	刑(刀)
護☆(言)	券(刀)	域(土)	秀(禾)	煙☆(火)
巨(工)	錢(金)	狀☆(犬)	抗(手)	整(攴)
燃(火)	協☆(十)	志☆(心)	委(女)	丁(一)
衆☆(血)	侵☆(人)	碑(石)	增☆(土)	寶☆(宀)
副☆(刀)	崇(山)	簡(竹)	占(卜)	極☆(木)
勸(力)	確☆(石)	遇(辵)	氏(氏)	討(言)
雜(隹)	援(手)	液☆(水)	隱(阜)	貧☆(貝)
難☆(隹)	嚴(口)	尊☆(寸)	義☆(羊)	斗☆(斗)
壓☆(土)	況(水)	博☆(十)	竹☆(竹)	私(禾)

도움글

- 혼동하기 쉬운 한자   圖1 委와 季(계절 계)   圖2 貧과 貪(탐할 탐)   圖3 券과 卷(책 권)
- 정자正字와 약자略字   圖1 壓 = 圧   圖2 狀 = 状   圖3 寶 = 宝   圖4 雜 = 雑   圖5 嚴 = 厳

훈음쓰기·한자쓰기

❂ 아래 한자의 훈과 음을 빈칸에 쓰세요.　　정답 ☞ 171쪽　　☆표는 4급Ⅱ 한자임　　**4급 한자쓰기**

差(工)	傷(人)	紀(糸)	泉(水)	檀☆(木)
包☆(勹)	均(土)	悲☆(心)	針(金)	星☆(日)
窮(穴)	經☆(糸)	優(人)	專(寸)	獎(大)
威(女)	干(干)	築☆(竹)	敢(攵)	督☆(目)
勉(力)	修☆(人)	退☆(辶)	層(尸)	妹(女)
程☆(禾)	準☆(水)	緣(糸)	講☆(言)	君(口)
盛☆(皿)	總☆(糸)	評(言)	推(手)	勤(力)
爲☆(爪)	端☆(立)	慰(心)	廳(广)	暗☆(日)
顯(頁)	造☆(辶)	導☆(寸)	宮☆(宀)	傾(人)
訪☆(言)	餘☆(食)	稅☆(禾)	散(攵)	穀(禾)

- 모양은 다르나 쓰임이 같은 이체자　　 예1 針 = 鍼　 예2 豊 = 豐　 예3 鷄 = 雞　 예4 鍾 = 鐘
- 정자正字와 약자略字　　 예1 獎 = 奖　 예2 爲 = 為　 예3 顯 = 顕　 예4 餘 = 余　 예5 廳 = 庁

한자능력검정 **4급(4II 포함)**

● 아래 훈과 음에 알맞은 한자를 빈칸에 쓰세요. 정답 ☞ 172쪽

4급 한자쓰기

힘쓸 무	대포 포	뛰어날 걸	코끼리 상	도둑 적
같을 여	섞을 혼	휘두를 휘	한할 한	홑 단
볼 감	따뜻할 난	재 성	막을 장	갈 연
양 양	집 사	은혜 혜	달 감	갑옷 갑
도장 인	늘일 연	낱 개	잘 침	볼 시
갈래 파	기특할 기	장할 장	짤 조	절제할 제
도울 조	깨뜨릴 파	도망할 도	금할 금	살 거
배 항	덜 손	생각 상	즈음 제, 가 제	그릇 기
찰 만	길쌈 적	점 점	싸움 투	놀 유
무리 군	충성 충	납 연	편안 강	지혜 지, 슬기 지

 도움글

- 「갈 연」에서 '갈'은 '갈다, 문지르다' 등의 뜻으로, 「연구」, 「연마」, 「연수」 등의 한자어에 쓰인다.
- 「재 성」에서 '재'는 '길이 나 있는 높은 산의 고개'라는 뜻으로, 「성벽」, 「불야성」 등에 쓰인다.

훈음쓰기 · 한자쓰기

❄ 아래 훈과 음에 알맞은 한자를 빈칸에 쓰세요. 정답 ☞ 169쪽

4급 한자쓰기 **7**

다를 차	다칠 상	벼리 기	샘 천	박달나무 단
쌀 포	고를 균	슬플 비	바늘 침	별 성
다할 궁, 궁할 궁	지날 경, 글 경	넉넉할 우	오로지 전	장려할 장
위엄 위	방패 간	쌓을 축	감히 감, 구태여 감	감독할 독
힘쓸 면	닦을 수	물러날 퇴	층 층	누이 매
한도 정, 길 정	준할 준	인연 연	월 강	임금 군
성할 성	다 총	평할 평	밀 추	부지런할 근
하 위, 할 위	끝 단	위로할 위	관청 청	어두울 암
나타날 현	지을 조	인도할 도	집 궁	기울 경
찾을 방	남을 여	세금 세	흩을 산	곡식 곡

 도움글

○ 「벼리 기」에서 '벼리'는 '그물의 위쪽 코를 꿰어 오므렸다 폈다 하는 줄'을 뜻하는 말로 '벼릿 줄'이라고도 하는데, 보통 '일이나 글의 가장 중심이 되는 줄거리'를 이르는 말로 쓰인다.

171

한자능력검정 4급(4Ⅱ 포함)

4급 훈음쓰기

아래 한자의 훈과 음을 빈칸에 쓰세요. 정답 ☞ 170쪽 ☆표는 4급Ⅱ 한자임

務☆(力)	砲☆(石)	傑(人)	象(豕)	賊(貝)
如(女)	混☆(水)	揮(手)	限☆(阜)	單☆(口)
監☆(皿)	暖☆(日)	城☆(土)	障☆(阜)	硏☆(石)
羊(羊)	舍(舌)	惠☆(心)	甘(甘)	甲(田)
印☆(卩)	延(廴)	個☆(人)	寢(宀)	視☆(見)
派(水)	奇(大)	壯(士)	組(糸)	制☆(刀)
助☆(力)	破☆(石)	逃(辶)	禁☆(示)	居(尸)
航☆(舟)	損(手)	想☆(心)	際☆(阜)	器☆(口)
滿☆(水)	績(糸)	點(黑)	鬪(鬥)	遊(辶)
群(羊)	忠☆(心)	鉛(金)	康☆(广)	智(日)

 도움글

- 혼동하기 쉬운 한자   참1 群과 郡(고을 군)   참2 際와 祭(제사 제)   참3 派와 脈(줄기 맥)
- 정자正字와 약자略字   참1 點 = 点   참2 壯 = 壮   참3 單 = 单   참4 權 = 权   참5 滿 = 満

172

훈음쓰기・한자쓰기

아래 한자의 훈과 음을 빈칸에 쓰세요. 정답 ☞ 175쪽 ☆표는 4급Ⅱ 한자임 **4급 훈음쓰기**

卷(㔾)	走(走)	假☆(人)	密☆(宀)	提☆(手)
論☆(言)	紅(糸)	圓☆(口)	驚(馬)	婦☆(女)
負(貝)	益☆(皿)	續☆(糸)	驗☆(馬)	祭☆(示)
叔(又)	孔(子)	舞(舛)	認☆(言)	句(口)
刻(刀)	盜(皿)	收☆(攴)	灰(火)	糧(米)
衛☆(行)	授☆(手)	歡(欠)	座(广)	爆(火)
痛(疒)	達☆(辶)	態☆(心)	票☆(示)	飛☆(飛)
趣(走)	盡(皿)	投(手)	波☆(水)	周(口)
統☆(糸)	頌(頁)	笑☆(竹)	呼☆(口)	職☆(耳)
境☆(土)	慶☆(心)	支☆(支)	誠☆(言)	是☆(日)

 도움글

○ **혼동하기 쉬운 한자**   图1 職과 識(알 식)   图2 痛과 庸(떳떳할 용)   图3 驚과 警(깨우칠 경)

○ **틀리기 쉬운 한자의 부수**部首   图1 投(手=扌)   图2 刻(刀=刂)   图3 卷(卩 = 㔾)   图4 收(攴=攵)

한자능력검정 4급(4II 포함)

● 아래 훈과 음에 알맞은 한자를 빈칸에 쓰세요. 정답 ☞ 176쪽

4급 한자쓰기 10

이마 액	생각할 려	맬 계	얼굴 용	건널 제
캘 채	무리 당	줄일 축	대적할 적	씨 핵
힘쓸 노	어질 인	풀 해	굽힐 굴	아닐 비
일어날 기	펼 연	은혜 은	절 배	기쁠 희
책 책	검소할 검	아닐 미	굳을 견	칠 목
거리 가	조수 조, 밀물 조	탄식할 탄	넓을 보	짤 직
연구할 구	보낼 송	낮을 저	마루 종	개 견
베풀 설	본디 소, 흴 소	문서 적	연고 고	틀 기
손윗누이 자	바퀴 륜	들일 납	창자 장	정할 정, 자세할 정
풍속 속	층계 단	깨달을 각	덜 제	아닐 부

 도움글

○ 「조수 조」에서 '조수'는 '해와 달의 인력에 의해서 주기적으로 들어왔다 나갔다 하는 바닷물, 또는 아침에 밀려들어왔다가 나가는 바닷물'을 뜻하는 말로, 「간조」, 「풍조」 등의 한자어에 쓰인다.

174

훈음쓰기 · 한자쓰기

◎ 아래 훈과 음에 알맞은 한자를 빈칸에 쓰세요.  4급 한자쓰기

책 권	달릴 주	거짓 가	빽빽할 밀	끝 제
논할 론	붉을 홍	둥글 원	놀랄 경	며느리 부
질 부	더할 익	이을 속	시험 험	제사 제
아재비 숙	구멍 공	춤출 무	알 인	글귀 구
새길 각	도둑 도	거둘 수	재 회	양식 량
지킬 위	줄 수	기쁠 환	자리 좌	불터질 폭
아플 통	통달할 달	모습 태	표 표	날 비
뜻 취	다할 진	던질 투	물결 파	두루 주
거느릴 통	칭송할 송, 기릴 송	웃음 소	부를 호	직분 직
지경 경	경사 경	지탱할 지	정성 성	이 시

○ 「재 회」에서 '재'는 '물질이 불에 타버린 뒤에 남는 것'을 뜻하는 말로, 「석회」, 「회색」 등에 쓰인다.
○ 「아재비 숙」에서 '아재비'는 '아저씨'의 낮춤말로, '아버지와 같은 항렬의 남자'를 일컫는 말이다.

한자능력검정 **4급**(**4Ⅱ** 포함)

❋ 아래 한자의 훈과 음을 빈칸에 쓰세요.   정답 ☞ 174쪽   ☆표는 4급Ⅱ 한자임   **4급 훈음쓰기**

額(頁)	慮(心)	係☆(人)	容☆(宀)	濟☆(水)
採(手)	黨☆(黑)	縮(糸)	敵☆(攵)	核(木)
努☆(力)	仁(人)	解☆(角)	屈(尸)	非☆(非)
起☆(走)	演☆(水)	恩☆(心)	拜☆(手)	喜(口)
冊(冂)	儉(人)	未☆(木)	堅(土)	牧☆(牛)
街☆(行)	潮(水)	歎(欠)	普(日)	織(糸)
究☆(穴)	送☆(辵)	低☆(人)	宗☆(宀)	犬(犬)
設☆(言)	素☆(糸)	籍(竹)	故☆(攴)	機(木)
姉(女)	輪(車)	納(糸)	腸(肉)	精☆(米)
俗☆(人)	段(殳)	覺(見)	除☆(阜)	否(口)

 도움글

○ 혼동하기 쉬운 한자   도1 未와 末(끝 말)   도2 歎과 難(어려울 난)   도3 輪과 論(논할 론)
○ 틀리기 쉬운 한자의 **부수**部首   도1 腸(肉=月)   도2 除(阜=阝)   도3 故(支=攵)   도4 送(辵=辶)

훈음쓰기 · 한자쓰기

✱ 아래 한자의 훈과 음을 빈칸에 쓰세요. 정답 ☞ 179쪽

5급 훈음쓰기

吉(口)	壇(土)	兵(八)	勞(力)	亡(亠)
位(人)	害(宀)	德(彳)	打(手)	曲(日)
案(木)	法(水)	炭(火)	示(示)	終(糸)
船(舟)	變(言)	財(貝)	量(里)	順(頁)
價(人)	以(人)	典(八)	化(匕)	史(口)
士(士)	局(尸)	念(心)	改(攴)	最(曰)
材(木)	氷(水)	爭(爪)	祝(示)	罪(罒)
良(艮)	說(言)	貯(貝)	鐵(金)	願(頁)
件(人)	任(人)	再(冂)	卒(十)	商(口)
談(言)	賞(貝)	都(邑)	類(頁)	屋(尸)

○ 「都」자의 부수(部首)는 '阝'이다. 하지만 '阝' 부수는 위치에 따라 글자와 의미가 달라지므로 주의하여야 한다. '阝'가 왼쪽에 있을 때에는 「阜」자이고, '阝'가 오른쪽에 있을 때에는 「邑」자로 쓰인다.

한자능력검정 **4급(4II 포함)**

아래 훈과 음에 알맞은 한자를 빈칸에 쓰세요. 정답 ☞ 180쪽   5급 한자쓰기

받들 봉	펼 전	생각 사	공경 경	기약할 기
널 판	씻을 세	소 우	씨 종	붙을 착
떨어질 락	허락할 허	바탕 질	관계할 관	기를 양
굳셀 건	전할 전	찰 랭	높을 탁	착할 선
손 객	섬 도	성품 성	구원할 구	밝을 랑
지날 력	고기잡을 어	홀로 독	다툴 경	생각할 고
잎 엽	알 식	꾸짖을 책	물 륙	머리 수
하여금 령	머무를 정	흥할 흥	언덕 원	부를 창
베낄 사	고을 주	악할 악, 미워할 오	패할 패	바랄 망
흐를 류	재앙 재	복 복	맺을 약	예 구

 도움글

- 「찰 랭」에서 '찰'은 '차다, 춥다, 쓸쓸하다' 등의 뜻으로,「냉방」,「한랭」 등의 한자어에 쓰인다.
- 「빗장 관」에서 '빗장'은 '문빗장'의 준말로, '문을 잠글 적에 가로지르는 나무때기나 쇠장대'를 말함.

훈음쓰기 · 한자쓰기

아래 훈과 음에 알맞은 한자를 빈칸에 쓰세요. 정답 ☞ 177쪽

5급 한자쓰기

길할 길	단 단	병사 병	일할 로	망할 망
자리 위	해할 해	큰 덕	칠 타	굽을 곡
책상 안	법 법	숯 탄	보일 시	마칠 종
배 선	변할 변	재물 재	헤아릴 량	순할 순
값 가	써 이	법 전	될 화	사기 사
선비 사	판 국	생각 념	고칠 개	가장 최
재목 재	얼음 빙	다툴 쟁	빌 축	허물 죄
어질 량	말씀 설, 달랠 세	쌓을 저	쇠 철	원할 원
물건 건	맡길 임	두 재	마칠 졸	장사 상
말씀 담	상줄 상	도울 도	무리 류	집 옥

 도움글

○ 「재목 재」에서 '재목材木'은 '건축·토목·가구 따위의 재료로 쓰는 나무'를 뜻하는 말로, '큰 일을 할 인물'을 비유하여 이르는 말로 쓰이기도 한다. 예 그는 앞으로 큰일을 할 材木이다.

한자능력검정 **4**급(**4**Ⅱ 포함)

🌸 아래 한자의 훈과 음을 빈칸에 쓰세요. 정답 ☞ 178쪽　　　　5급 훈음쓰기

奉(大)	展(尸)	思(心)	敬(攵)	期(月)
板(木)	洗(水)	牛(牛)	種(禾)	着(羊)
落(艹)	許(言)	質(貝)	關(門)	養(食)
健(人)	傳(人)	冷(冫)	卓(十)	善(口)
客(宀)	島(山)	性(心)	救(攵)	朗(月)
歷(止)	漁(水)	獨(犬)	競(立)	考(老)
葉(艹)	識(言)	責(貝)	陸(阜)	首(首)
令(人)	停(人)	凶(凵)	原(厂)	唱(口)
寫(宀)	州(巛)	惡(心)	敗(攵)	望(月)
流(水)	災(火)	福(示)	約(糸)	舊(臼)

 도움글

○ **혼동하기 쉬운 한자**　例1 着과 看(볼 관)　例2 島와 鳥(새 조)　例3 令과 今(이제 금)

○ **정자**正字**와 약자**略字　例1 舊 = 旧　例2 寫 = 写　例3 獨 = 独　例4 傳 = 伝　例5 關 = 関

훈음쓰기 · 한자쓰기

❊ 아래 한자의 훈과 음을 빈칸에 쓰세요. 정답 ☞ 183쪽

5급 훈음쓰기 ③

歲(止)	浴(水)	産(生)	節(竹)	耳(耳)
要(襾)	調(言)	赤(赤)	院(阜)	馬(馬)
倍(人)	他(人)	到(刀)	去(厶)	品(口)
宿(宀)	己(己)	情(心)	效(攴)	格(木)
止(止)	河(水)	當(田)	筆(竹)	臣(臣)
見(見)	貴(貝)	輕(車)	雄(隹)	鮮(魚)
仕(人)	兒(儿)	切(刀)	參(厶)	固(口)
實(宀)	廣(广)	必(心)	料(斗)	橋(木)
比(比)	湖(水)	的(白)	結(糸)	致(至)
偉(人)	具(八)	加(力)	告(口)	基(土)

- 혼동하기 쉬운 한자   예1 到와 倒(넘어질 도)   예2 比와 此(이 차)   예3 當과 富(부자 부)
- 정자正字와 약자略字   예1 實 = 实   예2 廣 = 広   예3 輕 = 軽   예4 當 = 当   예5 參 = 参

한자능력검정 **4**급(4Ⅱ 포함)

아래 훈과 음에 알맞은 한자를 빈칸에 쓰세요. 정답 ☞ 184쪽　　5급 한자쓰기

볼 관	팔 매	지날 과	비 우	고기 어
신선 선	채울 충	처음 초	벗 우	둥글 단
완전할 완	차례 서	근심 환	나그네 려	끝 말
결단할 결	없을 무	서로 상	줄 급	능할 능
법 규	살 매	가릴 선	구름 운	검을 흑
억 억	으뜸 원	법칙 칙	옳을 가	인할 인
집 택, 집 댁	가게 점	재주 기	별 경	조사할 사
물끓는김 기	더울 열	알 지	익힐 련	들 거
공부할 과, 과정 과	쓸 비	주일 주	거느릴 령	코 비
찰 한	세울 건	잡을 조	빛날 요	묶을 속

 도움글

○ 「줄 급」에서 '줄'은 '주다'라는 뜻으로, 「급여」, 「공급」, 「배급」 등의 한자어에 쓰인다.
○ 「살 매」에서 '살'은 '사다'라는 뜻으로, 「매입」, 「매수」, 「매식」 등의 한자어에 쓰인다.

훈음쓰기 · 한자쓰기

아래 훈과 음에 알맞은 한자를 빈칸에 쓰세요. 정답 ☞ 181쪽   5급 한자쓰기 ③

해 세	목욕할 욕	낳을 산	마디 절	귀 이
요긴할 요	고를 조	붉을 적	집 원	말 마
곱 배	다를 타	이를 도	갈 거	물건 품
잘 숙	몸 기	뜻 정	본받을 효	격식 격
그칠 지	물 하	마땅 당	붓 필	신하 신
볼 견	귀할 귀	가벼울 경	수컷 웅	고울 선
섬길 사	아이 아	끊을 절, 온통 체	참여할 참, 갖은석 삼	굳을 고
열매 실	넓을 광	반드시 필	헤아릴 료	다리 교
견줄 비	호수 호	과녁 적	맺을 결	이를 치
클 위	갖출 구	더할 가	고할 고	터 기

○ 「잘 숙」에서 '잘'은 '자다, 묵다' 등의 뜻으로, 「숙소」, 「숙식」, 「숙제」 등의 한자어에 쓰인다.
○ 「고울 선」에서 '고울'은 '곱다, 선명하다' 등의 뜻으로, 「생선」, 「신선」 등의 한자어에 쓰인다.

한자능력검정 **4급**(**4Ⅱ** 포함)

○ 아래 한자의 훈과 음을 빈칸에 쓰세요. 정답 ☞ 182쪽

5급 훈음쓰기

觀(見)	賣(貝)	過(辵)	雨(雨)	魚(魚)
仙(人)	充(儿)	初(刀)	友(又)	團(囗)
完(宀)	序(广)	患(心)	旅(方)	末(木)
決(水)	無(火)	相(目)	給(糸)	能(肉)
規(見)	買(貝)	選(辵)	雲(雨)	黑(黑)
億(人)	元(儿)	則(刀)	可(口)	因(囗)
宅(宀)	店(广)	技(手)	景(日)	査(木)
汽(水)	熱(火)	知(矢)	練(糸)	擧(手)
課(言)	費(貝)	週(辵)	領(頁)	鼻(鼻)
寒(宀)	建(廴)	操(手)	曜(日)	束(木)

 도움글

○ 혼동하기 쉬운 한자　　图1 建과 健(굳셀 건)　图2 雨와 兩(두 량)　图3 束과 東(동녘 동)

○ 정자正字와 약자略字　　图1 賣 = 売　图2 團 = 団　图3 觀 = 観　图4 擧 = 挙　图5 練 = 练

훈음쓰기 · 한자쓰기

◈ 아래 한자의 훈과 음을 빈칸에 쓰세요. 정답 ☞ 187쪽

6급 훈음쓰기

一(一)	中(丨)	主(丶)	水(水)	事(亅)
二(二)	京(亠)	人(人)	住(人)	光(儿)
入(入)	八(八)	冬(冫)	出(凵)	木(木)
力(力)	北(匕)	區(匚)	十(十)	才(手)
口(口)	向(口)	國(囗)	土(土)	夏(夂)
夕(夕)	大(大)	女(女)	子(子)	家(宀)
寸(寸)	小(小)	山(山)	川(川)	席(巾)
年(干)	度(广)	工(工)	式(弋)	強(弓)
形(彡)	待(彳)	心(心)	成(戈)	老(老)
手(手)	敎(攴)	文(文)	新(斤)	方(方)

○ 혼동하기 쉬운 한자
참1 力과 刀(칼 도) 참2 待와 侍(모실 시) 참3 席과 度(법도 도)
참4 新과 親(친할 친) 참5 老와 考(생각할 고) 참6 形과 刑(형벌 형)

185

한자능력검정 **4**급(**4**II 포함)

🔹 아래 훈과 음에 알맞은 한자를 빈칸에 쓰세요.   정답 ☞ 188쪽   6급 한자쓰기 ②

어미 모	날 일	흰 백	달 월	실과 과
살 활	나무 수	노래 가	바를 정	죽을 사
돌 석	기운 기	강 강	맑을 청	불 화
아비 부	물건 물	농사 농	날 생	쓸 용
지경 계	병 병	오를 등	일백 백	눈 목
짧을 단	예도 례	가을 추	빌 공	아이 동
대답 답	쌀 미	등급 급	아름다울 미	익힐 습
놈 자	들을 문	기를 육	스스로 자	빛 색
쓸 고	이름 호	다닐 행	옷 의	서녘 서
과목 과	뿔 각	말씀 언	발 족	몸 신

 도움글

○ 「지경 계」에서 '지경'은 '땅과 땅의 경계' 또는 '어떤 처지나 형편'을 뜻하는 말이다.

○ 「쓸 고」에서 '쓸'은 '쓴맛'을 뜻하는 말로, 이는 '괴로워하다'는 뜻으로도 쓰이는 한자이다.

훈음쓰기 · 한자쓰기

아래 훈과 음에 알맞은 한자를 빈칸에 쓰세요. 정답 ☞ 185쪽   6급 한자쓰기

한 일	가운데 중	주인 주	물 수	일 사
두 이	서울 경	사람 인	살 주	빛 광
들 입	여덟 팔	겨울 동	날 출	나무 목
힘 력	북녘 북, 달아날 배	구분할 구	열 십	재주 재
입 구	향할 향	나라 국	흙 토	여름 하
저녁 석	큰 대	계집 녀	아들 자	집 가
마디 촌	작을 소	메 산	내 천	자리 석
해 년	법도 도	장인 공	법 식	강할 강
모양 형	기다릴 대	마음 심	이룰 성	늙을 로
손 수	가르칠 교	글월 문	새 신	모 방

 도움글

○ 「장인 공」에서 '장인'은 '손으로 물건 만드는 일을 業으로 하는 사람'을 이르는 말이다.
○ 「모 방」에서 '모'는 '물건의 거죽으로 튀어나온 뾰족한 끝', 또는 '모서리'를 이르는 말이다.

한자능력검정 **4**급(**4**Ⅱ 포함)

아래 한자의 훈과 음을 빈칸에 쓰세요. 정답 ☞ 186쪽

6급 훈음쓰기

母(母)	日(日)	白(白)	月(月)	果(木)
活(水)	樹(木)	歌(欠)	正(止)	死(歹)
石(石)	氣(气)	江(水)	淸(水)	火(火)
父(父)	物(牛)	農(辰)	生(生)	用(用)
界(田)	病(疒)	登(癶)	百(白)	目(目)
短(矢)	禮(示)	秋(禾)	空(穴)	童(立)
答(竹)	米(米)	級(糸)	美(羊)	習(羽)
者(耂)	聞(耳)	育(肉)	自(自)	色(色)
苦(艹)	號(虍)	行(行)	衣(衣)	西(襾)
科(禾)	角(角)	言(言)	足(足)	身(身)

 도움글

○ 혼동하기 쉬운 한자   참1 科와 料(헤아릴 료) 참2 西와 酉(닭 유) 참3 禮와 體(몸 체)
　　　　　　　　　　　 참4 童과 重(무거울 중)   참5 西와 四(넉 사)   참6 苦와 若(같을 약)

훈음쓰기 · 한자쓰기

아래 한자의 훈과 음을 빈칸에 쓰세요. 정답 ☞ 191쪽

6급 훈음쓰기 ③

車(車)	近(辶)	邑(邑)	醫(酉)	里(里)
金(金)	長(長)	門(門)	陽(阝)	集(隹)
孝(子)	靑(靑)	面(面)	韓(韋)	音(音)
頭(頁)	風(風)	食(食)	體(骨)	高(高)
黃(黃)	不(一)	九(乙)	五(二)	交(亠)
今(人)	便(人)	先(儿)	內(入)	公(八)
利(刀)	功(力)	立(立)	南(十)	反(又)
各(口)	和(口)	圖(囗)	堂(土)	多(夕)
夫(大)	始(女)	孫(子)	室(宀)	對(寸)
少(小)	市(巾)	平(干)	庭(广)	左(工)

- 혼동하기 쉬운 한자 　[참]1 各과 名(이름 명) 　[참]2 交와 父(아비 부) 　[참]3 體와 禮(예도 례)
- 서로 반대되는 뜻을 가진 한자 　[참]1 始 ↔ 終 　[참]2 左 ↔ 右 　[참]3 祖 ↔ 孫 　[참]4 公 ↔ 私

한자능력검정 4급(4II 포함)

아래 훈과 음에 알맞은 한자를 빈칸에 쓰세요. 정답 ☞ 192쪽   6급 한자쓰기

약할 약	뒤 후	느낄 감	싸움 전	바 소
말미암을 유	놓을 방	기 기	매양 매	밝을 명
글 서	옷 복	뿌리 근	심을 식	백성 민
골 동	그럴 연	특별할 특	임금 왕	사내 남
필 발	살필 성, 덜 생	모일 사	창 창	글 장
무리 등	푸를 록	일만 만	재주 술	겉 표
친할 친	셀 계	길 로	군사 군	길 도
고을 군	들 야	은 은	사이 간	눈 설
제목 제	마실 음	석 삼	대신할 대	쉴 휴
형 형	온전 전	한가지 공	다를 별, 나눌 별	움직일 동

 도움글

- 「말미암을 유」에서 '말미암다'는 '까닭이 되다, 계기가 되다, 인연이 되다' 등을 뜻하는 말이다.
- 「기 기」에서 '기'는 '무엇을 상징하기 위하여 그림을 그려 만든 것'으로, '校旗, 軍旗' 등에 쓰인다.

훈음쓰기 · 한자쓰기

아래 훈과 음에 알맞은 한자를 빈칸에 쓰세요.  정답 ☞ 189쪽

6급 한자쓰기

수레 거, 수레 차	가까울 근	고을 읍	의원 의	마을 리
쇠 금, 성 김	긴 장, 어른 장	문 문	볕 양	모을 집
효도 효	푸를 청	낯 면	나라 한, 한국 한	소리 음
머리 두	바람 풍	밥 식	몸 체	높을 고
누를 황	아닐 불	아홉 구	다섯 오	사귈 교
이제 금	편할 편, 똥오줌 변	먼저 선	안 내	공평할 공
이할 리	공 공	설 립	남녘 남	돌이킬 반
각각 각	화할 화	그림 도	집 당	많을 다
지아비 부	비로소 시	손자 손	집 실	대할 대
적을 소	저자 시	평평할 평	뜰 정	왼 좌

 도움글

- 「공 공」에서 '공'은 '공로, 공적' 등의 뜻으로, '功勞, 功績, 武功' 등의 漢字語에 쓰인다.
- 「저자 시」에서 '저자'는 '시장에서 물건을 파는 가게, 또는 물건을 사고 파는 場'을 이르는 말이다.

한자능력검정 **4**급(**4**II 포함)

❋ 아래 한자의 훈과 음을 빈칸에 쓰세요. 정답 ☞ 190쪽

6급 훈음쓰기

弱(弓)	後(彳)	感(心)	戰(戈)	所(戶)
由(田)	放(攵)	旗(方)	每(母)	明(日)
書(曰)	服(月)	根(木)	植(木)	民(氏)
洞(水)	然(火)	特(牛)	王(玉)	男(田)
發(癶)	省(目)	社(示)	窓(穴)	章(立)
等(竹)	綠(糸)	萬(艸)	術(行)	表(衣)
親(見)	計(言)	路(足)	軍(車)	道(辶)
郡(邑)	野(里)	銀(金)	間(門)	雪(雨)
題(頁)	飮(食)	三(一)	代(人)	休(人)
兄(儿)	全(入)	共(八)	別(刀)	動(力)

 도움글

○ 혼동하기 쉬운 한자   图1 代와 伐(칠 벌)   图2 綠과 錄(기록할 록)   图3 特과 持(가질 지)

○ 서로 반대되는 뜻을 가진 한자   图1 前 ↔ 後   图2 與 ↔ 野   图3 強 ↔ 弱   图4 動 ↔ 靜

훈음쓰기 · 한자쓰기

아래 한자의 훈과 음을 빈칸에 쓰세요.   정답 ☞ 195쪽

6급 훈음쓰기 5

半(十)	古(口)	問(口)	四(囗)	場(土)
夜(夕)	失(大)	姓(女)	字(子)	安(宀)
幸(干)	弟(弓)	急(心)	數(攴)	族(方)
時(日)	東(木)	業(木)	消(水)	海(水)
球(玉)	番(田)	直(目)	神(示)	算(竹)
朝(月)	線(糸)	藥(艸)	記(言)	速(辶)
部(邑)	重(里)	校(木)	開(門)	電(雨)
上(一)	來(人)	六(八)	分(刀)	勝(力)
午(十)	同(口)	園(囗)	在(土)	外(夕)
天(大)	學(子)	定(宀)	愛(心)	昨(日)

- 혼동하기 쉬운 한자   쥠1 午와 牛(소 우)   쥠2 電과 雷(우레 뢰)   쥠3 失과 矢(화살 시)
- 서로 반대되는 뜻을 가진 한자   쥠1 昨 ↔ 今   쥠2 勝 ↔ 敗   쥠3 朝 ↔ 夕   쥠4 直 ↔ 曲

한자능력검정 **4**급(**4**Ⅱ 포함)

○ 아래 훈과 음에 알맞은 한자를 빈칸에 쓰세요. 정답 ☞ 196쪽   6급 한자쓰기

있을 유	즐길 락, 노래 악	큰바다 양	다스릴 리	그림 화
할아비 조	차례 제	종이 지	꽃부리 영	읽을 독
일천 천	옮길 운	아래 하	법식 례	앞 전
날랠 용	뜻 의	이름 명	땅[따] 지	클 태
오얏 리, 성 리	길 영	말씀 어	멀 원	인간 세
수풀 림	따뜻할 온	나눌 반	풀 초	한수 한, 한나라 한
마을 촌	하여금 사	낮 주	목숨 명	봄 춘
말씀 화	통할 통	일곱 칠	믿을 신	오를 우
성 박	모일 회	기름 유	나타날 현	꽃 화
가르칠 훈	지을 작	합할 합	근본 본	부을 주

 도움글

○ 「한수 한」에서 '한수'는 '중국의 강이름'을 뜻하는 말로, '漢江, 北漢山' 등의 漢字語에 쓰인다.
○ 「부을 주」에서 '부을'은 '물대다, 붓다, 쏟다' 등의 뜻으로, '注目, 注油' 등의 漢字語에 쓰인다.

훈음쓰기 · 한자쓰기

아래 훈과 음에 알맞은 한자를 빈칸에 쓰세요.  정답 ☞ 193쪽

6급 한자쓰기

반 반	예 고	물을 문	넉 사	마당 장
밤 야	잃을 실	성 성	글자 자	편안 안
다행 행	아우 제	급할 급	셈 수	겨레 족
때 시	동녘 동	업 업	사라질 소	바다 해
공 구	차례 번	곧을 직	귀신 신	셈 산
아침 조	줄 선	약 약	기록할 기	빠를 속
떼 부	무거울 중	학교 교	열 개	번개 전
윗 상	올 래	여섯 륙	나눌 분	이길 승
낮 오	한가지 동	동산 원	있을 재	바깥 외
하늘 천	배울 학	정할 정	사랑 애	어제 작

 도움글

- 「열 개」에서 '열'은 '열다, 피다' 등의 뜻으로, 「개표」, 「개화」, 「개시」 등의 한자어에 쓰인다.
- 「떼 부」에서 '떼'는 '무리'를 뜻하는 말로, 「時(때 시)」의 '때 = 시간'을 뜻하는 말과 구별해야 한다.

한자능력검정 **4**급(**4**Ⅱ 포함)

🌀 아래 한자의 훈과 음을 빈칸에 쓰세요.   정답 ☞ 194쪽   6급 훈음쓰기

有(月)	樂(木)	洋(水)	理(玉)	畫(田)
祖(示)	第(竹)	紙(糸)	英(艸)	讀(言)
千(十)	運(辵)	下(一)	例(人)	前(刀)
勇(力)	意(心)	名(口)	地(土)	太(大)
李(木)	永(水)	語(言)	遠(辵)	世(一)
林(木)	溫(水)	班(玉)	草(艸)	漢(水)
村(木)	使(人)	晝(日)	命(口)	春(日)
話(言)	通(辵)	七(一)	信(人)	右(口)
朴(木)	會(日)	油(水)	現(玉)	花(艸)
訓(言)	作(人)	合(口)	本(木)	注(水)

 도움글

- 혼동하기 쉬운 한자   참1 作과 昨(어제 작)   참2 畫와 畵(그림 화, 그을 획)   참3 李와 季(계절 계)
- 서로 반대되는 뜻을 가진 한자   참1 本 ↔ 末   참2 前 ↔ 後   참3 遠 ↔ 近   참4 晝 ↔ 夜

196

한자능력검정시험

꾸러미
(반대자 / 반의어 / 유의자)

반대자 · 반의어

✔ **반대자**(反對字) : 두 개의 글자가 서로 반대, 또는 상대相對되는 뜻을 가진 낱말을 말합니다.
✔ **반의어**(反義語) : 두 개의 낱말이 서로 반대, 또는 상대相對되는 뜻으로 이루어진 낱말을 말합니다.

유의자

✔ **유의자**(類義字) : 두 개의 글자가 서로 뜻이 비슷하고 대등對等한 뜻을 가진 낱말을 말합니다.

정답확인

홀수 쪽과 짝수 쪽을 서로 대조對照하면 정답을 확인할 수 있습니다.

반대자

✔ **반대자**(反對字)·**상대자**(相對字)란, 두 개의 글자가 서로 뜻이 반대되거나 상대(相對)되는 뜻을 가진 낱말을 말한다.

5급加 - 4Ⅱ減(가감)	6Ⅱ功 - 5급罪(공죄)	4Ⅱ斷 - 4Ⅱ續(단속)	5Ⅱ勞 - 6급使(노사)
5급可 - 4급否(가부)	7Ⅱ空 - 5Ⅱ陸(공륙)	6Ⅱ短 - 8급長(단장)	7급老 - 7급少(노소)
5급加 - 4Ⅱ除(가제)	6Ⅱ公 - 4급私(공사)	7Ⅱ答 - 7급問(답문)	7급老 - 6Ⅱ童(노동)
4급干 - 4Ⅱ滿(간만)	4급攻 - 4Ⅱ防(공방)	5Ⅱ當 - 5급落(당락)	5Ⅱ陸 - 7Ⅱ海(육해)
4급簡 - 4Ⅱ細(간세)	4급攻 - 4Ⅱ守(공수)	5Ⅱ當 - 4급否(당부)	6Ⅱ理 - 4급亂(이란)
4급甘 - 6급苦(감고)	4Ⅱ官 - 8급民(관민)	8급大 - 7급小(대소)	4급離 - 6급合(이합)
7Ⅱ江 - 8급山(강산)	6Ⅱ光 - 4Ⅱ陰(광음)	5급都 - 7Ⅱ農(도농)	6Ⅱ利 - 5Ⅱ害(이해)
6급強 - 6Ⅱ弱(강약)	8급敎 - 6급習(교습)	8급東 - 8급西(동서)	4Ⅱ滿 - 4급干(만간)
4급開 - 4급閉(개폐)	8급敎 - 8급學(교학)	7급同 - 4급異(동이)	5급賣 - 5급買(매매)
5급去 - 7급來(거래)	4급君 - 8급民(군민)	7Ⅱ動 - 4급靜(동정)	6Ⅱ明 - 4Ⅱ暗(명암)
5급去 - 4Ⅱ留(거류)	4급君 - 5Ⅱ臣(군신)	7Ⅱ動 - 5급止(동지)	8급母 - 7Ⅱ子(모자)
4급巨 - 4Ⅱ細(거세)	6Ⅱ今 - 6급古(금고)	7급冬 - 7급夏(동하)	7급問 - 7Ⅱ答(문답)
5급輕 - 7급重(경중)	4Ⅱ起 - 5Ⅱ結(기결)	4Ⅱ得 - 6급失(득실)	7급文 - 4Ⅱ武(문무)
6급京 - 4Ⅱ鄕(경향)	4Ⅱ起 - 4급伏(기복)	7급登 - 4급降(등강)	7급文 - 6급言(문언)
4급繼 - 4Ⅱ絶(계절)	5급吉 - 5Ⅱ凶(길흉)	7급登 - 5급落(등락)	7Ⅱ物 - 7급心(물심)
6급古 - 6Ⅱ今(고금)	4Ⅱ難 - 4급易(난이)	5Ⅱ良 - 4급否(양부)	8급民 - 4Ⅱ官(민관)
6급苦 - 6Ⅱ樂(고락)	7Ⅱ男 - 8급女(남녀)	7급來 - 4Ⅱ往(내왕)	6Ⅱ班 - 4Ⅱ常(반상)
6Ⅱ高 - 4Ⅱ低(고저)	8급南 - 8급北(남북)	7급來 - 5급去(내거)	6Ⅱ發 - 5Ⅱ着(발착)
6Ⅱ高 - 7Ⅱ下(고하)	7Ⅱ內 - 8급外(내외)	5급冷 - 5급熱(냉열)	7Ⅱ方 - 4Ⅱ圓(방원)
5급曲 - 7Ⅱ直(곡직)	6급多 - 7급少(다소)	5급冷 - 4Ⅱ暖(냉난)	4Ⅱ背 - 6급向(배향)
6Ⅱ功 - 5Ⅱ過(공과)	4Ⅱ單 - 4급複(단복)	5급冷 - 6급溫(냉온)	8급白 - 5급黑(백흑)

한자능력검정 4급(4Ⅱ 포함)

✓ **반대자**(反對字)·**상대자**(相對字)란, 두 개의 글자가 서로 뜻이 반대되거나 상대(相對)되는 뜻을 가진 낱말을 말한다.

6급 本 – 5급 末 (본말)	7Ⅱ 上 – 7Ⅱ 下 (상하)	6급 勝 – 4급 負 (승부)	4급 與 – 6급 野 (여야)
8급 父 – 8급 母 (부모)	8급 生 – 6급 死 (생사)	6급 勝 – 5급 敗 (승패)	7급 然 – 4급 否 (연부)
8급 父 – 7Ⅱ 子 (부자)	8급 生 – 4Ⅱ 殺 (생살)	6Ⅱ 始 – 5급 末 (시말)	4급 迎 – 4Ⅱ 送 (영송)
7급 夫 – 4Ⅱ 婦 (부부)	5급 善 – 5Ⅱ 惡 (선악)	4Ⅱ 是 – 4급 非 (시비)	4급 豫 – 5Ⅱ 決 (예결)
8급 北 – 8급 南 (북남)	8급 先 – 7Ⅱ 後 (선후)	6Ⅱ 始 – 5급 終 (시종)	4Ⅱ 玉 – 6급 石 (옥석)
6Ⅱ 分 – 6급 合 (분합)	6Ⅱ 成 – 5급 敗 (성패)	6Ⅱ 新 – 6급 古 (신고)	6급 溫 – 5급 冷 (온랭)
4Ⅱ 悲 – 6Ⅱ 樂 (비락)	4Ⅱ 細 – 8급 大 (세대)	6Ⅱ 新 – 5Ⅱ 舊 (신구)	4Ⅱ 往 – 7급 來 (왕래)
4Ⅱ 悲 – 4급 歡 (비환)	4Ⅱ 續 – 4Ⅱ 斷 (속단)	5Ⅱ 臣 – 8급 民 (신민)	4Ⅱ 往 – 4Ⅱ 復 (왕복)
4Ⅱ 悲 – 4급 喜 (비희)	4급 損 – 4Ⅱ 得 (손득)	6Ⅱ 身 – 7급 心 (신심)	7Ⅱ 右 – 7Ⅱ 左 (우좌)
4Ⅱ 貧 – 4Ⅱ 富 (빈부)	4급 損 – 4Ⅱ 益 (손익)	6Ⅱ 信 – 4급 疑 (신의)	6급 遠 – 6급 近 (원근)
5급 氷 – 5급 炭 (빙탄)	4Ⅱ 送 – 4Ⅱ 受 (송수)	6급 失 – 4Ⅱ 得 (실득)	4급 怨 – 4Ⅱ 恩 (원은)
5Ⅱ 士 – 8급 民 (사민)	4Ⅱ 送 – 4급 迎 (송영)	5Ⅱ 實 – 4급 否 (실부)	8급 月 – 8급 日 (월일)
6급 死 – 8급 生 (사생)	4Ⅱ 收 – 5급 給 (수급)	7급 心 – 6Ⅱ 身 (심신)	7급 有 – 5급 無 (유무)
4Ⅱ 師 – 8급 弟 (사제)	4Ⅱ 收 – 4Ⅱ 支 (수지)	7급 心 – 6Ⅱ 體 (심체)	4급 隱 – 5Ⅱ 見 (은견)
6급 死 – 7Ⅱ 活 (사활)	4Ⅱ 受 – 5급 給 (수급)	7Ⅱ 安 – 4급 否 (안부)	4급 隱 – 6Ⅱ 現 (은현)
8급 山 – 7급 川 (산천)	4Ⅱ 受 – 4급 與 (수여)	7Ⅱ 安 – 4급 危 (안위)	4급 隱 – 5Ⅱ 見 (은현)
8급 山 – 5급 河 (산하)	8급 水 – 5Ⅱ 陸 (수륙)	6급 愛 – 5Ⅱ 惡 (애오)	4급 隱 – 4급 顯 (은현)
8급 山 – 7Ⅱ 海 (산해)	8급 水 – 8급 火 (수화)	6급 陽 – 4Ⅱ 陰 (양음)	4Ⅱ 恩 – 4급 怨 (은원)
4Ⅱ 殺 – 7Ⅱ 活 (살활)	4Ⅱ 授 – 4Ⅱ 受 (수수)	6급 言 – 7급 文 (언문)	4급 陰 – 6급 陽 (음양)
4Ⅱ 常 – 6Ⅱ 班 (상반)	7Ⅱ 手 – 7Ⅱ 足 (수족)	6급 言 – 6급 行 (언행)	6Ⅱ 音 – 4Ⅱ 義 (음의)
5급 賞 – 4급 罰 (상벌)	5Ⅱ 順 – 4Ⅱ 逆 (순역)	4급 與 – 4Ⅱ 受 (여수)	6Ⅱ 音 – 6급 訓 (음훈)

반대자

✔ 반대자(反對字)·상대자(相對字)란, 두 개의 글자가 서로 뜻이 반대되거나 상대(相對)되는 뜻을 가진 낱말을 말한다.

4급異 - 7급同 (이동)	6급朝 - 6급野 (조야)	5Ⅱ着 - 6Ⅱ發 (착발)	7Ⅱ海 - 5Ⅱ陸 (해륙)
5급因 - 6Ⅱ果 (인과)	7급祖 - 6급孫 (조손)	7급天 - 7급地 (천지)	6급向 - 4Ⅱ背 (향배)
8급人 - 7급天 (인천)	4급存 - 5급亡 (존망)	5급鐵 - 6급石 (철석)	4Ⅱ虛 - 5Ⅱ實 (허실)
8급日 - 8급月 (일월)	4급存 - 5급無 (존무)	5급初 - 5급終 (초종)	4급顯 - 4Ⅱ密 (현밀)
7급入 - 5급落 (입락)	5급終 - 6Ⅱ始 (종시)	4급推 - 4Ⅱ引 (추인)	8급兄 - 8급弟 (형제)
7급入 - 7급出 (입출)	7Ⅱ左 - 7Ⅱ右 (좌우)	7급春 - 7급秋 (춘추)	4급刑 - 5급罪 (형죄)
4급姉 - 4급妹 (자매)	5급罪 - 4Ⅱ罰 (죄벌)	7급出 - 4급缺 (출결)	4Ⅱ好 - 5Ⅱ惡 (호오)
7Ⅱ子 - 8급女 (자녀)	5급罪 - 4급刑 (죄형)	7급出 - 4급納 (출납)	4Ⅱ呼 - 4Ⅱ應 (호응)
7Ⅱ子 - 8급母 (자모)	6급晝 - 6급夜 (주야)	7급出 - 7급入 (출입)	4Ⅱ呼 - 4Ⅱ吸 (호흡)
7Ⅱ自 - 5급他 (자타)	7급主 - 5Ⅱ客 (주객)	4Ⅱ忠 - 4Ⅱ逆 (충역)	6Ⅱ和 - 6Ⅱ戰 (화전)
6Ⅱ昨 - 6Ⅱ今 (작금)	7급主 - 4급從 (주종)	4Ⅱ治 - 4급亂 (치란)	7Ⅱ活 - 4Ⅱ殺 (활살)
4Ⅱ將 - 5Ⅱ兵 (장병)	7급重 - 5급輕 (중경)	5급炭 - 5급氷 (탄빙)	6Ⅱ會 - 4급散 (회산)
4Ⅱ將 - 5Ⅱ士 (장사)	8급中 - 8급外 (중외)	4급投 - 5급打 (투타)	7Ⅱ後 - 8급先 (후선)
4Ⅱ將 - 5급卒 (장졸)	4Ⅱ增 - 4Ⅱ減 (증감)	5급敗 - 4Ⅱ興 (패흥)	6급訓 - 8급學 (훈학)
8급長 - 6Ⅱ短 (장단)	4Ⅱ增 - 4급損 (증손)	4Ⅱ豊 - 5Ⅱ凶 (풍흉)	5Ⅱ凶 - 5급吉 (흉길)
7Ⅱ前 - 7Ⅱ後 (전후)	7급地 - 7급天 (지천)	7급夏 - 7급冬 (하동)	5Ⅱ凶 - 4Ⅱ豊 (흉풍)
7Ⅱ正 - 6Ⅱ反 (정반)	5Ⅱ知 - 6급行 (지행)	8급學 - 7급問 (학문)	5급黑 - 8급白 (흑백)
7Ⅱ正 - 4Ⅱ副 (정부)	4Ⅱ眞 - 4Ⅱ假 (진가)	5급寒 - 4Ⅱ暖 (한란)	4Ⅱ興 - 5급亡 (흥망)
7Ⅱ正 - 4급否 (정부)	4Ⅱ進 - 4Ⅱ退 (진퇴)	5급寒 - 5급熱 (한열)	4Ⅱ興 - 5급敗 (흥패)
7Ⅱ正 - 4Ⅱ誤 (정오)	6Ⅱ集 - 4Ⅱ配 (집배)	5급寒 - 6급溫 (한온)	4급喜 - 4Ⅱ怒 (희로)
6급朝 - 7급夕 (조석)	6Ⅱ集 - 4급散 (집산)	7Ⅱ海 - 7급空 (해공)	4급喜 - 4Ⅱ悲 (희비)

한자능력검정 4급(4II 포함)

✔ **반대자**(反對字)・**상대자**(相對字)란, 두 개의 글자가 서로 반대, 또는 상대(相對)되는 뜻을 가진 낱말을 말한다.

❋ 아래의 훈과 음에 알맞은 반대자를 위와 같이 한자로 쓰세요.

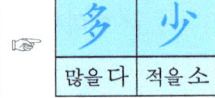

더할 가	덜 감		옳을 가	아닐 부		방패 간	찰 만		달 감	쓸 고
강 강	메 산		강할 강	약할 약		열 개	닫을 폐		갈 거	올 래
가벼울 경	무거울 중		서울 경	시골 향		쓸 고	즐길 락		높을 고	낮을 저
굽을 곡	곧을 직		공 공	지날 과		칠 공	막을 방		공평할 공	사사 사
칠 공	지킬 수		벼슬 관	백성 민		임금 군	신하 신		일어날 기	엎드릴 복
그럴 연	아닐 부		길할 길	흉할 흉		어려울 난	쉬울 이		사내 남	계집 녀

○ 아래는 서로 뜻이 반대, 또는 상대되는 한자입니다. 독음을 쓰세요.

新-舊 (　　)　心-身 (　　)　安-危 (　　)　愛-惡 (　　)　言-行 (　　)
與-野 (　　)　玉-石 (　　)　溫-冷 (　　)　往-來 (　　)　往-復 (　　)
遠-近 (　　)　有-無 (　　)　恩-怨 (　　)　陰-陽 (　　)　異-同 (　　)
離-合 (　　)　利-害 (　　)　因-果 (　　)　日-月 (　　)　姉-妹 (　　)
光-陰 (　　)　自-他 (　　)　長-短 (　　)　將-兵 (　　)

✔ **반대자**(反對字)·**상대자**(相對字)란, 두 개의 글자가 서로 반대, 또는 상대(相對)되는 뜻을 가진 낱말을 말한다.

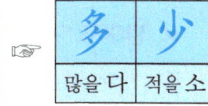

❄ 아래의 훈과 음에 알맞은 반대자를 위와 같이 한자로 쓰세요.　　　📖 정답 ☞ 204쪽 하단

남녘 남	북녘 북	올 래/내	갈 왕	안 내	바깥 외	일할 로/노	하여금 사
늙을 로/노	젊을 소	많을 다	적을 소	홑 단	겹칠 복	끊을 단	이을 속
마땅 당	떨어질 락	큰 대	작을 소	동녘 동	서녘 서	움직일 동	고요할 정
얻을 득	잃을 실	팔 매	살 매	밝을 명	어두울 암	물을 문	대답 답
글월 문	호반 무	물건 물	마음 심	나눌 반	떳떳할 상	필 발	붙을 착
모 방	둥글 원	근본 본	끝 말	지아비 부	며느리 부	가난할 빈	부자 부

○ 아래는 서로 뜻이 반대, 또는 상대되는 한자입니다. 독음을 쓰세요. 　📖 정답 ☞ 204쪽 상단

氷-炭 (　　) 死-生 (　　) 師-弟 (　　) 死-活 (　　) 山-川 (　　)
山-河 (　　) 山-海 (　　) 賞-罰 (　　) 上-下 (　　) 善-惡 (　　)
先-後 (　　) 成-敗 (　　) 損-益 (　　) 送-迎 (　　) 授-受 (　　)
手-足 (　　) 收-支 (　　) 水-火 (　　) 順-逆 (　　) 勝-負 (　　)
勝-敗 (　　) 始-末 (　　) 是-非 (　　) 始-終 (　　)

203

한자능력검정 4급(4II 포함)

✔ **반대자**(反對字)·**상대자**(相對字)란, 두 개의 글자가 서로 반대, 또는 상대(相對)되는 뜻을 가진 낱말을 말한다.

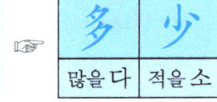

多 少
많을 다 | 적을 소

❋ 아래의 훈과 음에 알맞은 반대자를 위와 같이 한자로 쓰세요.   정답 ☞ 203쪽 하단

얼음 빙	숯 탄	죽을 사	날 생	스승 사	아우 제	죽을 사	살 활
메 산	내 천	메 산	물 하	메 산	바다 해	상줄 상	벌할 벌
윗 상	아래 하	착할 선	악할 악	먼저 선	뒤 후	이룰 성	패할 패
덜 손	더할 익	보낼 송	맞을 영	줄 수	받을 수	손 수	발 족
거둘 수	지탱할 지	물 수	불 화	순할 순	거스를 역	이길 승	질 부
이길 승	패할 패	비로소 시	끝 말	이 시	아닐 비	비로소 시	마칠 종

○ 아래는 서로 뜻이 반대, 또는 상대되는 한자입니다. 독음을 쓰세요.   정답 ☞ 203쪽 상단

南-北 (   )   來-往 (   )   內-外 (   )   勞-使 (   )   老-少 (   )
多-少 (   )   單-複 (   )   斷-續 (   )   當-落 (   )   大-小 (   )
東-西 (   )   動-靜 (   )   得-失 (   )   賣-買 (   )   明-暗 (   )
問-答 (   )   文-武 (   )   物-心 (   )   班-常 (   )   發-着 (   )
方-圓 (   )   本-末 (   )   夫-婦 (   )   貧-富 (   )

204

반대자

✓ **반대자**(反對字) · **상대자**(相對字)란, 두 개의 글자가 서로 반대, 또는 상대(相對)되는 뜻을 가진 낱말을 말한다.

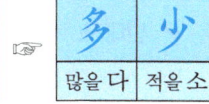

多 | 少
많을 다 | 적을 소

❋ 아래의 훈과 음에 알맞은 반대자를 위와 같이 한자로 쓰세요.   정답 ☞ 202쪽 하단

새 신	예 구	마음 심	몸 신	편안 안	위태할 위	사랑 애	미워할 오
말씀 언	다닐 행	더불 여	들 야	구슬 옥	돌 석	따뜻할 온	찰 랭
갈 왕	올 래	갈 왕	회복할 복	멀 원	가까울 근	있을 유	없을 무
은혜 은	원망할 원	그늘 음	볕 양	다를 이	한가지 동	떠날 리/이	합할 합
이할 리/이	해할 해	인할 인	실과 과	날 일	달 월	손윗누이 자	누이 매
빛 광	그늘 음	스스로 자	다를 타	긴 장	짧을 단	장수 장	병사 병

○ 아래는 서로 뜻이 반대, 또는 상대되는 한자입니다. 독음을 쓰세요.   정답 ☞ 202쪽 상단

加-減(　　) 可-否(　　) 干-滿(　　) 甘-苦(　　) 江-山(　　)
強-弱(　　) 開-閉(　　) 去-來(　　) 輕-重(　　) 京-鄕(　　)
苦-樂(　　) 高-低(　　) 曲-直(　　) 功-過(　　) 攻-防(　　)
公-私(　　) 攻-守(　　) 官-民(　　) 君-臣(　　) 起-伏(　　)
然-否(　　) 吉-凶(　　) 難-易(　　) 男-女(　　)

205

한자능력검정 4급(4II 포함)

✔ **반대자**(反對字)·**상대자**(相對字)란, 두 개의 글자가 서로 반대, 또는 상대(相對)되는 뜻을 가진 낱말을 말한다.

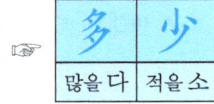
많을 다 / 적을 소

❋ 아래의 훈과 음에 알맞은 반대자를 위와 같이 한자로 쓰세요.　　정답 ☞ 207쪽 하단

장수 장	마칠 졸	앞 전	뒤 후	바를 정	그르칠 오	할아비 조	손자 손
아침 조	저녁 석	아침 조	들 야	있을 존	망할 망	주인 주	손 객
낮 주	밤 야	주인 주	좇을 종	더할 증	덜 감	참 진	거짓 가
나아갈 진	물러날 퇴	모을 집	나눌 배	모을 집	흩을 산	하늘 천	땅 지
처음 초	마칠 종	봄 춘	가을 추	날 출	이지러질 결	날 출	들일 납
날 출	들 입	풍년 풍	흉할 흉	여름 하	겨울 동	찰 한	따뜻할 난

○ 아래는 서로 뜻이 반대, 또는 상대되는 한자입니다. 독음을 쓰세요.　　정답 ☞ 207쪽 상단

海-陸 (　　) 虛-實 (　　) 兄-弟 (　　) 好-惡 (　　) 黑-白 (　　)
興-亡 (　　) 喜-怒 (　　) 喜-悲 (　　)

🔹 207쪽 정답 ▷　1.苦 弱 來 開 可 京　2.臣 使 落 功 主 寒　3.終 惡 孫 氷 順 發
4.石 無 陽 新 班 賞　5.短 夜 減 吉 動 賣　6.重 直 民 苦 高 方　7.失 心 弟 海 正 主
8.行 野 白 勝 本 夫　9.同 合 果 心 安 利　10.終 凶 實 明 問 文

반대자

✔ **반대자**(反對字)·**상대자**(相對字)란, 두 개의 글자가 서로 반대, 또는 상대(相對)되는 뜻을 가진 낱말을 말한다. ☞

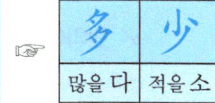

多 少
많을 다 / 적을 소

❀ 아래의 훈과 음에 알맞은 반대자를 위와 같이 한자로 쓰세요.   📘정답 ☞ 206쪽 하단

| 바다 해 | 물 륙 | | 빌 허 | 열매 실 | | 형 형 | 아우 제 | | 좋을 호 | 미워할 오 |

| 검을 흑 | 흰 백 | | 일 흥 | 망할 망 | | 기쁠 희 | 성낼 노/로 | | 기쁠 희 | 슬플 비 |

❀ 다음 한자의 뜻에 반대, 또는 상대되는 글자를 한자로 쓰세요.   📘정답 ☞ 206쪽 하단

```
1. 甘-[   ]   強-[   ]   去-[   ]   [   ]-閉   [   ]-否   [   ]-鄕
2. 君-[   ]   勞-[   ]   當-[   ]   [   ]-過   [   ]-從   [   ]-暖
3. 始-[   ]   愛-[   ]   祖-[   ]   [   ]-炭   [   ]-逆   [   ]-着
4. 玉-[   ]   有-[   ]   陰-[   ]   [   ]-舊   [   ]-常   [   ]-罰
5. 長-[   ]   晝-[   ]   增-[   ]   [   ]-凶   [   ]-靜   [   ]-買
6. 輕-[   ]   曲-[   ]   官-[   ]   [   ]-樂   [   ]-低   [   ]-圓
7. 得-[   ]   物-[   ]   師-[   ]   [   ]-陸   [   ]-誤   [   ]-客
8. 言-[   ]   與-[   ]   黑-[   ]   [   ]-敗   [   ]-末   [   ]-婦
9. 異-[   ]   離-[   ]   因-[   ]   [   ]-身   [   ]-危   [   ]-害
10. 初-[   ]   豊-[   ]   虛-[   ]   [   ]-暗   [   ]-答   [   ]-武
```

○ 아래는 서로 뜻이 반대, 또는 상대되는 한자입니다. 독음을 쓰세요.   📘정답 ☞ 206쪽 상단

將-卒 (   )   前-後 (   )   正-誤 (   )   祖-孫 (   )   朝-夕(   )
朝-野 (   )   存-亡 (   )   主-客 (   )   晝-夜 (   )   主-從(   )
增-減 (   )   眞-假 (   )   進-退 (   )   集-配 (   )   集-散(   )
天-地 (   )   初-終 (   )   春-秋 (   )   出-缺 (   )   出-納(   )
出-入 (   )   豊-凶 (   )   夏-冬 (   )   寒-暖 (   )

207

한자능력검정 4급(4Ⅱ 포함)

> ✔ **반의어**(反義語)·**상대어**(相對語)란, 두 개의 낱말이 서로 반대, 또는 상대되는 뜻으로 이루어진 낱말을 말한다.

5급5Ⅱ 可決(가결)-4급5Ⅱ 否決(부결)
5급7급 加重(가중)-5급4Ⅱ 輕減(경감)
4급4급 干潮(간조)-4Ⅱ4급 滿潮(만조)
6급5Ⅱ 感性(감성)-6Ⅱ5Ⅱ 理性(이성)
4Ⅱ7급 減少(감소)-4Ⅱ5급 增加(증가)
6급5Ⅱ 感情(감정)-6Ⅱ5Ⅱ 理性(이성)
4Ⅱ4급 減退(감퇴)-4Ⅱ4Ⅱ 增進(증진)
6급8급 強大(강대)-6Ⅱ8급 弱小(약소)
6급4급 強制(강제)-5급6Ⅱ 任意(임의)
4Ⅱ6급 個別(개별)-7급6급 全體(전체)
5Ⅱ5Ⅱ 客觀(객관)-7급5Ⅱ 主觀(주관)
5Ⅱ6급 客體(객체)-7급6급 主體(주체)
4급4급 巨富(거부)-4Ⅱ4Ⅱ 極貧(극빈)
4급4급 拒否(거부)-4Ⅱ4급 容納(용납)
4급4급 拒否(거부)-4Ⅱ4Ⅱ 容認(용인)
4급4급 拒否(거부)-4Ⅱ4Ⅱ 承認(승인)
4급4Ⅱ 拒絶(거절)-4Ⅱ4Ⅱ 承認(승인)
5Ⅱ6Ⅱ 結果(결과)-7Ⅱ4급 動機(동기)
5Ⅱ6Ⅱ 結果(결과)-5Ⅱ5급 原因(원인)
5Ⅱ7급 決算(결산)-4급7급 豫算(예산)
5Ⅱ5급 決選(결선)-4급5급 豫選(예선)
5Ⅱ6급 決定(결정)-4Ⅱ4Ⅱ 留保(유보)
5Ⅱ6급 結合(결합)-6급4급 分離(분리)

5급4Ⅱ 輕減(경감)-5급7급 加重(가중)
5급4Ⅱ 輕視(경시)-7급4Ⅱ 重視(중시)
6급5Ⅱ 高調(고조)-4Ⅱ5Ⅱ 低調(저조)
4급6급 故意(고의)-5Ⅱ6급 過失(과실)
5급6급 固定(고정)-5Ⅱ7급 流動(유동)
6급4급 苦痛(고통)-4Ⅱ6Ⅱ 快樂(쾌락)
4급4Ⅱ 困難(곤란)-4Ⅱ4급 容易(용이)
7Ⅱ4Ⅱ 空想(공상)-6Ⅱ5Ⅱ 現實(현실)
4급4Ⅱ 攻勢(공세)-4Ⅱ4Ⅱ 守勢(수세)
6Ⅱ6Ⅱ 共用(공용)-4급6Ⅱ 專用(전용)
6급7급 共有(공유)-4급7급 專有(전유)
5Ⅱ6급 過失(과실)-4Ⅱ6Ⅱ 故意(고의)
6Ⅱ6Ⅱ 光明(광명)-4급5Ⅱ 暗黑(암흑)
4Ⅱ7급 求心(구심)-6급7급 遠心(원심)
7급7급 口語(구어)-7급7급 文語(문어)
4급7급 君子(군자)-8급8급 小人(소인)
4Ⅱ6급 權利(권리)-4Ⅱ4급 義務(의무)
4Ⅱ4Ⅱ 極貧(극빈)-4급4Ⅱ 巨富(거부)
6급7Ⅱ 近海(근해)-6급6급 遠洋(원양)
4급5급 禁止(금지)-5급5급 許可(허가)
4급5급 禁止(금지)-4Ⅱ4Ⅱ 解禁(해금)
4Ⅱ7급 起立(기립)-5Ⅱ6급 着席(착석)
6Ⅱ5급 樂觀(낙관)-4Ⅱ5급 悲觀(비관)

5급4Ⅱ 落鄕(낙향)-7급5Ⅱ 出仕(출사)
4급4급 卵管(난관)-4Ⅱ4급 精管(정관)
4Ⅱ5Ⅱ 暖流(난류)-5급5Ⅱ 寒流(한류)
4Ⅱ4Ⅱ 難解(난해)-4Ⅱ4급 容易(용이)
7급4Ⅱ 內容(내용)-6Ⅱ6급 形式(형식)
7급4Ⅱ 內容(내용)-8급5Ⅱ 外觀(외관)
7급4Ⅱ 內包(내포)-8급4급 外延(외연)
6급5Ⅱ 多元(다원)-8급5Ⅱ 一元(일원)
4Ⅱ4Ⅱ 單純(단순)-4급4급 複雜(복잡)
4Ⅱ6급 單式(단식)-4급6급 複式(복식)
6급4급 短縮(단축)-4급8급 延長(연장)
7Ⅱ4급 答辯(답변)-5Ⅱ4급 質疑(질의)
5Ⅱ6급 當番(당번)-4급6급 非番(비번)
6Ⅱ7급 對答(대답)-5Ⅱ4급 質疑(질의)
6Ⅱ7급 對話(대화)-5Ⅱ8급 獨白(독백)
5Ⅱ8급 獨白(독백)-6Ⅱ7급 對話(대화)
7급4Ⅱ 同居(동거)-6급4급 別居(별거)
7Ⅱ4급 動機(동기)-5Ⅱ6Ⅱ 結果(결과)
4Ⅱ6급 得意(득의)-6급6Ⅱ 失意(실의)
7급7Ⅱ 登場(등장)-4Ⅱ7Ⅱ 退場(퇴장)
6급5Ⅱ 等質(등질)-4급5Ⅱ 異質(이질)
4Ⅱ4급 滿潮(만조)-4급4급 干潮(간조)
6Ⅱ5급 明示(명시)-4Ⅱ5급 暗示(암시)

반의어

✓ **반의어**(反義語)·**상대어**(相對語)란, 두 개의 낱말이 서로 반대, 또는 상대되는 뜻으로 이루어진 낱말을 말한다.

7II6급 名目(명목)-5II5급 實質(실질)	7II5급 不調(부조)-4II5II 快調(쾌조)	7급4II 所得(소득)-4급6급 損失(손실)
5급5II 無能(무능)-7급5II 有能(유능)	7급4II 不備(불비)-5급4II 完備(완비)	8급8급 小人(소인)-4급7II 君子(군자)
7급7급 文語(문어)-7급7급 口語(구어)	7급6II 不運(불운)-6급6II 幸運(행운)	4급6급 續行(속행)-8급5급 中止(중지)
7II5급 物質(물질)-4II6II 精神(정신)	7급4II 不況(불황)-4II4급 好況(호황)	4급6급 損失(손실)-7급4II 所得(소득)
4II6II 密集(밀집)-4급6급 散在(산재)	6급4II 分離(분리)-5II6급 結合(결합)	4II6II 送信(송신)-4II6II 受信(수신)
6II6II 反共(반공)-4II6II 容共(용공)	6급4II 分離(분리)-6급6II 合體(합체)	7II7II 手動(수동)-7II7II 自動(자동)
6II4급 反抗(반항)-6급4급 服從(복종)	6급4II 分散(분산)-6II8급 集中(집중)	4II6II 受信(수신)-4II6II 送信(송신)
6II6II 發信(발신)-4II6II 受信(수신)	6급4II 分解(분해)-6급6II 合成(합성)	4II6II 受信(수신)-6II6II 發信(발신)
6II7급 放心(방심)-5II7급 操心(조심)	4II5급 悲觀(비관)-6II5II 樂觀(낙관)	4II4II 守勢(수세)-4급4II 攻勢(공세)
4II4II 背恩(배은)-4II4II 報恩(보은)	4급4급 非難(비난)-4급4급 稱讚(칭찬)	5II4II 順境(순경)-4II4II 逆境(역경)
8급6급 白晝(백주)-4II6급 深夜(심야)	4급6급 非番(비번)-5II6급 當番(당번)	5II6급 順行(순행)-4II6급 逆行(역행)
6급4급 別居(별거)-7급4급 同居(동거)	4급5II 辭任(사임)-4급5II 就任(취임)	4II4II 承認(승인)-4급4II 拒絶(거절)
4II4II 保守(보수)-4II6II 革新(혁신)	6급7II 死後(사후)-8급7II 生前(생전)	4II4II 承認(승인)-4급4급 拒否(거부)
4II4II 保守(보수)-4II4II 進步(진보)	4급6급 散在(산재)-4II6II 密集(밀집)	6급6II 勝利(승리)-5급8급 敗北(패배)
4II4II 報恩(보은)-4II4II 背恩(배은)	5II6급 相對(상대)-4II6II 絶對(절대)	4II4II 是認(시인)-4급4II 否認(부인)
4급6급 複式(복식)-4II6급 單式(단식)	8급7II 生家(생가)-5II7II 養家(양가)	8급8급 室女(실녀)-4II6II 總角(총각)
4급4급 複雜(복잡)-4II4II 單純(단순)	8급5급 生産(생산)-6II5급 消費(소비)	6급6II 失意(실의)-4II6II 得意(득의)
6급4II 服從(복종)-6II4급 反抗(반항)	8급7II 生食(생식)-8급7II 火食(화식)	5II4급 實際(실제)-6II4II 理論(이론)
6급6II 本業(본업)-4II6II 副業(부업)	8급7II 生前(생전)-6급7II 死後(사후)	5II5II 實質(실질)-7II6급 名目(명목)
6급5II 本質(본질)-6II4급 現象(현상)	5II6급 善用(선용)-5II6II 惡用(악용)	4II6급 深夜(심야)-8급6급 白晝(백주)
4II6II 副業(부업)-6급6II 本業(본업)	8급7급 先天(선천)-7II7급 後天(후천)	5II6II 惡用(악용)-5II6II 善用(선용)
4급5II 否決(부결)-5II5II 可決(가결)	6급4II 消極(소극)-4급4II 積極(적극)	5II5II 惡材(악재)-4II5II 好材(호재)
4급4II 否認(부인)-4II4II 是認(시인)	6II5급 消費(소비)-8급5급 生産(생산)	5II4급 惡評(악평)-4II4급 好評(호평)

209

한자능력검정 4급(4II 포함)

✔ **반의어**(反義語)・**상대어**(相對語)란, 두 개의 낱말이 서로 반대, 또는 상대되는 뜻으로 이루어진 낱말을 말한다.

4II5급 暗示(암시)-6II5급 明示(명시)	6급6급 遠洋(원양)-6급7II 近海(근해)	8급4II 人爲(인위)-7급7급 自然(자연)
4II5급 暗黑(암흑)-6II6급 光明(광명)	5급6II 原理(원리)-4II6II 應用(응용)	8급4II 人造(인조)-7급7급 天然(천연)
6II8급 弱小(약소)-6급8급 強大(강대)	5급5급 原因(원인)-5II6II 結果(결과)	8급5II 一元(일원)-6급5II 多元(다원)
5II7II 養家(양가)-8급7II 生家(생가)	4급4급 怨恨(원한)-4II4II 恩惠(은혜)	5II6II 任意(임의)-6급4II 強制(강제)
4II4II 逆境(역경)-5II4II 順境(순경)	7급5II 有能(유능)-5급5II 無能(무능)	7급6II 立體(입체)-7II7급 平面(평면)
4II4급 逆轉(역전)-4II4급 好轉(호전)	5II7급 流動(유동)-5급6급 固定(고정)	7II7II 自動(자동)-7II7II 手動(수동)
4II6급 逆行(역행)-5II6급 順行(순행)	4II4급 留保(유보)-5II6급 決定(결정)	7II7II 自動(자동)-5II7II 他動(타동)
4급8급 延長(연장)-6II4급 短縮(단축)	4II4II 恩惠(은혜)-4급4급 怨恨(원한)	7II7II 自立(자립)-4급4급 依存(의존)
4II6급 連勝(연승)-4II5급 連敗(연패)	4II7II 應答(응답)-5II4급 質疑(질의)	7II7II 自立(자립)-4급5급 依他(의타)
4II5급 連敗(연패)-4II6급 連勝(연승)	4II6급 應對(응대)-5II4급 質疑(질의)	7II7급 自然(자연)-8급4II 人爲(인위)
4급7급 豫算(예산)-5II7II 決算(결산)	4II6급 應用(응용)-5급6II 原理(원리)	7II4급 自律(자율)-5II4급 他律(타율)
4급5급 豫選(예선)-5II5급 決選(결선)	4II4II 義務(의무)-4II6급 權利(권리)	7II6II 自意(자의)-5II6급 他意(타의)
6급4II 溫暖(온난)-5II5급 寒冷(한랭)	4급4급 依存(의존)-7II7II 自立(자립)	7II7II 子正(자정)-7II7II 正午(정오)
5급4II 完備(완비)-7II4II 不備(불비)	4급5급 依他(의타)-7II7II 自立(자립)	4II5급 低調(저조)-6II5II 高調(고조)
8급5II 外觀(외관)-7II4II 內容(내용)	4II4급 異端(이단)-7II4II 正統(정통)	4II7급 低下(저하)-6급7II 向上(향상)
8급4급 外延(외연)-7II4II 內包(내포)	4급5급 異說(이설)-6급5II 通說(통설)	4급4II 積極(적극)-6II4II 消極(소극)
4II6급 容共(용공)-6II6급 反共(반공)	4급5급 異說(이설)-6급5II 定說(정설)	4II6급 敵對(적대)-5II4급 友好(우호)
4II4급 容納(용납)-4급4급 拒否(거부)	4급5급 異質(이질)-6II5급 等質(등질)	4급6II 專用(전용)-6II6II 共用(공용)
4II4급 容易(용이)-4II4II 難解(난해)	4급6급 異例(이례)-6급6급 通例(통례)	4급7급 專有(전유)-6II7급 共有(공유)
4II4급 容易(용이)-4급4II 困難(곤란)	6급4II 理論(이론)-5II4II 實際(실제)	7II6II 全體(전체)-4II6급 個別(개별)
4II4II 容認(용인)-4급4급 拒否(거부)	6급5II 理性(이성)-6급5II 感性(감성)	4II6II 絶對(절대)-5II6II 相對(상대)
5II4II 友好(우호)-4II6급 敵對(적대)	4II5II 理性(이성)-6급5II 感情(감정)	4II4급 精管(정관)-4급4급 卵管(난관)
6급7II 遠心(원심)-4II7II 求心(구심)	4급5II 離陸(이륙)-5II5II 着陸(착륙)	4II6급 精神(정신)-7II5II 物質(물질)

210

반의어

✔ **반의어**(反義語)・**상대어**(相對語)란, 두 개의 낱말이 서로 반대, 또는 상대되는 뜻으로 이루어진 낱말을 말한다.

6급5Ⅱ定說(정설)-4급5Ⅱ異說(이설)	7급7급天然(천연)-8급4Ⅱ人造(인조)	5급5급寒冷(한랭)-6급4Ⅱ溫暖(온난)
7Ⅱ7Ⅱ正午(정오)-7Ⅱ7Ⅱ子正(자정)	4급6Ⅱ總角(총각)-4급7Ⅱ處子(처자)	5급5급寒流(한류)-4급5Ⅱ暖流(난류)
7Ⅱ4급正統(정통)-4급4급異端(이단)	4급6Ⅱ總角(총각)-8급8급室女(실녀)	6급6Ⅱ合成(합성)-6급4Ⅱ分解(분해)
5급7급操心(조심)-6급7급放心(방심)	4급6Ⅱ總角(총각)-4급8급處女(처녀)	6급6Ⅱ合體(합체)-6급4Ⅱ分離(분리)
7급5Ⅱ主觀(주관)-5Ⅱ5Ⅱ客觀(객관)	7급5Ⅱ出仕(출사)-5급4급落鄕(낙향)	4Ⅱ4급解禁(해금)-4급5급禁止(금지)
7급6Ⅱ主體(주체)-5Ⅱ6급客體(객체)	7급5Ⅱ出仕(출사)-4급5Ⅱ退仕(퇴사)	4Ⅱ4급解散(해산)-6급6급集合(집합)
7급4급重視(중시)-5급4급輕視(경시)	7급5Ⅱ出仕(출사)-4급4급退官(퇴관)	6급6급幸運(행운)-7급6급不運(불운)
8급5급中止(중지)-4급6Ⅱ續行(속행)	4급5Ⅱ就任(취임)-4급5Ⅱ辭任(사임)	6급7Ⅱ向上(향상)-4Ⅱ7Ⅱ低下(저하)
4Ⅱ5급增加(증가)-4급7급減少(감소)	4급4급稱讚(칭찬)-4급4급非難(비난)	5급5급許可(허가)-4Ⅱ5급禁止(금지)
4Ⅱ4급增進(증진)-4Ⅱ4급減退(감퇴)	4Ⅱ6급快樂(쾌락)-6급4급苦痛(고통)	4급6Ⅱ革新(혁신)-4Ⅱ4Ⅱ保守(보수)
4Ⅱ4급進步(진보)-4Ⅱ4급保守(보수)	4Ⅱ5급快調(쾌조)-7Ⅱ5Ⅱ不調(부조)	6Ⅱ4급現象(현상)-6급5Ⅱ本質(본질)
4Ⅱ5급進化(진화)-4Ⅱ5급退化(퇴화)	5급7급他動(타동)-7Ⅱ7Ⅱ自動(자동)	6Ⅱ5급現實(현실)-7Ⅱ4Ⅱ空想(공상)
5Ⅱ4급質疑(질의)-6Ⅱ7Ⅱ對答(대답)	5급4급他律(타율)-7Ⅱ4Ⅱ自律(자율)	6급6급形式(형식)-7Ⅱ4Ⅱ內容(내용)
5Ⅱ4급質疑(질의)-4Ⅱ7Ⅱ應答(응답)	5급6급他意(타의)-7Ⅱ6급自意(자의)	4Ⅱ5급好材(호재)-5Ⅱ5Ⅱ惡材(악재)
5Ⅱ4급質疑(질의)-4Ⅱ6급應對(응대)	6급6급通例(통례)-4급6급異例(이례)	4Ⅱ4급好轉(호전)-4Ⅱ4급逆轉(역전)
5Ⅱ4급質疑(질의)-7Ⅱ4급答辯(답변)	6급5Ⅱ通說(통설)-4급5Ⅱ異說(이설)	4Ⅱ4급好評(호평)-5Ⅱ4급惡評(악평)
6Ⅱ8급集中(집중)-6Ⅱ4급分散(분산)	4Ⅱ4급退官(퇴관)-7급5Ⅱ出仕(출사)	4Ⅱ4급好況(호황)-7Ⅱ4급不況(불황)
6Ⅱ6급集合(집합)-4Ⅱ4급解散(해산)	4Ⅱ5급退仕(퇴사)-7급5Ⅱ出仕(출사)	8급7Ⅱ火食(화식)-8급7Ⅱ生食(생식)
4급6급差別(차별)-7Ⅱ6Ⅱ平等(평등)	4Ⅱ7급退場(퇴장)-7급7Ⅱ登場(등장)	7급7급後天(후천)-8급7급先天(선천)
5Ⅱ5Ⅱ着陸(착륙)-4급5Ⅱ離陸(이륙)	4Ⅱ5급退化(퇴화)-4Ⅱ5급進化(진화)	
5Ⅱ6급着席(착석)-4Ⅱ7Ⅱ起立(기립)	5급8급敗北(패배)-6급6급勝利(승리)	
4Ⅱ8급處女(처녀)-4Ⅱ6급總角(총각)	7급6Ⅱ平等(평등)-4급6급差別(차별)	
4Ⅱ7급處子(처자)-4Ⅱ6급總角(총각)	7급7급平面(평면)-7Ⅱ6급立體(입체)	

211

한자능력검정 4급(4Ⅱ 포함)

✔ **반의어**(反義語)·**상대어**(相對語)란, 두 개의 낱말이 서로 반대, 또는 상대되는 뜻으로 이루어진 낱말을 말한다.

上	級
윗 상	등급 급

⇔

下	級
아래 하	등급 급

❋ 아래의 훈과 음에 알맞은 반의어를 위와 같이 한자로 쓰세요.   📘 정답 ☞ 215쪽 하단

옳을 가	결단할 결	⇨	아닐 부	결단할 결	
느낄 감	성품 성	⇨	다스릴 리/이	성품 성	
낱 개	다를 별	⇨	온전 전	몸 체	
손 객	볼 관	⇨	주인 주	볼 관	
클 거	부자 부	⇨	극진할 극	가난할 빈	
가벼울 경	덜 감	⇨	더할 가	무거울 중	

방패 간	조수 조	⇨	찰 만	조수 조	
느낄 감	뜻 정	⇨	다스릴 리/이	성품 성	
곤할 곤	어려울 난/란	⇨	얼굴 용	쉬울 이	
손 객	몸 체	⇨	주인 주	몸 체	
흰 백	낮 주	⇨	깊을 심	밤 야	
가벼울 경	볼 시	⇨	무거울 중	볼 시	

🔵 아래는 서로 뜻이 반대, 또는 상대되는 한자어입니다. 독음을 쓰세요.   📘 정답 ☞ 215쪽 상단

本質(　　)-現象(　　)　　登場(　　)-退場(　　)　　無能(　　)-有能(　　)
物質(　　)-精神(　　)　　密集(　　)-散在(　　)　　反抗(　　)-服從(　　)
放心(　　)-操心(　　)　　背恩(　　)-報恩(　　)　　別居(　　)-同居(　　)
保守(　　)-進步(　　)　　保守(　　)-革新(　　)　　本業(　　)-副業(　　)

반의어

✔ **반의어**(反義語)·**상대어**(相對語)란, 두 개의 낱말이 서로 반대, 또는 상대되는 뜻으로 이루어진 낱말을 말한다.

上	級	⇦	下	級
윗 상	등급 급	⇨	아래 하	등급 급

❋ 아래의 훈과 음에 알맞은 반의어를 위와 같이 한자로 쓰세요.　　📖 정답 ☞ 214쪽 하단

연고 고	뜻 의		지날 과	잃을 실		굳을 고	정할 정		흐를 류/유	움직일 동	
높을 고	고를 조		낮을 저	고를 조		빌 공	생각 상		나타날 현	열매 실	
한가지 공	쓸 용		오로지 전	쓸 용		막을 거	끊을 절		이을 승	알 인	
빛 광	밝을 명		어두울 암	검을 흑		구할 구	마음 심		멀 원	마음 심	
결단할 결	정할 정		머무를 류/유	지킬 보		임금 군	아들 자		작을 소	사람 인	
권세 권	이할 리		옳을 의	힘쓸 무		악할 악	평할 평		좋을 호	평할 평	

○ 아래는 서로 뜻이 반대, 또는 상대되는 한자어입니다. 독음을 쓰세요.　📖 정답 ☞ 214쪽 상단

樂觀(　　)-悲觀(　　)　　暖流(　　)-寒流(　　)　　內容(　　)-形式(　　)
分散(　　)-集中(　　)　　多元(　　)-一元(　　)　　續行(　　)-中止(　　)
非難(　　)-稱讚(　　)　　單純(　　)-複雜(　　)　　單式(　　)-複式(　　)
短縮(　　)-延長(　　)　　對話(　　)-獨白(　　)　　動機(　　)-結果(　　)

213

한자능력검정 4급(4II 포함)

✓ **반의어**(反義語)·**상대어**(相對語)란, 두 개의 낱말이 서로 반대, 또는 상대되는 뜻으로 이루어진 낱말을 말한다.

上	級	⇔	下	級
윗 상	등급 급		아래 하	등급 급

※ 아래의 훈과 음에 알맞은 반의어를 위와 같이 한자로 쓰세요.   📖 정답 ☞ 213쪽 하단

		⇨						⇨		
즐길 락/나	볼 관		슬플 비	볼 관		따뜻할 난	흐를 류		찰 한	흐를 류

		⇨						⇨		
안 내	얼굴 용		모양 형	법 식		나눌 분	흩을 산		모을 집	가운데 중

		⇨						⇨		
많을 다	으뜸 원		한 일	으뜸 원		이을 속	다닐 행		가운데 중	그칠 지

		⇨						⇨		
아닐 비	어려울 난		일컬을 칭	기릴 찬		홑 단	순수할 순		겹칠 복	섞일 잡

		⇨						⇨		
홑 단	법 식		겹칠 복	법 식		짧을 단	줄일 축		늘일 연	긴 장

		⇨						⇨		
대할 대	말씀 화		홀로 독	흰 백		움직일 동	틀 기		맺을 결	실과 과

○ 아래는 서로 뜻이 반대, 또는 상대되는 한자어입니다. 독음을 쓰세요.   📖 정답 ☞ 213쪽 상단

故意(　　)-過失(　　)　　固定(　　)-流動(　　)　　高調(　　)-低調(　　)
空想(　　)-現實(　　)　　共用(　　)-專用(　　)　　拒絶(　　)-承認(　　)
光明(　　)-暗黑(　　)　　求心(　　)-遠心(　　)　　決定(　　)-留保(　　)
君子(　　)-小人(　　)　　權利(　　)-義務(　　)　　惡評(　　)-好評(　　)

반의어

✓ **반의어**(反義語) · **상대어**(相對語)란, 두 개의 낱말이 서로 반대, 또는 상대되는 뜻으로 이루어진 낱말을 말한다.

上	級
윗 상	등급 급

⇦⇨

下	級
아래 하	등급 급

❋ 아래의 훈과 음에 알맞은 반의어를 위와 같이 한자로 쓰세요.   정답 ☞ 212쪽 하단

근본 본	바탕 질	⇦⇨	나타날 현	코끼리 상		오를 등	마당 장	⇦⇨	물러날 퇴	마당 장
없을 무	능할 능	⇦⇨	있을 유	능할 능		물건 물	바탕 질	⇦⇨	자세할 정	귀신 신
빽빽할 밀	모을 집	⇦⇨	흩을 산	있을 재		돌이킬 반	겨룰 항	⇦⇨	옷 복	좇을 종
놓을 방	마음 심	⇦⇨	잡을 조	마음 심		등 배	은혜 은	⇦⇨	갚을 보	은혜 은
다를 별	살 거	⇦⇨	한가지 동	살 거		지킬 보	지킬 수	⇦⇨	나아갈 진	걸을 보
지킬 보	지킬 수	⇦⇨	가죽 혁	새 신		근본 본	업 업	⇦⇨	버금 부	업 업

○ 아래는 서로 뜻이 반대, 또는 상대되는 한자어입니다. 독음을 쓰세요.   정답 ☞ 212쪽 상단

可決(　　)-否決(　　)　　干潮(　　)-滿潮(　　)　　感性(　　)-理性(　　)
感情(　　)-理性(　　)　　個別(　　)-全體(　　)　　困難(　　)-容易(　　)
客觀(　　)-主觀(　　)　　客體(　　)-主體(　　)　　巨富(　　)-極貧(　　)
白晝(　　)-深夜(　　)　　輕減(　　)-加重(　　)　　輕視(　　)-重視(　　)

215

한자능력검정 4급(4Ⅱ 포함)

✔ **반의어**(反義語) · **상대어**(相對語)란, 두 개의 낱말이 서로 반대, 또는 상대되는 뜻으로 이루어진 낱말을 말한다.

上	級	⇦⇨	下	級
윗 상	등급 급		아래 하	등급 급

❄ 아래의 훈과 음에 알맞은 반의어를 위와 같이 한자로 쓰세요.   📘 정답 ☞ 219쪽 하단

아닐 부	알 인	⇦⇨	이 시	알 인		아닐 불	옮길 운	⇦⇨	다행 행	옮길 운
아닐 비	차례 번	⇦⇨	마땅 당	차례 번		죽을 사	뒤 후	⇦⇨	날 생	앞 전
서로 상	대할 대	⇦⇨	끊을 절	대할 대		날 생	집 가	⇦⇨	기를 양	집 가
날 생	낳을 산	⇦⇨	사라질 소	쓸 비		날 생	먹을 식	⇦⇨	불 화	먹을 식
먼저 선	하늘 천	⇦⇨	뒤 후	하늘 천		더할 증	나아갈 진	⇦⇨	덜 감	물러날 퇴
일어날 기	설 립	⇦⇨	붙을 착	자리 석		사라질 소	극진할 극	⇦⇨	쌓을 적	극진할 극

○ 아래는 서로 뜻이 반대, 또는 상대되는 한자어입니다. 독음을 쓰세요.   📘 정답 ☞ 219쪽 상단

差別(　　)-平等(　　)　　集合(　　)-解散(　　)　　異例(　　)-通例(　　)
快樂(　　)-苦痛(　　)　　退化(　　)-進化(　　)　　敗北(　　)-勝利(　　)
寒冷(　　)-溫暖(　　)　　許可(　　)-禁止(　　)　　好材(　　)-惡材(　　)
合成(　　)-分解(　　)　　好轉(　　)-逆轉(　　)　　好況(　　)-不況(　　)

216

반의어

✔ **반의어**(反義語)·**상대어**(相對語)란, 두 개의 낱말이 서로 반대, 또는 상대되는 뜻으로 이루어진 낱말을 말한다.

上	級
윗 상	등급 급

⇔

下	級
아래 하	등급 급

❄ 아래의 훈과 음에 알맞은 반의어를 위와 같이 한자로 쓰세요.   정답 ☞ 218쪽 하단

		⇔						⇔		
바 소	얻을 득		덜 손	잃을 실		안 내	쌀 포		바깥 외	늘일 연

		⇔						⇔		
순할 순	다닐 행		거스를 역	다닐 행		어두울 암	보일 시		밝을 명	보일 시

		⇔						⇔		
강할 강	절제할 제		맡길 임	뜻 의		이을 련/연	패할 패		이을 련/연	이길 승

		⇔						⇔		
결단할 결	셈 산		미리 예	셈 산		낮을 저	아래 하		향할 향	윗 상

		⇔						⇔		
언덕 원	인할 인		맺을 결	실과 과		은혜 은	은혜 혜		원망할 원	한 한

		⇔						⇔		
의지할 의	다를 타		스스로 자	설 립		다를 이	끝 단		바를 정	거느릴 통

○ 아래는 서로 뜻이 반대, 또는 상대되는 한자어입니다. 독음을 쓰세요.   정답 ☞ 218쪽 상단

人爲(　　)-自然(　　)　立體(　　)-平面(　　)　自動(　　)-手動(　　)
自動(　　)-他動(　　)　自律(　　)-他律(　　)　自意(　　)-他意(　　)
原理(　　)-應用(　　)　敵對(　　)-友好(　　)　正午(　　)-子正(　　)
人造(　　)-天然(　　)　增加(　　)-減少(　　)　質疑(　　)-應答(　　)

한자능력검정 4급(4II 포함)

✓ **반의어**(反義語)・**상대어**(相對語)란, 두 개의 낱말이 서로 반대, 또는 상대되는 뜻으로 이루어진 낱말을 말한다.

上	級	⇔	下	級
윗 상	등급 급		아래 하	등급 급

❋ 아래의 훈과 음에 알맞은 반의어를 위와 같이 한자로 쓰세요.   📖 정답 ☞ 217쪽 하단

		⇔						⇔		
사람 인	하 위		스스로 자	그럴 연		설 립/입	몸 체		평평할 평	낯 면
스스로 자	움직일 동		손 수	움직일 동		스스로 자	움직일 동		다를 타	움직일 동
스스로 자	법칙 률/율		다를 타	법칙 률/율		스스로 자	뜻 의		다를 타	뜻 의
언덕 원	다스릴 리		응할 응	쓸 용		대적할 적	대할 대		벗 우	좋을 호
바를 정	낯 오		아들 자	바를 정		사람 인	지을 조		하늘 천	그럴 연
더할 증	더할 가		덜 감	적을 소		바탕 질	의심할 의		응할 응	대답 답

○ 아래는 서로 뜻이 반대, 또는 상대되는 한자어입니다. 독음을 쓰세요.   📖 정답 ☞ 217쪽 상단

所得(　　)-損失(　　)　內包(　　)-外延(　　)　順行(　　)-逆行(　　)
暗示(　　)-明示(　　)　強制(　　)-任意(　　)　連敗(　　)-連勝(　　)
決算(　　)-豫算(　　)　低下(　　)-向上(　　)　原因(　　)-結果(　　)
恩惠(　　)-怨恨(　　)　依他(　　)-自立(　　)　異端(　　)-正統(　　)

반의어

✔ **반의어**(反義語)·**상대어**(相對語)란, 두 개의 낱말이 서로 반대, 또는 상대되는 뜻으로 이루어진 낱말을 말한다.

上	級	⇦⇨	下	級
윗 상	등급 급		아래 하	등급 급

❄ 아래의 훈과 음에 알맞은 반의어를 위와 같이 한자로 쓰세요.   📖 정답 ☞ 216쪽 하단

다를 차	다를 별	⇦⇨	평평할 평	무리 등		모을 집	합할 합	⇦⇨	풀 해	흩을 산
다를 이	법식 례	⇦⇨	통할 통	법식 례		쾌할 쾌	즐길 락	⇦⇨	쓸 고	아플 통
물러날 퇴	될 화	⇦⇨	나아갈 진	될 화		패할 패	달아날 배	⇦⇨	이길 승	이할 리
찰 한	찰 랭	⇦⇨	따뜻할 온	따뜻할 난		허락할 허	옳을 가	⇦⇨	금할 금	그칠 지
좋을 호	재목 재	⇦⇨	악할 악	재목 재		합할 합	이룰 성	⇦⇨	나눌 분	풀 해
좋을 호	구를 전	⇦⇨	거스를 역	구를 전		좋을 호	상황 황	⇦⇨	아닐 불	상황 황

○ 아래는 서로 뜻이 반대, 또는 상대되는 한자어입니다. 독음을 쓰세요.   📖 정답 ☞ 216쪽 상단

否認(　　)-是認(　　)　　不運(　　)-幸運(　　)　　非番(　　)-當番(　　)
死後(　　)-生前(　　)　　相對(　　)-絶對(　　)　　生家(　　)-養家(　　)
生産(　　)-消費(　　)　　生食(　　)-火食(　　)　　先天(　　)-後天(　　)
增進(　　)-減退(　　)　　起立(　　)-着席(　　)　　消極(　　)-積極(　　)

219

한자능력검정 4급(4Ⅱ 포함)

✔ 유의자(類義字)란, 두 개의 글자가 서로 뜻이 비슷하고, 대등(對等)한 뜻을 가진 낱말을 말한다.

5급加-4Ⅱ增(가증)	4급降-7Ⅱ下(강하)	4Ⅱ境-6급界(경계)	5Ⅱ告-8급白(고백)
7Ⅱ家-8급室(가실)	5Ⅱ客-5Ⅱ旅(객려)	4Ⅱ境-4급域(경역)	5Ⅱ告-5급示(고시)
7Ⅱ家-5급屋(가옥)	4급居-4Ⅱ留(거류)	4Ⅱ慶-5Ⅱ福(경복)	4급孤-5Ⅱ獨(고독)
7Ⅱ家-5급宅(가택)	4급居-7급住(거주)	4Ⅱ慶-5급祝(경축)	4Ⅱ故-5Ⅱ舊(고구)
7Ⅱ家-4Ⅱ戶(가호)	4급居-7급家(거가)	5급景-6Ⅱ光(경광)	5급考-4Ⅱ究(고구)
7급歌-4Ⅱ謠(가요)	4급巨-8급大(거대)	5급競-5급爭(경쟁)	5급考-4급慮(고려)
7급歌-5급唱(가창)	5급擧-7Ⅱ動(거동)	4Ⅱ經-6Ⅱ理(경리)	6급苦-4Ⅱ難(고난)
7급歌-5급曲(가곡)	5급建-7Ⅱ立(건립)	4Ⅱ經-5Ⅱ過(경과)	6Ⅱ高-5급卓(고탁)
7급歌-6Ⅱ樂(가악)	4Ⅱ檢-4급督(검독)	4Ⅱ經-5Ⅱ歷(경력)	4급穀-4급糧(곡량)
4Ⅱ街-7Ⅱ道(가도)	4Ⅱ檢-4급察(검찰)	4Ⅱ經-4급營(경영)	4급困-4급窮(곤궁)
4Ⅱ街-6급路(가로)	4Ⅱ檢-5급査(검사)	4Ⅱ警-4급戒(경계)	6Ⅱ共-7급同(공동)
4급簡-4급略(간략)	4급擊-5급打(격타)	4Ⅱ警-4급覺(경각)	7Ⅱ工-4Ⅱ造(공조)
4급簡-4급擇(간택)	5Ⅱ格-6급式(격식)	4급季-5급末(계말)	7Ⅱ工-6Ⅱ作(공작)
6급感-4급覺(감각)	4급激-4급烈(격렬)	4급季-5Ⅱ節(계절)	4급攻-4Ⅱ伐(공벌)
4급敢-6Ⅱ勇(감용)	4급堅-6급強(견강)	6급界-4Ⅱ境(계경)	4급攻-4급擊(공격)
4Ⅱ減-6Ⅱ省(감생)	4급堅-5급固(견고)	6급界-4급域(계역)	4급攻-4급討(공토)
4Ⅱ減-4급損(감손)	5Ⅱ決-4급斷(결단)	4급繼-4Ⅱ承(계승)	7Ⅱ空-4Ⅱ虛(공허)
4Ⅱ監-4Ⅱ視(감시)	5Ⅱ決-4급判(결판)	4급繼-4Ⅱ續(계속)	6Ⅱ果-5Ⅱ實(과실)
4Ⅱ監-4급察(감찰)	4Ⅱ潔-8급白(결백)	6Ⅱ計-7급數(계수)	6Ⅱ果-4급敢(과감)
4Ⅱ監-5급觀(감관)	5Ⅱ結-5Ⅱ束(결속)	6Ⅱ計-7급算(계산)	6Ⅱ科-6급目(과목)
6급強-5급健(강건)	5Ⅱ結-5Ⅱ約(결약)	4급階-6급級(계급)	5Ⅱ課-4Ⅱ程(과정)
7Ⅱ江-5급河(강하)	5Ⅱ結-4급構(결구)	4급階-4급層(계층)	5Ⅱ過-5급去(과거)
4Ⅱ講-4Ⅱ解(강해)	6급京-5급都(경도)	4급階-4급段(계단)	5Ⅱ過-6급失(과실)

유의자

✔ 유의자(類義字)란, 두 개의 글자가 서로 뜻이 비슷하고, 대등(對等)한 뜻을 가진 낱말을 말한다.

5급 過-4Ⅱ 誤 (과오)
4급 管-6Ⅱ 理 (관리)
5Ⅱ 觀-4급 覽 (관람)
5Ⅱ 觀-4Ⅱ 視 (관시)
5Ⅱ 觀-4급 察 (관찰)
5Ⅱ 關-4급 與 (관여)
6Ⅱ 光-7급 色 (광색)
6Ⅱ 光-6Ⅱ 明 (광명)
5Ⅱ 廣-4Ⅱ 博 (광박)
8급 敎-6급 訓 (교훈)
5급 具-4Ⅱ 備 (구비)
6급 區-4급 域 (구역)
6급 區-6Ⅱ 分 (구분)
6급 區-6급 別 (구별)
5급 救-4급 援 (구원)
5급 救-4Ⅱ 濟 (구제)
4급 構-4Ⅱ 造 (구조)
4급 構-4Ⅱ 築 (구축)
4Ⅱ 究-5급 考 (구고)
5Ⅱ 舊-4Ⅱ 故 (구고)
4급 君-8급 王 (군왕)
4급 君-7급 主 (군주)
4급 群-4Ⅱ 衆 (군중)

4급 群-4Ⅱ 黨 (군당)
8급 軍-5Ⅱ 旅 (군려)
8급 軍-5Ⅱ 兵 (군병)
8급 軍-5Ⅱ 士 (군사)
6급 郡-7급 邑 (군읍)
4급 屈-4급 折 (굴절)
4급 屈-5급 曲 (굴곡)
4Ⅱ 宮-7Ⅱ 家 (궁가)
4급 窮-4Ⅱ 究 (궁구)
4급 窮-4급 極 (궁극)
4급 窮-4급 盡 (궁진)
4급 窮-4급 困 (궁곤)
4급 勸-4급 奬 (권장)
4급 勸-4급 勉 (권면)
4Ⅱ 權-4급 稱 (권칭)
5급 貴-7급 重 (귀중)
5급 規-4급 範 (규범)
5급 規-5Ⅱ 格 (규격)
5급 規-5급 則 (규칙)
5급 規-4Ⅱ 律 (규율)
5급 規-6급 例 (규례)
5급 規-6급 式 (규식)
5급 規-6급 度 (규탁)

4급 均-7Ⅱ 平 (균평)
4급 均-5Ⅱ 調 (균조)
4급 均-6Ⅱ 等 (균등)
4급 極-4급 窮 (극궁)
4급 極-4급 盡 (극진)
4급 極-4Ⅱ 端 (극단)
6급 根-6급 本 (근본)
6Ⅱ 急-6급 速 (급속)
5급 給-4급 與 (급여)
4Ⅱ 器-5Ⅱ 具 (기구)
5Ⅱ 己-6Ⅱ 身 (기신)
5급 技-4Ⅱ 藝 (기예)
5급 技-6Ⅱ 術 (기술)
7급 記-5Ⅱ 識 (기지)
7급 記-4Ⅱ 錄 (기록)
4Ⅱ 起-6Ⅱ 發 (기발)
4Ⅱ 起-7Ⅱ 立 (기립)
8급 金-5급 鐵 (금철)
4Ⅱ 難-6급 苦 (난고)
4급 納-7급 入 (납입)
5Ⅱ 念-4급 慮 (염려)
5Ⅱ 念-4Ⅱ 想 (염상)
4Ⅱ 努-7Ⅱ 力 (노력)

4Ⅱ 單-5Ⅱ 獨 (단독)
5Ⅱ 團-4Ⅱ 圓 (단원)
4Ⅱ 斷-5Ⅱ 決 (단결)
4Ⅱ 斷-4급 絶 (단절)
4Ⅱ 斷-5Ⅱ 切 (단절)
4급 段-4급 階 (단계)
4Ⅱ 端-5급 末 (단말)
4Ⅱ 端-7Ⅱ 正 (단정)
4Ⅱ 達-6급 通 (달통)
4Ⅱ 達-6Ⅱ 成 (달성)
4급 擔-5Ⅱ 任 (담임)
5급 談-5Ⅱ 說 (담설)
5급 談-7Ⅱ 話 (담화)
5급 談-6급 言 (담언)
6Ⅱ 堂-8급 室 (당실)
8급 大-4급 巨 (대거)
5Ⅱ 到-4Ⅱ 達 (도달)
5Ⅱ 到-5급 着 (도착)
6Ⅱ 圖-6급 畫 (도화)
4Ⅱ 導-4Ⅱ 引 (도인)
4Ⅱ 導-6급 訓 (도훈)
4급 徒-4Ⅱ 黨 (도당)
4급 盜-4급 賊 (도적)

221

한자능력검정 4급(4Ⅱ 포함)

> ✔ **유의자**(類義字)란, 두 개의 글자가 서로 뜻이 비슷하고, 대등(對等)한 뜻을 가진 낱말을 말한다.

4급逃-4급避(도피)	5Ⅱ良-5급善(양선)	7급命-5급令(명령)	5Ⅱ法-6급例(법례)
4급逃-5급亡(도망)	5Ⅱ旅-5Ⅱ客(여객)	6Ⅱ明-6Ⅱ光(명광)	5Ⅱ法-6급度(법도)
7Ⅱ道-6급路(도로)	4Ⅱ麗-6급美(여미)	6Ⅱ明-8급白(명백)	5Ⅱ法-5급則(법칙)
7Ⅱ道-6Ⅱ理(도리)	5Ⅱ練-6급習(연습)	6Ⅱ明-5Ⅱ朗(명랑)	5Ⅱ法-5Ⅱ典(법전)
5급都-7Ⅱ市(도시)	4Ⅱ連-4Ⅱ續(연속)	4급模-4급範(모범)	5Ⅱ法-5급規(법규)
5급都-7급邑(도읍)	8급年-5Ⅱ歲(연세)	4Ⅱ毛-4급髮(모발)	5Ⅱ法-4Ⅱ律(법률)
4Ⅱ毒-5Ⅱ害(독해)	5급領-4Ⅱ受(영수)	7급文-6Ⅱ書(문서)	5Ⅱ變-5급改(변개)
5Ⅱ獨-4급孤(독고)	5급領-4Ⅱ統(영통)	7급文-6급章(문장)	5Ⅱ變-5Ⅱ化(변화)
7급同-8급一(동일)	6급例-6급式(예식)	8급門-4Ⅱ戶(문호)	5Ⅱ變-4급更(변경)
7급同-6Ⅱ等(동등)	6급例-5급法(예법)	7Ⅱ物-5급件(물건)	5Ⅱ變-4급易(변역)
7급洞-7급里(동리)	6급例-5Ⅱ典(예전)	7Ⅱ物-5Ⅱ品(물품)	5Ⅱ變-4급革(변혁)
6급頭-5Ⅱ首(두수)	6급例-5급規(예규)	6급美-4Ⅱ麗(미려)	4Ⅱ邊-4Ⅱ際(변제)
6Ⅱ等-6급級(등급)	5급料-5급量(요량)	6급朴-4Ⅱ素(박소)	6급別-5급選(별선)
6Ⅱ等-5Ⅱ類(등류)	5급料-6급度(요탁)	6Ⅱ發-5Ⅱ展(발전)	6급別-4급離(별리)
4Ⅱ羅-4Ⅱ列(나열)	4Ⅱ留-7급住(유주)	6Ⅱ發-4급射(발사)	6급別-4급差(별차)
5급冷-5급寒(냉한)	4Ⅱ律-5Ⅱ法(율법)	6Ⅱ發-4Ⅱ起(발기)	5Ⅱ兵-5Ⅱ卒(병졸)
5Ⅱ勞-4Ⅱ務(노무)	6Ⅱ利-4Ⅱ益(이익)	4급妨-5Ⅱ害(방해)	5Ⅱ兵-5Ⅱ士(병사)
5Ⅱ勞-4급勤(노근)	4급離-6급別(이별)	7Ⅱ方-7Ⅱ正(방정)	6급病-5급患(병환)
6급綠-8급靑(녹청)	5급末-4Ⅱ端(말단)	7Ⅱ方-7Ⅱ道(방도)	4Ⅱ保-4Ⅱ護(보호)
4Ⅱ論-4Ⅱ議(논의)	7Ⅱ每-4Ⅱ常(매상)	4Ⅱ配-6Ⅱ分(배분)	4Ⅱ保-4Ⅱ衛(보위)
4급略-6Ⅱ省(약생)	7급面-4Ⅱ容(면용)	6급番-4Ⅱ次(번차)	4Ⅱ報-5급告(보고)
4급糧-4급穀(양곡)	7Ⅱ名-6급號(명호)	6급番-6급第(번제)	5Ⅱ福-4Ⅱ慶(복경)
5Ⅱ良-4Ⅱ好(양호)	7Ⅱ名-4급稱(명칭)	5Ⅱ法-6급式(법식)	6급本-6급根(본근)

유의자

✔ 유의자(類義字)란, 두 개의 글자가 서로 뜻이 비슷하고, 대등(對等)한 뜻을 가진 낱말을 말한다.

6급本-4급源(본원)	5급查-4Ⅱ檢(사검)	5Ⅱ說-7Ⅱ話(설화)	4급肅-4급嚴(숙엄)
5Ⅱ奉-5Ⅱ仕(봉사)	6Ⅱ社-6Ⅱ會(사회)	7Ⅱ姓-4급氏(성씨)	4Ⅱ純-4Ⅱ潔(순결)
5Ⅱ奉-4Ⅱ承(봉승)	4Ⅱ舍-5급屋(사옥)	5Ⅱ性-7급心(성심)	6Ⅱ術-4Ⅱ藝(술예)
4Ⅱ副-4Ⅱ次(부차)	4Ⅱ舍-5Ⅱ宅(사택)	6Ⅱ成-4급就(성취)	4급崇-6Ⅱ高(숭고)
6Ⅱ部-4Ⅱ隊(부대)	4급辭-5Ⅱ說(사설)	6Ⅱ省-4Ⅱ察(성찰)	6급習-8급學(습학)
6Ⅱ部-5Ⅱ類(부류)	5Ⅱ産-8급生(산생)	4Ⅱ聲-6Ⅱ音(성음)	6급習-5Ⅱ練(습련)
6Ⅱ分-4Ⅱ配(분배)	7급算-7급數(산수)	7Ⅱ世-6Ⅱ代(세대)	4Ⅱ承-5Ⅱ奉(승봉)
6Ⅱ分-6급別(분별)	5Ⅱ商-5급量(상량)	7Ⅱ世-6Ⅱ界(세계)	4Ⅱ承-4급繼(승계)
6Ⅱ分-6급區(분구)	4Ⅱ想-5급思(상사)	4Ⅱ素-6급朴(소박)	6Ⅱ始-4Ⅱ創(시창)
4급憤-4Ⅱ怒(분노)	4Ⅱ想-5Ⅱ念(상념)	4Ⅱ素-5Ⅱ質(소질)	6Ⅱ始-5급初(시초)
4급批-4급評(비평)	4Ⅱ狀-4Ⅱ態(상태)	4급損-5Ⅱ害(손해)	4Ⅱ施-4Ⅱ設(시설)
5급費-6Ⅱ用(비용)	8급生-7Ⅱ活(생활)	4급損-4급傷(손상)	7Ⅱ時-5급期(시기)
4Ⅱ貧-4급窮(빈궁)	8급生-5Ⅱ産(생산)	4급損-4Ⅱ減(손감)	4Ⅱ試-4Ⅱ驗(시험)
4Ⅱ貧-4급困(빈곤)	8급生-7급出(생출)	4급損-6급失(손실)	6급式-5Ⅱ典(식전)
7Ⅱ事-4급務(사무)	6Ⅱ省-4Ⅱ減(생감)	4Ⅱ修-6급習(수습)	6급式-6급例(식례)
7Ⅱ事-6Ⅱ業(사업)	6Ⅱ省-4급略(생략)	4Ⅱ受-5급領(수령)	4Ⅱ申-5급告(신고)
6급使-5급令(사령)	6Ⅱ書-4급冊(서책)	4Ⅱ守-4Ⅱ衛(수위)	6Ⅱ身-6Ⅱ體(신체)
5Ⅱ士-5Ⅱ兵(사병)	6Ⅱ書-4급籍(서적)	4Ⅱ授-4급與(수여)	6급失-5급敗(실패)
5급思-4급慮(사려)	5급善-5Ⅱ良(선량)	6급樹-7급林(수림)	8급室-7급家(실가)
5급思-5급考(사고)	5급選-5급擧(선거)	6급樹-8급木(수목)	5Ⅱ實-6Ⅱ果(실과)
5급思-4Ⅱ想(사상)	5급選-4급擇(선택)	4급秀-4급傑(수걸)	7급心-5Ⅱ性(심성)
5급思-5Ⅱ念(사념)	5Ⅱ鮮-4Ⅱ麗(선려)	5Ⅱ首-6급頭(수두)	5Ⅱ兒-6Ⅱ童(아동)
5급查-4Ⅱ察(사찰)	4Ⅱ設-4Ⅱ施(설시)	5Ⅱ宿-4급寢(숙침)	6Ⅱ樂-7급歌(악가)

223

한자능력검정 **4**급(**4**Ⅱ 포함)

> ✔ **유의자**(類義字)란, 두 개의 글자가 서로 뜻이 비슷하고, 대등(對等)한 뜻을 가진 낱말을 말한다.

7급安-7Ⅱ平(안평)	4Ⅱ藝-6Ⅱ術(예술)	6Ⅱ意-4Ⅱ義(의의)	5급爭-4급鬪(쟁투)
7급安-4Ⅱ康(안강)	5급屋-4Ⅱ舍(옥사)	6Ⅱ意-4Ⅱ志(의지)	5급爭-5급競(쟁경)
4Ⅱ眼-6급目(안목)	6급溫-4Ⅱ暖(온난)	6Ⅱ意-4급趣(의취)	5급貯-4급蓄(저축)
5Ⅱ約-5Ⅱ結(약결)	5급完-7Ⅱ全(완전)	6Ⅱ意-5급思(의사)	5급貯-4급積(저적)
5Ⅱ約-5Ⅱ束(약속)	5Ⅱ要-4급求(요구)	6급衣-6급服(의복)	4급積-5급貯(적저)
4급樣-4Ⅱ態(양태)	6Ⅱ勇-4급敢(용감)	4Ⅱ議-4Ⅱ論(의논)	4급積-4급蓄(적축)
5Ⅱ養-7급育(양육)	6Ⅱ用-5급費(용비)	4Ⅱ移-4급轉(이전)	4급賊-4급盜(적도)
7급語-4급辭(어사)	6Ⅱ運-7Ⅱ動(운동)	4Ⅱ移-6Ⅱ運(이운)	7Ⅱ全-5급完(전완)
6급言-4급辭(언사)	4급怨-4급恨(원한)	5급因-4급緣(인연)	5Ⅱ典-4Ⅱ律(전율)
6급言-5급談(언담)	4급援-5급救(원구)	4Ⅱ引-4Ⅱ導(인도)	5Ⅱ典-5Ⅱ法(전법)
6급言-7급語(언어)	5급願-5Ⅱ望(원망)	4Ⅱ認-5Ⅱ識(인식)	5Ⅱ典-4급籍(전적)
6급言-5급說(언설)	5Ⅱ偉-8급大(위대)	4Ⅱ認-5Ⅱ知(인지)	5Ⅱ典-6급式(전식)
4급嚴-4급肅(엄숙)	4급委-5Ⅱ任(위임)	8급一-7급同(일동)	5Ⅱ典-6급例(전례)
6Ⅱ業-7Ⅱ事(업사)	4급儒-5Ⅱ士(유사)	7급入-4급納(입납)	5Ⅱ典-4급範(전범)
6Ⅱ業-4Ⅱ務(업무)	4급遺-6급失(유실)	7Ⅱ自-5급己(자기)	6Ⅱ戰-5급爭(전쟁)
4Ⅱ餘-4급暇(여가)	4Ⅱ肉-6Ⅱ身(육신)	4급資-4Ⅱ貨(자화)	6Ⅱ戰-4급鬪(전투)
4급域-4Ⅱ境(역경)	4Ⅱ肉-6Ⅱ體(육체)	4급資-5Ⅱ財(자재)	4급轉-4Ⅱ移(전이)
4Ⅱ研-4Ⅱ究(연구)	7급育-5Ⅱ養(육양)	4급資-5Ⅱ質(자질)	4급轉-4Ⅱ回(전회)
4Ⅱ研-4Ⅱ修(연수)	5Ⅱ陸-7급地(육지)	4급殘-4Ⅱ餘(잔여)	5Ⅱ切-4Ⅱ斷(절단)
4급緣-5급因(연인)	4Ⅱ恩-4Ⅱ惠(은혜)	4급獎-4급勸(장권)	5Ⅱ節-4급季(절계)
4Ⅱ榮-4급華(영화)	4급隱-4급祕(은비)	6Ⅱ才-4Ⅱ藝(재예)	4급絶-4Ⅱ斷(절단)
6급永-6급遠(영원)	6Ⅱ音-4급聲(음성)	6Ⅱ才-6Ⅱ術(재술)	4Ⅱ接-4Ⅱ續(접속)
6급英-6급特(영특)	4급依-4급據(의거)	5급財-4Ⅱ貨(재화)	5급停-4Ⅱ留(정류)

유의자

✔ 유의자(類義字)란, 두 개의 글자가 서로 뜻이 비슷하고, 대등(對等)한 뜻을 가진 낱말을 말한다.

5급停-5급止(정지)	5급終-5급止(종지)	4급差-4급異(차이)	4Ⅱ蓄-4급積(축적)
5급停-7급住(정주)	5급終-4Ⅱ端(종단)	4급差-6급別(차별)	7급出-7급生(출생)
5급情-6급意(정의)	5급終-5Ⅱ結(종결)	4Ⅱ次-6Ⅱ第(차제)	5Ⅱ充-4Ⅱ滿(충만)
7Ⅱ正-7Ⅱ方(정방)	4급座-6급席(좌석)	4Ⅱ察-5급見(찰견)	4급趣-6Ⅱ意(취의)
7Ⅱ正-7Ⅱ直(정직)	5급罪-5Ⅱ過(죄과)	4Ⅱ察-5Ⅱ觀(찰관)	4Ⅱ測-6급度(측탁)
4급帝-8급王(제왕)	7급主-4급君(주군)	5Ⅱ參-4급與(참여)	4급層-4급階(층계)
6Ⅱ第-4Ⅱ次(제차)	7급住-4급居(주거)	4Ⅱ創-6Ⅱ作(창작)	4Ⅱ治-6Ⅱ理(치리)
6Ⅱ第-5Ⅱ宅(제택)	4급周-4급圍(주위)	4Ⅱ創-6Ⅱ始(창시)	4Ⅱ侵-4급犯(침범)
4Ⅱ製-4Ⅱ造(제조)	5Ⅱ州-6급郡(주군)	4Ⅱ創-5급初(창초)	5급打-4급擊(타격)
4Ⅱ製-6Ⅱ作(제작)	4급朱-4급紅(주홍)	5급唱-7급歌(창가)	6급度-5급量(탁량)
4Ⅱ除-4Ⅱ減(제감)	7급重-4급複(중복)	4급採-4급擇(채택)	4Ⅱ態-4급樣(태양)
6Ⅱ題-6급目(제목)	4Ⅱ增-5급加(증가)	4급冊-6Ⅱ書(책서)	5Ⅱ宅-4급舍(택사)
4Ⅱ早-6급速(조속)	4Ⅱ志-6Ⅱ意(지의)	5급責-5Ⅱ任(책임)	8급土-7급地(토지)
4급組-4급織(조직)	5Ⅱ知-5Ⅱ識(지식)	6Ⅱ淸-4Ⅱ潔(청결)	4급討-4Ⅱ伐(토벌)
5Ⅱ調-4급均(조균)	4급珍-4Ⅱ寶(진보)	4급聽-6Ⅱ聞(청문)	7급洞-4Ⅱ達(통달)
5Ⅱ調-6Ⅱ和(조화)	4Ⅱ眞-5급實(진실)	8급靑-6급綠(청록)	7급洞-6급通(통통)
4Ⅱ造-6Ⅱ作(조작)	4Ⅱ進-4급就(진취)	6Ⅱ體-6Ⅱ身(체신)	4Ⅱ統-5급領(통령)
4급存-6급在(존재)	4Ⅱ進-7급出(진출)	5급初-4Ⅱ創(초창)	4Ⅱ統-6급合(통합)
4Ⅱ尊-6Ⅱ高(존고)	5Ⅱ質-7Ⅱ正(질정)	8급寸-5Ⅱ節(촌절)	6급通-4Ⅱ達(통달)
4Ⅱ尊-4급崇(존숭)	5Ⅱ質-4Ⅱ素(질소)	7급村-7급里(촌리)	4급鬪-6Ⅱ戰(투전)
4Ⅱ尊-5급貴(존귀)	5Ⅱ質-6급朴(질박)	7급村-5급落(촌락)	4급鬪-5급爭(투쟁)
5Ⅱ卒-5Ⅱ兵(졸병)	6Ⅱ集-5Ⅱ團(집단)	5급祝-4Ⅱ慶(축경)	6급特-4급異(특이)
5급終-5급末(종말)	6Ⅱ集-6Ⅱ會(집회)	4Ⅱ築-4급構(축구)	4급判-5Ⅱ決(판결)

225

✔ 유의자(類義字)란, 두 개의 글자가 서로 뜻이 비슷하고, 대등(對等)한 뜻을 가진 낱말을 말한다.

5급敗-5급亡(패망)	5Ⅱ害-4Ⅱ毒(해독)	5Ⅱ化-5Ⅱ變(화변)
5급敗-8급北(패배)	7Ⅱ海-6급洋(해양)	6Ⅱ和-7Ⅱ平(화평)
7급便-7Ⅱ安(편안)	4Ⅱ解-4급散(해산)	6Ⅱ和-4Ⅱ協(화협)
7Ⅱ平-6Ⅱ和(평화)	4Ⅱ解-6급消(해소)	7Ⅱ話-6급言(화언)
7Ⅱ平-7Ⅱ安(평안)	4Ⅱ解-6급放(해방)	7Ⅱ話-5Ⅱ說(화설)
7Ⅱ平-4급均(평균)	6급行-4Ⅱ爲(행위)	4Ⅱ貨-5Ⅱ財(화재)
7Ⅱ平-6Ⅱ等(평등)	6급行-7Ⅱ動(행동)	6급畫-6Ⅱ圖(화도)
4Ⅱ包-4Ⅱ圍(포위)	4Ⅱ鄕-7급村(향촌)	4Ⅱ確-5급固(확고)
4Ⅱ包-4Ⅱ容(포용)	4Ⅱ虛-7Ⅱ空(허공)	4급歡-4급喜(환희)
5Ⅱ品-7Ⅱ物(품물)	4Ⅱ虛-5급無(허무)	4Ⅱ回-4급歸(회귀)
5Ⅱ品-5급件(품건)	5급許-5급可(허가)	4Ⅱ回-4급轉(회전)
4Ⅱ豊-7Ⅱ足(풍족)	4급憲-5Ⅱ法(헌법)	6Ⅱ會-6Ⅱ社(회사)
4Ⅱ豊-4급厚(풍후)	4Ⅱ賢-5Ⅱ良(현량)	6Ⅱ會-6Ⅱ集(회집)
4급疲-4급困(피곤)	4급顯-6Ⅱ現(현현)	6급訓-4Ⅱ導(훈도)
4급疲-5Ⅱ勞(피로)	4Ⅱ協-6Ⅱ和(협화)	6급訓-8급敎(훈교)
7Ⅱ下-4급降(하강)	4급刑-4Ⅱ罰(형벌)	7급休-4Ⅱ息(휴식)
5급河-7급川(하천)	6Ⅱ形-6급式(형식)	5Ⅱ凶-5Ⅱ惡(흉악)
8급學-6급習(학습)	6Ⅱ形-4급象(형상)	5Ⅱ凶-4Ⅱ暴(흉포)
5급寒-5급冷(한랭)	6Ⅱ形-4Ⅱ容(형용)	4Ⅱ吸-6Ⅱ飮(흡음)
4급恨-4급歎(한탄)	6Ⅱ形-4Ⅱ態(형태)	4Ⅱ興-4Ⅱ起(흥기)
4급抗-4급拒(항거)	4Ⅱ惠-4Ⅱ恩(혜은)	4급喜-6Ⅱ樂(희락)
4Ⅱ航-5급船(항선)	4급混-4급亂(혼란)	4Ⅱ希-5Ⅱ望(희망)
5Ⅱ害-4급損(해손)	4급混-4급雜(혼잡)	4Ⅱ希-5급願(희원)

유의자

✔ 유의자(類義字)란, 두 개의 글자가 서로 뜻이 비슷하고, 대등(對等)한 뜻을 가진 낱말을 말한다.

❄ 아래의 훈과 음에 알맞은 유의자를 위와 같이 한자로 쓰세요.   정답 ☞ 228쪽 하단

노래 가	굽을 곡	집 가	집 옥	노래 가	노래 요	집 가	집 택
볼 감	볼 시	클 거	큰 대	살 거	살 주	강할 강	굳셀 건
굳을 견	굳을 고	지경 경	지경 계	다툴 경	다툴 쟁	섬돌 계	층계 단
셀 계	셈 산	이을 계	이을 속	섬돌 계	층 층	외로울 고	홀로 독
생각할 고	생각할 려	칠 공	칠 격	빌 공	빌 허	지날 과	갈 거
지날 과	잃을 실	지날 과	그르칠 오	실과 과	열매 실	쉴 휴	쉴 식

○ 아래는 서로 뜻이 비슷한 유의자입니다. 독음을 쓰세요.   정답 ☞ 228쪽 상단

具-備(   ) 救-濟(   ) 極-端(   ) 根-本(   ) 技-術(   )
技-藝(   ) 段-階(   ) 斷-絕(   ) 談-話(   ) 到-達(   )
到-着(   ) 徒-黨(   ) 道-路(   ) 逃-亡(   ) 逃-避(   )
盜-賊(   ) 圖-畵(   ) 末-端(   ) 毛-髮(   ) 模-範(   )
文-章(   ) 法-式(   ) 法-典(   ) 變-化(   )

한자능력검정 4급(4II 포함)

✔ **유의자**(類義字)란, 두 개의 글자가 서로 뜻이 비슷하고, 대등(對等)한 뜻을 가진 낱말을 말한다.

몸 신 / 몸 체

❈ 아래의 훈과 음에 알맞은 유의자를 위와 같이 한자로 쓰세요.   정답 ☞ 227쪽 하단

갖출 구	갖출 비	구원할 구	건널 제	극진할 극	끝 단	뿌리 근	근본 본
재주 기	재주 술	재주 기	재주 예	층계 단	섬돌 계	끊을 단	끊을 절
말씀 담	말씀 화	이를 도	통달할 달	이를 도	붙을 착	무리 도	무리 당
길 도	길 로	도망할 도	망할 망	도망할 도	피할 피	도둑 도	도둑 적
그림 도	그림 화	끝 말	끝 단	털 모	터럭 발	본뜰 모	법 범
글월 문	글 장	법 법	법식	법 법	법 전	변할 변	될 화

○ 아래는 서로 뜻이 비슷한 유의자입니다. 독음을 쓰세요.   정답 ☞ 227쪽 상단

歌-曲 (   )   家-屋 (   )   歌-謠 (   )   家-宅 (   )   監-視 (   )
巨-大 (   )   居-住 (   )   強-健 (   )   堅-固 (   )   境-界 (   )
競-爭 (   )   階-段 (   )   計-算 (   )   繼-續 (   )   階-層 (   )
孤-獨 (   )   考-慮 (   )   攻-擊 (   )   空-虛 (   )   過-去 (   )
過-失 (   )   過-誤 (   )   果-實 (   )   休-息 (   )

유의자

✔ 유의자(類義字)란, 두 개의 글자가 서로 뜻이 비슷하고, 대등(對等)한 뜻을 가진 낱말을 말한다.

身 體
몸 신 | 몸 체

❋ 아래의 훈과 음에 알맞은 유의자를 위와 같이 한자로 쓰세요.   정답 ☞ 230쪽 하단

병사 병	선비 사	병사 병	마칠 졸	갚을 보	고할 고	지킬 보	도울 호
버금 부	버금 차	나눌 배	나눌 분	비평할 비	평할 평	가난할 빈	다할 궁
생각 사	생각할 고	생각 사	생각 념	생각 사	생각할 려	생각 사	생각 상
말씀 사	말씀 설	집 사	집 옥	집 사	집 택	생각 상	생각 념
가릴 선	들 거	가릴 선	가릴 택	본디 소	성 박	멜 담	맡길 임
살필 성	살필 찰	순수할 순	깨끗할 결	높을 숭	높을 고	이을 승	이을 계

○ 아래는 서로 뜻이 비슷한 유의자입니다. 독음을 쓰세요.   정답 ☞ 230쪽 상단

施-設 (   )　始-初 (   )　試-驗 (   )　申-告 (   )　身-體 (   )
心-性 (   )　眼-目 (   )　共-同 (   )　言-語 (   )　結-束 (   )
連-續 (   )　年-歲 (   )　硏-究 (   )　念-慮 (   )　永-遠 (   )
英-特 (   )　溫-暖 (   )　怨-恨 (   )　肉-身 (   )　恩-惠 (   )
音-聲 (   )　議-論 (   )　衣-服 (   )　意-思 (   )

229

한자능력검정 4급(4II 포함)

✔ **유의자**(類義字)란, 두 개의 글자가 서로 뜻이 비슷하고, 대등(對等)한 뜻을 가진 낱말을 말한다.

❄ 아래의 훈과 음에 알맞은 유의자를 위와 같이 한자로 쓰세요. 📘 정답 ☞ 229쪽 하단

베풀 시	베풀 설	비로소 시	처음 초	시험 시	시험 험	납 신	고할 고
몸 신	몸 체	마음 심	성품 성	눈 안	눈 목	한가지 공	한가지 동
말씀 언	말씀 어	맺을 결	묶을 속	이을 련/연	이을 속	해 년/연	해 세
갈 연	연구할 구	생각 념/염	생각할 려	길 영	멀 원	꽃부리 영	특별할 특
따뜻할 온	따뜻할 난	원망할 원	한 한	고기 육	몸 신	은혜 은	은혜 혜
소리 음	소리 성	의논할 의	논할 론/논	옷 의	옷 복	뜻 의	생각 사

○ 아래는 서로 뜻이 비슷한 유의자입니다. 독음을 쓰세요. 📘 정답 ☞ 229쪽 상단

兵-士(　　) 　兵-卒(　　) 　報-告(　　) 　保-護(　　) 　副-次(　　)
配-分(　　) 　批-評(　　) 　貧-窮(　　) 　思-考(　　) 　思-念(　　)
思-慮(　　) 　思-想(　　) 　辭-說(　　) 　舍-屋(　　) 　舍-宅(　　)
想-念(　　) 　選-擧(　　) 　選-擇(　　) 　素-朴(　　) 　擔-任(　　)
省-察(　　) 　純-潔(　　) 　崇-高(　　) 　承-繼(　　)

유의자

✔ 유의자(類義字)란, 두 개의 글자가 서로 뜻이 비슷하고, 대등(對等)한 뜻을 가진 낱말을 말한다.

☆ 아래의 훈과 음에 알맞은 유의자를 위와 같이 한자로 쓰세요.   정답 ☞ 232쪽 하단

뜻 의	뜻 지	형상 상	모습 태	재물 재	재물 화	쌓을 저	모을 축
싸움 전	다툴 쟁	싸움 전	싸움 투	머무를 정	머무를 류	머무를 정	그칠 지
허물 죄	지날 과	무거울 중	겹칠 복	바를 정	곧을 직	이를 조	빠를 속
임금 제	임금 왕	지을 제	지을 작	지을 제	지을 조	고를 조	화할 화
있을 존	있을 재	높을 존	높을 숭	마칠 종	그칠 지	살 주	살 거
붉을 주	붉을 홍	더할 증	더할 가	다할 궁	극진할 극	알 지	알 식

○ 아래는 서로 뜻이 비슷한 유의자입니다. 독음을 쓰세요.   정답 ☞ 232쪽 상단

珍-寶(　　) 進-就(　　) 參-與(　　) 村-落(　　) 淸-潔(　　)
聽-聞(　　) 蓄-積(　　) 趣-意(　　) 層-階(　　) 稱-頌(　　)
權-稱(　　) 打-擊(　　) 討-伐(　　) 充-滿(　　) 鬪-爭(　　)
河-川(　　) 江-河(　　) 寒-冷(　　) 幸-福(　　) 顯-現(　　)
協-和(　　) 歡-喜(　　) 希-望(　　) 希-願(　　)

한자능력검정 4급(4II 포함)

✔ **유의자**(類義字)란, 두 개의 글자가 서로 뜻이 비슷하고, 대등(對等)한 뜻을 가진 낱말을 말한다.

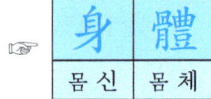
身 體
몸 신 | 몸 체

❋ 아래의 훈과 음에 알맞은 유의자를 위와 같이 한자로 쓰세요.   정답 ☞ 231쪽 하단

보배 진	보배 보	나아갈 진	나아갈 취	참여할 참	더불 여	마을 촌	떨어질 락

맑을 청	깨끗할 결	들을 청	들을 문	모을 축	쌓을 적	뜻 취	뜻 의

층 층	섬돌 계	일컬을 칭	칭송할 송	권세 권	일컬을 칭	칠 타	칠 격

칠 토	칠 벌	채울 충	찰 만	싸움 투	다툴 쟁	물 하	내 천

강 강	물 하	찰 한	찰 랭	다행 행	복 복	나타날 현	나타날 현

화할 협	화할 화	기쁠 환	기쁠 희	바랄 희	바랄 망	바랄 희	원할 원

○ 아래는 서로 뜻이 비슷한 유의자입니다. 독음을 쓰세요.   정답 ☞ 231쪽 상단

意-志 (　　)　狀-態 (　　)　財-貨 (　　)　貯-蓄 (　　)　戰-爭 (　　)
戰-鬪 (　　)　停-留 (　　)　停-止 (　　)　罪-過 (　　)　重-複 (　　)
正-直 (　　)　早-速 (　　)　帝-王 (　　)　製-作 (　　)　製-造 (　　)
調-和 (　　)　存-在 (　　)　尊-崇 (　　)　終-止 (　　)　住-居 (　　)
朱-紅 (　　)　增-加 (　　)　窮-極 (　　)　知-識 (　　)

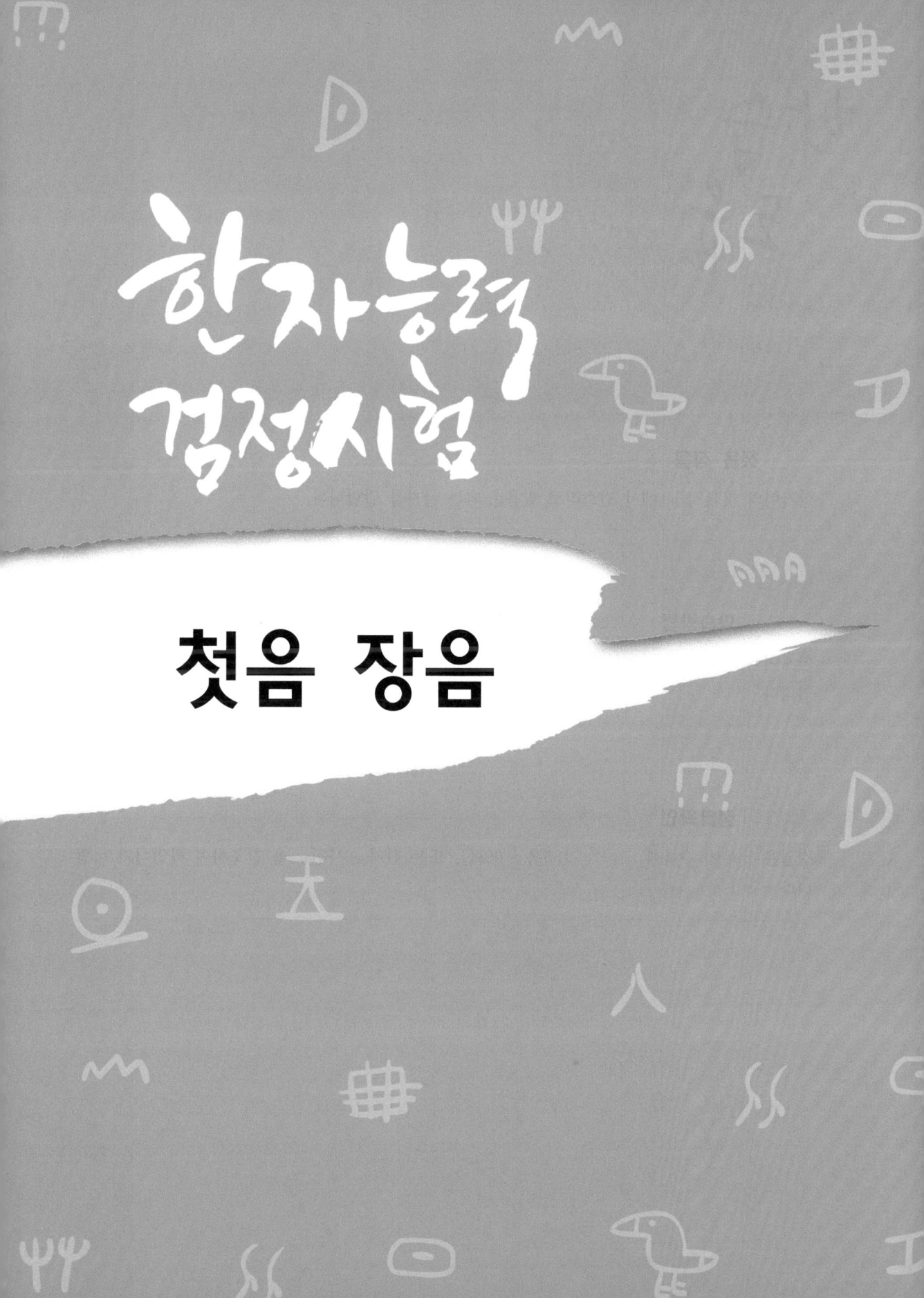

첫음 장음長音

한자어의 첫 음절音節에서 긴소리로 발음發音되는 글자를 말합니다.

학습방법

한자어의 독음讀音을 이용하여 훈訓과 음音을 (　) 속에 쓰면서, 그 낱말을 익히는 것이 효과적입니다.

정답확인

정답은 부록에 수록한 배정한자(55쪽 ~ 69쪽), 또는 한자漢字사전辭典을 참조하여 확인하기 바랍니다.

장 음

◎ 다음은 첫 음절에서 긴 소리로 발음되는 한자입니다. ( )속에 훈과 음을 써보세요.

暇 4급 겨를 가, 틈 가
　　暇景(가경)▷(　　　)(　　　)
　　暇日(가일)▷(　　　)(　　　)

假 4Ⅱ 거짓　가
　　假想(가상)▷(　　　)(　　　)
　　假稱(가칭)▷(　　　)(　　　)

可 5급 옳을　가
　　可決(가결)▷(　　　)(　　　)
　　可否(가부)▷(　　　)(　　　)

敢 4급 감히　감
　　敢不(감불)▷(　　　)(　　　)
　　敢行(감행)▷(　　　)(　　　)

減 4Ⅱ 덜　감
　　減量(감량)▷(　　　)(　　　)
　　減刑(감형)▷(　　　)(　　　)

感 6급 느낄　감
　　感氣(감기)▷(　　　)(　　　)
　　感動(감동)▷(　　　)(　　　)

講 4Ⅱ 욀　강
　　講堂(강당)▷(　　　)(　　　)
　　講座(강좌)▷(　　　)(　　　)

據 4급 근거　거
　　據點(거점)▷(　　　)(　　　)
　　據實(거실)▷(　　　)(　　　)

拒 4급 막을　거
　　拒否(거부)▷(　　　)(　　　)
　　拒絕(거절)▷(　　　)(　　　)

巨 4급 클　거
　　巨富(거부)▷(　　　)(　　　)
　　巨額(거액)▷(　　　)(　　　)

去 5급 갈　거
　　去來(거래)▷(　　　)(　　　)
　　去就(거취)▷(　　　)(　　　)

擧 5급 들　거
　　擧手(거수)▷(　　　)(　　　)
　　擧動(거동)▷(　　　)(　　　)

健 5급 굳셀　건
　　健在(건재)▷(　　　)(　　　)
　　健壯(건장)▷(　　　)(　　　)

建 5급 세울　건
　　建立(건립)▷(　　　)(　　　)
　　建築(건축)▷(　　　)(　　　)

儉 4급 검소할　검
　　儉素(검소)▷(　　　)(　　　)
　　儉約(검약)▷(　　　)(　　　)

檢 4Ⅱ 검사할　검
　　檢查(검사)▷(　　　)(　　　)
　　檢討(검토)▷(　　　)(　　　)

見 5Ⅱ 볼　　견
　　見聞(견문)▷(　　　)(　　　)
　　見學(견학)▷(　　　)(　　　)

鏡 4급 거울　경
　　鏡戒(경계)▷(　　　)(　　　)
　　鏡面(경면)▷(　　　)(　　　)

警 4Ⅱ 깨우칠　경
　　警戒(경계)▷(　　　)(　　　)
　　警察(경찰)▷(　　　)(　　　)

慶 4Ⅱ 경사　경
　　慶事(경사)▷(　　　)(　　　)
　　慶祝(경축)▷(　　　)(　　　)

敬 5Ⅱ 공경　경
　　敬老(경로)▷(　　　)(　　　)
　　敬語(경어)▷(　　　)(　　　)

競 5급 다툴　경
　　競演(경연)▷(　　　)(　　　)
　　競走(경주)▷(　　　)(　　　)

235

한자능력검정 4급(4Ⅱ 포함)

● 다음은 첫 음절에서 긴 소리로 발음되는 한자입니다. (　　)속에 훈과 음을 써보세요.

戒 4급 경계할　계
　　戒律(계율)▷(　　　)(　　　)
　　戒嚴(계엄)▷(　　　)(　　　)

系 4급 이어맬　계
　　系列(계열)▷(　　　)(　　　)
　　系統(계통)▷(　　　)(　　　)

繼 4급 이을　계
　　繼續(계속)▷(　　　)(　　　)
　　繼走(계주)▷(　　　)(　　　)

季 4급 계절　계
　　季春(계춘)▷(　　　)(　　　)
　　季節(계절)▷(　　　)(　　　)

係 4Ⅱ 맬　계
　　係員(계원)▷(　　　)(　　　)
　　係關(계관)▷(　　　)(　　　)

計 6Ⅱ 셀　계
　　計算(계산)▷(　　　)(　　　)
　　計略(계략)▷(　　　)(　　　)

界 6Ⅱ 지경　계
　　界標(계표)▷(　　　)(　　　)
　　界限(계한)▷(　　　)(　　　)

告 5Ⅱ 고할　고
　　告發(고발)▷(　　　)(　　　)
　　告白(고백)▷(　　　)(　　　)

古 6급 예　고
　　古典(고전)▷(　　　)(　　　)
　　古風(고풍)▷(　　　)(　　　)

困 4급 곤할　곤
　　困窮(곤궁)▷(　　　)(　　　)
　　困難(곤란)▷(　　　)(　　　)

孔 4급 구멍　공
　　孔劇(공극)▷(　　　)(　　　)
　　孔方(공방)▷(　　　)(　　　)

攻 4급 칠　공
　　攻擊(공격)▷(　　　)(　　　)
　　攻勢(공세)▷(　　　)(　　　)

共 6Ⅱ 한가지　공
　　共感(공감)▷(　　　)(　　　)
　　共通(공통)▷(　　　)(　　　)

過 5Ⅱ 지날　과
　　過激(과격)▷(　　　)(　　　)
　　過程(과정)▷(　　　)(　　　)

果 6Ⅱ 실과　과
　　果樹(과수)▷(　　　)(　　　)
　　果然(과연)▷(　　　)(　　　)

鑛 4급 쇳돌　광
　　鑛脈(광맥)▷(　　　)(　　　)
　　鑛泉(광천)▷(　　　)(　　　)

廣 5Ⅱ 넓을　광
　　廣告(광고)▷(　　　)(　　　)
　　廣大(광대)▷(　　　)(　　　)

教 8급 가르칠　교
　　教養(교양)▷(　　　)(　　　)
　　教育(교육)▷(　　　)(　　　)

校 8급 학교　교
　　校歌(교가)▷(　　　)(　　　)
　　校庭(교정)▷(　　　)(　　　)

救 5급 구원할　구
　　救援(구원)▷(　　　)(　　　)
　　救濟(구제)▷(　　　)(　　　)

舊 5Ⅱ 예　구
　　舊面(구면)▷(　　　)(　　　)
　　舊正(구정)▷(　　　)(　　　)

郡 6급 고을　군
　　郡民(군민)▷(　　　)(　　　)
　　郡守(군수)▷(　　　)(　　　)

장 음

❈ 다음은 첫 음절에서 긴 소리로 발음되는 한자입니다. (   )속에 훈과 음을 써보세요.

勸 4급 권할   권
　　勸告(권고) ▷ (   ) (   )
　　勸獎(권장) ▷ (   ) (   )

歸 4급 돌아갈   귀
　　歸結(귀결) ▷ (   ) (   )
　　歸還(귀환) ▷ (   ) (   )

貴 5급 귀할   귀
　　貴賓(귀빈) ▷ (   ) (   )
　　貴重(귀중) ▷ (   ) (   )

近 6급 가까울   근
　　近代(근대) ▷ (   ) (   )
　　近海(근해) ▷ (   ) (   )

禁 4II 금할   금
　　禁煙(금연) ▷ (   ) (   )
　　禁止(금지) ▷ (   ) (   )

暖 4II 따뜻할   난
　　暖流(난류) ▷ (   ) (   )
　　暖帶(난대) ▷ (   ) (   )

內 7II 안   내
　　內服(내복) ▷ (   ) (   )
　　內外(내외) ▷ (   ) (   )

念 5II 생각   념
　　念慮(염려) ▷ (   ) (   )
　　念頭(염두) ▷ (   ) (   )

怒 4II 성낼   노
　　怒發(노발) ▷ (   ) (   )
　　怒氣(노기) ▷ (   ) (   )

斷 4II 끊을   단
　　斷面(단면) ▷ (   ) (   )
　　斷定(단정) ▷ (   ) (   )

待 6급 기다릴   대
　　待遇(대우) ▷ (   ) (   )
　　待接(대접) ▷ (   ) (   )

代 6II 대신할   대
　　代身(대신) ▷ (   ) (   )
　　代表(대표) ▷ (   ) (   )

對 6II 대할   대
　　對答(대답) ▷ (   ) (   )
　　對等(대등) ▷ (   ) (   )

導 4II 인도할   도
　　導入(도입) ▷ (   ) (   )
　　導火(도화) ▷ (   ) (   )

到 5II 이를   도
　　到着(도착) ▷ (   ) (   )
　　到處(도처) ▷ (   ) (   )

道 7II 길   도
　　道德(도덕) ▷ (   ) (   )
　　道理(도리) ▷ (   ) (   )

動 6II 움직일   동
　　動産(동산) ▷ (   ) (   )
　　動向(동향) ▷ (   ) (   )

洞 7급 골 동, 밝을 통
　　洞口(동구) ▷ (   ) (   )
　　洞察(통찰) ▷ (   ) (   )

等 6II 무리   등
　　等級(등급) ▷ (   ) (   )
　　等數(등수) ▷ (   ) (   )

卵 4급 알   란
　　卵管(난관) ▷ (   ) (   )
　　卵生(난생) ▷ (   ) (   )

亂 4급 어지러울 란
　　亂世(난세) ▷ (   ) (   )
　　亂立(난립) ▷ (   ) (   )

朗 5II 밝을   랑
　　朗讀(낭독) ▷ (   ) (   )
　　朗報(낭보) ▷ (   ) (   )

237

한자능력검정 4급(4II 포함)

◉ 다음은 첫 음절에서 긴 소리로 발음되는 한자입니다. ( )속에 훈과 음을 써보세요.

冷 5급 찰 랭
    冷氣(냉기) ▷ ( ) ( )
    冷房(냉방) ▷ ( ) ( )

兩 4II 두 량
    兩親(양친) ▷ ( ) ( )
    兩極(양극) ▷ ( ) ( )

慮 4급 생각할 려
    慮事(여사) ▷ ( ) ( )
    慮外(여외) ▷ ( ) ( )

練 5II 익힐 련
    練兵(연병) ▷ ( ) ( )
    練習(연습) ▷ ( ) ( )

例 6급 법식 례
    例事(예사) ▷ ( ) ( )
    例外(예외) ▷ ( ) ( )

禮 6급 예도 례
    禮度(예도) ▷ ( ) ( )
    禮節(예절) ▷ ( ) ( )

路 6급 길 로
    路邊(노변) ▷ ( ) ( )
    路上(노상) ▷ ( ) ( )

老 7급 늙을 로
    老人(노인) ▷ ( ) ( )
    老後(노후) ▷ ( ) ( )

離 4급 떠날 리
    離別(이별) ▷ ( ) ( )
    離陸(이륙) ▷ ( ) ( )

李 5급 오얏 리, 성姓 리
    李氏(이씨) ▷ ( ) ( )
    李花(이화) ▷ ( ) ( )

理 6II 다스릴 리
    理事(이사) ▷ ( ) ( )
    理由(이유) ▷ ( ) ( )

利 6II 이할 리
    利用(이용) ▷ ( ) ( )
    利益(이익) ▷ ( ) ( )

里 7급 마을 리
    里長(이장) ▷ ( ) ( )
    里許(이허) ▷ ( ) ( )

馬 5급 말 마
    馬夫(마부) ▷ ( ) ( )
    馬車(마차) ▷ ( ) ( )

萬 8급 일만 만
    萬歲(만세) ▷ ( ) ( )
    萬全(만전) ▷ ( ) ( )

望 5II 바랄 망
    望月(망월) ▷ ( ) ( )
    望鄕(망향) ▷ ( ) ( )

買 5급 살 매
    買入(매입) ▷ ( ) ( )
    買受(매수) ▷ ( ) ( )

勉 4급 힘쓸 면
    勉學(면학) ▷ ( ) ( )
    勉行(면행) ▷ ( ) ( )

面 7급 낯 면
    面目(면목) ▷ ( ) ( )
    面會(면회) ▷ ( ) ( )

命 7급 목숨 명
    命脈(명맥) ▷ ( ) ( )
    命令(명령) ▷ ( ) ( )

母 8급 어미 모
    母校(모교) ▷ ( ) ( )
    母國(모국) ▷ ( ) ( )

墓 4급 무덤 묘
    墓碑(묘비) ▷ ( ) ( )
    墓域(묘역) ▷ ( ) ( )

장 음

◎ 다음은 첫 음절에서 긴 소리로 발음되는 한자입니다. (　)속에 훈과 음을 써보세요.

妙 4급 묘할　묘
　　妙技(묘기)▷(　　　)(　　　)
　　妙案(묘안)▷(　　　)(　　　)

舞 4급 춤출　무
　　舞曲(무곡)▷(　　　)(　　　)
　　舞樂(무악)▷(　　　)(　　　)

武 4Ⅱ 호반　무
　　武器(무기)▷(　　　)(　　　)
　　武裝(무장)▷(　　　)(　　　)

務 4Ⅱ 힘쓸　무
　　務望(무망)▷(　　　)(　　　)
　　務實(무실)▷(　　　)(　　　)

問 7급 물을　문
　　問病(문병)▷(　　　)(　　　)
　　問安(문안)▷(　　　)(　　　)

味 4Ⅱ 맛　미
　　味覺(미각)▷(　　　)(　　　)
　　味感(미감)▷(　　　)(　　　)

反 6Ⅱ 돌이킬　반
　　反擊(반격)▷(　　　)(　　　)
　　反省(반성)▷(　　　)(　　　)

半 6Ⅱ 반　반
　　半年(반년)▷(　　　)(　　　)
　　半島(반도)▷(　　　)(　　　)

訪 4Ⅱ 찾을　방
　　訪問(방문)▷(　　　)(　　　)
　　訪客(방객)▷(　　　)(　　　)

配 4Ⅱ 나눌 배, 짝 배
　　配慮(배려)▷(　　　)(　　　)
　　配置(배치)▷(　　　)(　　　)

背 4Ⅱ 등　배
　　背景(배경)▷(　　　)(　　　)
　　背信(배신)▷(　　　)(　　　)

拜 4Ⅱ 절　배
　　拜見(배견)▷(　　　)(　　　)
　　拜禮(배례)▷(　　　)(　　　)

犯 4급 범할　범
　　犯罪(범죄)▷(　　　)(　　　)
　　犯法(범법)▷(　　　)(　　　)

範 4급 법　범
　　範圍(범위)▷(　　　)(　　　)
　　範例(범례)▷(　　　)(　　　)

辯 4급 말씀　변
　　辯論(변론)▷(　　　)(　　　)
　　辯護(변호)▷(　　　)(　　　)

變 5Ⅱ 변할　변
　　變更(변경)▷(　　　)(　　　)
　　變裝(변장)▷(　　　)(　　　)

病 6급 병　병
　　病苦(병고)▷(　　　)(　　　)
　　病床(병상)▷(　　　)(　　　)

普 4급 넓을　보
　　普通(보통)▷(　　　)(　　　)
　　普施(보시)▷(　　　)(　　　)

報 4급 갚을 보, 알릴 보
　　報道(보도)▷(　　　)(　　　)
　　報復(보복)▷(　　　)(　　　)

寶 4Ⅱ 보배　보
　　寶庫(보고)▷(　　　)(　　　)
　　寶貨(보화)▷(　　　)(　　　)

步 4Ⅱ 걸을　보
　　步道(보도)▷(　　　)(　　　)
　　步行(보행)▷(　　　)(　　　)

奉 5Ⅱ 받들　봉
　　奉仕(봉사)▷(　　　)(　　　)
　　奉養(봉양)▷(　　　)(　　　)

한자능력검정 4급(4II 포함)

❂ 다음은 첫 음절에서 긴 소리로 발음되는 한자입니다. ( )속에 훈과 음을 써보세요.

負 4급 질 부
    負擔(부담)▷(　　　)(　　　)
    負傷(부상)▷(　　　)(　　　)

否 4급 아닐 부
    否認(부인)▷(　　　)(　　　)
    否定(부정)▷(　　　)(　　　)

副 4II 버금 부
    副賞(부상)▷(　　　)(　　　)
    副業(부업)▷(　　　)(　　　)

富 4II 부자 부
    富國(부국)▷(　　　)(　　　)
    富貴(부귀)▷(　　　)(　　　)

憤 4급 분할 분
    憤怒(분노)▷(　　　)(　　　)
    憤痛(분통)▷(　　　)(　　　)

批 4급 비평할 비
    批判(비판)▷(　　　)(　　　)
    批評(비평)▷(　　　)(　　　)

祕 4급 숨길 비 ※祕=秘
    祕密(비밀)▷(　　　)(　　　)
    祕書(비서)▷(　　　)(　　　)

備 4II 갖출 비
    備置(비치)▷(　　　)(　　　)
    備品(비품)▷(　　　)(　　　)

悲 4II 슬플 비
    悲觀(비관)▷(　　　)(　　　)
    悲鳴(비명)▷(　　　)(　　　)

費 5급 쓸 비
    費用(비용)▷(　　　)(　　　)
    費目(비목)▷(　　　)(　　　)

比 5급 견줄 비
    比等(비등)▷(　　　)(　　　)
    比例(비례)▷(　　　)(　　　)

鼻 5급 코 비
    鼻孔(비공)▷(　　　)(　　　)
    鼻音(비음)▷(　　　)(　　　)

謝 4II 사례할 사
    謝禮(사례)▷(　　　)(　　　)
    謝罪(사죄)▷(　　　)(　　　)

史 5II 사기 사
    史官(사관)▷(　　　)(　　　)
    史記(사기)▷(　　　)(　　　)

士 5II 선비 사
    士官(사관)▷(　　　)(　　　)
    士兵(사병)▷(　　　)(　　　)

死 6급 죽을 사
    死活(사활)▷(　　　)(　　　)
    死後(사후)▷(　　　)(　　　)

使 6급 하여금 사
    使命(사명)▷(　　　)(　　　)
    使用(사용)▷(　　　)(　　　)

事 7II 일 사
    事實(사실)▷(　　　)(　　　)
    事由(사유)▷(　　　)(　　　)

四 8급 넉 사
    四角(사각)▷(　　　)(　　　)
    四季(사계)▷(　　　)(　　　)

散 4급 흩을 산
    散步(산보)▷(　　　)(　　　)
    散在(산재)▷(　　　)(　　　)

産 5II 낳을 산
    産卵(산란)▷(　　　)(　　　)
    産母(산모)▷(　　　)(　　　)

算 7급 셈 산
    算數(산수)▷(　　　)(　　　)
    算出(산출)▷(　　　)(　　　)

장 음

◉ 다음은 첫 음절에서 긴 소리로 발음되는 한자입니다. (　)속에 훈과 음을 써보세요.

想 4Ⅱ 생각　상
　　想起(상기)▷(　　)(　　)
　　想念(상념)▷(　　)(　　)

上 7Ⅱ 윗　　상
　　上部(상부)▷(　　)(　　)
　　上體(상체)▷(　　)(　　)

序 5급 차례　서
　　序列(서열)▷(　　)(　　)
　　序頭(서두)▷(　　)(　　)

選 5급 가릴　선
　　選擧(선거)▷(　　)(　　)
　　選擇(선택)▷(　　)(　　)

善 5급 착할　선
　　善良(선량)▷(　　)(　　)
　　善處(선처)▷(　　)(　　)

聖 4Ⅱ 성인　성
　　聖堂(성당)▷(　　)(　　)
　　聖域(성역)▷(　　)(　　)

盛 4Ⅱ 성할　성
　　盛大(성대)▷(　　)(　　)
　　盛況(성황)▷(　　)(　　)

性 5Ⅱ 성품　성
　　性質(성질)▷(　　)(　　)
　　性品(성품)▷(　　)(　　)

姓 7Ⅱ 성　　성
　　姓名(성명)▷(　　)(　　)
　　姓氏(성씨)▷(　　)(　　)

細 4Ⅱ 가늘　세
　　細密(세밀)▷(　　)(　　)
　　細胞(세포)▷(　　)(　　)

稅 4Ⅱ 세금　세
　　稅關(세관)▷(　　)(　　)
　　稅務(세무)▷(　　)(　　)

勢 4Ⅱ 형세　세
　　勢道(세도)▷(　　)(　　)
　　勢力(세력)▷(　　)(　　)

洗 5Ⅱ 씻을　세
　　洗面(세면)▷(　　)(　　)
　　洗練(세련)▷(　　)(　　)

歲 5Ⅱ 해　　세
　　歲拜(세배)▷(　　)(　　)
　　歲月(세월)▷(　　)(　　)

世 7Ⅱ 인간　세
　　世間(세간)▷(　　)(　　)
　　世俗(세속)▷(　　)(　　)

笑 4Ⅱ 웃음　소
　　笑劇(소극)▷(　　)(　　)
　　笑談(소담)▷(　　)(　　)

所 7급 바　　소
　　所聞(소문)▷(　　)(　　)
　　所在(소재)▷(　　)(　　)

少 7급 적을　소
　　少年(소년)▷(　　)(　　)
　　少女(소녀)▷(　　)(　　)

小 8급 작을　소
　　小食(소식)▷(　　)(　　)
　　小兒(소아)▷(　　)(　　)

損 4급 덜　　손
　　損傷(손상)▷(　　)(　　)
　　損害(손해)▷(　　)(　　)

頌 4급 기릴 송, 칭송할 송
　　頌德(송덕)▷(　　)(　　)
　　頌辭(송사)▷(　　)(　　)

送 4Ⅱ 보낼　송
　　送舊(송구)▷(　　)(　　)
　　送別(송별)▷(　　)(　　)

241

한자능력검정 4급(4II 포함)

● 다음은 첫 음절에서 긴 소리로 발음되는 한자입니다. ( )속에 훈과 음을 써보세요.

順 5II 순할 　순
　　順理(순리)▷(　　　　)(　　　　)
　　順從(순종)▷(　　　　)(　　　　)

施 4II 베풀 　시
　　施賞(시상)▷(　　　　)(　　　　)
　　施設(시설)▷(　　　　)(　　　　)

視 4II 볼 　시
　　視力(시력)▷(　　　　)(　　　　)
　　視線(시선)▷(　　　　)(　　　　)

是 4II 이 시, 옳을 시
　　是非(시비)▷(　　　　)(　　　　)
　　是認(시인)▷(　　　　)(　　　　)

示 5급 보일 　시
　　示範(시범)▷(　　　　)(　　　　)
　　示威(시위)▷(　　　　)(　　　　)

始 6II 비로소 　시
　　始動(시동)▷(　　　　)(　　　　)
　　始祖(시조)▷(　　　　)(　　　　)

市 7II 저자 　시
　　市民(시민)▷(　　　　)(　　　　)
　　市場(시장)▷(　　　　)(　　　　)

信 6II 믿을 　신
　　信用(신용)▷(　　　　)(　　　　)
　　信任(신임)▷(　　　　)(　　　　)

眼 4II 눈 　안
　　眼目(안목)▷(　　　　)(　　　　)
　　眼鏡(안경)▷(　　　　)(　　　　)

案 5급 책상 　안
　　案件(안건)▷(　　　　)(　　　　)
　　案內(안내)▷(　　　　)(　　　　)

暗 4II 어두울 　암
　　暗殺(암살)▷(　　　　)(　　　　)
　　暗黑(암흑)▷(　　　　)(　　　　)

野 6급 들 　야
　　野球(야구)▷(　　　　)(　　　　)
　　野黨(야당)▷(　　　　)(　　　　)

夜 6급 밤 　야
　　夜間(야간)▷(　　　　)(　　　　)
　　夜行(야행)▷(　　　　)(　　　　)

養 5II 기를 　양
　　養育(양육)▷(　　　　)(　　　　)
　　養成(양성)▷(　　　　)(　　　　)

語 7급 말씀 　어
　　語感(어감)▷(　　　　)(　　　　)
　　語學(어학)▷(　　　　)(　　　　)

與 4급 더불 　여
　　與野(여야)▷(　　　　)(　　　　)
　　與否(여부)▷(　　　　)(　　　　)

演 4II 펼 　연
　　演劇(연극)▷(　　　　)(　　　　)
　　演說(연설)▷(　　　　)(　　　　)

硏 4II 갈 　연
　　硏究(연구)▷(　　　　)(　　　　)
　　硏修(연수)▷(　　　　)(　　　　)

永 6급 길 　영
　　永遠(영원)▷(　　　　)(　　　　)
　　永住(영주)▷(　　　　)(　　　　)

豫 4급 미리 　예
　　豫想(예상)▷(　　　　)(　　　　)
　　豫測(예측)▷(　　　　)(　　　　)

藝 4II 재주 　예
　　藝能(예능)▷(　　　　)(　　　　)
　　藝術(예술)▷(　　　　)(　　　　)

誤 4II 그르칠 　오
　　誤算(오산)▷(　　　　)(　　　　)
　　誤差(오차)▷(　　　　)(　　　　)

장 음

다음은 첫 음절에서 긴 소리로 발음되는 한자입니다. (   )속에 훈과 음을 써보세요.

午 7Ⅱ 낮   오
　　午前(오전)▷(　　　)(　　　)
　　午後(오후)▷(　　　)(　　　)

五 8급 다섯   오
　　五常(오상)▷(　　　)(　　　)
　　五色(오색)▷(　　　)(　　　)

往 4Ⅱ 갈   왕
　　往來(왕래)▷(　　　)(　　　)
　　往復(왕복)▷(　　　)(　　　)

外 8급 바깥   외
　　外交(외교)▷(　　　)(　　　)
　　外面(외면)▷(　　　)(　　　)

曜 5급 빛날   요
　　曜日(요일)▷(　　　)(　　　)
　　曜威(요위)▷(　　　)(　　　)

勇 6Ⅱ 날랠   용
　　勇氣(용기)▷(　　　)(　　　)
　　勇斷(용단)▷(　　　)(　　　)

用 6Ⅱ 쓸   용
　　用意(용의)▷(　　　)(　　　)
　　用紙(용지)▷(　　　)(　　　)

遇 4급 만날   우
　　遇難(우난)▷(　　　)(　　　)
　　遇害(우해)▷(　　　)(　　　)

友 5Ⅱ 벗   우
　　友愛(우애)▷(　　　)(　　　)
　　友情(우정)▷(　　　)(　　　)

雨 5Ⅱ 비   우
　　雨水(우수)▷(　　　)(　　　)
　　雨備(우비)▷(　　　)(　　　)

右 7Ⅱ 오를 우, 오른(쪽) 우
　　右邊(우변)▷(　　　)(　　　)
　　右便(우편)▷(　　　)(　　　)

運 6Ⅱ 옮길   운
　　運動(운동)▷(　　　)(　　　)
　　運命(운명)▷(　　　)(　　　)

援 4급 도울   원
　　援助(원조)▷(　　　)(　　　)
　　援軍(원군)▷(　　　)(　　　)

願 5급 원할   원
　　願書(원서)▷(　　　)(　　　)
　　願力(원력)▷(　　　)(　　　)

遠 6급 멀   원
　　遠近(원근)▷(　　　)(　　　)
　　遠洋(원양)▷(　　　)(　　　)

有 7급 있을   유
　　有名(유명)▷(　　　)(　　　)
　　有用(유용)▷(　　　)(　　　)

應 4Ⅱ 응할   응
　　應試(응시)▷(　　　)(　　　)
　　應援(응원)▷(　　　)(　　　)

義 4Ⅱ 옳을   의
　　義務(의무)▷(　　　)(　　　)
　　義理(의리)▷(　　　)(　　　)

意 6Ⅱ 뜻   의
　　意圖(의도)▷(　　　)(　　　)
　　意向(의향)▷(　　　)(　　　)

異 4급 다를   이
　　異端(이단)▷(　　　)(　　　)
　　異常(이상)▷(　　　)(　　　)

耳 5급 귀   이
　　耳目(이목)▷(　　　)(　　　)
　　耳鳴(이명)▷(　　　)(　　　)

以 5Ⅱ 써   이
　　以上(이상)▷(　　　)(　　　)
　　以前(이전)▷(　　　)(　　　)

243

다음은 첫 음절에서 긴 소리로 발음되는 한자입니다. (　)속에 훈과 음을 써보세요.

二 8급 두　이
　二重(이중)▷(　)(　)
　二世(이세)▷(　)(　)

姿 4급 모양　자
　姿勢(자세)▷(　)(　)
　姿態(자태)▷(　)(　)

壯 4급 장할　장
　壯觀(장관)▷(　)(　)
　壯士(장사)▷(　)(　)

再 5급 두　재
　再拜(재배)▷(　)(　)
　再次(재차)▷(　)(　)

在 6급 있을　재
　在美(재미)▷(　)(　)
　在中(재중)▷(　)(　)

底 4급 밑　저
　底邊(저변)▷(　)(　)
　底止(저지)▷(　)(　)

低 4II 낮을　저
　低價(저가)▷(　)(　)
　低空(저공)▷(　)(　)

貯 5급 쌓을　저
　貯金(저금)▷(　)(　)
　貯蓄(저축)▷(　)(　)

轉 4급 구를　전
　轉學(전학)▷(　)(　)
　轉向(전향)▷(　)(　)

錢 4급 돈　전
　錢票(전표)▷(　)(　)
　錢貨(전화)▷(　)(　)

典 5II 법　전
　典據(전거)▷(　)(　)
　典籍(전적)▷(　)(　)

展 5II 펼　전
　展覽(전람)▷(　)(　)
　展示(전시)▷(　)(　)

電 7II 번개　전
　電報(전보)▷(　)(　)
　電話(전화)▷(　)(　)

戰 6II 싸움　전
　戰術(전술)▷(　)(　)
　戰爭(전쟁)▷(　)(　)

店 5II 가게　점
　店房(점방)▷(　)(　)
　店員(점원)▷(　)(　)

整 4급 가지런할 정
　整理(정리)▷(　)(　)
　整備(정비)▷(　)(　)

定 6급 정할　정
　定價(정가)▷(　)(　)
　定着(정착)▷(　)(　)

帝 4급 임금　제
　帝國(제국)▷(　)(　)
　帝王(제왕)▷(　)(　)

濟 4II 건널　제
　濟世(제세)▷(　)(　)
　濟州(제주)▷(　)(　)

制 4II 절제할　제
　制度(제도)▷(　)(　)
　制限(제한)▷(　)(　)

祭 4II 제사　제
　祭器(제기)▷(　)(　)
　祭壇(제단)▷(　)(　)

製 4II 지을　제
　製圖(제도)▷(　)(　)
　製造(제조)▷(　)(　)

장 음

다음은 첫 음절에서 긴 소리로 발음되는 한자입니다. ( )속에 훈과 음을 써보세요.

際 4Ⅱ 즈음 제, 가[邊] 제
    際遇(제우)▷( ) ( )
    際會(제회)▷( ) ( )

第 6Ⅱ 차례 제
    第一(제일)▷( ) ( )
    第五(제오)▷( ) ( )

弟 6급 아우 제
    弟婦(제부)▷( ) ( )
    弟子(제자)▷( ) ( )

助 4Ⅱ 도울 조
    助敎(조교)▷( ) ( )
    助味(조미)▷( ) ( )

早 4Ⅱ 이를 조
    早期(조기)▷( ) ( )
    早退(조퇴)▷( ) ( )

造 4Ⅱ 지을 조
    造成(조성)▷( ) ( )
    造作(조작)▷( ) ( )

座 4급 자리 좌
    座談(좌담)▷( ) ( )
    座右銘(좌우명)▷( )( )( )

左 7Ⅱ 왼 좌
    左相(좌상)▷( ) ( )
    左便(좌편)▷( ) ( )

罪 5급 허물 죄
    罪狀(죄상)▷( ) ( )
    罪責(죄책)▷( ) ( )

注 6Ⅱ 부을 주
    注目(주목)▷( ) ( )
    注意(주의)▷( ) ( )

住 7급 살 주
    住民(주민)▷( ) ( )
    住所(주소)▷( ) ( )

準 4Ⅱ 준할 준
    準備(준비)▷( ) ( )
    準則(준칙)▷( ) ( )

衆 4Ⅱ 무리 중
    衆論(중론)▷( ) ( )
    衆生(중생)▷( ) ( )

重 7급 무거울 중
    重力(중력)▷( ) ( )
    重病(중병)▷( ) ( )

盡 4급 다할 진
    盡力(진력)▷( ) ( )
    盡言(진언)▷( ) ( )

進 4Ⅱ 나아갈 진
    進路(진로)▷( ) ( )
    進就(진취)▷( ) ( )

讚 4급 기릴 찬
    讚頌(찬송)▷( ) ( )
    讚歌(찬가)▷( ) ( )

創 4Ⅱ 비롯할 창
    創始(창시)▷( ) ( )
    創造(창조)▷( ) ( )

唱 5급 부를 창
    唱歌(창가)▷( ) ( )
    唱劇(창극)▷( ) ( )

採 4급 캘 채
    採集(채집)▷( ) ( )
    採擇(채택)▷( ) ( )

處 4Ⅱ 곳 처
    處理(처리)▷( ) ( )
    處世(처세)▷( ) ( )

村 7급 마을 촌
    村家(촌가)▷( ) ( )
    村落(촌락)▷( ) ( )

한자능력검정 4급(4Ⅱ 포함)

◉ 다음은 첫 음절에서 긴 소리로 발음되는 한자입니다. (　)속에 훈과 음을 써보세요.

寸 8급 마디　촌
　　寸劇(촌극)▷(　　　)(　　　)
　　寸陰(촌음)▷(　　　)(　　　)

總 4Ⅱ 다　총
　　總務(총무)▷(　　　)(　　　)
　　總額(총액)▷(　　　)(　　　)

最 5급 가장　최
　　最高(최고)▷(　　　)(　　　)
　　最低(최저)▷(　　　)(　　　)

趣 4급 뜻　취
　　趣味(취미)▷(　　　)(　　　)
　　趣向(취향)▷(　　　)(　　　)

就 4급 나아갈　취
　　就寢(취침)▷(　　　)(　　　)
　　就航(취항)▷(　　　)(　　　)

取 4Ⅱ 가질　취
　　取得(취득)▷(　　　)(　　　)
　　取消(취소)▷(　　　)(　　　)

置 4Ⅱ 둘　치
　　置先(치선)▷(　　　)(　　　)
　　置重(치중)▷(　　　)(　　　)

致 5급 이를　치
　　致誠(치성)▷(　　　)(　　　)
　　致謝(치사)▷(　　　)(　　　)

寢 4급 잘　침
　　寢具(침구)▷(　　　)(　　　)
　　寢室(침실)▷(　　　)(　　　)

打 5급 칠　타
　　打字(타자)▷(　　　)(　　　)
　　打者(타자)▷(　　　)(　　　)

歎 4급 탄식할　탄
　　歎息(탄식)▷(　　　)(　　　)
　　歎聲(탄성)▷(　　　)(　　　)

彈 4급 탄알　탄
　　彈壓(탄압)▷(　　　)(　　　)
　　彈藥(탄약)▷(　　　)(　　　)

炭 5급 숯　탄
　　炭鑛(탄광)▷(　　　)(　　　)
　　炭素(탄소)▷(　　　)(　　　)

態 4Ⅱ 모습　태
　　態度(태도)▷(　　　)(　　　)
　　態勢(태세)▷(　　　)(　　　)

痛 4급 아플　통
　　痛症(통증)▷(　　　)(　　　)
　　痛恨(통한)▷(　　　)(　　　)

統 4Ⅱ 거느릴　통
　　統制(통제)▷(　　　)(　　　)
　　統治(통치)▷(　　　)(　　　)

退 4Ⅱ 물러날　퇴
　　退勤(퇴근)▷(　　　)(　　　)
　　退色(퇴색)▷(　　　)(　　　)

破 4Ⅱ 깨뜨릴　파
　　破局(파국)▷(　　　)(　　　)
　　破損(파손)▷(　　　)(　　　)

敗 5급 패할　패
　　敗北(패배)▷(　　　)(　　　)
　　敗戰(패전)▷(　　　)(　　　)

評 4급 평할　평
　　評論(평론)▷(　　　)(　　　)
　　評判(평판)▷(　　　)(　　　)

閉 4급 닫을　폐
　　閉業(폐업)▷(　　　)(　　　)
　　閉會(폐회)▷(　　　)(　　　)

砲 4Ⅱ 대포　포
　　砲手(포수)▷(　　　)(　　　)
　　砲彈(포탄)▷(　　　)(　　　)

장 음

다음은 첫 음절에서 긴 소리로 발음되는 한자입니다. (　)속에 훈과 음을 써보세요.

品 5Ⅱ 물건　품
　　品評(품평)▷(　　　)(　　　)
　　品類(품류)▷(　　　)(　　　)

避 4급 피할　피
　　避難(피난)▷(　　　)(　　　)
　　避身(피신)▷(　　　)(　　　)

下 7Ⅱ 아래　하
　　下降(하강)▷(　　　)(　　　)
　　下級(하급)▷(　　　)(　　　)

夏 7급 여름　하
　　夏服(하복)▷(　　　)(　　　)
　　夏節(하절)▷(　　　)(　　　)

恨 4급 한　한
　　恨歎(한탄)▷(　　　)(　　　)
　　恨事(한사)▷(　　　)(　　　)

限 4Ⅱ 한할　한
　　限界(한계)▷(　　　)(　　　)
　　限度(한도)▷(　　　)(　　　)

漢 7Ⅱ 한수　한
　　漢文(한문)▷(　　　)(　　　)
　　漢藥(한약)▷(　　　)(　　　)

抗 4급 겨룰　항
　　抗拒(항거)▷(　　　)(　　　)
　　抗議(항의)▷(　　　)(　　　)

航 4Ⅱ 배　항
　　航空(항공)▷(　　　)(　　　)
　　航路(항로)▷(　　　)(　　　)

港 4Ⅱ 항구　항
　　港口(항구)▷(　　　)(　　　)
　　港都(항도)▷(　　　)(　　　)

解 4Ⅱ 풀　해
　　解放(해방)▷(　　　)(　　　)
　　解說(해설)▷(　　　)(　　　)

害 5Ⅱ 해할　해
　　害蟲(해충)▷(　　　)(　　　)
　　害惡(해악)▷(　　　)(　　　)

海 7Ⅱ 바다　해
　　海洋(해양)▷(　　　)(　　　)
　　海外(해외)▷(　　　)(　　　)

幸 6Ⅱ 다행　행
　　幸福(행복)▷(　　　)(　　　)
　　幸運(행운)▷(　　　)(　　　)

向 6급 향할　향
　　向方(향방)▷(　　　)(　　　)
　　向上(향상)▷(　　　)(　　　)

憲 4급 법　헌
　　憲法(헌법)▷(　　　)(　　　)
　　憲兵(헌병)▷(　　　)(　　　)

險 4급 험할　험
　　險談(험담)▷(　　　)(　　　)
　　險路(험로)▷(　　　)(　　　)

驗 4Ⅱ 시험　험
　　驗算(험산)▷(　　　)(　　　)
　　驗左(험좌)▷(　　　)(　　　)

顯 4급 나타날　현
　　顯官(현관)▷(　　　)(　　　)
　　顯達(현달)▷(　　　)(　　　)

現 6Ⅱ 나타날　현
　　現實(현실)▷(　　　)(　　　)
　　現場(현장)▷(　　　)(　　　)

惠 4Ⅱ 은혜　혜
　　惠存(혜존)▷(　　　)(　　　)
　　惠澤(혜택)▷(　　　)(　　　)

護 4Ⅱ 도울　호
　　護國(호국)▷(　　　)(　　　)
　　護衛(호위)▷(　　　)(　　　)

247

한자능력검정 **4**급(**4**II 포함)

🔹 다음은 첫 음절에서 긴 소리로 발음되는 한자입니다. (   )속에 훈과 음을 써보세요.

好 4II 좋을   호
    好感(호감) ▷ (   ) (   )
    好意(호의) ▷ (   ) (   )

戶 4II 집   호
    戶籍(호적) ▷ (   ) (   )
    戶主(호주) ▷ (   ) (   )

混 4급 섞을   혼
    混同(혼동) ▷ (   ) (   )
    混雜(혼잡) ▷ (   ) (   )

貨 4II 재물   화
    貨物(화물) ▷ (   ) (   )
    貨寶(화보) ▷ (   ) (   )

患 5급 근심   환
    患難(환난) ▷ (   ) (   )
    患部(환부) ▷ (   ) (   )

況 4급 상황   황
    況榮(황영) ▷ (   ) (   )
    況且(황차) ▷ ※且:3급 또 차

會 6II 모일   회
    會計(회계) ▷ (   ) (   )
    會話(회화) ▷ (   ) (   )

效 5II 본받을   효
    效果(효과) ▷ (   ) (   )
    效驗(효험) ▷ (   ) (   )

孝 7II 효도   효
    孝道(효도) ▷ (   ) (   )
    孝婦(효부) ▷ (   ) (   )

候 4급 기후   후
    候鳥(후조) ▷ (   ) (   )
    候風(후풍) ▷ (   ) (   )

厚 4급 두터울   후
    厚待(후대) ▷ (   ) (   )
    厚德(후덕) ▷ (   ) (   )

後 7II 뒤   후
    後代(후대) ▷ (   ) (   )
    後孫(후손) ▷ (   ) (   )

訓 6급 가르칠   훈
    訓戒(훈계) ▷ (   ) (   )
    訓示(훈시) ▷ (   ) (   )

> ✔ 장음을 익히는 방법에는 특별한 묘안이 없습니다. 자주 읽고 쓰는 것이 최상의 방법입니다.
>
>   장음은 예로부터 일상생활에서 사용되었으나, 어느 순간 발음 체계가 무너지면서 그 규칙성을 잃어버렸습니다. 현재 많은 수험생들이 장음 문제에 대하여 난감해하는 것은 사실이지만, 장음이 없어지면 우리말의 발음 체계는 영원히 그 자취를 감출 것입니다. 우리말·우리글을 지키는 일환으로 힘들어도 반복하여 익혀 봅시다.
>
>   현재 여러 학자들이 그 규칙과 체계에 관하여 연구 중에 있습니다.

●한 글자가 뜻에 따라 장음·단음 두 가지로 발음되는 경우 예 「:」은 장음을 뜻함. 장 음

🔷 다음은 한 글자가 첫 음절에서 장長단短 두 가지로 발음되는 한자입니다. (　)속에 독음을 써보세요.

街 4Ⅱ 거리　가	課 5Ⅱ 공부할 과, 과정 과
:街道(　　) ：街頭(　　)	:課稅(　　)
街路燈(　　) 街路樹(　　)	課業(　　) 課題(　　)

簡 4급 간략할 간, 대쪽 간	具 5Ⅱ 갖출　구
:簡易(　　) ：簡紙(　　)	:具氏(　　)
簡單(　　) 簡略(　　)	具備(　　) 具體的(　　)

間 7Ⅱ 사이　간	口 7급 입　구
:間食(　　) ：間接(　　)	:口頭(　　) ：口號(　　)
間數(　　) 間隔 ※隔:3급 사이뜰 격	口文(　　) 口錢(　　)

强 6급 강할　강 ※強=强	卷 4급 책　권
:强盜(　　) ：强制(　　)	:卷煙(　　)
强國(　　) 强力(　　)	卷頭(　　) 卷數(　　)

降 4급 내릴 강, 항복할 항 ※'강'으로 읽을 때만 장음	勤 4급 부지런할 근
:降等(　　) ：降臨(　　)	:勤勞(　　) ：勤務(　　)
降伏(　　) 降書(　　)	勤苦(　　) 勤念(　　)

個 4Ⅱ 낱　개	難 4Ⅱ 어려울 난
:個別(　　) ：個性(　　)	:難色(　　) ：難處(　　)
個人(　　)	難關(　　) 難局(　　)

改 5급 고칠　개	短 6Ⅱ 짧을　단
:改良(　　) ：改作(　　)	:短文(　　) ：短髮(　　)
改畫(　　) 改札 ※札:2급 편지 찰	短點(　　) 短縮(　　)

更 4급 다시 갱, 고칠 경 ※'갱'으로 읽을 때만 장음	帶 4Ⅱ 띠　대
:更生(　　) ：更紙(　　)	:帶同(　　) ：帶妻(　　)
更任(　　) 更正(　　)	帶狀(　　) 帶率(　　)

景 5급 볕　경	大 8급 큰　대
:景仰(　　) ：景福(　　)	:大國(　　) ：大小(　　)
景氣(　　) 景致(　　)	大斗(　　) 大田(　　)

故 4Ⅱ 연고　고	盜 4급 도둑　도
:故事(　　) ：故人(　　)	:盜跖(　　) ※跖:발바닥 척
故鄕(　　)	盜用(　　) 盜賊(　　)

固 5급 굳을　고	度 6급 법도 도, 헤아릴 탁 ※'도'로 읽을 때만 장음
:固城(　　)	:度量(　　) ：度數(　　)
固辭(　　) 固守(　　)	度外(　　) 度支(　　)

考 5급 생각할　고	童 6Ⅱ 아이　동
:考査(　　) ：考試(　　)	:童心(　　) ：童話(　　)
考案(　　) 考察(　　)	童이(　　) ※'둥이'의 잘못.

249

한자능력검정 **4**급(4Ⅱ 포함)

✱ 다음은 한 글자가 첫 음절에서 장長단短 두 가지로 발음되는 한자입니다. (　)속에 독음을 써보세요.

冬 7급 겨울　동	美 6급 아름다울 미
：冬期(　　) ：冬服(　　) 　冬至(　　)	：美男(　　) ：美術(　　) 　美國(　　)　美軍(　　)
來 7급 올　래	放 6Ⅱ 놓을　방
：來客(　　) ：來往(　　) 　來年(　　)　來日(　　)	：放送(　　) ：放心(　　) 　放學(　　)
令 5급 하여금　령	倍 5급 곱　배
：令監(　　) 　令愛(　　)　令夫人(　　)	：倍加(　　) ：倍數(　　) 　倍達民族(　　)
料 5급 헤아릴　료	保 4Ⅱ 지킬　보
：料金(　　) ：料給(　　) 　料理(　　)　料食(　　)	：保健(　　) ：保留(　　) 　保證(　　)
柳 4급 버들　류	府 4Ⅱ 마을[官廳] 부
：柳車(　　) ：柳器(　　) 　柳綠(　　)　柳氏(　　)	：府君(　　) 　府庫(　　)　府使(　　)
類 5Ⅱ 무리　류	復 4Ⅱ 다시 부, 회복할 복 ※'부'로 읽을 때만 장음
：類例(　　) ：類別(　　) 　類달리(　　)	：復活(　　) ：復興(　　) 　復古(　　)　復歸(　　)
滿 4Ⅱ 찰　만	粉 4급 가루　분
：滿面(　　) ：滿發(　　) 　滿期(　　)　滿足(　　)	：粉紅(　　) 　粉骨(　　)　粉食(　　)
賣 5급 팔　매	分 6Ⅱ 나눌　분
：賣上(　　) ：賣店(　　) 　賣買(　　)	：分量(　　) ：分數(　　) 　分家(　　)　分校(　　)
每 7Ⅱ 매양　매	非 4Ⅱ 아닐　비
：每年(　　) ：每事(　　) 　每日(　　)	：非常(　　) ：非行(　　) 　非但(　　)　非才(　　)
木 8급 나무　목	射 4급 쏠　사
：木工(　　) ：木馬(　　) 　木瓜(모과)	：射亭(　　) ：射場(　　) 　射擊(　　)　射殺(　　)
聞 6Ⅱ 들을　문	仕 5Ⅱ 섬길　사
：聞見(　　) ：聞一知十(　　) 　聞慶(　　)	：仕宦(　　)※宦:1급 벼슬 환 　仕官(　　)　仕記(　　)
未 4Ⅱ 아닐　미	思 5급 생각　사
：未開(　　) ：未來(　　) 　未安(　　)	：思想(　　) 　思考(　　)　思念(　　)

250

장 음

◎ 다음은 한 글자가 첫 음절에서 장長단短 두 가지로 발음되는 한자입니다. (　)속에 독음을 써보세요.

殺 4Ⅱ 죽일 살, 감할 쇄 ※ '쇄'로 읽을 때만 장음
: 殺到(　) : 殺下(　)
殺伐(　) 殺傷(　)

狀 4Ⅱ 형상 상, 문서 장 ※ '장'으로 읽을 때만 장음
: 狀啓(　) : 狀頭(　)
狀態(　) 狀況(　)

說 5Ⅱ 말씀 설, 달랠 세 ※ '세'로 읽을 때만 장음
: 說客(　) : 說伏(　)
說敎(　) 說明(　)

掃 4Ⅱ 쓸 소
: 掃除(　) : 掃地(　)
掃射(　) 掃海(　)

素 4Ⅱ 본디 소
: 素服(　) : 素食(　)
素朴(　) 素材(　)

孫 6급 손자 손
: 孫世(　)
孫女(　) 孫子(　)

受 4Ⅱ 받을 수
: 受苦(　)
受講(　) 受信(　)

宿 5Ⅱ 잘 숙, 별자리 수 ※ '수'로 읽을 때만 장음
: 宿曜(　)
宿命(　) 宿泊(　)

手 7Ⅱ 손 수
: 手巾(　) ※ 巾:1급 수건 건
手段(　) 手足(　)

數 7급 셈 수, 자주 삭 ※ '수'로 읽을 때만 장음
: 數量(　) : 數學(　)
數脈(　) 數飛(　)

試 4Ⅱ 시험 시
: 試圖(　) : 試食(　)
試驗(　)

愛 6급 사랑 애
: 愛煙(　) : 愛誦 ※ 誦:3급 욀 송
愛國(　) 愛情(　)

易 4급 바꿀 역, 쉬울 이 ※ '이'로 읽을 때만 장음
: 易融(　) : 易行(　)
易書(　) 易學(　)
※ 融:2급 녹을 융

映 4급 비칠 영
: 映窓(　)
映寫(　) 映畫(　)

要 5Ⅱ 요긴할 요
: 要求(　) : 要點(　)
要領(　) 要素(　)

怨 4급 원망할 원
: 怨望(　) : 怨聲(　)
怨讎(　) ※ 讎=讐:1급 원수 수

爲 4Ⅱ 하 위, 할 위
: 爲國(　) : 爲先(　)
爲始(　) 爲主(　)

飮 6Ⅱ 마실 음
: 飮福(　) : 飮食(　)
飮毒(　) 飮料(　)

議 4Ⅱ 의논할 의
: 議政(　)
議決(　) 議員(　)

任 5Ⅱ 맡길 임
: 任期(　) : 任命(　)
任氏(　)

獎 4급 장려할 장
: 獎勵(　) : 獎學(　)
獎忠壇(　) 獎忠洞(　)

將 4Ⅱ 장수 장
: 將校(　) : 將兵(　)
將來(　) 將次(　)

長 7급 긴 장
: 長官(　) : 長男(　)
長短(　) 長篇(　)

點 4급 점 점
: 點心(　)
點檢(　) 點線(　)

251

한자능력검정 4급(4Ⅱ 포함)

❋ 다음은 한 글자가 첫 음절에서 장長단短 두 가지로 발음되는 한자입니다. (   )속에 독음을 써보세요.

占 4급 점령할   점
　　：占據(　　)　：占領(　　)
　　　占卜(　　)　　占術(　　)

正 7Ⅱ 바를   정
　　：正義(　　)　：正直(　　)
　　　正月(　　)　　正初(　　)

操 5급 잡을   조
　　：操心(　　)　：操鍊(　　)
　　　操作(　　)　　操行(　　)

從 4급 좇을   종
　　：從祖(　　)　：從兄(　　)
　　　從事(　　)　　從屬(　　)

種 5Ⅱ 씨   종
　　：種類(　　)　：種別(　　)
　　　種子(　　)　　種族(　　)

酒 4급 술   주
　　：酒酊(　　)　　※酊：1급 술취할 정
　　　酒類(　　)　　酒店(　　)

針 4급 바늘   침
　　：針母(　　)　：針線(　　)
　　　針形(　　)　　針葉樹(　　)

討 4급 칠   토
　　：討論(　　)　：討議(　　)
　　　討伐(　　)　　討破(　　)

便 7급 편할   편
　　：便紙(　　)
　　　便利(　　)　　便安(　　)

胞 4급 세포   포
　　：胞胎(　　)　　※胎：2급 아이밸 태
　　　胞衣(　　)　　胞子(　　)

包 4Ⅱ 쌀   포
　　：包容(　　)　：包圍(　　)
　　　包裝(　　)　　包紙(　　)

布 4Ⅱ 베   포
　　：布告(　　)　：布敎(　　)
　　　布木(　　)　　布帳(　　)

暴 4Ⅱ 사나울 폭, 모질 포 ※'포'로 읽을 때만 장음
　　：暴惡(　　)　：暴慢(　　)
　　　暴君(　　)　　暴露(　　)

韓 8급 나라 한, 한국 한
　　：韓國(　　)　：韓食(　　)
　　　韓山(　　)　　韓氏(　　)

行 6급 다닐 행, 항렬 항
　　행：行實(　　)
　　행　行動(　　)　　行進(　　)
　　항　行列(　　)

號 6급 이름   호
　　：號令(　　)　：號外(　　)
　　　號角(　　)　　號稱(　　)

化 5Ⅱ 될   화
　　：化石(　　)　：化身(　　)
　　　化學(　　)

畫 6급 그림 화, 그을 획 ※'화'로 읽을 때만 장음
　　：畫家(　　)　：畫幅(　　)
　　　畫順(　　)　　畫策(　　)

火 8급 불   화
　　：火藥(　　)　：火災(　　)
　　　火曜日(　　)

興 4Ⅱ 일   흥
　　：興味(　　)　：興趣(　　)
　　　興亡(　　)　　興盛(　　)

✔ 장長·단음短音 한자, 또는 긴:소리 표기는 한:국어:문교:육연:구회 안案:으로서 일반 국어사전과 약간 다른 것도 있습니다.

약자쓰기

✔ 한자는 실용화를 위해 예전부터 획을 줄여서 흐름을 연결하여 필기체筆記體로 사용하던 글자입니다. 한자의 서체는 모양에 따라 전서篆書, 예서隸書, 행서行書, 초서草書, 해서楷書 등으로 구별합니다. 약자略字는 초서草書의 서체를 정형화定型化시킨 것으로 이해할 수 있습니다.

✔ 중국에서는 현재 우리가 보편적으로 사용하고 있는 한자를 번체자繁體字라 하고, 획을 줄여서 만든 한자를 간체자簡體字라고 합니다. 하지만 간체자와 약자는 간혹 같은 모양을 지닌 것도 있지만 본래 전혀 다른 의미에서 형성된 글자입니다.

학습방법

✔ 빈칸에 약자를 써가면서 뜻이 통하는 한자어를 만들어 그와 관련된 문장을 지어봅니다. 약자를 실용화하는 데에 많은 도움이 될 것입니다.

✔ 약자로 사용되는 한자를 먼저 백지에 옮겨 쓴 후, 스스로 약자로 옮겨 쓰는 받아쓰기 형식의 연습을 하면 효과적으로 기억될 수 있습니다.

약자쓰기

약자	정자					약자	정자				
仮	假(거짓 가) 4Ⅱ					検	檢(검사할 검) 4Ⅱ				
価	價(값 가) 5Ⅱ					撃	擊(칠 격) 4급				
覚	覺(깨달을 각) 4급					坚	堅(굳을 견) 4급				
监	監(볼 감) 4Ⅱ					欠	缺(이지러질 결) 4Ⅱ				
減	減(덜 감) 4Ⅱ					経	經(지날 경) 4Ⅱ				
个	個(낱 개) 4Ⅱ					軽	輕(가벼울 경) 5급				
拠	據(근거 거) 4급					継	繼(이을 계) 4급				
挙	擧(들 거) 5급					穀	穀(곡식 곡) 4급				
倹	儉(검소할 검) 4급					覌 観	觀(볼 관) 5Ⅱ				

한자능력검정 4급(4II 포함)

✽ 다음은 한자의 약자略字를 나열한 것입니다. 정자正字와 약자略字를 서로 비교하여 익히도록 하세요.

関				器			
關(관계할 관) 5II				器(그릇 기) 4II			
鉱				気			
鑛(쇳돌 광) 4급				氣(기운 기) 7II			
広				断			
廣(넓을 광) 5II				斷(끊을 단) 4II			
旧				単			
舊(예 구) 5II				單(홑 단) 4II			
区				団			
區(구분할 구) 6급				團(둥글 단) 5II			
国				担			
國(나라 국) 8급				擔(멜 담) 4II			
勧				党			
勸(권할 권) 4급				黨(무리 당) 4II			
権				当			
權(권세 권) 4II				當(마땅 당) 5II			
帰				対			
歸(돌아갈 귀) 4급				對(대할 대) 6II			

256

약자쓰기

✱ 다음은 한자의 약자(略字)를 나열한 것입니다. 정자(正字)와 약자(略字)를 서로 비교하여 익히도록 하세요.

德					来				
德(큰 덕) 5Ⅱ					來(올 래) 7급				
図					両				
圖(그림 도) 6Ⅱ					兩(두 량) 4Ⅱ				
毒					麗				
毒(독 독) 4Ⅱ					麗(고울 려) 4Ⅱ				
独					練				
獨(홀로 독) 5Ⅱ					練(익힐 련) 5Ⅱ				
読					礼				
讀(읽을 독) 6Ⅱ					禮(예도 례) 6급				
灯					労				
燈(등 등) 4Ⅱ					勞(일할 로) 5Ⅱ				
楽					录				
樂(즐길 락) 6Ⅱ					錄(기록할 록) 4Ⅱ				
乱					竜				
亂(어지러울 란) 4급					龍(용 룡) 4급				
覧	覧				难				
覽(볼 람) 4급					離(떠날 리) 4급				

한자능력검정 **4**급(**4**Ⅱ 포함)

✱ 다음은 한자의 약자略字를 나열한 것입니다. 정자正字와 약자略字를 서로 비교하여 익히도록 하세요.

満					仏				
滿(찰 만) 4Ⅱ					佛(부처 불) 4Ⅱ				
万					辞				
萬(일만 만) 8급					辭(말씀 사) 4급				
売					师				
賣(팔 매) 5급					師(스승 사) 4Ⅱ				
発					写 写				
發(필 발) 6Ⅱ					寫(베낄 사) 5급				
拝					殺				
拜(절 배) 4Ⅱ					殺(죽일 살) 4Ⅱ				
辺 边					状				
邊(가 변) 4Ⅱ					狀(형상 상) 4Ⅱ				
変					緒				
變(변할 변) 5Ⅱ					緖(실마리 서) 3Ⅱ				
宝					舩				
寶(보배 보) 4Ⅱ					船(배 선) 5급				
富					声				
富(부자 부) 4Ⅱ					聲(소리 성) 4Ⅱ				

약자쓰기

岁	歲					圧	壓				
歲(해 세) 5Ⅱ						壓(누를 압) 4Ⅱ					
属						薬					
屬(붙일 속) 4급						藥(약 약) 6Ⅱ					
続						厳					
續(이을 속) 4Ⅱ						嚴(엄할 엄) 4급					
収						与					
收(거둘 수) 4Ⅱ						與(더불 여) 4급					
数						余					
數(셈 수) 7급						餘(남을 여) 4Ⅱ					
粛 肅						鈆					
肅(엄숙할 숙) 4급						鉛(납 연) 4급					
実						研					
實(열매 실) 5Ⅱ						硏(갈 연) 4Ⅱ					
児						営					
兒(아이 아) 5Ⅱ						營(경영할 영) 4급					
悪						栄					
惡(악할 악) 5Ⅱ						榮(영화 영) 4Ⅱ					

259

한자능력검정 4급(4II 포함)

다음은 한자의 약자略字를 나열한 것입니다. 정자正字와 약자略字를 서로 비교하여 익히도록 하세요.

予					応				
豫(미리 예) 4급					應(응할 응) 4II				
芸藝					医				
藝(재주 예) 4II					醫(의원 의) 6급				
温					者				
溫(따뜻할 온) 6급					者(놈 자) 6급				
謡					残				
謠(노래 요) 4II					殘(남을 잔) 4급				
貟					雑				
員(인원 원) 4II					雜(섞일 잡) 4급				
逺					壮				
遠(멀 원) 6급					壯(장할 장) 4급				
囲					奨				
圍(에워쌀 위) 4급					奬(장려할 장) 4급				
為					装				
爲(하 위) 4II					裝(꾸밀 장) 4급				
隠隐					将				
隱(숨을 은) 4급					將(장수 장) 4II				

약자쓰기

약자	정자		약자	정자	
争	爭(다툴 쟁) 5급		済	濟(건널 제) 4Ⅱ	
転	轉(구를 전) 4급		条	條(가지 조) 4급	
銭	錢(돈 전) 4급		卆	卒(마칠 졸) 5Ⅱ	
伝	傳(전할 전) 5Ⅱ		从 従	從(좇을 종) 4급	
战 戦	戰(싸움 전) 6Ⅱ		昼	晝(낮 주) 6급	
節	節(마디 절) 5Ⅱ		証	證(증거 증) 4급	
点 奌	點(점 점) 4급		増	增(더할 증) 4Ⅱ	
静	靜(고요할 정) 4급		尽	盡(다할 진) 4급	
㝎	定(정할 정) 6급		珎	珍(보배 진) 4급	

261

한자능력검정 4급(4II 포함)

❋ 다음은 한자의 약자(略字)를 나열한 것입니다. 정자(正字)와 약자(略字)를 서로 비교하여 익히도록 하세요.

质				虫			
質(바탕 질) 5II				蟲(벌레 충) 4II			
讃				歯			
讚(기릴 찬) 4급				齒(이 치) 4II			
参				称			
參(참여할 참) 5II				稱(일컬을 칭) 4급			
処				弾			
處(곳 처) 4II				彈(탄알 탄) 4급			
鉄				択			
鐵(쇠 철) 5급				擇(가릴 택) 4급			
聴				学			
聽(들을 청) 4급				學(배울 학) 8급			
庁				虚			
廳(관청 청) 4급				虛(빌 허) 4II			
体				険			
體(몸 체) 6II				險(험할 험) 4급			
総 総				験			
總(다 총) 4II				驗(시험 험) 4II			

약자쓰기

❈ 다음은 한자의 약자略字를 나열한 것입니다. 정자正字와 약자略字를 서로 비교하여 익히도록 하세요.

顕					黒				
顯(나타날 현) 4급					黑(검을 흑) 5급				
賢					兴				
賢(어질 현) 4Ⅱ					興(일 흥) 4Ⅱ				
恵					軽 挙				
惠(은혜 혜) 4Ⅱ					輕擧(경거)				
号					伝 来				
號(이름 호) 6급					傳來(전래)				
画					変 質				
畫(그림 화) 6급					變質(변질)				
欢 歓					鉄 鉱				
歡(기쁠 환) 4급					鐵鑛(철광)				
郷					国 宝				
鄕(시골 향) 4Ⅱ					國寶(국보)				
会					党 争				
會(모일 회) 6Ⅱ					黨爭(당쟁)				
効					欠 礼				
效(본받을 효) 5Ⅱ					缺禮(결례)				

한자능력검정 4급(4Ⅱ 포함)

❋ 다음은 한자의 약자略字를 나열한 것입니다. 정자正字와 약자略字를 서로 비교하여 익히도록 하세요.

広	告				欢	楽			
廣告(광고)					歡樂(환락)				
新	旧				対	応			
新舊(신구)					對應(대응)				
団	体				属	国			
團體(단체)					屬國(속국)				
乱	雑				壮	观			
亂雜(난잡)					壯觀(장관)				
図	画				虫	歯			
圖畫(도화)					蟲齒(충치)				
观	覧				経	済			
觀覽(관람)					經濟(경제)				
増	減				声	楽			
増減(증감)					聲樂(성악)				
数	学				単	独			
數學(수학)					單獨(단독)				
参	与				厳	粛			
參與(참여)					嚴肅(엄숙)				

한자능력검정시험

한자성어 · 고사성어

한자성어 · 고사성어

✔ **한자성어**(漢字成語) : 우리말의 속담俗談이나 격언格言을 한자로 옮겨 쓴 것을 말합니다.
✔ **고사성어**(故事成語) : 옛날부터 전해 내려오는 내력來歷있는 일, 또는 그것을 나타낸 어구語句로써 옛사람의 지혜와 가르침이 담겨 있습니다.

정답확인

앞면에 나열된 한자성어를 충분히 익힌 후에 뒷면에 제시된 문제를 풀어보고, 틀린 것은 반복하여 익히도록 하세요.

한자성어 · 고사성어

다음 한자성어(漢字成語)를 익혀, 문제를 풀어보도록 하세요.

※ 문제 ☞ 뒤쪽

- **角者無齒**(각자무치) : 한 사람이 모든 복(福)이나 재주를 겸(兼)하지 못함을 이르는 말.

- **敢不生心**(감불생심) : 감히 엄두도 내지 못함. 감불생의(敢不生意).

- **甘言利說**(감언이설) : 남의 비위(脾胃)를 맞추는 달콤한 말과 이로운 조건(條件)만 들어 그럴듯하게 꾸미는 말.

- **江湖煙波**(강호연파) : 강이나 호수 위에 안개처럼 뽀얗게 이는 잔물결.

- **見利思義**(견리사의) : 눈앞에 이익이 보일 때, 의리를 먼저 생각함.

- **見物生心**(견물생심) : 물건을 보면 욕심이 생긴다는 말.

- **見事生風**(견사생풍) : '일거리를 대하면 손바람이 난다'는 뜻으로, '일을 시원시원하게 빨리 처리해 냄'을 이르는 말.

- **見危授命**(견위수명) : 나라가 위태로울 때 자기의 목숨을 나라에 바침. 견위치명(見危致命).

- **結義兄弟**(결의형제) : 결의하여 형제의 의를 맺음. 또는, 그 형제.

- **結草報恩**(결초보은) : '풀을 맺어 은혜를 갚는다'는 뜻으로, '죽어 혼령이 되어서도 은혜를 잊지 않고 갚음'을 이르는 말.

- **經國濟世**(경국제세) : 나라를 잘 다스리고 세상을 구제(救濟)함 → '경제(經濟)'의 본말.

- **經世濟民**(경세제민) : 세상을 다스리고 백성을 구제(救濟)함.

- **驚天動地**(경천동지) : '하늘을 놀라게 하고 땅을 들썩거리게 한다'는 뜻으로, '세상을 몹시 놀라게 함'을 이르는 말.

- **敬天愛人**(경천애인) : 하늘을 숭배(崇拜)하고 인간을 사랑함.

- **鷄卵有骨**(계란유골) : '달걀에 뼈가 있다'는 뜻으로, '운수가 나쁜 사람은 좋은 기회를 만나도 역시 일이 잘 안 됨'을 이르는 말.

- **古今東西**(고금동서) : 때와 지역을 통틀어 이르는 말로, 옛날과 지금, 동양과 서양을 뜻함.

- **孤立無援**(고립무원) : 고립되어 구원을 받을 데가 없음.

- **高山流水**(고산유수) : ① '높은 산과 흐르는 물'이라는 뜻으로, '맑은 자연'을 형용하는 말. ② 극히 미묘한 '거문고의 가락', 또는 '知己'를 비유하여 이르는 말.

- **苦盡甘來**(고진감래) : '쓴 것이 다하면 단 것이 온다'는 뜻으로, '괴로움이 다하면 즐거움이 옴'을 이르는 말.

- **骨肉相殘**(골육상잔) : 같은 혈족끼리 서로 다투고 해(害)하는 것. → 골육상쟁(骨肉相爭).

- **公明正大**(공명정대) : 하는 일이나 행동에 사사로움이 없이 떳떳하고 바름.

- **空前絶後**(공전절후) : 전무후무(前無後無).

- **公平無私**(공평무사) : 공평하여 사사로움이 없음.

- **交友以信**(교우이신) : 세속오계(世俗五戒)의 하나로, 벗은 믿음으로써 사귀어야 한다는 계율(戒律).

- **教學相長**(교학상장) : '가르치는 일과 배우는 일은 다 함께 자기의 학업을 증진시키는 것임'을 이르는 말.

- **救國干城**(구국간성) : 나라를 지키는 군대나 인물.

- **九死一生**(구사일생) : 여러 차례 죽을 고비를 겪고 겨우 살아남.

- **九牛一毛**(구우일모) : '썩 많은 가운데에 섞인 아주 적은 것'을 비유하여 이르는 말.

다음 글을 읽고 한자성어(漢字成語)를 완성하세요.

山 流	見 義	學 相
'극히 미묘(微妙)한 거문고의 가락, 또는 지기(知己)'를 비유하여 이르는 말.	눈앞에 이익이 보일 때, 의리를 먼저 생각함.	남을 가르치는 일과 스승에게서 배우는 일은 다 함께 자기의 학업을 증진시키는 것임을 이르는 말.
經 濟	前 絶	結 報
세상을 다스리고 백성을 구제(救濟)함.	전에도 없었고 앞으로도 없음.	'풀을 맺어 은혜를 갚는다'는 뜻으로, '죽어 혼령이 되어서라도 은혜를 잊지 않고 갚음'을 이르는 말.
九 一	甘 說	盡 甘
'썩 많은 가운데에 섞인 아주 적은 것'을 비유하여 이르는 말.	남의 비위(脾胃)를 맞추는 달콤한 말과 이로운 조건(條件)만 들어 그럴듯하게 꾸미는 말.	'쓴 것이 다하면 단 것이 온다'는 뜻으로, '괴로움이 다하면 즐거움이 옴'을 이르는 말.
公 大	敬 愛	九 一
하는 일이나 행동에 사사로움이 없이 떳떳하고 바름.	하늘을 숭배(崇拜)하고 인간을 사랑함.	여러 차례 죽을 고비를 겪고 겨우 살아남.
者 齒	見 生	骨 殘
한 사람이 모든 복(福)이나 재주를 겸(兼)하지 못함을 이르는 말.	'일거리를 대하면 손바람이 난다'는 뜻으로, '일을 시원시원하게 빨리 처리해 냄'을 이르는 말.	같은 혈족끼리 서로 다투고 해(害)하는 것.
鷄 骨	救 干	見 授
'운수가 나쁜 사람은 좋은 기회를 만나도 역시 일이 잘 안 됨'을 이르는 말.	나라를 지키는 군대나 인물.	나라가 위태로울 때 자기의 목숨을 나라에 바침.

한자성어·고사성어

✻ 다음 한자성어(漢字成語)를 익혀, 문제를 풀어보도록 하세요.   ※ 문제 ☞ 뒤쪽

- **君子不器**(군자불기) : 그릇이란 제각기 한 가지 소용에 맞는 것이나, 덕이 있는 사람은 그렇지 않아, 온갖 방면에 통함을 이르는 말.

- **近朱者赤**(근주자적) : '주사(朱砂)를 가까이 하는 사람은 붉게 된다'는 뜻으로, '착한 사람과 사귀면 착해지고, 악한 사람과 사귀면 악해짐'을 비유하여 이르는 말.

- **權不十年**(권불십년) : 아무리 높은 권세(權勢)라도 10년을 지속(持續)하기 어렵다.

- **起死回生**(기사회생) : 중병이 들어 죽을 뻔하다가 다시 살아남.

- **奇想天外**(기상천외) : 보통 사람이 쉽게 짐작할 수 없을 정도로 엉뚱하고 기발(奇拔)한 생각.

- **起承轉結**(기승전결) : 문학작품의 서술 체계를 구성하는 형식. [첫머리를 기(起), 이것을 받아 전개시키는 부분을 승(承), 뜻을 바꾸는 부분을 전(轉), 끝맺는 부분을 결(結)이라 함.]

- **落落長松**(낙락장송) : 가지가 축축 늘어진 키가 큰 소나무.

- **難攻不落**(난공불락) : 공격하기가 어려워 좀처럼 함락(陷落)되지 아니함.

- **亂臣賊子**(난신적자) : '임금을 죽이는 신하와 어버이를 해하는 자식'이라는 뜻으로, '극악무도한 자'를 이르는 말.

- **難兄難弟**(난형난제) : '누구를 형이라 하고 누구를 동생이라 할지 분간하기 어렵다'는 뜻으로, '사물의 우열(優劣)을 가리기 어려움'을 이르는 말.

- **緣木求魚**(연목구어) : '나무에 올라가 고기를 구한다'는 뜻으로, '불가능한 일을 하고자 할 때를 비유하여 이르는 말.

- **怒發大發**(노발대발) : 몹시 노하거나 성을 냄.

- **論功行賞**(논공행상) : 공적을 논의하여 그에 알맞은 상을 내림.

- **類類相從**(유유상종) : '같은 패끼리는 서로 따르고 좇으며 왕래하여 사귄다'는 뜻으로, '비슷한 사람끼리 모이게 됨'을 비유하는 말.

- **多多益善**(다다익선) : 많으면 많을수록 좋다.

- **多事多難**(다사다난) : 여러 가지로 일도 많고 어려움도 많음.

- **多情多感**(다정다감) : '다정(多情)하고 다감(多感)하다'는 뜻으로, '감수성(感受性)이 많아 잘 느낌'을 이르는 말.

- **大驚失色**(대경실색) : 몹시 놀라 얼굴빛이 변함.

- **大同小異**(대동소이) : '크게는 같고, 작게는 다르다'는 뜻으로, '크게 보면 다를 게 없음, 또는 비슷비슷함'을 이르는 말.

- **獨不將軍**(독불장군) : '따돌림을 당하는 외로운 사람'이라는 뜻으로, '무슨 일이나 제 생각대로 혼자 처리하는 사람'을 이르는 말.

- **讀書三到**(독서삼도) : 독서를 하는 데에 이르는 세 가지 방법으로, '구도(口到)·심도(心到)·안도(眼到)'에 있음을 이르는 말.

- **東問西答**(동문서답) : '동쪽에서 묻는 데 서쪽에다 대답한다'는 뜻으로, '묻는 말에 대하여 전혀 엉뚱한 대답을 하는 것'을 의미하는 말.

- **同門修學**(동문수학) : 한 스승 밑에서 함께 학문을 닦고 배움.

- **同苦同樂**(동고동락) : 괴로움도 즐거움도 함께 함.

- **燈下不明**(등하불명) : '등잔(燈盞) 밑이 어둡다'는 뜻으로, '가까이 있는 것이 오히려 알아내기 어려움'을 이르는 말.

- **燈火可親**(등화가친) : 가을이 되어 서늘하면 밤에 불을 가까이 하여 글 읽기에 좋다는 말.

다음 글을 읽고 한자성어(漢字成語)를 완성하세요.

大 □ 小 □	攻 □ 不 □	類 □ 類 □
'크게는 같고, 작게는 다르다'는 뜻으로, '크게 보면 다를 게 없음, 또는 비슷비슷함'을 이르는 말.	공격하기가 어려워 좀처럼 함락(陷落)되지 아니함.	'비슷한 사람끼리 모이게 됨'을 비유하는 말.

難 □ 難 □	書 □ 三 □	權 □ 十 □
'사물의 우열(優劣)을 가리기 어려움'을 이르는 말.	독서를 하는 데에 이르는 세 가지 방법으로, '구도·심도·안도'에 있음을 이르는 말.	아무리 높은 권세(權勢)라도 10년을 지속(持續)하기 어렵다.

多 □ 多 □	亂 □ 賊 □	燈 □ 不 □
'감수성(感受性)이 많아 잘 느낌'을 이르는 말.	'임금을 죽이는 신하와 어버이를 해하는 자식'이라는 뜻으로, '극악무도한 자'를 이르는 말.	'등잔(燈盞) 밑이 어둡다'는 뜻으로, '가까이 있는 것이 오히려 알아내기 어려움'을 이르는 말.

朱 □ 者 □	燈 □ 可 □	緣 □ 求 □
'착한 사람과 사귀면 착해지고, 악한 사람과 사귀면 악해짐'을 비유하여 이르는 말.	가을이 되어 서늘하면 밤에 불을 가까이 하여 글읽기에 좋다는 말.	'나무에 올라가 고기를 구한다'는 뜻으로, 불가능한 일을 하고자 할 때를 비유하여 이르는 말.

發 □ 發 □	起 □ 回 □	獨 □ 將 □
몹시 노하거나 성을 냄.	중병이 들어 죽을 뻔하다가 다시 살아남.	'무슨 일이나 제 생각대로 혼자 처리하는 사람'을 이르는 말.

起 □ 轉 □	東 □ 西 □	多 □ 多 □
문학작품의 서술 체계를 구성하는 형식.	'묻는 말에 대하여 전혀 엉뚱한 대답을 하는 것'을 의미하는 말.	여러 가지로 일도 많고 어려움도 많음.

한자성어・고사성어

❋ 다음 한자성어(漢字成語)를 익혀, 문제를 풀어보도록 하세요.　　※ 문제 ☞ 뒤쪽

- **馬耳東風**(마이동풍) : '말의 귓가를 스치는 동풍'이라는 뜻으로, '남의 말을 귀담아듣지 않고 흘려버림'을 일컫는 말.
- **明明白白**(명명백백) : 아주 명백(明白)하여 의심(疑心)할 여지(餘地)가 없음.
- **明鏡止水**(명경지수) : '맑은 거울과 같이 맑고 잔잔한 물'이라는 뜻으로, '마음이 고요하고 잡념이나 가식(假飾), 허욕(虛慾)이 없이 아주 맑고 깨끗함'을 비유하여 이르는 말.
- **目不識丁**(목불식정) : '낫 놓고 기역자도 모른다'는 뜻으로, '아주 무식(無識)함'을 이르는 말.
- **無不通知**(무불통지) : 무슨 일이든지 다 통하여 모르는 것이 없음.
- **文房四友**(문방사우) : 서재(書齋)에 꼭 있어야 할 네 벗, 즉 '종이・붓・벼루・먹'을 말함.
- **聞一知十**(문일지십) : 한 가지를 듣고 열 가지를 미루어 앎.
- **門前成市**(문전성시) : 권세가 드날리거나 부자가 되어 집 앞에 찾아오는 손님들로 마치 시장을 이룬 것 같음을 이르는 말.
- **美風良俗**(미풍양속) : 아름답고 좋은 풍속.
- **博覽強記**(박람강기) : 책을 많이 읽고 기억을 잘함.
- **博學多識**(박학다식) : 학문이 넓고 식견이 많음.
- **百家爭鳴**(백가쟁명) : 많은 학자・문화인 등의 논쟁, 또는 여러 사람이 서로 자기주장을 내세우는 일.
- **百年河淸**(백년하청) : '백년 동안 황하(黃河)의 물이 맑아지기를 기다린다'는 뜻으로, '아무리 세월이 가도 일을 해결할 희망이 없음'을 이르는 말. 하대세월(何待歲月).

- **白面書生**(백면서생) : '한갓 글만 읽고 세상일에 경험이 없는 어두운 사람'을 이르는 말.
- **百發百中**(백발백중) : 총・활 같은 것이 겨눈 곳에 꼭꼭 맞음. 미리 생각한 일들이 꼭꼭 들어맞음.
- **百戰百勝**(백전백승) : '백 번 싸워 백 번 이긴다'는 말로, '싸울 때마다 번번이 다 이김'을 말함.
- **百戰老將**(백전노장) : '수없이 많은 싸움을 치른 노련한 장수'라는 뜻으로, '세상일을 많이 겪어서 여러 가지로 능란한 사람'을 비유하여 이르는 말.
- **百折不屈**(백절불굴) : '백 번 꺾여도 굽히지 않는다'는 뜻으로, '어떠한 어려움에도 굽히지 않음'을 이르는 말.
- **步武堂堂**(보무당당) : 걸음걸이가 활발하고 당당함.
- **富國強兵**(부국강병) : 나라의 경제력을 넉넉하게 하고, 군사력(軍事力)을 튼튼하게 하는 일.
- **父傳子傳**(부전자전) : 아버지로부터 되물림된 것처럼 아들의 성격이나 습관 따위가 같거나 비슷함.
- **北窓三友**(북창삼우) : '거문고와 시(詩)와 술'을 아울러 일컫는 말(백거이의 시에서 유래).
- **非一非再**(비일비재) : 같은 종류의 현상이 한두 번이나 한둘이 아님.
- **貧者一燈**(빈자일등) : 물질이 많고 적음보다 정성(精誠)이 소중(所重)하다는 뜻.
- **事君以忠**(사군이충) : 세속오계(世俗五戒)의 하나로, '임금을 충성으로써 섬김'을 이르는 말.
- **死生決斷**(사생결단) : 죽고 사는 것을 돌보지 아니하고 끝장을 냄.
- **師弟三世**(사제삼세) : '스승과 제자와의 인연은 前世・現世・來世에 이르기까지 계속된다'는 말로, '그 관계가 매우 깊고 밀접(密接)함'을 이르는 말.

한자능력검정 4급(4II 포함)

❈ 다음 글을 읽고 한자성어(漢字成語)를 완성하세요.

	國	强	
☞ 나라의 경제력을 넉넉하게 하고, 군사력을 튼튼하게 하는 일.

| 　 | 不 | 通 | 　 |
☞ 무슨 일이든지 다 통하여 모르는 것이 없음.

| 　 | 傳 | 　 | 傳 |
☞ 아들의 성격이나 습관이 아버지에게서 물려받은 것처럼 같거나 비슷함.

| 　 | 鏡 | 水 | 　 |
☞ '마음이 고요하고 잡념이나 가식, 허욕이 없이 아주 맑고 깨끗함'을 비유하여 이르는 말.

| 　 | 一 | 再 | 　 |
☞ 같은 종류의 현상이 한두 번이나 한둘이 아님.

| 　 | 家 | 　 | 鳴 |
☞ 많은 학자·문화인 등의 논쟁, 또는 여러 사람이 서로 자기주장을 내세우는 일.

| 百 | 　 | 不 | 　 |
☞ '백 번 꺾여도 굽히지 않는다'는 뜻으로, '어떠한 어려움에도 굽히지 않음'을 이르는 말.

| 　 | 不 | 丁 | 　 |
☞ '낫 놓고 기역자도 모른다'는 뜻으로, '아주 무식함'을 이르는 말.

| 　 | 死 | 生 | 　 |
☞ 죽고 사는 것을 돌보지 아니하고 끝장을 냄.

| 　 | 一 | 十 | 　 |
☞ 한 가지를 듣고 열 가지를 미루어 앎.

| 　 | 戰 | 老 | 　 |
☞ '세상일을 많이 겪어서 여러 가지로 능란한 사람'을 비유하여 이르는 말.

| 　 | 年 | 　 | 清 |
☞ '아무리 세월이 가도 일을 해결할 희망이 없음'을 이르는 말. 하대세월(何待歲月).

| 博 | 　 | 强 | 　 |
☞ 책을 많이 읽고 기억을 잘함.

| 　 | 者 | 一 | 　 |
☞ '가난한 자가 바치는 하나의 등'이라는 뜻으로, 물질이 많고 적음보다 정성(精誠)이 소중(所重)하다는 뜻.

| 馬 | 　 | 東 | 　 |
☞ '말의 귓가를 스치는 동풍'이라는 뜻으로, '남의 말을 귀담아듣지 않고 흘려버림'을 일컫는 말.

| 　 | 面 | 生 | 　 |
☞ '한갓 글만 읽고 세상일에 경험이 없는 어두운 사람'을 이르는 말.

| 　 | 前 | 成 | 　 |
☞ 권세가 드날리거나 부자가 되어 집 앞에 찾아오는 손님들로 마치 시장을 이룬 것 같음을 이르는 말.

| 　 | 北 | 　 | 三 |
☞ '거문고와 시(詩)와 술'을 아울러 일컫는 말.

한자성어·고사성어

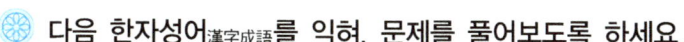

❋ 다음 한자성어漢字成語를 익혀, 문제를 풀어보도록 하세요.　　　※ 문제 ☞ 뒤쪽

- **事親以孝**(사친이효) : 세속오계(世俗五戒)의 하나로, '어버이 섬기기를 효도로써 함'을 이르는 말.

- **四通五達**(사통오달) : 이리저리 사방을 통함.

- **事必歸正**(사필귀정) : 모든 잘잘못은 반드시 바른 길로 돌아옴.

- **殺生有擇**(살생유택) : 세속오계의 하나. '살생을 하는 데에 가림이 있다'는 뜻으로, '함부로 살생을 하지 아니함'을 이르는 말.

- **殺身成仁**(살신성인) : '목숨을 버리고 어진 일을 이룬다'는 뜻으로, '절개를 지켜 목숨을 버림'을 이름.

- **三寒四溫**(삼한사온) : 겨울철에 한국 등 아시아 동부, 북부 등지에서 3일 가량 추웠다가, 다음 4일 가량은 따뜻한 날씨가 이어지는 주기적(週期的)인 기후 현상.

- **生面不知**(생면부지) : 이전에 만나 본 일이 없어 전혀 알지 못하는 사람, 또는 그런 관계.

- **生不如死**(생불여사) : '몹시 어려운 형편(形便)에 빠져 있음'을 이르는 말.

- **先公後私**(선공후사) : 공적인 일을 먼저 하고 사사로운 일을 뒤로 돌림.

- **先禮後學**(선례후학) : 먼저 예의를 익히고 나서 학문을 하라는 말로, 곧 '예의가 으뜸'임을 이르는 말.

- **說往說來**(설왕설래) : 서로 변론(辯論)을 주고받으며 옥신각신함.

- **送舊迎新**(송구영신) : 묵은해를 보내고 새해를 맞음.

- **視死如歸**(시사여귀) : '죽음을 고향에 돌아가는 것처럼 여긴다'는 뜻으로, '죽음을 조금도 두려워하지 않는다'는 말. 시사여생(視死如生)

- **是是非非**(시시비비) : 옳고 그름을 가림.

- **始終如一**(시종여일) : 처음부터 끝까지 변함없이 한결같음.

- **信賞必罰**(신상필벌) : 상벌(賞罰)을 규정(規定)대로 공정(公正)하고 엄중(嚴重)하게 하는 일.

- **身言書判**(신언서판) : '사람됨을 판단하는 네 가지 기준'을 말한 것으로, 곧 '신수(身手)와 말씨와 문필(文筆)과 판단력(判斷力)'을 일컬음.

- **實事求是**(실사구시) : 있는 그대로의 사실, 즉 실제(實際)에 입각(立脚)해서 그 일의 진상(眞相)을 찾고 구하는 것을 말함.

- **十目所視**(십목소시) : '여러 사람이 다 같이 보고 있다'는 뜻으로, '세상 사람을 아주 속일 수 없음'을 비유하여 이르는 말.

- **十常八九**(십상팔구) : '열 가운데 여덟이나 아홉이 그러하다'는 뜻으로, '거의 예외 없이 그러할 것이라는 추측'을 나타내는 말. 십중팔구(十中八九).

- **十分無疑**(십분무의) : 근거(根據)가 충분하여 조금도 의심(疑心)할 바가 없음.

- **十指不動**(십지부동) : '열 손가락을 꼼짝하지 아니한다'는 뜻으로, '게을러서 아무 일도 하지 아니함'을 비유하여 이르는 말.

- **安居危思**(안거위사) : 편안(便安)할 때에 어려움이 닥칠 것을 미리 대비(對備)하여야 함을 이르는 말.

- **安貧樂道**(안빈낙도) : 구차(苟且)하고 궁색(窮塞)하면서도 그것에 구속(拘束)되지 않고 평안(平安)하게 즐기는 마음으로 살아감, 또는 '가난에 구애(拘礙)받지 않고 도(道)를 즐김'을 일컫는 말.

- **安分知足**(안분지족) : 편안(便安)한 마음으로 제 분수(分數)를 지키며 만족(滿足)을 앎.

다음 글을 읽고 한자성어(漢字成語)를 완성하세요.

信 □ 必 □	十 □ 所 □	身 □ 仁
☞ 상벌을 규정(規定)대로 공정(公正)하고 엄중(嚴重)하게 하는 일.	☞ '세상 사람을 아주 속일 수 없음'을 비유하여 이르는 말.	☞ '목숨을 버리고 어진 일을 이룬다'는 뜻으로, '절개를 지켜 목숨을 버림'을 이름.

□ 事 □ 求	安 □ □ 足	送 □ 迎 □
☞ 있는 그대로의 사실, 즉 실제(實際)에 입각(立脚)해서 그 일의 진상(眞相)을 찾고 구하는 것을 말함.	☞ 편안(便安)한 마음으로 제 분수(分數)를 지키며 만족(滿足)을 앎.	☞ 묵은해를 보내고 새해를 맞음.

終 □ 一 □	四 □ 五 □	安 □ □ 思
☞ 처음부터 끝까지 변함없이 한결같음.	☞ 이리저리 사방을 통함.	☞ 편안(便安)할 때에 어려움이 닥칠 것을 미리 대비(對備)하여야 함.

□ 必 □ 正	死 □ 如 □	十 □ 無 □
☞ 모든 잘잘못은 반드시 바른 길로 돌아옴.	☞ '죽음을 고향에 돌아가는 것처럼 여긴다'는 뜻으로, '죽음을 조금도 두려워하지 않는다'는 말.	☞ 근거(根據)가 충분하여 조금도 의심(疑心)할 바가 없음.

安 □ □ 道	□ 不 □ 如	十 □ 不 □
☞ '가난에 구애(拘礙)받지 않고 도(道)를 즐김'을 일컫는 말.	☞ '몹시 어려운 형편(形便)에 빠져 있음'을 이르는 말.	☞ '게을러서 아무 일도 하지 아니함'을 비유하여 이르는 말.

□ 身 □ 書	先 □ 後 □	三 □ 四 □
☞ '신수(身手)와 말씨와 문필(文筆)과 판단력'을 일컬음.	☞ 공적인 일을 먼저 하고 사사로운 일을 뒤로 돌림.	☞ 3일 가량 추웠다가, 다음 4일 가량은 따뜻한 날씨가 이어지는 주기적(週期的)인 기후 현상.

한자성어·고사성어

🔹 다음 한자성어(漢字成語)를 익혀, 문제를 풀어보도록 하세요.　※ 문제 ☞ 뒤쪽

- ✪ **安心立命**(안심입명) : (불교에서) 믿음으로 마음의 평화를 얻어, 하찮은 일에 마음이 흔들리지 않는 경지를 이르는 말.

- ✪ **眼下無人**(안하무인) : '눈 아래에 사람이 없다'는 뜻으로, '방자(放恣)하고 교만(驕慢)하여 다른 사람을 업신여김'을 이르는 말.

- ✪ **愛人如己**(애인여기) : 남 사랑하기를 내 몸 사랑하는 것같이 함.

- ✪ **弱肉強食**(약육강식) : 약한 자는 강한 자에게 먹힘.

- ✪ **良藥苦口**(양약고구) : '좋은 약은 입에 쓰다'는 뜻으로, '충고(忠告)하는 말은 귀에 거슬리지만 자신(自身)에게는 이롭다'는 말.

- ✪ **言語道斷**(언어도단) : '말할 길이 막혔다'는 뜻으로, '어처구니가 없어 할 말이 없음'을 이르는 말. [원래는 불교용어로, '다할 수 없는 깊은 진리'라는 의미]

- ✪ **言中有骨**(언중유골) : '말속에 뼈가 있다'는 뜻으로, '예사(例事)로운 말 같으나 그 속에 또 다른 뜻이 들어 있음'을 이르는 말.

- ✪ **言行一致**(언행일치) : 말과 행동이 같음.

- ✪ **餘無可論**(여무가론) : 대강(大綱)이 이미 결정(決定)되어 나머지 의논(議論)할 필요가 없음.

- ✪ **與民同樂**(여민동락) : 임금이 백성과 함께 즐김.

- ✪ **如出一口**(여출일구) : 이구동성(異口同聲).

- ✪ **與他自別**(여타자별) : 남보다 사이가 유달리 가까움.

- ✪ **溫故知新**(온고지신) : 옛것을 익히고 그것을 미루어 새로운 것을 앎.

- ✪ **右往左往**(우왕좌왕) : 이리저리 왔다갔다함. 갈팡질팡함.

- ✪ **樂山樂水**(요산요수) : '지자요수, 인자요산(智者樂水, 仁者樂山)'의 준말로, '지혜(智慧) 있는 자는 사리(事理)에 통달(通達)하여 물과 같이 막힘이 없으므로 물을 좋아하고, 어진 자는 의리(義理)에 밝고 산과 같이 중후(重厚)하여 변하지 않으므로 산을 좋아한다'는 말.

- ✪ **牛耳讀經**(우이독경) : '쇠귀에 경 읽기'라는 뜻으로, '아무리 말해 봐야 소용없는 일, 또는 그처럼 무지한 사람'을 이르는 말. 우이송경(牛耳誦經). 우이탄금(牛耳彈琴).

- ✪ **危機一髮**(위기일발) : 위태로움이 몹시 절박한 순간.

- ✪ **有口無言**(유구무언) : '입은 있으나 말이 없다'는 뜻으로, '변명(辨明)이나 항변(抗辯)할 말이 없음'을 이르는 말.

- ✪ **有名無實**(유명무실) : 이름만 있고 그 실상(實相)이 없음.

- ✪ **有備無患**(유비무환) : 미리 준비(準備)해 두면 근심될 것이 없음.

- ✪ **陰德陽報**(음덕양보) : '남이 모르게 덕행을 쌓은 사람은 뒤에 그 보답을 저절로 받음'을 이르는 말.

- ✪ **異口同聲**(이구동성) : '여러 사람의 말이 한결같다'는 뜻으로, '여러 사람이 똑같음'을 이르는 말. 이구동음(異口同音).

- ✪ **以卵擊石**(이란격석) : '달걀로 바위를 친다'는 뜻으로 아주 약한 것으로 강한 것에 대항하려는 어리석음을 비유한 말. 이란투석(以卵投石).

- ✪ **以心傳心**(이심전심) : '마음으로 마음을 전한다'는 뜻으로, '말을 하지 않더라도 서로 마음이 통하여 아는 것'을 일컫는 말.

- ✪ **以熱治熱**(이열치열) : '열은 열로써 다스린다'는 뜻으로, '힘은 힘으로써 물리침'을 이르는 말.

275

다음 글을 읽고 한자성어(漢字成語)를 완성하세요.

 정답 ☞ 앞쪽 참조

溫 [ ] 知 [ ]	[ ] 下 [ ] 人	心 [ ] 心 [ ]
☞ 옛 것을 익히고 그것을 미루어 새로운 것을 앎.	☞ '방자(放恣)하고 교만하여 다른 사람을 업신여김'을 이르는 말.	☞ '마음으로 마음을 전한다'는 뜻으로, '말을 하지 않더라도 서로 마음이 통하여 아는 것'을 일컫는 말.

[ ] 耳 [ ] 經	[ ] 民同 [ ]	藥 [ ] 口 [ ]
☞ '아무리 말해봐야 소용없는 일, 또는 그처럼 무지한 사람'을 이르는 말.	☞ 임금이 백성과 함께 즐김.	☞ '충고(忠告)하는 말은 귀에 거슬리지만 자신(自身)에게는 이롭다'는 말.

[ ] 心 [ ] 命	言 [ ] 一 [ ]	有 [ ] 無 [ ]
☞ 믿음으로 마음의 평화를 얻어, 하찮은 일에 마음이 흔들리지 않는 경지를 이르는 말.	☞ 말과 행동이 같음.	☞ 미리 준비(準備)해 두면 근심될 것이 없음.

[ ] 口 [ ] 同	有 [ ] [ ] 言	[ ] 肉 [ ] 食
☞ '여러 사람의 말이 한결같다'는 뜻으로, '여러 사람이 똑같음'을 이르는 말.	☞ '변명(辨明)이나 항변(抗辯)할 말이 없음'을 이르는 말.	☞ 약(弱)한 자는 강(强)한 자에게 먹힘.

言 [ ] 道 [ ]	[ ] 德 [ ] 報	熱 [ ] 熱 [ ]
☞ '어처구니가 없어 할 말이 없음'을 이르는 말.	☞ '남이 모르게 덕행을 쌓은 사람은 뒤에 그 보답을 저절로 받음'을 이르는 말.	☞ '열은 열로써 다스린다'는 뜻으로, '힘은 힘으로써 물리침'을 이르는 말.

有 [ ] 無 [ ]	[ ] 無可 [ ]	言 [ ] 有 [ ]
☞ 이름만 있고 그 실상(實相)이 없음.	☞ 대강(大綱)이 이미 결정(決定)되어 나머지는 의논(議論)할 필요가 없음.	☞ '예사(例事)로운 말 같으나 그 속에 또 다른 뜻이 들어 있음'을 이르는 말.

한자성어 · 고사성어

다음 한자성어(漢字成語)를 익혀, 문제를 풀어보도록 하세요.

※ 문제 ☞ 뒤쪽

- **因果應報**(인과응보) : '선(善)과 악(惡)에 따라 반드시 업보(業報)가 있음'을 이르는 말.
- **利用厚生**(이용후생) : 백성이 사용하는 기구 따위를 편리하게 하고, 의식(衣食)을 풍부하게 하여 생활을 윤택하게 함.
- **引過自責**(인과자책) : 자기의 잘못을 깨닫고 스스로 자신을 꾸짖음.
- **人命在天**(인명재천) : '목숨의 길고 짧음은 하늘에 매여 있다'는 말.
- **人死留名**(인사유명) : 사람은 죽어도 그 삶이 헛되지 않도록 이름을 길이 남겨야 한다는 말.
- **仁者無敵**(인자무적) : '어진 사람은 모든 사람을 사랑하므로 적대하는 사람이 없음'을 이르는 말.
- **一刻千金**(일각천금) : 극히 짧은 시각(時刻)도 천금의 값어치가 나갈 만큼 매우 귀중함.
- **一擧兩得**(일거양득) : 한 가지 일로 두 가지 이익을 얻음. 일석이조(一石二鳥).
- **日暖風和**(일난풍화) : 날씨가 따뜻하고 바람결이 부드러움.
- **一罰百戒**(일벌백계) : 타(他)의 경각심(警覺心)을 불러일으키기 위하여 본보기로 무거운 처벌을 하는 일.
- **一石二鳥**(일석이조) : 일거양득(一擧兩得).
- **一葉知秋**(일엽지추) : '나뭇잎 하나가 떨어지는 것을 보고 가을이 온 것을 안다'는 뜻으로, '하찮은 조짐을 보고 앞으로 일어날 일을 미리 안다'는 말.
- **一衣帶水**(일의대수) : 한 줄기의 띠와 같은 작은 냇물이나 바닷물, 또는 그것을 사이에 둔 관계.
- **一牛鳴地**(일우명지) : 소 한 마리의 우는 소리가 들릴 만한 가까운 거리의 땅.

- **一日三秋**(일일삼추) : '하루가 3년처럼 길게 느껴진다'는 뜻으로, '몹시 애태우며 기다림'을 비유하여 이르는 말.
- **一長一短**(일장일단) : 장점도 있고 단점도 있음. 또는 하나의 장점과 하나의 단점.
- **一朝一夕**(일조일석) : '하루아침이나 하루 저녁'이라는 뜻으로, '아주 짧은 시일'을 이르는 말.
- **一進一退**(일진일퇴) : 한 번 나아갔다 한 번 물러섰다 하거나 좋아졌다 나빠졌다 함.
- **日就月將**(일취월장) : 나날이 발전하고 다달이 진보함.
- **一喜一悲**(일희일비) : 기쁜 일과 슬픈 일이 번갈아 일어남.
- **自強不息**(자강불식) : 스스로 힘써 쉬지 아니함.
- **自給自足**(자급자족) : 자기의 수요(需要)를 스스로 생산(生産)하여 충당(充當)함.
- **自業自得**(자업자득) : 자기가 저지른 일의 과보(果報)를 자기 자신이 받음.
- **自由自在**(자유자재) : 자기의 뜻대로 모든 것이 자유롭고 거침이 없음.
- **自畫自讚**(자화자찬) : 제 일을 스스로 자랑함.
- **張三李四**(장삼이사) : '장씨(張氏)의 삼남(三男)과 이씨(李氏)의 사남(四男)'이라는 뜻으로, '평범(平凡)한 사람'을 가리켜 이르는 말.
- **適材適所**(적재적소) : 어떤 일에 알맞은 재능(才能)을 가진 사람에게 알맞은 임무(任務)를 맡기는 일.
- **積土成山**(적토성산) : '흙이 쌓여 산을 이룬다'는 뜻으로, '작은 것을 힘써 모아서 큰 것을 이룸'을 뜻하는 말.

한자능력검정 4급(4II 포함)

❈ 다음 글을 읽고 한자성어(漢字成語)를 완성하세요.

三 □ 四
☞ '평범(平凡)한 사람'을 가리켜 이르는 말.

一 □ 得 □
☞ 한 가지 일로 두 가지 이익을 얻음.

過 □ 自 □
☞ 자기의 잘못을 깨닫고 스스로 자신을 꾸짖음.

一 □ 水
☞ 한 줄기의 띠와 같은 작은 냇물이나 바닷물, 또는 그것을 사이에 둔 관계.

□ 用 □ 生
☞ 백성이 사용하는 기구 따위를 편리하게 하고, 의식(衣食)을 풍부하게 하여 생활을 윤택하게 함.

一 □ 一 □
☞ 기쁜 일과 슬픈 일이 번갈아 일어남.

一 □ 秋
☞ '하찮은 조짐을 보고 앞으로 일어날 일을 미리 안다'는 말.

土 □ 山 □
☞ '흙이 쌓여 산을 이룬다'는 뜻으로, '작은 것을 힘써 모아서 큰 것을 이룸'을 뜻하는 말.

果 □ 報 □
☞ '선(善)과 악(惡)에 따라 반드시 업보(業報)가 있음'을 이르는 말.

人 □ 名 □
☞ 사람은 죽어도 그 삶이 헛되지 않도록 이름을 길이 남겨야 한다는 말.

一 □ 一 □
☞ 한 번 나아갔다 한 번 물러섰다 하거나 좋아졌다 나빠졌다 함.

日 □ 風 □
☞ 날씨가 따뜻하고 바람결이 부드러움.

自 □ 自 □
☞ 자기의 수요(需要)를 스스로 생산(生産)하여 충당(充當)함.

□ 者 無 □
☞ '어진 사람은 모든 사람을 사랑하므로 적대하는 사람이 없음'을 이르는 말.

自 □ 自 □
☞ 자기의 뜻대로 모든 것이 자유롭고 거침이 없음.

一 □ 金
☞ 극히 짧은 시각(時刻)도 천금의 값어치가 나갈 만큼 매우 귀중함.

日 □ 月 □
☞ 나날이 발전하고 다달이 진보함.

適 □ 適 □
☞ 어떤 일에 알맞은 재능(才能)을 가진 사람에게 알맞은 임무(任務)를 맡기는 일.

278

한자성어·고사성어

◎ 다음 한자성어(漢字成語)를 익혀, 문제를 풀어보도록 하세요.　　※ 문제 ☞ 뒤쪽

- **電光石火**(전광석화) : '번개가 치거나 부싯돌이 부딪칠 때의 번쩍이는 빛'이라는 뜻으로, '매우 짧은 시간'을 비유하여 이르는 말.

- **前無後無**(전무후무) : 전에도 없었고 앞으로도 없음.

- **正正堂堂**(정정당당) : (태도·처지·수단 따위가) 꿀림이 없이 바르고 떳떳함.

- **朝變夕改**(조변석개) : '아침저녁으로 뜯어 고친다'는 뜻으로, '계획(計劃)이나 결정(決定) 따위를 자주 뜯어고치는 것'을 이르는 말.

- **種豆得豆**(종두득두) : '콩 심은 데 콩 난다'는 뜻으로, '뿌린 대로 거두게 됨'을 이르는 말.

- **走馬看山**(주마간산) : '말을 달리면서 산을 본다'는 말로, '바빠서 자세히 보지 못하고 건성으로 지나침'을 뜻하는 말. 수박 겉핥기.

- **竹馬故友**(죽마고우) : '죽마(竹馬)를 타고 놀던 벗'이라는 뜻으로, 곧 '어릴 때 같이 놀던 친한 친구(親舊)'를 이르는 말.

- **衆口難防**(중구난방) : '뭇사람의 말을 이루 다 막기는 어렵다'는 뜻으로, '의견이 모아지지 않고 저마다의 소견을 펼치기만 하는 상황'을 이르는 말.

- **千慮一失**(천려일실) : 여러 번 생각하여 신중하고 조심스럽게 한 일에도 때로는 한 가지 실수가 있음.

- **千篇一律**(천편일률) : '여러 시문(詩文)의 글귀가 모두 비슷비슷하다'는 뜻으로, '사물이 모두 한결같아서 변화가 없음'을 비유하여 이르는 말.

- **草綠同色**(초록동색) : '풀빛과 녹색은 같다'는 뜻으로, '이름은 달라도 성질이나 내용은 같다', 또는 '어울려 같이 지내는 것들은 모두 같은 성격의 무리'라는 뜻으로 쓰이는 말.

- **初志不變**(초지불변) : 처음에 먹은 마음이 끝까지 변하지 않음.

- **寸鐵殺人**(촌철살인) : '조그만 쇠붙이로 사람을 죽인다'는 뜻으로, '간단한 말로도 사람의 약점을 찌르거나 듣는 사람을 감동(感動)시킬 수 있음'을 이르는 말.

- **忠言逆耳**(충언역이) : 충고(忠告)하는 말은 귀에 거슬림. 충언역어이(忠言逆於耳).

- **出將入相**(출장입상) : 전시(戰時)에는 싸움터에 나가서 장군(將軍)이 되고 평시(平時)에는 재상(宰相)이 되어 정치를 함.

- **秋風落葉**(추풍낙엽) : '가을바람에 떨어지는 나뭇잎'이라는 뜻으로, '어떤 형세(形勢)나 세력(勢力)이 갑자기 기울어지거나 단번에 헤어져 흩어짐'을 비유하여 이르는 말.

- **卓上空論**(탁상공론) : '탁자(卓子) 위에서만 펼치는 헛된 이론(理論)'이라는 뜻으로, '실현성이 없는 허황(虛荒)된 이론'을 일컫는 말.

- **八方美人**(팔방미인) : '어느 모로 보아도 아름다운 미인'이라는 뜻으로, '여러 방면의 일에 능통한 사람'을 가리키는 말.

- **閑話休題**(한화휴제) : '쓸데없는 이야기는 그만둔다'는 뜻으로, 어떤 내용을 써 내려갈 때 한동안 다른 내용으로 쓰다가 다시 본론(本論)으로 돌아갈 때 쓰는 말.

- **向陽花木**(향양화목) : '볕을 받은 꽃나무'라는 뜻으로, '입신출세하기 쉬운 사람'을 이르는 말.

- **虛氣平心**(허기평심) : 기(氣)를 가라앉히고 마음을 고요히 함.

- **虛名虛實**(허명허실) : 헛된 이름만 있고 실상이 없음.

- **虛虛實實**(허허실실) : '허실(虛實)의 계책을 써서 싸운다'는 뜻으로, '서로 계략이나 기량을 다하여 적의 실을 피하고 허를 틈타 싸움'을 이르는 말.

279

한자능력검정 4급(4II 포함)

정답 ☞ 앞쪽 참조

※ 다음 글을 읽고 한자성어(漢字成語)를 완성하세요.

口 　 防
☞ '의견이 모아지지 않고 저마다의 소견을 펼치기만 하는 상황'을 이르는 말.

上 　 空
☞ '실현성이 없는 허황(虛荒)된 이론'을 일컫는 말.

馬 　 山
☞ '바빠서 자세히 보지 못하고 건성으로 지나침'을 뜻하는 말.

寸 　 人
☞ '간단한 말로도 사람의 약점을 찌르거나 듣는 사람을 감동(感動)시킬 수 있음'을 이르는 말.

朝 　 夕
☞ '아침저녁으로 뜯어 고친다'는 뜻으로, '계획이나 결정 따위를 자주 뜯어고치는 것'을 이르는 말.

出 　 入
☞ 전시(戰時)에는 싸움터에 나가서 장군(將軍)이 되고 평시(平時)에는 재상(宰相)이 되어 정치를 함.

千 　 一
☞ 여러 번 생각하여 신중하고 조심스럽게 한 일에도 때로는 한 가지 실수가 있음.

氣 　 心
☞ 기(氣)를 가라앉히고 마음을 고요히 함.

光 　 火
☞ '매우 짧은 시간'을 비유하여 이르는 말.

馬 　 友
☞ '어릴 때 같이 놀던 친한 친구(親舊)'를 이르는 말.

話 　 休
☞ 어떤 내용을 써 내려갈 때 한동안 다른 내용으로 쓰다가 다시 본론(本論)으로 돌아갈 때 쓰는 말.

草 　 同
☞ '어울려 같이 지내는 것들은 모두 같은 성격의 무리'라는 뜻으로 쓰이는 말.

豆 　 豆
☞ '콩 심은 데 콩 난다'는 뜻으로, '뿌린 대로 거두게 됨'을 이르는 말.

風 　 葉
☞ '어떤 형세(形勢)나 세력이 갑자기 기울어지거나 단번에 헤어져 흩어짐'을 비유하여 이르는 말.

初 　 不
☞ 처음에 먹은 마음이 끝까지 변하지 않음.

八 　 人
☞ '여러 방면의 일에 능통한 사람'을 가리키는 말.

言 　 耳
☞ 충고(忠告)하는 말은 귀에 거슬린다.

千 　 一
☞ '사물이 모두 한결같아서 변화가 없음'을 비유하여 이르는 말.

한자성어 · 고사성어

◈ 다음 한자성어(漢字成語)를 익혀, 문제를 풀어보도록 하세요. ※ 문제 ☞ 뒤쪽

- **風前燈火**(풍전등화) : 바람 앞에 켠 등불처럼 매우 위급한 경우에 놓여 있음을 가리키는 말.

- **下學上達**(하학상달) : 낮고 쉬운 것을 배워 깊고 어려운 이치를 깨달음.

- **虛張聲勢**(허장성세) : 실속이 없으면서 허세(虛勢)만 떠벌림.

- **花容月態**(화용월태) : '꽃다운 얼굴과 달 같은 자태'라는 뜻으로, '아름다운 여인'을 이르는 말.

- **花朝月夕**(화조월석) : ① '꽃피는 아침과 달 밝은 밤'이라는 뜻으로, 곧 '경치가 좋은 시절'을 이르는 말. ② '음력 2월 보름(花朝)과 8월 보름(月夕)'을 이르는 말.

- **會者定離**(회자정리) : 만나는 것은 반드시 헤어진다는 말.

- **興盡悲來**(흥진비래) : '즐거운 일이 다하면 슬픔이 온다'는 뜻으로, '흥망(興亡)과 성쇠(盛衰)가 엇바뀜'을 일컫는 말.

- **喜喜樂樂**(희희낙락) : 매우 기뻐하고 즐거워함.

◈ 다음 빈칸에 알맞은 한자를 써넣어 한자성어(漢字成語)를 완성하세요. 🗒 정답 ☞ 뒤쪽 하단

1. [ ]傳子傳	2. [ ]盡甘來	3. [ ]草報恩	4. [ ]風良俗
5. 不問可[ ]	6. 燈下不[ ]	7. 文房四[ ]	8. 說往說[ ]
9. 生不如[ ]	10. 樂山樂[ ]	11. 先禮後[ ]	12. [ ]者定離
13. 落花[ ]水	14. 山戰[ ]戰	15. 不[ ]曲直	16. 馬[ ]東風
17. 殺[ ]成仁	18. 先[ ]後私	19. [ ]前燈火	20. [ ]必歸正
21. 門前成[ ]	22. [ ]言逆耳	23. [ ]光石火	24. 寸[ ]殺人
25. 甘言[ ]說	26. 鷄卵[ ]骨	27. [ ]山流水	28. 起死[ ]生
29. 大[ ]小異	30. 百年河[ ]	31. 北[ ]三友	32. [ ]賞必罰

🗒 뒤쪽 문제 정답

1. 苦 2. 一 3. 無 4. 工 5. 止 6. 强 7. 傳 8. 知 9. 識 10. 難 11. 生 12. 馬
13. 事 14. 口 15. 年 16. 耳 17. 口 18. 害 19. 下 20. 危, 利 21. 中 22. 行 23. 功
24. 安 25. 成 26. 古 27. 前 28. 以 29. 夕 30. 知 31. 聲 32. 月

한자능력검정 4급(4II 포함)

❋ 다음 글을 읽고 한자성어漢字成語를 완성하세요.   🔹 정답 ☞ 앞쪽 참조

花		月	
☞ '꽃다운 얼굴과 달 같은 자태'라는 뜻으로, '아름다운 여인'을 이르는 말.

| 盡 | | 來 | |
☞ '즐거운 일이 다하면 슬픔이 온다'는 뜻으로, '흥망과 성쇠(盛衰)가 엇바뀜'을 일컫는 말.

| 下 | | 上 | |
☞ 낮고 쉬운 것을 배워 깊고 어려운 이치를 깨달음.

| | 者 | 定 | |
☞ 만나는 것은 반드시 헤어진다는 말.

| | 前 | 火 | |
☞ 바람 앞에 켠 등불처럼 매우 위급한 경우에 놓여 있음을 가리키는 말.

| 花 | | 月 | |
☞ '경치가 좋은 시절'을 이르는 말.

❋ 다음 빈칸에 알맞은 한자를 써넣어 한자성어漢字成語를 완성하세요.   🔹 정답 ☞ 앞쪽 하단

```
1. 良藥[   ]口      2. 九牛[   ]毛     3. 公平[   ]私     4. 士農[   ]商
5. 明鏡[   ]水      6. 弱肉[   ]食     7. 以心[   ]心     8. 聞一[   ]十
9. 目不[   ]丁     10. 難兄[   ]弟    11. 適者[   ]存    12. 走[   ]看山
13. 實[   ]求是    14. 衆[   ]難防    15. 百[   ]大計    16. 牛[   ]讀經
17. 有[   ]無言    18. 百[   ]無益    19. 眼[   ]無人    20. 見[   ]思義
21. 言[   ]有骨    22. 言[   ]一致    23. 論[   ]行賞    24. [   ]居危思
25. 積土[   ]山    26. [   ]今東西    27. [   ]無後無    28. [   ]熱治熱
29. 朝變[   ]改    30. 溫故[   ]新    31. 異口同[   ]    32. 日就[   ]將
```

🔹 앞쪽 문제 정답

```
1. 父   2. 苦   3. 結   4. 美   5. 知   6. 明   7. 友   8. 來   9. 死   10. 水   11. 學   12. 會
13. 流  14. 水  15. 問  16. 耳  17. 身  18. 公  19. 風  20. 事  21. 市  22. 忠  23. 電  24. 鐵
25. 利  26. 有  27. 高, 靑  28. 回  29. 同  30. 淸  31. 窓  32. 信
```

282

평가문제
평가문제란 본문학습을 응용하여 엮은 출제·예상문제입니다.

학습방법
✔ 평가문제는 본문학습[① ~ ②], [③ ~ ④], [⑤ ~ ⑥]…을 묶어서 엮은 것이므로, 제시된 범위를 충분히 익힌 후에 문제를 풀어보면 학습에 도움이 될 것입니다.
✔ 4급(1,000자)에 대한 종합적인 평가는 본 교재에 제시된 평가문제만으로는 부족한 감이 없지 않으므로, 별도로 기출·예상문제집을 풀이해 보는 것이 확실한 자기평가가 될 것입니다.

정답확인
정답은 부록(39쪽 ~ 53쪽)에 있습니다.

평가문제 1~2

01 다음 漢字語의 讀音을 쓰세요.

1 錄音 [   ]   2 暗香 [   ]
3 平易 [   ]   4 佛畫 [   ]
5 郵送 [   ]   6 豫備 [   ]
7 血壓 [   ]   8 射擊 [   ]
9 喜怒 [   ] 10 保障 [   ]

02 다음 漢字의 訓과 音을 쓰세요.

11 容 [   ] 12 健 [   ]
13 票 [   ] 14 經 [   ]
15 眼 [   ] 16 裝 [   ]

03 다음 訓과 音에 알맞은 漢字를 쓰시오.

17 고울 선 [   ] 18 기록할 기 [   ]
19 군사 군 [   ] 20 들을 문 [   ]

04 다음 漢字語 중에서 앞 글자가 長音으로 소리나는 것을 가려 그 번호를 쓰시오.

21 [   ] : ①金屬 ②筋力 ③劇團 ④見聞
22 [   ] : ①改良 ②極限 ③歸着 ④根本

05 다음 四字成語의 빈칸에 들어갈 알맞은 漢字를 쓰시오.

23 甘 [   ] 利說   24 高山 [   ] 水
25 身 [   ] 書判   26 [   ] 前絶後

06 다음 漢字語와 反對 또는 相對되는 漢字語를 漢字로 쓰시오.

27 輕減 ↔ [   ]   28 下山 ↔ [   ]

07 다음 漢字語의 類義語를 漢字로 쓰시오.

29 畫家 - [   ]   30 去處 - [   ]

08 다음 漢字의 反對字를 보기에서 찾아 쓰시오.

| 보기 |
| 白 離 迎 實 難 果 容 明 |

31 因 ↔ [   ]   32 [   ] ↔ 暗
33 送 ↔ [   ]   34 [   ] ↔ 易

09 다음 漢字의 類義字를 보기에서 찾아 쓰시오.

| 보기 |
| 居 實 大 宅 圖 下 康 算 |

35 健 - [   ]   36 [   ] - 畫
37 巨 - [   ]   38 [   ] - 住

10 다음 漢字의 略字를 쓰시오.

39 豫 - [   ]   40 畫 - [   ]

11 다음 밑줄 친 낱말을 漢字로 쓰시오.

41 그의 연구 발표에 <u>신선</u>한 충격을 받았다.
.... [   ]

42 이번 전시회는 불교에 관한 것을 <u>제재</u>로 한 작품이 많다. .... [   ]

43 서류 발급을 위한 <u>수수료</u>가 너무 비싸다.
.... [   ]

44 자동차 <u>사고</u>가 줄어들지 않고 있다.
.... [   ]

한자능력검정 **4급**(**4**Ⅱ 포함)

3 ~ 4

01 다음 漢字語의 讀音을 쓰세요.

1 進退 [   ]   2 脫落 [   ]
3 誤解 [   ]   4 松林 [   ]
5 至極 [   ]   6 困難 [   ]
7 防犯 [   ]   8 請約 [   ]
9 花柳 [   ]   10 疲勞 [   ]

02 다음 漢字의 訓과 音을 쓰세요.

11 黨 [   ]   12 級 [   ]
13 差 [   ]   14 罪 [   ]
15 細 [   ]   16 支 [   ]

03 다음 訓과 音에 알맞은 漢字를 쓰시오.

17 병사 병 [   ]   18 줄   선 [   ]
19 급할 급 [   ]   20 요긴할 요 [   ]

04 다음 漢字語 중에서 앞 글자가 長音으로 소리나는 것을 가려 그 번호를 쓰시오.

21 [   ] : ①支局 ②治定 ③險談 ④安定
22 [   ] : ①松風 ②送金 ③登校 ④婦德

05 다음 四字成語의 빈칸에 들어갈 알맞은 漢字를 쓰시오.

23 權不十[   ]   24 博覽[   ]記
25 [   ]生決斷   26 草綠同[   ]

06 다음 漢字語와 反對 또는 相對되는 漢字語를 漢字로 쓰시오.

27 冬至 ↔ [   ]   28 陰地 ↔ [   ]

07 다음 漢字의 反對字를 보기에서 찾아 쓰시오.

|보기|
堂 用 勞 當 易 前 退 着

29 進 ↔ [   ]   30 [   ] ↔ 落
31 難 ↔ [   ]   32 [   ] ↔ 使

08 다음 漢字의 類義字를 漢字로 쓰시오.

33 共 - [   ]   34 [   ] - 路

09 다음 漢字의 略字를 쓰시오.

35 勞 - [   ]   36 黨 - [   ]

10 다음 밑줄 친 낱말을 漢字로 쓰시오.

37 해마다 매출이 증가하고 있다.
   .... [   ]

38 모두들 성품이 좋아서 불화나 마찰 같은 일은 없었다. .... [   ]

39 경제와 국방의 안정은 우리의 절실한 과제다.
   .... [   ]

40 세금 혜택은 특정 지역에서만 적용되었다.
   .... [   ]

11 다음 중 □ 안에 들어갈 알맞은 漢字를 고르시오.

41 구조에 필요한 장비를 □給하였습니다.
   ①志   ②知   ③至   ④支

평가문제 5~6

01 다음 漢字語의 讀音을 쓰세요.

1 觀測 [   ]   2 危險 [   ]
3 豫買 [   ]   4 間或 [   ]
5 離婚 [   ]   6 呼稱 [   ]
7 招待 [   ]   8 興趣 [   ]
9 探査 [   ]   10 省墓 [   ]

02 다음 漢字의 訓과 音을 쓰시오.

11 保 [   ]   12 想 [   ]
13 域 [   ]   14 量 [   ]
15 祭 [   ]   16 陸 [   ]
17 脫 [   ]   18 險 [   ]

03 다음 漢字語 중에서 앞 글자가 長音으로 소리나는 것을 가려 그 번호를 쓰시오.

19 [   ] : ①眼目 ②來週 ③公用 ④寄與
20 [   ] : ①登落 ②難聽 ③與黨 ④記者

04 다음 四字成語의 빈칸에 들어갈 알맞은 漢字를 쓰시오.

21 [   ] 物生心   22 八方 [   ] 人
23 信 [   ] 必罰   24 大 [   ] 小異

05 다음 漢字語의 反對 또는 相對되는 2音節 漢字語를 漢字로 쓰시오.

25 低調 ↔ [   ]   26 有名 ↔ [   ]

06 다음 漢字의 略字를 쓰시오.

27 對 - [   ]   28 稱 - [   ]

07 다음 漢字의 反對字를 漢字로 쓰시오.

29 離 ↔ [   ]   30 賣 ↔ [   ]
31 興 ↔ [   ]   32 [   ] ↔ 危

08 다음 漢字의 類義字를 |보기|에서 찾아 쓰시오.

|보기|
好 讚 呼 相 念

33 稱 - [   ]   34 想 - [   ]

09 다음 밑줄 친 낱말을 漢字로 쓰시오.

35 갑작스런 <u>대설</u>로 교통이 끊겼다.
　　........................ [   ]

36 그가 소유한 <u>물품</u>을 모두 정리하였다.
　　........................ [   ]

37 세계 일주 <u>여행</u>을 계획하다.
　　........................ [   ]

38 한식날에 조상의 <u>산소</u>를 찾아 성묘를 하였다.
　　........................ [   ]

39 비행기는 <u>착륙</u>에 성공하였다.
　　........................ [   ]

10 다음 중 □ 안에 들어갈 알맞은 漢字를 고르시오.

40 전시장에는 많은 招□人士들이 있었다.
　　①代　②廳　③請　④靑

41 그분은 初□總長을 지내셨다.
　　①對　②代　③請　④淸

287

7~8

01 다음 漢字語의 讀音을 쓰세요.

1 早速 [   ]   2 破鏡 [   ]
3 孤雲 [   ]   4 回避 [   ]
5 任員 [   ]   6 批判 [   ]
7 約婚 [   ]   8 群賢 [   ]
9 防彈 [   ]   10 細密 [   ]

02 다음 漢字의 訓과 音을 쓰시오.

11 儒 [   ]   12 筆 [   ]
13 評 [   ]   14 職 [   ]
15 難 [   ]   16 結 [   ]
17 眼 [   ]   18 退 [   ]
19 期 [   ]   20 定 [   ]

03 다음 漢字語 중에서 앞 글자가 長音으로 소리나는 것을 가려 그 번호를 쓰시오.

21 [   ] : ① 行列 ② 訪問 ③ 學期 ④ 通路
22 [   ] : ① 設置 ② 玉體 ③ 淨化 ④ 利益

04 다음 四字成語의 빈칸에 들어갈 알맞은 漢字를 쓰시오.

23 經國濟 [   ]   24 自 [   ] 自得
25 [   ] 必歸正   26 走 [   ] 看山

05 다음 漢字의 反對字를 |보기|에서 찾아 쓰시오.

|보기|
身 月 情 攻 貿 難 守 暗

27 明 ↔ [   ]   28 [   ] ↔ 防
29 心 ↔ [   ]   30 [   ] ↔ 易

06 다음 漢字語의 反對 또는 相對되는 2音節 漢字語를 漢字로 쓰시오.

31 非番 ↔ [   ]   32 東洋 ↔ [   ]

07 다음 漢字의 類義字를 漢字로 쓰시오.

33 孤 - [   ]   34 [   ] - 訓

08 다음 漢字의 略字를 쓰시오.

35 獨 - [   ]   36 價 - [   ]

09 다음 밑줄 친 낱말을 漢字로 쓰시오.

37 에디슨은 인간의 문명 생활에 이바지한 사람이다. .... [   ]
38 남모르게 덕행을 쌓은 사람은 뒤에 그 보답을 저절로 받게 된다. ...... [   ]
39 자유에는 책임이 따른다.
.... [   ]
40 여러 학술 단체의 활동이 활발하다.
.... [   ]
41 그는 학식도 밝았고 사리에도 밝았다.
.... [   ]

10 다음 중 □ 안에 들어갈 알맞은 漢字를 고르시오.

42 뜻밖의 □難에 대비하다.
   ① 在   ② 材   ③ 災   ④ 再

43 避□民들의 행렬.
   ① 亂   ② 暖   ③ 勞   ④ 卵

평가문제 9~10

01 다음 漢字語의 讀音을 쓰세요.

1 蟲齒 [   ]   2 連續 [   ]
3 歸省 [   ]   4 範圍 [   ]
5 往復 [   ]   6 虛榮 [   ]
7 謝恩 [   ]   8 厚待 [   ]
9 肉聲 [   ]   10 展覽 [   ]

02 다음 漢字의 訓과 音을 쓰시오.

11 遊 [   ]   12 博 [   ]
13 周 [   ]   14 華 [   ]
15 眼 [   ]   16 包 [   ]
17 過 [   ]   18 任 [   ]
19 結 [   ]   20 骨 [   ]

03 다음 漢字語 중에서 앞 글자가 長音으로 소리나는 것을 가려 그 번호를 쓰시오.

21 [   ] : ① 母親 ② 接受 ③ 非理 ④ 草綠
22 [   ] : ① 幕間 ② 慶祝 ③ 登山 ④ 來韓

04 다음 四字成語의 빈칸에 들어갈 알맞은 漢字를 쓰시오.

23 [   ] 變夕改   24 溫故知 [   ]
25 虛張 [   ] 勢   26 百年 [   ] 淸

05 다음 漢字의 反對字를 보기에서 찾아 쓰시오.

| 보기 |
| 住　來　冷　過　怨　水 |

27 溫 ↔ [   ]   28 往 ↔ [   ]
29 恩 ↔ [   ]   30 功 ↔ [   ]

06 다음 漢字語의 反對 또는 相對되는 2音節 漢字語를 漢字로 쓰시오.

31 死後 ↔ [   ]   32 危險 ↔ [   ]

07 다음 漢字의 類義字를 漢字로 쓰시오.

33 連 - [   ]   34 [   ] - 惠

08 다음 漢字의 略字를 쓰시오.

35 續 - [   ]   36 歸 - [   ]

09 다음 밑줄 친 낱말을 漢字로 쓰시오.

37 어두운 곳에서 책을 보면 <u>시력</u>이 나빠진다.
　　　　　　　　　　　　　　[   ]

38 기술 인력을 <u>육성</u>하기로 하였다.
　　　　　　　　　　　　　　[   ]

39 방학 동안에 친구들과 <u>서신</u>을 주고받았다.
　　　　　　　　　　　　　　[   ]

40 지금 우리나라 대통령의 <u>임기</u>는 5년이다.
　　　　　　　　　　　　　　[   ]

10 다음 중 □ 안에 들어갈 알맞은 漢字를 고르시오.

41 여행길에 여러 □勝地를 돌아보았다.
　　① 名　　② 明　　③ 命　　④ 遊

42 國政 □査를 실시하다.
　　① 感　　② 監　　③ 儉　　④ 助

11 ~ 12

01 다음 漢字語의 讀音을 쓰세요.

1 實施 [   ]   2 權勢 [   ]
3 電源 [   ]   4 怨恨 [   ]
5 出張 [   ]   6 次例 [   ]
7 寶庫 [   ]   8 愛好 [   ]
9 靜肅 [   ]   10 序列 [   ]

02 다음 漢字의 訓과 音을 쓰시오.

11 望 [   ]   12 感 [   ]
13 根 [   ]   14 期 [   ]
15 席 [   ]   16 優 [   ]
17 病 [   ]   18 意 [   ]
19 主 [   ]   20 學 [   ]

03 다음 漢字語 중에서 앞 글자가 長音으로 소리나는 것을 가려 그 번호를 쓰시오.

21 [   ] : ① 納入 ② 高麗 ③ 否認 ④ 山寺
22 [   ] : ① 想起 ② 成敗 ③ 時計 ④ 完製

04 다음 四字成語의 빈칸에 들어갈 알맞은 漢字를 쓰시오.

23 起 [   ] 回生 24 寸 [   ] 殺人
25 [   ] 朝月夕 26 生不如 [   ]

05 다음 漢字의 反對字를 보기에서 찾아 쓰시오.

| 보기 |
| 靜 罪 輕 惡 客 罰 |

27 主 ↔ [   ]   28 動 ↔ [   ]
29 賞 ↔ [   ]   30 好 ↔ [   ]

06 다음 漢字語의 反對 또는 相對되는 2音節 漢字語를 漢字로 쓰시오.

31 生食 ↔ [   ]   32 就業 ↔ [   ]

07 다음 漢字語와 소리는 같으나 뜻이 다른 同音異義語를 漢字로 쓰시오.

33 再考 - [   ]   34 電源 - [   ]

08 다음 漢字의 類義字를 漢字로 쓰시오.

35 [   ] - 聲   36 [   ] - 本

09 다음 漢字의 略字를 쓰시오.

37 寶 - [   ]   38 實 - [   ]

10 다음 밑줄 친 낱말을 漢字로 쓰시오.

39 환경 보호 운동이 활발하게 <u>전개</u>되고 있다.
   .... [   ]

40 전교 회장 선거에 <u>출마</u>를 결심하였다.
   .... [   ]

41 모두들 <u>친절</u>과 봉사로 손님을 대한다.
   .... [   ]

42 복받치는 <u>감정</u>을 억누르다.
   .... [   ]

43 각 팀들 간의 <u>경쟁</u>이 뜨겁게 펼쳐졌다.
   .... [   ]

44 씨름대회에서 황소를 <u>상품</u>으로 받았다.
   .... [   ]

평가문제 13~14

01 다음 漢字語의 讀音을 쓰세요.

1 警察 [　　　]　　2 鑛脈 [　　　]
3 帳設 [　　　]　　4 産卵 [　　　]
5 辯論 [　　　]　　6 伏兵 [　　　]
7 田穀 [　　　]　　8 餘暇 [　　　]
9 回復 [　　　]　　10 模樣 [　　　]

02 다음 漢字의 訓과 音을 쓰시오.

11 育 [　　　]　　12 休 [　　　]
13 均 [　　　]　　14 病 [　　　]
15 布 [　　　]　　16 記 [　　　]

03 다음 訓과 音에 알맞은 漢字를 쓰시오.

17 쉴 휴 [　　　]　　18 생각할 고 [　　　]
19 법 식 [　　　]　　20 목숨 명 [　　　]

04 다음 漢字語 중에서 앞 글자가 長音으로 소리나는 것을 가려 그 번호를 쓰시오.

21 [　　　] : ①法治 ②彈力 ③室外 ④心情
22 [　　　] : ①洗禮 ②成形 ③危害 ④雲集

05 다음 四字成語의 빈칸에 들어갈 알맞은 漢字를 쓰시오.

23 驚天 [　　　] 地　24 怒發 [　　　] 發
25 [　　　] 上空論　26 安居危 [　　　]

06 다음 漢字語의 反對 또는 相對되는 2音節 漢字語를 漢字로 쓰시오.

27 先代 ↔ [　　　]　　28 部分 ↔ [　　　]

07 다음 漢字의 反對字를 漢字로 쓰시오.

29 黑 ↔ [　　　]　　30 [　　　] ↔ 配

08 다음 漢字의 類義字를 漢字로 쓰시오.

31 聽 - [　　　]　　32 [　　　] - 留

09 다음 漢字의 略字를 쓰시오.

33 觀 - [　　　]　　34 變 - [　　　]

10 다음 밑줄 친 낱말을 漢字로 쓰시오.

35 같은 <u>종류</u>끼리 나누어 보세요.
　　‥‥‥‥‥‥‥‥‥‥‥ [　　　]

36 옛날에는 양가죽이나 쇠가죽을 종이 <u>대신</u> 썼습니다. ‥‥‥‥‥‥‥‥ [　　　]

37 사회 <u>공공</u>의 질서를 유지하다.
　　‥‥‥‥‥‥‥‥‥‥‥ [　　　]

38 세계 <u>경기</u>가 회복되어 수출이 늘고 있다.
　　‥‥‥‥‥‥‥‥‥‥‥ [　　　]

39 그 일은 <u>당사자</u>끼리 해결하세요.
　　‥‥‥‥‥‥‥‥‥‥‥ [　　　]

11 다음 중 □ 안에 들어갈 알맞은 漢字를 고르시오.

40 예술 작품이나 □築物의 독특한 표현 양식.
　　①健　　②件　　③貯　　④建

41 多角形에서, 한 변이나 한 각과 마주 대하고 있는 변을 對□이라고 한다.
　　①邊　　②變　　③辯　　④便

한자능력검정 **4**급(4Ⅱ 포함)

15 ~ 16

01 다음 漢字語의 讀音을 쓰세요.

1 隊列 [   ]   2 雜誌 [   ]
3 兩邊 [   ]   4 粉乳 [   ]
5 構圖 [   ]   6 分擔 [   ]
7 武勇 [   ]   8 拒否 [   ]
9 從屬 [   ]   10 激務 [   ]

02 다음 漢字의 訓과 音을 쓰시오.

11 想 [   ]   12 筆 [   ]
13 裝 [   ]   14 逆 [   ]
15 步 [   ]   16 絶 [   ]

03 다음 訓과 音에 알맞은 漢字를 쓰시오.

17 지날 과 [   ]   18 떼 부 [   ]
19 느낄 감 [   ]   20 옷 복 [   ]

04 다음 漢字語 중에서 앞 글자가 長音으로 소리나는 것을 가려 그 번호를 쓰시오.

21 [   ] : ①批評 ②熱戰 ③舌戰 ④王命
22 [   ] : ①優秀 ②所信 ③提燈 ④自制

05 다음 四字成語의 빈칸에 공통으로 들어갈 알맞은 한자를 쓰시오.(같은 한자가 들어감)

23 [   ]山[   ]水   24 [   ]長[   ]短
25 [   ]發[   ]中   26 [   ]由[   ]在

06 다음 漢字語의 反對 또는 相對되는 2음절 漢字語를 漢字로 쓰시오.

27 感情 ↔ [   ]   28 普通 ↔ [   ]

07 다음 漢字의 反對字를 漢字로 쓰시오.

29 成 ↔ [   ]   30 [   ] ↔ 武
31 虛 ↔ [   ]   32 [   ] ↔ 負

08 다음 漢字의 類義字를 漢字로 쓰시오.

33 巨 - [   ]   34 [   ] - 誤

09 다음 漢字의 略字를 쓰시오.

35 擔 - [   ]   36 邊 - [   ]

10 다음 밑줄 친 낱말을 漢字로 쓰시오.

37 이번 계획은 <u>실현</u> 가능성이 높다.
　　　　　　　　　[   ]
38 자신의 잘못된 <u>언동</u>에 대해 반성을 하였다.
　　　　　　　　　[   ]
39 선거를 통해 국민의 <u>의사</u>를 묻는다.
　　　　　　　　　[   ]
40 학보 발행 <u>부수</u>를 늘리기로 하였다.
　　　　　　　　　[   ]
41 개미들은 <u>집단</u>을 이루어 산다.
　　　　　　　　　[   ]
42 오늘 우리 가게는 <u>정기</u> 휴일이다.
　　　　　　　　　[   ]

11 다음 중 □ 안에 들어갈 알맞은 漢字를 고르시오.

43 그는 지혜와 용맹을 겸비한 武□이다.
　　①壯　　②長　　③將　　④裝

평가문제 17 ~ 18

01 다음 漢字語의 讀音을 쓰세요.

1 轉向 [　　] 2 朗報 [　　]
3 戒律 [　　] 4 監房 [　　]
5 暴落 [　　] 6 妨害 [　　]
7 候鳥 [　　] 8 斷絶 [　　]
9 引受 [　　] 10 與否 [　　]

02 다음 漢字의 訓과 音을 쓰시오.

11 煖 [　　] 12 難 [　　]
13 參 [　　] 14 妙 [　　]
15 警 [　　] 16 嚴 [　　]
17 報 [　　] 18 擧 [　　]

03 다음 訓과 音에 알맞은 漢字를 쓰시오.

19 길할 길 [　　] 20 줄 급 [　　]
21 사귈 교 [　　] 22 공평할 공 [　　]

04 다음 漢字語 중에서 앞 글자가 長音으로 소리나는 것을 가려 그 번호를 쓰시오.

23 [　　] : ①停會 ②完走 ③營業 ④航路
24 [　　] : ①長音 ②溫度 ③定價 ④年末

05 다음 四字成語의 빈칸에 들어갈 알맞은 漢字를 쓰시오.

25 安分 [　　] 足 26 人死留 [　　]
27 一日三 [　　]   28 近朱者 [　　]

06 다음 漢字의 類義字를 漢字로 쓰시오.

29 道 - [　　] 30 [　　] - 與

07 다음 漢字語의 反對 또는 相對되는 2音節 漢字語를 漢字로 쓰시오.

31 內容 ↔ [　　] 32 送信 ↔ [　　]
33 前方 ↔ [　　] 34 無能 ↔ [　　]

08 다음 漢字의 反對字를 漢字로 쓰시오.

35 新 ↔ [　　] 36 利 ↔ [　　]

09 다음 漢字의 略字를 쓰시오.

37 轉 - [　　] 38 與 - [　　]

10 다음 밑줄 친 낱말을 漢字로 쓰시오.

39 삼국시대 때 백제는 일본과 <u>교류</u>가 있었습니다. ･･････････ [　　]

40 하는 일에 비하여 <u>부당</u>한 대우를 받았다. ･･････････ [　　]

41 그의 <u>행동거지</u>는 수상하게 보였다. ･･････････ [　　]

11 다음 중 □ 안에 들어갈 알맞은 漢字를 고르시오.

42 마음과 행실을 바르게 닦아 수양하는 것을 □身이라고 한다.
 ①修 ②受 ③手 ④水

43 지구는 태양의 둘레를 도는 □轉運動을 한다.
 ①空 ②公 ③工 ④子

293

19 ~ 20

01 다음 漢字語의 讀音을 쓰세요.

1 採鑛 [   ] 2 迎接 [   ]
3 憤痛 [   ] 4 統治 [   ]
5 引導 [   ] 6 條約 [   ]
7 底邊 [   ] 8 申請 [   ]
9 演劇 [   ] 10 罰則 [   ]

02 다음 漢字의 訓과 音을 쓰시오.

11 鐵 [   ] 12 歡 [   ]
13 難 [   ] 14 怒 [   ]
15 唱 [   ] 16 激 [   ]
17 層 [   ] 18 處 [   ]

03 다음 訓과 音에 알맞은 漢字를 쓰시오.

19 물건 건 [   ] 20 합할 합 [   ]
21 쓸   용 [   ] 22 다스릴 리 [   ]

04 다음 漢字語 중에서 앞 글자가 長音으로 소리나는 것을 가려 그 번호를 쓰시오.

23 [   ] : ① 白髮 ② 物證 ③ 無職 ④ 費用
24 [   ] : ① 異常 ② 牧童 ③ 黨首 ④ 圖面

05 다음 四字成語의 빈칸에 들어갈 알맞은 漢字를 쓰시오.

25 張三 [   ] 四 26 [   ] 折不屈
27 [   ] 不識丁 28 秋風 [   ] 葉

06 다음 漢字의 類義字를 漢字로 쓰시오.

29 申 - [   ] 30 [   ] - 則

07 다음 漢字語의 反對 또는 相對되는 2音節 漢字語를 漢字로 쓰시오.

31 歡送 ↔ [   ] 32 低音 ↔ [   ]

08 다음 漢字의 反對字를 漢字로 쓰시오.

33 陸 ↔ [   ] 34 [   ] ↔ 罰

09 다음 漢字의 略字를 漢字로 쓰시오.

35 鐵 - [   ] 36 處 - [   ]

10 다음 밑줄 친 낱말을 漢字로 쓰시오.

37 남북이 통일하여 <u>자주적</u>인 민주주의 국가를 이룩하여야 한다. ……… [   ]

38 인터넷으로 민원서류 <u>발급</u>을 신청하다.
   ………………………………… [   ]

39 특히 환절기에 <u>유행</u>하는 독감을 주의!
   ………………………………… [   ]

40 지하철을 타면 <u>연세</u>가 드신 분들께 자리를 양보합니다. ………………… [   ]

41 그는 학식이 깊고 <u>성품</u>이 호탕하다.
   ………………………………… [   ]

11 다음 중 □ 안에 들어갈 알맞은 漢字를 고르시오.

42 사치 風□를 몰아내야 한다.
   ① 朝   ② 調   ③ 速   ④ 潮

43 萬病□治藥
   ① 洞   ② 養   ③ 通   ④ 統

평가문제 21~22

01 다음 漢字語의 讀音을 쓰세요.

1 銃傷 [   ]   2 砲彈 [   ]
3 資格 [   ]   4 養齒 [   ]
5 證據 [   ]   6 質疑 [   ]
7 憲章 [   ]   8 配置 [   ]
9 稱讚 [   ]   10 歸鄕 [   ]

02 다음 漢字의 訓과 音을 쓰시오.

11 擊 [   ]   12 痛 [   ]
13 裝 [   ]   14 依 [   ]
15 設 [   ]   16 源 [   ]
17 絶 [   ]   18 點 [   ]
19 辭 [   ]   20 壓 [   ]

03 다음 訓과 音에 알맞은 漢字를 쓰시오.

21 마을 촌 [   ]   22 다를 타 [   ]
23 책상 안 [   ]   24 해 년 [   ]

04 다음 漢字語 중에서 앞 글자가 長音으로 소리나는 것을 가려 그 번호를 쓰시오.

25 [   ] : ① 石器 ② 壓印 ③ 減點 ④ 熱戰
26 [   ] : ① 食費 ② 洋藥 ③ 良藥 ④ 順次

05 다음 漢字語의 反對 또는 相對되는 2音節 漢字語를 漢字로 쓰시오.

27 動機 ↔ [   ]   28 遠洋 ↔ [   ]

06 다음 漢字의 略字를 쓰시오.

29 寫 - [   ]   30 點 - [   ]

07 다음 四字成語의 빈칸에 들어갈 알맞은 漢字를 쓰시오.

31 [   ] 前燈火   32 眼 [   ] 無人
33 出將入 [   ]   34 骨肉 [   ] 殘

08 다음 漢字의 反對字를 漢字로 쓰시오.

35 [   ] ↔ 鄕   36 [   ] ↔ 配

09 다음 漢字의 類義字를 漢字로 쓰시오.

37 心 - [   ]   38 [   ] - 歲

10 다음 밑줄 친 낱말을 漢字로 쓰시오.

39 그것은 근본 원칙에 어긋나는 행위이다.
   .... [   ]

40 대회 규정에 따라 약물 복용을 금합니다.
   .... [   ]

41 명절 때마다 고향을 방문합니다.
   .... [   ]

42 회의에서 여러 안건을 토의하였다.
   .... [   ]

11 다음 중 □ 안에 들어갈 알맞은 漢字를 고르시오.

43 훌륭한 人才를 適□適所에 배치하다.
   ① 在   ② 材   ③ 再   ④ 財

44 정말인가 하고 半□半疑하는 상태였다.
   ① 身   ② 神   ③ 新   ④ 信

한자능력검정 **4**급(**4**Ⅱ 포함)

23~24

01 다음 漢字語의 讀音을 쓰세요.

1 常識 [   ]   2 看護 [   ]
3 危急 [   ]   4 辭表 [   ]
5 混亂 [   ]   6 珍貴 [   ]
7 朱黃 [   ]   8 細胞 [   ]
9 侵略 [   ]   10 官舍 [   ]

02 다음 漢字의 訓과 音을 쓰시오.

11 法 [   ]   12 退 [   ]
13 備 [   ]   14 固 [   ]
15 印 [   ]   16 異 [   ]
17 破 [   ]   18 奇 [   ]

03 다음 訓과 音에 알맞은 漢字를 쓰시오.

19 편안 안 [   ]   20 법 식 [   ]
21 맡길 임 [   ]   22 물건 품 [   ]

04 다음 漢字語 중에서 앞 글자가 長音으로 소리나는 것을 가려 그 번호를 쓰시오.

23 [   ] : ①福券 ②寶石 ③完勝 ④完敗
24 [   ] : ①不良 ②社交 ③示威 ④詩集

05 다음 四字成語의 빈칸에 들어갈 알맞은 漢字를 쓰시오.

25 結 [   ] 報恩   26 多多益 [   ]
27 好衣好 [   ]   28 燈下不 [   ]

06 다음 漢字의 類義字를 漢字로 쓰시오.

29 [   ] - 虛   30 [   ] - 紅

07 다음 漢字語의 反對 또는 相對되는 2音節 漢字語를 漢字로 쓰시오.

31 略式 ↔ [   ]   32 先天 ↔ [   ]

08 다음 漢字의 反對字를 |보기|에서 찾아 쓰시오.

|보기|
安　使　班　異　退　民

33 官 ↔ [   ]   34 [   ] ↔ 危
35 進 ↔ [   ]   36 [   ] ↔ 常

09 다음 漢字의 略字를 쓰시오.

37 區 - [   ]   38 舊 - [   ]

10 다음 밑줄 친 낱말을 漢字로 쓰시오.

39 복잡한 절차를 <u>생략</u>한 간단한 방식.
　　　　　　　　　　[   ]
40 그는 감성보다는 <u>이성</u>을 강조하였다.
　　　　　　　　　　[   ]
41 자세한 <u>내력</u>을 글로 써서 남겼다.
　　　　　　　　　　[   ]

11 다음 중 □ 안에 들어갈 알맞은 漢字를 고르시오.

42 □急藥과 비상식량.
　①救　②求　③球　④具

43 어려운 □況에 직면한 친구를 돕다.
　①相　②狀　③賞　④想

296

평가문제 25~26

01 다음 漢字語의 讀音을 쓰세요.

1 調律 [   ]   2 拍車 [   ]
3 裝彈 [   ]   4 詩歌 [   ]
5 標識 [   ]   6 季叔 [   ]
7 減量 [   ]   8 初步 [   ]
9 域境 [   ]   10 毒殺 [   ]

02 다음 漢字의 訓과 音을 쓰시오.

11 變 [   ]   12 指 [   ]
13 進 [   ]   14 逆 [   ]
15 增 [   ]   16 轉 [   ]
17 想 [   ]   18 節 [   ]

03 다음 訓과 音에 알맞은 漢字를 쓰시오.

19 흐를 류 [   ]   20 느낄 감 [   ]
21 장사 상 [   ]   22 사라질 소 [   ]

04 다음 漢字語 중에서 앞 글자가 長音으로 소리나는 것을 가려 그 번호를 쓰시오.

23 [   ] : ① 舍宅 ② 賞金 ③ 擧手 ④ 雪害
24 [   ] : ① 信任 ② 聲帶 ③ 安保 ④ 嚴父

05 다음 四字成語의 빈칸에 들어갈 알맞은 漢字를 쓰시오.

25 孤 [   ] 無援   26 實 [   ] 求是
27 獨不將   28 竹 [   ] 故友

06 다음 漢字의 略字를 쓰시오.

29 變 - [   ]   30 氣 - [   ]

07 다음 漢字語의 反對 또는 相對되는 2音節 漢字語를 漢字로 쓰시오.

31 登校 ↔ [   ]   32 冬季 ↔ [   ]
33 別居 ↔ [   ]   34 進步 ↔ [   ]

08 다음 漢字의 反對字를 보기에서 찾아 쓰시오.

| 보기 |
| 身　他　眞　逆　減　黑 |

35 加 ↔ [   ]   36 自 ↔ [   ]
37 順 ↔ [   ]   38 增 ↔ [   ]

09 다음 漢字의 類義字를 보기에서 찾아 쓰시오.

| 보기 |
| 增　植　面　直　曾 |

39 正 - [   ]   40 [   ] - 加

10 다음 밑줄 친 낱말을 漢字로 쓰시오.

41 농사에 알맞은 <u>시기</u>에 비가 내려 주었다.
.... [   ]

42 약국에는 각종 <u>약품</u>이 진열되어 있었다.
.... [   ]

43 한복을 입고 우리 <u>고유</u>의 멋을 자랑하였다.
.... [   ]

44 표준 <u>중량</u>을 4kg이나 초과하였다.
.... [   ]

45 새 교과서 <u>표지</u>를 예쁘게 포장하였다.
.... [   ]

27~28

01 다음 漢字語의 讀音을 쓰세요.

1 談判 [　　　]　2 戶籍 [　　　]
3 取得 [　　　]　4 空港 [　　　]
5 燈油 [　　　]　6 繼走 [　　　]
7 砲擊 [　　　]　8 綠陰 [　　　]
9 積極 [　　　]　10 精華 [　　　]

02 다음 漢字의 訓과 音을 쓰시오.

11 爭 [　　　]　12 德 [　　　]
13 總 [　　　]　14 害 [　　　]
15 甲 [　　　]　16 電 [　　　]

03 다음 訓과 音에 알맞은 漢字를 쓰시오.

17 눈　목 [　　]　18 다를　별 [　　]
19 낯　면 [　　]　20 사라질　소 [　　]

04 다음 漢字語 중에서 앞 글자가 長音으로 소리나는 것을 가려 그 번호를 쓰시오.

21 [　　　] : ①平均 ②健在 ③行事 ④行使
22 [　　　] : ①投球 ②體感 ③體操 ④案內

05 다음 四字成語의 빈칸에 들어갈 알맞은 漢字를 쓰시오.

23 安貧 [　　] 道　24 燈火可 [　　]
25 江 [　　] 煙波　26 北 [　　] 三友

06 다음 漢字語의 反對 또는 相對되는 2音節 漢字語를 漢字로 쓰시오.

27 養母 ↔ [　　　]　28 卒年 ↔ [　　　]

07 다음 漢字의 反對字를 漢字로 쓰시오.

29 陰 ↔ [　　　]　30 得 ↔ [　　　]

08 다음 漢字의 類義字를 보기에서 찾아 쓰시오.

|보기|
線　繼　打　斷　功

31 [　　　] - 續　32 [　　　] - 擊

09 다음 漢字의 略字를 쓰시오.

33 傳 - [　　　]　34 數 - [　　　]

10 다음 밑줄 친 낱말을 漢字로 쓰시오.

35 전통 문화를 계승하다.
　　　　　　　　[　　　]
36 사고 현장에 구조대원이 도착했다.
　　　　　　　　[　　　]
37 집안 사정으로 조퇴를 하였다.
　　　　　　　　[　　　]
38 동생과 함께 축구 경기를 관전하였다.
　　　　　　　　[　　　]
39 우유팩을 재생하여 화장지를 만든다.
　　　　　　　　[　　　]

11 다음 중 □ 안에 들어갈 알맞은 漢字를 고르시오.

40 암에 特□藥이 개발되다.
　①效　②孝　③別　④進

평가문제

29~30

01 다음 漢字語의 讀音을 쓰세요.

1 討伐 [   ]   2 恨歎 [   ]
3 階層 [   ]   4 復屬 [   ]
5 飛龍 [   ]   6 警鐘 [   ]
7 羅列 [   ]   8 冷帶 [   ]
9 妙案 [   ]   10 反映 [   ]

02 다음 漢字의 訓과 音을 쓰시오.

11 針 [   ]   12 宮 [   ]
13 連 [   ]   14 列 [   ]
15 餘 [   ]   16 技 [   ]

03 다음 訓과 音에 알맞은 漢字를 쓰시오.

17 옷 복 [   ]   18 칠 타 [   ]
19 등급 급 [   ]   20 푸를 청 [   ]

04 다음 漢字語 중에서 앞 글자가 長音으로 소리나는 것을 가려 그 번호를 쓰시오.

21 [   ] : ①檢査 ②政治 ③絶壁 ④參與
22 [   ] : ①禮訪 ②仁兄 ③自主 ④暗算

05 다음 四字成語의 빈칸에 들어갈 알맞은 漢字를 쓰시오.

23 [   ] 房四友   24 殺身成 [   ]
25 會者 [   ] 離   26 敢不 [   ] 心

06 다음 漢字語의 反對 또는 相對되는 2음절 漢字語를 漢字로 쓰시오.

27 依他 ↔ [   ]   28 口頭 ↔ [   ]

07 다음 漢字의 反對字를 漢字로 쓰시오.

29 新 ↔ [   ]   30 [   ] ↔ 冷

08 다음 漢字의 類義字를 보기에서 찾아 쓰시오.

| 보기 |
| 運 增 段 層 連 |

31 階 - [   ]   32 [   ] - 續

09 다음 漢字의 略字를 쓰시오.

33 寫 - [   ]   34 龍 - [   ]

10 다음 밑줄 친 낱말을 漢字로 쓰시오.

35 새해 아침에 <u>한반도</u>의 평화를 기원하다.
　　　　　　　　　　　　[   ]

36 지도에는 축척과 <u>방위</u>가 표시되어 있다.
　　　　　　　　　　　　[   ]

37 지금 막 페인트를 칠했으니 <u>주의</u>하세요.
　　　　　　　　　　　　[   ]

38 막대한 <u>병력</u>을 전투에 투입하다.
　　　　　　　　　　　　[   ]

39 뒤바뀐 <u>순서</u>를 바로잡다.
　　　　　　　　　　　　[   ]

11 다음 중 □ 안에 들어갈 알맞은 漢字를 고르시오.

40 시계는 時針과 □針 그리고 秒초針이 있다.
　①憤　　②粉　　③分　　④字

한자능력검정 **4**급(4II 포함)

31~32

01 다음 漢字語의 讀音을 쓰세요.

1 舌戰 [   ]   2 眞價 [   ]
3 異端 [   ]   4 切斷 [   ]
5 乳齒 [   ]   6 環境 [   ]
7 希求 [   ]   8 宣布 [   ]
9 威儀 [   ]   10 背景 [   ]

02 다음 漢字의 訓과 音을 쓰시오.

11 性 [   ]   12 典 [   ]
13 寫 [   ]   14 授 [   ]

03 다음 訓과 音에 알맞은 漢字를 쓰시오.

15 뒤 후 [   ]   16 고할 고 [   ]
17 꽃 화 [   ]   18 믿을 신 [   ]

04 다음 漢字語 중에서 앞 글자가 長音으로 소리나는 것을 가려 그 번호를 쓰시오.

19 [   ] : ① 土器 ② 警告 ③ 提示 ④ 長銃
20 [   ] : ① 卓上 ② 鐵材 ③ 移轉 ④ 演技

05 다음 四字成語의 빈칸에 들어갈 알맞은 漢字를 쓰시오.

21 [   ]者無齒 22 門前成[   ]
23 孤立[   ]援 24 [   ]盡甘來

06 다음 漢字語의 反對 또는 相對되는 2音節 漢字語를 漢字로 쓰시오.

25 逆行 ↔ [   ]   26 惡心 ↔ [   ]
27 背景 ↔ [   ]   28 異姓 ↔ [   ]

07 다음 漢字의 反對字를 보기에서 찾아 쓰시오.

|보기|
間   得   眞   受   閑

29 授 ↔ [   ]   30 [   ] ↔ 假

08 다음 漢字의 類義字를 보기에서 찾아 쓰시오.

|보기|
望   鮮   繼   願   斷

31 希 - [   ]   32 [   ] - 絶

09 다음 漢字의 略字를 쓰시오.

33 價 - [   ]   34 獨 - [   ]

10 다음 밑줄 친 낱말을 漢字로 쓰시오.

35 생물체의 발생과 멸종에 대한 여러 <u>학설</u>이 발표되었다. .... [   ]

36 온난화 현상으로 <u>지표면</u>의 온도가 상승하고 있다. .... [   ]

37 그 책은 독자들에게 많은 <u>공감</u>을 불러일으켰다. .... [   ]

11 다음 중 □ 안에 들어갈 알맞은 漢字를 고르시오.

38 □常은 서로 상대되는 한자로, '양반과 평민'을 아울러 이르는 말이다.

① 半   ② 反   ③ 班   ④ 兩

평가문제 33~34

01 다음 漢字語의 讀音을 쓰세요.

1 試圖 [　　　]　2 降伏 [　　　]
3 指稱 [　　　]　4 模範 [　　　]
5 適當 [　　　]　6 豊滿 [　　　]
7 淸潔 [　　　]　8 複製 [　　　]
9 納得 [　　　]　10 聽取 [　　　]

02 다음 漢字의 訓과 音을 쓰시오.

11 造 [　　　]　12 壓 [　　　]
13 切 [　　　]　14 試 [　　　]
15 導 [　　　]　16 雜 [　　　]

03 다음 訓과 音에 알맞은 漢字를 쓰시오.

17 익힐 습 [　　　]　18 무리 등 [　　　]
19 볼 시 [　　　]　20 줄 선 [　　　]

04 다음 漢字語 중에서 앞 글자가 長音으로 소리나는 것을 가려 그 번호를 쓰시오.

21 [　　　] : ①情熱 ②禮意 ③不可 ④硏究
22 [　　　] : ①天性 ②常用 ③文筆 ④係長

05 다음 四字成語의 빈칸에 들어갈 알맞은 漢字를 쓰시오.

23 見 [　　] 思義　24 百年 [　　] 淸
25 貧者 [　　] 燈　26 安心立 [　　]

06 다음 漢字語의 反對 또는 相對되는 2音節 漢字語를 漢字로 쓰시오.

27 他意 ↔ [　　　]　28 實質 ↔ [　　　]

07 다음 漢字의 反對字를 |보기|에서 찾아 쓰시오.

|보기|
伏　復　白　座　複　合

29 單 ↔ [　　　]　30 離 ↔ [　　　]
31 起 ↔ [　　　]　32 黑 ↔ [　　　]

08 다음 漢字의 類義字를 漢字로 쓰시오.

33 聽 - [　　　]　34 [　　　] - 慮

09 다음 漢字의 略字를 쓰시오.

35 圖 - [　　　]　36 爭 - [　　　]

10 다음 밑줄 친 낱말을 漢字로 쓰시오.

37 과학 기술이 나날이 발전하고 있다.
　　　　　　　　　　[　　　]

38 이번 주말부터 한 주일 동안 휴가이다.
　　　　　　　　　　[　　　]

39 한 사람의 고귀한 생명을 구하였다.
　　　　　　　　　　[　　　]

11 다음 중 □ 안에 들어갈 알맞은 漢字를 고르시오.

40 국회의원 후보자의 遊□가 한창이다.
　①勢　②說　③稅　④世

41 놀라운 기술 □新이 일어나고 있다.
　①開　②舊　③革　④力

한자능력검정 **4**급(**4**Ⅱ 포함)

35 ~ 36

01 다음 漢字語의 讀音을 쓰세요.

1 系列 [　　　]　　2 深遠 [　　　]
3 藝術 [　　　]　　4 虛弱 [　　　]
5 蓄財 [　　　]　　6 掃除 [　　　]
7 承認 [　　　]　　8 鷄舍 [　　　]
9 移轉 [　　　]　　10 運營 [　　　]

02 다음 漢字의 訓과 音을 쓰시오.

11 勢 [　　　]　　12 繼 [　　　]
13 積 [　　　]　　14 能 [　　　]
15 統 [　　　]　　16 經 [　　　]

03 다음 訓과 音에 알맞은 漢字를 쓰시오.

17 기를 양 [　　　]　18 장인 공 [　　　]
19 쌓을 저 [　　　]　20 살　 주 [　　　]

04 다음 漢字語 중에서 앞 글자가 長音으로 소리나는 것을 가려 그 번호를 쓰시오.

21 [　　　] : ①末期 ②豫習 ③失意 ④洋樂
22 [　　　] : ①圖章 ②水性 ③困難 ④言約

05 다음 四字成語의 빈칸에 들어갈 알맞은 漢字를 쓰시오.

23 見危授 [　　　]　24 束 [　　　] 西答
25 大驚 [　　　] 色　26 百家 [　　　] 鳴

06 다음 漢字語의 反對 또는 相對되는 2音節 漢字語를 漢字로 쓰시오.

27 正午 ↔ [　　　]　28 弱化 ↔ [　　　]

07 다음 漢字의 反對字를 漢字로 쓰시오.

29 遠 ↔ [　　　]　30 [　　　] ↔ 夜

08 다음 漢字의 類義字를 漢字로 쓰시오.

31 舍 – [　　　]　32 [　　　] – 蓄

09 다음 漢字의 略字를 쓰시오.

33 當 – [　　　]　34 體 – [　　　]

10 다음 밑줄 친 낱말을 漢字로 쓰시오.

35 영예의 대상은 노력의 <u>산물</u>이다.
　　·················· [　　　]
36 실험을 하기 위한 <u>재료</u>를 준비하다.
　　·················· [　　　]
37 어렵고 힘든 생활의 <u>실상</u>이 공개되다.
　　·················· [　　　]
38 그는 백성을 괴롭혀서 <u>재물</u>을 긁어모으는 갈퀴였다. ·················· [　　　]
39 자신의 범죄에 대해서 <u>자백</u>하였다.
　　·················· [　　　]

11 다음 중 □ 안에 들어갈 알맞은 漢字를 고르시오.

40 敎科□元
　①段　②團　③單　④斷
41 예부터 우리 조상들은 言行一□를 강조해 왔습니다.
　①致　②治　③置　④値

평가문제 37~38

01 다음 漢字語의 讀音을 쓰세요.

1 布施 [   ]   2 閑散 [   ]
3 嚴肅 [   ]   4 權限 [   ]
5 留保 [   ]   6 適應 [   ]
7 依舊 [   ]   8 攻玉 [   ]
9 範例 [   ]   10 寄與 [   ]

02 다음 漢字의 訓과 音을 쓰시오.

11 談 [   ]   12 暇 [   ]
13 支 [   ]   14 試 [   ]
15 座 [   ]   16 存 [   ]

03 다음 訓과 音에 알맞은 漢字를 쓰시오.

17 그럴 연 [   ]   18 다를 별 [   ]
19 보일 시 [   ]   20 맡길 임 [   ]

04 다음 四字成語의 빈칸에 들어갈 알맞은 漢字를 쓰시오.

21 說 [   ] 說來   22 [   ] 光石火
23 如出一 [   ]   24 忠言逆 [   ]

05 다음 漢字語의 反對 또는 相對되는 2音節 漢字語를 漢字로 쓰시오.

25 空想 ↔ [   ]   26 年少 ↔ [   ]

06 다음 漢字語의 類義語를 쓰시오.

27 眞實 - [   ]   28 出席 - [   ]

07 다음 漢字의 反對字를 漢字로 쓰시오.

29 主 ↔ [   ]   30 [   ] ↔ 散

08 다음 漢字語 중에서 앞 글자가 長音으로 소리나는 것을 가려 그 번호를 쓰시오.

31 [   ] : ①呼氣 ②斷食 ③太極 ④直說
32 [   ] : ①應援 ②筆順 ③層數 ④傳來

09 다음 漢字의 類義字를 漢字로 쓰시오.

33 存 - [   ]   34 [   ] - 規

10 다음 漢字의 略字를 쓰시오.

35 舊 - [   ]   36 應 - [   ]

11 다음 밑줄 친 낱말을 漢字로 쓰시오.

37 방학을 맞이하여 다채로운 <u>행사</u>를 마련하다.
　　　　　　　　　　　　　　[   ]
38 한자능력검정시험 합격자를 <u>발표</u>하다.
　　　　　　　　　　　　　[   ]
39 세계 최고라고 <u>공식적</u>으로 인정하였다.
　　　　　　　　[   ]
40 모두들 다수의 <u>결정</u>에 따르기로 하였다.
　　　　　　　　　[   ]

12 다음 중 □ 안에 들어갈 알맞은 漢字를 고르시오.

41 너희들의 □體를 밝혀라!
　①精　　②情　　③定　　④正
42 깊은 산 속 계곡 길은 그야말로 九□羊腸 이었다.
　①節　　②絶　　③折　　④切

한자능력검정 **4**급(4II 포함)

39 ~ 40

01 다음 漢字語의 讀音을 쓰세요.

1 骨折 [   ]   2 議論 [   ]
3 採擇 [   ]   4 聖堂 [   ]
5 官府 [   ]   6 絲柳 [   ]
7 製品 [   ]   8 復興 [   ]
9 綠豆 [   ]   10 華麗 [   ]

02 다음 漢字의 訓과 音을 쓰시오.

11 選 [   ]   12 提 [   ]
13 政 [   ]   14 鐵 [   ]
15 案 [   ]   16 乳 [   ]

03 다음 訓과 音에 알맞은 漢字를 쓰시오.

17 지을 작 [   ]   18 클 태 [   ]
19 반 반 [   ]   20 빛 광 [   ]

04 다음 漢字語 중에서 앞 글자가 長音으로 소리나는 것을 가려 그 번호를 쓰시오.

21 [   ] : ①赤字 ②爭議 ③遺言 ④義士
22 [   ] : ①到處 ②邑長 ③雄志 ④料理

05 다음 漢字語의 反對 또는 相對되는 2音節 漢字語를 漢字로 쓰시오.

23 退場 ↔ [   ]   24 座席 ↔ [   ]

06 다음 四字成語의 빈칸에 들어갈 알맞은 漢字를 쓰시오.

25 [   ]慮一失   26 衆 [   ] 難防
27 [   ]慮一得   28 興盡悲 [   ]

07 다음 漢字의 反對字를 漢字로 쓰시오.

29 興 ↔ [   ]   30 [   ] ↔ 低

08 다음 漢字의 類義字를 漢字로 쓰시오.

31 製 – [   ]   32 選 – [   ]

09 다음 漢字의 略字를 쓰시오.

33 鐵 – [   ]   34 對 – [   ]

10 다음 밑줄 친 낱말을 漢字로 쓰시오.

35 배역에 알맞은 후보자를 <u>물색</u>하다.
　　　　　　　　　　　　　[   ]
36 국회의 <u>입법</u> 과정을 학습하다.
　　　　　　　　　　　　　[   ]
37 출퇴근 시간에 <u>교통</u>이 혼잡하다.
　　　　　　　　　　　　　[   ]
38 여러 번 반복하다 보니 <u>요령</u>이 생겼다.
　　　　　　　　　　　　　[   ]
39 정말 나쁜 <u>의도</u>로 그런 것은 아니었다.
　　　　　　　　　　　　　[   ]

11 다음 중 □ 안에 들어갈 알맞은 漢字를 고르시오.

40 通商協□을 위해 각 나라의 대표들이 한자리에 모였다.
　①相　　②商　　③常　　④狀

41 오늘의 □議案件을 발표하겠습니다.
　①回　　②正　　③討　　④村

평가문제 41~42

01 다음 漢字語의 讀音을 쓰세요.

1 創造 [   ]   2 祕密 [   ]
3 接種 [   ]   4 缺禮 [   ]
5 悲鳴 [   ]   6 求職 [   ]
7 存續 [   ]   8 脫毛 [   ]
9 雄姿 [   ]   10 處置 [   ]

02 다음 漢字의 訓과 音을 쓰시오.

11 製 [   ]   12 受 [   ]
13 布 [   ]   14 點 [   ]
15 勢 [   ]   16 保 [   ]

03 다음 訓과 音에 알맞은 漢字를 쓰시오.

17 귀   이 [   ]   18 귀신   신 [   ]
19 글   서 [   ]   20 요긴할 요 [   ]

04 다음 漢字語 중에서 앞 글자가 長音으로 소리나는 것을 가려 그 번호를 쓰시오.

21 [   ] : ①直面 ②停會 ③姿態 ④實效
22 [   ] : ①動産 ②列車 ③熱演 ④成形

05 다음 漢字語의 反對 또는 相對되는 2音節 漢字語를 漢字로 쓰시오.

23 有能 ↔ [   ]   24 缺席 ↔ [   ]

06 다음 漢字의 反對字를 漢字로 쓰시오.

25 存 ↔ [   ]   26 [   ] ↔ 凶

07 다음 漢字의 類義字를 漢字로 쓰시오.

27 心 - [   ]   28 [   ] - 髮

08 다음 四字成語의 빈칸에 들어갈 알맞은 漢字를 쓰시오.

29 [   ]事求是 30 寸 [   ] 殺人
31 牛耳 [   ] 經 32 自 [   ] 自讚

09 다음 漢字의 略字를 쓰시오.

33 團 - [   ]   34 擧 - [   ]

10 다음 밑줄 친 낱말을 漢字로 쓰시오.

35 초면에 실례가 많았습니다.
   .... [   ]
36 원운동을 하는 물체가 중심에서 멀어지려는
   힘을 원심력이라고 한다. ‥ [   ]
37 기업체마다 신제품 광고가 다양하다.
   .... [   ]
38 서로 간의 신용을 믿고 구두로 약속하였다.
   .... [   ]
39 국내 시장을 완전 개방하기로 결정하다.
   .... [   ]

11 다음 중 □ 안에 들어갈 알맞은 漢字를 고르시오.

40 모두 명령에 따라 一絲不□하게 움직였다.
   ①暖   ②卯   ③難   ④亂
41 아시아 國家元□들의 정상 회담이 열린다.
   ①首   ②收   ③手   ④守

305

한자능력검정 **4**급(**4**Ⅱ 포함)

43 ~ 44

01 다음 漢字語의 讀音을 쓰세요.

1 興味 [   ]   2 銅印 [   ]
3 財貨 [   ]   4 流配 [   ]
5 兩論 [   ]   6 寢牀 [   ]
7 寺院 [   ]   8 管理 [   ]
9 消息 [   ]   10 就航 [   ]

02 다음 漢字의 訓과 音을 쓰시오.

11 鏡 [   ]   12 保 [   ]
13 休 [   ]   14 製 [   ]
15 冊 [   ]   16 意 [   ]

03 다음 訓과 音에 알맞은 漢字를 쓰시오.

17 다를 별 [   ]   18 나눌 분 [   ]
19 통할 통 [   ]   20 주인 주 [   ]

04 다음 漢字語 중에서 앞 글자가 長音으로 소리나는 것을 가려 그 번호를 쓰시오.

21 [   ] : ①手續 ②貧富 ③名譽 ④等數
22 [   ] : ①生計 ②獎學 ③盜用 ④德談

05 다음 四字成語의 빈칸에 들어갈 알맞은 漢字를 쓰시오.

23 [   ] 死一生 24 [   ] 篇一律
25 [   ] 就月將 26 轉禍爲 [   ]

06 다음 漢字語의 反對 또는 相對되는 2音節 漢字語를 漢字로 쓰시오.

27 操心 ↔ [   ]   28 卒業 ↔ [   ]

07 다음 漢字의 反對字를 漢字로 쓰시오.

29 本 ↔ [   ]   30 成 ↔ [   ]

08 다음 漢字의 類義字를 漢字로 쓰시오.

31 趣 - [   ]   32 [   ] - 屋

09 다음 漢字의 略字를 쓰시오.

33 參 - [   ]   34 發 - [   ]

10 다음 밑줄 친 낱말을 漢字로 쓰시오.

35 본인이 서명하고 도장을 찍어야 한다.
   ……………………… [   ]
36 자신의 목적을 달성하다.
   ……………………… [   ]
37 전화 통화는 용건만 간단히!
   ……………………… [   ]
38 풍족하던 어장이 오염되어 어획량이 줄어 들고 있다. ……………… [   ]
39 좀 더 좋은 전망을 위해 높은 곳으로 올라 갔다. ………………………… [   ]

11 다음 중 □ 안에 들어갈 알맞은 漢字를 고르시오.

40 자신의 권리를 主□하다.
   ①將   ②張   ③場   ④長
41 중간고사 成□表를 받았다.
   ①積   ②的   ③籍   ④績

평가문제 45~46

01 다음 漢字語의 讀音을 쓰세요.

1 考證 [　　] 2 專攻 [　　]
3 殘留 [　　] 4 密閉 [　　]
5 帝位 [　　] 6 着眼 [　　]
7 儒林 [　　] 8 守護 [　　]
9 筋骨 [　　] 10 變更 [　　]

02 다음 漢字의 訓과 音을 쓰시오.

11 餘 [　　] 12 擊 [　　]
13 據 [　　] 14 鐵 [　　]
15 固 [　　] 16 球 [　　]

03 다음 訓과 音에 알맞은 漢字를 쓰시오.

17 밝을 명 [　　] 18 새 신 [　　]
19 눈 목 [　　] 20 가르칠 교 [　　]

04 다음 漢字語 중에서 앞 글자가 長音으로 소리나는 것을 가려 그 번호를 쓰시오.

21 [　　] : ①冷房 ②論語 ③納品 ④起點
22 [　　] : ①多年 ②來歷 ③落花 ④在學

05 다음 四字成語의 빈칸에 들어갈 알맞은 漢字를 쓰시오.

23 一 [　　] 帶水 24 一刻 [　　] 金
25 難兄難 [　　] 26 [　　] 耳東風

06 다음 漢字語의 反對 또는 相對되는 2音節 漢字語를 漢字로 쓰시오.

27 副業 ↔ [　　] 28 祕密 ↔ [　　]

07 다음 漢字語의 類義語를 漢字로 쓰시오.

29 人心 - [　　] 30 解說 - [　　]

08 다음 漢字의 反對字를 漢字로 쓰시오.

31 [　　] ↔ 暗 32 [　　] ↔ 閉

09 다음 漢字의 類義字를 漢字로 쓰시오.

33 眼 - [　　] 34 帝 - [　　]

10 다음 漢字의 略字를 쓰시오.

35 變 - [　　] 36 勞 - [　　]

11 다음 밑줄 친 낱말을 漢字로 쓰시오.

37 대화를 할 때에는 <u>상대편</u>의 입장을 고려하여 말을 하여야 한다. …… [　　]

38 비록 짧은 <u>기간</u> 동안 준비하였지만 실수 없이 잘 마무리하였다. …… [　　]

39 한자어는 한자문화권의 <u>공통어</u> 구실을 한다.
　…………………………………………… [　　]

12 다음 중 □ 안에 들어갈 알맞은 漢字를 고르시오.

40 식물은 同□作用을 할 때, 산소를 내놓고 탄산가스를 빨아들인다.
　①貨　②和　③化　④花

41 민요는 우리 겨레의 마음과 생활 속에서 움트고 자라온 소중한 □産이다.
　①由　②留　③有　④遺

307

한자능력검정 **4**급(**4**Ⅱ 포함)

47 ~ 48

01 다음 漢字語의 讀音을 쓰세요.

1 快樂 [   ] 2 將次 [   ]
3 師範 [   ] 4 政略 [   ]
5 弱骨 [   ] 6 貧富 [   ]
7 檢査 [   ] 8 全篇 [   ]
9 候蟲 [   ] 10 警備 [   ]

02 다음 漢字의 訓과 音을 쓰시오.

11 輕 [   ] 12 報 [   ]
13 査 [   ] 14 範 [   ]
15 略 [   ] 16 治 [   ]

03 다음 訓과 音에 알맞은 漢字를 쓰시오.

17 판 국 [   ] 18 귀할 귀 [   ]
19 재주 기 [   ] 20 고할 고 [   ]

04 다음 漢字語 중에서 앞 글자가 長音으로 소리나는 것을 가려 그 번호를 쓰시오.

21 [   ] : ①藥果 ②例示 ③夕陽 ④複合
22 [   ] : ①心術 ②席上 ③貯金 ④名畫

05 다음 四字成語의 빈칸에 들어갈 알맞은 漢字를 쓰시오.

23 九 [   ] 一毛 24 奇想 [   ] 外
25 難攻不 [   ] 26 視 [   ] 如歸

06 다음 漢字語의 反對 또는 相對되는 2음절 漢字語를 漢字로 쓰시오.

27 不運 ↔ [   ] 28 以內 ↔ [   ]

07 다음 漢字의 反對字를 漢字로 쓰시오.

29 問 ↔ [   ] 30 [   ] ↔ 弱

08 다음 漢字의 類義字를 漢字로 쓰시오.

31 [   ] - 留 32 孤 - [   ]

09 다음 漢字의 略字를 쓰시오.

33 醫 - [   ] 34 擧 - [   ]

10 다음 밑줄 친 낱말을 漢字로 쓰시오.

35 지금 형편이 말이 아니야!
   .... [   ]
36 사람의 노력으로 재해를 줄일 수 있다.
   .... [   ]
37 그는 굳은 신념을 지니고 있었다.
   .... [   ]
38 높은 지위에 오를수록 겸손하고자 하였다.
   .... [   ]
39 물려받은 재산을 사회단체에 기증하였다.
   .... [   ]

11 다음 중 □ 안에 들어갈 알맞은 漢字를 고르시오.

40 □君王儉
   ①端   ②單   ③壇   ④檀

41 □學旅行
   ①受   ②修   ③水   ④數

평가문제

49~50

01 다음 漢字語의 讀音을 쓰세요.

1 相殺 [　　　]　2 陣痛 [　　　]
3 祭酒 [　　　]　4 徒步 [　　　]
5 童謠 [　　　]　6 絶壁 [　　　]
7 持續 [　　　]　8 遺傳 [　　　]
9 聲優 [　　　]　10 改革 [　　　]

02 다음 漢字의 訓과 音을 쓰시오.

11 伐 [　　　]　12 失 [　　　]
13 支 [　　　]　14 營 [　　　]
15 造 [　　　]　16 城 [　　　]

03 다음 訓과 音에 알맞은 漢字를 쓰시오.

17 마실 음 [　　　]　18 고칠 개 [　　　]
19 고를 조 [　　　]　20 아이 동 [　　　]

04 다음 漢字語 중에서 앞 글자가 長音으로 소리나는 것을 가려 그 번호를 쓰시오.

21 [　　] : ①詩風 ②山脈 ③造作 ④同化
22 [　　] : ①萬歲 ②別種 ③米飮 ④多感

05 다음 四字成語의 빈칸에 들어갈 알맞은 漢字를 쓰시오.

23 言語[　　]斷　24 安貧[　　]道
25 以心[　　]心　26 弱肉[　　]食

06 다음 漢字語의 反對 또는 相對되는 2音節 漢字語를 漢字로 쓰시오.

27 勝利 ↔ [　　　]　28 暖流 ↔ [　　　]

07 다음 漢字의 反對字를 漢字로 쓰시오.

29 官 ↔ [　　　]　30 [　　　] ↔ 舊

08 다음 漢字의 類義字를 漢字로 쓰시오.

31 法 - [　　　]　32 [　　　] - 謠

09 다음 漢字의 略字를 쓰시오.

33 傳 - [　　　]　34 戰 - [　　　]

10 다음 밑줄 친 낱말을 漢字로 쓰시오.

35 이제 성원이 되었으니 회의를 시작합시다.
　　　　　　　　　　　　　　　　[　　　]
36 우리 고유의 전통과 풍습을 이어갔다.
　　　　　　　　　　　　　　　　[　　　]
37 통신의 발달로 생활이 무척 편리해졌다.
　　　　　　　　　　　　　　　　[　　　]
38 일년을 주기로 반복되었다.
　　　　　　　　　　　　　　　　[　　　]
39 그는 성격이 조용하고 낙천적이다.
　　　　　　　　　　　　　　　　[　　　]

11 다음 중 □ 안에 들어갈 알맞은 漢字를 고르시오.

40 核家族化 現□
　　①象　②相　③賞　④狀

41 大韓의 □兒
　　①南　②件　③健　④建

51 ~ 52

01 다음 漢字語의 讀音을 쓰세요.

1 異域 [   ] 2 純潔 [   ]
3 減刑 [   ] 4 秀麗 [   ]
5 旅券 [   ] 6 先烈 [   ]
7 呼吸 [   ] 8 禁煙 [   ]
9 辯護 [   ] 10 短髮 [   ]

02 다음 漢字의 訓과 音을 쓰시오.

11 單 [   ] 12 松 [   ]
13 烈 [   ] 14 罰 [   ]
15 優 [   ] 16 收 [   ]

03 다음 訓과 音에 알맞은 漢字를 쓰시오.

17 재주 재 [   ] 18 구원할 구 [   ]
19 더울 열 [   ] 20 기름 유 [   ]

04 다음 漢字語 중에서 앞 글자가 長音으로 소리나는 것을 가려 그 번호를 쓰시오.

21 [   ] : ① 買受 ② 許容 ③ 平均 ④ 土城
22 [   ] : ① 早退 ② 風車 ③ 特出 ④ 題號

05 다음 四字成語의 빈칸에 들어갈 알맞은 漢字를 쓰시오.

23 緣木求 [   ]   24 積土 [   ] 山
25 異口 [   ] 聲   26 [   ] 豆得豆

06 다음 漢字語의 反對 또는 相對되는 2音節 漢字語를 漢字로 쓰시오.

27 主觀 ↔ [   ]   28 閉店 ↔ [   ]

07 다음 漢字의 反對字를 漢字로 쓰시오.

29 長 ↔ [   ]   30 [   ] ↔ 減

08 다음 漢字의 類義字를 漢字로 쓰시오.

31 境 - [   ]   32 [   ] - 藝

09 다음 漢字의 略字를 쓰시오.

33 區 - [   ]   34 證 - [   ]

10 다음 밑줄 친 낱말을 漢字로 쓰시오.

35 새해를 맞이하여 나의 <u>소원</u>을 빌었다.
   .... [   ]
36 모든 것이 <u>불완전</u>한 상태로 있다.
   .... [   ]
37 개인의 이익보다 <u>공공</u>의 이익에 우선하다.
   .... [   ]
38 군대 간 삼촌은 <u>일등병</u>이 되었다.
   .... [   ]
39 독립운동을 <u>주동</u>한 사람들이 끌려갔다.
   .... [   ]

11 다음 중 □ 안에 들어갈 알맞은 漢字를 고르시오.

40 專門雜□社
   ① 紙   ② 誌   ③ 識   ④ 志
41 金□活字
   ① 速   ② 續   ③ 屬   ④ 俗

평가문제 53~54

01 다음 漢字語의 讀音을 쓰세요.

1 協議 [   ] 2 壯丁 [   ]
3 賞狀 [   ] 4 抗拒 [   ]
5 鬪志 [   ] 6 委任 [   ]
7 葉錢 [   ] 8 調整 [   ]
9 燃料 [   ] 10 巨額 [   ]

02 다음 漢字의 訓과 音을 쓰시오.

11 票 [   ] 12 銅 [   ]
13 燈 [   ] 14 助 [   ]
15 況 [   ] 16 態 [   ]

03 다음 訓과 音에 알맞은 漢字를 쓰시오.

17 향할 향 [   ] 18 원할 원 [   ]
19 인원 원 [   ] 20 맡길 임 [   ]

04 다음 漢字語 중에서 앞 글자가 長音으로 소리나는 것을 가려 그 번호를 쓰시오.

21 [   ] : ①來世 ②命脈 ③常識 ④言聲
22 [   ] : ①亡身 ②左右 ③受取 ④專門

05 다음 四字成語의 빈칸에 공통으로 들어갈 알맞은 한자를 쓰시오.(같은 한자가 들어감)

23 是是 [   ][   ] 24 [   ][   ] 相從
25 正正 [   ][   ] 26 民 [   ][   ] 義

06 다음 漢字語의 反對 또는 相對되는 2音節 漢字語를 漢字로 쓰시오.

27 輕視 ↔ [   ] 28 間選 ↔ [   ]

07 다음 漢字의 反對字를 漢字로 쓰시오.

29 異 ↔ [   ] 30 [   ] ↔ 罰

08 다음 漢字의 類義字를 漢字로 쓰시오.

31 巨 - [   ] 32 [   ] - 志

09 다음 漢字의 略字를 쓰시오.

33 廣 - [   ] 34 會 - [   ]

10 다음 밑줄 친 낱말을 漢字로 쓰시오.

35 형평에 맞지 않은 <u>부당</u>한 대우를 받다.
.... [   ]

36 우리 <u>실정</u>에 알맞은 제도를 도입해야 한다.
.... [   ]

37 노사 간의 <u>이해</u>를 떠나 단결해야 한다.
.... [   ]

38 비행체를 움직일 새로운 <u>동력</u>을 개발하다.
.... [   ]

39 남은 사람들의 <u>행복</u>을 빌며 길을 떠났다.
.... [   ]

11 다음 중 □ 안에 들어갈 알맞은 漢字를 고르시오.

40 측면에서 □援 射擊하다.
  ①地 ②止 ③支 ④志

41 □破船의 잔해를 收去하였다.
  ①難 ②亂 ③暖 ④卵

311

한자능력검정 **4급**(4Ⅱ 포함)

55 ~ 56

01 다음 漢字語의 讀音을 쓰세요.

1 崇拜 [   ]   2 占據 [   ]
3 衆論 [   ]   4 寶貨 [   ]
5 副賞 [   ]   6 口碑 [   ]
7 侵攻 [   ]   8 極致 [   ]
9 簡潔 [   ]   10 增設 [   ]

02 다음 漢字의 訓과 音을 쓰시오.

11 尊 [   ]   12 領 [   ]
13 墓 [   ]   14 讚 [   ]
15 兩 [   ]   16 限 [   ]

03 다음 訓과 音에 알맞은 漢字를 쓰시오.

17 낳을 산 [   ]   18 물건 물 [   ]
19 돌   석 [   ]   20 급할 급 [   ]

04 다음 漢字語 중에서 앞 글자가 長音으로 소리나는 것을 가려 그 번호를 쓰시오.

21 [   ] : ① 存亡 ② 守門 ③ 舞曲 ④ 番號
22 [   ] : ① 衛生 ② 本分 ③ 電話 ④ 毛髮

05 다음 四字成語의 빈칸에 들어갈 알맞은 漢字를 쓰시오.

23 連 [   ] 連勝   24 修學 [   ] 行
25 絶 [   ] 美人   26 獨 [   ] 運動

06 다음 漢字語의 反對 또는 相對되는 2音節 漢字語를 漢字로 쓰시오.

27 求心 ↔ [   ]   28 初面 ↔ [   ]

07 다음 漢字의 反對字를 보기에서 찾아 쓰시오.

  보기
  復   式   複   加   減

29 增 ↔ [   ]   30 單 ↔ [   ]

08 다음 漢字의 類義字를 보기에서 찾아 쓰시오.

  보기
  官   聞   賞   次   耳

31 聽 – [   ]   32 副 – [   ]

09 다음 漢字의 略字를 쓰시오.

33 觀 – [   ]   34 寶 – [   ]

10 다음 밑줄 친 낱말을 漢字로 쓰시오.

35 수출 실적으로는 <u>최고</u>를 기록하였다.
   .... [   ]
36 서로의 의견이 <u>일치</u>하였다.
   .... [   ]
37 관중들의 시선이 한 곳으로 <u>집중</u>되었다.
   .... [   ]
38 그의 <u>교양미</u>가 넘치는 행실은 모든 이의 부러움을 사기에 충분하였다. ·· [   ]

11 다음 중 □ 안에 들어갈 알맞은 漢字를 고르시오.

39 지금 세계정세는 複雜多□하다.
   ① 團   ② 端   ③ 單   ④ 斷

평가문제 57~58

01 다음 漢字語의 讀音을 쓰세요.

1 應援 [　　　]　2 境遇 [　　　]
3 勸戒 [　　　]　4 液化 [　　　]
5 混雜 [　　　]　6 氏族 [　　　]
7 確證 [　　　]　8 貧困 [　　　]
9 隱居 [　　　]　10 討論 [　　　]

02 다음 漢字의 訓과 音을 쓰시오.

11 貨 [　　　]　12 議 [　　　]
13 聲 [　　　]　14 檢 [　　　]
15 退 [　　　]　16 談 [　　　]

03 다음 訓과 音에 알맞은 漢字를 쓰시오.

17 말씀 어 [　　　]　18 구원할 구 [　　　]
19 과녁 적 [　　　]　20 정할　정 [　　　]

04 다음 漢字語 중에서 앞 글자가 長音으로 소리나는 것을 가려 그 번호를 쓰시오.

21 [　　　] : ①複合 ②配給 ③納得 ④地層
22 [　　　] : ①明暗 ②登山 ③全部 ④重要

05 다음 四字成語의 빈칸에 들어갈 알맞은 漢字를 쓰시오.

23 [　　　]國干城　24 白[　　　]從軍
25 一絲[　　　]亂　26 平和條[　　　]

06 다음 漢字語의 反對 또는 相對되는 2音節 漢字語를 漢字로 쓰시오.

27 暗示 ↔ [　　　]　28 原因 ↔ [　　　]

07 다음 漢字의 反對字를 漢字로 쓰시오.

29 玉 ↔ [　　　]　30 往 ↔ [　　　]

08 다음 漢字의 類義字를 |보기|에서 찾아 쓰시오.

|보기|
伐　話　代　白　財

31 談 - [　　　]　32 討 - [　　　]

09 다음 漢字의 略字를 쓰시오.

33 學 - [　　　]　34 體 - [　　　]

10 다음 밑줄 친 낱말을 漢字로 쓰시오.

35 타고난 재능을 발휘하다.
　　　　　　　　　　[　　　]
36 소수의 의견도 존중되어야 한다.
　　　　　　　　　　[　　　]
37 백화점에 온갖 상품들이 진열되어 있다.
　　　　　　　　　　[　　　]
38 토양에 양분이 풍부하여 농사가 잘된다.
　　　　　　　　　　[　　　]

11 다음 중 □ 안에 들어갈 알맞은 漢字를 고르시오.

39 法律□을 확정하다.
　①考　②眼　③案　④安
40 無□害食品
　①公　②工　③共　④功

313

한자능력검정 **4**급(**4**Ⅱ 포함)

59 ~ 60

01 다음 漢字語의 讀音을 쓰세요.

1 情況 [   ]   2 難局 [   ]
3 威嚴 [   ]   4 講義 [   ]
5 博愛 [   ]   6 私費 [   ]
7 制壓 [   ]   8 斗屋 [   ]
9 尊稱 [   ]   10 爆竹 [   ]

02 다음 漢字의 訓과 音을 쓰시오.

11 務 [   ]   12 非 [   ]
13 護 [   ]   14 簡 [   ]
15 識 [   ]   16 禁 [   ]

03 다음 訓과 音에 알맞은 漢字를 쓰시오.

17 잎   엽 [   ]   18 가릴 선 [   ]
19 별   경 [   ]   20 공경 경 [   ]

04 다음 漢字語 중에서 앞 글자가 長音으로 소리나는 것을 가려 그 번호를 쓰시오.

21 [   ] : ①喜色 ②層數 ③傳統 ④背後
22 [   ] : ①風車 ②地質 ③流通 ④寶庫

05 다음 四字成語의 빈칸에 들어갈 알맞은 漢字를 쓰시오.

23 全國體 [   ]   24 [   ] 達民族
25 [   ] 援投手 26 離散 [   ] 族

06 다음 漢字語의 反對 또는 相對되는 2音節 漢字語를 漢字로 쓰시오.

27 精神 ↔ [   ]   28 貴族 ↔ [   ]

07 다음 漢字의 反對字를 漢字로 쓰시오.

29 輕 ↔ [   ]   30 [   ] ↔ 私

08 다음 漢字의 類義字를 漢字로 쓰시오.

31 尊 - [   ]   32 [   ] - 識

09 다음 漢字의 略字를 쓰시오.

33 號 - [   ]   34 讀 - [   ]

10 다음 밑줄 친 낱말을 漢字로 쓰시오.

35 서로의 인격을 존중하다.
   .... [   ]

36 개간한 토지는 그들의 소유가 되었다.
   .... [   ]

37 더욱 어려운 국면으로 접어들고 있었다.
   .... [   ]

38 전통 양식으로 지은 한옥이 즐비하다.
   .... [   ]

39 시험관을 가열하여 물질의 성질이나 반응을 관찰하였다. .... [   ]

11 다음 중 □ 안에 들어갈 알맞은 漢字를 고르시오.

40 人口分□를 調査하다.
   ①布   ②砲   ③圖   ④都

41 氣□情報
   ①狀   ②象   ③想   ④相

314

61~62

01 다음 漢字語의 讀音을 쓰세요.

1 包容 [   ]   2 指針 [   ]
3 差備 [   ]   4 紀念 [   ]
5 鑛泉 [   ]   6 喜悲 [   ]
7 均等 [   ]   8 檀君 [   ]
9 流星 [   ]   10 負傷 [   ]

02 다음 漢字의 訓과 音을 쓰시오.

11 源 [   ]   12 座 [   ]
13 劇 [   ]   14 裝 [   ]
15 衛 [   ]   16 元 [   ]

03 다음 訓과 音에 알맞은 漢字를 쓰시오.

17 다를 별 [   ]   18 모 방 [   ]
19 누를 황 [   ]   20 줄 선 [   ]

04 다음 漢字語 중에서 앞 글자가 長音으로 소리나는 것을 가려 그 번호를 쓰시오.

21 [   ] : ①復活 ②非分 ③得點 ④完全
22 [   ] : ①南海 ②時調 ③採取 ④風土

05 다음 四字成語의 빈칸에 들어갈 알맞은 漢字를 쓰시오.

23 同 [   ] 相殘   24 落木 [   ] 天
25 夫婦有 [   ]   26 不問 [   ] 直

06 다음 漢字語의 反對 또는 相對되는 2音節 漢字語를 漢字로 쓰시오.

27 悲觀 ↔ [   ]   28 公共心 ↔ [   ]

07 다음 漢字의 反對字를 漢字로 쓰시오.

29 利 ↔ [   ]   30 勝 ↔ [   ]

08 다음 漢字의 類義字를 漢字로 쓰시오.

31 居 - [   ]   32 擔 - [   ]

09 다음 漢字의 略字를 쓰시오.

33 鑛 - [   ]   34 區 - [   ]

10 다음 밑줄 친 낱말을 漢字로 쓰시오.

35 작품의 연대가 자세하지 않다.
   ················· [   ]
36 단군은 우리 민족의 시조이다.
   ················· [   ]
37 쌍방이 정식으로 계약을 체결하였다.
   ················· [   ]
38 내심 기대했던 마음이라 실망도 컸다.
   ················· [   ]
39 버스를 타기 전에 차비를 준비하십시오.
   ················· [   ]

11 다음 중 □ 안에 들어갈 알맞은 漢字를 고르시오.

40 나의 단점은 □斷力이 부족한 점이다.
   ①結   ②缺   ③潔   ④決
41 학급별로 探究學習과 □題學習 활동을 하다.
   ①課   ②科   ③果   ④材

평가문제

315

한자능력검정 4급(4II 포함) 63~64

01 다음 漢字語의 讀音을 쓰세요.

1 威嚴 [   ]   2 推獎 [   ]
3 貧窮 [   ]   4 敢行 [   ]
5 干連 [   ]   6 專擔 [   ]
7 經歷 [   ]   8 總督 [   ]
9 築造 [   ]   10 優良 [   ]

02 다음 漢字의 訓과 音을 쓰시오.

11 勸 [   ]   12 提 [   ]
13 證 [   ]   14 驗 [   ]
15 秀 [   ]   16 滿 [   ]

03 다음 訓과 音에 알맞은 漢字를 쓰시오.

17 세울 건 [   ]   18 다스릴 리 [   ]
19 새   신 [   ]   20 쓸   용 [   ]

04 다음 漢字語 중에서 앞 글자가 長音으로 소리나는 것을 가려 그 번호를 쓰시오.

21 [   ] : ①方法 ②福德 ③品質 ④洋酒
22 [   ] : ①因習 ②步調 ③終結 ④領事

05 다음 四字成語의 빈칸에 들어갈 알맞은 漢字를 쓰시오.

23 [   ] 有引力   24 三寒四 [   ]
25 敬 [   ] 愛人   26 一葉 [   ] 秋

06 다음 漢字語의 反對 또는 相對되는 2音節 漢字語를 漢字로 쓰시오.

27 人爲 ↔ [   ]   28 公約數 ↔ [   ]

07 다음 漢字의 反對字를 漢字로 쓰시오.

29 因 ↔ [   ]   30 [   ] ↔ 敗

08 다음 漢字의 類義字를 漢字로 쓰시오.

31 道 - [   ]   32 思 - [   ]

09 다음 漢字의 略字를 쓰시오.

33 對 - [   ]   34 惡 - [   ]

10 다음 밑줄 친 낱말을 漢字로 쓰시오.

35 弱小國에 상대되는 말은 강대국이다.
  .... [   ]
36 그의 솔직한 고백을 받아들였다.
  .... [   ]
37 그것은 남녀 공용 물건입니다.
  .... [   ]
38 두 사람은 입학은 물론 졸업도 함께 하였다.
  .... [   ]
39 고속도로에서 차량 속도위반을 단속하고 있었다. .... [   ]

11 다음 중 □ 안에 들어갈 알맞은 漢字를 고르시오.

40 장군께서는 □彈을 맞고 숨지는 순간까지 오직 나라만을 생각하셨다.
  ①的   ②敵   ③赤   ④適
41 孝道는 □行의 根本이다.
  ①滿   ②天   ③百   ④苦

평가문제 65~66

01 다음 漢字語의 讀音을 쓰세요.

1 準據 [   ]   2 脫退 [   ]
3 勤勉 [   ]   4 聖君 [   ]
5 工程 [   ]   6 妹夫 [   ]
7 監修 [   ]   8 講演 [   ]
9 血緣 [   ]   10 階層 [   ]

02 다음 漢字의 訓과 音을 쓰시오.

11 故 [   ]   12 治 [   ]
13 義 [   ]   14 標 [   ]
15 勸 [   ]   16 深 [   ]

03 다음 訓과 音에 알맞은 漢字를 쓰시오.

17 터 기 [   ]   18 인할 인 [   ]
19 단 단 [   ]   20 하여금 령 [   ]

04 다음 漢字語 중에서 앞 글자가 長音으로 소리나는 것을 가려 그 번호를 쓰시오.

21 [   ] : ①便覽 ②夏期 ③財政 ④議員
22 [   ] : ①切實 ②專門 ③人質 ④細密

05 다음 四字成語의 빈칸에 들어갈 알맞은 漢字를 쓰시오.

23 [   ]萬不同   24 年末年[   ]
25 士農[   ]商   26 天[   ]地變

06 다음 漢字語의 反對 또는 相對되는 2音節 漢字語를 漢字로 쓰시오.

27 客體 ↔ [   ]   28 退院 ↔ [   ]

07 다음 漢字의 反對字를 漢字로 쓰시오.

29 君 ↔ [   ]   30 [   ] ↔ 果

08 다음 漢字의 類義字를 漢字로 쓰시오.

31 過 - [   ]   32 [   ] - 藝

09 다음 漢字語와 소리는 같으나 뜻이 다른 同音異義語를 漢字로 쓰시오.

33 工程 - [   ]   34 水道 - [   ]

10 다음 밑줄 친 낱말을 漢字로 쓰시오.

35 기술의 발달로 생산이 크게 늘어났다.
　　　　　　　　　　　　　　　[   ]
36 통조림은 가공식품이다.
　　　　　　　　　　　　　　　[   ]
37 잦은 실수로 어른께 책망을 받았다.
　　　　　　　　　　　　　　　[   ]
38 너의 심정을 이해할 만하다.
　　　　　　　　　　　　　　　[   ]
39 지금까지 있었던 일을 요약해 보았습니다.
　　　　　　　　　　　　　　　[   ]

11 다음 중 □ 안에 들어갈 알맞은 漢字를 고르시오.

40 첨단 精密□를 자랑하다.
　　①道　②圖　③度　④到

41 사회 간에 □和感을 造成하다.
　　①違　②爲　③衛　④危

한자능력검정 **4**급(**4**II 포함)

67 ~ 68

01 다음 漢字語의 讀音을 쓰세요.

1 營爲 [   ]   2 盛況 [   ]
3 推移 [   ]   4 官廳 [   ]
5 末端 [   ]   6 總務 [   ]
7 缺勤 [   ]   8 暗殺 [   ]
9 慰勞 [   ]   10 評論 [   ]

02 다음 漢字의 訓과 音을 쓰시오.

11 豊 [   ]   12 測 [   ]
13 進 [   ]   14 判 [   ]
15 舍 [   ]   16 點 [   ]
17 盛 [   ]   18 務 [   ]

03 다음 訓과 音에 알맞은 漢字를 쓰시오.

19 검을 흑 [   ]   20 일할 로 [   ]

04 다음 漢字語 중에서 앞 글자가 長音으로 소리나는 것을 가려 그 번호를 쓰시오.

21 [   ] : ①轉學 ②食飮 ③石手 ④不使
22 [   ] : ①詳論 ②非常 ③選手 ④別名

05 다음 四字成語의 빈칸에 들어갈 알맞은 漢字를 쓰시오.

23 危機 [   ]髮   24 百 [   ] 百勝
25 [   ]卵擊石   26 進退 [   ]難

06 다음 漢字語의 反對 또는 相對되는 2音節 漢字語를 漢字로 쓰시오.

27 君子 ↔ [   ]   28 造花 ↔ [   ]

07 다음 漢字의 反對字를 漢字로 쓰시오.

29 當 ↔ [   ]   30 [   ] ↔ 着

08 다음 漢字의 類義字를 보기에서 찾아 쓰시오.

|보기| 止 末 論 評 始

31 批 - [   ]   32 [   ] - 端

09 다음 漢字의 略字를 쓰시오.

33 價 - [   ]   34 區 - [   ]

10 다음 밑줄 친 낱말을 漢字로 쓰시오.

35 성실한 생활 태도가 성공 <u>요인</u>이다.
   .... [   ]
36 옳고 그름과 <u>선악</u>을 판단하는 마음이야말로 참다운 마음이다. .... [   ]
37 성공한 그도 한때는 <u>불행</u>했던 시절이 있었다.
   .... [   ]
38 마을 <u>전체</u>가 축제로 인해 들떠 있었다.
   .... [   ]

11 다음 중 □ 안에 들어갈 알맞은 漢字를 고르시오.

39 주말마다 讀書□論會를 열었다.
   ①土   ②討   ③强   ④推
40 옛날에 군사 훈련은 農□期에 실시하였다.
   ①寒   ②閑   ③韓   ④暖

평가문제

69~70

01 다음 漢字語의 讀音을 쓰세요.

1 探訪 [   ]   2 榮顯 [   ]
3 構造 [   ]   4 傾向 [   ]
5 餘暇 [   ]   6 解散 [   ]
7 傳導 [   ]   8 宮庭 [   ]
9 稅關 [   ]   10 脫穀 [   ]

02 다음 漢字의 訓과 音을 쓰시오.

11 造 [   ]   12 聽 [   ]
13 步 [   ]   14 製 [   ]
15 考 [   ]   16 達 [   ]

03 다음 訓과 音에 알맞은 漢字를 쓰시오.

17 생각 념 [   ]   18 주인 주 [   ]
19 있을 재 [   ]   20 이룰 성 [   ]

04 다음 漢字語 중에서 앞 글자가 長音으로 소리나는 것을 가려 그 번호를 쓰시오.

21 [   ] : ①委託 ②聖堂 ③嚴禁 ④糧食
22 [   ] : ①完決 ②旅券 ③安危 ④退去

05 다음 四字成語의 빈칸에 들어갈 알맞은 漢字를 쓰시오.

23 [   ] 心三日   24 自 [   ] 不息
25 見事生 [   ]   26 無不 [   ] 知

06 다음 漢字語의 反對 또는 相對되는 2音節 漢字語를 漢字로 쓰시오.

27 獨白 ↔ [   ]   28 成功 ↔ [   ]

07 다음 漢字의 反對字를 漢字로 쓰시오.

29 往 ↔ [   ]   30 [   ] ↔ 散

08 다음 漢字의 類義字를 漢字로 쓰시오.

31 顯 - [   ]   32 製 - [   ]

09 다음 漢字의 略字를 쓰시오.

33 傳 - [   ]   34 關 - [   ]

10 다음 밑줄 친 낱말을 漢字로 쓰시오.

35 모두들 덕망이 높은 스승을 존경하였다.
.... [   ]

36 공업의 원료를 모두 수입에 의존하다.
.... [   ]

37 그 소문은 이웃 마을에까지 널리 퍼졌다.
.... [   ]

38 그는 입신출세를 인생의 목표로 삼았다.
.... [   ]

39 온돌은 한국 전통 가옥의 특징이다.
.... [   ]

11 다음 중 □ 안에 들어갈 알맞은 漢字를 고르시오.

40 어버이를 極盡히 奉□하다.
   ①糧   ②良   ③陽   ④養

41 외국과의 文□交流.
   ①和   ②華   ③化   ④話

319

01 다음 漢字語의 讀音을 쓰세요.

1 休務 [   ]   2 單獨 [   ]
3 混合 [   ]   4 英傑 [   ]
5 逆賊 [   ]   6 限界 [   ]
7 缺如 [   ]   8 具象 [   ]
9 砲聲 [   ]   10 揮筆 [   ]

02 다음 漢字의 訓과 音을 쓰시오.

11 干 [   ]   12 首 [   ]
13 指 [   ]   14 專 [   ]
15 勤 [   ]   16 語 [   ]

03 다음 訓과 音에 알맞은 漢字를 쓰시오.

17 법도 도 [   ]   18 모양 형 [   ]
19 지을 작 [   ]   20 쓸   용 [   ]

04 다음 漢字語 중에서 앞 글자가 長音으로 소리나는 것을 가려 그 번호를 쓰시오.

21 [   ] : ①言論 ②時事 ③讚歌 ④列傳
22 [   ] : ①死活 ②習得 ③成立 ④留宿

05 다음 四字成語의 빈칸에 들어갈 알맞은 漢字를 쓰시오.

23 鷄卵[   ]骨   24 一喜[   ]悲
25 明[   ]白白   26 生死[   ]樂

06 다음 漢字語의 反對 또는 相對되는 2음절 漢字語를 漢字로 쓰시오.

27 立體 ↔ [   ]   28 德談 ↔ [   ]

07 다음 漢字의 反對字를 漢字로 쓰시오.

29 離 ↔ [   ]   30 有 ↔ [   ]
31 發 ↔ [   ]   32 異 ↔ [   ]

08 다음 漢字의 類義字를 漢字로 쓰시오.

33 境 - [   ]   34 [   ] - 語

09 다음 漢字의 略字를 쓰시오.

35 獨 - [   ]   36 對 - [   ]

10 다음 밑줄 친 낱말을 漢字로 쓰시오.

37 외래어는 <u>최근세</u> 이후에 많이 생겨났다.
 .... [   ]
38 조상 <u>대대</u>로 써 오던 것도 많았다.
 .... [   ]
39 한글은 과학적으로 잘 만들어진 <u>표음문자</u>이다. .... [   ]
40 순우리말을 즐겨 쓰는 <u>기풍</u>은 좋은 일이다.
 .... [   ]

11 다음 중 □ 안에 들어갈 알맞은 漢字를 고르시오.

41 상대는 그의 □手가 되지 못하였다.
 ①敵   ②賊   ③的   ④赤
42 한 가지 일을 해서 두 가지 이익을 얻는 것을 '一□兩得'이라고 한다.
 ①居   ②去   ③擧   ④巨

평가문제

73 ~ 74

01 다음 漢字語의 讀音을 쓰세요.

1 監査 [   ]   2 硏究 [   ]
3 牧羊 [   ]   4 舍弟 [   ]
5 甘受 [   ]   6 都城 [   ]
7 暖帶 [   ]   8 施惠 [   ]
9 鐵甲 [   ]   10 障壁 [   ]

02 다음 漢字의 訓과 音을 쓰시오.

11 毛 [   ]   12 修 [   ]
13 視 [   ]   14 富 [   ]
15 故 [   ]   16 恩 [   ]

03 다음 訓과 音에 알맞은 漢字를 쓰시오.

17 될 화 [   ]   18 허물 죄 [   ]
19 서울 경 [   ]   20 흐를 류 [   ]

04 다음 漢字語 중에서 앞 글자가 長音으로 소리나는 것을 가려 그 번호를 쓰시오.

21 [   ] : ①宣敎 ②良心 ③業報 ④打字
22 [   ] : ①收益 ②車線 ③史記 ④洋屋

05 다음 四字成語의 빈칸에 들어갈 알맞은 漢字를 쓰시오.

23 [   ] 友以信 24 餘無 [   ] 論
25 同 [   ] 修學 26 十指不 [   ]

06 다음 漢字語의 反對 또는 相對되는 2音節 漢字語를 漢字로 쓰시오.

27 絶對 ↔ [   ]   28 豊作 ↔ [   ]

07 다음 漢字語의 類義語를 漢字로 쓰시오.

29 好意 – [   ]   30 他鄕 – [   ]

08 다음 漢字의 反對字를 漢字로 쓰시오.

31 [   ] ↔ 鄕   32 [   ] ↔ 暖

09 다음 漢字의 類義字를 漢字로 쓰시오.

33 舍 – [   ]   34 [   ] – 冷

10 다음 漢字의 略字를 쓰시오.

35 鐵 – [   ]   36 數 – [   ]

11 다음 밑줄 친 낱말을 漢字로 쓰시오.

37 우리 겨레의 <u>소중</u>한 유산을 잘 보존해야 한다.
   .... [   ]
38 도덕의 기준으로 효를 <u>강조</u>하였다.
   .... [   ]
39 시조의 4·4조는 우리 <u>음감</u>에 알맞은 형식이다.
   .... [   ]
40 一石二鳥의 <u>효과</u>를 거두다.
   .... [   ]

12 다음 중 □ 안에 들어갈 알맞은 漢字를 고르시오.

41 忠孝는 우리 조상들의 生活信□였다.
   ①調   ②條   ③造   ④助
42 연회장은 各□各色의 사람들로 붐볐다.
   ①陽   ②樣   ③良   ④兩

321

75 ~ 76

01 다음 漢字語의 讀音을 쓰세요.

1 檢印 [   ]   2 壯觀 [   ]
3 特派 [   ]   4 輕視 [   ]
5 年期 [   ]   6 制服 [   ]
7 奇智 [   ]   8 就寢 [   ]
9 個別 [   ]   10 組織 [   ]

02 다음 漢字의 訓과 音을 쓰시오.

11 兵 [   ]   12 象 [   ]
13 健 [   ]   14 具 [   ]
15 定 [   ]   16 房 [   ]

03 다음 訓과 音에 알맞은 漢字를 쓰시오.

17 귀신 신 [   ]   18 성품 성 [   ]
19 줄   선 [   ]   20 목숨 명 [   ]

04 다음 漢字語 중에서 앞 글자가 長音으로 소리나는 것을 가려 그 번호를 쓰시오.

21 [   ] : ① 末伏 ② 謝禮 ③ 大砲 ④ 農樂
22 [   ] : ① 登壇 ② 銅鏡 ③ 隊列 ④ 就業

05 다음 四字成語의 빈칸에 들어갈 알맞은 漢字를 쓰시오.

23 敎學相 [   ]   24 一罰 [   ] 戒
25 多 [   ] 多感   26 一 [   ] 二鳥

06 다음 漢字語의 反對 또는 相對되는 2音節 漢字語를 漢字로 쓰시오.

27 固定 ↔ [   ]   28 熱戰 ↔ [   ]

07 다음 漢字의 反對字를 漢字로 쓰시오.

29 輕 ↔ [   ]   30 長 ↔ [   ]

08 다음 漢字의 類義字를 漢字로 쓰시오.

31 兵 - [   ]   32 休 - [   ]

09 다음 漢字의 略字를 쓰시오.

33 觀 - [   ]   34 勞 - [   ]

10 다음 밑줄 친 낱말을 漢字로 쓰시오.

35 한 사람도 빠짐없이 집합하였다.
   .... [   ]
36 아름다운 전설이 우리 민족의 얼 속에 숨쉬고 있다. .... [   ]
37 북두칠성은 바다 위에 걸리고 은하수는 동서로 비껴 흘렀다. .... [   ]
38 추위에도 당당하게 서있는 저 소나무!
   .... [   ]
39 한가롭게 풀을 뜯는 목장의 정경이 펼쳐졌다.
   .... [   ]

11 다음 중 □ 안에 들어갈 알맞은 漢字를 고르시오.

40 백록담은 自然의 造□로 못이 되었다.
   ① 火   ② 花   ③ 化   ④ 和

41 식탁에는 山海□味가 차려져 있었다.
   ① 進   ② 陣   ③ 珍   ④ 寶

평가문제 77~78

01 다음 漢字語의 讀音을 쓰세요.

1 擊破 [   ]   2 交際 [   ]
3 密航 [   ]   4 解禁 [   ]
5 援助 [   ]   6 器樂 [   ]
7 損傷 [   ]   8 居留 [   ]
9 逃避 [   ]   10 着想 [   ]

02 다음 漢字의 訓과 音을 쓰시오.

11 救 [   ]   12 監 [   ]
13 處 [   ]   14 武 [   ]
15 看 [   ]   16 散 [   ]

03 다음 訓과 音에 알맞은 漢字를 쓰시오.

17 낳을 산 [   ]   18 갖출 구 [   ]
19 그칠 지 [   ]   20 바다 해 [   ]

04 다음 漢字語 중에서 앞 글자가 長音으로 소리나는 것을 가려 그 번호를 쓰시오.

21 [   ] : ①完勝 ②院內 ③自筆 ④取得
22 [   ] : ①奉仕 ②議長 ③財政 ④朝鮮

05 다음 四字成語의 빈칸에 들어갈 알맞은 漢字를 쓰시오.

23 起承轉 [   ]   24 日暖風 [   ]
25 落 [   ] 長松   26 與他 [   ] 別

06 다음 漢字語의 反對 또는 相對되는 2音節 漢字語를 漢字로 쓰시오.

27 暗黑 ↔ [   ]   28 當選 ↔ [   ]

07 다음 漢字의 反對字를 漢字로 쓰시오.

29 興 ↔ [   ]   30 得 ↔ [   ]

08 다음 漢字의 類義字를 漢字로 쓰시오.

31 居 - [   ]   32 [   ] - 想

09 다음 漢字의 略字를 쓰시오.

33 樂 - [   ]   34 萬 - [   ]

10 다음 밑줄 친 낱말을 漢字로 쓰시오.

35 우리 팀이 무난히 예선을 <u>통과</u>하였다.
 ·· [   ]
36 사소한 <u>부주의</u>가 큰 사고를 가져왔다.
 ·· [   ]
37 정치·경제·문화의 중심지인 서울은 대한민국의 <u>수도</u>이다. ·········· [   ]
38 노벨상은 노벨 <u>재단</u>에서 수여한다.
 ·· [   ]
39 가난하고 <u>무지</u>한 사람들을 위해 봉사하다.
 ·· [   ]

11 다음 중 □ 안에 들어갈 알맞은 漢字를 고르시오.

40 언제나 物心□面으로 우리를 도왔다.
  ①兩   ②量   ③良   ④糧

41 富貴榮□에 조금도 눈을 돌리지 않았다.
  ①華   ②花   ③化   ④畫

한자능력검정 4급(4Ⅱ 포함) 79~80

01 다음 漢字語의 讀音을 쓰세요.

1 功績 [　　]　2 點燈 [　　]
3 群落 [　　]　4 智略 [　　]
5 鉛粉 [　　]　6 決鬪 [　　]
7 滿船 [　　]　8 忠誠 [　　]
9 健康 [　　]　10 遊說 [　　]

02 다음 漢字의 訓과 音을 쓰시오.

11 潮 [　　]　12 興 [　　]
13 覽 [　　]　14 衆 [　　]
15 爭 [　　]　16 德 [　　]

03 다음 訓과 音에 알맞은 漢字를 쓰시오.

17 효도 효 [　　]　18 섬　도 [　　]
19 열매 실 [　　]　20 붓　필 [　　]

04 다음 漢字語 중에서 앞 글자가 長音으로 소리나는 것을 가려 그 번호를 쓰시오.

21 [　　] : ①革帶 ②憲兵 ③出港 ④指向
22 [　　] : ①湖水 ②判決 ③招待 ④飮料

05 다음 四字成語의 빈칸에 들어갈 알맞은 漢字를 쓰시오.

23 亂[　　]賊子　24 仁[　　]無敵
25 多[　　]多難　26 公平無[　　]

06 다음 漢字語의 反對 또는 相對되는 2音節 漢字語를 漢字로 쓰시오.

27 養家 ↔ [　　]　28 最低 ↔ [　　]

07 다음 漢字의 反對字를 漢字로 쓰시오.

29 黑 ↔ [　　]　30 [　　] ↔ 閉

08 다음 漢字의 類義字를 漢字로 쓰시오.

31 [　　] - 鬪　32 [　　] - 爭

09 다음 漢字의 略字를 쓰시오.

33 國 - [　　]　34 畫 - [　　]

10 다음 밑줄 친 낱말을 漢字로 쓰시오.

35 기대 이상의 성과를 거두어 더욱 기뻤다.
　　　　　　　　　　　　[　　]
36 두 사람은 좀처럼 승부를 가리지 못했다.
　　　　　　　　　　　　[　　]
37 가정 시간에 바느질 용구를 준비하였다.
　　　　　　　　　　　　[　　]
38 그는 최고라고 할 만큼 입신의 경지를 선보였다.
　　　　　　　　　　　　[　　]
39 인간 사랑의 큰 뜻을 품고 병고에 시달리는 사람들을 위해 봉사하였다.
　　　　　　　　　　　　[　　]

11 다음 중 □ 안에 들어갈 알맞은 漢字를 고르시오.

40 特權層의 □有物
　①轉　②展　③專　④傳

41 제품의 모양과 기능이 千□萬別이다.
　①差　②車　③次　④角

324

평가문제

81~82

01 다음 漢字語의 讀音을 쓰세요.

1 假裝 [   ]   2 談論 [   ]
3 婦德 [   ]   4 密談 [   ]
5 壓卷 [   ]   6 紅葉 [   ]
7 驚歎 [   ]   8 提案 [   ]
9 走破 [   ]   10 圓卓 [   ]

02 다음 漢字의 訓과 音을 쓰시오.

11 燈 [   ]   12 脫 [   ]
13 周 [   ]   14 想 [   ]
15 賢 [   ]   16 示 [   ]

03 다음 訓과 音에 알맞은 漢字를 쓰시오.

17 맺을 결 [   ]   18 머리 두 [   ]
19 비 우 [   ]   20 고할 고 [   ]

04 다음 漢字語 중에서 앞 글자가 長音으로 소리나는 것을 가려 그 번호를 쓰시오.

21 [   ] : ① 頭領 ② 銅製 ③ 獨身 ④ 辨明
22 [   ] : ① 誤算 ② 單手 ③ 能力 ④ 勞困

05 다음 四字成語의 빈칸에 들어갈 알맞은 漢字를 쓰시오.

23 讀 [   ] 三到   24 人 [   ] 在天
25 [   ] 明正大   26 一 [   ] 牛鳴

06 다음 漢字語의 反對 또는 相對되는 2音節 漢字語를 漢字로 쓰시오.

27 手動 ↔ [   ]   28 最古 ↔ [   ]

07 다음 漢字의 反對字를 漢字로 쓰시오.

29 [   ] ↔ 他   30 [   ] ↔ 圓

08 다음 漢字의 類義字를 漢字로 쓰시오.

31 談 - [   ]   32 孤 - [   ]

09 다음 漢字의 略字를 쓰시오.

33 兒 - [   ]   34 廣 - [   ]

10 다음 밑줄 친 낱말을 漢字로 쓰시오.

35 그는 뚜렷한 주관을 가지고 일을 처리해 나갔다.
  …………………………… [   ]
36 방학 때에 여러 명승지를 탐방하였다.
  …………………………… [   ]
37 논리적 사고가 요구되는 문제가 출제된다.
  …………………………… [   ]
38 너무 큰 중책을 맡게 되어 부담이 크다.
  …………………………… [   ]
39 적군이 구름처럼 몰려올 것이라는 풍문이 돌았다. …………………………… [   ]

11 다음 중 □ 안에 들어갈 알맞은 漢字를 고르시오.

40 自□獨立國
  ① 周   ② 注   ③ 住   ④ 主

41 國□外交活動
  ① 第   ② 際   ③ 題   ④ 除

325

한자능력검정 **4**급(**4**Ⅱ 포함)

83 ~ 84

01 다음 漢字語의 讀音을 쓰세요.

1 舞態 [   ]   2 負傷 [   ]
3 續開 [   ]   4 確認 [   ]
5 堂叔 [   ]   6 祭壇 [   ]
7 效驗 [   ]   8 句讀 [   ]
9 孔劇 [   ] 10 損益 [   ]

02 다음 漢字의 訓과 音을 쓰시오.

11 壇 [   ] 12 毛 [   ]
13 節 [   ] 14 眼 [   ]
15 器 [   ] 16 群 [   ]

03 다음 漢字語 중에서 앞 글자가 長音으로 소리나는 것을 가려 그 번호를 쓰시오.

17 [   ] : ① 證券 ② 賢明 ③ 比率 ④ 話者
18 [   ] : ① 表面 ② 作故 ③ 異見 ④ 宗派

04 다음 四字成語의 빈칸에 들어갈 알맞은 漢字를 쓰시오.

19 百 [   ] 老將 20 因 [   ] 應報
21 結義兄 [   ]   22 殺生 [   ] 擇

05 다음 漢字語의 反對 또는 相對되는 2音節 漢字語를 漢字로 쓰시오.

23 正史 ↔ [   ] 24 固定 ↔ [   ]

06 다음 漢字의 反對字를 漢字로 쓰시오.

25 虛 ↔ [   ] 26 [   ] ↔ 負
27 手 ↔ [   ] 28 [   ] ↔ 他

07 다음 漢字의 類義字를 漢字로 쓰시오.

29 果 - [   ] 30 [   ] - 謠

08 다음 漢字의 略字를 쓰시오.

31 國 - [   ] 32 賣 - [   ]

09 다음 밑줄 친 낱말을 漢字로 쓰시오.

33 기대했던 일에 적잖이 <u>실망</u>을 하였다.
   ……………………………………… [   ]
34 대가족 제도에서 핵가족 제도로 <u>정착</u>되어 갔다.
   ……………………………………… [   ]
35 침략을 <u>미화</u>하던 일본군은 연합군에 의해 무릎을 꿇었다. ……………… [   ]
36 학교 <u>도서실</u>에서 식물도감을 빌려 보았다.
   ……………………………………… [   ]
37 마음의 안정을 찾아가면서 조금씩 <u>자신감</u>을 갖기 시작했습니다. …… [   ]
38 값비싼 투쟁을 통해서 <u>고귀</u>한 피를 흘린 덕택에 승리하였습니다. …… [   ]

10 다음 중 □ 안에 들어갈 알맞은 漢字를 고르시오.

39 일본은 우리 겨레의 언어를 빼앗고 □氏改名이란 침략 정책으로 이름조차 빼앗았다.

① 昌 ② 創 ③ 唱 ④ 窓

40 大家族□度

① 制 ② 題 ③ 製 ④ 第

평가문제 85~86

01 다음 漢字語의 讀音을 쓰세요.

1 授與 [   ]   2 收縮 [   ]
3 刻苦 [   ]   4 講座 [   ]
5 護衛 [   ]   6 灰壁 [   ]
7 盜賊 [   ]   8 爆彈 [   ]
9 歡待 [   ]   10 糧穀 [   ]

02 다음 漢字의 訓과 音을 쓰시오.

11 防 [   ]   12 深 [   ]
13 資 [   ]   14 聲 [   ]
15 送 [   ]   16 穀 [   ]

03 다음 訓과 音에 알맞은 漢字를 쓰시오.

17 언덕 원 [   ]   18 쓸 고 [   ]
19 자리 석 [   ]   20 빛 색 [   ]

04 다음 漢字語 중에서 앞 글자가 長音으로 소리나는 것을 가려 그 번호를 쓰시오.

21 [   ] : ① 好感 ② 團體 ③ 服務 ④ 無敗
22 [   ] : ① 助敎 ② 氣象 ③ 法案 ④ 明示

05 다음 四字成語의 빈칸에 들어갈 알맞은 漢字를 쓰시오.

23 聞一 [   ] 十   24 [   ] 用厚生
25 喜喜 [   ] 樂   26 一進 [   ] 退

06 다음 漢字語의 反對 또는 相對되는 2音節 漢字語를 漢字로 쓰시오.

27 重量 ↔ [   ]   28 故意 ↔ [   ]

07 다음 漢字의 反對字를 漢字로 쓰시오.

29 春 ↔ [   ]   30 [   ] ↔ 樂

08 다음 漢字의 類義字를 漢字로 쓰시오.

31 存 - [   ]   32 [   ] - 與

09 다음 漢字의 略字를 쓰시오.

33 擧 - [   ]   34 會 - [   ]

10 다음 밑줄 친 낱말을 漢字로 쓰시오.

35 가족들의 축복 속에 결혼식을 올렸다.
.... [   ]
36 좌석표가 매진되어 입석으로 열차를 탔다.
.... [   ]
37 갖은 고생 끝에 얻은 기쁨이라 더욱 값졌다.
.... [   ]
38 심판의 신호에 따라 경기를 시작하였다.
.... [   ]
39 힘과 꾀로 상대방을 쓰러뜨렸다.
.... [   ]

11 다음 중 □ 안에 들어갈 알맞은 漢字를 고르시오.

40 □時風俗
① 稅   ② 洗   ③ 歲   ④ 細

41 新□工事現場
① 蓄   ② 築   ③ 祝   ④ 縮

한자능력검정 **4**급(**4**Ⅱ 포함)

87~88

01 다음 漢字語의 讀音을 쓰세요.

1 趣味 [   ]   2 周邊 [   ]
3 極盡 [   ]   4 世態 [   ]
5 痛快 [   ]   6 飛報 [   ]
7 投資 [   ]   8 餘波 [   ]
9 發達 [   ]   10 得票 [   ]

02 다음 漢字의 訓과 音을 쓰시오.

11 決 [   ]   12 頭 [   ]
13 動 [   ]   14 圍 [   ]
15 宿 [   ]   16 賣 [   ]

03 다음 訓과 音에 알맞은 漢字를 쓰시오.

17 뜻 정 [   ]   18 수컷 웅 [   ]
19 없을 무 [   ]   20 향할 향 [   ]

04 다음 漢字語 중에서 앞 글자가 長音으로 소리나는 것을 가려 그 번호를 쓰시오.

21 [   ] : ①出典 ②總理 ③通信 ④平均
22 [   ] : ①使命 ②他人 ③波長 ④標本

05 다음 四字成語의 빈칸에 들어갈 알맞은 漢字를 쓰시오.

23 [   ]風良俗 24 [   ]熱治熱
25 [   ]容月態 26 陰 [   ]陽報

06 다음 漢字語의 反對 또는 相對되는 2음절 漢字語를 漢字로 쓰시오.

27 多量 ↔ [   ]   28 [   ] ↔ 專用

07 다음 漢字의 反對字를 漢字로 쓰시오.

29 賣 ↔ [   ]   30 [   ] ↔ 靜

08 다음 漢字의 類義字를 漢字로 쓰시오.

31 言 - [   ]   32 [   ] - 達

09 다음 漢字의 略字를 쓰시오.

33 號 - [   ]   34 當 - [   ]

10 다음 밑줄 친 낱말을 漢字로 쓰시오.

35 그의 노래 소리는 <u>정감</u>을 자아낸다.
   .... [   ]
36 좁은 <u>공간</u>을 잘 활용하여 자리를 배치하다.
   .... [   ]
37 예전에 비해 우리나라의 <u>위상</u>이 높아졌다.
   .... [   ]
38 그는 지각을 할 때마다 교통이 혼잡하다는 <u>구실</u>을 내세웠다. ……… [   ]
39 비상소집이 있다는 <u>통지</u>를 받았다.
   .... [   ]

11 다음 중 □ 안에 들어갈 알맞은 漢字를 고르시오.

40 음력 5월 5일은 □午날입니다.
   ①團   ②端   ③單   ④短

41 임금이 명하여 □朝百官들을 궁중으로 불러 모았다.
   ①千   ②川   ③萬   ④滿

328

평가문제 89~90

01 다음 漢字語의 讀音을 쓰세요.

1 慶祝 [　　]　　2 頌辭 [　　]
3 統制 [　　]　　4 精誠 [　　]
5 是認 [　　]　　6 歡呼 [　　]
7 境地 [　　]　　8 支配 [　　]
9 冷笑 [　　]　　10 失職 [　　]

02 다음 漢字의 訓과 音을 쓰시오.

11 應 [　　]　　12 非 [　　]
13 節 [　　]　　14 稱 [　　]
15 爆 [　　]　　16 援 [　　]

03 다음 訓과 音에 알맞은 漢字를 쓰시오.

17 일　사 [　　]　　18 전할 전 [　　]
19 말씀 담 [　　]　　20 업　업 [　　]

04 다음 漢字語 중에서 앞 글자가 長音으로 소리나는 것을 가려 그 번호를 쓰시오.

21 [　　] : ①脫盡 ②投下 ③待期 ④回步
22 [　　] : ①通運 ②歡心 ③潮風 ④避身

05 다음 四字成語의 빈칸에 들어갈 알맞은 漢字를 쓰시오.

23 富國強 [　　]　　24 向 [　　] 花木
25 下 [　　] 上達　26 朝變夕 [　　]

06 다음 漢字語의 反對 또는 相對되는 2音節 漢字語를 漢字로 쓰시오.

27 戰時 ↔ [　　]　　28 [　　] ↔ 義務

07 다음 漢字의 反對字를 漢字로 쓰시오.

29 [　　] ↔ 冷　30 [　　] ↔ 缺

08 다음 漢字의 類義字를 漢字로 쓰시오.

31 意 - [　　]　　32 [　　] - 冷

09 다음 漢字의 略字를 쓰시오.

33 禮 - [　　]　　34 廣 - [　　]

10 다음 밑줄 친 낱말을 漢字로 쓰시오.

35 생물의 <u>특성</u>에 따라 잘 자랄 수 있도록 환경을 만들어 주었다. ………… [　　]
36 그는 모든 일을 <u>독자적</u>으로 처리하였다. ……………………… [　　]
37 많은 <u>공덕</u>을 쌓아 칭송이 자자하다. ……………………… [　　]
38 낮에는 가족의 <u>생계</u>를 위해 일을 하고, 밤에는 학업에 열중하였다. … [　　]
39 민족 문화의 <u>대표적</u>인 작품으로 인정받다. ……………………… [　　]

11 다음 중 □ 안에 들어갈 알맞은 漢字를 고르시오.

40 □散家族 相逢봉
　①離　②異　③移　④里

41 □國平天下
　①致　②齒　③置　④治

한자능력검정 **4**급(4Ⅱ 포함)

91~92

01 다음 漢字語의 讀音을 쓰세요.

1 念慮 [   ] 2 壓縮 [   ]
3 特採 [   ] 4 許容 [   ]
5 殘額 [   ] 6 敵手 [   ]
7 黨派 [   ] 8 經濟 [   ]
9 關係 [   ] 10 核質 [   ]

02 다음 漢字의 訓과 音을 쓰시오.

11 政 [   ] 12 總 [   ]
13 結 [   ] 14 員 [   ]

03 다음 訓과 音에 알맞은 漢字를 쓰시오.

15 없을 무 [   ] 16 생각할 고 [   ]
17 작을 소 [   ] 18 헤아릴 량 [   ]
19 짧을 단 [   ] 20 구원할 구 [   ]

04 다음 漢字語 중에서 앞 글자가 長音으로 소리나는 것을 가려 그 번호를 쓰시오.

21 [   ] : ①強國 ②強制 ③稱號 ④稱量
22 [   ] : ①防空 ②防毒 ③討論 ④討伐

05 다음 四字成語의 빈칸에 들어갈 알맞은 漢字를 쓰시오.

23 非一非 [   ] 24 [   ] 備無患
25 虛虛 [   ] 實   26 一言 [   ] 句

06 다음 漢字語의 反對 또는 相對되는 2音節 漢字語를 漢字로 쓰시오.

27 合法 ↔ [   ] 28 [   ] ↔ 多元

07 다음 漢字의 反對字를 漢字로 쓰시오.

29 與 ↔ [   ] 30 [   ] ↔ 配

08 다음 漢字의 類義字를 漢字로 쓰시오.

31 鬪 - [   ] 32 [   ] - 慮

09 다음 漢字의 略字를 쓰시오.

33 爭 - [   ] 34 鑛 - [   ]

10 다음 밑줄 친 낱말을 漢字로 쓰시오.

35 건물이 모두 <u>석재</u>로 만들어졌다.
  .... [   ]
36 많은 희생의 <u>대가</u>를 치르고 얻은 정상 정복의 기쁨이었다. .... [   ]
37 얼마나 <u>열중</u>했는지, 너무 조용하여 연필이 긁히는 소리만 들렸다. … [   ]
38 바다에는 <u>동물성</u> 플랑크톤이 풍부합니다.
  .... [   ]
39 각종 정보를 신속히 <u>입수</u>하여 처리하다.
  .... [   ]

11 다음 중 □ 안에 들어갈 알맞은 漢字를 고르시오.

40 過□-現在-□來
  ①去-美 ②去-未 ③擧-美 ④擧-未
41 선장은 惡天□로 인해 □路를 변경했다.
  ①後-航 ②候-航 ③後-港 ④候-港

평가문제 93~94

01 다음 漢字語의 讀音을 쓰세요.

1 起伏 [   ] 2 非情 [   ]
3 仁義 [   ] 4 禮拜 [   ]
5 競演 [   ] 6 理解 [   ]
7 努肉 [   ] 8 喜劇 [   ]
9 背恩 [   ] 10 屈折 [   ]

02 다음 漢字의 訓과 音을 쓰시오.

11 掃 [   ] 12 說 [   ]
13 歡 [   ] 14 政 [   ]
15 師 [   ] 16 報 [   ]

03 다음 訓과 音에 알맞은 漢字를 쓰시오.

17 공   공 [   ] 18 놈   자 [   ]
19 두   재 [   ] 20 놓을 방 [   ]

04 다음 漢字語 중에서 앞 글자가 長音으로 소리나는 것을 가려 그 번호를 쓰시오.

21 [   ] : ① 短髮 ② 短點 ③ 曲藝 ④ 曲學
22 [   ] : ① 試驗 ② 試食 ③ 分陰 ④ 分讓

05 다음 四字成語의 빈칸에 들어갈 알맞은 漢字를 쓰시오.

23 [   ] 君以忠 24 與民 [   ] 樂
25 [   ] 志不變 26 百 [   ] 無益

06 다음 漢字語의 反對 또는 相對되는 2音節 漢字語를 漢字로 쓰시오.

27 專門家 ↔ [   ] 28 背日性 ↔ [   ]

07 다음 漢字語의 類義語를 漢字로 쓰시오.

29 來年 - [   ] 30 格言 - [   ]

08 다음 漢字의 反對字를 漢字로 쓰시오.

31 [   ] ↔ 私 32 [   ] ↔ 曲

09 다음 漢字의 類義字를 漢字로 쓰시오.

33 居 - [   ] 34 [   ] - 曲

10 다음 漢字의 略字를 쓰시오.

35 醫 - [   ] 36 兒 - [   ]

11 다음 밑줄 친 낱말을 漢字로 쓰시오.

37 시험 날이 다가오면서 <u>중요</u> 문제들만 정리하였다. ·················· [   ]

38 영화를 <u>단체</u>로 관람하였다. ·················· [   ]

39 컴퓨터의 보급으로 사회가 <u>급속도</u>로 변하고 있다. ·················· [   ]

40 그가 범인이라는 <u>육감</u>이 뇌리를 스쳤다. ·················· [   ]

12 다음 중 □ 안에 들어갈 알맞은 漢字를 고르시오.

41 獨立□言書
   ① 旋   ② 善   ③ 宣   ④ 選

42 口□文學은 음성 언어로 표현된 문학이다.
   ① 碑   ② 比   ③ 備   ④ 飛

331

한자능력검정 **4**급(4Ⅱ 포함)

 95~96

01 다음 漢字語의 讀音을 쓰세요.

1 冊張 [   ] 2 商街 [   ]
3 羅織 [   ] 4 放牧 [   ]
5 儉素 [   ] 6 干潮 [   ]
7 普選 [   ] 8 堅持 [   ]
9 未滿 [   ] 10 歎息 [   ]

02 다음 漢字의 訓과 音을 쓰시오.

11 約 [   ] 12 願 [   ]
13 施 [   ] 14 勤 [   ]
15 房 [   ] 16 市 [   ]

03 다음 訓과 音에 알맞은 漢字를 쓰시오.

17 마당 장 [   ] 18 바람 풍 [   ]
19 물건 물 [   ] 20 아이 동 [   ]

04 다음 漢字語 중에서 앞 글자가 長音으로 소리나는 것을 가려 그 번호를 쓰시오.

21 [   ] : ①當社 ②當選 ③布敎 ④布帳
22 [   ] : ①博覽 ②博物 ③化學 ④化石

05 다음 四字成語의 빈칸에 들어갈 알맞은 漢字를 쓰시오.

23 十目 [   ] 視 24 言行一 [   ]
25 前無 [   ] 無 26 不 [   ] 可知

06 다음 漢字語의 反對 또는 相對되는 2음절 漢字語를 漢字로 쓰시오.

27 武班 ↔ [   ] 28 未來 ↔ [   ]

07 다음 漢字語의 類義語를 漢字로 쓰시오.

29 總計 - [   ] 30 [   ] - 鼻祖

08 다음 漢字의 反對字를 漢字로 쓰시오.

31 [   ] ↔ 否 32 [   ] ↔ 危

09 다음 漢字의 類義字를 漢字로 쓰시오.

33 造 - [   ] 34 堅 - [   ]

10 다음 漢字의 略字를 쓰시오.

35 學 - [   ] 36 圖 - [   ]

11 다음 밑줄 친 낱말을 漢字로 쓰시오.

37 인도적인 견지에서 어려운 나라에 식량을 지원하다. .... [   ]
38 그의 고운 심성은 타의 모범이 될 만하다. .... [   ]
39 일주일에 한두 번은 서점에 들르곤 한다. .... [   ]
40 온난화 현상으로 빙하가 녹아 해수면이 상승하고 있다. .... [   ]

12 다음 중 □ 안에 들어갈 알맞은 漢字를 고르시오.

41 小說과 수필을 □文文學이라고 부른다.
   ①散   ②産   ③算   ④山
42 뉴턴은 萬有□力의 法則을 새로 발견했다.
   ①引   ②人   ③仁   ④認

평가문제 97~98

01 다음 漢字語의 讀音을 쓰세요.

1 設備 [　　　]　　2 宗族 [　　　]
3 講究 [　　　]　　4 故意 [　　　]
5 素質 [　　　]　　6 最低 [　　　]
7 放送 [　　　]　　8 機密 [　　　]
9 在籍 [　　　]　　10 鬪犬 [　　　]

02 다음 漢字의 訓과 音을 쓰시오.

11 智 [　　　]　　12 忠 [　　　]
13 養 [　　　]　　14 探 [　　　]
15 平 [　　　]　　16 窮 [　　　]

03 다음 訓과 音에 알맞은 漢字를 쓰시오.

17 모일 회 [　　　]　　18 믿을 신 [　　　]
19 다를 별 [　　　]　　20 군사 군 [　　　]

04 다음 漢字語 중에서 앞 글자가 長音으로 소리나는 것을 가려 그 번호를 쓰시오.

21 [　　　] : ①料金 ②料理 ③知音 ④知名
22 [　　　] : ①未安 ②未開 ③論調 ④論說

05 다음 四字成語의 빈칸에 들어갈 알맞은 漢字를 쓰시오.

23 先 [　　　] 後私　24 良藥 [　　　] 口
25 自 [　　　] 自得　26 靑山 [　　　] 水

06 다음 漢字語의 反對 또는 相對되는 2音節 漢字語를 漢字로 쓰시오.

27 好材 ↔ [　　　]　　28 夜間 ↔ [　　　]

07 다음 漢字의 反對字를 漢字로 쓰시오.

29 有 ↔ [　　　]　　30 [　　　] ↔ 低

08 다음 漢字의 類義字를 漢字로 쓰시오.

31 敎 - [　　　]　　32 素 - [　　　]

09 다음 漢字의 略字를 쓰시오.

33 惡 - [　　　]　　34 戰 - [　　　]

10 다음 밑줄 친 낱말을 漢字로 쓰시오.

35 정상 정복을 위해 <u>고도</u>의 훈련을 받다.
　　　　　　　　　　　　　　[　　　]
36 생산과 <u>소비</u>를 알맞게 조절하다.
　　　　　　　　　　　　　　[　　　]
37 장군의 늠름한 기상에 군사들이 <u>감복</u>하다.
　　　　　　　　　　　　　　[　　　]
38 그는 단체에서 크게 <u>신임</u>을 얻고 있었다.
　　　　　　　　　　　　　　[　　　]
39 남녀 간에 다른 점을 <u>염두</u>에 두고 기본예절을 잊지 않도록 해야 한다.
　　　　　　　　　　　　　　[　　　]

11 다음 중 □ 안에 들어갈 알맞은 漢字를 고르시오.

40 事實 與□를 確認하여 報道하여야 한다.
　　①部　　②否　　③負　　④復
41 문학은 재미가 있으면서도 □然中에 삶에 감동과 힘을 주어야 한다.
　　①友　　②溫　　③字　　④隱

99 ~ 100

01 다음 漢字語의 讀音을 쓰세요.

1 段落 [　　　] 2 精密 [　　　]
3 納稅 [　　　] 4 否認 [　　　]
5 俗稱 [　　　] 6 姉妹 [　　　]
7 腸液 [　　　] 8 解除 [　　　]
9 感覺 [　　　] 10 競輪 [　　　]

02 다음 漢字의 訓과 音을 쓰시오.

11 去 [　　　] 12 階 [　　　]
13 未 [　　　] 14 選 [　　　]

03 다음 訓과 音에 알맞은 漢字를 쓰시오.

15 손　수 [　　] 16 기운 기 [　　]
17 정할 정 [　　] 18 긴　장 [　　]

04 다음 漢字語 중에서 앞 글자가 長音으로 소리나는 것을 가려 그 번호를 쓰시오.

19 [　　] : ① 律調 ② 律令 ③ 操心 ④ 操作
20 [　　] : ① 素質 ② 素服 ③ 全軍 ④ 全景

05 다음 四字成語의 빈칸에 들어갈 알맞은 漢字를 쓰시오.

21 送舊迎 [　　] 22 生 [　　] 不知
23 自 [　　] 自足 24 適 [　　] 適所

06 다음 漢字의 反對字를 漢字로 쓰시오.

25 [　　] ↔ 納　26 [　　] ↔ 否

07 다음 漢字의 類義字를 漢字로 쓰시오.

27 聽 - [　　] 28 協 - [　　]

08 다음 漢字의 略字를 쓰시오.

29 實 - [　　] 30 來 - [　　]

09 다음 漢字語의 反對 또는 相對되는 2音節 漢字語를 漢字로 쓰시오.

31 他動 ↔ [　　] 32 無用 ↔ [　　]

10 다음 밑줄 친 낱말을 漢字로 쓰시오.

33 원수를 대할 때에도 <u>공정성</u>을 잃어버려서는 안 된다. ……… [　　　]

34 백제 근초고왕 때, 아직기가 일본에 가는 <u>사자</u>로 뽑혔습니다. ……… [　　　]

35 변호사가 되어 법정에 나가 <u>원고</u>측의 증인에게 반대 심문을 하였다.
……………… [　　　]

36 할아버지 산소는 따뜻한 볕이 드는 <u>명당</u>자리라고 합니다. ………… [　　　]

37 세종 원년에 <u>대마도</u>를 정벌하고 항복을 받았다.
……………… [　　　]

11 다음 중 □ 안에 들어갈 알맞은 漢字를 고르시오.

38 학급 회의에서 □會長에 선출되다.
① 部　② 副　③ 負　④ 府

39 '우리 겨레'를 예스럽고 멋스럽게 '□達民族, 또는 □達겨레'라고 합니다. (같은 한자)
① 拜　② 背　③ 配　④ 倍

40 강대국의 지배 또는 영향을 받는 □星國家.
① 位　② 偉　③ 衛　④ 委

한자능력 검정시험

기출·예상문제

기출·예상문제
기출·예상문제란 그동안 출제되었던 문제와 앞으로 출제 가능한 문제들을 한데 모아 엮은 것으로, 출제 경향과 문제의 난이도를 측정해 보는 데에 도움이 될 것입니다.

정답확인
정답은 **부록**(51쪽 ~ 53쪽)에 있습니다.

01회 한자능력검정시험 4급II 기출·예상문제

- 채점방식·1문제 : 1점
- 합격점수·70점 이상

01 다음 漢字語의 讀音을 쓰시오. 1~25번

1 復元 [   ]   2 終末 [   ]
3 關係 [   ]   4 老練 [   ]
5 等級 [   ]   6 節約 [   ]
7 他鄕 [   ]   8 職務 [   ]
9 貯蓄 [   ]   10 限界 [   ]
11 習得 [   ]   12 情報 [   ]
13 團束 [   ]   14 歌謠 [   ]
15 非難 [   ]   16 連打 [   ]
17 敎養 [   ]   18 感謝 [   ]
19 創業 [   ]   20 赤色 [   ]
21 內陸 [   ]   22 恩師 [   ]
23 暖流 [   ]   24 許容 [   ]
25 極貧 [   ]

02 다음 글에서 밑줄 친 單語 중 한글로 쓰인 것은 漢字로 고치고, 漢字로 쓰인 것은 한글로 고쳐 쓰시오. 26~49번

사람은 먹고 입고 쓰는 것을 모두 자연[26]에서 얻어 살아왔고 지금도 그러하다.

그러나 과학[27]이 크게 發達[28]하면서 사람들은 점차 자연을 잊어 가고 있다. 자기[29]가 자연의 혜택으로 살고 있다는 것을 생각하지 못하고 있는 것이다.

먹고 입고 쓰는 것도 과학이라는 마술사가 만들어 주는 것으로 생각하고 있다. 우리가 늘 쓰는 학용품[30]과 생활용품은 말할 것도 없고 심지어는 먹는 것도 공장[31]에서 조리[32]되고, 입는 옷도 기계가 만들어 주는 화학[33] 섬유가 대부분[34]을 차지하며, 자연 섬유도 이제는 모두가 공장에서 완전[35]한 製品[36]으로 만들어져서 우리 손에 들어오니까 그렇게 생각하기 쉽다.

교통[37]이나 통신 手段[38]을 보면 오늘날은 과연[39] 과학의 시대[40]며 과학만이 우리 인류[41]를 편리[42]하고 행복[43]하게 해준다고 믿게 된다.

땅 위를 걸어서만 다니던 사람이 우주여행[44]을 할 수 있게 되고, 얼굴을 맞대어야만 이야기를 할 수 있던 사람이 전화[45]기 앞에만 앉으면 세계 어느 곳과도 직접 만나는 것과 다름없이 이야기를 나눌 수 있게 되었으니, 과학이야말로 위대[46]한 마술사임에 틀림없다.

그러나 '숲으로부터의 請求書[47]'를 읽고, 나는 과학의 발달로 인한 우리 생활의 편리도 모두가 그 바탕은 숲에 있다는 것을 알게 되었다. 그러므로 우리가 말하는 자연 保護[48]가 참으로 중요[49]한 일이란 것을 깨달았다.

26 자연 [   ]   27 과학 [   ]
28 發達 [   ]   29 자기 [   ]
30 학용품 [   ]   31 공장 [   ]
32 조리 [   ]   33 화학 [   ]
34 대부분 [   ]   35 완전 [   ]
36 製品 [   ]   37 교통 [   ]
38 手段 [   ]   39 과연 [   ]
40 시대 [   ]   41 인류 [   ]
42 편리 [   ]   43 행복 [   ]
44 여행 [   ]   45 전화 [   ]
46 위대 [   ]   47 請求書 [   ]
48 保護 [   ]   49 중요 [   ]

03 다음 漢字語를 漢字로 쓰시오. 50~55번

50 노동 (마음과 몸을 써서 일을 함) ···· [   ]

51 유가 (석유의 판매 가격) ············ [   ]
52 출산 (아기를 낳음) ················ [   ]
53 병약 (병에 시달려 몸이 허약함) ·· [   ]
54 전주 (지난주) ······················ [   ]
55 다재 (재주가 많음) ················ [   ]

04 다음 漢字의 訓과 音을 쓰시오. 56~77번

56 飛 [   ]   57 官 [   ]
58 卓 [   ]   59 望 [   ]
60 改 [   ]   61 災 [   ]
62 早 [   ]   63 停 [   ]
64 希 [   ]   65 星 [   ]
66 煙 [   ]   67 治 [   ]
68 送 [   ]   69 統 [   ]
70 學 [   ]   71 稅 [   ]
72 決 [   ]   73 舍 [   ]
74 案 [   ]   75 院 [   ]
76 引 [   ]   77 貨 [   ]

05 다음 한자와 뜻이 反對 또는 相對되는 한자를 [ ]에 넣어 한자어를 만드시오. 78~80번

78 吉 ↔ [   ]   79 [   ] ↔ 夜
80 利 ↔ [   ]

06 다음 漢字와 소리는 같으나 뜻이 다른 漢字語를 쓰시오. 81~83번

81 事後 - [   ]   82 國事 - [   ]
83 食水 - [   ]

07 다음 漢字의 略字를 쓰시오. 84~86번

84 廣 [   ]   85 當 [   ]
86 實 [   ]

08 다음 漢字와 같은 뜻의 한자를 [ ]에 넣어 漢字語를 만드시오. 87~89번

87 知 = [   ]   88 談 = [   ]
89 道 = [   ]

09 다음 [ ] 안에 뜻에 알맞은 漢字를 채워 漢字成語를 완성하시오. 90~94번

90 眼 [   ] 無人
: 사람을 업신여기고 교만함.

91 有 口 無 [   ]
: 입은 있으나 할 말이 없다는 뜻으로 변명할 말이 없거나 변명을 못함.

92 美 風 [   ] 俗
: 아름답고 좋은 풍습.

93 風 [   ] 燈 火
: '바람 앞의 등불'이라는 뜻으로, 매우 위태로운 상태를 이르는 말.

94 不 [   ] 可 知
: 묻지 아니하여도 알 수 있음.

10 다음 漢字의 部首로 알맞은 것을 골라 그 번호를 쓰시오. 95~97번

95 藝 : [   ] ①艹 ②丸 ③云 ④土
96 壓 : [   ] ①厂 ②月 ③犬 ④土
97 街 : [   ] ①彳 ②土 ③行 ④圭

11 다음 漢字語의 뜻을 쓰시오. 98~100번

98 最古 : [   ]
99 放火 : [   ]
100 訪韓 : [   ]

02회 한자능력검정시험 4급Ⅱ 기출·예상문제

- 채점방식·1문제 : 1점
- 합격점수·70점 이상

01 다음 漢字語의 讀音을 쓰시오. 1~25번

1 貧富 [   ] 2 患者 [   ]
3 醫保 [   ] 4 卓球 [   ]
5 銀行 [   ] 6 農協 [   ]
7 熱氣 [   ] 8 準備 [   ]
9 樂勝 [   ] 10 提議 [   ]
11 英雄 [   ] 12 惡材 [   ]
13 野黨 [   ] 14 禁煙 [   ]
15 當落 [   ] 16 退職 [   ]
17 綠葉 [   ] 18 商街 [   ]
19 毒素 [   ] 20 總選 [   ]
21 創造 [   ] 22 建築 [   ]
23 統治 [   ] 24 考察 [   ]
25 政府 [   ]

02 다음 글에서 밑줄 친 單語 중 한글로 쓰인 것은 漢字로 고치고, 漢字로 쓰인 것은 한글로 고쳐 쓰시오. 26~49번

학문의 세계[26]에서도 이와 같은 순리[27]와 常識[28]의 진리가 尊重[29]되어야 할 터이다. 특히 작금[30]의 대학 현실[31]을 염두[32]에 둘 때 이는 절실[33]한 요구이다. 대학의 가치와 역할을 과연 어디에 둘 것인가 하는 것은 여전[34]히 숙고해야 할 문제이다. 대세만을 쫓아 현실을 그대로 추수하는 態度[35]에서 나온 방안[36]은 시간[37]이 經過[38]하면 서서히 부작용을 드러낼 것이다. 인간의 행복[39]에 기여하기 위해 존재하는 것이 학문이라면, 인간 자신을 탐구하고 계발하기 위한 지식[40]을 버리고 어찌 학문을 말할 수 있을 것인가 하는 의문이 든다.

인문학에 대한 무관심[41]은 그런 점에서 대단히 우려되는 광경이다.
인류사[42]의 전개[43]는 물질적[44]인 풍요만으로 인간이 행복할 수 없으며 그 사회 또한 선진국이 될 수 없다는 사실을 분명히 말해주고 있다. 진실을 말하자면 인간의 행복이란, 현실의 삶과 내면적[45]인 精神[46]의 삶의 일치에 의해서만 실현될 수 있는 성질의 것이다. 여기서 현실의 방편[47]이거나 도구로만 사용[48]되는 지식을 추구하는 것이 학문의 바른 길이 아님은 명백[49]하다.

26 세계 [   ] 27 순리 [   ]
28 常識 [   ] 29 尊重 [   ]
30 작금 [   ] 31 현실 [   ]
32 염두 [   ] 33 절실 [   ]
34 여전 [   ] 35 態度 [   ]
36 방안 [   ] 37 시간 [   ]
38 經過 [   ] 39 행복 [   ]
40 지식 [   ] 41 무관심 [   ]
42 인류사 [   ] 43 전개 [   ]
44 물질적 [   ] 45 내면적 [   ]
46 精神 [   ] 47 방편 [   ]
48 사용 [   ] 49 명백 [   ]

03 다음 漢字語를 漢字로 쓰시오. 50~55번

50 평화 (세상이 평온하고 화목함) ·· [   ]
51 야광 (밤에 비치는 빛) ············ [   ]
52 현행 (현재 행함) ················· [   ]
53 강화 (더 강하고 튼튼하게 됨) ··· [   ]

한자능력검정 **4**급(4II 포함)

54 성분 (서로 합쳐 복합체를 이루는 물질)
.... [   ]

55 양육 (길러 자라게 함) .... [   ]

04 다음 漢字의 訓과 音을 쓰시오. 56~77번

56 望 [   ]   57 星 [   ]
58 赤 [   ]   59 買 [   ]
60 寺 [   ]   61 黑 [   ]
62 授 [   ]   63 洗 [   ]
64 舍 [   ]   65 虛 [   ]
66 島 [   ]   67 助 [   ]
68 友 [   ]   69 雲 [   ]
70 固 [   ]   71 背 [   ]
72 防 [   ]   73 志 [   ]
74 惠 [   ]   75 血 [   ]
76 器 [   ]   77 吸 [   ]

05 다음 한자와 뜻이 反對 또는 相對되는 한자를 [   ]에 넣어 한자어를 만드시오. 78~80번

78 主 ↔ [   ]   79 [   ] ↔ 心
80 勞 ↔ [   ]

06 다음 漢字와 소리는 같으나 뜻이 다른 漢字語를 쓰시오. 81~83번

81 大豊 - [   ]   82 新任 - [   ]
83 過失 - [   ]

07 다음 漢字의 略字를 쓰시오. 84~86번

84 區 [   ]   85 號 [   ]
86 對 [   ]

08 다음 漢字와 같은 뜻의 한자를 [   ]에 넣어 漢字語를 만드시오. 87~89번

87 永 = [   ]   88 [   ] = 謠
89 法 = [   ]

09 다음 [   ] 안에 뜻에 알맞은 漢字를 채워 漢字成語를 완성하시오. 90~94번

90 見 [   ] 思 義
: 눈앞에 이익이 보일 때 의리를 생각함.

91 說 [   ] 說 來
: 서로 변론을 주고받으며 옥신각신함.

92 [   ] 一 知 十
: 한 가지를 듣고 열 가지를 미루어 앎.

93 結 [   ] 報 恩
: 죽어 혼령이 되어도 은혜를 잊지 않고 갚음.

94 百 年 大 [   ]
: 먼 뒷날까지 걸친 계획.

10 다음 漢字의 部首로 알맞은 것을 골라 그 번호를 쓰시오. 95~97번

95 變 : [   ] ①糸 ②言 ③絲 ④攵
96 祭 : [   ] ①⺼ ②又 ③示 ④小
97 努 : [   ] ①女 ②又 ③奴 ④力

11 다음 漢字語의 뜻을 쓰시오. 98~100번

98 放心 : [   ]
99 早朝 : [   ]
100 單獨 : [   ]

01회 한자능력검정시험 4급 기출·예상문제

- 채점방식·1문제 : 1점
- 합격점수·70점 이상

01 다음 漢字語의 讀音을 쓰시오. 1~25번

1 海賊 [   ] 2 崇拜 [   ]
3 修習 [   ] 4 認識 [   ]
5 投票 [   ] 6 環境 [   ]
7 防犯 [   ] 8 軍隊 [   ]
9 痛歎 [   ] 10 考慮 [   ]
11 趣向 [   ] 12 着陸 [   ]
13 廣場 [   ] 14 端裝 [   ]
15 淸潔 [   ] 16 閑暇 [   ]
17 批評 [   ] 18 實施 [   ]
19 松板 [   ] 20 避難 [   ]
21 測量 [   ] 22 辭職 [   ]
23 威嚴 [   ] 24 豫想 [   ]
25 壓縮 [   ]

02 다음 글에서 밑줄 친 單語 중 한글로 쓰인 것은 漢字로 고치고, 漢字로 쓰인 것은 한글로 고쳐 쓰시오. 26~40번

회장 : 봉사하는 <u>학급</u>[26], 질서를 지키는 학급, 스스로 공부하는 학급이 되어 마지막 <u>학기</u>[27]를 잘 마무리하자는 의견이시죠?
영호 : 그렇습니다.
회장 : 그럼 <u>구체적</u>[28]인 실천 <u>방안</u>[29]을 말씀해주십시오.
민기 : 우리 모두가 이 세 가지를 잘 실천하겠다는 다짐이 <u>중요</u>[30]하다고 봅니다.
수희 : 하지만 <u>봉사활동</u>[31]은 <u>매주</u>[32] <u>計畫</u>[33]을 세워서 <u>推進</u>[34]하는 것이 좋겠습니다.
회장 : 알겠습니다. 우리들은 위의 세 가지를 마지막 학기를 마무리하는 <u>약속</u>[35]으로 삼고, 매주 <u>반성</u>[36]과 다짐을 새롭게 하는 <u>시간</u>[37]을 갖겠습니다.

우리 모두 지금부터 잘 실천하겠다는 <u>姿勢</u>[38]를 가집시다.
다음 주에는 우리들이 학교나 <u>地域</u>[39]사회를 위하여 할 수 있는 일에 대한 計畫을 세우도록 하겠습니다.
오늘 <u>會議</u>[40]는 여기서 마치겠습니다.

26 학급 [   ] 27 학기 [   ]
28 구체적 [   ] 29 방안 [   ]
30 중요 [   ] 31 봉사활동 [   ]
32 매주 [   ] 33 計畫 [   ]
34 推進 [   ] 35 약속 [   ]
36 반성 [   ] 37 시간 [   ]
38 姿勢 [   ] 39 地域 [   ]
40 會議 [   ]

03 윗글의 밑줄 친 한자어(33~38)에서 첫소리가 長音인 것을 3개 골라 그 번호를 쓰시오. 41~43번

41 [   ] 42 [   ] 43 [   ]

04 다음 뜻에 알맞은 漢字語를 漢字로 쓰시오. 44~48번

44 신선 (새롭고 깨끗함) …… [   ]
45 경쟁 (같은 목적에 관하여 겨루어 나눔)
    ……………………………… [   ]
46 탁견 (뛰어난 의견) ……… [   ]
47 약국 (약을 조제, 또는 팔기도 하는 곳)
    ……………………………… [   ]
48 선정 (가려서 정함) ……… [   ]

05 다음 漢字의 訓과 音을 쓰시오. 49~70번

49 星 [   ] 50 酒 [   ]
51 肅 [   ] 52 承 [   ]

한자능력검정 **4**급(**4**Ⅱ 포함)

53 錢 [   ]   54 慰 [   ]
55 育 [   ]   56 誤 [   ]
57 勇 [   ]   58 協 [   ]
59 喜 [   ]   60 核 [   ]
61 餘 [   ]   62 爆 [   ]
63 範 [   ]   64 筋 [   ]
65 堅 [   ]   66 努 [   ]
67 徒 [   ]   68 針 [   ]
69 轉 [   ]   70 歷 [   ]

06 다음 訓과 音에 알맞은 漢字를 쓰시오.   71~77번

71 잡을 조 [   ]   72 마칠 졸 [   ]
73 마실 음 [   ]   74 뜻 정 [   ]
75 굳셀 건 [   ]   76 무리 등 [   ]
77 붓 필 [   ]

07 다음 漢字와 뜻이 反對되는 글자를 연결하여 漢字語를 만드시오.   78~80번

78 利 ↔ [   ]   79 [   ] ↔ 官
80 勞 ↔ [   ]

08 다음 漢字語의 反對語를 漢字로 쓰시오.   81~83번

81 逆行 ↔ [   ]   82 [   ] ↔ 閉會
83 成功 ↔ [   ]

09 다음 漢字와 비슷한 漢字를 써서 漢字語를 만드시오.   84~86번

84 停 = [   ]   85 [   ] = 術
86 增 = [   ]

10 다음 □ 주변의 4개 漢字를 화살표 방향으로 결합해서 단어가 될 수 있는 공통 한자를 보기에서 골라 그 번호를 쓰시오.   87~90번

| 보기 |
① 査 ② 混 ③ 硏 ④ 限 ⑤ 禁
⑥ 寢 ⑦ 單 ⑧ 說 ⑨ 勤 ⑩ 障

87 遊 → □ ← 明, 破 → □ ← 演   88 解 → □ ← 止, 監 → □ ← 煙
89 就 → □ ← 房, 所 → □ ← 具   90 戰 → □ ← 用, 合 → □ ← 同

11 다음 [ ] 안에 알맞은 漢字를 채워 漢字成語를 완성하시오.   91~95번

91 父子有 [   ]   92 不問 [   ] 直
93 殺身 [   ] 仁   94 適者 [   ] 存
95 明鏡 [   ] 水

12 다음 漢字의 部首를 쓰시오.   96~97번

96 原 [   ]   97 友 [   ]

13 다음 낱말 뜻에 알맞은 漢字語를 보기에서 골라 그 番號를 쓰시오.   84~86번

| 보기 |
① 盜用 ② 文書 ③ 券頭 ④ 延命
⑤ 卷頭 ⑥ 年命 ⑦ 都用 ⑧ 年歲

98 남의 것을 허가 없이 씀 … [   ]
99 책의 첫머리 …………… [   ]
100 수명을 늘임 …………… [   ]

02회 한자능력검정시험 4급 기출·예상문제

- 채점방식·1문제 : 1점
- 합격점수·70점 이상

01 다음 漢字語의 讀音을 쓰시오. 1~25번

1 姿態 [   ] 2 減資 [   ]
3 派兵 [   ] 4 憲法 [   ]
5 傷處 [   ] 6 救濟 [   ]
7 餘暇 [   ] 8 降伏 [   ]
9 應援 [   ] 10 拒逆 [   ]
11 構築 [   ] 12 暗香 [   ]
13 廳舍 [   ] 14 談判 [   ]
15 攻擊 [   ] 16 侵略 [   ]
17 職務 [   ] 18 隱居 [   ]
19 姉妹 [   ] 20 障壁 [   ]
21 逃避 [   ] 22 盜聽 [   ]
23 儉素 [   ] 24 細胞 [   ]
25 寢室 [   ]

02 다음 글에서 밑줄 친 單語 중 한글로 쓰인 것은 漢字로 고치고, 漢字로 쓰인 것은 한글로 고쳐 쓰시오. 26~40번

문학²⁶의 세계는 현실²⁷ 세계²⁸를 바탕으로 한다. 그러나 그것을 그대로 模寫²⁹하는 것이 아니라 거기에 작가³⁰의 想像力³¹을 發揮³²해 새롭게 꾸미는 것이다. 인간 사회³³에서 흔히 있을 수 있는 일을 실감³⁴나게 꾸며냄으로써 세계와 인간의 모습을 새롭게 발견³⁵하고 創造³⁶해 낸다. 이 때, 그렇다고 해서 문학이 거짓을 다룬다는 말은 아니다. 문학은 있었던 일, 즉 사실을 그대로 記錄³⁷하지는 않지만 그 사실을 바탕으로 작가가 의도³⁸하는 방향³⁹의 상상을 덧붙여 문학적인 진실을 探究⁴⁰하는 것이다.

26 문학 [   ] 27 현실 [   ]
28 세계 [   ] 29 模寫 [   ]
30 작가 [   ] 31 想像力 [   ]
32 發揮 [   ] 33 사회 [   ]
34 실감 [   ] 35 발견 [   ]
36 創造 [   ] 37 記錄 [   ]
38 의도 [   ] 39 방향 [   ]
40 探究 [   ]

03 윗글에서 밑줄 친 漢字語 26~34에서 첫소리가 長音인 것을 골라 3개 쓰시오. 41~43번

41 [   ] 42 [   ] 43 [   ]

04 다음 뜻에 알맞은 漢字語를 漢字로 쓰시오. 44~48번

44 통고 (서면이나 말로 통지하여 알림)
·················· [   ]
45 정지 (멈추어 섬) ·············· [   ]
46 중임 (근무하던 지위에 거듭 임용됨)
·················· [   ]
47 수석 (맨 윗자리. 으뜸가는 자리) ·· [   ]
48 염원 (마음에 생각하고 기원함) ·· [   ]

05 다음 漢字의 訓과 音을 쓰시오. 49~70번

49 施 [   ] 50 疲 [   ]
51 飮 [   ] 52 憤 [   ]
53 院 [   ] 54 房 [   ]
55 街 [   ] 56 帳 [   ]
57 確 [   ] 58 液 [   ]

343

한자능력검정 **4**급(**4**Ⅱ 포함)

59 盛 [   ]   60 陣 [   ]
61 思 [   ]   62 寶 [   ]
63 航 [   ]   64 輕 [   ]
65 誌 [   ]   66 整 [   ]
67 師 [   ]   68 葉 [   ]
69 象 [   ]   70 縮 [   ]

06 다음 訓과 音에 알맞은 漢字를 쓰시오.   71~77번

71 귀할 귀 [   ]   72 약할 약 [   ]
73 주일 주 [   ]   74 특별할 특 [   ]
75 빠를 속 [   ]   76 거느릴 령 [   ]
77 공 구 [   ]

07 다음 漢字와 뜻이 반대되는 글자를 연결하여 漢字語를 만드시오.   78~80번

78 興 ↔ [   ]   79 [   ] ↔ 凶
80 虛 ↔ [   ]

08 다음 漢字語의 反對語를 漢字로 쓰시오.   81~83번

81 消費 ↔ [   ]   82 [   ] ↔ 下校
83 缺席 ↔ [   ]

09 다음 漢字와 비슷한 漢字를 써서 漢字語를 만드시오.   84~86번

84 希 = [   ]   85 崇 = [   ]
86 正 = [   ]

10 다음 □ 주변의 4개 漢字를 화살표 방향으로 결합해서 단어가 될 수 있는 공통 한자를 |보기|에서 골라 그 번호를 쓰시오.   87~90번

|보기|
① 退 ② 層 ③ 權 ④ 招 ⑤ 散
⑥ 慰 ⑦ 修 ⑧ 導 ⑨ 敢 ⑩ 連

87 集 ↘ ↙ 步   88 勞 ↘ ↙ 安
     □   □
   ↗ ↖   ↗ ↖
  解   在   問   自

89 引 ↘ ↙ 入   90 階 ↘ ↙ 地
     □   □
   ↗ ↖   ↗ ↖
  主   善   深   斷

11 다음 [   ] 안에 알맞은 漢字를 채워 漢字成語를 완성하시오.   91~95번

91 九 [   ] 一毛   92 牛耳 [   ] 經
93 燈下不 [   ]   94 走 [   ] 看山
95 [   ] 不識丁

12 다음 漢字의 部首를 쓰시오.   96~97번

96 觀 [   ]   97 條 [   ]

13 다음 낱말 뜻에 알맞은 漢字語를 |보기|에서 골라 그 번호를 쓰시오.   98~100번

|보기|
① 投票 ② 買盡 ③ 統合 ④ 表決
⑤ 通合 ⑥ 票決 ⑦ 結集 ⑧ 賣盡

98 모두 합쳐 하나로 만듦 … [   ]
99 상품이 모두 팔림 ……… [   ]
100 투표로써 결정함 ……… [   ]

03회 한자능력검정시험 4급 기출·예상문제

- 채점방식 · 1문제 : 1점
- 합격점수 · 70점 이상

01 다음 漢字語의 讀音을 쓰시오. 1~25번

1 納得 [   ]   2 簡單 [   ]
3 海底 [   ]   4 標準 [   ]
5 郵便 [   ]   6 貯蓄 [   ]
7 恩惠 [   ]   8 組織 [   ]
9 效力 [   ]   10 豫防 [   ]
11 毛髮 [   ]   12 離散 [   ]
13 激變 [   ]   14 壓死 [   ]
15 遺産 [   ]   16 混亂 [   ]
17 看護 [   ]   18 檀君 [   ]
19 示威 [   ]   20 普通 [   ]
21 請狀 [   ]   22 暴惡 [   ]
23 掃除 [   ]   24 擊退 [   ]
25 厚待 [   ]

02 다음 글에서 밑줄 친 單語 중 한글로 쓰인 것은 漢字로 고치고, 漢字로 쓰인 것은 한글로 고쳐 쓰시오. 26~40번

당시²⁶ 유의태는 의술²⁷이 뛰어나 귀신처럼 병을 잘 고친다고 널리 알려져 있었다. 그는 의술이 뛰어날 뿐 아니라 학식²⁸이 깊고 품성²⁹이 호탕하여 모든 사람들이 尊敬³⁰하고 있었다.
  유의태는 늘 해어진 옷을 입고 헌 갓을 쓰고 산천³¹을 遊覽³²하면서 자신³³의 의술을 널리 폈다. 가난하고 무지³⁴한 백성³⁵들에게는 유의태야말로 구세주³⁶가 아닐 수 없었다.
  유의태는 허준을 보자 곧 그가 적당한 인물임을 알아챘다. 그는 허준을 마치 자기의 분신³⁷인 것처럼 생각하고 더욱 嚴³⁸하게 가르치고 또 아껴 주었다. 허준은 유의태를 스승으로 받들게 되자 스승을 통해 의술을 배워 더 큰 理想³⁹을 실현⁴⁰시키리라 마음속으로 다짐했다.

26 당시 [   ]   27 의술 [   ]
28 학식 [   ]   29 품성 [   ]
30 尊敬 [   ]   31 산천 [   ]
32 遊覽 [   ]   33 자신 [   ]
34 무지 [   ]   35 백성 [   ]
36 구세주 [   ]   37 분신 [   ]
38 嚴 [   ]   39 理想 [   ]
40 실현 [   ]

03 윗글에서 밑줄 친 漢字語 34~40에서 첫소리가 長音인 것을 골라 3개 쓰시오. 41~43번

41 [   ] 42 [   ] 43 [   ]

04 다음 뜻에 알맞은 漢字語를 漢字로 쓰시오. 44~48번

44 비중 (집단이나 사물에서 차지하는 중요한 정도)
   .... [   ]
45 엽서 (크기를 한정한 통신 용지) ·· [   ]
46 급식 (식사를 제공함) .... [   ]
47 가결 (의안을 옳다고 결정함) ·· [   ]
48 담화 (이야기) .... [   ]

05 다음 漢字의 訓과 音을 쓰시오. 49~70번

49 演 [   ]   50 丁 [   ]
51 草 [   ]   52 守 [   ]
53 抗 [   ]   54 兒 [   ]
55 島 [   ]   56 優 [   ]
57 鏡 [   ]   58 笑 [   ]
59 紀 [   ]   60 富 [   ]

345

61 街 [   ] 62 帳 [   ]
63 鉛 [   ] 64 願 [   ]
65 張 [   ] 66 妨 [   ]
67 奉 [   ] 68 賢 [   ]
69 味 [   ] 70 潮 [   ]

06 다음 訓과 音에 알맞은 漢字를 쓰시오. 71~77번

71 채울 충 [   ] 72 굳을 고 [   ]
73 겉 표 [   ] 74 나눌 반 [   ]
75 해할 해 [   ] 76 베낄 사 [   ]
77 공 공 [   ]

07 다음 漢字와 뜻이 반대되는 글자를 연결하여 漢字語를 만드시오. 78~80번

78 好 ↔ [   ] 79 [   ] ↔ 危
80 陰 ↔ [   ]

08 다음 漢字語의 反對語를 漢字로 쓰시오. 81~83번

81 姉妹 ↔ [   ] 82 [   ] ↔ 結果
83 歲入 ↔ [   ]

09 다음 漢字와 비슷한 한자를 써서 漢字語를 만드시오. 84~86번

84 文 = [   ] 85 [   ] = 規
86 家 = [   ]

10 다음 □ 주변의 4개 漢字를 화살표 방향으로 결합해서 단어가 될 수 있는 공통 한자를 보기에서 골라 그 번호를 쓰시오. 87~90번

[보기]
① 協   ② 難   ③ 大   ④ 侵   ⑤ 公
⑥ 經   ⑦ 志   ⑧ 衆   ⑨ 寶   ⑩ 援

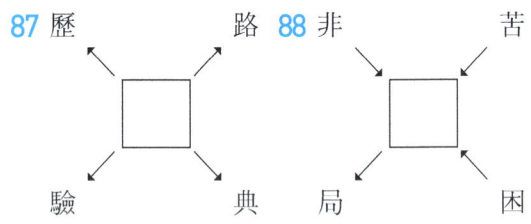

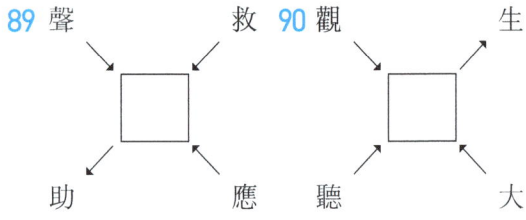

11 다음 [ ] 안에 알맞은 漢字를 채워 漢字成語를 완성하시오. 91~95번

91 事必歸 [   ] 92 [   ] 中有骨
93 易 [   ] 思之 94 公平無 [   ]
95 龍 [   ] 蛇尾

12 다음 漢字의 部首를 쓰시오. 96~97번

96 革 [   ] 97 墓 [   ]

13 다음 낱말 뜻에 알맞은 漢字語를 보기에서 골라 그 번號를 쓰시오. 98~100번

[보기]
① 國積   ② 未滿   ③ 局績   ④ 底空
⑤ 飛行   ⑥ 低空   ⑦ 國籍   ⑧ 未萬

98 고도가 낮은 공중 ················ [   ]
99 국가 구성원으로서의 자격 ····· [   ]
100 정한 수나 정도에 차지 못함·· [   ]

《부수일람표》

부수	뜻	음	부수	뜻	음	부수	뜻	음	부수	뜻	음
【1획】			廾	손 맞잡다	공	矢	화살	시	**【8획】**		
一	하나	일	弋	주살	익	石	돌·섬	석	金	쇠	금
丨	뚫다	곤	弓	활	궁	示·礻	보이다	시	長·镸	길다	장
丶	구절 찍다	주	彐·彑	돼지머리	계	禸	짐승 발자국	유	門	문	문
丿	삐치다	별	彡	터럭	삼	禾	벼·곡식	화	阜·阝	언덕	부
乙	새	을	彳	자축거리다	척	穴	구멍	혈	隶	미치다	이
亅	갈고리	궐	**【4획】**			立	서다·세우다	립	隹	새	추
【2획】			心·忄·㣺	마음	심	**【6획】**			雨	비	우
二	둘	이	戈	창	과	竹	대나무	죽	青	푸르다	청
亠	윗부분	두	戶	집·지게문	호	米	쌀	미	非	아니다	비
人·亻	사람	인	手·扌	손·재방변	수	糸	실	사	**【9획】**		
儿	어진사람	인	支	지탱하다	지	缶	장군	부	面	얼굴	면
入	들어가다	입	攴·攵	치다	복	网·罒	그물	망	革	가죽	혁
八	여덟	팔	文	글월	문	羊	양	양	韋	다룬가죽	위
冂	멀다·들밖	경	斗	말	두	羽	깃	우	韭	부추	구
冖	덮다	멱	斤	도끼	근	老·耂	늙다	로	音	소리	음
冫	얼음	빙	方	모	방	而	말을 잇다	이	頁	머리	혈
几	책상	궤	无·旡	없다	무	耒	쟁기	뢰	風	바람	풍
凵	입벌리다	감	日	날·해	일	耳	귀	이	飛	날다	비
刀·刂	칼	도	曰	가로되	왈	聿	붓	율	食	먹다·밥	식
力	힘	력	月	달	월	肉·月	고기	육	首	머리	수
勹	감싸다	포	木	나무	목	臣	신하	신	香	향기	향
匕	숟가락·비수	비	欠	하품	흠	自	스스로	자	**【10획】**		
匚	모진그릇	방	止	그치다	지	至	이르다	지	馬	말	마
匸	감추다	혜	歹·歺	뼈 앙상하다	알	臼	절구	구	骨	뼈	골
十	열	십	殳	창·치다	수	舌	혀	설	高	높다	고
卜	점	복	毋	없다	무	舛	어그러지다	천	髟	머리늘어지다	표
卩·㔾	병부	절	比	견주다	비	舟	배	주	鬥	싸우다	투
厂	기슭	엄	毛	털	모	艮	그치다	간	鬯	술이름	창
厶	사사	사	氏	각시·성씨	씨	色	빛	색	鬲	막다	격
又	또	우	气	기운	기	艸·艹	풀	초	鬼	귀신	귀
【3획】			水·氵·氺	물	수	虍	범의 문채	호	**【11획】**		
口	입	구	火·灬	불	화	虫	벌레	충	魚	물고기	어
囗	에워싸다	위	爪·爫	손톱	조	血	피	혈	鳥	새	조
土	흙	토	父	아버지	부	行	다니다	행	鹵	소금밭	로
士	선비	사	爻	사귀다	효	衣·衤	옷	의	鹿	사슴	록
夂	뒤에 오다	치	爿	조각널	장	襾·西	덮다	아	麥	보리	맥
夊	편안히 걷다	쇠	片	조각	편	**【7획】**			麻	삼	마
夕	저녁	석	牙	어금니	아	見	보다	견	**【12획】**		
大	크다	대	牛·牜	소	우	角	뿔	각	黃	누른빛	황
女	계집	녀	犬·犭	개	견	言	말씀	언	黍	기장	서
子	아들	자	**【5획】**			谷	골짜기	곡	黑	검다	흑
宀	집	면	玉·王	구슬	옥	豆	콩	두	黹	바느질하다	치
寸	마디	촌	玄	검다	현	豕	돼지	시	**【13획】**		
小	작다	소	瓜	오이	과	豸	발없는벌레	치	黽	맹꽁이	맹
尢·尣	절뚝발이	왕	瓦	기와·질그릇	와	貝	조개	패	鼎	솥	정
尸	주검	시	甘	(맛이)달다	감	赤	붉다	적	鼓	북	고
屮	움이나다	철	生	낳다·살다	생	走	달리다	주	鼠	쥐	서
山	메	산	用	사용하다	용	足	발	족	**【14획】**		
川·巛	내	천	田	밭	전	身	몸	신	鼻	코	비
工	장인	공	疋	발	소	車	수레	거	齊	가지런하다	제
己	몸	기	疒	질병	녁	辛	맵다	신	**【15획】**		
巾	수건	건	癶	걷다·가다	발	辰	별	진	齒	이·나이	치
干	방패	간	白	희다·아뢰다	백	辵·辶	쉬엄쉬엄가다	착	**【16획】**		
幺	작다	요	皮	가죽·껍질	피	邑·阝	고을	읍	龍	용	룡
广	돌집	엄	皿	그릇	명	酉	닭	유	龜	거북	귀
廴	길게 걷다	인	目	눈	목	釆	분별하다	변	**【17획】**		
			矛	창	모	里	마을	리	龠	피리	약

347

한자(漢字) 부수(部首)

▶ 부수는 한자를 구성하는 기본 글자로, 모두 214자입니다.

一 丨 丶 丿 乙 亅 二 亠 人 亻 入
八 冂 冖 冫 几 凵 刀 力 勹 匕 匸
十 卜 卩 厂 厶 又 口 囗 土 士 夂
夊 夕 大 女 子 宀 寸 小 尢 尸 屮
山 巛 工 己 巾 干 幺 广 廴 廾 弋
弓 彐 彡 彳 心 戈 戶 手 支 攴 文
斗 斤 方 无 日 曰 月 木 欠 止 歹
殳 毋 比 毛 氏 气 水 火 爪 父 爻
爿 片 牙 牛 犬 玄 玉 瓜 瓦 甘 生
用 田 疋 疒 癶 白 皮 皿 目 矛 矢
石 示 禸 禾 穴 立 竹 米 糸 缶 网
羊 羽 老 而 耒 耳 聿 肉 臣 自 至
臼 舌 舛 舟 艮 色 艸 虍 虫 血 行
衣 襾 見 角 言 谷 豆 豕 豸 貝 赤
走 足 身 車 辛 辰 辵 邑 酉 釆 里
金 長 門 阜 隶 隹 雨 青 非 面 革
韋 韭 音 頁 風 飛 食 首 香 馬 骨
高 髟 鬥 鬯 鬲 鬼 魚 鳥 鹵 鹿 麥
麻 黃 黍 黑 黹 黽 鼎 鼓 鼠 鼻 齊
齒 龍 龜 龠

(사)한국어문회 주관 | 교육급수 지침서

한자능력 검정시험

4급 / 4급Ⅱ

부록 · 쓰기연습

- 본문학습 해답
- 평가문제 / 기출·예상문제 해답
- 4급 배정한자[1,000자 – 가나다순]
- 쓰기연습

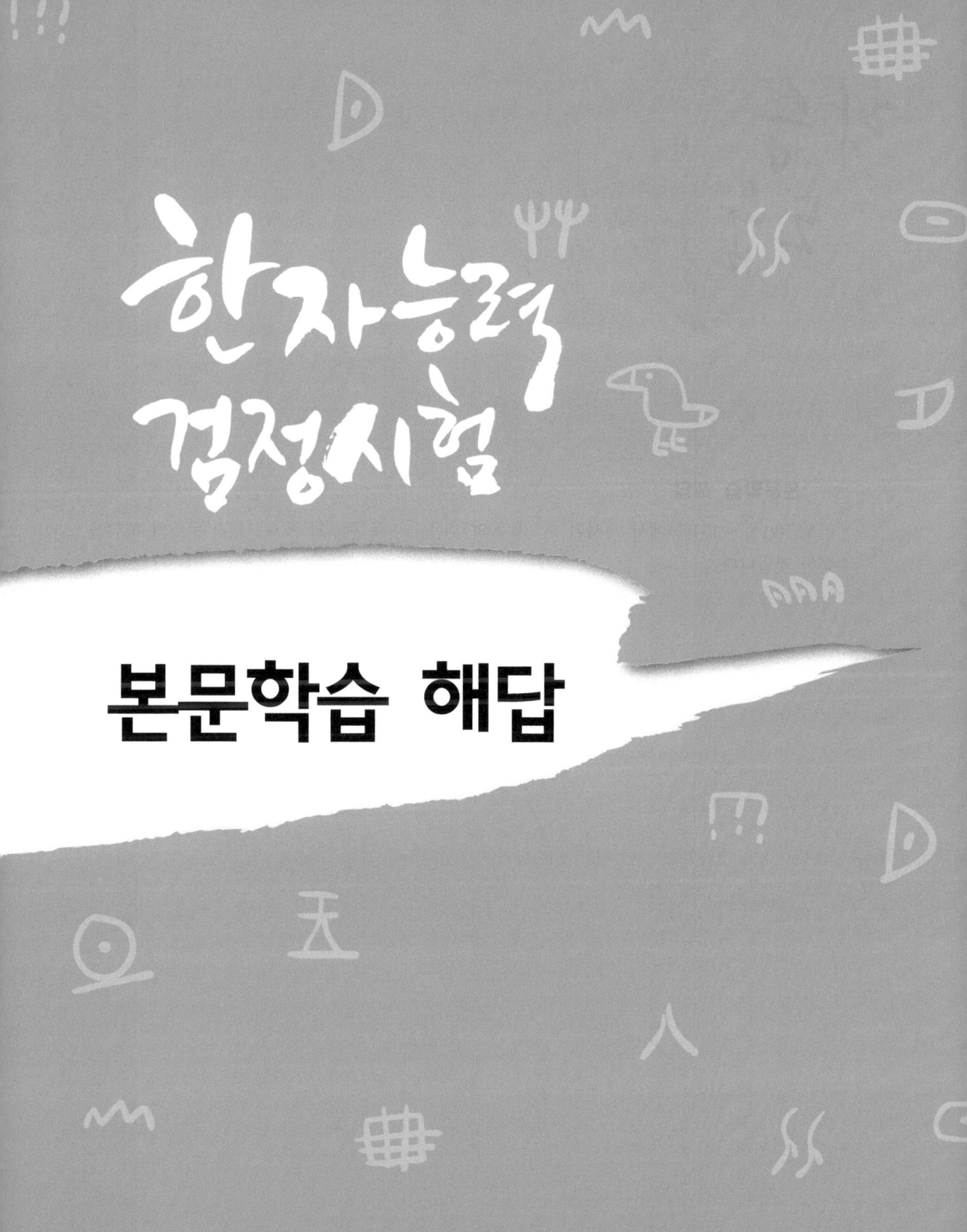

본문학습 해답

본문학습(21쪽 ~ 154쪽)에서 제시된 한자활용의 훈음訓音·독음讀音과 꼭꼭다지기 문제의 해답을 수록한 것입니다.

본문학습 해답

본문학습 1

香氣 : (향기   향) (기운   기) ▷ (향기)
暗香 : (어두울 암) (향기   향) ▷ (암향)
聞香 : (들을   문) (향기   향) ▷ (문향)
豫備 : (미리   예) (갖출   비) ▷ (예비)
裝備 : (꾸밀   장) (갖출   비) ▷ (장비)
軍備 : (군사   군) (갖출   비) ▷ (군비)
郵送 : (우편   우) (보낼   송) ▷ (우송)
郵票 : (우편   우) (표   표) ▷ (우표)
郵便 : (우편   우) (편할   편) ▷ (우편)
怒氣 : (성낼   노) (기운   기) ▷ (노기)
喜怒 : (기쁠   희) (성낼   노) ▷ (희로)
※喜怒에서 怒(노)자를 '로'로 발음함에 주의!
錄音 : (기록할 록) (소리   음) ▷ (녹음)
錄畫 : (기록할 록) (그림   화) ▷ (녹화)
記錄 : (기록할 기) (기록할 록) ▷ (기록)

본문학습 2

平易 : (평평할 평) (쉬울   이) ▷ (평이)
交易 : (사귈   교) (바꿀   역) ▷ (교역)
容易 : (얼굴   용) (쉬울   이) ▷ (용이)
鮮血 : (고울   선) (피   혈) ▷ (선혈)
血眼 : (피   혈) (눈   안) ▷ (혈안)
血壓 : (피   혈) (누를   압) ▷ (혈압)
佛經 : (부처   불) (지날   경) ▷ (불경)
佛畫 : (부처   불) (그림   화) ▷ (불화)
成佛 : (이룰   성) (부처   불) ▷ (성불)
保健 : (지킬   보) (굳셀   건) ▷ (보건)
保障 : (지킬   보) (막을   장) ▷ (보장)
射手 : (쏠   사) (손   수) ▷ (사수)
射擊 : (쏠   사) (칠   격) ▷ (사격)

본문학습 3

犯罪 : (범할   범) (허물   죄) ▷ (범죄)
共犯 : (한가지 공) (범할   범) ▷ (공범)
防犯 : (막을   방) (범할   범) ▷ (방범)
請約 : (청할   청) (맺을   약) ▷ (청약)
要請 : (요긴할 요) (청할   청) ▷ (요청)
誤解 : (그르칠 오) (풀   해) ▷ (오해)
誤差 : (그르칠 오) (다를   차) ▷ (오차)
脫落 : (벗을   탈) (떨어질 락) ▷ (탈락)
脫線 : (벗을   탈) (줄   선) ▷ (탈선)
脫黨 : (벗을   탈) (무리   당) ▷ (탈당)
困難 : (곤할   곤) (어려울 난) ▷ (곤란)
※困難에서 難(난)자를 '란'으로 발음함에 주의!
勞困 : (일할   로) (곤할   곤) ▷ (노곤)

본문학습 4

松林 : (소나무 송) (수풀   림) ▷ (송림)
老松 : (늙을   로) (소나무 송) ▷ (노송)
花柳 : (꽃   화) (버들   류) ▷ (화류)
細柳 : (가늘   세) (버들   류) ▷ (세류)
疲勞 : (피곤할 피) (일할   로) ▷ (피로)
疲困 : (피곤할 피) (곤할   곤) ▷ (피곤)
疲兵 : (피곤할 피) (병사   병) ▷ (피병)
進退 : (나아갈 진) (물러날 퇴) ▷ (진퇴)
進級 : (나아갈 진) (등급   급) ▷ (진급)
進路 : (나아갈 진) (길   로) ▷ (진로)
至極 : (이를   지) (극진할 극) ▷ (지극)
冬至 : (겨울   동) (이를   지) ▷ (동지)
至急 : (이를   지) (급할   급) ▷ (지급)

5

한자능력검정 **4**급(**4**Ⅱ 포함)

본문학습 — 5

豫報 : (미리   예) (갚을   보) ▷ (예보)
豫想 : (미리   예) (생각   상) ▷ (예상)
豫買 : (미리   예) (살   매) ▷ (예매)
離別 : (떠날   리) (다를   별) ▷ (이별)
離脫 : (떠날   리) (벗을   탈) ▷ (이탈)
離婚 : (떠날   리) (혼인할 혼) ▷ (이혼)
離陸 : (떠날   리) (뭍   륙) ▷ (이륙)
探險 : (찾을   탐) (험할   험) ▷ (탐험)
探査 : (찾을   탐) (조사할 사) ▷ (탐사)
測量 : (헤아릴 측) (헤아릴 량) ▷ (측량)
觀測 : (볼   관) (헤아릴 측) ▷ (관측)
問招 : (물을   문) (부를   초) ▷ (문초)
招請 : (부를   초) (청할   청) ▷ (초청)
招待 : (부를   초) (기다릴 대) ▷ (초대)

본문학습 — 6

險難 : (험할   험) (어려울 난) ▷ (험난)
危險 : (위태할 위) (험할   험) ▷ (위험)
保險 : (지킬   보) (험할   험) ▷ (보험)
興亡 : (일   흥) (망할   망) ▷ (흥망)
興趣 : (일   흥) (뜻   취) ▷ (흥취)
興行 : (일   흥) (다닐   행) ▷ (흥행)
呼稱 : (부를   호) (일컬을 칭) ▷ (호칭)
對稱 : (대할   대) (일컬을 칭) ▷ (대칭)
愛稱 : (사랑   애) (일컬을 칭) ▷ (애칭)
間或 : (사이   간) (혹   혹) ▷ (간혹)
或時 : (혹   혹) (때   시) ▷ (혹시)
省墓 : (살필   성) (무덤   묘) ▷ (성묘)
墓域 : (무덤   묘) (지경   역) ▷ (묘역)
墓祭 : (무덤   묘) (제사   제) ▷ (묘제)

 27쪽

1. 다음 한자어의 독음을 쓰세요.

   困窮(곤궁) 松花(송화) 進展(진전) 豫感(예감)
   至誠(지성) 墓所(묘소) 別稱(별칭) 或說(혹설)

2. 다음 한자어의 독음을 쓰세요.

   進就性(진취성) 誤發彈(오발탄) 春香傳(춘향전)
   脫衣室(탈의실)

3. 다음 한자성어의 독음을 쓰세요.

   怒發大發(노발대발)   自然保護(자연보호)
   柳綠花紅(유록화홍)   會者定離(회자정리)

 28쪽

1. 다음 한자어의 독음을 쓰세요.

   就業(취업) 切斷(절단) 建築(건축) 料理(요리)
   旅券(여권) 經營(경영) 蟲齒(충치) 復興(부흥)
   素朴(소박) 離職(이직) 極祕(극비) 豫想(예상)
   選擧(선거) 底邊(저변) 禮訪(예방) 階層(계층)
   電算(전산) 宣布(선포) 擔當(담당) 激變(격변)
   異端(이단) 廳舍(청사) 豫備(예비) 承服(승복)
   痛快(통쾌)

2. 다음 한자의 뜻과 소리를 쓰세요.

   郵(우편 우)   射(쏠   사) 犯(범할 범)
   柳(버들 류)   探(찾을 탐) 怒(성낼 노)
   佛(부처 불)   脫(벗을 탈) 疲(피곤할 피)
   險(험할 험)   錄(기록할 록) 墓(무덤 묘)
   招(부를 초)   至(이를 지) 誤(그르칠 오)

3. 다음 글을 읽고 밑줄 친 단어를 한자로 쓰세요.

   (1)上級生 (2)會議 (3)生活 (4)計劃 (5)各
   (6)意見   (7)中心 (8)發表

본문학습 해답

본문학습 7

結婚 : (맺을　결) (혼인할　혼) ▷ (결혼)
約婚 : (맺을　약) (혼인할　혼) ▷ (약혼)
婚禮 : (혼인할　혼) (예도　례) ▷ (혼례)
孤立 : (외로울　고) (설　립) ▷ (고립)
孤獨 : (외로울　고) (홀로　독) ▷ (고독)
孤雲 : (외로울　고) (구름　운) ▷ (고운)
細密 : (가늘　세) (빽빽할　밀) ▷ (세밀)
細筆 : (가늘　세) (붓　필) ▷ (세필)
細部 : (가늘　세) (떼　부) ▷ (세부)
破鏡 : (깨뜨릴　파) (거울　경) ▷ (파경)
眼鏡 : (눈　안) (거울　경) ▷ (안경)
賢明 : (어질　현) (밝을　명) ▷ (현명)
群賢 : (무리　군) (어질　현) ▷ (군현)
儒賢 : (선비　유) (어질　현) ▷ (유현)

본문학습 8

避難 : (피할　피) (어려울　난) ▷ (피난)
回避 : (돌아올　회) (피할　피) ▷ (회피)
避身 : (피할　피) (몸　신) ▷ (피신)
批判 : (비평할　비) (판단할　판) ▷ (비판)
批評 : (비평할　비) (평할　평) ▷ (비평)
防音 : (막을　방) (소리　음) ▷ (방음)
防彈 : (막을　방) (탄알　탄) ▷ (방탄)
敎員 : (가르칠　교) (인원　원) ▷ (교원)
定員 : (정할　정) (인원　원) ▷ (정원)
任員 : (맡길　임) (인원　원) ▷ (임원)
職員 : (직분　직) (인원　원) ▷ (직원)
早期 : (이를　조) (기약할　기) ▷ (조기)
早退 : (이를　조) (물러날　퇴) ▷ (조퇴)
早速 : (이를　조) (빠를　속) ▷ (조속)

본문학습 9

厚待 : (두터울　후) (기다릴　대) ▷ (후대)
溫厚 : (따뜻할　온) (두터울　후) ▷ (온후)
範圍 : (법　범) (에워쌀　위) ▷ (범위)
周圍 : (두루　주) (에워쌀　위) ▷ (주위)
包圍 : (쌀　포) (에워쌀　위) ▷ (포위)
榮光 : (영화　영) (빛　광) ▷ (영광)
榮華 : (영화　영) (빛날　화) ▷ (영화)
虛榮 : (빌　허) (영화　영) ▷ (허영)
往復 : (갈　왕) (회복할　복) ▷ (왕복)
往來 : (갈　왕) (올　래) ▷ (왕래)
連結 : (이을　련) (맺을　결) ▷ (연결)
連續 : (이을　련) (이을　속) ▷ (연속)
連任 : (이을　련) (맡길　임) ▷ (연임)

본문학습 10

肉眼 : (고기　육) (눈　안) ▷ (육안)
骨肉 : (뼈　골) (고기　육) ▷ (골육)
肉聲 : (고기　육) (소리　성) ▷ (육성)
蟲齒 : (벌레　충) (이　치) ▷ (충치)
成蟲 : (이룰　성) (벌레　충) ▷ (성충)
謝過 : (사례할　사) (지날　과) ▷ (사과)
展覽 : (펼　전) (볼　람) ▷ (전람)
感謝 : (느낄　감) (사례할　사) ▷ (감사)
謝恩 : (사례할　사) (은혜　은) ▷ (사은)
歸結 : (돌아갈　귀) (맺을　결) ▷ (귀결)
歸路 : (돌아갈　귀) (길　로) ▷ (귀로)
歸省 : (돌아갈　귀) (살필　성) ▷ (귀성)
博覽 : (넓을　박) (볼　람) ▷ (박람)
遊覽 : (놀　유) (볼　람) ▷ (유람)

한자능력검정 **4**급(**4**II 포함)

본문학습 11

主張 : (주인 주) (베풀 장) ▷ (주장)
出張 : (날   출) (베풀 장) ▷ (출장)
張本 : (베풀 장) (근본 본) ▷ (장본)
靜肅 : (고요할 정) (엄숙할 숙) ▷ (정숙)
動靜 : (움직일 동) (고요할 정) ▷ (동정)
實施 : (열매 실) (베풀 시) ▷ (실시)
施賞 : (베풀 시) (상줄 상) ▷ (시상)
施設 : (베풀 시) (베풀 설) ▷ (시설)
怨恨 : (원망할 원) (한   한) ▷ (원한)
怨望 : (원망할 원) (바랄 망) ▷ (원망)
席次 : (자리 석) (버금 차) ▷ (석차)
次期 : (버금 차) (기약할 기) ▷ (차기)
次例 : (버금 차) (법식 례) ▷ (차례)

본문학습 12

好感 : (좋을 호) (느낄 감) ▷ (호감)
好意 : (좋을 호) (뜻   의) ▷ (호의)
愛好 : (사랑 애) (좋을 호) ▷ (애호)
優勢 : (넉넉할 우) (형세 세) ▷ (우세)
病勢 : (병   병) (형세 세) ▷ (병세)
權勢 : (권세 권) (형세 세) ▷ (권세)
序列 : (차례 서) (벌일 렬) ▷ (서열)
※序列에서 列(렬)자를 '열'로 발음함에 주의!
列强 : (벌일 렬) (강할 강) ▷ (열강)
列擧 : (벌일 렬) (들   거) ▷ (열거)
根源 : (뿌리 근) (근원 원) ▷ (근원)
電源 : (번개 전) (근원 원) ▷ (전원)
在庫 : (있을 재) (곳집 고) ▷ (재고)
寶庫 : (보배 보) (곳집 고) ▷ (보고)

 35쪽

1. 다음 한자어의 독음을 쓰세요.

金庫(금고) 起源(기원) 謝禮(사례) 發源(발원)

2. 다음 한자어의 독음을 쓰세요.

病蟲害(병충해) 寄生蟲(기생충) 防風林(방풍림)
集配員(집배원) 無防備(무방비)

3. 다음 한자성어의 독음을 쓰세요.

因果應報(인과응보)   明鏡止水(명경지수)
弱肉强食(약육강식)   勢不十年(세불십년)
視死如歸(시사여귀)   事必歸正(사필귀정)

 36쪽

1. 다음 한자어의 독음을 쓰세요.

標準(표준) 訓練(훈련) 努力(노력) 淸潔(청결)
鬪爭(투쟁) 保健(보건) 複製(복제) 骨折(골절)
悲鳴(비명) 圓卓(원탁) 辯護(변호) 流通(유통)
言論(언론) 制憲(제헌) 憲章(헌장) 組織(조직)
慰勞(위로) 考慮(고려) 積雪(적설) 輪番(윤번)
構築(구축) 威嚴(위엄) 儉素(검소) 綠陰(녹음)
雜技(잡기)

2. 다음 한자의 뜻과 소리를 쓰세요.

鏡(거울 경) 批(비평할 비) 圍(에워쌀 위)
謝(사례할 사) 怨(원망할 원) 避(피할 피)
孤(외로울 고) 連(이을 련)   覽(볼   람)
庫(곳집 고) 列(벌일 렬)   靜(고요할 정)
榮(영화 영) 厚(두터울 후) 早(이를 조)

3. 다음 글의 밑줄 친 … 한자나 독음으로 쓰세요.

(1)연극 (2)人物 (3)表現 (4)예술 (5)점 (6)音樂
(7)요소 (8)觀客

본문학습 해답

본문학습 13

餘暇 : (남을 여) (틈 가) ▷ (여가)
休暇 : (쉴 휴) (틈 가) ▷ (휴가)
病暇 : (병 병) (틈 가) ▷ (병가)
産卵 : (낳을 산) (알 란) ▷ (산란)
卵生 : (알 란) (날 생) ▷ (난생)
卵育 : (알 란) (기를 육) ▷ (난육)
鑛脈 : (쇳돌 광) (줄기 맥) ▷ (광맥)
命脈 : (목숨 명) (줄기 맥) ▷ (명맥)
山脈 : (메[뫼] 산) (줄기 맥) ▷ (산맥)
記帳 : (기록할 기) (장막 장) ▷ (기장)
帳設 : (장막 장) (베풀 설) ▷ (장설)
布帳 : (베[펼] 포) (장막 장) ▷ (포장)
田地 : (밭 전) (땅[따] 지) ▷ (전지)
田穀 : (밭 전) (곡식 곡) ▷ (전곡)
均田 : (고를 균) (밭 전) ▷ (균전)

본문학습 14

模樣 : (본뜰 모) (모양 양) ▷ (모양)
多樣 : (많을 다) (모양 양) ▷ (다양)
樣式 : (모양 양) (법 식) ▷ (양식)
回收 : (돌아올 회) (거둘 수) ▷ (회수)
回復 : (돌아올 회) (회복할 복) ▷ (회복)
※回復에서 復(다시 부, 회복할 복)자를 '복'으로 발음함에 주의!
伏兵 : (엎드릴 복) (병사 병) ▷ (복병)
三伏 : (석 삼) (엎드릴 복) ▷ (삼복)
代辯 : (대신할 대) (말씀 변) ▷ (대변)
辯論 : (말씀 변) (논할 론) ▷ (변론)
觀察 : (볼 관) (살필 찰) ▷ (관찰)
警察 : (깨우칠 경) (살필 찰) ▷ (경찰)
考察 : (생각할 고) (살필 찰) ▷ (고찰)

본문학습 15

構成 : (얽을 구) (이룰 성) ▷ (구성)
構想 : (얽을 구) (생각 상) ▷ (구상)
構圖 : (얽을 구) (그림 도) ▷ (구도)
虛構 : (빌 허) (얽을 구) ▷ (허구)
從屬 : (좇을 종) (붙일 속) ▷ (종속)
服從 : (옷 복) (좇을 종) ▷ (복종)
從事 : (좇을 종) (일 사) ▷ (종사)
部隊 : (떼 부) (무리 대) ▷ (부대)
軍隊 : (군사 군) (무리 대) ▷ (군대)
隊列 : (무리 대) (벌일 렬) ▷ (대열)
※隊列에서 列(렬)자를 '열'로 발음함에 주의!
拒絶 : (막을 거) (끊을 절) ▷ (거절)
拒逆 : (막을 거) (거스를 역) ▷ (거역)
拒否 : (막을 거) (아닐 부) ▷ (거부)
粉乳 : (가루 분) (젖 유) ▷ (분유)
粉筆 : (가루 분) (붓 필) ▷ (분필)

본문학습 16

感激 : (느낄 감) (격할 격) ▷ (감격)
過激 : (지날 과) (격할 격) ▷ (과격)
激務 : (격할 격) (힘쓸 무) ▷ (격무)
擔任 : (멜 담) (맡길 임) ▷ (담임)
分擔 : (나눌 분) (멜 담) ▷ (분담)
負擔 : (질 부) (멜 담) ▷ (부담)
日誌 : (날 일) (기록할 지) ▷ (일지)
雜誌 : (섞일 잡) (기록할 지) ▷ (잡지)
會誌 : (모일 회) (기록할 지) ▷ (회지)
兩邊 : (두 량) (가 변) ▷ (양변)
海邊 : (바다 해) (가 변) ▷ (해변)
身邊 : (몸 신) (가 변) ▷ (신변)
武裝 : (호반 무) (꾸밀 장) ▷ (무장)
武勇 : (호반 무) (날랠 용) ▷ (무용)
步武 : (걸을 보) (호반 무) ▷ (보무)

9

한자능력검정 4급(4Ⅱ 포함)

본문학습 —— 17

參與 : (참여할   참) (더불   여) ▷ (참여)
與否 : (더불   여) (아닐   부) ▷ (여부)
給與 : (줄   급) (더불   여) ▷ (급여)
※給與에서 與(여)자는 '주다'의 뜻으로 쓰임.
暴利 : (사나울   폭) (이할   리) ▷ (폭리)
暴惡 : (모질   포) (악할   악) ▷ (포악)
※暴자는 쓰임에 따라 훈음이 달라지는 한자임.
暴落 : (사나울   폭) (떨어질   락) ▷ (폭락)
監房 : (볼   감) (방   방) ▷ (감방)
煖房 : (따뜻할   난) (방   방) ▷ (난방)
新房 : (새   신) (방   방) ▷ (신방)
引受 : (끌   인) (받을   수) ▷ (인수)
受信 : (받을   수) (믿을   신) ▷ (수신)
受難 : (받을   수) (어려울   난) ▷ (수난)
轉學 : (구를   전) (배울   학) ▷ (전학)
公轉 : (공평할   공) (구를   전) ▷ (공전)
轉向 : (구를   전) (향할   향) ▷ (전향)

본문학습 —— 18

妨害 : (방해할   방) (해할   해) ▷ (방해)
無妨 : (없을   무) (방해할   방) ▷ (무방)
朗報 : (밝을   랑) (갚을   보) ▷ (낭보)
報道 : (갚을   보) (길   도) ▷ (보도)
吉鳥 : (길할   길) (새   조) ▷ (길조)
花鳥 : (꽃   화) (새   조) ▷ (화조)
候鳥 : (기후   후) (새   조) ▷ (후조)
絶交 : (끊을   절) (사귈   교) ▷ (절교)
絶妙 : (끊을   절) (묘할   묘) ▷ (절묘)
斷絶 : (끊을   단) (끊을   절) ▷ (단절)
戒嚴 : (경계할   계) (엄할   엄) ▷ (계엄)
警戒 : (깨우칠   경) (경계할   계) ▷ (경계)
戒律 : (경계할   계) (법칙   률) ▷ (계율)
※戒律에서 律(률)자를 '율'로 발음함에 주의!

 43쪽

1. 다음 한자어의 독음을 쓰세요.

   田園(전원) 擔當(담당) 暴雪(폭설) 靜脈(정맥)
   閑暇(한가) 激烈(격렬)

2. 다음 한자어의 독음을 쓰세요.

   卵細胞(난세포) 粉末機(분말기) 暴風雨(폭풍우)
   辯護士(변호사)

3. 다음 한자성어의 독음을 쓰세요.

   貯金通帳(저금통장)   鷄卵有骨(계란유골)
   與民同樂(여민동락)   類類相從(유유상종)
   結草報恩(결초보은)

 44쪽

1. 다음 한자어의 독음을 쓰세요.

   暴擧(폭거) 講讀(강독) 貧寒(빈한) 隊員(대원)
   通俗(통속) 留任(유임) 尊屬(존속) 暖流(난류)
   炭鑛(탄광) 演技(연기) 廣告(광고) 光陰(광음)
   遊覽(유람) 休務(휴무) 良書(양서) 差等(차등)
   觀察(관찰) 提案(제안) 段落(단락) 手術(수술)
   移民(이민) 博愛(박애) 冊房(책방) 歎息(탄식)
   研修(연수)

2. 다음 한자의 뜻과 소리를 쓰세요.

   脈(줄기 맥)   樣(모양 양)   拒(막을 거)
   暴(사나울 폭, 모질 포)   轉(구를 전)
   帳(장막 장)   察(살필 찰)   構(얽을 구)
   激(격할 격)   妨(방해할 방)

3. 다음 글의 밑줄 친 … 한자나 독음으로 쓰세요.

   (1)書·畫 (2)삼절 (3)子女 (4)學問 (5)수련
   (6)偉人 (7)行實 (8)兄弟間 (9)友愛 (10)強調
   (11)知德 (12)人格者

본문학습 해답

본문학습 19

引出 : (끌   인) (날   출) ▷ (인출)
引用 : (끌   인) (쓸   용) ▷ (인용)
引導 : (끌   인) (인도할   도) ▷ (인도)
唱劇 : (부를   창) (심할   극) ▷ (창극)
寸劇 : (마디   촌) (심할   극) ▷ (촌극)
演劇 : (펼   연) (심할   극) ▷ (연극)
※ 唱劇, 寸劇, 演劇에서 劇(극)자는 '연극'의 뜻으로 쓰인 것임.
鐵鑛 : (쇠   철) (쇳돌   광) ▷ (철광)
鑛物 : (쇳돌   광) (물건   물) ▷ (광물)
採鑛 : (캘   채) (쇳돌   광) ▷ (채광)
處罰 : (곳   처) (벌할   벌) ▷ (처벌)
罰則 : (벌할   벌) (법칙   칙) ▷ (벌칙)
賞罰 : (상줄   상) (벌할   벌) ▷ (상벌)
申告 : (납   신) (고할   고) ▷ (신고)
申請 : (납   신) (청할   청) ▷ (신청)
申時 : (납   신) (때   시) ▷ (신시)

본문학습 20

海底 : (바다   해) (밑   저) ▷ (해저)
底層 : (밑   저) (층   층) ▷ (저층)
底邊 : (밑   저) (가   변) ▷ (저변)
憤怒 : (분할   분) (성낼   노) ▷ (분노)
憤痛 : (분할   분) (아플   통) ▷ (분통)
激憤 : (격할   격) (분할   분) ▷ (격분)
統治 : (거느릴   통) (다스릴   치) ▷ (통치)
難治 : (어려울   난) (다스릴   치) ▷ (난치)
自治 : (스스로   자) (다스릴   치) ▷ (자치)
迎接 : (맞을   영) (이을   접) ▷ (영접)
迎合 : (맞을   영) (합할   합) ▷ (영합)
歡迎 : (기쁠   환) (맞을   영) ▷ (환영)
條件 : (가지   조) (물건   건) ▷ (조건)
條理 : (가지   조) (다스릴   리) ▷ (조리)
條約 : (가지   조) (맺을   약) ▷ (조약)

본문학습 21

彈力 : (탄알   탄) (힘   력) ▷ (탄력)
砲彈 : (대포   포) (탄알   탄) ▷ (포탄)
彈壓 : (탄알   탄) (누를   압) ▷ (탄압)
鄕村 : (시골   향) (마을   촌) ▷ (향촌)
他鄕 : (다를   타) (시골   향) ▷ (타향)
歸鄕 : (돌아갈   귀) (시골   향) ▷ (귀향)
資源 : (재물   자) (근원   원) ▷ (자원)
資質 : (재물   자) (바탕   질) ▷ (자질)
資格 : (재물   자) (격식   격) ▷ (자격)
質疑 : (바탕   질) (의심할   의) ▷ (질의)
疑心 : (의심할   의) (마음   심) ▷ (의심)
疑案 : (의심할   의) (책상   안) ▷ (의안)
年齒 : (해   년) (이   치) ▷ (연치)
養齒 : (기를   양) (이   치) ▷ (양치)
齒痛 : (이   치) (아플   통) ▷ (치통)

본문학습 22

稱讚 : (일컬을   칭) (기릴   찬) ▷ (칭찬)
讚辭 : (기릴   찬) (말씀   사) ▷ (찬사)
絶讚 : (끊을   절) (기릴   찬) ▷ (절찬)
據點 : (근거   거) (점   점) ▷ (거점)
證據 : (증거   증) (근거   거) ▷ (증거)
依據 : (의지할   의) (근거   거) ▷ (의거)
設置 : (베풀   설) (둘   치) ▷ (설치)
配置 : (나눌   배) (둘   치) ▷ (배치)
裝置 : (꾸밀   장) (둘   치) ▷ (장치)
憲法 : (법   헌) (법   법) ▷ (헌법)
憲章 : (법   헌) (글   장) ▷ (헌장)
立憲 : (설   립) (법   헌) ▷ (입헌)
銃擊 : (총   총) (칠   격) ▷ (총격)
銃傷 : (총   총) (다칠   상) ▷ (총상)

한자능력검정 **4**급(**4**II 포함)

본문학습 ── 23

亂世 : (어지러울 란) (인간 세) ▷ (난세)
戰亂 : (싸움 전) (어지러울 란) ▷ (전란)
混亂 : (섞을 혼) (어지러울 란) ▷ (혼란)
危急 : (위태할 위) (급할 급) ▷ (위급)
安危 : (편안 안) (위태할 위) ▷ (안위)
危重 : (위태할 위) (무거울 중) ▷ (위중)
印朱 : (도장 인) (붉을 주) ▷ (인주)
朱黃 : (붉을 주) (누를 황) ▷ (주황)
朱紅 : (붉을 주) (붉을 홍) ▷ (주홍)
固辭 : (굳을 고) (말씀 사) ▷ (고사)
辭表 : (말씀 사) (겉 표) ▷ (사표)
辭退 : (말씀 사) (물러날 퇴) ▷ (사퇴)
※辭退에서 辭(사)자는 '사양하다'의 뜻으로 쓰임.
任官 : (맡길 임) (벼슬 관) ▷ (임관)
法官 : (법 법) (벼슬 관) ▷ (법관)
官舍 : (벼슬 관) (집 사) ▷ (관사)

본문학습 ── 24

略式 : (간략할 략) (법 식) ▷ (약식)
計略 : (셀 계) (간략할 략) ▷ (계략)
侵略 : (침노할 침) (간략할 략) ▷ (침략)
常識 : (떳떳할 상) (알 식) ▷ (상식)
常備 : (떳떳할 상) (갖출 비) ▷ (상비)
異常 : (다를 이) (떳떳할 상) ▷ (이상)
同胞 : (한가지 동) (세포 포) ▷ (동포)
空胞 : (빌 공) (세포 포) ▷ (공포)
細胞 : (가늘 세) (세포 포) ▷ (세포)
珍奇 : (보배 진) (기특할 기) ▷ (진기)
珍貴 : (보배 진) (귀할 귀) ▷ (진귀)
珍品 : (보배 진) (물건 품) ▷ (진품)
看破 : (볼 간) (깨뜨릴 파) ▷ (간파)
看護 : (볼 간) (도울 호) ▷ (간호)
看病 : (볼 간) (병 병) ▷ (간병)

꼭꼭 다져가기 51쪽

1. 다음 한자어의 독음을 쓰세요.

罰金(벌금) 禮讚(예찬) 銃砲(총포) 銃彈(총탄)
義齒(의치) 資料(자료)

2. 다음 한자어의 독음을 쓰세요.

珍島犬(진도견) 單細胞(단세포)

3. 다음 한자성어의 독음을 쓰세요.

法治國家(법치국가)   自畫自讚(자화자찬)
信賞必罰(신상필벌)   危機一髮(위기일발)
送舊迎新(송구영신)   半信半疑(반신반의)
安居危思(안거위사)

꼭꼭 다져가기 52쪽

1. 다음 한자어의 독음을 쓰세요.

離別(이별) 厚待(후대) 通帳(통장) 師範(사범)
總額(총액) 壓死(압사) 餘暇(여가) 修習(수습)
酒案(주안) 應援(응원) 降神(강신) 納稅(납세)
險難(험난) 銀貨(은화) 辭職(사직) 落葉(낙엽)
經濟(경제) 精練(정련) 職務(직무) 勤奬(권장)
雄姿(웅자) 端宗(단종) 過去(과거) 儀典(의전)
缺格(결격)

2. 다음 한자의 뜻과 소리를 쓰세요.

略(간략할 략)   據(근거 거)   彈(탄알 탄)
迎(맞을 영)   罰(벌할 벌)   胞(세포 포)
憲(법 헌)   資(재물 자)   條(가지 조)
申(납 신)

3. 다음 글의 밑줄 친 …… 한자나 독음으로 쓰세요.

(1)所重 (2)검소 (3)절약 (4)校內 (5)白日場
(6)동시 (7)不知 (8)절대 (9)비밀 (10)鐵石
(11)方法 (12)着手

본문학습 25

商標 : (장사   상) (표할   표) ▷ (상표)
標識 : (표할   표) (기록할   지) ▷ (표지)
※標識에서 識(식)자가 '지'자로 쓰임에 주의!
指標 : (가리킬   지) (표할   표) ▷ (지표)
調律 : (고를   조) (법칙   률) ▷ (조율)
自律 : (스스로   자) (법칙   률) ▷ (자율)
※調律과 自律에서 律자를 '율'로 발음함에 주의!
律動 : (법칙   률) (움직일   동) ▷ (율동)
逆境 : (거스를   역) (지경   경) ▷ (역경)
逆流 : (거스를   역) (흐를   류) ▷ (역류)
逆轉 : (거스를   역) (구를   전) ▷ (역전)
進步 : (나아갈   진) (걸을   보) ▷ (진보)
初步 : (처음   초) (걸을   보) ▷ (초보)
詩想 : (시   시) (생각   상) ▷ (시상)
詩歌 : (시   시) (노래   가) ▷ (시가)

본문학습 27

燈油 : (등   등) (기름   유) ▷ (등유)
電燈 : (번개   전) (등   등) ▷ (전등)
面積 : (낯   면) (쌓을   적) ▷ (면적)
積立 : (쌓을   적) (설   립) ▷ (적립)
積極 : (쌓을   적) (극진할   극) ▷ (적극)
判斷 : (판단할   판) (끊을   단) ▷ (판단)
談判 : (말씀   담) (판단할   판) ▷ (담판)
判別 : (판단할   판) (다를   별) ▷ (판별)
戶主 : (집   호) (주인   주) ▷ (호주)
戶籍 : (집   호) (문서   적) ▷ (호적)
戶總 : (집   호) (다   총) ▷ (호총)
繼續 : (이을   계) (이을   속) ▷ (계속)
繼走 : (이을   계) (달릴   주) ▷ (계주)
繼母 : (이을   계) (어미   모) ▷ (계모)

본문학습 26

變裝 : (변할   변) (꾸밀   장) ▷ (변장)
服裝 : (옷   복) (꾸밀   장) ▷ (복장)
裝彈 : (꾸밀   장) (탄알   탄) ▷ (장탄)
減量 : (덜   감) (헤아릴   량) ▷ (감량)
加減 : (더할   가) (덜   감) ▷ (가감)
增減 : (더할   증) (덜   감) ▷ (증감)
拍手 : (칠   박) (손   수) ▷ (박수)
拍車 : (칠   박) (수레   차) ▷ (박차)
季節 : (계절   계) (마디   절) ▷ (계절)
夏季 : (여름   하) (계절   계) ▷ (하계)
季指 : (계절   계) (가리킬   지) ▷ (계지)
毒感 : (독   독) (느낄   감) ▷ (독감)
消毒 : (사라질   소) (독   독) ▷ (소독)
毒殺 : (독   독) (죽일   살) ▷ (독살)

본문학습 28

華甲 : (빛날   화) (갑옷   갑) ▷ (화갑)
精華 : (자세할   정) (빛날   화) ▷ (정화)
取消 : (가질   취) (사라질   소) ▷ (취소)
取得 : (가질   취) (얻을   득) ▷ (취득)
爭取 : (다툴   쟁) (가질   취) ▷ (쟁취)
打擊 : (칠   타) (칠   격) ▷ (타격)
砲擊 : (대포   포) (칠   격) ▷ (포격)
目擊 : (눈   목) (칠   격) ▷ (목격)
空港 : (빌   공) (항구   항) ▷ (공항)
港口 : (항구   항) (입   구) ▷ (항구)
陰德 : (그늘   음) (큰   덕) ▷ (음덕)
綠陰 : (푸를   록) (그늘   음) ▷ (녹음)
陰害 : (그늘   음) (해할   해) ▷ (음해)

본문학습 29

青龍 : (푸를　청) (용　룡) ▷ (청룡)
龍宮 : (용　룡) (집　궁) ▷ (용궁)
飛龍 : (날　비) (용　룡) ▷ (비룡)
妙案 : (묘할　묘) (책상　안) ▷ (묘안)
妙技 : (묘할　묘) (재주　기) ▷ (묘기)
妙手 : (묘할　묘) (손　수) ▷ (묘수)
討伐 : (칠　토) (칠　벌) ▷ (토벌)
伐木 : (칠　벌) (나무　목) ▷ (벌목)
屬國 : (붙일　속) (나라　국) ▷ (속국)
服屬 : (옷　복) (붙일　속) ▷ (복속)
所屬 : (바　소) (붙일　속) ▷ (소속)
冷帶 : (찰　랭) (띠　대) ▷ (냉대)
連帶 : (이을　련) (띠　대) ▷ (연대)
地帶 : (땅[따]　지) (띠　대) ▷ (지대)

본문학습 30

階段 : (섬돌　계) (층계　단) ▷ (계단)
階層 : (섬돌　계) (층　층) ▷ (계층)
階級 : (섬돌　계) (등급　급) ▷ (계급)
羅列 : (벌릴　라) (벌일　렬) ▷ (나열)
新羅 : (새　신) (벌릴　라) ▷ (신라)
羅針 : (벌릴　라) (바늘　침) ▷ (나침)
恨歎 : (한　한) (탄식할　탄) ▷ (한탄)
餘恨 : (남을　여) (한　한) ▷ (여한)
打鐘 : (칠　타) (쇠북　종) ▷ (타종)
警鐘 : (깨우칠　경) (쇠북　종) ▷ (경종)
映畫 : (비칠　영) (그림　화) ▷ (영화)
映寫 : (비칠　영) (베낄　사) ▷ (영사)
反映 : (돌이킬　반) (비칠　영) ▷ (반영)

 59쪽

1. 다음 한자어의 독음을 쓰세요.

規律(규율) 痛恨(통한) 放映(방영) 漢詩(한시)
殺伐(살벌) 開港(개항)

2. 다음 한자어의 독음을 쓰세요.

裝甲車(장갑차) 步行者(보행자) 後繼者(후계자)
街路燈(가로등) 信號燈(신호등) 登龍門(등용문)

3. 다음 한자성어의 독음을 쓰세요.

門戶開放(문호개방)　　貧者一燈(빈자일등)
忠言逆耳(충언역이)　　燈下不明(등하불명)

 60쪽

1. 다음 한자어의 독음을 쓰세요.

慰安(위안) 歷任(역임) 壓縮(압축) 歸鄕(귀향)
保護(보호) 尊重(존중) 源泉(원천) 縮約(축약)
脫衣(탈의) 海底(해저) 確實(확실) 缺禮(결례)
歡喜(환희) 巨儒(거유) 洗手(세수) 監察(감찰)
防衛(방위) 調律(조율) 效果(효과) 鑛脈(광맥)
指揮(지휘) 郵便(우편) 珍島(진도) 段階(단계)
待遇(대우)

2. 다음 글의 밑줄 친 …… 한자나 독음으로 쓰세요.

(1)의리 (2)존중 (3)祖上 (4)近代 (5)西洋 (6)文物
(7)제도 (8)定着 (9)숭배 ⑽和合 ⑾友愛 ⑿상조

본문학습 31

授乳 : (줄   수) (젖   유) ▷ (수유)
乳齒 : (젖   유) (이   치) ▷ (유치)
舌音 : (혀   설) (소리   음) ▷ (설음)
口舌 : (입   구) (혀   설) ▷ (구설)
舌戰 : (혀   설) (싸움   전) ▷ (설전)
威儀 : (위엄   위) (거동   의) ▷ (위의)
儀典 : (거동   의) (법   전) ▷ (의전)
切斷 : (끊을   절) (끊을   단) ▷ (절단)
※切자는 뜻에 따라 '절' 또는 '체'로 읽는다.
斷面 : (끊을   단) (낯   면) ▷ (단면)
獨斷 : (홀로   독) (끊을   단) ▷ (독단)
宣告 : (베풀   선) (고할   고) ▷ (선고)
宣傳 : (베풀   선) (전할   전) ▷ (선전)
宣敎 : (베풀   선) (가르칠 교) ▷ (선교)
宣布 : (베풀   선) (베/펼   포) ▷ (선포)

본문학습 32

異端 : (다를   이) (끝   단) ▷ (이단)
異性 : (다를   이) (성품   성) ▷ (이성)
希望 : (바랄   희) (바랄   망) ▷ (희망)
希求 : (바랄   희) (구할   구) ▷ (희구)
背後 : (등   배) (뒤   후) ▷ (배후)
背信 : (등   배) (믿을   신) ▷ (배신)
背景 : (등   배) (볕   경) ▷ (배경)
環境 : (고리   환) (지경   경) ▷ (환경)
花環 : (꽃   화) (고리   환) ▷ (화환)
寫眞 : (베낄   사) (참   진) ▷ (사진)
眞價 : (참   진) (값   가) ▷ (진가)
眞實 : (참   진) (열매   실) ▷ (진실)

본문학습 33

模範 : (본뜰   모) (법   범) ▷ (모범)
模寫 : (본뜰   모) (베낄   사) ▷ (모사)
模造 : (본뜰   모) (지을   조) ▷ (모조)
納得 : (들일   납) (얻을   득) ▷ (납득)
說得 : (말씀   설) (얻을   득) ▷ (설득)
習得 : (익힐   습) (얻을   득) ▷ (습득)
適切 : (맞을   적) (끊을   절) ▷ (적절)
自適 : (스스로 자) (맞을   적) ▷ (자적)
適當 : (맞을   적) (마땅   당) ▷ (적당)
聽取 : (들을   청) (가질   취) ▷ (청취)
視聽 : (볼   시) (들을   청) ▷ (시청)
考試 : (생각할 고) (시험   시) ▷ (고시)
試食 : (시험   시) (먹을   식) ▷ (시식)
試圖 : (시험   시) (그림   도) ▷ (시도)

본문학습 34

複線 : (겹칠   복) (줄   선) ▷ (복선)
複製 : (겹칠   복) (지을   제) ▷ (복제)
複合 : (겹칠   복) (합할   합) ▷ (복합)
複雜 : (겹칠   복) (섞일   잡) ▷ (복잡)
潔白 : (깨끗할 결) (흰   백) ▷ (결백)
淸潔 : (맑을   청) (깨끗할 결) ▷ (청결)
高潔 : (높을   고) (깨끗할 결) ▷ (고결)
指稱 : (가리킬 지) (일컬을 칭) ▷ (지칭)
指導 : (가리킬 지) (인도할 도) ▷ (지도)
指壓 : (가리킬 지) (누를   압) ▷ (지압)
降等 : (내릴   강) (무리   등) ▷ (강등)
降伏 : (항복할 항) (엎드릴 복) ▷ (항복)
豊年 : (풍년   풍) (해   년) ▷ (풍년)
豊足 : (풍년   풍) (발   족) ▷ (풍족)
豊滿 : (풍년   풍) (찰   만) ▷ (풍만)

한자능력검정 **4**급(4II 포함)

본문학습 — 35

貯蓄 : (쌓을   저) (모을   축) ▷ (저축)
蓄財 : (모을   축) (재물   재) ▷ (축재)
蓄積 : (모을   축) (쌓을   적) ▷ (축적)
移民 : (옮길   이) (백성   민) ▷ (이민)
移轉 : (옮길   이) (구를   전) ▷ (이전)
移住 : (옮길   이) (살   주) ▷ (이주)
系列 : (이어맬 계) (벌일   렬) ▷ (계열)
※系列에서 列(렬)자를 '열'로 발음함에 주의!
系統 : (이어맬 계) (거느릴 통) ▷ (계통)
體系 : (몸   체) (이어맬 계) ▷ (체계)
虛勢 : (빌   허) (형세   세) ▷ (허세)
虛事 : (빌   허) (일   사) ▷ (허사)
虛弱 : (빌   허) (약할   약) ▷ (허약)
鷄林 : (닭   계) (수풀   림) ▷ (계림)
養鷄 : (기를   양) (닭   계) ▷ (양계)
鷄舍 : (닭   계) (집   사) ▷ (계사)

본문학습 — 36

藝能 : (재주   예) (능할   능) ▷ (예능)
工藝 : (장인   공) (재주   예) ▷ (공예)
藝術 : (재주   예) (재주   술) ▷ (예술)
繼承 : (이을   계) (이을   승) ▷ (계승)
承認 : (이을   승) (알   인) ▷ (승인)
承服 : (이을   승) (옷   복) ▷ (승복)
深海 : (깊을   심) (바다   해) ▷ (심해)
深遠 : (깊을   심) (멀   원) ▷ (심원)
深夜 : (깊을   심) (밤   야) ▷ (심야)
掃除 : (쓸   소) (덜   제) ▷ (소제)
淸掃 : (맑을   청) (쓸   소) ▷ (청소)
一掃 : (한   일) (쓸   소) ▷ (일소)
運營 : (옮길   운) (경영할 영) ▷ (운영)
野營 : (들   야) (경영할 영) ▷ (야영)
經營 : (지날   경) (경영할 영) ▷ (경영)

꼭꼭 다져가 — 67쪽

1. 다음 한자어의 독음을 쓰세요.

掃萬(소만)   深度(심도)   掃地(소지)

2. 다음 한자어의 독음을 쓰세요.

學藝會(학예회) 地球儀(지구의) 鍾乳石(종유석)
異民族(이민족) 降雨量(강우량) 祝儀金(축의금)

3. 다음 한자성어의 독음을 쓰세요.

死生決斷(사생결단)   大同小異(대동소이)
一擧兩得(일거양득)   十指不動(십지부동)
千慮一得(천려일득)

꼭꼭 다져가 — 68쪽

1. 다음 한자어의 독음을 쓰세요.

服裝(복장) 擊退(격퇴) 授業(수업) 缺席(결석)
痛歎(통탄) 空港(공항) 解除(해제) 權勢(권세)
裝置(장치) 同胞(동포) 細胞(세포) 斷切(단절)
暴力(폭력) 施賞(시상) 禁煙(금연) 姉妹(자매)
起居(기거) 掃除(소제) 毒感(독감) 選擇(선택)
燃燈(연등) 打鐘(타종) 豫測(예측) 標識(표지)
短縮(단축)

2. 다음 한자의 뜻과 소리를 쓰세요.

儀(거동 의) 適(맞을 적, 갈 적) 模(본뜰 모)
豊(풍년 풍) 蓄(모을 축)   希(바랄 희)
斷(끊을 단) 環(고리 환)   承(이을 승)
複(겹칠 복)

3. 다음 글의 밑줄 친 …한자나 독음으로 쓰세요.

(1)古代 (2)부흥 (3)독창적 (4)偉大 (5)건축
(6)大理石 (7)平生 (8)自身

본문학습 해답

본문학습 37

嚴肅 : (엄할 엄) (엄숙할 숙) ▷ (엄숙)
肅淸 : (엄숙할 숙) (맑을 청) ▷ (숙청)
肅然 : (엄숙할 숙) (그럴 연) ▷ (숙연)
依存 : (의지할 의) (있을 존) ▷ (의존)
依支 : (의지할 의) (지탱할 지) ▷ (의지)
依舊 : (의지할 의) (예 구) ▷ (의구)
閑談 : (한가할 한) (말씀 담) ▷ (한담)
閑散 : (한가할 한) (흩을 산) ▷ (한산)
閑暇 : (한가할 한) (틈 가) ▷ (한가)
應試 : (응할 응) (시험 시) ▷ (응시)
應手 : (응할 응) (손 수) ▷ (응수)
適應 : (맞을 적) (응할 응) ▷ (적응)
寄別 : (부칠 기) (다를 별) ▷ (기별)
寄與 : (부칠 기) (더불 여) ▷ (기여)

본문학습 38

留任 : (머무를 류) (맡길 임) ▷ (유임)
留保 : (머무를 류) (지킬 보) ▷ (유보)
布石 : (베[펼] 포) (돌 석) ▷ (포석)
公布 : (공평할 공) (베[펼] 포) ▷ (공포)
布告 : (베[펼] 포) (고할 고) ▷ (포고)
規範 : (법 규) (법 범) ▷ (규범)
範例 : (법 범) (법식 례) ▷ (범례)
示範 : (보일 시) (법 범) ▷ (시범)
玉體 : (구슬 옥) (몸 체) ▷ (옥체)
玉座 : (구슬 옥) (자리 좌) ▷ (옥좌)
攻玉 : (칠 공) (구슬 옥) ▷ (공옥)
權利 : (권세 권) (이할 리) ▷ (권리)
權限 : (권세 권) (한할 한) ▷ (권한)
主權 : (주인 주) (권세 권) ▷ (주권)

본문학습 39

華麗 : (빛날 화) (고울 려) ▷ (화려)
高麗 : (높을 고) (고울 려) ▷ (고려)
美麗 : (아름다울 미) (고울 려) ▷ (미려)
光復 : (빛 광) (회복할 복) ▷ (광복)
復興 : (다시 부) (일 흥) ▷ (부흥)
復權 : (회복할 복) (권세 권) ▷ (복권)
絲柳 : (실 사) (버들 류) ▷ (사류)
鐵絲 : (쇠 철) (실 사) ▷ (철사)
生絲 : (날 생) (실 사) ▷ (생사)
聖火 : (성인 성) (불 화) ▷ (성화)
聖堂 : (성인 성) (집 당) ▷ (성당)
議案 : (의논할 의) (책상 안) ▷ (의안)
議論 : (의논할 의) (논할 론) ▷ (의논)
※議論의 독음은 '의논'임에 주의!
提議 : (끌 제) (의논할 의) ▷ (제의)

본문학습 40

製作 : (지을 제) (지을 작) ▷ (제작)
手製 : (손 수) (지을 제) ▷ (수제)
製品 : (지을 제) (물건 품) ▷ (제품)
折半 : (꺾을 절) (반 반) ▷ (절반)
骨折 : (뼈 골) (꺾을 절) ▷ (골절)
擇日 : (가릴 택) (날 일) ▷ (택일)
選擇 : (가릴 선) (가릴 택) ▷ (선택)
採擇 : (캘 채) (가릴 택) ▷ (채택)
政府 : (정사 정) (마을 부) ▷ (정부)
官府 : (벼슬 관) (마을 부) ▷ (관부)
學府 : (배울 학) (마을 부) ▷ (학부)
豆乳 : (콩 두) (젖 유) ▷ (두유)
綠豆 : (푸를 록) (콩 두) ▷ (녹두)
豆太 : (콩 두) (클 태) ▷ (두태)

17

한자능력검정 **4**급(**4Ⅱ** 포함)

본문학습 —— 41

求職 : (구할 구) (직분 직) ▷ (구직)
要求 : (요긴할 요) (구할 구) ▷ (요구)
求心 : (구할 구) (마음 심) ▷ (구심)
秘密 : (숨길 비) (빽빽할 밀) ▷ (비밀)
神秘 : (귀신 신) (숨길 비) ▷ (신비)
秘書 : (숨길 비) (글 서) ▷ (비서)
缺禮 : (이지러질 결) (예도 례) ▷ (결례)
缺點 : (이지러질 결) (점 점) ▷ (결점)
缺席 : (이지러질 결) (자리 석) ▷ (결석)
出處 : (날 출) (곳 처) ▷ (출처)
對處 : (대할 대) (곳 처) ▷ (대처)
處置 : (곳 처) (둘 치) ▷ (처치)
脫毛 : (벗을 탈) (터럭 모) ▷ (탈모)
毛布 : (터럭 모) (베[펼] 포) ▷ (모포)
毛筆 : (터럭 모) (붓 필) ▷ (모필)

꼭꼭 다지기 75쪽

1. 다음 한자어의 독음을 쓰세요.

> 曲折(곡절) 復活(부활) 製圖(제도) 缺格(결격)

2. 다음 한자어의 독음을 쓰세요.

> 府院君(부원군) 玉童子(옥동자) 居留民(거류민)
> 請求書(청구서) 獨創性(독창성) 都護府(도호부)
> 製鐵所(제철소) 聖職者(성직자) 處世術(처세술)
> 自鳴鐘(자명종)

3. 다음 한자성어의 독음을 쓰세요.

> 美辭麗句(미사여구)   國會議員(국회의원)

본문학습 —— 42

悲鳴 : (슬플 비) (울 명) ▷ (비명)
耳鳴 : (귀 이) (울 명) ▷ (이명)
創造 : (비롯할 창) (지을 조) ▷ (창조)
創製 : (비롯할 창) (지을 제) ▷ (창제)
創設 : (비롯할 창) (베풀 설) ▷ (창설)
姿態 : (모양 자) (모습 태) ▷ (자태)
雄姿 : (수컷 웅) (모양 자) ▷ (웅자)
姿勢 : (모양 자) (형세 세) ▷ (자세)
間接 : (사이 간) (이을 접) ▷ (간접)
接種 : (이을 접) (씨 종) ▷ (접종)
接受 : (이을 접) (받을 수) ▷ (접수)
存續 : (있을 존) (이을 속) ▷ (존속)
保存 : (지킬 보) (있을 존) ▷ (보존)

꼭꼭 다지기 76쪽

1. 다음 한자어의 독음을 쓰세요.

> 樂師(악사) 明朗(명랑) 混亂(혼란) 商街(상가)
> 觀光(관광) 情況(정황) 衆論(중론) 招待(초대)
> 簡單(간단) 年號(연호) 危險(위험) 證券(증권)
> 危機(위기) 石灰(석회) 堅固(견고) 接辭(접사)
> 降伏(항복) 聖域(성역) 俗稱(속칭) 周邊(주변)
> 拍手(박수) 鐘路(종로) 充電(충전) 邊方(변방)
> 攻擊(공격)

2. 다음 한자의 뜻과 소리를 쓰세요.

> 寄(부칠 기)   權(권세 권)   擇(가릴 택)
> 缺(이지러질 결)   姿(모양 자)

3. 다음 글의 밑줄 친 … 한자나 독음으로 쓰세요.

> (1)민요 (2)歷史 (3)文化 (4)産物 (5)조건
> (6)風土 (7)分子 (8)강우량 (9)양식 (10)향토
> (11)환경 (12)차이

본문학습 해답

본문학습 43

就航 : (나아갈 취) (배 항) ▷ (취항)
成就 : (이룰 성) (나아갈 취) ▷ (성취)
通貨 : (통할 통) (재물 화) ▷ (통화)
貨車 : (재물 화) (수레 차) ▷ (화차)
財貨 : (재물 재) (재물 화) ▷ (재화)
山寺 : (메 산) (절 사) ▷ (산사)
寺院 : (절 사) (집 원) ▷ (사원)
本寺 : (근본 본) (절 사) ▷ (본사)
分配 : (나눌 분) (나눌 배) ▷ (분배)
手配 : (손 수) (나눌 배) ▷ (수배)
流配 : (호를 류) (나눌 배) ▷ (유배)
管理 : (대롱 관) (다스릴 리) ▷ (관리)
主管 : (주인 주) (대롱 관) ▷ (주관)
保管 : (지킬 보) (대롱 관) ▷ (보관)

본문학습 44

別味 : (다를 별) (맛 미) ▷ (별미)
意味 : (뜻 의) (맛 미) ▷ (의미)
興味 : (일 흥) (맛 미) ▷ (흥미)
兩論 : (두 량) (논할 론) ▷ (양론)
兩國 : (두 량) (나라 국) ▷ (양국)
兩分 : (두 량) (나눌 분) ▷ (양분)
子息 : (아들 자) (쉴 식) ▷ (자식)
休息 : (쉴 휴) (쉴 식) ▷ (휴식)
消息 : (사라질 소) (쉴 식) ▷ (소식)
銅鏡 : (구리 동) (거울 경) ▷ (동경)
銅印 : (구리 동) (도장 인) ▷ (동인)
銅製 : (구리 동) (지을 제) ▷ (동제)
寢床 : (잘 침) (상 상) ▷ (침상)
冊床 : (책 책) (상 상) ▷ (책상)
東床 : (동녘 동) (상 상) ▷ (동상)

본문학습 45

更生 : (다시 갱) (날 생) ▷ (갱생)
變更 : (변할 변) (고칠 경) ▷ (변경)
更新 : (다시 갱) (새 신) ▷ (갱신)
殘餘 : (남을 잔) (남을 여) ▷ (잔여)
殘留 : (남을 잔) (머무를 류) ▷ (잔류)
儒學 : (선비 유) (배울 학) ▷ (유학)
儒敎 : (선비 유) (가르칠 교) ▷ (유교)
儒林 : (선비 유) (수풀 림) ▷ (유림)
開閉 : (열 개) (닫을 폐) ▷ (개폐)
密閉 : (빽빽할 밀) (닫을 폐) ▷ (밀폐)
守護 : (지킬 수) (도울 호) ▷ (수호)
固守 : (굳을 고) (지킬 수) ▷ (고수)
保守 : (지킬 보) (지킬 수) ▷ (보수)

본문학습 46

證據 : (증거 증) (근거 거) ▷ (증거)
證明 : (증거 증) (밝을 명) ▷ (증명)
考證 : (생각할 고) (증거 증) ▷ (고증)
帝王 : (임금 제) (임금 왕) ▷ (제왕)
帝位 : (임금 제) (자리 위) ▷ (제위)
筋力 : (힘줄 근) (힘 력) ▷ (근력)
鐵筋 : (쇠 철) (힘줄 근) ▷ (철근)
筋骨 : (힘줄 근) (뼈 골) ▷ (근골)
攻擊 : (칠 공) (칠 격) ▷ (공격)
專攻 : (오로지 전) (칠 공) ▷ (전공)
攻守 : (칠 공) (지킬 수) ▷ (공수)
着眼 : (붙을 착) (눈 안) ▷ (착안)
眼目 : (눈 안) (눈 목) ▷ (안목)
眼球 : (눈 안) (공 구) ▷ (안구)

한자능력검정 **4**급(**4**Ⅱ 포함)

본문학습 —— 47

骨格 : (뼈   골) (격식   격) ▷ (골격)
氣骨 : (기운   기) (뼈   골) ▷ (기골)
弱骨 : (약할   약) (뼈   골) ▷ (약골)
快樂 : (쾌할   쾌) (즐길   락) ▷ (쾌락)
輕快 : (가벼울 경) (쾌할   쾌) ▷ (경쾌)
明快 : (밝을   명) (쾌할   쾌) ▷ (명쾌)
氣候 : (기운   기) (기후   후) ▷ (기후)
問候 : (물을   문) (기후   후) ▷ (문후)
候蟲 : (기후   후) (벌레   충) ▷ (후충)
將來 : (장수   장) (올   래) ▷ (장래)
將兵 : (장수   장) (병사   병) ▷ (장병)
將次 : (장수   장) (버금   차) ▷ (장차)
富貴 : (부자   부) (귀할   귀) ▷ (부귀)
富村 : (부자   부) (마을   촌) ▷ (부촌)
貧富 : (가난할 빈) (부자   부) ▷ (빈부)

본문학습 —— 48

警告 : (깨우칠 경) (고할   고) ▷ (경고)
警報 : (깨우칠 경) (갚을   보) ▷ (경보)
警備 : (깨우칠 경) (갖출   비) ▷ (경비)
醫師 : (의원   의) (스승   사) ▷ (의사)
師範 : (스승   사) (법   범) ▷ (사범)
技師 : (재주   기) (스승   사) ▷ (기사)
檢擧 : (검사할 검) (들   거) ▷ (검거)
檢査 : (검사할 검) (조사할   사) ▷ (검사)
全篇 : (온전   전) (책   편) ▷ (전편)
玉篇 : (구슬   옥) (책   편) ▷ (옥편)
長篇 : (긴   장) (책   편) ▷ (장편)
政略 : (정사   정) (간략할   략) ▷ (정략)
政治 : (정사   정) (다스릴   치) ▷ (정치)
政局 : (정사   정) (판   국) ▷ (정국)
檢算 : (검사할 검) (셈   산) ▷ (검산)

꼭꼭 다지기 — 83쪽

1. 다음 한자어의 독음을 쓰세요.

> 更新(경신) ※'갱신(※본문학습 79쪽 참조)'과 '경신'의 쓰임이 다름에 주의! 攻勢(공세)

2. 다음 한자어의 독음을 쓰세요.

> 富益富(부익부) 安息處(안식처) 配當金(배당금)
> 主眼點(주안점) 交子床(교자상) 靑銅器(청동기)

3. 다음 한자성어의 독음을 쓰세요.

> 同族相殘(동족상잔)   日就月將(일취월장)
> 言中有骨(언중유골)   兩者擇一(양자택일)
> 眼下無人(안하무인)   帝國主義(제국주의)
> 富國強兵(부국강병)   師弟三世(사제삼세)

꼭꼭 다지기 — 84쪽

1. 다음 한자어의 독음을 쓰세요.

> 朗讀(낭독) 列擧(열거) 備置(비치) 地域(지역)
> 就職(취직) 票決(표결) 姿勢(자세) 動態(동태)
> 退出(퇴출) 群衆(군중) 遊擊(유격) 洗練(세련)
> 閉店(폐점) 招請(초청) 協助(협조) 養鷄(양계)
> 引受(인수) 困難(곤란) 記帳(기장) 絶妙(절묘)
> 趣味(취미) 着陸(착륙) 留念(유념) 雜貨(잡화)
> 藝術(예술)

2. 다음 한자의 뜻과 소리를 쓰세요.

> 寺(절   사)   息(쉴   식)   殘(남을 잔)
> 攻(칠   공)   快(쾌할 쾌)   兩(두   량)
> 儒(선비 유)   筋(힘줄 근)   候(기후 후)
> 檢(검사할 검)

3. 다음 단어의 뜻에 반대 … 한자어를 쓰세요.

> (1)內容↔(形式) (2)原因↔(結果) (3)登場↔(退場)

4. 음이 달라지는 한자어의 알맞은 독음을 쓰세요.

| 金錢(금전) 學識(학식) 狀況(상황) 降雪(강설) |
| 變更(변경) 金鑛(금광) 標識(표지) 賞狀(상장) |
| 降書(항서) 更生(갱생) 樂隊(악대) 宅地(택지) |
| 形便(형편) 復活(부활) 停車(정차) 樂園(낙원) |
| 宅內(댁내) 便所(변소) 往復(왕복) 列車(열차) |

持續 : (가질 지) (이을 속) ▷ (지속)
持病 : (가질 지) (병   병) ▷ (지병)
陣營 : (진칠 진) (경영할 영) ▷ (진영)
陣法 : (진칠 진) (법   법) ▷ (진법)
陣痛 : (진칠 진) (아플 통) ▷ (진통)
壁畫 : (벽   벽) (그림 화) ▷ (벽화)
絶壁 : (끊을 절) (벽   벽) ▷ (절벽)
城壁 : (재   성) (벽   벽) ▷ (성벽)

본문학습

革命 : (가죽 혁) (목숨 명) ▷ (혁명)
革新 : (가죽 혁) (새   신) ▷ (혁신)
改革 : (고칠 개) (가죽 혁) ▷ (개혁)
徒步 : (무리 도) (걸을 보) ▷ (도보)
學徒 : (배울 학) (무리 도) ▷ (학도)
信徒 : (믿을 신) (무리 도) ▷ (신도)
遺傳 : (남길 유) (전할 전) ▷ (유전)
遺失 : (남길 유) (잃을 실) ▷ (유실)
遺言 : (남길 유) (말씀 언) ▷ (유언)
聲優 : (소리 성) (넉넉할 우) ▷ (성우)
聲調 : (소리 성) (고를 조) ▷ (성조)
名聲 : (이름 명) (소리 성) ▷ (명성)
歌謠 : (노래 가) (노래 요) ▷ (가요)
童謠 : (아이 동) (노래 요) ▷ (동요)
民謠 : (백성 민) (노래 요) ▷ (민요)

본문학습

烈士 : (매울 렬) (선비 사) ▷ (열사)
先烈 : (먼저 선) (매울 렬) ▷ (선열)
熱烈 : (더울 열) (매울 렬) ▷ (열렬)
純潔 : (순수할 순) (깨끗할 결) ▷ (순결)
淸純 : (맑을 청) (순수할 순) ▷ (청순)
單純 : (홑   단) (순수할 순) ▷ (단순)
短髮 : (짧을 단) (터럭 발) ▷ (단발)
白髮 : (흰   백) (터럭 발) ▷ (백발)
吸收 : (마실 흡) (거둘 수) ▷ (흡수)
吸煙 : (마실 흡) (연기 연) ▷ (흡연)
呼吸 : (부를 호) (마실 흡) ▷ (호흡)
刑罰 : (형벌 형) (벌할 벌) ▷ (형벌)
減刑 : (덜   감) (형벌 형) ▷ (감형)
刑事 : (형벌 형) (일   사) ▷ (형사)

본문학습

飮酒 : (마실 음) (술   주) ▷ (음주)
祭酒 : (제사 제) (술   주) ▷ (제주)
酒造 : (술   주) (지을 조) ▷ (주조)
殺伐 : (죽일 살) (칠   벌) ▷ (살벌)
相殺 : (서로 상) (감할 쇄) ▷ (상쇄)
殺傷 : (죽일 살) (다칠 상) ▷ (살상)
支持 : (지탱할 지) (가질 지) ▷ (지지)

본문학습

救護 : (구원할 구) (도울 호) ▷ (구호)
辯護 : (말씀 변) (도울 호) ▷ (변호)
旅券 : (나그네 려) (문서 권) ▷ (여권)
證券 : (증거 증) (문서 권) ▷ (증권)
區域 : (구분할 구) (지경 역) ▷ (구역)
聖域 : (성인 성) (지경 역) ▷ (성역)
異域 : (다를 이) (지경 역) ▷ (이역)

秀才 : (빼어날 수) (재주 재) ▷ (수재)
優秀 : (넉넉할 우) (빼어날 수) ▷ (우수)
秀麗 : (빼어날 수) (고울 려) ▷ (수려)
禁煙 : (금할 금) (연기 연) ▷ (금연)
松煙 : (소나무 송) (연기 연) ▷ (송연)
油煙 : (기름 유) (연기 연) ▷ (유연)

본문학습 53

巨事 : (클 거) (일 사) ▷ (거사)
巨額 : (클 거) (이마 액) ▷ (거액)
銅錢 : (구리 동) (돈 전) ▷ (동전)
錢票 : (돈 전) (표 표) ▷ (전표)
葉錢 : (잎 엽) (돈 전) ▷ (엽전)
狀況 : (형상 상) (상황 황) ▷ (상황)
賞狀 : (상줄 상) (문서 장) ▷ (상장)
狀態 : (형상 상) (모습 태) ▷ (상태)
抗議 : (겨룰 항) (의논할 의) ▷ (항의)
抗拒 : (겨룰 항) (막을 거) ▷ (항거)
整備 : (가지런할 정) (갖출 비) ▷ (정비)
調整 : (고를 조) (가지런할 정) ▷ (조정)
整理 : (가지런할 정) (다스릴 리) ▷ (정리)

본문학습 54

燃料 : (탈 연) (헤아릴 료) ▷ (연료)
燃燈 : (탈 연) (등 등) ▷ (연등)
協議 : (화할 협) (의논할 의) ▷ (협의)
協助 : (화할 협) (도울 조) ▷ (협조)
協同 : (화할 협) (한가지 동) ▷ (협동)
鬪志 : (싸움 투) (뜻 지) ▷ (투지)
志願 : (뜻 지) (원할 원) ▷ (지원)
志向 : (뜻 지) (향할 향) ▷ (지향)
委任 : (맡길 위) (맡길 임) ▷ (위임)
委員 : (맡길 위) (인원 원) ▷ (위원)
壯丁 : (장할 장) (장정 정) ▷ (장정)
白丁 : (흰 백) (장정 정) ▷ (백정)

 91쪽

1. 다음 한자어의 독음을 쓰세요.

志操(지조) 遺族(유족) 言聲(언성) 所持(소지)

2. 다음 한자어의 독음을 쓰세요.

酒案床(주안상) 領域權(영역권) 刑務所(형무소)
持參金(지참금) 背水陣(배수진) 無聲音(무성음)
養護室(양호실)

3. 다음 한자성어의 독음을 쓰세요.

目不識丁(목불식정) 異口同聲(이구동성)
危機一髮(위기일발) 虛張聲勢(허장성세)
掃地無餘(소지무여) 江湖煙波(강호연파)

 92쪽

1. 다음 한자어의 독음을 쓰세요.

配慮(배려) 屈折(굴절) 端裝(단장) 新聞(신문)
所願(소원) 自鳴(자명) 國籍(국적) 吸入(흡입)
吸收(흡수) 家屋(가옥) 智略(지략) 激鬪(격투)
轉移(전이) 停留(정류) 試驗(시험) 陣痛(진통)
休息(휴식) 消費(소비) 離散(이산) 燃料(연료)
論說(논설) 聖賢(성현) 取消(취소) 患者(환자)
辯論(변론)

2. 다음 한자의 뜻과 소리를 쓰세요.

遺(남길 유) 烈(매울 렬) 壁(벽 벽)
券(문서 권) 抗(겨룰 항) 謠(노래 요)
刑(형벌 형) 徒(무리 도) 秀(빼어날 수)
委(맡길 위)

3. 다음 글의 밑줄 친 ... 한자나 독음으로 쓰세요.

(1)通用 (2)言語 (3)因 (4)特定 (5)계층
(6)必要 (7)使用 (8)전통 (9)文化 (10)形成

본문학습 해답

본문학습 55

聽衆 : (들을 청) (무리 중) ▷ (청중)
觀衆 : (볼 관) (무리 중) ▷ (관중)
衆論 : (무리 중) (논할 론) ▷ (중론)
侵攻 : (침노할 침) (칠 공) ▷ (침공)
侵入 : (침노할 침) (들 입) ▷ (침입)
侵害 : (침노할 침) (해할 해) ▷ (침해)
口碑 : (입 구) (비석 비) ▷ (구비)
墓碑 : (무덤 묘) (비석 비) ▷ (묘비)
碑文 : (비석 비) (글월 문) ▷ (비문)
急增 : (급할 급) (더할 증) ▷ (급증)
增産 : (더할 증) (낳을 산) ▷ (증산)
增設 : (더할 증) (베풀 설) ▷ (증설)
寶物 : (보배 보) (물건 물) ▷ (보물)
寶貨 : (보배 보) (재물 화) ▷ (보화)
寶石 : (보배 보) (돌 석) ▷ (보석)

본문학습 57

勸學 : (권할 권) (배울 학) ▷ (권학)
勸告 : (권할 권) (고할 고) ▷ (권고)
勸戒 : (권할 권) (경계할 계) ▷ (권계)
確定 : (굳을 확) (정할 정) ▷ (확정)
的確 : (과녁 적) (굳을 확) ▷ (적확)
確證 : (굳을 확) (증거 증) ▷ (확증)
待遇 : (기다릴 대) (만날 우) ▷ (대우)
境遇 : (지경 경) (만날 우) ▷ (경우)
不遇 : (아닐 불) (만날 우) ▷ (불우)
氏族 : (각시 씨) (겨레 족) ▷ (씨족)
姓氏 : (성 성) (각시 씨) ▷ (성씨)
氏名 : (각시 씨) (이름 명) ▷ (씨명)
討論 : (칠 토) (논할 론) ▷ (토론)
討議 : (칠 토) (의논할 의) ▷ (토의)
檢討 : (검사할 검) (칠 토) ▷ (검토)

본문학습 56

副業 : (버금 부) (업 업) ▷ (부업)
副賞 : (버금 부) (상줄 상) ▷ (부상)
正副 : (바를 정) (버금 부) ▷ (정부)
崇高 : (높을 숭) (높을 고) ▷ (숭고)
尊崇 : (높을 존) (높을 숭) ▷ (존숭)
崇拜 : (높을 숭) (절 배) ▷ (숭배)
簡潔 : (대쪽 간) (깨끗할 결) ▷ (간결)
簡單 : (대쪽 간) (홑 단) ▷ (간단)
簡略 : (대쪽 간) (간략할 략) ▷ (간략)
獨占 : (홀로 독) (점령할 점) ▷ (독점)
占據 : (점령할 점) (근거 거) ▷ (점거)
占領 : (점령할 점) (거느릴 령) ▷ (점령)
極限 : (극진할 극) (한할 한) ▷ (극한)
極致 : (극진할 극) (이를 치) ▷ (극치)
極讚 : (극진할 극) (기릴 찬) ▷ (극찬)
兩極 : (두 량) (극진할 극) ▷ (양극)

본문학습 58

混雜 : (섞을 혼) (섞일 잡) ▷ (혼잡)
雜貨 : (섞일 잡) (재물 화) ▷ (잡화)
雜談 : (섞일 잡) (말씀 담) ▷ (잡담)
聲援 : (소리 성) (도울 원) ▷ (성원)
救援 : (구원할 구) (도울 원) ▷ (구원)
應援 : (응할 응) (도울 원) ▷ (응원)
隱退 : (숨을 은) (물러날 퇴) ▷ (은퇴)
隱語 : (숨을 은) (말씀 어) ▷ (은어)
隱居 : (숨을 은) (살 거) ▷ (은거)
液體 : (진 액) (몸 체) ▷ (액체)
樹液 : (나무 수) (진 액) ▷ (수액)
液化 : (진 액) (될 화) ▷ (액화)
貧困 : (가난할 빈) (곤할 곤) ▷ (빈곤)
貧民 : (가난할 빈) (백성 민) ▷ (빈민)

한자능력검정 **4**급(**4**II 포함)

본문학습 — 59

苦難 :	(쓸	고) (어려울	난) ▷	(고난)
非難 :	(아닐	비) (어려울	난) ▷	(비난)
難局 :	(어려울	난) (판	국) ▷	(난국)
嚴禁 :	(엄할	엄) (금할	금) ▷	(엄금)
嚴選 :	(엄할	엄) (가릴	선) ▷	(엄선)
威嚴 :	(위엄	위) (엄할	엄) ▷	(위엄)
尊重 :	(높을	존) (무거울	중) ▷	(존중)
尊稱 :	(높을	존) (일컬을	칭) ▷	(존칭)
尊敬 :	(높을	존) (공경할	경) ▷	(존경)
正義 :	(바를	정) (옳을	의) ▷	(정의)
義務 :	(옳을	의) (힘쓸	무) ▷	(의무)
講義 :	(욀	강) (옳을	의) ▷	(강의)
斗護 :	(말	두) (도울	호) ▷	(두호)
斗牛 :	(말	두) (소	우) ▷	(두우)
斗屋 :	(말	두) (집	옥) ▷	(두옥)

본문학습 — 60

制壓 :	(절제할	제) (누를	압) ▷	(제압)
壓力 :	(누를	압) (힘	력) ▷	(압력)
壓死 :	(누를	압) (죽을	사) ▷	(압사)
情況 :	(뜻	정) (상황	황) ▷	(정황)
實況 :	(열매	실) (상황	황) ▷	(실황)
景況 :	(볕	경) (상황	황) ▷	(경황)
博士 :	(넓을	박) (선비	사) ▷	(박사)
博愛 :	(넓을	박) (사랑	애) ▷	(박애)
博識 :	(넓을	박) (알	식) ▷	(박식)
竹簡 :	(대	죽) (대쪽	간) ▷	(죽간)
竹葉 :	(대	죽) (잎	엽) ▷	(죽엽)
爆竹 :	(불터질	폭) (대	죽) ▷	(폭죽)
私費 :	(사사	사) (쓸	비) ▷	(사비)
私見 :	(사사	사) (볼	견) ▷	(사견)
私第 :	(사사	사) (차례	제) ▷	(사제)

다지기 — 99쪽

1. 다음 한자어의 독음을 쓰세요.

確立(확립) 隱密(은밀) 聲討(성토) 勸降(권항)

2. 다음 한자어의 독음을 쓰세요.

副作用(부작용) 自尊心(자존심) 極少數(극소수) 博覽會(박람회)

3. 다음 한자성어의 독음을 쓰세요.

確固不動(확고부동) 衆口難防(중구난방)
公衆道德(공중도덕) 竹馬故友(죽마고우)
口碑文學(구비문학) 身邊雜記(신변잡기)
安貧樂道(안빈낙도) 先公後私(선공후사)

다지기 — 100쪽

1. 다음 한자어의 독음을 쓰세요.

郵票(우표) 領海(영해) 創案(창안) 碑石(비석)
恩惠(은혜) 繼續(계속) 官府(관부) 寢室(침실)
禮拜(예배) 鷄舍(계사) 兩班(양반) 清貧(청빈)
實施(실시) 着想(착상) 共犯(공범) 讚歎(찬탄)
珍奇(진기) 快樂(쾌락) 逃避(도피) 確認(확인)
敗北(패배) 暗香(암향) 令愛(영애) 強盜(강도)
講堂(강당)

2. 다음 한자의 뜻과 소리를 쓰세요.

碑(비석 비) 崇(높을 숭) 隱(숨을 은)
雜(섞일 잡) 斗(말 두) 占(점령할 점)
討(칠 토) 勸(권할 권) 況(상황 황)
博(넓을 박)

3. 다음 글의 밑줄 친 … 한자나 독음으로 쓰세요.

(1)以心傳心 (2)友情 (3)前無後無 (4)대기록
(5)위기일발 (6)鐵路 (7)등화가친 (8)계절
(9)이구동성 (10)칭찬

본문학습 해답

본문학습 61

差等 : (다를   차) (무리   등) ▷ (차등)
差別 : (다를   차) (다를   별) ▷ (차별)
差備 : (다를   차) (갖출   비) ▷ (차비)
傷害 : (다칠   상) (해할   해) ▷ (상해)
重傷 : (무거울 중) (다칠   상) ▷ (중상)
負傷 : (질   부) (다칠   상) ▷ (부상)
紀念 : (벼리   기) (생각   념) ▷ (기념)
紀元 : (벼리   기) (으뜸   원) ▷ (기원)
源泉 : (근원   원) (샘   천) ▷ (원천)
鑛泉 : (쇳돌   광) (샘   천) ▷ (광천)
黃泉 : (누를   황) (샘   천) ▷ (황천)
檀君 : (박달나무 단) (임금   군) ▷ (단군)
檀紀 : (박달나무 단) (벼리   기) ▷ (단기)

본문학습 62

內包 : (안   내) (쌀   포) ▷ (내포)
包裝 : (쌀   포) (꾸밀   장) ▷ (포장)
包容 : (쌀   포) (얼굴   용) ▷ (포용)
均等 : (고를   균) (무리   등) ▷ (균등)
平均 : (평평할 평) (고를   균) ▷ (평균)
喜悲 : (기쁠   희) (슬플   비) ▷ (희비)
悲觀 : (슬플   비) (볼   관) ▷ (비관)
悲劇 : (슬플   비) (심할   극) ▷ (비극)
指針 : (가리킬 지) (바늘   침) ▷ (지침)
方針 : (모   방) (바늘   침) ▷ (방침)
針線 : (바늘   침) (줄   선) ▷ (침선)
衛星 : (지킬   위) (별   성) ▷ (위성)
星座 : (별   성) (자리   좌) ▷ (성좌)
流星 : (흐를   류) (별   성) ▷ (유성)

본문학습 63

窮理 : (다할   궁) (다스릴 리) ▷ (궁리)
窮地 : (다할   궁) (땅[따] 지) ▷ (궁지)
貧窮 : (가난할 빈) (다할   궁) ▷ (빈궁)
經歷 : (지날   경) (지날   력) ▷ (경력)
經路 : (지날   경) (길   로) ▷ (경로)
經驗 : (지날   경) (시험   험) ▷ (경험)
優良 : (넉넉할 우) (어질   량) ▷ (우량)
優秀 : (넉넉할 우) (빼어날 수) ▷ (우수)
優勝 : (넉넉할 우) (이길   승) ▷ (우승)
專念 : (오로지 전) (생각   념) ▷ (전념)
專用 : (오로지 전) (쓸   용) ▷ (전용)
專擔 : (오로지 전) (멜   담) ▷ (전담)
勸獎 : (권할   권) (장려할 장) ▷ (권장)
推獎 : (밀   추) (장려할 장) ▷ (추장)

본문학습 64

權威 : (권세   권) (위엄   위) ▷ (권위)
威力 : (위엄   위) (힘   력) ▷ (위력)
威嚴 : (위엄   위) (엄할   엄) ▷ (위엄)
干連 : (방패   간) (이을   련) ▷ (간련)
干滿 : (방패   간) (찰   만) ▷ (간만)
干證 : (방패   간) (증거   증) ▷ (간증)
築造 : (쌓을   축) (지을   조) ▷ (축조)
建築 : (세울   건) (쌓을   축) ▷ (건축)
新築 : (새   신) (쌓을   축) ▷ (신축)
敢行 : (감히   감) (다닐   행) ▷ (감행)
果敢 : (실과   과) (감히   감) ▷ (과감)
勇敢 : (날랠   용) (감히   감) ▷ (용감)
監督 : (볼   감) (감독할 독) ▷ (감독)
提督 : (끌   제) (감독할 독) ▷ (제독)
總督 : (다   총) (감독할 독) ▷ (총독)

한자능력검정 **4**급(**4**Ⅱ 포함)

본문학습 — 65

勤勉 : (부지런할 근) (힘쓸 면) ▷ (근면)
勉學 : (힘쓸 면) (배울 학) ▷ (면학)
勸勉 : (권할 권) (힘쓸 면) ▷ (권면)
監修 : (볼 감) (닦을 수) ▷ (감수)
修交 : (닦을 수) (사귈 교) ▷ (수교)
修道 : (닦을 수) (길 도) ▷ (수도)
退場 : (물러날 퇴) (마당 장) ▷ (퇴장)
退治 : (물러날 퇴) (다스릴 치) ▷ (퇴치)
脫退 : (벗을 탈) (물러날 퇴) ▷ (탈퇴)
地層 : (땅[따] 지) (층 층) ▷ (지층)
階層 : (섬돌 계) (층 층) ▷ (계층)
深層 : (깊을 심) (층 층) ▷ (심층)
令妹 : (하여금 령) (누이 매) ▷ (영매)
義妹 : (옳을 의) (누이 매) ▷ (의매)
妹夫 : (누이 매) (지아비 부) ▷ (매부)

본문학습 — 66

工程 : (장인 공) (한도 정) ▷ (공정)
過程 : (지날 과) (한도 정) ▷ (과정)
程度 : (한도 정) (법도 도) ▷ (정도)
準據 : (준할 준) (근거 거) ▷ (준거)
標準 : (표할 표) (준할 준) ▷ (표준)
基準 : (터 기) (준할 준) ▷ (기준)
緣故 : (인연 연) (연고 고) ▷ (연고)
血緣 : (피 혈) (인연 연) ▷ (혈연)
因緣 : (인할 인) (인연 연) ▷ (인연)
講壇 : (욀 강) (단 단) ▷ (강단)
講習 : (욀 강) (익힐 습) ▷ (강습)
講演 : (욀 강) (펼 연) ▷ (강연)
聖君 : (성인 성) (임금 군) ▷ (성군)
夫君 : (지아비 부) (임금 군) ▷ (부군)

 107쪽

1. 다음 한자어의 독음을 쓰세요.

視差(시차)   干與(간여)   準備(준비)

2. 다음 한자어의 독음을 쓰세요.

紀行文(기행문) 均如傳(균여전) 無窮花(무궁화)
四君子(사군자) 占星術(점성술) 針葉樹(침엽수)
專有物(전유물) 獎學金(장학금)

3. 다음 한자성어의 독음을 쓰세요.

救國干城(구국간성)   姉妹結緣(자매결연)
緣木求魚(연목구어)   經世濟民(경세제민)

 108쪽

1. 다음 한자어의 독음을 쓰세요.

保險(보험) 模範(모범) 監督(감독) 演劇(연극)
散步(산보) 參拜(참배) 毒殺(독살) 毛髮(모발)
厚德(후덕) 差異(차이) 檢問(검문) 充滿(충만)
辭職(사직) 閑暇(한가) 迎接(영접) 法律(법률)
國益(국익) 舌戰(설전) 眼鏡(안경) 念慮(염려)
負擔(부담) 價格(가격) 批判(비판) 卓球(탁구)
脫穀(탈곡)

2. 다음 한자의 뜻과 소리를 쓰세요.

講(욀 강) 均(고를 균) 經(지날 경)
威(위엄 위) 勉(힘쓸 면) 檀(박달나무 단)
針(바늘 침) 獎(장려할 장) 敢(감히 감)
緣(인연 연)

3. 다음 글의 밑줄 친 … 한자나 독음으로 쓰세요.

(1)行動 (2)完全 (3)反省 (4)生活 (5)태도 (6)주위
(7)親舊 (8)충고 (9)수양 (10)言行

본문학습 해답

본문학습 67

豊盛 :	(풍년 풍)	(성할 성)	▷ (풍성)
盛大 :	(성할 성)	(큰 대)	▷ (성대)
盛況 :	(성할 성)	(상황 황)	▷ (성황)
總體 :	(다 총)	(몸 체)	▷ (총체)
總點 :	(다 총)	(점 점)	▷ (총점)
總務 :	(다 총)	(힘쓸 무)	▷ (총무)
評論 :	(평할 평)	(논할 론)	▷ (평론)
評判 :	(평할 평)	(판단할 판)	▷ (평판)
評價 :	(평할 평)	(값 가)	▷ (평가)
推測 :	(밀 추)	(헤아릴 측)	▷ (추측)
推移 :	(밀 추)	(옮길 이)	▷ (추이)
推進 :	(밀 추)	(나아갈 진)	▷ (추진)
缺勤 :	(이지러질 결)	(부지런할 근)	▷ (결근)
退勤 :	(물러날 퇴)	(부지런할 근)	▷ (퇴근)
勤勞 :	(부지런할 근)	(일할 로)	▷ (근로)

본문학습 68

爲主 :	(하 위)	(주인 주)	▷ (위주)
當爲 :	(마땅 당)	(하 위)	▷ (당위)
營爲 :	(경영할 영)	(하 위)	▷ (영위)
端正 :	(끝 단)	(바를 정)	▷ (단정)
發端 :	(필 발)	(끝 단)	▷ (발단)
末端 :	(끝 말)	(끝 단)	▷ (말단)
慰勞 :	(위로할 위)	(일할 로)	▷ (위로)
慰問 :	(위로할 위)	(물을 문)	▷ (위문)
慰安 :	(위로할 위)	(편안 안)	▷ (위안)
廳舍 :	(관청 청)	(집 사)	▷ (청사)
官廳 :	(벼슬 관)	(관청 청)	▷ (관청)
區廳 :	(구분할 구)	(관청 청)	▷ (구청)
明暗 :	(밝을 명)	(어두울 암)	▷ (명암)
暗黑 :	(어두울 암)	(검을 흑)	▷ (암흑)
暗殺 :	(어두울 암)	(죽일 살)	▷ (암살)

본문학습 69

顯達 :	(나타날 현)	(통달할 달)	▷ (현달)
顯考 :	(나타날 현)	(생각할 고)	▷ (현고)
榮顯 :	(영화 영)	(나타날 현)	▷ (영현)
造成 :	(지을 조)	(이룰 성)	▷ (조성)
構造 :	(얽을 구)	(지을 조)	▷ (구조)
製造 :	(지을 제)	(지을 조)	▷ (제조)
導入 :	(인도할 도)	(들 입)	▷ (도입)
主導 :	(주인 주)	(인도할 도)	▷ (주도)
傳導 :	(전할 전)	(인도할 도)	▷ (전도)
宮庭 :	(집 궁)	(뜰 정)	▷ (궁정)
宮室 :	(집 궁)	(집 실)	▷ (궁실)
宮合 :	(집 궁)	(합할 합)	▷ (궁합)
傾向 :	(기울 경)	(향할 향)	▷ (경향)
傾聽 :	(기울 경)	(들을 청)	▷ (경청)

본문학습 70

探訪 :	(찾을 탐)	(찾을 방)	▷ (탐방)
來訪 :	(올 래)	(찾을 방)	▷ (내방)
訪問 :	(찾을 방)	(물을 문)	▷ (방문)
餘暇 :	(남을 여)	(틈 가)	▷ (여가)
餘白 :	(남을 여)	(흰 백)	▷ (여백)
餘念 :	(남을 여)	(생각 념)	▷ (여념)
脫稅 :	(벗을 탈)	(세금 세)	▷ (탈세)
稅務 :	(세금 세)	(힘쓸 무)	▷ (세무)
稅關 :	(세금 세)	(관계할 관)	▷ (세관)
散在 :	(흩을 산)	(있을 재)	▷ (산재)
解散 :	(풀 해)	(흩을 산)	▷ (해산)
散步 :	(흩을 산)	(걸을 보)	▷ (산보)
五穀 :	(다섯 오)	(곡식 곡)	▷ (오곡)
脫穀 :	(벗을 탈)	(곡식 곡)	▷ (탈곡)
米穀 :	(쌀 미)	(곡식 곡)	▷ (미곡)

27

본문학습 71

勤務 : (부지런할 근) (힘쓸 무) ▷ (근무)
專務 : (오로지 전) (힘쓸 무) ▷ (전무)
休務 : (쉴 휴) (힘쓸 무) ▷ (휴무)
發砲 : (필 발) (대포 포) ▷ (발포)
砲聲 : (대포 포) (소리 성) ▷ (포성)
砲手 : (대포 포) (손 수) ▷ (포수)
傑出 : (뛰어날 걸) (날 출) ▷ (걸출)
英傑 : (꽃부리 영) (뛰어날 걸) ▷ (영걸)
傑作 : (뛰어날 걸) (지을 작) ▷ (걸작)
具象 : (갖출 구) (코끼리 상) ▷ (구상)
對象 : (대할 대) (코끼리 상) ▷ (대상)
象形 : (코끼리 상) (모양 형) ▷ (상형)
賊首 : (도둑 적) (머리 수) ▷ (적수)
賊子 : (도둑 적) (아들 자) ▷ (적자)
逆賊 : (거스를 역) (도둑 적) ▷ (역적)

본문학습 72

如前 : (같을 여) (앞 전) ▷ (여전)
如干 : (같을 여) (방패 간) ▷ (여간)
缺如 : (이지러질 결) (같을 여) ▷ (결여)
混同 : (섞을 혼) (한가지 동) ▷ (혼동)
混用 : (섞을 혼) (쓸 용) ▷ (혼용)
混合 : (섞을 혼) (합할 합) ▷ (혼합)
指揮 : (가리킬 지) (휘두를 휘) ▷ (지휘)
發揮 : (필 발) (휘두를 휘) ▷ (발휘)
揮筆 : (휘두를 휘) (붓 필) ▷ (휘필)
限度 : (한할 한) (법도 도) ▷ (한도)
限界 : (한할 한) (지경 계) ▷ (한계)
無限 : (없을 무) (한할 한) ▷ (무한)
名單 : (이름 명) (홑 단) ▷ (명단)
單語 : (홑 단) (말씀 어) ▷ (단어)
單獨 : (홑 단) (홀로 독) ▷ (단독)

 115쪽

1. 다음 한자어의 독음을 쓰세요.

訪韓(방한) 制限(제한) 端裝(단장) 總選(총선)

2. 다음 한자어의 독음을 쓰세요.

品評會(품평회) 急先務(급선무) 端午節(단오절)
爲政者(위정자) 海賊船(해적선) 導火線(도화선)

3. 다음 한자성어의 독음을 쓰세요.

興盡悲來(흥진비래)   賊出關門(적출관문)
餘無可論(여무가론)   亂臣賊子(난신적자)

 116쪽

1. 다음 한자어의 독음을 쓰세요.

盜賊(도적) 印象(인상) 威力(위력) 施設(시설)
指標(지표) 變更(변경) 假裝(가장) 打破(타파)
感激(감격) 模寫(모사) 複雜(복잡) 巨富(거부)
減資(감자) 差異(차이) 過速(과속) 歌謠(가요)
旅行(여행) 準備(준비) 織物(직물) 糧穀(양곡)
背景(배경) 留置(유치) 遺族(유족) 受領(수령)
護衛(호위)

2. 다음 글의 밑줄 친 … 한자나 독음으로 쓰세요.

(1)人類 (2)歷史 (3)偉人 (4)先覺者
(5)조건 (6)意志 (7)과감 (8)용단
(9)창제 (10)자원 (11)한탄 (12)宿命
(13)경제 (14)건설 (15)세기 (16)科學
(17)발달 (18)각종 정보 (19)창의력 (20)발휘
(21)開發 (22)急速度 (23)能動的 (24)대처

본문학습 해답

본문학습 73

校監 : (학교 교) (볼 감) ▷ (교감)
監視 : (볼 감) (볼 시) ▷ (감시)
監査 : (볼 감) (조사할 사) ▷ (감사)
暖帶 : (따뜻할 난) (띠 대) ▷ (난대)
寒暖 : (찰 한) (따뜻할 난/란) ▷ (한란)
暖流 : (따뜻할 난) (흐를 류) ▷ (난류)
都城 : (도읍 도) (재 성) ▷ (도성)
京城 : (서울 경) (재 성) ▷ (경성)
障壁 : (막을 장) (벽 벽) ▷ (장벽)
罪障 : (허물 죄) (막을 장) ▷ (죄장)
故障 : (연고 고) (막을 장) ▷ (고장)
硏修 : (갈 연) (닦을 수) ▷ (연수)
硏學 : (갈 연) (배울 학) ▷ (연학)
硏究 : (갈 연) (연구할 구) ▷ (연구)

본문학습 74

牧羊 : (칠 목) (양 양) ▷ (목양)
羊毛 : (양 양) (터럭 모) ▷ (양모)
舍監 : (집 사) (볼 감) ▷ (사감)
舍弟 : (집 사) (아우 제) ▷ (사제)
恩惠 : (은혜 은) (은혜 혜) ▷ (은혜)
施惠 : (베풀 시) (은혜 혜) ▷ (시혜)
惠化 : (은혜 혜) (될 화) ▷ (혜화)
甘草 : (달 감) (풀 초) ▷ (감초)
甘酒 : (달 감) (술 주) ▷ (감주)
甘受 : (달 감) (받을 수) ▷ (감수)
甲富 : (갑옷 갑) (부자 부) ▷ (갑부)
回甲 : (돌아올 회) (갑옷 갑) ▷ (회갑)
鐵甲 : (쇠 철) (갑옷 갑) ▷ (철갑)

본문학습 75

印象 : (도장 인) (코끼리 상) ▷ (인상)
檢印 : (검사할 검) (도장 인) ▷ (검인)
印度 : (도장 인) (법도 도) ▷ (인도)
延長 : (늘일 연) (긴 장) ▷ (연장)
延期 : (늘일 연) (기약할 기) ▷ (연기)
延命 : (늘일 연) (목숨 명) ▷ (연명)
個體 : (낱 개) (몸 체) ▷ (개체)
個別 : (낱 개) (다를 별) ▷ (개별)
個性 : (낱 개) (성품 성) ▷ (개성)
就寢 : (나아갈 취) (잘 침) ▷ (취침)
寢具 : (잘 침) (갖출 구) ▷ (침구)
寢房 : (잘 침) (방 방) ▷ (침방)
輕視 : (가벼울 경) (볼 시) ▷ (경시)
視線 : (볼 시) (줄 선) ▷ (시선)

본문학습 76

派生 : (갈래 파) (날 생) ▷ (파생)
特派 : (특별할 특) (갈래 파) ▷ (특파)
派兵 : (갈래 파) (병사 병) ▷ (파병)
神奇 : (귀신 신) (기특할 기) ▷ (신기)
奇別 : (기특할 기) (다를 별) ▷ (기별)
奇智 : (기특할 기) (지혜 지) ▷ (기지)
健壯 : (굳셀 건) (장할 장) ▷ (건장)
壯觀 : (장할 장) (볼 관) ▷ (장관)
壯重 : (장할 장) (무거울 중) ▷ (장중)
組織 : (짤 조) (짤 직) ▷ (조직)
組合 : (짤 조) (합할 합) ▷ (조합)
勞組 : (일할 로) (짤 조) ▷ (노조)
制服 : (절제할 제) (옷 복) ▷ (제복)
制定 : (절제할 제) (정할 정) ▷ (제정)

본문학습 77

援助 : (도울 원) (도울 조) ▷ (원조)
救助 : (구원할 구) (도울 조) ▷ (구조)
助産 : (도울 조) (낳을 산) ▷ (조산)
擊破 : (칠 격) (깨뜨릴 파) ▷ (격파)
看破 : (볼 간) (깨뜨릴 파) ▷ (간파)
破損 : (깨뜨릴 파) (덜 손) ▷ (파손)
逃亡 : (도망할 도) (망할 망) ▷ (도망)
逃散 : (도망할 도) (흩을 산) ▷ (도산)
逃避 : (도망할 도) (피할 피) ▷ (도피)
解禁 : (풀 해) (금할 금) ▷ (해금)
禁止 : (금할 금) (그칠 지) ▷ (금지)
監禁 : (볼 감) (금할 금) ▷ (감금)
居處 : (살 거) (곳 처) ▷ (거처)
居住 : (살 거) (살 주) ▷ (거주)
居留 : (살 거) (머무를 류) ▷ (거류)

본문학습 78

航海 : (배 항) (바다 해) ▷ (항해)
航路 : (배 항) (길 로) ▷ (항로)
密航 : (빽빽할 밀) (배 항) ▷ (밀항)
損傷 : (덜 손) (다칠 상) ▷ (손상)
損失 : (덜 손) (잃을 실) ▷ (손실)
損害 : (덜 손) (해할 해) ▷ (손해)
着想 : (붙을 착) (생각 상) ▷ (착상)
思想 : (생각 사) (생각 상) ▷ (사상)
感想 : (느낄 감) (생각 상) ▷ (감상)
交際 : (사귈 교) (즈음 제) ▷ (교제)
際會 : (즈음 제) (모일 회) ▷ (제회)
國際 : (나라 국) (즈음 제) ▷ (국제)
器具 : (그릇 기) (갖출 구) ▷ (기구)
武器 : (호반 무) (그릇 기) ▷ (무기)
器樂 : (그릇 기) (풍류 악) ▷ (기악)

꼭꼭 다지기 123쪽

1. 다음 한자어의 독음을 쓰세요.
壯士(장사) 回航(회항) 制約(제약) 難航(난항)

2. 다음 한자어의 독음을 쓰세요.
寄宿舍(기숙사) 印畫紙(인화지) 派出所(파출소)
制憲節(제헌절)

3. 다음 한자성어의 독음을 쓰세요.
甘言利說(감언이설)　　專制主義(전제주의)
君子不器(군자불기)　　奇想天外(기상천외)

4. 다음 □안에 … 한자어를 완성하세요.
(1)視(近視, 視力)　(2)永, 視(永遠, 遠視)
(3)復, 航(復歸, 歸航)

꼭꼭 다지기 124쪽

1. 다음 한자어의 독음을 쓰세요.
採鑛(채광) 粉乳(분유) 靜態(정태) 深遠(심원)
雜誌(잡지) 體操(체조) 盜聽(도청) 探査(탐사)
殘額(잔액) 複線(복선) 連打(연타) 顯達(현달)
秀麗(수려) 儒敎(유교) 竹針(죽침) 伐木(벌목)
蓄積(축적) 憲法(헌법) 包裝(포장) 納得(납득)
序列(서열) 離陸(이륙) 硏究(연구) 就寢(취침)
認定(인정)

2. 다음 한자의 뜻과 소리를 쓰세요.
際(즈음 제)　　派(갈래 파)　　甲(갑옷 갑)
個(낱 개)　　監(볼 감)

3. 다음 글의 밑줄 친 … 한자나 독음으로 쓰세요.
(1)논어 (2)공자 (3)내용 (4)正直 (5)자식 (6)告發
(7)時代 (8)고난 (9)굽힐 굴 (10)노력

본문학습 79

滿開 : (찰 만) (열 개) ▷ (만개)
滿船 : (찰 만) (배 선) ▷ (만선)
滿潮 : (찰 만) (조수 조) ▷ (만조)
業績 : (업 업) (길쌈 적) ▷ (업적)
功績 : (공 공) (길쌈 적) ▷ (공적)
成績 : (이룰 성) (길쌈 적) ▷ (성적)
決鬪 : (결단할 결) (싸움 투) ▷ (결투)
鬪爭 : (싸움 투) (다툴 쟁) ▷ (투쟁)
滿點 : (찰 만) (점 점) ▷ (만점)
點燈 : (점 점) (등 등) ▷ (점등)
利點 : (이할 리) (점 점) ▷ (이점)
遊說 : (놀 유) (달랠 세) ▷ (유세)
※遊說에서 說(설)자를 '세'로 발음함에 주의!
遊興 : (놀 유) (일 흥) ▷ (유흥)
遊覽 : (놀 유) (볼 람) ▷ (유람)

본문학습 80

群衆 : (무리 군) (무리 중) ▷ (군중)
群落 : (무리 군) (떨어질 락) ▷ (군락)
群島 : (무리 군) (섬 도) ▷ (군도)
忠誠 : (충성 충) (정성 성) ▷ (충성)
忠實 : (충성 충) (열매 실) ▷ (충실)
忠孝 : (충성 충) (효도 효) ▷ (충효)
黑鉛 : (검을 흑) (납 연) ▷ (흑연)
鉛筆 : (납 연) (붓 필) ▷ (연필)
鉛粉 : (납 연) (가루 분) ▷ (연분)
健康 : (굳셀 건) (편안할 강) ▷ (건강)
小康 : (작을 소) (편안할 강) ▷ (소강)
智略 : (지혜 지) (간략할 략) ▷ (지략)
智德 : (지혜 지) (큰 덕) ▷ (지덕)
衆智 : (무리 중) (지혜 지) ▷ (중지)

본문학습 81

卷頭 : (책 권) (머리 두) ▷ (권두)
席卷 : (자리 석) (책 권) ▷ (석권)
壓卷 : (누를 압) (책 권) ▷ (압권)
競走 : (다툴 경) (달릴 주) ▷ (경주)
走破 : (달릴 주) (깨뜨릴 파) ▷ (주파)
脫走 : (벗을 탈) (달릴 주) ▷ (탈주)
假裝 : (거짓 가) (꾸밀 장) ▷ (가장)
假想 : (거짓 가) (생각 상) ▷ (가상)
密告 : (빽빽할 밀) (고할 고) ▷ (밀고)
密度 : (빽빽할 밀) (법도 도) ▷ (밀도)
密談 : (빽빽할 밀) (말씀 담) ▷ (밀담)
提案 : (끌 제) (책상 안) ▷ (제안)
提出 : (끌 제) (날 출) ▷ (제출)
提示 : (끌 제) (보일 시) ▷ (제시)

본문학습 82

結論 : (맺을 결) (논할 론) ▷ (결론)
論理 : (논할 론) (다스릴 리) ▷ (논리)
談論 : (말씀 담) (논할 론) ▷ (담론)
紅燈 : (붉을 홍) (등 등) ▷ (홍등)
紅葉 : (붉을 홍) (잎 엽) ▷ (홍엽)
紅雨 : (붉을 홍) (비 우) ▷ (홍우)
圓卓 : (둥글 원) (높을 탁) ▷ (원탁)
圓周 : (둥글 원) (두루 주) ▷ (원주)
方圓 : (모 방) (둥글 원) ▷ (방원)
驚氣 : (놀랄 경) (기운 기) ▷ (경기)
驚歎 : (놀랄 경) (탄식할 탄) ▷ (경탄)
賢婦 : (어질 현) (며느리 부) ▷ (현부)
夫婦 : (지아비 부) (며느리 부) ▷ (부부)
婦德 : (며느리 부) (큰 덕) ▷ (부덕)

한자능력검정 **4**급(**4**Ⅱ 포함)

본문학습 —— 83

勝負 : (이길 승) (질 부) ▷ (승부)
負傷 : (질 부) (다칠 상) ▷ (부상)
自負 : (스스로 자) (질 부) ▷ (자부)
損益 : (덜 손) (더할 익) ▷ (손익)
有益 : (있을 유) (더할 익) ▷ (유익)
國益 : (나라 국) (더할 익) ▷ (국익)
續開 : (이을 속) (열 개) ▷ (속개)
手續 : (손 수) (이을 속) ▷ (수속)
續出 : (이을 속) (날 출) ▷ (속출)
體驗 : (몸 체) (시험 험) ▷ (체험)
實驗 : (열매 실) (시험 험) ▷ (실험)
效驗 : (본받을 효) (시험 험) ▷ (효험)
祭壇 : (제사 제) (단 단) ▷ (제단)
祭天 : (제사 제) (하늘 천) ▷ (제천)
祭器 : (제사 제) (그릇 기) ▷ (제기)

본문학습 —— 84

叔父 : (아재비 숙) (아비 부) ▷ (숙부)
堂叔 : (집 당) (아재비 숙) ▷ (당숙)
外叔 : (바깥 외) (아재비 숙) ▷ (외숙)
毛孔 : (터럭 모) (구멍 공) ▷ (모공)
孔劇 : (구멍 공) (심할 극) ▷ (공극)
眼孔 : (눈 안) (구멍 공) ▷ (안공)
歌舞 : (노래 가) (춤출 무) ▷ (가무)
群舞 : (무리 군) (춤출 무) ▷ (군무)
舞態 : (춤출 무) (모습 태) ▷ (무태)
確認 : (굳을 확) (알 인) ▷ (확인)
自認 : (스스로 자) (알 인) ▷ (자인)
認定 : (알 인) (정할 정) ▷ (인정)
句節 : (글귀 구) (마디 절) ▷ (구절)
句讀 : (글귀 구) (구절 두) ▷ (구두)
對句 : (대할 대) (글귀 구) ▷ (대구)

 131쪽

1. 다음 한자어의 독음을 쓰세요.

實績(실적) 假髮(가발) 論難(논란) 康樂(강락)
假稱(가칭) 試驗(시험)

2. 다음 한자어의 독음을 쓰세요.

高句麗(고구려) 紅一點(홍일점) 自負心(자부심)
驚異感(경이감)

3. 다음 한자성어의 독음을 쓰세요.

群衆心理(군중심리)   提燈行列(제등행렬)
多多益善(다다익선)   忠言逆耳(충언역이)
走馬看山(주마간산)   知者樂水(지자요수)

 132쪽

1. 다음 한자어의 독음을 쓰세요.

先烈(선열) 隱居(은거) 虛實(허실) 強壓(강압)
獨島(독도) 轉機(전기) 暴落(폭락) 拍車(박차)
戰亂(전란) 遺産(유산) 年歲(연세) 講論(강론)
理解(이해) 除蟲(제충) 德談(덕담) 副賞(부상)
貿易(무역) 貴宅(귀댁) 松板(송판) 禁止(금지)
當落(당락) 豫測(예측) 改革(개혁) 厚謝(후사)
報復(보복)

2. 다음 한자의 뜻과 소리를 쓰세요.

遊(놀 유)   鉛(납 연)   密(빽빽할 밀)
祭(제사 제)   句(글귀 구)

3. 다음 글의 밑줄 친 … 한자나 독음으로 쓰세요.

⑴일상 ⑵生活 ⑶部分 ⑷경계 ⑸정성
⑹성현 ⑺의미 ⑻人格 ⑼수양 ⑽창조성
⑾탐구력 ⑿요소

본문학습 85

刻苦 : (새길 각) (쓸 고) ▷ (각고)
深刻 : (깊을 심) (새길 각) ▷ (심각)
時刻 : (때 시) (새길 각) ▷ (시각)
盜難 : (도둑 도) (어려울 난) ▷ (도난)
盜用 : (도둑 도) (쓸 용) ▷ (도용)
盜賊 : (도둑 도) (도둑 적) ▷ (도적)
秋收 : (가을 추) (거둘 수) ▷ (추수)
收縮 : (거둘 수) (줄일 축) ▷ (수축)
收監 : (거둘 수) (볼 감) ▷ (수감)
灰色 : (재 회) (빛 색) ▷ (회색)
石灰 : (돌 석) (재 회) ▷ (석회)
灰壁 : (재 회) (벽 벽) ▷ (회벽)
食糧 : (먹을 식) (양식 량) ▷ (식량)
糧穀 : (양식 량) (곡식 곡) ▷ (양곡)
資糧 : (재물 자) (양식 량) ▷ (자량)

본문학습 86

護衛 : (도울 호) (지킬 위) ▷ (호위)
防衛 : (막을 방) (지킬 위) ▷ (방위)
衛生 : (지킬 위) (날 생) ▷ (위생)
授與 : (줄 수) (더불 여) ▷ (수여)
傳授 : (전할 전) (줄 수) ▷ (전수)
授業 : (줄 수) (업 업) ▷ (수업)
歡送 : (기쁠 환) (보낼 송) ▷ (환송)
歡聲 : (기쁠 환) (소리 성) ▷ (환성)
歡待 : (기쁠 환) (기다릴 대) ▷ (환대)
講座 : (욀 강) (자리 좌) ▷ (강좌)
座談 : (자리 좌) (말씀 담) ▷ (좌담)
座席 : (자리 좌) (자리 석) ▷ (좌석)
爆彈 : (불터질 폭) (탄알 탄) ▷ (폭탄)
原爆 : (언덕 원) (불터질 폭) ▷ (원폭)

본문학습 87

頭痛 : (머리 두) (아플 통) ▷ (두통)
苦痛 : (쓸 고) (아플 통) ▷ (고통)
痛快 : (아플 통) (쾌할 쾌) ▷ (통쾌)
發達 : (필 발) (통달할 달) ▷ (발달)
到達 : (이를 도) (통달할 달) ▷ (도달)
達成 : (통달할 달) (이룰 성) ▷ (달성)
世態 : (인간 세) (모습 태) ▷ (세태)
實態 : (열매 실) (모습 태) ▷ (실태)
態度 : (모습 태) (법도 도) ▷ (태도)
投票 : (던질 투) (표 표) ▷ (투표)
得票 : (얻을 득) (표 표) ▷ (득표)
票決 : (표 표) (결단할 결) ▷ (표결)
飛報 : (날 비) (갚을 보) ▷ (비보)
雄飛 : (수컷 웅) (날 비) ▷ (웅비)
飛語 : (날 비) (말씀 어) ▷ (비어)

본문학습 88

情趣 : (뜻 정) (뜻 취) ▷ (정취)
趣向 : (뜻 취) (향할 향) ▷ (취향)
趣味 : (뜻 취) (맛 미) ▷ (취미)
賣盡 : (팔 매) (다할 진) ▷ (매진)
極盡 : (극진할 극) (다할 진) ▷ (극진)
無盡 : (없을 무) (다할 진) ▷ (무진)
投宿 : (던질 투) (잘 숙) ▷ (투숙)
投藥 : (던질 투) (약 약) ▷ (투약)
投資 : (던질 투) (재물 자) ▷ (투자)
餘波 : (남을 여) (물결 파) ▷ (여파)
波動 : (물결 파) (움직일 동) ▷ (파동)
波長 : (물결 파) (긴 장) ▷ (파장)
周圍 : (두루 주) (에워쌀 위) ▷ (주위)
周邊 : (두루 주) (가 변) ▷ (주변)
周年 : (두루 주) (해 년) ▷ (주년)

한자능력검정 **4**급(**4**Ⅱ 포함)

본문학습 —— 89

統制 : (거느릴   통) (절제할   제) ▷ (통제)
統合 : (거느릴   통) (합할   합) ▷ (통합)
傳統 : (전할   전) (거느릴   통) ▷ (전통)
稱頌 : (일컬을   칭) (칭송할   송) ▷ (칭송)
頌辭 : (칭송할   송) (말씀   사) ▷ (송사)
頌祝 : (칭송할   송) (빌   축) ▷ (송축)
談笑 : (말씀   담) (웃음   소) ▷ (담소)
冷笑 : (찰   랭) (웃음   소) ▷ (냉소)
爆笑 : (불터질   폭) (웃음   소) ▷ (폭소)
呼出 : (부를   호) (날   출) ▷ (호출)
歡呼 : (기쁠   환) (부를   호) ▷ (환호)
呼應 : (부를   호) (응할   응) ▷ (호응)
職分 : (직분   직) (나눌   분) ▷ (직분)
職業 : (직분   직) (업   업) ▷ (직업)
失職 : (잃을   실) (직분   직) ▷ (실직)

본문학습 —— 90

國境 : (나라   국) (지경   경) ▷ (국경)
死境 : (죽을   사) (지경   경) ▷ (사경)
境地 : (지경   경) (땅[따]   지) ▷ (경지)
慶祝 : (경사   경) (빌   축) ▷ (경축)
慶事 : (경사   경) (일   사) ▷ (경사)
慶節 : (경사   경) (마디   절) ▷ (경절)
支配 : (지탱할   지) (나눌   배) ▷ (지배)
支援 : (지탱할   지) (도울   원) ▷ (지원)
支出 : (지탱할   지) (날   출) ▷ (지출)
精誠 : (자세할   정) (정성   성) ▷ (정성)
誠意 : (정성   성) (뜻   의) ▷ (성의)
誠實 : (정성   성) (열매   실) ▷ (성실)
是認 : (이   시) (알   인) ▷ (시인)
是非 : (이   시) (아닐   비) ▷ (시비)
國是 : (나라   국) (이   시) ▷ (국시)

 139쪽

1. 다음 한자어의 독음을 쓰세요.

未達(미달) 誠金(성금) 爆發(폭발) 失笑(실소)
記票(기표) 血統(혈통)

2. 다음 한자어의 독음을 쓰세요.

板刻本(판각본) 軍糧米(군량미) 國慶日(국경일)
周波數(주파수) 頌德碑(송덕비) 讚頌歌(찬송가)

3. 다음 한자성어의 독음을 쓰세요.

平和統一(평화통일)   刻骨痛恨(각골통한)
是是非非(시시비비)   是非曲直(시비곡직)

 140쪽

1. 다음 한자어의 독음을 쓰세요.

激憤(격분) 未婚(미혼) 針線(침선) 貯蓄(저축)
流配(유배) 討論(토론) 原則(원칙) 甲寺(갑사)
防犯(방범) 證據(증거) 烈女(열녀) 遊說(유세)
希望(희망) 害蟲(해충) 稱讚(칭찬) 淸掃(청소)
産卵(산란) 階級(계급) 相殺(상쇄) 旅路(여로)

2. 다음 한자의 뜻과 소리를 쓰세요.

灰(재   회)   衛(지킬 위)   痛(아플 통)
統(거느릴 통)   盜(도둑 도)   刻(새길 각)
態(모습   태)   投(던질 투)   呼(부를 호)
座(자리   좌)   授(줄   수)   歡(기쁠 환)
趣(뜻   취)   境(지경 경)   糧(양식 량)

3. 다음 글의 밑줄 친 … 한자나 독음으로 쓰세요.

(1)의사 (2)조약 (3)運命 (4)풍전등화 (5)장래
(6)信念 (7)財産 (8)人材 (9)養成   (10)亡命
(11)獨立軍 (12)대열

본문학습 91

殘額 : (남을 잔) (이마 액) ▷ (잔액)
總額 : (다 총) (이마 액) ▷ (총액)
額子 : (이마 액) (아들 자) ▷ (액자)
考慮 : (생각할 고) (생각할 려) ▷ (고려)
配慮 : (나눌 배) (생각할 려) ▷ (배려)
念慮 : (생각 념) (생각할 려) ▷ (염려)
係員 : (맬 계) (인원 원) ▷ (계원)
係爭 : (맬 계) (다툴 쟁) ▷ (계쟁)
關係 : (관계할 관) (맬 계) ▷ (관계)
內容 : (안 내) (얼굴 용) ▷ (내용)
容量 : (얼굴 용) (헤아릴 량) ▷ (용량)
許容 : (허락할 허) (얼굴 용) ▷ (허용)
救濟 : (구원할 구) (건널 제) ▷ (구제)
經濟 : (지날 경) (건널 제) ▷ (경제)
百濟 : (일백 백) (건널 제) ▷ (백제)

본문학습 92

採集 : (캘 채) (모을 집) ▷ (채집)
採石 : (캘 채) (돌 석) ▷ (채석)
特採 : (특별할 특) (캘 채) ▷ (특채)
黨派 : (무리 당) (갈래 파) ▷ (당파)
野黨 : (들 야) (무리 당) ▷ (야당)
政黨 : (정사 정) (무리 당) ▷ (정당)
短縮 : (짧을 단) (줄일 축) ▷ (단축)
壓縮 : (누를 압) (줄일 축) ▷ (압축)
縮小 : (줄일 축) (작을 소) ▷ (축소)
敵國 : (대적할 적) (나라 국) ▷ (적국)
無敵 : (없을 무) (대적할 적) ▷ (무적)
敵手 : (대적할 적) (손 수) ▷ (적수)
核心 : (씨 핵) (마음 심) ▷ (핵심)
結核 : (맺을 결) (씨 핵) ▷ (결핵)
核質 : (씨 핵) (바탕 질) ▷ (핵질)

본문학습 93

努力 : (힘쓸 노) (힘 력) ▷ (노력)
努肉 : (힘쓸 노) (고기 육) ▷ (노육)
仁者 : (어질 인) (놈 자) ▷ (인자)
仁政 : (어질 인) (정사 정) ▷ (인정)
仁義 : (어질 인) (옳을 의) ▷ (인의)
解說 : (풀 해) (말씀 설) ▷ (해설)
解放 : (풀 해) (놓을 방) ▷ (해방)
理解 : (다스릴 리) (풀 해) ▷ (이해)
屈曲 : (굽힐 굴) (굽을 곡) ▷ (굴곡)
屈折 : (굽힐 굴) (꺾을 절) ▷ (굴절)
屈伏 : (굽힐 굴) (엎드릴 복) ▷ (굴복)
非行 : (아닐 비) (다닐 행) ▷ (비행)
非理 : (아닐 비) (다스릴 리) ▷ (비리)
非情 : (아닐 비) (뜻 정) ▷ (비정)

본문학습 94

起伏 : (일어날 기) (엎드릴 복) ▷ (기복)
起居 : (일어날 기) (살 거) ▷ (기거)
起立 : (일어날 기) (설 립) ▷ (기립)
競演 : (다툴 경) (펼 연) ▷ (경연)
演說 : (펼 연) (말씀 설) ▷ (연설)
公演 : (공평할 공) (펼 연) ▷ (공연)
恩功 : (은혜 은) (공 공) ▷ (은공)
恩師 : (은혜 은) (스승 사) ▷ (은사)
背恩 : (등 배) (은혜 은) ▷ (배은)
禮拜 : (예도 례) (절 배) ▷ (예배)
再拜 : (두 재) (절 배) ▷ (재배)
拜掃 : (절 배) (쓸 소) ▷ (배소)
歡喜 : (기쁠 환) (기쁠 희) ▷ (환희)
喜劇 : (기쁠 희) (심할 극) ▷ (희극)
喜報 : (기쁠 희) (갚을 보) ▷ (희보)

한자능력검정 **4**급(**4**II 포함)

본문학습 95

冊房 : (책   책) (방   방) ▷ (책방)
空冊 : (빌   공) (책   책) ▷ (공책)
冊張 : (책   책) (베풀 장) ▷ (책장)
儉素 : (검소할 검) (본디 소) ▷ (검소)
勤儉 : (부지런할 근) (검소할 검) ▷ (근검)
儉約 : (검소할 검) (맺을 약) ▷ (검약)
未滿 : (아닐 미) (찰   만) ▷ (미만)
未來 : (아닐 미) (올   래) ▷ (미래)
未安 : (아닐 미) (편안 안) ▷ (미안)
堅固 : (굳을 견) (굳을 고) ▷ (견고)
堅持 : (굳을 견) (가질 지) ▷ (견지)
堅實 : (굳을 견) (열매 실) ▷ (견실)
放牧 : (놓을 방) (칠   목) ▷ (방목)
牧童 : (칠   목) (아이 동) ▷ (목동)
牧場 : (칠   목) (마당 장) ▷ (목장)

본문학습 96

市街 : (저자 시) (거리 가) ▷ (시가)
商街 : (장사 상) (거리 가) ▷ (상가)
街路 : (거리 가) (길   로) ▷ (가로)
潮流 : (조수 조) (흐를 류) ▷ (조류)
風潮 : (바람 풍) (조수 조) ▷ (풍조)
干潮 : (방패 간) (조수 조) ▷ (간조)
感歎 : (느낄 감) (탄식할 탄) ▷ (감탄)
歎息 : (탄식할 탄) (쉴   식) ▷ (탄식)
歎願 : (탄식할 탄) (원할 원) ▷ (탄원)
普施 : (넓을 보) (베풀 시) ▷ (보시)
普選 : (넓을 보) (가릴 선) ▷ (보선)
普通 : (넓을 보) (통할 통) ▷ (보통)
織造 : (짤   직) (지을 조) ▷ (직조)
羅織 : (벌릴 라) (짤   직) ▷ (나직)
織物 : (짤   직) (물건 물) ▷ (직물)

 147쪽

1. 다음 한자어의 독음을 쓰세요.

解決(해결) 採用(채용) 冊子(책자) 演技(연기)
額數(액수)

2. 다음 한자어의 독음을 쓰세요.

核實驗(핵실험) 未開人(미개인) 街路樹(가로수)
非常金(비상금) 未亡人(미망인) 喜消息(희소식)

3. 다음 한자성어의 독음을 쓰세요.

時代思潮(시대사조)   未成年者(미성년자)
殺身成仁(살신성인)   非一非再(비일비재)

 148쪽

1. 다음 한자어의 독음을 쓰세요.

姿態(자태) 廣域(광역) 停止(정지) 申告(신고)
固定(고정) 家寶(가보) 過勞(과로) 業績(업적)
環境(환경) 彈壓(탄압) 激烈(격렬) 檢察(검찰)
模樣(모양) 販賣(판매) 議論(의논) 液體(액체)
兩班(양반) 嚴肅(엄숙) 結婚(결혼) 質疑(질의)

2. 다음 한자의 뜻과 소리를 쓰세요.

係(맬 계)   縮(줄일 축)   屈(굽힐 굴)
冊(책 책)   普(넓을 보)

3. 다음 글의 밑줄 친 … 한자나 독음으로 쓰세요.

(1)家族 (2)감사   (3)은혜   (4)미풍양속
(5)숭배 (6)존경   (7)和合   (8)友愛
(9)상조 (10)가정의례준칙 (11)정성 (12)전통

본문학습 해답

본문학습 97

窮究 : (다할 궁) (연구할 구) ▷ (궁구)
講究 : (욀 강) (연구할 구) ▷ (강구)
探究 : (찾을 탐) (연구할 구) ▷ (탐구)
放送 : (놓을 방) (보낼 송) ▷ (방송)
送信 : (보낼 송) (믿을 신) ▷ (송신)
送別 : (보낼 송) (다를 별) ▷ (송별)
低空 : (낮을 저) (빌 공) ▷ (저공)
高低 : (높을 고) (낮을 저) ▷ (고저)
最低 : (가장 최) (낮을 저) ▷ (최저)
宗教 : (마루 종) (가르칠 교) ▷ (종교)
宗家 : (마루 종) (집 가) ▷ (종가)
宗族 : (마루 종) (겨레 족) ▷ (종족)
忠犬 : (충성 충) (개 견) ▷ (충견)
軍犬 : (군사 군) (개 견) ▷ (군견)
鬪犬 : (싸움 투) (개 견) ▷ (투견)

본문학습 99

姉妹 : (손윗누이 자) (누이 매) ▷ (자매)
姉兄 : (손윗누이 자) (형 형) ▷ (자형)
長姉 : (긴 장) (손윗누이 자) ▷ (장자)
輪讀 : (바퀴 륜) (읽을 독) ▷ (윤독)
競輪 : (다툴 경) (바퀴 륜) ▷ (경륜)
五輪 : (다섯 오) (바퀴 륜) ▷ (오륜)
納稅 : (들일 납) (세금 세) ▷ (납세)
出納 : (날 출) (들일 납) ▷ (출납)
未納 : (아닐 미) (들일 납) ▷ (미납)
心腸 : (마음 심) (창자 장) ▷ (심장)
腸液 : (창자 장) (진 액) ▷ (장액)
精密 : (자세할 정) (빽빽할 밀) ▷ (정밀)
精選 : (자세할 정) (가릴 선) ▷ (정선)
精氣 : (자세할 정) (기운 기) ▷ (정기)

본문학습 98

設立 : (베풀 설) (설 립) ▷ (설립)
開設 : (열 개) (베풀 설) ▷ (개설)
設備 : (베풀 설) (갖출 비) ▷ (설비)
平素 : (평평할 평) (본디 소) ▷ (평소)
素養 : (본디 소) (기를 양) ▷ (소양)
素質 : (본디 소) (바탕 질) ▷ (소질)
在籍 : (있을 재) (문서 적) ▷ (재적)
國籍 : (나라 국) (문서 적) ▷ (국적)
故人 : (연고 고) (사람 인) ▷ (고인)
無故 : (없을 무) (연고 고) ▷ (무고)
故意 : (연고 고) (뜻 의) ▷ (고의)
機密 : (틀 기) (빽빽할 밀) ▷ (기밀)
機智 : (틀 기) (지혜 지) ▷ (기지)
機會 : (틀 기) (모일 회) ▷ (기회)

본문학습 100

俗稱 : (풍속 속) (일컬을 칭) ▷ (속칭)
風俗 : (바람 풍) (풍속 속) ▷ (풍속)
通俗 : (통할 통) (풍속 속) ▷ (통속)
手段 : (손 수) (층계 단) ▷ (수단)
階段 : (섬돌 계) (층계 단) ▷ (계단)
段落 : (층계 단) (떨어질 락) ▷ (단락)
聽覺 : (들을 청) (깨달을 각) ▷ (청각)
感覺 : (느낄 감) (깨달을 각) ▷ (감각)
除去 : (덜 제) (갈 거) ▷ (제거)
除名 : (덜 제) (이름 명) ▷ (제명)
解除 : (풀 해) (덜 제) ▷ (해제)
否認 : (아닐 부) (알 인) ▷ (부인)
否定 : (아닐 부) (정할 정) ▷ (부정)
可否 : (옳을 가) (아닐 부) ▷ (가부)

한자능력검정 4급(4II 포함)

 153쪽

1. 다음 한자어의 독음을 쓰세요.

> 故事(고사) 書籍(서적) 故鄕(고향) 低俗(저속)
> 斷腸(단장) 機構(기구)

2. 다음 한자어의 독음을 쓰세요.

> 宗主權(종주권) 先覺者(선각자) 輪番制(윤번제)
> 警覺心(경각심)

3. 다음 한자성어의 독음을 쓰세요.

> 中繼放送(중계방송)   權不十年(권불십년)
> 寸鐵殺人(촌철살인)   溫故知新(온고지신)

 154쪽

1. 다음 한자어의 독음을 쓰세요.

> 效驗(효험) 牛乳(우유) 避難(피난) 博覽(박람)
> 投票(투표) 例外(예외) 資格(자격) 授與(수여)
> 節候(절후) 特派(특파) 認識(인식) 放牧(방목)
> 投資(투자) 崇拜(숭배) 除去(제거) 容易(용이)
> 缺勤(결근) 援助(원조) 考察(고찰) 軍隊(군대)
> 理髮(이발) 群落(군락) 測量(측량) 法院(법원)
> 制壓(제압)

2. 다음 한자의 뜻과 소리를 쓰세요.

> 否(아닐 부, 막힐 비) 究(연구할 구) 籍(문서 적)
> 納(들일 납)   素(본디 소, 흴 소) 設(베풀 설)
> 段(층계 단)   腸(창자 장)   除(덜   제)
> 輪(바퀴 륜)   機(틀   기)   精(자세할 정)
> 宗(마루 종)   低(낮을 저)   姉(손윗누이 자)

3. 다음 글의 밑줄 친 ··· 한자나 독음으로 쓰세요.

> (1)學問 (2)平生 (3)愛國 (4)志操 (5)一生 (6)信號
> (7)選手 (8)相對方 (9)物價 (10)安定 (11)公平 (12)流通

평가문제 해답

본문학습[1 ~ 2], [3 ~ 4], [5 ~ 6]… 을 묶어서 엮은 평가문제(283쪽 ~ 334쪽)의 해답을 모은 것입니다.

기출·예상문제 해답

기출·예상문제(335쪽 ~ 346쪽)의 해답을 모은 것입니다.

평가문제 해답

(285쪽)
평가문제 1~2

1.녹음 2.암향 3.평이 4.불화 5.우송 6.예비 7.혈압 8.사격 9.희로 10.보장 11.얼굴 용 12.군셀 건 13.표 표 14.지날 경 15.눈 안 16.꾸밀 장 17.鮮 18.記 19.軍 20.聞 21.④ 22.① 23.言 24.流 25.言 26.空 27.加重 28.登山 29.畫工 30.行方 31.果 32.明 33.迎 34.難 35.康 36.圖 37.大 38.居 39.予 40.画 41.新鮮 42.題材 43.手數料 44.事故

(286쪽)
평가문제 3~4

1.진퇴 2.탈락 3.오해 4.송림 5.지극 6.곤란 7.방범 8.청약 9.화류 10.피로 11.무리 당 12.등급 급 13.다를 차 14.허물 죄 15.가늘 세 16.지탱할 지 17.兵 18.線 19.急 20.要 21.③ 22.② 23.年 24.強 25.死 26.色 27.夏至 28.陽地 29.退 30.當 31.易 32.勞 33.同 34.道 35.劳 36.覚 37.賣出 38.不和 39.切實 40.特定 41.④

(287쪽)
평가문제 5~6

1.관측 2.위험 3.예매 4.간혹 5.이혼 6.호칭 7.초대 8.흥취 9.탐사 10.성묘 11.지킬 보 12.생각 상 13.지경 역 14.헤아릴 량 15.제사 제 16.물 륙 17.벗을 탈 18.험할 험 19.① 20.③ 21.見 22.美 23.賞 24.同 25.高調 26.無名 27.対 28.称 29.合 30.買 31.亡 32.安 33.讚 34.念 35.大雪 36.物品 37.旅行 38.山所 39.着陸 40.③ 41.②

(288쪽)
평가문제 7~8

1.조속 2.파경 3.고운 4.회피 5.임원 6.비판 7.약혼 8.군현 9.방탄 10.세밀 11.선비 유 12.붓 필 13.평할 평 14.직분 직 15.어려울 난 16.맺을 결 17.눈 안 18.물러날 퇴 19.기약할 기 20.정할 정 21.② 22.④ 23.世 24.業 25.事 26.馬 27.暗 28.攻 29.身 30.難 31.當番 32.西洋 33.獨 34.敎 35.獨 36.價 37.文明 38.德行 39.責任 40.學術 41.事理 42.③ 43.①

(289쪽)
평가문제 9~10

1.충치 2.연속 3.귀성 4.범위 5.왕복 6.허영 7.사은 8.후대 9.육성 10.전람 11.놀 유 12.넓을 박 13.두루 주 14.빛날 화 15.눈 안 16.쌀 포 17.지날 과 18.맡길 임 19.맺을 결 20.뼈 골 21.① 22.② 23.朝 24.新 25.聲 26.河 27.冷 28.來 29.怨 30.過 31.生前 32.安全 33.續 34.恩 35.續 36.歸 37.視力 38.育成 39.書信 40.任期 41.① 42.②

41

한자능력검정 4급(4Ⅱ 포함)

(290쪽) 평가문제 11~12

1.실시 2.권세 3.전원 4.원한 5.출장 6.차례 7.보고 8.애호 9.정숙 10.서열 11.바랄 망 12.느낄 감 13.뿌리 근 14.기약할 기 15.자리 석 16.넉넉할 우 17.병 병 18.뜻 의 19.주인 주 20.들 거 21.③ 22.① 23.死 24.鐵 25.花 26.死 27.客 28.靜 29.罰 30.惡 31.火食 32.失業 33.在庫, 在告 34.全員, 田園 35.音 36.根 37.宝 38.実 39.展開 40.出馬 41.親切 42.感情 43.競爭 44.賞品

(291쪽) 평가문제 13~14

1.경찰 2.광맥 3.장설 4.산란 5.변론 6.복병 7.전곡 8.여가 9.회복 10.모양 11.기를 육 12.쉴 휴 13.고를 균 14.병 병 15.베 포 16.기록할 기 17.休 18.考 19.式 20.命 21.② 22.① 23.動 24.大 25.卓 26.思 27.後代 28.全體 29.白 30.集 31.聞 32.停 33.觀 34.変 35.種類 36.代身 37.公共 38.景氣 39.當事者 40.④ 41.①

(292쪽) 평가문제 15~16

1.대열 2.잡지 3.양변 4.분유 5.구도 6.분담 7.무용 8.거부 9.종속 10.격무 11.생각 상 12.붓 필 13.꾸밀 장 14.거스를 역 15.걸음 보 16.끊을 절 17.過 18.部 19.感 20.服 21.① 22.② 23.樂 24.一 25.百 26.自 27.理性 28.特別 29.敗 30.文 31.實 32.勝 33.大 34.過 35.担 36.辺 37.實現 38.言動 39.意思 40.部數 41.集團 42.定期 43.③

(293쪽) 평가문제 17~18

1.전향 2.낭보 3.계율 4.감방 5.폭락 6.방해 7.후조 8.단절 9.인수 10.여부 11.따뜻할 난 12.어려울 난 13.참여할 참 14.묘할 묘 15.깨우칠 경 16.엄할 엄 17.갚을 보 18.들 거 19.吉 20.給 21.交 22.公 23.④ 24.③ 25.知 26.名 27.秋 28.赤 29.路 30.參 31.形式 32.受信 33.後方 34.有能 35.舊 36.害 37.転 38.与 39.交流 40.不當 41.行動擧止 42.① 43.②

(294쪽) 평가문제 19~20

1.채광 2.영접 3.분통 4.통치 5.인도 6.조약 7.저변 8.신청 9.연극 10.벌칙 11.쇠 철 12.기쁠 환 13.어려울 난 14.성낼 노 15.부를 창 16.격할 격 17.층 층 18.살 처 19.件 20.合 21.用 22.理 23.④ 24.① 25.李 26.百 27.日 28.落 29.告 30.法 31.歡迎 32.高音 33.海 34.賞 35.鉄 36.処 37.自主的 38.發給 39.流行 40.年歲 41.性品 42.④ 43.③

평가문제 해답

(295쪽) 평가문제 21~22

1.총상 2.포탄 3.자격 4.양치 5.증거 6.질의 7.헌장 8.배치 9.칭찬 10.귀향 11.칠 격 12.아플 통 13.꾸밀 장 14.의지할 의 15.베풀 설 16.근원 원 17.끊을 절 18.점 점 19.말씀 사 20.누를 압 21.村 22.他 23.案 24.年 25.③ 26.④ 27.結果 28.近海 29.写 30.点 31.風 32.下 33.相 34.相 35.京 36.集 37.情 38.年 39.原則 40.規定 41.故鄕 42.案件 43.② 44.④

(296쪽) 평가문제 23~24

1.상식 2.간호 3.위급 4.사표 5.혼란 6.진귀 7.주황 8.세포 9.침략 10.관사 11.법 법 12.물러날 퇴 13.갖출 비 14.군을 고 15.도장 인 16.다를 이 17.깨뜨릴 파 18.기특할 기 19.安 20.式 21.任 22.品 23.② 24.③ 25.草 26.善 27.食 28.明 29.空 30.朱 31.正式 32.後天 33.民 34.安 35.退 36.班 37.区 38.旧 39.省略 40.理性 41.來歷 42.① 43.②

(297쪽) 평가문제 25~26

1.조율 2.박차 3.장탄 4.시가 5.표지 6.계숙 7.감량 8.초보 9.역경 10.독살 11.변할 변 12.가리킬 지 13.나아갈 진 14.거스를 역 15.더할 증 16.구를 전 17.생각 상 18.마디 절 19.流 20.感 21.商 22.消 23.③ 24.① 25.立 26.事 27.軍 28.馬 29.変 30.気 31.下校 32.夏季 33.同居 34.退步 35.減 36.他 37.逆 38.減 39.直 40.增 41.時期 42.藥品 43.固有 44.重量 45.表紙

(298쪽) 평가문제 27~28

1.담판 2.호적 3.취득 4.공항 5.등유 6.계주 7.포격 8.녹음 9.적극 10.정화 11.다툴 쟁 12.큰 덕 13.다 총 14.해할 해 15.갑옷 갑 16.번개 전 17.日 18.別 19.面 20.消 21.② 22.④ 23.樂 24.親 25.湖 26.窓 27.生母 28.生年 29.陽 30.失 31.繼 32.打 33.伝 34.数 35.文化 36.現場 37.事情 38.競技 39.再生 40.①

(299쪽) 평가문제 29~30

1.토벌 2.한탄 3.계층 4.복속 5.비룡 6.경종 7.나열 8.냉대 9.묘안 10.반영 11.바늘 침 12.집 궁 13.이을 련 14.벌일 렬 15.남을 여 16.재주 기 17.服 18.打 19.級 20.靑 21.① 22.④ 23.文 24.仁 25.定 26.生 27.自立 28.文書 29.舊 30.溫 31.層, 段 32.連 33.写 34.竜 35.韓半島 36.方位 37.注意 38.兵力 39.順序 40.③

43

(300쪽) 평가문제 31～32

1.설전 2.진가 3.이단 4.절단 5.유치 6.환경 7.희구 8.선포 9.위의 10.배경 11.성품 성 12.법 전 13.베낄 사 14.줄 수 15.後 16.告 17.花 18.信 19.② 20.④ 21.角 22.市 23.無 24.苦 25.順行 26.善心 27.前景 28.同姓 29.受 30.眞 31.望, 願 32.斷 33.價 34.獨 35.學說 36.地表面 37.共感 38.③

(301쪽) 평가문제 33～34

1.시도 2.항복 3.지칭 4.모범 5.적당 6.풍만 7.청결 8.복제 9.납득 10.청취 11.지을 조 12.누를 압 13.끊을 절, 온통 체 14.시험 시 15.인도할 도 16.섞일 잡 17.習 18.等 19.視 20.線 21.④ 22.④ 23.利 24.河 25.一 26.命 27.自意 28.形式 29.複 30.合 31.伏 32.白 33.聞 34.考, 念 35.図 36.爭 37.技術 38.週末 39.高貴 40.② 41.③

(302쪽) 평가문제 35～36

1.계열 2.심원 3.예술 4.허약 5.축재 6.소제 7.승인 8.계사 9.이전 10.운영 11.형세 세 12.이을 계 13.쌓을 적 14.능할 능 15.거느릴 통 16.지날 경 17.養 18.工 19.貯 20.住 21.② 22.③ 23.命 24.問 25.失 26.爭 27.子正 28.強化 29.近 30.晝 31.屋, 宅 32.貯 33.当 34.体 35.産物 36.材料 37.實相 38.財物 39.自白 40.③ 41.①

(303쪽) 평가문제 37～38

1.보시 2.한산 3.엄숙 4.권한 5.유보 6.적응 7.의구 8.공옥 9.범례 10.기여 11.말씀 담 12.틈 가, 겨를 가 13.지탱할 지 14.시험 시 15.자리 좌 16.있을 존 17.然 18.別 19.示 20.任 21.往 22.電 23.口 24.耳 25.現實 26.年老 27.正直 28.參席 29.客 30.集 31.② 32.① 33.在 34.法 35.旧 36.応 37.行事 38.發表 39.公式的 40.決定 41.④ 42.③

(304쪽) 평가문제 39～40

1.골절 2.의논 3.채택 4.성당 5.관부 6.사류 7.제품 8.부흥 9.녹두 10.화려 11.가릴 선 12.끌 제 13.정사 정 14.쇠 철 15.책상 안 16.젖 유 17.作 18.太 19.半 20.光 21.④ 22.① 23.入場 24.立席 25.千 26.口 27.千 28.來 29.亡 30.高 31.作, 造 32.擧, 擇 33.鉄 34.対 35.物色 36.立法 37.交通 38.要領 39.意圖 40.② 41.③

평가문제 해답

(305쪽) 평가문제 41~42

1.창조 2.비밀 3.접종 4.결례 5.비명 6.구직 7.존속 8.탈모 9.웅자 10.처치 11.지을 제 12.받을 수 13.베 포 14.점 점 15.형세 세 16.지킬 보 17.耳 18.神 19.書 20.要 21.③ 22.① 23.無能 24.出席 25.亡 26.吉 27.情 28.毛 29.実 30.鉄 31.読 32.画 33.団 34.挙 35.失禮 36.遠心力 37.廣告 38.口頭 39.完全 40.④ 41.①

(306쪽) 평가문제 43~44

1.흥미 2.동인 3.재화 4.유배 5.양론 6.침상 7.사원 8.관리 9.소식 10.취향 11.거울 경 12.지킬 보 13.쉴 휴 14.지을 제 15.책 책 16.뜻 의 17.別 18.分 19.通 20.主 21.④ 22.② 23.九 24.千 25.日 26.福 27.放心 28.入學 29.末 30.敗 31.意 32.家, 舍 33.参 34.発 35.圖章 36.目的 37.用件 38.漁場 39.展望 40.② 41.④

(307쪽) 평가문제 45~46

1.고증 2.전공 3.잔류 4.밀폐 5.제위 6.착안 7.유림 8.수호 9.근골 10.변경 11.남을 여 12.칠 격 13.근거 거 14.쇠 철 15.군을 고 16.공 구 17.明 18.新 19.日 20.敎 21.① 22.④ 23.衣 24.千 25.弟 26.馬 27.本業 28.公開 29.人情 30.說明 31.明 32.開 33.日 34.王 35.変 36.労 37.相對便 38.期間 39.共通語 40.③ 41.④

(308쪽) 평가문제 47~48

1.쾌락 2.장차 3.사범 4.정략 5.약골 6.빈부 7.검사 8.전편 9.후충 10.경비 11.가벼울 경 12.갚을 보 13.조사할 사 14.법 범 15.간략할 략 16.다스릴 치 17.局 18.貴 19.技 20.告 21.② 22.③ 23.牛 24.天 25.落 26.死 27.幸運 28.以外 29.答 30.強 31.停 32.獨 33.医 34.挙 35.形便 36.災害 37.信念 38.地位 39.財産 40.④ 41.②

(309쪽) 평가문제 49~50

1.상쇄 2.진통 3.제주 4.도보 5.동요 6.절벽 7.지속 8.유전 9.성우 10.개혁 11.칠 벌 12.잃을 실 13.지탱할 지 14.경영할 영 15.지을 조 16.재 성 17.飮 18.改 19.調 20.童 21.③ 22.① 23.道 24.樂 25.傳 26.強 27.敗北 28.寒流 29.民 30.新 31.式, 典 32.歌 33.伝 34.戦 35.成員 36.風習 37.便利 38.週期 39.樂天的 40.① 41.③

(310쪽)
평가문제 51~52

1.이역 2.순결 3.감형 4.수려 5.여권 6.선열 7.호흡 8.금연 9.변호 10.단발 11.홑 단 12.소나무 송 13.매울 렬 14.벌할 벌 15.넉넉할 우 16.거둘 수 17.才 18.救 19.熱 20.油 21.① 22.① 23.魚 24.成 25.同 26.種 27.客觀 28.開店 29.短 30.加, 增 31.界 32.技 33.区 34.証 35.所願 36.不完全 37.公共 38.一等兵 39.主動 40.② 41.③

(311쪽)
평가문제 53~54

1.협의 2.장정 3.상장 4.항거 5.투지 6.위임 7.엽전 8.조정 9.연료 10.거액 11.표 표 12.구리 동 13.등 등 14.도울 조 15.상황 황 16.모습 태 17.向 18.願 19.員 20.任 21.② 22.② 23.非, 非 24.類, 類 25.堂, 堂 26.主, 主 27.重視 28.直選 29.同 30.賞 31.大 32.意 33.広 34.会 35.不當 36.實情 37.利害 38.動力 39.幸福 40.③ 41.①

(312쪽)
평가문제 55~56

1.숭배 2.점거 3.중론 4.보화 5.부상 6.구비 7.침공 8.극치 9.간결 10.증설 11.높을 존 12.거느릴 령 13.무덤 묘 14.기릴 찬 15.두 량 16.한할 한 17.産 18.物 19.石 20.急 21.③ 22.③ 23.戰 24.旅 25.世 26.立 27.遠心 28.舊面 29.減 30.複 31.聞 32.次 33.觀 34.宝 35.最高 36.一致 37.集中 38.敎養美 39.②

(313쪽)
평가문제 57~58

1.응원 2.경우 3.권계 4.액화 5.혼잡 6.씨족 7.확증 8.빈곤 9.은거 10.토론 11.재물 화 12.의논할 의 13.소리 성 14.검사할 검 15.물러날 퇴 16.말씀 담 17.語 18.救 19.的 20.定 21.② 22.④ 23.救 24.衣 25.不 26.約 27.明示 28.結果 29.石 30.來 31.話 32.伐 33.学 34.体 35.才能 36.意見 37.商品 38.養分 39.③ 40.①

(314쪽)
평가문제 59~60

1.정황 2.난국 3.위엄 4.강의 5.박애 6.사비 7.제압 8.두옥 9.존칭 10.폭죽 11.힘쓸 무 12.아닐 비 13.지킬 호 14.대쪽 간 15.알 식 16.금할 금 17.葉 18.選 19.景 20.敬 21.④ 22.④ 23.典 24.倍 25.救 26.家 27.物質 28.平民 29.重 30.公 31.重 32.知 33.号 34.読 35.人格 36.所有 37.局面 38.韓屋 39.加熱 40.① 41.②

평가문제 해답

(315쪽) 평가문제 61~62

1.포용 2.지침 3.차비 4.기념 5.광천 6.희비 7.균등 8.단군 9.유성 10.부상 11.근원 원 12.자리 좌 13.심할 극 14.꾸밀 장 15.지킬 위 16.으뜸 원 17.別 18.方 19.黃 20.線 21.① 22.③ 23.族 24.寒 25.別 26.曲 27.樂觀 28.利己心 29.害 30.敗 31.住 32.任, 當, 負 33.鑛 34.区 35.年代 36.始祖 37.正式 38.失望 39.車費 40.④ 41.①

(316쪽) 평가문제 63~64

1.위엄 2.추장 3.빈궁 4.감행 5.간련 6.전담 7.경력 8.총독 9.축조 10.우량 11.권할 권 12.끌 제 13.증거 증 14.시험 험 15.빼어날 수 16.찰 만 17.建 18.理 19.新 20.用 21.③ 22.② 23.萬 24.溫 25.天 26.知 27.自然 28.公倍數 29.果 30.勝 31.路 32.考, 念, 慮 33.対 34.悪 35.強大國 36.告白 37.共用 38.卒業 39.團束 40.② 41.③

(317쪽) 평가문제 65~66

1.준거 2.탈퇴 3.근면 4.성군 5.공정 6.매부 7.감수 8.강연 9.혈연 10.계층 11.연고 고 12.다스릴 치 13.옳을 의 14.표할 표 15.권할 권 16.깊을 심 17.基 18.因 19.壇 20.令 21.② 22.④ 23.類 24.始 25.工 26.災 27.主體 28.入院 29.臣 30.因 31.去, 失 32.技 33.公正 34.首都 35.生産 36.加工 37.責望 38.心情 39.要約 40.③ 41.①

(318쪽) 평가문제 67~68

1.영위 2.성황 3.추이 4.관청 5.말단 6.총무 7.결근 8.암살 9.위로 10.평론 11.풍년 풍 12.헤아릴 측 13.나아갈 진 14.판단할 판 15.집 사 16.점 점 17.성할 성 18.힘쓸 무 19.黑 20.勞 21.① 22.③ 23.一 24.戰 25.以 26.兩 27.小人 28.生花 29.落 30.發 31.評 32.末 33.価 34.区 35.要因 36.善惡 37.不幸 38.全體 39.② 40.②

(319쪽) 평가문제 69~70

1.탐방 2.영현 3.구조 4.경향 5.여가 6.해산 7.전도 8.궁정 9.세관 10.탈곡 11.지을 조 12.들을 청 13.걸음 보 14.지을 제 15.생각할 고 16.통달할 달 17.念 18.主 19.在 20.成 21.② 22.④ 23.作 24.強, 彊 25.風 26.通 27.對話 28.失敗 29.來 30.集 31.現 32.作, 造 33.伝 34.関 35.德望 36.原料 37.所聞 38.立身出世 39.家屋 40.④ 41.③

평가문제 71~72 (320쪽)

1.휴무 2.단독 3.혼합 4.영걸 5.역적 6.한계 7.결여 8.구상 9.포성 10.휘필 11.방패 간 12.머리 수 13.가리킬 지 14.오로지 전 15.부지런할 근 16.말씀 어 17.度 18.形 19.作 20.用 21.③ 22.① 23.有 24.一 25.明 26.苦 27.平面 28.惡談 29.合 30.無 31.着 32.同 33.界 34.言 35.獨 36.対 37.最近世 38.代代 39.表音文字 40.氣風 41.① 42.③

평가문제 73~74 (321쪽)

1.감사 2.연구 3.목양 4.사제 5.감수 6.도성 7.난대 8.시혜 9.철갑 10.장벽 11.털 모 12.닭을 수 13.볼 시 14.부자 부 15.연고 고 16.은혜 은 17.化 18.罪 19.京 20.流 21.④ 22.③ 23.交 24.可 25.門 26.動 27.相對 28.凶作 29.善意 30.客地 31.京 32.寒 33.宅, 屋 34.寒 35.鉄 36.数 37.所重 38.強調 39.音感 40.效果 41.② 42.②

평가문제 75~76 (322쪽)

1.검인 2.장관 3.특파 4.경시 5.연기 6.제복 7.기지 8.취침 9.개별 10.조직 11.병사 병 12.코끼리 상 13.군셀 건 14.갖출 구 15.정할 정 16.방 방 17.神 18.性 19.線 20.命 21.② 22.④ 23.長 24.百 25.情 26.石 27.流動 28.冷戰 29.重 30.短 31.士, 卒 32.息 33.觀 34.勞 35.集合 36.傳說 37.銀河水 38.堂堂 39.情景 40.③ 41.③

평가문제 77~78 (323쪽)

1.격파 2.교제 3.밀항 4.해금 5.원조 6.기악 7.손상 8.거류 9.도피 10.착상 11.구원할 구 12.볼 감 13.살 처 14.호반 무 15.볼 간 16.흩을 산 17.産 18.具 19.止 20.海 21.④ 22.① 23.結 24.和 25.落 26.自 27.光明 28.落選 29.亡 30.失 31.住 32.思 33.樂 34.万 35.通過 36.不注意 37.首都 38.財團 39.無知 40.① 41.①

평가문제 79~80 (324쪽)

1.공적 2.점등 3.군락 4.지략 5.연분 6.결투 7.만선 8.충성 9.건강 10.유세 11.조수 조 12.일 홍 13.볼 람 14.무리 중 15.다툴 쟁 16.큰 덕 17.孝 18.島 19.實 20.筆 21.② 22.④ 23.臣 24.者 25.事 26.私 27.生家, 本家 28.最高 29.白 30.開 31.戰 32.競, 戰 33.国 34.画 35.成果 36.勝負 37.用具 38.入神 39.病苦 40.③ 41.①

평가문제 해답

(325쪽)

1.가장 2.담론 3.부덕 4.밀담 5.압권 6.홍엽 7.경탄 8.제안 9.주파 10.원탁 11.등 등 12.벗을 탈 13.두루 주 14.생각 상 15.어질 현 16.보일 시 17.結 18.頭 19.雨 20.告 21.④ 22.① 23.書 24.命 25.公 26.地 27.自動 28.最新 29.自 30.方 31.話 32.獨 33.兒 34.廣 35.主觀 36.名勝地 37.思考 38.重責 39.風聞 40.④ 41.②

(326쪽)

1.무태 2.부상 3.속개 4.확인 5.당숙 6.제단 7.효험 8.구두 9.공극 10.손익 11.단 단 12.털 모 13.마디 절 14.눈 안 15.그릇 기 16.무리 군 17.③ 18.③ 19.戰 20.果 21.弟 22.有 23.野史 24.流動 25.實 26.勝 27.足 28.自 29.實 30.歌 31.囯 32.売 33.失望 34.定着 35.美化 36.圖書室 37.自信感 38.高貴 39.② 40.①

(327쪽)

평가문제 85 ~ 86

1.수여 2.수축 3.각고 4.강좌 5.호위 6.회벽 7.도적 8.폭탄 9.환대 10.양곡 11.막을 방 12.깊을 심 13.재물 자 14.소리 성 15.보낼 송 16.곡식 곡 17.原 18.苦 19.席 20.色 21.① 22.① 23.知 24.利 25.樂 26.一 27.輕量 28.過失 29.秋 30.苦 31.在 32.參 33.擧 34.会 35.祝福 36.立席 37.苦生 38.信號 39.相對方 40.③ 41.②

(328쪽)

평가문제 87 ~ 88

1.취미 2.주변 3.극진 4.세태 5.통쾌 6.비보 7.투자 8.여파 9.발달 10.득표 11.결단할 결 12.머리 두 13.움직일 동 14.에워쌀 위 15.잘 숙 16.팔 매 17.情 18.雄 19.無 20.向 21.② 22.① 23.美 24.以 25.花 26.德 27.少量 28.共用 29.買 30.動 31.語 32.到 33.号 34.当 35.情感 36.空間 37.位相 38.口實 39.通知 40.② 41.④

(329쪽)

평가문제 89 ~ 90

1.경축 2.송사 3.통제 4.정성 5.시인 6.환호 7.경지 8.지배 9.냉소 10.실직 11.응할 응 12.아닐 비 13.마디 절 14.일컬을 칭 15.불타질 폭 16.도울 원 17.事 18.傳 19.談 20.業 21.③ 22.④ 23.兵 24.陽 25.學 26.改 27.平時 28.權利 29.溫 30.出 31.思, 志 32.寒 33.礼 34.広 35.特性 36.獨自的 37.功德 38.生計 39.代表的 40.① 41.④

평가문제 91~92 (330쪽)

1.염려 2.압축 3.특채 4.허용 5.잔액 6.적수 7.당파 8.경제 9.관계 10.핵질 11.정사 정 12.다툴 13.맺을 결 14.인원 원 15.無 16.考 17.小 18.量 19.短 20.救 21.② 22.③ 23.再 24.有 25.實 26.半 27.違法 28.一元 29.野 30.集 31.爭 32.考, 思 33.爭 34.鑛 35.石材 36.代價 37.熱中 38.動物性 39.入手 40.② 41.②

평가문제 93~94 (331쪽)

1.기복 2.비정 3.인의 4.예배 5.경연 6.이해 7.노육 8.희극 9.배은 10.굴절 11.쓸 소 12.말씀 설 13.기쁠 환 14.정사 정 15.스승 사 16.갚을 보 17.功 18.者 19.再 20.放 21.① 22.② 23.事 24.同 25.初 26.害 27.門外漢 28.向日性 29.明年 30.金言 31.公 32.直 33.住 34.歌 35.医 36.兒 37.重要 38.團體 39.急速度 40.六感 41.③ 42.①

평가문제 95~96 (332쪽)

1.책장 2.상가 3.나직 4.방목 5.검소 6.간조 7.보선 8.견지 9.미만 10.탄식 11.맺을 약 12.원할 원 13.베풀 시 14.부지런할 근 15.방 방 16.저자 시 17.場 18.風 19.物 20.童 21.③ 22.④ 23.所 24.致 25.後 26.問 27.文班 28.過去 29.合計 30.始祖 31.可 32.安 33.作 34.固 35.学 36.図 37.見地 38.心性 39.書店 40.海水面 41.① 42.①

평가문제 97~98 (333쪽)

1.설비 2.종족 3.강구 4.고의 5.소질 6.최저 7.방송 8.기밀 9.재적 10.투견 11.지혜 지 12.충성 충 13.기를 양 14.찾을 탐 15.평평할 평 16.다할 궁 17.會 18.信 19.別 20.軍 21.① 22.② 23.公 24.苦 25.業 26.流 27.惡材 28.晝間 29.無 30.高 31.訓 32.朴 33.惡 34.戰 35.高度 36.消費 37.感服 38.信任 39.念頭 40.② 41.④

평가문제 99~100 (334쪽)

1.단락 2.정밀 3.납세 4.부인 5.속칭 6.자매 7.장액 8.해제 9.감각 10.경륜 11.갈 거 12.섬돌 계 13.아닐 미 14.가릴 선 15.手 16.氣 17.定 18.長 19.③ 20.② 21.新 22.面 23.給 24.材 25.出 26.可 27.聞 28.和 29.実 30.来 31.自動 32.有用 33.公正性 34.使者 35.原告 36.明堂 37.對馬島 38.② 39.④ 40.③

기출·예상문제 해답

(337쪽~338쪽)

4Ⅱ 기출·예상문제 제 1 회

1. 복원 2. 종말 3. 관계 4. 노련 5. 등급 6. 절약 7. 타향 8. 직무 9. 저축 10. 한계 11. 습득 12. 정보 13. 단속 14. 가요 15. 비난 16. 연타 17. 교양 18. 감사 19. 창업 20. 적색 21. 내륙 22. 은사 23. 난류 24. 허용 25. 극빈 26. 自然 27. 科學 28. 발달 29. 自己 30. 學用品 31. 工場 32. 調理 33. 化學 34. 大部分 35. 完全 36. 제품 37. 交通 38. 수단 39. 果然 40. 時代 41. 人類 42. 便利 43. 幸福 44. 旅行 45. 電話 46. 偉大 47. 청구서 48. 보호 49. 重要 50. 勞動 51. 油價 52. 出産 53. 病弱 54. 前週 55. 多才 56. 날 비 57. 벼슬 관 58. 높을 탁 59. 바랄 망 60. 고칠 개 61. 재앙 재 62. 이를 조 63. 머무를 정 64. 바랄 희 65. 별 성 66. 연기 연 67. 다스릴 치 68. 보낼 송 69. 거느릴 통 70. 들 거 71. 세금 세 72. 결단할 결 73. 집 사 74. 책상 안 75. 집 원 76. 끌 인 77. 재물 화 78. 凶 79. 畫 80. 害 81. 死後 82. 國史, 國師 83. 植樹, 食數 84. 廣 85. 當 86. 実 87. 識 88. 話, 論 89. 路 90. 下 91. 言 92. 良 93. 前 94. 問 95. ① 96. ④ 97. ③ 98. 가장 오래됨. 99. (일부러) 불을 지름. 100. 한국을 방문함.

해설

1. '復'자는 뜻에 따라 '부' 또는 '복'으로 읽는다.
57. '官'자는 '宮(집 궁)'자와 혼동하기 쉬우므로 주의!
99. '防火(불이 나는 것을 미리 막음)'와 혼동하기 쉬우므로 주의!

(339쪽~340쪽)

4Ⅱ 기출·예상문제 제 2 회

1. 빈부 2. 환자 3. 의보 4. 탁구 5. 은행 6. 농협 7. 열기 8. 준비 9. 낙승 10. 제의 11. 영웅 12. 악재 13. 야당 14. 금연 15. 당락 16. 퇴직 17. 녹엽 18. 상가 19. 독소 20. 총선 21. 창조 22. 건축 23. 통치 24. 고찰 25. 정부 26. 世界 27. 順理 28. 상식 29. 존중 30. 昨今 31. 現實 32. 念頭 33. 切實 34. 如前 35. 태도 36. 方案 37. 時間 38. 경과 39. 幸福 40. 知識 41. 無關心 42. 人類史 43. 展開 44. 物質的 45. 內面的 46. 정신 47. 方便 48. 使用 49. 明白 50. 平和 51. 夜光 52. 現行 53. 強化 54. 成分 55. 養育 56. 바랄 망 57. 별 성 58. 붉을 적 59. 살 매 60. 절 사 61. 검을 흑 62. 줄 수 63. 씻을 세 64. 집 사 65. 빌 허 66. 섬 도 67. 도울 조 68. 벗 우 69. 구름 운 70. 굳을 고 71. 등 배 72. 막을 방 73. 뜻 지 74. 은혜 혜 75. 피 혈 76. 그릇 기 77. 마실 흡 78. 客, 從 79. 身, 物 80. 使 81. 大風 82. 信任 83. 果實 84. 区 85. 号 86. 対 87. 遠 88. 歌 89. 式, 規 90. 利 91. 往 92. 聞 93. 草 94. 計 95. ② 96. ③ 97. ④ 98. 마음을 놓아 버림. 99. 이른 아침. 100. 혼자.

해설

3. '醫保'는 '의료보험(醫療保險)'의 줄임말이다.
15. '當落'은 '당선과 낙선'을 뜻하는 상대자이다.
30. '昨今'은 '어제와 오늘'을 뜻하는 상대자이다.
58. '赤'자는 '亦(또 역)'자와 혼동하기 쉬우므로 주의!
90. '見利思義'는 '見利忘義(눈앞의 이익을 보면 의리를 잊음)'와 서로 상대되는 의미로 쓰인다.

(341쪽 ~ 342쪽)
4급 기출·예상문제 ─ 제 1 회

1. 해적 2. 숭배 3. 수습 4. 인식 5. 투표 6. 환경 7. 방범 8. 군대 9. 통탄 10. 고려 11. 취향 12. 착륙 13. 광장 14. 단장 15. 청결 16. 한가 17. 비평 18. 실시 19. 송판 20. 피난 21. 측량 22. 사직 23. 위엄 24. 예상 25. 압축 26. 學級 27. 學期 28. 具體的 29. 方案 30. 重要 31. 奉仕活動 32. 每週 33. 계획 34. 추진 35. 約束 36. 反省 37. 時間 38. 자세 39. 지역 40. 회의 41. (33) 42. (36) 43. (38) 44. 新鮮 45. 競爭 46. 卓見 47. 藥局 48. 選定 49. 별 성 50. 술 주 51. 엄숙할 숙 52. 이을 승 53. 돈 전 54. 위로할 위 55. 기를 육 56. 그르칠 오 57. 날랠 용 58. 화할 협 59. 기쁠 희 60. 씨 핵 61. 남을 여 62. 불터질 폭 63. 법 범 64. 힘줄 근 65. 군을 견 66. 힘쓸 노 67. 무리 도 68. 바늘 침 69. 구를 전 70. 지날 력 71. 操 72. 卒 73. 飮 74. 情 75. 健 76. 等 77. 筆 78. 害 79. 民 80. 使 81. 順行 82. 開會 83. 失敗 84. 止 85. 技 86. 加 87. ⑧ 88. ⑤ 89. ⑥ 90. ② 91. 親 92. 曲 93. 成 94. 生 95. 止 96. 厂 97. 又 98. ① 99. ⑤ 100. ④

 해설

22. '辭職'의 '辭'자는 '말(하다), 하소연, 사양하다' 등의 뜻을 담고 있다.
33. '計畫'에서 '畫'자는 뜻에 따라 '畵(화)' 또는 '劃(획)'으로 읽는다.
62. '爆'자는 '暴(사나울 폭, 모질 포)'자와 혼동하기 쉬우므로 주의!

(343쪽 ~ 344쪽)
4급 기출·예상문제 ─ 제 2 회

1. 자태 2. 감자 3. 파병 4. 헌법 5. 상처 6. 구제 7. 여가 8. 항복 9. 응원 10. 거역 11. 구축 12. 암향 13. 청사 14. 담판 15. 공격 16. 침략 17. 직무 18. 은거 19. 자매 20. 장벽 21. 도피 22. 도청 23. 검소 24. 세포 25. 침실 26. 文學 27. 現實 28. 世界 29. 모사 30. 作家 31. 상상력 32. 발휘 33. 社會 34. 實感 35. 發見 36. 창조 37. 기록 38. 意圖 39. 方向 40. 탐구 41. (27) 42. (28) 43. (31) 44. 通告 45. 停止 46. 重任 47. 首席 48. 念願 49. 베풀 시 50. 피곤할 피 51. 마실 음 52. 분할 분 53. 집 원 54. 방 방 55. 거리 가 56. 장막 장 57. 군을 확 58. 진 액 59. 성할 성 60. 진칠 진 61. 생각 사 62. 보배 보 63. 배 항 64. 가벼울 경 65. 기록할 지 66. 가지런할 정 67. 스승 사 68. 잎 엽 69. 코끼리 상 70. 줄일 축 71. 貴 72. 弱 73. 週 74. 特 75. 速 76. 領 77. 球 78. 亡 79. 吉 80. 實 81. 生産 82. 登校 83. 出席 84. 望 85. 高 86. 直 87. ⑤ 88. ⑥ 89. ⑧ 90. ② 91. 牛 92. 讀 93. 明 94. 馬 95. 目 96. 見 97. 木 98. ③ 99. ⑧ 100. ⑥

 해설

8. '降伏'에서 '降'은 뜻에 따라 '강' 또는 '항'으로 읽는다.
60. '陣'자는 '陳(베풀 진)'자와 혼동하기 쉬우므로 주의!
67. '師'자는 '帥(장수 수)'자와 혼동하기 쉬우므로 주의!

기출·예상문제 해답

(345쪽 ~ 346쪽)
4급 기출·예상문제 제 회

1. 납득 2. 간단 3. 해저 4. 표준 5. 우편 6. 저축 7. 은혜 8. 조직 9. 효력 10. 예방 11. 모발 12. 이산 13. 격변 14. 압사 15. 유산 16. 혼란 17. 간호 18. 단군 19. 시위 20. 보통 21. 청장 22. 포악 23. 소제 24. 격퇴 25. 후대 26. 當時 27. 醫術 28. 學識 29. 品性 30. 존경 31. 山川 32. 유람 33. 自身 34. 無知 35. 百姓 36. 救世主 37. 分身 38. 엄 39. 이상 40. 實現 41. (36) 42. (37) 43. (39) 44. 比重 45. 葉書 46. 給食 47. 可決 48. 談話 49. 펼 연 50. 장정 정, 고무래 정 51. 풀 초 52. 지킬 수 53. 겨룰 항 54. 아이 아 55. 섬 도 56. 넉넉할 우 57. 거울 경 58. 웃음 소 59. 벼리 기 60. 부자 부 61. 거리 가 62. 장막 장 63. 납 연 64. 원할 원 65. 베풀 장 66. 방해할 방 67. 받들 봉 68. 어질 현 69. 맛 미 70. 조수 조 71. 充 72. 固 73. 表 74. 班 75. 害 76. 寫 77. 功 78. 惡 79. 安 80. 陽 81. 兄弟 82. 原因 83. 歲出 84. 章 85. 法 86. 屋, 宅 87. ⑥ 88. ② 89. ⑩ 90. ⑧ 91. 正 92. 言 93. 地 94. 私 95. 頭 96. 革 97. 土 98. ⑥ 99. ⑦ 100. ②

6. '貯蓄'은 뜻이 서로 비슷한 한자로 결합된 한자어이다. 참 恩=惠, 組=織, 毛=髮, 混=亂
21. '請狀'에서 '狀'자는 뜻에 따라 '상' 또는 '장'으로 읽는다.
83. '歲出'은 '국가나 지방 자치 단체의 한 회계 연도에 있어서의 총지출'을 이르는 말.

명시감상

작자作者 : 정몽주鄭夢周

이 몸이 주거 주거 一百番 고텨 주거
白骨이 塵土 되야 넉시라도 잇고 업고
님 向ᄒᆞᆫ 一片丹心이야 가싈 줄이 이시랴

🎯 설 명

- 작자 정몽주鄭夢周의 아호雅號는 포은圃隱이다. 고려高麗 때의 문신·학자로, 성리학性理學에 뛰어나 동방이학東方理學의 시조始祖로 추앙推仰되었다. 지방관의 비행非行을 근절시키고 의창義倉을 세워 빈민을 구제하였으며, 불교의 폐해를 없애기 위해 유학儒學을 보급하였다.

- 이 시조는 태종太宗 이방원李芳遠이 정몽주의 마음을 떠보고 회유하기 위해 부른 '하여가何如歌'에 대한 대답의 노래로서, 고려에 충성을 다짐하는 마음으로 화답和答한 '단심가丹心歌'이다. 이로 말미암아 포은은 자기 집으로 돌아오는 도중 개성 선죽교善竹橋에서 이방원의 부하 조영규趙英珪에게 격살擊殺되었다.

한자능력 검정시험

배정한자 (가나다순)
(8급~4급 : 1,000자)

모양이 바뀌는 부수 글자

부수	뜻	소리	부수	뜻	소리
人·亻	사람	인	牛·牜	소	우
刀·刂	칼	도	犬·犭	개	견
卩·㔾	병부	절	玉·王	구슬	옥
尢·兀	절뚝발이	왕	示·礻	보이다	시
川·巛	내	천	网·罒	그물	망
彐·彑	돼지머리	계	老·耂	늙다	로
心·忄·⺗	마음	심	肉·月	고기	육
手·扌	손·재방변	수	艸·艹	풀	초
攴·攵	치다	복	衣·衤	옷	의
无·旡	없다	무	襾·西	덮다	아
歹·歺	뼈앙상하다	알	辵·辶	쉬엄쉬엄가다	착
水·氵·氺	물	수	邑·阝	고을	읍
火·灬	불	화	長·镸	길다	장
爪·爫	손톱	조	阜·阝	언덕	부

※ 이상은 글자 속에서 본래의 모양이 바뀌어 쓰이는 부수 글자입니다.

배정한자

▸街	4Ⅱ	거리	가	行-총12획
:假	4Ⅱ	거짓	가	人-총11획
:暇	4급	틈 가/겨를 가		日-총13획
價	5Ⅱ	값	가	人-총15획
加	5급	더할	가	力-총5획
:可	5급	옳을	가	口-총5획
歌	7급	노래	가	欠-총14획
家	7Ⅱ	집	가	宀-총10획
覺	4급	깨달을	각	見-총20획
刻	4급	새길	각	刀-총8획
各	6Ⅱ	각각	각	口-총6획
角	6Ⅱ	뿔	각	角-총7획
▸簡	4급	간략할 간/대쪽 간		竹-총18획
干	4급	방패	간	干-총3획
看	4급	볼	간	目-총9획
▸間	7Ⅱ	사이	간	門-총12획
:敢	4급	감히 감/구태여 감		攴-총12획
甘	4급	달	감	甘-총5획
:減	4Ⅱ	덜	감	水-총12획
監	4Ⅱ	볼	감	皿-총14획
:感	6급	느낄	감	心-총13획
甲	4급	갑옷	갑	田-총5획
▸降	4급	내릴 강/항복할 항		阜-총9획
:講	4Ⅱ	욀	강	言-총17획
康	4Ⅱ	편안	강	广-총11획
▸强	6급	강할 강[强=強]		弓-총11획
江	7Ⅱ	강	강	水-총6획
▸個	4Ⅱ	낱	개	人-총10획
改	5급	고칠	개	攴-총7획
開	6급	열	개	門-총12획
客	5Ⅱ	손	객	宀-총9획
更	4급	다시 갱/고칠 경 ※'갱'만 장음		曰-총7획
:據	4급	근거	거	手-총16획
:拒	4급	막을	거	手-총8획
居	4급	살	거	尸-총8획
:巨	4급	클	거	工-총5획
:去	5급	갈	거	厶-총5획
:擧	5급	들	거	手-총18획
車	7Ⅱ	수레 거/수레 차		車-총7획
:健	5급	굳셀	건	人-총11획
件	5급	물건	건	人-총6획
:建	5급	세울	건	廴-총9획
傑	4급	뛰어날	걸	人-총12획
:檢	4Ⅱ	검사할	검	木-총17획
:儉	4급	검소할	검	人-총15획
激	4급	격할	격	水-총16획
擊	4급	칠[打擊]	격	手-총17획
格	5Ⅱ	격식	격	木-총10획
犬	4급	개	견	犬-총4획
堅	4급	굳을	견	土-총11획
:見	5Ⅱ	볼 견/뵈올 현		見-총7획
潔	4Ⅱ	깨끗할	결	水-총15획
缺	4Ⅱ	이지러질	결	缶-총10획
決	5Ⅱ	결단할	결	水-총7획
結	5Ⅱ	맺을	결	糸-총12획
:鏡	4급	거울	경	金-총19획
:慶	4Ⅱ	경사	경	心-총15획
傾	4급	기울	경	人-총13획
:警	4Ⅱ	깨우칠	경	言-총20획
驚	4급	놀랄	경	馬-총23획
境	4Ⅱ	지경	경	土-총14획
經	4Ⅱ	지날 경/글 경		糸-총13획
輕	5급	가벼울	경	車-총14획
:敬	5Ⅱ	공경	경	攴-총13획
:競	5급	다툴	경	立-총20획
▸景	5급	볕	경	日-총12획
京	6급	서울	경	亠-총8획
:戒	4급	경계할	계	戈-총7획
:季	4급	계절	계	子-총8획
鷄	4급	닭	계	鳥-총21획
:係	4Ⅱ	맬	계	人-총9획
階	4급	섬돌	계	阜-총12획
:系	4급	이어맬	계	糸-총7획
:繼	4급	이을	계	糸-총20획
:計	6Ⅱ	셀	계	言-총9획
:界	6Ⅱ	지경	계	田-총9획
庫	4급	곳집	고	广-총10획

57

한자능력검정 **4**급(**4**Ⅱ 포함)

▶故 4Ⅱ 연고	고 攴-총 9획	:鑛 4급 쇳돌	광 金-총23획	權 4Ⅱ 권세　권 木-총22획
孤 4급 외로울	고 子-총 8획	:廣 5Ⅱ 넓을	광 广-총15획	:勸 4급 권할　권 力-총20획
:告 5Ⅱ 고할	고 口-총 7획	光 6Ⅱ 빛	광 儿-총 6획	券 4급 문서　권 刀-총 8획
▶固 5급 굳을	고 囗-총 8획	橋 5급 다리	교 木-총16획	▶卷 4급 책　권 卩-총 8획
▶考 5급 생각할	고 老-총 6획	交 6급 사귈	교 亠-총 6획	:歸 4급 돌아갈　귀 止-총18획
高 6Ⅱ 높을	고 高-총10획	:敎 8급 가르칠	교 攴-총11획	:貴 5급 귀할　귀 貝-총12획
苦 6급 쓸[味覺]	고 艸-총 9획	:校 8급 학교	교 木-총10획	規 5급 법　규 見-총11획
:古 6급 예	고 口-총 5획	求 4Ⅱ 구할[求索]	구 水-총 7획	均 4급 고를　균 土-총 7획
穀 4급 곡식	곡 木-총14획	句 4Ⅱ 글귀	구 口-총 5획	極 4Ⅱ 극진할　극
曲 5급 굽을	곡 曰-총 6획	構 4급 얽을	구 木-총14획	다할　극 木-총12획
:困 4급 곤할	곤 囗-총 7획	究 4Ⅱ 연구할	구 穴-총 7획	劇 4급 심할　극 刀-총15획
骨 4급 뼈	골 骨-총10획	▶具 5Ⅱ 갖출	구 八-총 8획	筋 4급 힘줄　근 竹-총12획
:孔 4급 구멍	공 子-총 4획	:救 5급 구원할	구 攴-총11획	▶勤 4급 부지런할　근 力-총13획
:攻 4급 칠[攻擊]	공 攴-총 7획	:舊 5Ⅱ 예	구 臼-총18획	:近 6급 가까울　근 辶-총 8획
功 6Ⅱ 공[勳]	공 力-총 5획	球 6Ⅱ 공	구 玉-총11획	根 6급 뿌리　근 木-총10획
公 6Ⅱ 공평할	공 八-총 4획	區 6급 구분할	구	:禁 4Ⅱ 금할　금 示-총13획
:共 6Ⅱ 한가지	공 八-총 6획	지경	구 匸-총11획	今 6Ⅱ 이제　금 人-총 4획
空 7Ⅱ 빌[虛空]	공 穴-총 8획	九 8급 아홉	구 乙-총 2획	金 7급 쇠　금
工 7Ⅱ 장인	공 工-총 3획	▶口 7급 입	구 口-총 3획	성姓　김 金-총 8획
▶課 5Ⅱ 공부할	과	局 5Ⅱ 판[形局]	국 尸-총 7획	給 5급 줄　급 糸-총12획
과정	과 言-총15획	國 8급 나라	국 囗-총11획	急 6Ⅱ 급할　급 心-총 9획
:過 5Ⅱ 지날	과 辶-총13획	群 4급 무리	군 羊-총13획	級 6급 등급　급 糸-총10획
科 6Ⅱ 과목	과 禾-총 9획	君 4급 임금	군 口-총 7획	器 4Ⅱ 그릇　기 口-총16획
:果 6Ⅱ 실과	과 木-총 8획	:郡 6급 고을	군 邑-총10획	奇 4급 기특할　기 大-총 8획
管 4급 대롱	관	軍 8급 군사	군 車-총 9획	紀 4급 벼리　기 糸-총 9획
주관할	관 竹-총14획	屈 4급 굽힐	굴 尸-총 8획	寄 4급 부칠[寄書]　기 宀-총11획
官 4Ⅱ 벼슬	관 宀-총 8획	窮 4급 다할	궁	起 4Ⅱ 일어날　기 走-총10획
關 5Ⅱ 관계할	관 門-총19획	궁할	궁 穴-총15획	機 4급 틀　기 木-총16획
觀 5Ⅱ 볼	관 見-총25획	宮 4Ⅱ 집	궁 宀-총10획	汽 5급 물끓는김　기 水-총 7획

배정한자(가나다순)

期	5급	기약할	기 月-총12획
己	5Ⅱ	몸	기 己-총 3획
技	5급	재주	기 手-총 7획
基	5Ⅱ	터	기 土-총11획
旗	7급	기	기 方-총14획
記	7Ⅱ	기록할	기 言-총10획
氣	7Ⅱ	기운	기 气-총10획
吉	5급	길할	길 口-총 6획

배정한자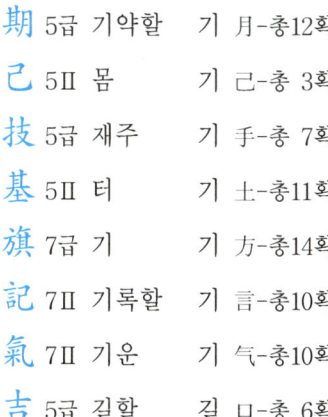

:暖	4Ⅱ	따뜻할	난 日-총13획
▶難	4Ⅱ	어려울	난 隹-총19획
南	8급	남녘	남 十-총 9획
男	7Ⅱ	사내	남 田-총 7획
納	4급	들일	납 糸-총10획
:內	7Ⅱ	안	내 入-총 4획
女	8급	계집	녀 女-총 3획
年	8급	해	년 干-총 6획
:念	5Ⅱ	생각	념 心-총 8획
:怒	4Ⅱ	성낼	노 心-총 9획
努	4Ⅱ	힘쓸	노 力-총 7획
農	7Ⅱ	농사	농 辰-총13획
能	5Ⅱ	능할	능 肉-총10획

배정한자

多	6급	많을	다 夕-총 6획
:斷	4Ⅱ	끊을	단 斤-총18획
端	4Ⅱ	끝	단 立-총14획
檀	4Ⅱ	박달나무	단 木-총17획
段	4급	층계	단 殳-총 9획
單	4Ⅱ	홑	단 口-총12획
壇	5급	단	단 土-총16획
團	5Ⅱ	둥글	단 囗-총14획
▶短	6Ⅱ	짧을	단 矢-총12획
達	4Ⅱ	통달할	달 辶-총13획
擔	4Ⅱ	멜	담 手-총16획
談	5급	말씀	담 言-총15획
答	7Ⅱ	대답	답 竹-총12획
黨	4Ⅱ	무리	당 黑-총20획
當	5Ⅱ	마땅	당 田-총13획
堂	6Ⅱ	집	당 土-총11획
帶	4Ⅱ	띠	대 巾-총11획
隊	4Ⅱ	무리	대 阜-총12획
:待	6급	기다릴	대 彳-총 9획
代	6Ⅱ	대신할	대 人-총 5획
:對	6Ⅱ	대할	대 寸-총14획
▶大	7급	큰	대 大-총 3획
德	5Ⅱ	큰	덕 彳-총15획
▶盜	4급	도둑	도 皿-총12획
逃	4급	도망할	도 辶-총10획
徒	4급	무리	도 彳-총10획

:導	4Ⅱ	인도할	도 寸-총16획
都	5급	도읍	도 邑-총12획
島	5급	섬	도 山-총10획
:到	5Ⅱ	이를	도 刀-총 8획
圖	6Ⅱ	그림	도 囗-총14획
▶度	6급	법도	도 ※'도'만 장단음
		헤아릴	탁 广-총 9획
:道	7Ⅱ	길	도
		말할	도 辶-총13획
督	4Ⅱ	감독할	독 目-총13획
毒	4Ⅱ	독[毒藥]	독 毋-총 8획
獨	5급	홀로	독 犬-총16획
讀	6Ⅱ	읽을	독
		구절	두 言-총22획
銅	4Ⅱ	구리	동 金-총14획
▶童	6Ⅱ	아이	동 立-총12획
冬	7급	겨울	동 冫-총 5획
:洞	7급	골	동
		밝을	통 水-총 9획
東	8급	동녘	동 木-총 8획
:動	7Ⅱ	움직일	동 力-총11획
同	7급	한가지	동 口-총 6획
斗	4Ⅱ	말	두 斗-총 4획
豆	4Ⅱ	콩	두 豆-총 7획
頭	6급	머리	두 頁-총16획
得	4Ⅱ	얻을	득 彳-총11획
燈	4Ⅱ	등	등 火-총16획
▶等	6Ⅱ	무리	등 竹-총12획
登	7급	오를[登山]	등 癶-총12획

59

한자능력검정 4급(4II 포함)

배정한자 ㄹ

羅	4II	벌릴	라	网-총19획
落	5급	떨어질	락	艹-총13획
樂	6II	즐길	락	
		노래	악	
		좋아할	요	木-총15획
:卵	4급	알	란	卩-총 7획
:亂	4급	어지러울	란	乙-총13획
覽	4급	볼	람	見-총21획
:朗	5II	밝을	랑	月-총11획
▸來	7급	올	래	人-총 8획
:冷	5급	찰	랭	冫-총 7획
略	4급	간략할	략	
		약할	략	田-총11획
:兩	4II	두	량	入-총 8획
糧	4급	양식	량	米-총18획
良	5II	어질	량	艮-총 7획
量	5급	헤아릴	량	里-총12획
麗	4II	고울	려	鹿-총19획
:慮	4급	생각할	려	心-총15획
旅	5II	나그네	려	方-총10획
歷	5II	지날	력	止-총16획
力	7II	힘	력	力-총 2획
連	4II	이을	련	辶-총11획
:練	5II	익힐	련	糸-총15획
烈	4급	매울	렬	火-총10획
列	4II	벌일	렬	刀-총 6획
領	5급	거느릴	령	頁-총14획
▸令	5급	하여금	령	人-총 5획
:例	6급	법식	례	人-총 8획
:禮	6급	예도	례	示-총18획
勞	5II	일할	로	力-총12획
路	6급	길	로	足-총13획
:老	7급	늙을	로	老-총 6획
錄	4II	기록할	록	金-총16획
綠	6급	푸를	록	糸-총14획
論	4II	논할	론	言-총15획
▸料	5급	헤아릴	료	斗-총10획
龍	4급	용	룡	龍-총16획
留	4II	머무를	류	田-총10획
▸柳	4급	버들	류	木-총 9획
▸類	5II	무리	류	頁-총19획
流	5II	흐를	류	水-총10획
陸	5II	뭍	륙	阜-총11획
六	8급	여섯	륙	八-총 4획
輪	4급	바퀴	륜	車-총15획
律	4II	법칙	률	彳-총 9획
:李	6급	오얏	리	
		성姓		리 木-총 7획
:利	6II	이할	리	刀-총 7획
:理	6II	다스릴	리	玉-총11획
:里	7급	마을	리	里-총 7획
:離	4급	떠날	리	隹-총19획
林	7급	수풀	림	木-총 8획
立	7II	설	립	立-총 5획

배정한자 ㅁ

:馬	5급	말	마	馬-총10획
▸滿	4II	찰	만	水-총14획
:萬	8급	일만	만	艹-총13획
末	5급	끝	말	木-총 5획
亡	5급	망할	망	亠-총 3획
:望	5II	바랄	망	月-총11획
妹	4급	누이	매	女-총 8획
:買	5급	살	매	貝-총12획
▸賣	5급	팔[賣却]	매	貝-총15획
▸每	7II	매양	매	母-총 7획
脈	4II	줄기	맥	肉-총10획
:勉	4급	힘쓸	면	力-총 9획
:面	7급	낯	면	面-총 9획
鳴	4급	울	명	鳥-총14획
明	6II	밝을	명	日-총 8획
:命	7급	목숨	명	口-총 8획
名	7II	이름	명	口-총 6획
模	4급	본뜰	모	木-총15획
毛	4II	터럭	모	毛-총 4획
:母	8급	어미	모	母-총 5획
牧	4II	칠[牧養]	목	牛-총 8획
目	6급	눈	목	目-총 5획
▸木	8급	나무	목	木-총 4획
:妙	4급	묘할	묘	女-총 7획
:墓	4급	무덤	묘	土-총14획
:舞	4급	춤출	무	舛-총14획

배정한자(가나다순)

:武	4Ⅱ 호반	무 止-총 8획	妨	4급 방해할	방 女-총 7획	:寶	4Ⅱ 보배	보 宀-총20획
:務	4Ⅱ 힘쓸	무 力-총11획	:訪	4Ⅱ 찾을	방 言-총11획	:保	4Ⅱ 지킬	보 人-총 9획
無	5급 없을	무 火-총12획	放	6Ⅱ 놓을	방 攴-총 8획	複	4급 겹칠	복 衣-총14획
▶聞	6Ⅱ 들을	문 耳-총14획	方	7Ⅱ 모[四角]	방 方-총 4획	伏	4급 엎드릴	복 人-총 6획
文	7급 글월	문 文-총 4획	:配	4Ⅱ 나눌	배	▶復	4Ⅱ 회복할	복 ※'부'만 장음
門	8급 문	문 門-총 8획		짝	배 酉-총10획		다시	부 彳-총12획
:問	7급 물을	문 口-총11획	:背	4Ⅱ 등	배 肉-총 9획	福	5급 복	복 示-총14획
物	7Ⅱ 물건	물 牛-총 8획	拜	4Ⅱ 절	배 手-총 9획	服	6급 옷	복 月-총 8획
:味	4Ⅱ 맛	미 口-총 8획	倍	5급 곱	배 人-총10획	本	6급 근본	본 木-총 5획
▶未	4Ⅱ 아닐	미 木-총 5획	百	7급 일백	백 白-총 6획	奉	5Ⅱ 받들	봉 大-총 8획
米	6급 쌀	미 米-총 6획	白	7급 흰	백 白-총 5획	府	4Ⅱ 마을[官廳]	부 广-총 8획
▶美	6급 아름다울	미 羊-총 9획	番	6급 차례	번 田-총12획	婦	4Ⅱ 며느리	부 女-총11획
民	7급 백성	민 氏-총 5획	罰	4Ⅱ 벌할	벌 罒-총14획	副	4Ⅱ 버금	부 刀-총11획
密	4Ⅱ 빽빽할	밀 宀-총11획	伐	4Ⅱ 칠[討]	벌 人-총 6획	富	4Ⅱ 부자	부 宀-총12획
			:犯	4급 범할	범 犬-총 5획	否	4급 아닐	부
			:範	4급 법	범 竹-총15획		막힐	비 口-총 7획

배정한자

			法	5Ⅱ 법	법 水-총 8획	:負	4급 질[荷]	부 貝-총 9획
			壁	4Ⅱ 벽	벽 土-총16획	部	6Ⅱ 떼[部類]	부 邑-총11획
博	4Ⅱ 넓을	박 十-총12획	邊	4Ⅱ 가	변 辶-총19획	父	8급 아비	부 父-총 4획
拍	4급 칠[拍手]	박 手-총 8획	:辯	4급 말씀	변 辛-총21획	夫	7급 지아비	부 大-총 4획
朴	6급 성姓	박 木-총 6획	:變	5Ⅱ 변할	변 言-총23획	北	8급 북녘	북
班	6Ⅱ 나눌	반 玉-총10획	別	6급 다를	별		달아날	배 匕-총 5획
:反	6Ⅱ 돌이킬	반 又-총 4획		나눌	별 刀-총 7획	▶粉	4급 가루	분 米-총10획
:半	6Ⅱ 반	반 十-총 5획	兵	5Ⅱ 병사	병 八-총 7획	:憤	4급 분할	분 心-총15획
髮	4급 터럭	발 髟-총15획	病	6급 병	병 疒-총10획	分	6Ⅱ 나눌	분 刀-총 4획
發	6Ⅱ 필	발 癶-총12획	:報	4Ⅱ 갚을	보	佛	4Ⅱ 부처	불 人-총 7획
防	4Ⅱ 막을	방 阜-총 7획		알릴	보 土-총12획	不	7Ⅱ 아닐	불 一-총 4획
房	4Ⅱ 방	방 戶-총 8획	:步	4Ⅱ 걸음	보 止-총 7획	:備	4Ⅱ 갖출	비 人-총12획
			:普	4급 넓을	보 日-총12획	飛	4Ⅱ 날	비 飛-총 9획

61

한자능력검정 **4**급(**4**Ⅱ 포함)

碑	4급	비석	비	石-총13획
:批	4급	비평할	비	手-총 7획
祕	4급	숨길[秘=祕]	비	示-총10획
:悲	4Ⅱ	슬플	비	心-총12획
▸非	4Ⅱ	아닐	비	非-총 8획
比	5급	견줄	비	比-총 4획
:費	5급	쓸	비	貝-총12획
:鼻	5급	코	비	鼻-총14획
貧	4Ⅱ	가난할	빈	貝-총11획
氷	5급	얼음[氷=冰]	빙	水-총 5획

배정한자

辭	4급	말씀	사	辛-총19획
:謝	4Ⅱ	사례할	사	言-총17획
私	4급	사사	사	禾-총 7획
師	4Ⅱ	스승	사	巾-총10획
絲	4급	실	사	糸-총12획
▸射	4급	쏠	사	寸-총10획
寺	4Ⅱ	절	사	寸-총 6획
舍	4Ⅱ	집	사	舌-총 8획
寫	5급	베낄	사	宀-총15획
:史	5Ⅱ	사기史記	사	口-총 5획
▸思	5급	생각	사	心-총 9획
:士	5Ⅱ	선비	사	士-총 3획
▸仕	5Ⅱ	섬길	사	人-총 5획
査	5급	조사할	사	木-총 9획
社	6Ⅱ	모일	사	示-총 8획
:死	6급	죽을	사	歹-총 6획
:使	6급	하여금 부릴	사	人-총 8획
四	8급	넉	사	口-총 5획
事	7Ⅱ	일	사	亅-총 8획
:散	4급	흩을	산	攴-총12획
産	5Ⅱ	낳을	산	生-총11획
山	8급	메[뫼]	산	山-총 3획
:算	7급	셈	산	竹-총14획
▸殺	4Ⅱ	죽일 감할 빠를	살 쇄 쇄	※'쇄'만 장음 殳-총11획
三	8급	석	삼	一-총 3획
▸狀	4Ⅱ	형상 문서	상 장	※'장'만 장음 犬-총 8획
傷	4급	다칠	상	人-총13획
常	4Ⅱ	떳떳할	상	巾-총11획
床	4Ⅱ	상[床=牀]	상	广-총 7획
:想	4Ⅱ	생각	상	心-총13획
象	4급	코끼리	상	豕-총12획
賞	5급	상줄	상	貝-총15획
相	5Ⅱ	서로	상	目-총 9획
商	5Ⅱ	장사	상	口-총11획
上	7Ⅱ	윗	상	一-총 3획
色	7급	빛	색	色-총 6획
生	8급	날[낳을]	생	生-총 5획
:序	5급	차례	서	广-총 7획
書	6Ⅱ	글	서	曰-총10획
西	8급	서녘	서	襾-총 6획
石	6급	돌	석	石-총 5획
席	6급	자리	석	巾-총10획
夕	7급	저녁	석	夕-총 3획
宣	4급	베풀	선	宀-총 9획
:選	5급	가릴	선	辶-총16획
鮮	5Ⅱ	고울	선	魚-총17획
船	5급	배[船舶]	선	舟-총11획
仙	5Ⅱ	신선	선	人-총 5획
:善	5급	착할	선	口-총12획
線	6Ⅱ	줄[針線]	선	糸-총15획
先	8급	먼저	선	儿-총 6획
設	4Ⅱ	베풀	설	言-총11획
舌	4급	혀	설	舌-총 6획
▸說	5Ⅱ	말씀 달랠	설 세	※'세'만 장음 言-총14획
雪	6Ⅱ	눈	설	雨-총11획
星	4Ⅱ	별	성	日-총 9획
:聖	4Ⅱ	성인	성	耳-총13획
:盛	4Ⅱ	성할	성	皿-총12획
聲	4Ⅱ	소리	성	耳-총17획
城	4Ⅱ	재[內城]	성	土-총10획
誠	4Ⅱ	정성	성	言-총14획
:性	5Ⅱ	성품	성	心-총 8획
省	6Ⅱ	살필 덜	성 생	目-총 9획
成	6Ⅱ	이룰	성	戈-총 7획
:姓	7Ⅱ	성姓	성	女-총 8획
:細	4Ⅱ	가늘	세	糸-총11획

배정한자(가나다순)

:稅	4Ⅱ	세금	세 禾-총12획	守	4Ⅱ	지킬	수 宀-총 6획	識	5Ⅱ 알 식
:勢	4Ⅱ	형세	세 力-총13획	首	5Ⅱ	머리	수 首-총 9획		기록할 지 言-총19획
:洗	5Ⅱ	씻을	세 水-총 9획	樹	6급	나무	수 木-총16획	式	6급 법 식 弋-총 6획
:歲	5Ⅱ	해	세 止-총13획	水	8급	물	수 水-총 4획	食	7Ⅱ 먹을 식
:世	7Ⅱ	인간	세 一-총 5획	數	7급	셈	수 攴-총15획		밥 사/식 食-총 9획
▸素	4Ⅱ	본디	소	▸手	7급	손	수 手-총 4획	植	7급 심을 식 木-총12획
		흴[白]	소 糸-총10획	叔	4급	아재비	숙 又-총 8획	申	4Ⅱ 납[猿] 신 田-총 5획
▸掃	4Ⅱ	쓸[掃除]	소 手-총11획	肅	4급	엄숙할	숙 聿-총13획	臣	5Ⅱ 신하 신 臣-총 6획
:笑	4Ⅱ	웃음	소 竹-총10획	▸宿	5Ⅱ	잘	숙 ※'수'만 장음	神	6Ⅱ 귀신 신 示-총10획
消	6Ⅱ	사라질	소 水-총10획			별자리	수 宀-총11획	身	6Ⅱ 몸 신 身-총 7획
:所	7급	바	소 戶-총 8획	純	4Ⅱ	순수할	순 糸-총10획	:信	6Ⅱ 믿을 신 人-총 9획
:小	8급	작을	소 小-총 3획	:順	5Ⅱ	순할	순 頁-총12획	新	6Ⅱ 새 신 斤-총13획
:少	7급	적을	소 小-총 4획	術	6Ⅱ	재주	술 行-총11획	實	5Ⅱ 열매 실 宀-총14획
屬	4급	붙일	속 尸-총21획	崇	4급	높을	숭 山-총11획	失	6급 잃을 실 大-총 5획
續	4Ⅱ	이을	속 糸-총21획	習	6급	익힐	습 羽-총11획	室	8급 집 실 宀-총 9획
俗	4Ⅱ	풍속	속 人-총 9획	承	4Ⅱ	이을	승 手-총 8획	深	4Ⅱ 깊을 심 水-총11획
束	5Ⅱ	묶을	속 木-총 7획	勝	6급	이길	승 力-총12획	心	7급 마음 심 心-총 4획
速	6급	빠를	속 辵-총11획	:施	4Ⅱ	베풀	시 方-총 9획	十	8급 열 십 十-총 2획
:損	4급	덜	손 手-총13획	:視	4Ⅱ	볼	시 見-총12획	氏	4급 각시 씨
▸孫	6급	손자	손 子-총10획	詩	4Ⅱ	시	시 言-총13획		성씨 姓氏 씨 氏-총 4획
:送	4Ⅱ	보낼	송 辵-총10획	▸試	4Ⅱ	시험	시 言-총13획		
松	4급	소나무	송 木-총 8획	:是	4Ⅱ	이[斯] 시		**배정한자**
:頌	4급	칭송할	송			옳을	시 日-총 9획		
		기릴	송 頁-총13획	示	5급	보일	시 示-총 5획	兒	5Ⅱ 아이 아 儿-총 8획
收	4Ⅱ	거둘	수 攴-총 6획	:始	6급	비로소	시 女-총 8획	惡	5Ⅱ 악할 악
修	4Ⅱ	닦을	수 人-총10획	時	7Ⅱ	때	시 日-총10획		미워할 오 心-총12획
▸受	4Ⅱ	받을	수 又-총 8획	市	7Ⅱ	저자	시 巾-총 5획	:眼	4Ⅱ 눈 안 目-총11획
秀	4급	빼어날	수 禾-총 7획	息	4Ⅱ	쉴	식 心-총10획	:案	5급 책상 안 木-총10획
授	4Ⅱ	줄	수 手-총11획						

한자능력검정 **4**급(**4**Ⅱ 포함)

安 7Ⅱ 편안	안 宀-총 6획
:暗 4Ⅱ 어두울	암 日-총13획
壓 4Ⅱ 누를	압 土-총17획
▶愛 6급 사랑	애 心-총13획
液 4Ⅱ 진	액 水-총11획
額 4급 이마	액 頁-총18획
:野 6급 들[坪]	야 里-총11획
:夜 6급 밤	야 夕-총 8획
約 5Ⅱ 맺을	약 糸-총 9획
藥 6Ⅱ 약	약 艹-총19획
弱 6Ⅱ 약할	약 弓-총10획
樣 4급 모양	양 木-총15획
羊 4Ⅱ 양	양 羊-총 6획
:養 5Ⅱ 기를	양 食-총15획
陽 6급 볕	양 阜-총12획
洋 6급 큰바다	양 水-총 9획
魚 5급 고기	어
	물고기 어 魚-총11획
漁 5급 고기잡을 어 水-총14획
:語 7급 말씀	어 言-총14획
億 5급 억[數字]	억 人-총15획
言 6급 말씀	언 言-총 7획
嚴 4급 엄할	엄 口-총20획
業 6Ⅱ 업	업 木-총13획
:與 4급 더불	여
	줄 여 臼-총14획
如 4Ⅱ 같을	여 女-총 6획
餘 4Ⅱ 남을	여 食-총16획
逆 4Ⅱ 거스를	역 辶-총10획
▶易 4급 바꿀	역 ※'이'만 장음
쉬울	이 日-총 8획
域 4급 지경	역 土-총11획
然 7급 그럴	연 火-총12획
:硏 4Ⅱ 갈[硏磨]	연 石-총11획
鉛 4급 납	연 金-총13획
延 4급 늘일	연 廴-총 7획
煙 4Ⅱ 연기	연 火-총13획
緣 4급 인연	연 糸-총15획
燃 4급 탈	연 火-총16획
:演 4Ⅱ 펼	연 水-총14획
熱 5급 더울	열 火-총15획
葉 5급 잎	엽 艹-총13획
營 4급 경영할	영 火-총17획
迎 4급 맞을	영 辶-총 8획
▶映 4급 비칠	영 日-총 9획
榮 4Ⅱ 영화	영 木-총14획
:永 6급 길	영 水-총 5획
英 6급 꽃부리	영 艹-총 9획
:豫 4급 미리	예 豕-총16획
藝 4Ⅱ 재주	예 艹-총19획
誤 4Ⅱ 그르칠	오 言-총14획
:午 7Ⅱ 낮	오 十-총 4획
五 8급 다섯	오 二-총 4획
玉 4Ⅱ 구슬	옥 玉-총 5획
屋 5급 집	옥 尸-총 9획
溫 6급 따뜻할	온 水-총13획
完 5급 완전할	완 宀-총 7획
:往 4Ⅱ 갈	왕 彳-총 8획
王 8급 임금	왕 玉-총 4획
:外 8급 바깥	외 夕-총 5획
:謠 4Ⅱ 노래	요 言-총17획
:曜 5급 빛날	요 日-총18획
▶要 5Ⅱ 요긴할	요 襾-총 9획
浴 5급 목욕할	욕 水-총10획
容 4Ⅱ 얼굴	용 宀-총10획
:勇 6Ⅱ 날랠	용 力-총 9획
:用 6Ⅱ 쓸	용 用-총 5획
優 4급 넉넉할	우 人-총17획
:遇 4급 만날	우 辶-총13획
郵 4급 우편	우 邑-총11획
:友 5Ⅱ 벗	우 又-총 4획
:雨 5Ⅱ 비	우 雨-총 8획
牛 5급 소	우 牛-총 4획
:右 7Ⅱ 오를	우
오른(쪽)	우 口-총 5획
雲 5Ⅱ 구름	운 雨-총12획
:運 6Ⅱ 옮길	운 辶-총13획
雄 5급 수컷	웅 隹-총12획
源 4급 근원	원 水-총13획
:援 4급 도울	원 手-총12획
圓 4Ⅱ 둥글	원 口-총13획
▶怨 4급 원망할	원 心-총 9획
員 4Ⅱ 인원	원 口-총10획
原 5급 언덕	원 厂-총10획
:願 5급 원할	원 頁-총19획
元 5Ⅱ 으뜸	원 儿-총 4획
院 5급 집	원 阜-총10획

배정한자(가나다순)

園	6급 동산	원	囗-총13획
遠	6급 멀	원	辶-총14획
月	8급 달	월	月-총 4획
委	4급 맡길	위	女-총 8획
圍	4급 에워쌀	위	囗-총12획
慰	4급 위로할	위	心-총15획
威	4급 위엄	위	女-총 9획
危	4급 위태할	위	卩-총 6획
衛	4Ⅱ 지킬	위	行-총15획
爲	4Ⅱ 하 할	위 위	爪-총12획
位	5급 자리	위	人-총 7획
偉	5Ⅱ 클	위	人-총11획
遺	4급 남길	유	辶-총16획
遊	4급 놀	유	辶-총13획
儒	4급 선비	유	人-총16획
乳	4급 젖	유	乙-총 8획
油	6급 기름	유	水-총 8획
由	6급 말미암을	유	田-총 5획
有	7급 있을	유	月-총 6획
肉	4Ⅱ 고기	육	肉-총 6획
育	7급 기를	육	肉-총 8획
隱	4급 숨을	은	阜-총17획
恩	4Ⅱ 은혜	은	心-총10획
銀	6급 은	은	金-총14획
陰	4Ⅱ 그늘	음	阜-총11획
飮	6Ⅱ 마실	음	食-총13획
音	6Ⅱ 소리	음	音-총 9획
邑	7급 고을	읍	邑-총 7획
應	4Ⅱ 응할	응	心-총17획
儀	4급 거동	의	人-총15획
義	4Ⅱ 옳을	의	羊-총13획
議	4Ⅱ 의논할	의	言-총20획
疑	4급 의심할	의	疋-총14획
依	4급 의지할	의	人-총 8획
意	6Ⅱ 뜻	의	心-총13획
衣	6급 옷	의	衣-총 6획
醫	6급 의원	의	酉-총18획
異	4급 다를	이	田-총11획
移	4Ⅱ 옮길	이	禾-총11획
耳	5급 귀	이	耳-총 6획
以	5Ⅱ 써	이	人-총 5획
二	8급 두	이	二-총 2획
益	4Ⅱ 더할	익	皿-총10획
引	4Ⅱ 끌	인	弓-총 4획
印	4Ⅱ 도장	인	卩-총 6획
認	4Ⅱ 알[知]	인	言-총14획
仁	4급 어질	인	人-총 4획
因	5급 인할	인	囗-총 6획
人	8급 사람	인	人-총 2획
日	8급 날	일	日-총 4획
一	8급 한	일	一-총 1획
任	5Ⅱ 맡길	임	人-총 6획
入	7급 들	입	入-총 2획

배정한자

姿	4급 모양	자	女-총 9획
姉	4급 손윗누이	자	女-총 8획
資	4급 재물	자	貝-총13획
者	6급 놈	자	老-총 9획
字	7급 글자	자	子-총 6획
自	7Ⅱ 스스로	자	自-총 6획
子	7Ⅱ 아들	자	子-총 3획
昨	6Ⅱ 어제	작	日-총 9획
作	6Ⅱ 지을	작	人-총 7획
殘	4급 남을	잔	歹-총12획
雜	4급 섞일	잡	隹-총18획
裝	4급 꾸밀	장	衣-총13획
障	4Ⅱ 막을	장	阜-총14획
張	4급 베풀	장	弓-총11획
獎	4급 장려할	장	犬-총15획
帳	4급 장막	장	巾-총11획
將	4Ⅱ 장수	장	寸-총11획
壯	4급 장할	장	士-총 7획
腸	4급 창자	장	肉-총13획
章	6급 글	장	立-총11획
長	8급 긴	장	長-총 8획
場	7Ⅱ 마당	장	土-총12획
再	5급 두	재	冂-총 6획
材	5Ⅱ 재목	재	木-총 7획
財	5Ⅱ 재물	재	貝-총10획
災	5급 재앙	재	火-총 7획

65

한자능력검정 **4**급(**4**Ⅱ 포함)

在	6급	있을	재	土-총 6획
才	6Ⅱ	재주	재	手-총 3획
爭	5급	다툴	쟁	爪-총 8획
低	4Ⅱ	낮을	저	人-총 7획
底	4급	밑	저	广-총 8획
貯	5급	쌓을	저	貝-총 12획
績	4급	길쌈	적	糸-총 17획
敵	4Ⅱ	대적할	적	攴-총 15획
賊	4급	도둑	적	貝-총 13획
適	4급	맞을	적	辶-총 15획
籍	4급	문서	적	竹-총 20획
積	4급	쌓을	적	禾-총 16획
的	5Ⅱ	과녁	적	白-총 8획
赤	5급	붉을	적	赤-총 7획
轉	4급	구를	전	車-총 18획
錢	4급	돈	전	金-총 16획
田	4Ⅱ	밭	전	田-총 5획
專	4급	오로지	전	寸-총 11획
典	5Ⅱ	법	전	八-총 8획
傳	5Ⅱ	전할	전	人-총 13획
展	5Ⅱ	펼	전	尸-총 10획
戰	6Ⅱ	싸움	전	戈-총 16획
電	7Ⅱ	번개	전	雨-총 13획
前	7Ⅱ	앞	전	刀-총 9획
全	7Ⅱ	온전	전	入-총 6획
折	4급	꺾을	절	手-총 7획
絶	4Ⅱ	끊을	절	糸-총 12획
切	5Ⅱ	끊을 온통	절 체	刀-총 4획
節	5Ⅱ	마디	절	竹-총 15획
點	4급	점	점	黑-총 17획
占	4급	점령할 점칠	점 점	卜-총 5획
店	5Ⅱ	가게	점	广-총 8획
接	4Ⅱ	이을	접	手-총 11획
整	4급	가지런할	정	攴-총 16획
靜	4급	고요할	정	靑-총 16획
程	4Ⅱ	한도 길[道]	정	禾-총 12획
政	4Ⅱ	정사	정	攴-총 9획
丁	4급	장정 고무래	정	一-총 2획
精	4Ⅱ	정할 자세할	정	米-총 14획
情	5Ⅱ	뜻	정	心-총 11획
停	5급	머무를	정	人-총 11획
庭	6Ⅱ	뜰	정	广-총 10획
定	6급	정할	정	宀-총 8획
正	7Ⅱ	바를	정	止-총 5획
濟	4Ⅱ	건널	제	水-총 17획
提	4Ⅱ	끌[携]	제	手-총 12획
除	4Ⅱ	덜	제	阜-총 10획
帝	4급	임금	제	巾-총 9획
制	4Ⅱ	절제할	제	刀-총 8획
祭	4Ⅱ	제사	제	示-총 11획
際	4Ⅱ	즈음 가[邊]	제	阜-총 14획
製	4Ⅱ	지을	제	衣-총 14획
題	6Ⅱ	제목	제	頁-총 18획
第	6Ⅱ	차례	제	竹-총 11획
弟	8급	아우	제	弓-총 7획
條	4급	가지	조	木-총 11획
助	4Ⅱ	도울	조	力-총 7획
鳥	4Ⅱ	새	조	鳥-총 11획
早	4Ⅱ	이를	조	日-총 6획
潮	4급	조수潮水 밀물	조 조	水-총 15획
造	4Ⅱ	지을	조	辶-총 11획
組	4급	짤	조	糸-총 11획
調	5Ⅱ	고를	조	言-총 15획
操	5급	잡을	조	手-총 16획
朝	6급	아침	조	月-총 12획
祖	7급	할아비	조	示-총 10획
族	6급	겨레	족	方-총 11획
足	7Ⅱ	발	족	足-총 7획
尊	4Ⅱ	높을	존	寸-총 12획
存	4급	있을	존	子-총 6획
卒	5Ⅱ	마칠	졸	十-총 8획
宗	4Ⅱ	마루	종	宀-총 8획
鍾	4급	쇠북[鍾=鐘]	종	金-총 17획
從	4급	좇을	종	彳-총 11획
終	5급	마칠	종	糸-총 11획
種	5Ⅱ	씨	종	禾-총 14획
座	4급	자리	좌	广-총 10획
左	7Ⅱ	왼	좌	工-총 5획
罪	5급	허물	죄	罒-총 13획
走	4Ⅱ	달릴	주	走-총 7획
周	4급	두루	주	口-총 8획

배정한자(가나다순)

朱	4급 붉을	주	木-총 6획	織	4급 짤	직	糸-총18획	千	7급 일천	천	十-총 3획
酒	4급 술	주	酉-총10획	直	7II 곧을	직	目-총 8획	天	7급 하늘	천	大-총 4획
週	5II 주일	주	辶-총12획	進	4II 나아갈	진	辶-총12획	鐵	5급 쇠	철	金-총21획
州	5II 고을	주	巛-총 6획	盡	4급 다할	진	皿-총14획	廳	4급 관청	청	广-총25획
晝	6급 낮	주	日-총11획	珍	4급 보배	진	玉-총 9획	聽	4급 들을	청	耳-총22획
注	6II 부을	주	水-총 8획	陣	4급 진칠	진	阜-총10획	請	4II 청할	청	言-총15획
住	7급 살	주	人-총 7획	眞	4II 참	진	目-총10획	淸	6II 맑을	청	水-총11획
主	7급 임금	주		質	5II 바탕	질	貝-총15획	靑	8급 푸를	청	靑-총 8획
	주인	주	丶-총 5획	集	6II 모을	집	隹-총12획	體	6II 몸	체	骨-총23획
								招	4급 부를	초	手-총 8획
竹	4II 대	죽	竹-총 6획					初	5급 처음	초	刀-총 7획
準	4II 준할	준	水-총13획	배정한자				草	7급 풀	초	艸-총10획
衆	4II 무리	중	血-총12획					寸	8급 마디	촌	寸-총 3획
中	8급 가운데	중	ㅣ-총 4획					村	7급 마을	촌	木-총 7획
重	7급 무거울	중	里-총 9획	差	4급 다를	차	工-총10획	總	4II 다[皆]	총	糸-총17획
增	4II 더할	증	土-총15획	次	4II 버금	차	欠-총 6획	銃	4II 총	총	金-총14획
證	4급 증거	증	言-총19획	着	5II 붙을	착	目-총11획	最	5급 가장	최	曰-총12획
指	4II 가리킬	지	手-총 9획	讚	4급 기릴	찬	言-총26획	推	4급 밀	추	手-총11획
持	4급 가질	지	手-총 9획	察	4II 살필	찰	宀-총14획	秋	7급 가을	추	禾-총 9획
誌	4급 기록할	지	言-총14획	參	5II 참여할	참		蓄	4II 모을	축	艸-총14획
志	4II 뜻	지	心-총 7획		갖은석	삼	厶-총11획	築	4II 쌓을	축	竹-총16획
至	4II 이를	지	至-총 6획	創	4II 비롯할	창	刀-총12획	縮	4급 줄일	축	糸-총17획
支	4II 지탱할	지	支-총 4획	唱	5급 부를	창	口-총11획	祝	5급 빌[祝福]	축	示-총10획
智	4급 지혜	지		窓	6II 창	창	穴-총11획	春	7급 봄	춘	日-총 9획
	슬기	지	日-총12획	採	4급 캘	채	手-총11획	出	7급 날[出生]	출	凵-총 5획
止	5급 그칠	지	止-총 4획	冊	4급 책	책	冂-총 5획	蟲	4II 벌레	충	虫-총18획
知	5II 알	지	矢-총 8획	責	5II 꾸짖을	책	貝-총11획	忠	4II 충성	충	心-총 8획
地	7급 땅[따]	지	土-총 6획	處	4II 곳	처	虍-총11획	充	5II 채울[充5획]	충	儿-총 6획
紙	7급 종이	지	糸-총10획	泉	4급 샘	천	水-총 9획	取	4II 가질	취	又-총 8획
職	4II 직분	직	耳-총18획	川	7급 내	천	巛-총 3획				

67

:就	4급	나아갈	취	尤-총12획	:彈	4급	탄알	탄	弓-총15획	
:趣	4급	뜻	취	走-총15획	:炭	5급	숯	탄	火-총 9획	
測	4Ⅱ	헤아릴	측	水-총12획	脫	4급	벗을	탈	肉-총11획	
層	4급	층[層樓]	층	尸-총15획	探	4급	찾을	탐	手-총11획	
治	4Ⅱ	다스릴	치	水-총 8획	:態	4Ⅱ	모습	태	心-총14획	
:置	4Ⅱ	둘[措]	치	罒-총13획	太	6급	클	태	大-총 4획	
齒	4Ⅱ	이	치	齒-총15획	擇	4급	가릴	택	手-총16획	
:致	5급	이를	치	至-총10획	宅	5Ⅱ	집	댁/택	宀-총 6획	
則	5급	법칙	칙		▶討	4급	칠[討伐]	토	言-총10획	
		곧	즉	刀-총 9획	土	8급	흙	토	土-총 3획	
親	6급	친할	친	見-총16획	:統	4Ⅱ	거느릴	통	糸-총12획	
七	8급	일곱	칠	一-총 2획	:痛	4급	아플	통	疒-총12획	
▶針	4급	바늘	침	金-총10획	通	6급	통할	통	辶-총11획	
:寢	4급	잘	침	宀-총14획	:退	4Ⅱ	물러날	퇴	辶-총10획	
侵	4Ⅱ	침노할	침	人-총 9획	投	4급	던질	투	手-총 7획	
稱	4급	일컬을	칭	禾-총14획	鬪	4급	싸움	투	鬥-총20획	
					特	6급	특별할	특	牛-총10획	

배정한자

快	4Ⅱ	쾌할	쾌	心-총 7획	

배정한자

派	4급	갈래	파	水-총 9획	
:破	4Ⅱ	깨뜨릴	파	石-총10획	
波	4Ⅱ	물결	파	水-총 8획	
判	4급	판단할	판	刀-총 7획	
板	5급	널	판	木-총 8획	
八	8급	여덟	팔	八-총 2획	
:敗	5급	패할	패	攴-총11획	
篇	4급	책	편	竹-총15획	

배정한자

他	5급	다를	타	人-총 5획	
:打	5급	칠	타	手-총 5획	
卓	5급	높을	탁	十-총 8획	
:歎	4급	탄식할	탄	欠-총15획	

▶便	7급	편할	편	※'편'만 장단음	
		똥오줌	변	人-총 9획	
:評	4급	평할	평	言-총12획	
平	7Ⅱ	평평할	평	干-총 5획	
:閉	4급	닫을	폐	門-총11획	
:砲	4Ⅱ	대포	포	石-총10획	
▶布	4Ⅱ	베[필]	포		
		보시	보	巾-총 5획	
▶胞	4급	세포	포	肉-총 9획	
▶包	4Ⅱ	쌀[包裹]	포	勹-총 5획	
爆	4급	불터질	폭	火-총19획	
▶暴	4Ⅱ	사나울	폭	※'포'만 장음	
		모질	포	日-총15획	
票	4Ⅱ	표	표	示-총11획	
標	4급	표할	표	木-총15획	
表	6Ⅱ	겉	표	衣-총 8획	
:品	5Ⅱ	물건	품	口-총 9획	
豊	4Ⅱ	풍년[豊=豐]	풍	豆-총13획	
風	6Ⅱ	바람	풍	風-총 9획	
疲	4급	피곤할	피	疒-총10획	
:避	4급	피할	피	辶-총17획	
必	5Ⅱ	반드시	필	心-총 5획	
筆	5Ⅱ	붓	필	竹-총12획	

배정한자

河	5급	물	하	水-총 8획	
:下	7Ⅱ	아래	하	一-총 3획	

배정한자(가나다순)

:夏	7급	여름	하	夂-총10획	革	4급	가죽	혁	革-총 9획	確	4Ⅱ	굳을	확	石-총15획
學	8급	배울	학	子-총16획	:顯	4급	나타날	현	頁-총23획	▸環	4급	고리	환	玉-총17획
:恨	4급	한[怨恨]	한	心-총 9획	賢	4Ⅱ	어질	현	貝-총15획	歡	4급	기쁠	환	欠-총22획
閑	4급	한가할	한	門-총12획	:現	6Ⅱ	나타날	현	玉-총11획	:患	5급	근심	환	心-총11획
:限	4Ⅱ	한할	한	阜-총 9획	血	4Ⅱ	피	혈	血-총 6획	活	7Ⅱ	살[生活]	활	水-총 9획
寒	5급	찰	한	宀-총12획	協	4Ⅱ	화할	협	十-총 8획	:況	4급	상황	황	水-총 8획
▸韓	8급	한국 한나라	한	韋-총17획	刑	4급	형벌	형	刀-총 6획	黃	6급	누를	황	黃-총12획
:漢	7Ⅱ	한수 한나라	한	水-총14획	形	6Ⅱ	모양	형	彡-총 7획	回	4Ⅱ	돌아올	회	囗-총 6획
合	6급	합할	합	口-총 6획	兄	8급	형	형	儿-총 5획	灰	4급	재	회	火-총 6획
:抗	4급	겨룰	항	手-총 7획	:惠	4Ⅱ	은혜	혜	心-총12획	會	6Ⅱ	모일	회	曰-총13획
:航	4Ⅱ	배	항	舟-총10획	:護	4Ⅱ	도울	호	言-총21획	效	5Ⅱ	본받을	효	攴-총10획
:港	4Ⅱ	항구	항	水-총12획	呼	4Ⅱ	부를	호	口-총 8획	:孝	7Ⅱ	효도	효	子-총 7획
:解	4Ⅱ	풀	해	角-총13획	:好	4Ⅱ	좋을	호	女-총 6획	:候	4급	기후	후	人-총10획
:害	5Ⅱ	해할	해	宀-총10획	:戶	4Ⅱ	집	호	戶-총 4획	:厚	4급	두터울	후	厂-총 9획
:海	7Ⅱ	바다	해	水-총10획	湖	5급	호수	호	水-총12획	:後	7Ⅱ	뒤	후	彳-총 9획
核	4급	씨	핵	木-총10획	▸號	6급	이름	호	虍-총13획	:訓	6급	가르칠	훈	言-총10획
▸行	6급	다닐 항렬	행	行-총 6획 ※'행'만장단음	或	4급	혹	혹	戈-총 8획	揮	4급	휘두를	휘	手-총12획
:幸	6Ⅱ	다행	행	干-총 8획	:混	4급	섞을	혼	水-총11획	休	7급	쉴	휴	人-총 6획
鄕	4Ⅱ	시골	향	邑-총13획	婚	4급	혼인할	혼	女-총11획	凶	5Ⅱ	흉할	흉	凵-총 4획
香	4Ⅱ	향기	향	香-총 9획	紅	4급	붉을	홍	糸-총 9획	黑	5급	검을	흑	黑-총12획
:向	6급	향할	향	口-총 6획	華	4급	빛날	화	艸-총11획	吸	4Ⅱ	마실	흡	口-총 7획
虛	4Ⅱ	빌	허	虍-총12획	:貨	4Ⅱ	재물	화	貝-총11획	▸興	4Ⅱ	일[興盛]	흥	臼-총16획
許	5급	허락할	허	言-총11획	▸化	5Ⅱ	될	화	匕-총 4획	喜	4급	기쁠	희	口-총12획
:憲	4급	법	헌	心-총16획	▸畫	6급	그림[畵] 그을[劃]	화 획	※'화'만 장음 田-총13획	希	4Ⅱ	바랄	희	巾-총 7획
:驗	4Ⅱ	시험	험	馬-총23획	和	6Ⅱ	화할	화	口-총 8획					
:險	4급	험할	험	阜-총16획	花	7급	꽃	화	艸-총 8획					
					話	7Ⅱ	말씀	화	言-총13획					
					火	8급	불	화	火-총 4획					

: 표는 첫 음절에서 길게 발음되는 한자이며, ▸표는 첫 음절에서 한자어에 따라 길게, 또는 짧게 발음되는 한자입니다.

■ 이상 가나다순 1,000자

4급 부수별 신습 한자

助(力) 努(力) 務(力) 勢(力) 協(十) 博(十) 受(又) 取(又) 係(人) 侵(人) 保(人) 修(人) 俗(人) 低(人) 個(人) 假(人) 伐(人)
佛(人) 備(人) 兩(入) 印(卩) 包(勹) 創(刀) 副(刀) 制(刀) 列(刀) 城(土) 康(广) 床(广) 壁(土) 境(土) 增(土) 壓(土) 報(土)
宗(宀) 富(宀) 容(宀) 察(宀) 守(宀) 寶(宀) 密(宀) 宮(宀) 官(宀) 將(寸) 尊(寸) 導(寸) 寺(寸) 好(女) 如(女) 婦(女) 希(巾)
布(巾) 帶(巾) 常(巾) 師(巾) 律(彳) 復(彳) 得(彳) 往(彳) 員(口) 味(口) 器(口) 單(口) 吸(口) 句(口) 呼(口) 回(口) 圓(口)
引(弓) 府(广) 狀(犬) 斷(斤) 斗(斗) 毛(毛) 權(木) 極(木) 檀(木) 未(木) 榮(木) 檢(木) 毒(毋) 施(方) 政(攴) 收(攴) 故(攴)
敵(攴) 殺(殳) 深(水) 潔(水) 液(水) 港(水) 求(水) 波(水) 濟(水) 測(水) 治(水) 減(水) 演(水) 滿(水) 準(水) 接(手) 指(手)
承(手) 拜(手) 擔(手) 掃(手) 提(手) 授(手) 息(心) 怒(心) 志(心) 慶(心) 惠(心) 恩(心) 想(心) 快(心) 悲(心) 忠(心) 應(心)
態(心) 牧(牛) 暗(日) 早(日) 暴(日) 是(日) 暖(日) 星(日) 爲(爪) 步(止) 武(止) 支(支) 戶(戶) 房(戶) 煙(火) 燈(火) 次(欠)
益(皿) 盛(皿) 監(皿) 眞(目) 眼(目) 督(目) 硏(石) 確(石) 破(石) 砲(石) 票(示) 禁(示) 祭(示) 玉(玉) 端(立) 留(田) 田(田)
申(田) 究(穴) 稅(禾) 移(禾) 程(禾) 缺(缶) 興(臼) 置(网) 羅(网) 罰(网) 精(米) 絶(糸) 續(糸) 總(糸) 統(糸) 細(糸) 素(糸)
經(糸) 純(糸) 舍(舌) 義(羊) 羊(羊) 脈(肉) 背(肉) 肉(肉) 製(衣) 職(耳) 聲(耳) 聖(耳) 航(舟) 築(竹) 竹(竹) 笑(竹) 至(至)
藝(艸) 蓄(艸) 蟲(虫) 衛(行) 街(行) 衆(血) 血(血) 處(虍) 虛(虍) 解(角) 視(見) 豆(豆) 豐(豆) 講(言) 警(言) 護(言) 論(言)
設(言) 謝(言) 謠(言) 誠(言) 誤(言) 請(言) 議(言) 試(言) 認(言) 詩(言) 訪(言) 配(酉) 鄕(邑) 起(走) 走(走) 邊(辶) 造(辶)
連(辶) 退(辶) 達(辶) 逆(辶) 送(辶) 進(辶) 貧(貝) 貨(貝) 賢(貝) 銃(金) 錄(金) 銅(金) 除(阜) 防(阜) 隊(阜) 際(阜) 陰(阜)
障(阜) 限(阜) 非(非) 難(隹) 香(香) 飛(飛) 餘(食) 驗(馬) 麗(鹿) 鳥(鳥) 黨(黑) 齒(齒)

☞ 이상은 부수별 4급Ⅱ 신습 한자 250자입니다.

丁(一) 乳(乙) 亂(乙) 冊(冂) 判(刀) 劇(刀) 刻(刀) 刑(刀) 券(刀) 占(卜) 厚(厂) 勸(力) 勉(力) 勤(力) 叔(又) 傑(人) 伏(人)
傷(人) 儉(人) 儒(人) 儀(人) 仁(人) 傾(人) 優(人) 候(人) 依(人) 危(卩) 卵(卩) 卷(卩) 干(干) 帝(巾) 帳(巾) 差(工) 巨(工)
君(口) 喜(口) 周(口) 否(口) 嚴(口) 圍(口) 困(口) 張(弓) 彈(弓) 奇(大) 寄(宀) 寢(宀) 宣(宀) 壯(士) 崇(山) 屬(尸) 層(尸)
居(尸) 屈(尸) 庫(广) 底(广) 廳(广) 座(广) 妨(女) 委(女) 姿(女) 威(女) 婚(女) 妹(女) 姉(女) 妙(女) 就(尢) 延(廴) 存(子)
季(子) 孔(子) 孤(子) 徒(彳) 從(彳) 射(寸) 專(寸) 堅(土) 域(土) 墓(土) 均(土) 犬(犬) 獎(犬) 犯(犬) 或(戈) 戒(戈) 構(木)
柳(木) 標(木) 朱(木) 穀(木) 核(木) 模(木) 樣(木) 條(木) 機(木) 松(木) 散(攴) 敢(攴) 整(攴) 攻(攴) 混(水) 況(水) 潮(水)
激(水) 源(水) 派(水) 泉(水) 擊(手) 推(手) 損(手) 持(手) 探(手) 擇(手) 據(手) 揮(手) 抗(手) 折(手) 批(手) 招(手) 援(手)
拍(手) 投(手) 採(手) 拒(手) 段(殳) 怨(心) 恨(心) 憤(心) 慮(心) 慰(心) 憲(心) 氏(氏) 殘(歹) 更(曰) 暇(日) 映(日) 普(日)
易(日) 智(日) 歸(止) 灰(火) 爆(火) 營(火) 燃(火) 烈(火) 歎(欠) 歡(欠) 甘(甘) 盡(皿) 盜(皿) 看(目) 碑(石) 痛(疒) 疲(疒)
珍(玉) 環(玉) 略(田) 異(田) 甲(田) 疑(疋) 窮(穴) 私(禾) 稱(禾) 秀(禾) 秘(禾) 積(禾) 與(臼) 粉(米) 糧(米) 緣(糸) 納(糸)
紅(糸) 絲(糸) 系(糸) 紀(糸) 繼(糸) 績(糸) 織(糸) 縮(糸) 組(糸) 舌(舌) 群(羊) 脫(肉) 胞(肉) 腸(肉) 肅(聿) 裝(衣) 複(衣)
聽(耳) 管(竹) 篇(竹) 筋(竹) 範(竹) 籍(竹) 簡(竹) 舞(舛) 革(革) 輪(車) 轉(車) 覽(見) 覺(見) 豫(豕) 象(豕) 辭(辛) 辯(辛)
討(言) 讚(言) 證(言) 評(言) 誌(言) 酒(酉) 郵(邑) 趣(走) 適(辶) 迎(辶) 遺(辶) 遇(辶) 遊(辶) 逃(辶) 避(辶) 負(貝) 賊(貝)
資(貝) 鉛(金) 鑛(金) 錢(金) 鍾(金) 針(金) 鏡(金) 閑(門) 閉(門) 隱(阜) 階(阜) 降(阜) 陣(阜) 險(阜) 靜(靑) 雜(隹) 離(隹)
頌(頁) 額(頁) 顯(頁) 革(革) 驚(馬) 骨(骨) 鬪(鬥) 髮(髟) 鷄(鳥) 鳴(鳥) 點(黑) 龍(龍)

☞ 이상은 부수별 4급 신습 한자 250자입니다.

한자능력 검정시험

쓰기연습

4급(**4**Ⅱ 포함)

쓰기연습

① 쓰기연습은 한자능력검정시험 기본서 학습을 보충하기 위하여 엮은 한자 쓰기 연습 교재입니다.
② 아래 설명에 따라 충실히 학습한다면 아름답고 바른 글씨는 물론, 한자의 바른 이해를 구하는 데 도움이 될 것입니다.

학습방법

① 먼저 기본서를 학습도움 설명에 따라 충분히 학습하여야 합니다.
② 기본서에 수록된 평가문제를 학습하기에 앞서, 본 쓰기연습을 학습하면 복습의 효과가 있습니다.
③ 한자를 쓰는 과정에서 그 한자와 관련된 한자어를 연상하여 그 뜻을 헤아려 본다면 더 없이 좋은 학습이 될 것입니다.
④ 쓰기연습을 학습할 때에는 한 번에 4자를 쓰기보다는, 2자씩 아래로 나누어 내려쓰는 것이 바람직합니다.

✔ 4급 쓰기연습은 5급(500자)을 제외한 신습 배정한자(500자)를 4급 기본서의 본문학습 순서에 따라 실었습니다.

쓰기연습

한자능력검정 4II · 4급  1 ~ 4

香					犯				
香(향기 향) (香) 4II					犯(범할 범) (犬) 4급				
備					請				
備(갖출 비) (人) 4II					請(청할 청) (言) 4II				
郵					誤				
郵(우편 우) (邑) 4급					誤(그르칠 오) (言) 4II				
怒					脫				
怒(성낼 노) (心) 4II					脫(벗을 탈) (肉) 4급				
錄					困				
錄(기록할 록) (金) 4II					困(곤할 곤) (口) 4급				
易					松				
易(바꿀 역, 쉬울 이) (日) 4급					松(소나무 송) (木) 4급				
血					柳				
血(피 혈) (血) 4II					柳(버들 류) (木) 4급				
佛					疲				
佛(부처 불) (人) 4II					疲(피곤할 피) (疒) 4급				
保					進				
保(지킬 보) (人) 4II					進(나아갈 진) (辶) 4II				
射					至				
射(쏠 사) (寸) 4급					至(이를 지) (至) 4II				

 「易」자는 쓰임에 따라 훈과 음이 달라지는 글자이다. 예)貿易(무역), 簡易(간이)

한자능력검정 4급(4II 포함)

5~8

豫					婚				
豫(미리 예)(豕) 4급					婚(혼인할 혼)(女) 4급				
離					孤				
離(떠날 리)(隹) 4급					孤(외로울 고)(子) 4급				
探					細				
探(찾을 탐)(手) 4급					細(가늘 세)(糸) 4II				
測					鏡				
測(헤아릴 측)(水) 4II					鏡(거울 경)(金) 4급				
招					賢				
招(부를 초)(手) 4급					賢(어질 현)(貝) 4II				
險					避				
險(험할 험)(阜) 4급					避(피할 피)(辶) 4급				
興					批				
興(일 흥)(臼) 4II					批(비평할 비)(手) 4급				
稱					防				
稱(일컬을 칭)(禾) 4급					防(막을 방)(阜) 4II				
或					員				
或(혹 혹)(戈) 4급					員(인원 원)(口) 4II				
墓					早				
墓(무덤 묘)(土) 4급					早(이를 조)(日) 4II				

 「興(일 흥)」에서 「일」은 「일다, 일어나다, 일으키다」 등을 뜻한다.

쓰기연습

9 ~ 12

厚					張				
厚(두터울 후)(厂) 4급					張(베풀 장)(弓) 4급				
圍					靜				
圍(에워쌀 위)(口) 4급					靜(고요할 정)(靑) 4급				
榮					施				
榮(영화 영)(木) 4Ⅱ					施(베풀 시)(方) 4Ⅱ				
往					怨				
往(갈 왕)(彳) 4Ⅱ					怨(원망할 원)(心) 4급				
連					次				
連(이을 련)(辶) 4Ⅱ					次(버금 차)(欠) 4Ⅱ				
肉					好				
肉(고기 육)(肉) 4Ⅱ					好(좋을 호)(女) 4Ⅱ				
蟲					勢				
蟲(벌레 충)(虫) 4Ⅱ					勢(형세 세)(力) 4Ⅱ				
謝					列				
謝(사례할 사)(言) 4Ⅱ					列(벌일 렬)(刂) 4Ⅱ				
歸					源				
歸(돌아갈 귀)(止) 4급					源(근원 원)(水) 4급				
覽					庫				
覽(볼 람)(見) 4급					庫(곳집 고)(广) 4급				

「庫(곳집 고)」에서 「곳집」은 「예전에, 곳간으로 쓰려고 지은 집」을 이르는 말이다.

한자능력검정 4급(4Ⅱ 포함)

13 ~ 16

暇				構			
暇(틈 가)(日) 4급				構(얽을 구)(木) 4급			
卵				從			
卵(알 란)(卩) 4급				從(좇을 종)(彳) 4급			
脈				隊			
脈(줄기 맥)(肉) 4Ⅱ				隊(무리 대)(阜) 4Ⅱ			
帳				拒			
帳(장막 장)(巾) 4급				拒(막을 거)(手) 4급			
田				粉			
田(밭 전)(田) 4Ⅱ				粉(가루 분)(米) 4급			
樣				激			
樣(모양 양)(木) 4급				激(격할 격)(水) 4급			
回				擔			
回(돌아올 회)(口) 4Ⅱ				擔(멜 담)(手) 4Ⅱ			
伏				誌			
伏(엎드릴 복)(人) 4급				誌(기록할 지)(言) 4급			
辯				邊			
辯(말씀 변)(辛) 4급				邊(가 변)(辶) 4Ⅱ			
察				武			
察(살필 찰)(宀) 4Ⅱ				武(호반 무)(止) 4Ⅱ			

 「武(호반 무)」에서 「호반 = 무반」은 「고려·조선 때에, 무관武官의 반열」을 이르는 말이다.

쓰기연습

 17~20

與					引				
與(더불 여)(臼) 4급					引(끌 인)(弓) 4Ⅱ				
暴					劇				
暴(사나울 폭, 모질 포)(日) 4Ⅱ					劇(심할 극)(刀) 4급				
房					鑛				
房(방 방)(戶) 4Ⅱ					鑛(쇳돌 광)(金) 4급				
受					罰				
受(받을 수)(又) 4Ⅱ					罰(벌 벌)(网) 4Ⅱ				
轉					申				
轉(구를 전)(車) 4급					申(납 신)(田) 4Ⅱ				
妨					底				
妨(방해할 방)(女) 4급					底(밑 저)(广) 4급				
報					憤				
報(갚을 보)(土) 4Ⅱ					憤(분할 분)(心) 4급				
鳥					治				
鳥(새 조)(鳥) 4Ⅱ					治(다스릴 치)(水) 4Ⅱ				
絶					迎				
絶(끊을 절)(糸) 4Ⅱ					迎(맞을 영)(辶) 4급				
戒					條				
戒(경계할 계)(戈) 4급					條(가지 조)(人) 4급				

 「暴」자는 쓰임에 따라 훈과 음이 달라진다. 예 暴雪(폭설), 暴惡(포악)

한자능력검정 4급(4Ⅱ 포함)

21 ~ 24

彈					亂				
彈(탄알 탄)(弓) 4급					亂(어지러울 란)(乙) 4급				
鄕					危				
鄕(시골 향)(邑) 4Ⅱ					危(위태할 위)(卩) 4급				
資					朱				
資(재물 자)(貝) 4급					朱(붉을 주)(木) 4급				
疑					辭				
疑(의심할 의)(疋) 4급					辭(말씀 사)(辛) 4급				
齒					官				
齒(이 치)(齒) 4Ⅱ					官(벼슬 관)(宀) 4Ⅱ				
讚					略				
讚(기릴 찬)(言) 4급					略(간략할 략)(田) 4급				
據					常				
據(근거 거)(手) 4급					常(떳떳할 상)(巾) 4Ⅱ				
置					胞				
置(둘 치)(罒) 4Ⅱ					胞(세포 포)(肉) 4급				
憲					珍				
憲(법 헌)(心) 4급					珍(보배 진)(玉) 4급				
銃					看				
銃(총 총)(金) 4Ⅱ					看(볼 간)(目) 4급				

 「常(떳떳할 상)」자의 「떳떳하다」는 「항상, 불변의 도, 사람으로서 행할 도리」 등을 뜻한다.

쓰기연습

25 ~ 28

標					燈				
標(표할 표)(木) 4급					燈(등 등)(火) 4Ⅱ				
律					積				
律(법칙 률)(彳) 4Ⅱ					積(쌓을 적)(禾) 4급				
逆					判				
逆(거스를 역)(辶) 4Ⅱ					判(판단할 판)(刀) 4급				
步					戶				
步(걸을 보)(止) 4Ⅱ					戶(집 호)(戶) 4Ⅱ				
詩					繼				
詩(시 시)(言) 4Ⅱ					繼(이을 계)(糸) 4급				
裝					華				
裝(꾸밀 장)(衣) 4급					華(빛날 화)(艸) 4급				
減					取				
減(덜 감)(水) 4Ⅱ					取(가질 취)(又) 4Ⅱ				
拍					擊				
拍(칠 박)(手) 4급					擊(칠 격)(手) 4급				
季					港				
季(계절 계)(子) 4급					港(항구 항)(水) 4Ⅱ				
毒					陰				
毒(독 독)(毋) 4Ⅱ					陰(그늘 음)(阜) 4Ⅱ				

 「拍(칠 박)」자의 「칠」은 「치다, 두드리다, 박수」 등을 뜻한다.

한자능력검정 4급(4Ⅱ 포함)

29 ~ 32

龍					乳			
龍(용 룡)(龍) 4급				乳(젖 유)(乙) 4급				
妙					舌			
妙(묘할 묘)(女) 4급				舌(혀 설)(舌) 4급				
伐					儀			
伐(칠 벌)(人) 4Ⅱ				儀(거동 의)(人) 4급				
屬					斷			
屬(붙일 속)(尸) 4급				斷(끊을 단)(斤) 4Ⅱ				
帶					宣			
帶(띠 대)(巾) 4Ⅱ				宣(베풀 선)(宀) 4급				
階					異			
階(섬돌 계)(阜) 4급				異(다를 이)(田) 4급				
羅					希			
羅(벌릴 라)(网) 4Ⅱ				希(바랄 희)(巾) 4Ⅱ				
恨					背			
恨(한 한)(心) 4급				背(등 배)(肉) 4Ⅱ				
鍾					環			
鍾(쇠북 종)(金) 4급				環(고리 환)(玉) 4급				
映					眞			
映(비칠 영)(日) 4급				眞(참 진)(目) 4Ⅱ				

 「恨(한 한)」자의 「한」은 「몹시 원망스럽고 안타깝고 슬퍼 응어리진 마음」을 이르는 말이다.

쓰기연습

模					蓄				
模(본뜰 모)(木) 4급					蓄(모을 축)(艸) 4Ⅱ				
得					移				
得(얻을 득)(彳) 4Ⅱ					移(옮길 이)(禾) 4Ⅱ				
適					系				
適(맞을 적)(辶) 4급					系(이어맬 계)(糸) 4급				
聽					虛				
聽(들을 청)(耳) 4급					虛(빌 허)(虍) 4Ⅱ				
試					鷄				
試(시험 시)(言) 4Ⅱ					鷄(닭 계)(鳥) 4급				
複					藝				
複(겹칠 복)(衣) 4급					藝(재주 예)(艸) 4Ⅱ				
潔					承				
潔(깨끗할 결)(水) 4Ⅱ					承(이을 승)(手) 4Ⅱ				
指					深				
指(가리킬 지)(手) 4Ⅱ					深(깊을 심)(水) 4Ⅱ				
降					掃				
降(내릴 강, 항복할 항)(阜) 4급					掃(쓸 소)(手) 4Ⅱ				
豊					營				
豊(풍년 풍)(豆) 4Ⅱ					營(경영할 영)(火) 4급				

 「虛(빌 허)」자의 「빌」은 「비다, 없다, 욕심이 없다」 등을 뜻한다.

한자능력검정 **4급**(**4Ⅱ** 포함)

/ 37 ~ 40 /

肅					麗				
肅(엄숙할 숙)(聿)4급					麗(고울 려)(鹿)4Ⅱ				
依					復				
依(의지할 의)(人)4급					復(회복할 복, 다시 부)(彳)4Ⅱ				
閑					絲				
閑(한가할 한)(門)4급					絲(실 사)(糸)4급				
應					聖				
應(응할 응)(心)4Ⅱ					聖(성인 성)(耳)4Ⅱ				
寄					議				
寄(부칠 기)(宀)4급					議(의논할 의)(言)4Ⅱ				
留					製				
留(머무를 류)(田)4Ⅱ					製(지을 제)(衣)4Ⅱ				
布					折				
布(베 포, 보시 보)(巾)4Ⅱ					折(꺾을 절)(手)4급				
範					擇				
範(법 범)(竹)4급					擇(가릴 택)(手)4급				
玉					府				
玉(구슬 옥)(玉)4Ⅱ					府(마을 부)(广)4Ⅱ				
權					豆				
權(권세 권)(木)4Ⅱ					豆(콩 두)(豆)4Ⅱ				

 「寄(부칠 기)」자의 「부칠」은 「부치다, 보내다, 맡기다, 의지하다, 붙여 살다」등의 뜻을 담고 있다.

쓰기연습

41~44

求					就				
求(구할 구)(水) 4Ⅱ					就(나아갈 취)(尢) 4급				
祕					貨				
祕(숨길 비)(示) 4급					貨(재물 화)(貝) 4Ⅱ				
缺					寺				
缺(이지러질 결)(缶) 4Ⅱ					寺(절 사)(寸) 4Ⅱ				
處					配				
處(곳 처)(虍) 4Ⅱ					配(나눌 배)(酉) 4Ⅱ				
毛					管				
毛(터럭 모)(毛) 4Ⅱ					管(대롱 관)(竹) 4급				
鳴					味				
鳴(울 명)(鳥) 4급					味(맛 미)(口) 4Ⅱ				
創					兩				
創(비롯할 창)(刀) 4Ⅱ					兩(두 량)(入) 4Ⅱ				
姿					息				
姿(모양 자)(女) 4급					息(쉴 식)(心) 4Ⅱ				
接					銅				
接(이을 접)(手) 4Ⅱ					銅(구리 동)(金) 4Ⅱ				
存					床				
存(있을 존)(子) 4급					床(상 상)(广) 4Ⅱ				

 「鳴(울 명)」자의 「울」은 「새가 울다」는 뜻으로, 부수는 그 글자의 뜻과 깊은 관련이 있다.

한자능력검정 4급(4Ⅱ 포함)

45 ~ 48

更						骨				
更(다시 갱, 고칠 경)(曰) 4급						骨(뼈 골)(骨) 4급				
殘						快				
殘(남을 잔)(歹) 4급						快(쾌할 쾌)(心) 4Ⅱ				
儒						候				
儒(선비 유)(人) 4급						候(기후 후)(人) 4급				
閉						將				
閉(닫을 폐)(門) 4급						將(장수 장)(寸) 4Ⅱ				
守						富				
守(지킬 수)(宀) 4Ⅱ						富(부자 부)(宀) 4Ⅱ				
證						警				
證(증거 증)(言) 4급						警(깨우칠 경)(言) 4Ⅱ				
帝						師				
帝(임금 제)(巾) 4급						師(스승 사)(巾) 4Ⅱ				
筋						篇				
筋(힘줄 근)(竹) 4급						篇(책 편)(竹) 4급				
攻						政				
攻(칠 공)(攴) 4급						政(정사 정)(攴) 4Ⅱ				
眼						檢				
眼(눈 안)(目) 4Ⅱ						檢(검사할 검)(木) 4Ⅱ				

「更」자는 쓰임에 따라 훈과 음이 달라진다. 예 更生(갱생), 變更(변경)

쓰기연습

 49~52

革				烈			
革(가죽 혁)(革)4급				烈(매울 렬)(灬)4급			
徒				純			
徒(무리 도)(彳)4급				純(순수할 순)(糸)4Ⅱ			
遺				髮			
遺(남길 유)(辶)4급				髮(터럭 발)(髟)4급			
聲				吸			
聲(소리 성)(耳)4Ⅱ				吸(마실 흡)(口)4Ⅱ			
謠				刑			
謠(노래 요)(言)4Ⅱ				刑(형벌 형)(刀)4급			
酒				護			
酒(술 주)(酉)4급				護(도울 호)(言)4Ⅱ			
殺				券			
殺(죽일 살, 감할 쇄, 빠를 쇄)(殳)4Ⅱ				券(문서 권)(刀)4급			
持				域			
持(가질 지)(手)4급				域(지경 역)(土)4급			
陣				秀			
陣(진칠 진)(阜)4급				秀(빼어날 수)(禾)4급			
壁				煙			
壁(벽 벽)(土)4Ⅱ				煙(연기 연)(火)4Ⅱ			

 「域(지경 역)」자의 「지경」은 「나라나 지역 따위의 구간을 가르는 경계」를 이르는 말이다.

한자능력검정 4급(4Ⅱ 포함)

53 ~ 56

巨				衆			
巨 (클 거) (工) 4급				衆 (무리 중) (血) 4Ⅱ			
錢				侵			
錢 (돈 전) (金) 4급				侵 (침노할 침) (人) 4Ⅱ			
狀				碑			
狀 (형상 상, 문서 장) (犬) 4Ⅱ				碑 (비석 비) (石) 4급			
抗				增			
抗 (겨룰 항) (手) 4급				增 (더할 증) (土) 4Ⅱ			
整				寶			
整 (가지런할 정) (攴) 4급				寶 (보배 보) (宀) 4Ⅱ			
燃				副			
燃 (탈 연) (火) 4급				副 (버금 부) (刀) 4Ⅱ			
協				崇			
協 (화할 협) (十) 4Ⅱ				崇 (높을 숭) (山) 4급			
志				簡			
志 (뜻 지) (心) 4Ⅱ				簡 (간략할 간) (竹) 4급			
委				占			
委 (맡길 위) (女) 4급				占 (점령할 점) (卜) 4급			
丁				極			
丁 (장정 정) (一) 4급				極 (극진할 극) (木) 4Ⅱ			

 「副(버금 부)」자의 「버금」은 「으뜸의 바로 아래에 있는 사람이나 물건」을 이르는 말이다.

쓰기연습

57~60

勸			
勸(권할 권)(力)4급			

確			
確(굳을 확)(石)4Ⅱ			

遇			
遇(만날 우)(辵)4급			

氏			
氏(각시 씨)(氏)4급			

討			
討(칠 토)(言)4급			

雜			
雜(섞일 잡)(隹)4급			

援			
援(도울 원)(手)4급			

液			
液(진 액)(水)4Ⅱ			

隱			
隱(숨을 은)(阜)4급			

貧			
貧(가난할 빈)(貝)4Ⅱ			

難			
難(어려울 난)(隹)4Ⅱ			

嚴			
嚴(엄할 엄)(口)4급			

尊			
尊(높을 존)(寸)4Ⅱ			

義			
義(옳을 의)(羊)4Ⅱ			

斗			
斗(말 두)(斗)4Ⅱ			

壓			
壓(누를 압)(土)4Ⅱ			

況			
況(상황 황)(水)4급			

博			
博(넓을 박)(十)4Ⅱ			

竹			
竹(대 죽)(竹)4Ⅱ			

私			
私(사사 사)(禾)4급			

 「斗(말 두)」자의 「말」은 「곡식, 액체, 가루 따위의 분량[열 되]을 되는 데 쓰는 그릇」을 이르는 말이다.

한자능력검정 4급(4Ⅱ 포함)

61 ~ 64

差					窮				
差(다를 차)(工) 4급					窮(다할 궁)(穴) 4급				
傷					經				
傷(다칠 상)(人) 4급					經(지날 경)(糸) 4Ⅱ				
紀					優				
紀(벼리 기)(糸) 4급					優(넉넉할 우)(人) 4급				
泉					專				
泉(샘 천)(水) 4급					專(오로지 전)(寸) 4급				
檀					獎				
檀(박달나무 단)(木) 4Ⅱ					獎(장려할 장)(大) 4급				
包					威				
包(안을 포)(勹) 4Ⅱ					威(위엄 위)(女) 4급				
均					干				
均(고를 균)(土) 4급					干(방패 간)(干) 4급				
悲					築				
悲(슬플 비)(心) 4Ⅱ					築(쌓을 축)(竹) 4Ⅱ				
針					敢				
針(바늘 침)(金) 4급					敢(감히 감)(攴) 4급				
星					督				
星(별 성)(日) 4Ⅱ					督(감독할 독)(目) 4Ⅱ				

 「紀(벼리 기)」자의 「벼리」는 「그물의 위쪽 코를 꿰어 그물을 오므렸다 폈다 하는 줄」을 이르는 말이다.

쓰기연습

65~68

勉				盛			
勉(힘쓸 면)(力)4급				盛(성할 성)(皿)4Ⅱ			
修				總			
修(닦을 수)(人)4Ⅱ				總(다 총)(糸)4Ⅱ			
退				評			
退(물러날 퇴)(辶)4Ⅱ				評(평할 평)(言)4급			
層				推			
層(층 층)(尸)4급				推(밀 추)(手)4급			
妹				勤			
妹(누이 매)(女)4급				勤(부지런할 근)(力)4급			
程				爲			
程(한도 정)(禾)4Ⅱ				爲(하 위, 할 위)(爪)4Ⅱ			
準				端			
準(준할 준)(水)4Ⅱ				端(끝 단)(立)4Ⅱ			
緣				慰			
緣(인연 연)(糸)4급				慰(위로할 위)(心)4급			
講				廳			
講(욀 강)(言)4Ⅱ				廳(관청 청)(广)4급			
君				暗			
君(임금 군)(口)4Ⅱ				暗(어두울 암)(日)4Ⅱ			

 「準」자는 「'면이 평평함과 기울기를 조사하는 데 쓰는 기구'인 '수준기水準器'」를 뜻한다.

한자능력검정 4급(4Ⅱ 포함)

69~72

顯					務				
顯(나타날 현)(頁) 4급					務(힘쓸 무)(力) 4Ⅱ				
造					砲				
造(지을 조)(辶) 4Ⅱ					砲(대포 포)(石) 4Ⅱ				
導					傑				
導(인도할 도)(寸) 4Ⅱ					傑(뛰어날 걸)(人) 4급				
宮					象				
宮(집 궁)(宀) 4Ⅱ					象(코끼리 상)(豕) 4급				
傾					賊				
傾(기울 경)(人) 4급					賊(도둑 적)(貝) 4급				
訪					如				
訪(찾을 방)(言) 4Ⅱ					如(같을 여)(女) 4Ⅱ				
餘					混				
餘(남을 여)(食) 4Ⅱ					混(섞을 혼)(水) 4급				
稅					揮				
稅(세금 세)(禾) 4Ⅱ					揮(휘두를 휘)(手) 4급				
散					限				
散(흩을 산)(攴) 4급					限(한할 한)(阜) 4Ⅱ				
穀					單				
穀(곡식 곡)(禾) 4급					單(홑 단)(口) 4Ⅱ				

「限(한할 한)」자의 「한할」은 「어떤 범위에 제한하거나 국한局限함」을 뜻한다.

쓰기연습

監				
監(볼 감)(皿) 4Ⅱ				
暖				
暖(따뜻할 난)(日) 4Ⅱ				
城				
城(재 성)(土) 4Ⅱ				
障				
障(막을 장)(阜) 4Ⅱ				
硏				
硏(갈 연)(石) 4Ⅱ				
羊				
羊(양 양)(羊) 4Ⅱ				
舍				
舍(집 사)(舌) 4Ⅱ				
惠				
惠(은혜 혜)(心) 4Ⅱ				
甘				
甘(달 감)(甘) 4급				
甲				
甲(갑옷 갑)(田) 4급				

印				
印(도장 인)(卩) 4Ⅱ				
延				
延(늘일 연)(廴) 4급				
個				
個(낱 개)(人) 4Ⅱ				
寢				
寢(잘 침)(宀) 4급				
視				
視(볼 시)(見) 4Ⅱ				
派				
派(갈래 파)(水) 4급				
奇				
奇(기특할 기)(大) 4급				
壯				
壯(장할 장)(士) 4급				
組				
組(짤 조)(糸) 4급				
制				
制(절제할 제)(刀) 4Ⅱ				

 「奇」자의 부수인 「大」자를 일반적으로는 「六」자와 같은 모양으로 쓰기도 한다.

77 ~ 80

助					滿			
助(도울 조)(力) 4Ⅱ					滿(찰 만)(水) 4Ⅱ			
破					績			
破(깨뜨릴 파)(石) 4Ⅱ					績(길쌈 적)(糸) 4급			
逃					點			
逃(도망할 도)(辵) 4급					點(점 점)(黑) 4급			
禁					鬪			
禁(금할 금)(示) 4Ⅱ					鬪(싸움 투)(鬥) 4급			
居					遊			
居(살 거)(尸) 4급					遊(놀 유)(辵) 4급			
航					群			
航(배 항)(舟) 4Ⅱ					群(무리 군)(羊) 4급			
損					忠			
損(덜 손)(手) 4급					忠(충성 충)(心) 4Ⅱ			
想					鉛			
想(생각 상)(心) 4Ⅱ					鉛(납 연)(金) 4급			
際					康			
際(즈음 제)(阜) 4Ⅱ					康(편안 강)(广) 4Ⅱ			
器					智			
器(그릇 기)(口) 4Ⅱ					智(지혜 지)(日) 4급			

 「滿(찰 만)」자의 「찰」은 「가득하다, 넉넉하다, 차다」 등을 뜻한다.

쓰기연습

卷					負				
卷(책 권)(㔾)4급					負(질 부)(貝)4급				
走					益				
走(달릴 주)(走)4Ⅱ					益(더할 익)(皿)4Ⅱ				
假					續				
假(거짓 가)(人)4Ⅱ					續(이을 속)(糸)4Ⅱ				
密					驗				
密(빽빽할 밀)(宀)4Ⅱ					驗(시험 험)(馬)4Ⅱ				
提					祭				
提(끌 제)(手)4Ⅱ					祭(제사 제)(示)4Ⅱ				
論					叔				
論(논할 론)(言)4Ⅱ					叔(아재비 숙)(又)4급				
紅					孔				
紅(붉을 홍)(糸)4급					孔(구멍 공)(子)4급				
圓					舞				
圓(둥글 원)(囗)4Ⅱ					舞(춤출 무)(舛)4급				
驚					認				
驚(놀랄 경)(馬)4급					認(알 인)(言)4Ⅱ				
婦					句				
婦(며느리 부)(女)4Ⅱ					句(글귀 구)(口)4Ⅱ				

 「叔(아재비 숙)」자의 「아재비」는 「아저씨, 아주머니」를 뜻하는 낮춤말이다.

85 ~ 88

刻					痛			
刻(새길 각)(刀) 4급					痛(아플 통)(疒) 4급			
盜					達			
盜(도둑 도)(皿) 4급					達(통달할 달)(辵) 4Ⅱ			
收					態			
收(거둘 수)(攴) 4Ⅱ					態(모습 태)(心) 4Ⅱ			
灰					票			
灰(재 회)(火) 4급					票(표 표)(示) 4Ⅱ			
糧					飛			
糧(양식 량)(米) 4급					飛(날 비)(飛) 4Ⅱ			
衛					趣			
衛(지킬 위)(行) 4Ⅱ					趣(뜻 취)(走) 4급			
授					盡			
授(줄 수)(手) 4Ⅱ					盡(다할 진)(皿) 4급			
歡					投			
歡(기쁠 환)(欠) 4급					投(던질 투)(手) 4급			
座					波			
座(자리 좌)(广) 4급					波(물결 파)(水) 4Ⅱ			
爆					周			
爆(불터질 폭)(火) 4급					周(두루 주)(口) 4급			

 「歡」자의 부수인 「欠(하품 흠)」은 「攴 = 攵(칠 복)」부수와 혼동하기 쉬우므로 주의해야 한다.

쓰기연습

統					額				
統(거느릴 통) (糸) 4Ⅱ					額(이마 액) (頁) 4급				
頌					慮				
頌(칭송할 송) (頁) 4급					慮(생각할 려) (心) 4급				
笑					係				
笑(웃음 소) (竹) 4Ⅱ					係(맬 계) (人) 4Ⅱ				
呼					容				
呼(부를 호) (口) 4Ⅱ					容(얼굴 용) (宀) 4Ⅱ				
職					濟				
職(직분 직) (耳) 4Ⅱ					濟(건널 제) (水) 4Ⅱ				
境					採				
境(지경 경) (土) 4Ⅱ					採(캘 채) (手) 4급				
慶					黨				
慶(경사 경) (心) 4Ⅱ					黨(무리 당) (黑) 4Ⅱ				
支					縮				
支(지탱할 지) (支) 4Ⅱ					縮(줄일 축) (糸) 4급				
誠					敵				
誠(정성 성) (言) 4Ⅱ					敵(대적할 적) (攴) 4Ⅱ				
是					核				
是(이 시, 옳을 시) (日) 4Ⅱ					核(씨 핵) (木) 4급				

 「採」자는 「采」자와 모양은 다르나 쓰임이 같은 이체자異體字이다.

한자능력검정 4급(4II 포함)

93 ~ 96

努				
努(힘쓸 노)(力) 4II				

仁				
仁(어질 인)(人) 4급				

解				
解(풀 해)(角) 4II				

屈				
屈(굽힐 굴)(尸) 4급				

非				
非(아닐 비)(非) 4II				

起				
起(일어날 기)(走) 4II				

演				
演(펼 연)(水) 4II				

恩				
恩(은혜 은)(心) 4II				

拜				
拜(절 배)(手) 4II				

喜				
喜(기쁠 희)(口) 4급				

册				
册(책 책)(冂) 4급				

儉				
儉(검소할 검)(人) 4급				

未				
未(아닐 미)(木) 4II				

堅				
堅(굳을 견)(土) 4급				

牧				
牧(칠 목)(牛) 4II				

街				
街(거리 가)(行) 4II				

潮				
潮(조수 조)(水) 4급				

歎				
歎(탄식할 탄)(欠) 4급				

普				
普(넓을 보)(日) 4급				

織				
織(짤 직)(糸) 4급				

「織(짤 직)」자의 「짤」은 「(실이나 끈 따위를) 씨줄과 날줄로 얽어 천 따위를 만드는 것」을 이른다.

쓰기연습

究					姉				
究 (연구할 구) (穴) 4Ⅱ				姉 (손윗누이 자) (女) 4급			
送					輪				
送 (보낼 송) (辶) 4Ⅱ				輪 (바퀴 륜) (車) 4급			
低					納				
低 (낮을 저) (人) 4Ⅱ				納 (들일 납) (糸) 4급			
宗					腸				
宗 (마루 종) (宀) 4Ⅱ				腸 (창자 장) (肉) 4급			
犬					精				
犬 (개 견) (犬) 4급				精 (자세할 정) (米) 4Ⅱ			
設					俗				
設 (베풀 설) (言) 4Ⅱ				俗 (풍속 속) (人) 4Ⅱ			
素					段				
素 (본디 소) (糸) 4Ⅱ				段 (층계 단) (殳) 4급			
籍					覺				
籍 (문서 적) (竹) 4급				覺 (깨달을 각) (見) 4급			
故					除				
故 (연고 고) (攴) 4Ⅱ				除 (덜 제) (阜) 4Ⅱ			
機					否				
機 (틀 기) (木) 4급				否 (아닐 부) (口) 4급			

 「故(연고 고)」자의 「연고」는 「사유(혈통, 정분, 법률 따위로)로 맺어진 관계」를 이르는 말이다.

한자능력검정 4급(4II 포함)

※ 아래의 약자로 이루어진 5급 한자어를 익혀봅시다.

労動									
勞動 (노동)									
変化									
變化 (변화)									
価格									
價格 (가격)									
電鉄									
電鐵 (전철)									
関係									
關係 (관계)									
伝来									
傳來 (전래)									
独白									
獨白 (독백)									
写生									
寫生 (사생)									
善悪									
善惡 (선악)									
当番									
當番 (당번)									

 4급 시험의 약자(略字)문제는 5급 이하에서 출제되므로 제시된 단어는 약자쓰기 문제에 도움이 될 것입니다.

쓰기연습

※ 아래의 약자로 이루어진 5급 한자어를 익혀봅시다.

軽挙								
輕擧 (경거)								
兒童								
兒童 (아동)								
参席								
參席 (참석)								
実数								
實數 (실수)								
広場								
廣場 (광장)								
観客								
觀客 (관객)								
売買								
賣買 (매매)								
楽団								
樂團 (악단)								
選挙								
選擧 (선거)								
新旧								
新舊 (신구)								

 「參席」의 「參」자와 「樂團」의 「樂」자는 쓰임에 따라 뜻과 소리가 달라지는 글자이다.

한자능력검정 **4**급(**4**Ⅱ 포함)

※ 아래의 약자로 이루어진 5급 한자어를 익혀봅시다.

参观										
參觀 (참관)										
図画										
圖畫 (도화)										
独学										
獨學 (독학)										
战争										
戰爭 (전쟁)										
万国										
萬國 (만국)										
気体										
氣體 (기체)										
礼楽										
禮樂 (예악)										
画质										
畫質 (화질)										
売国										
賣國 (매국)										
号数										
號數 (호수)										

「禮樂」은 '예법禮法과 음악音樂'을 아울러 이르는 말이다.

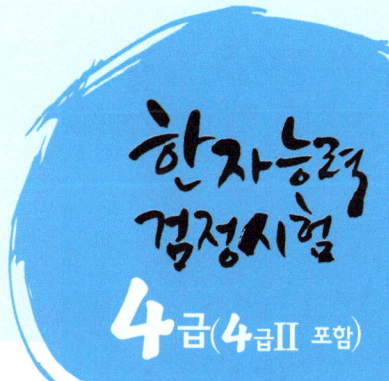

- **인 쇄** · 2024년 10월 1일
- **발 행** · 2024년 10월 5일

- **엮은이** · 원 기 춘
- **발행인** · 최 현 동
- **발행처** · 신 지 원

- **주 소** · 07532
  서울특별시 강서구 양천로 551-17, 813호(가양동, 한화비즈메트로 1차)

- **T E L** · (02) 2013-8080~1
  F A X · (02) 2013-8090
- **등 록** · 제16-1242호

※ 본서의 독창적인 부분에 대한 무단 인용·전재·복제를 금합니다.

정가 22,000원

ISBN 979-11-6633-477-1 13710